普通高等教育精编法学教材

民事诉讼法

CIVIL PROCEDURAL LAW

（第三版）

张艳丽 ◎ 主 编

于 鹏 ◎ 副主编

撰稿人：（以撰写章节先后为序）

张艳丽　王秋兰　史飚　于 鹏

丛青茹　周建华　蔡颖慧

北京大学出版社
PEKING UNIVERSITY PRESS

图书在版编目(CIP)数据

民事诉讼法/张艳丽主编. —3 版. —北京:北京大学出版社,2022.9
普通高等教育精编法学教材
ISBN 978-7-301-33241-2

Ⅰ.①民… Ⅱ.①张… Ⅲ.①民事诉讼法—中国—高等学校—教材 Ⅳ.①D925.1

中国版本图书馆 CIP 数据核字(2022)第 143994 号

书　　　　名	民事诉讼法（第三版） MINSHI SUSONGFA (DI-SAN BAN)
著作责任者	张艳丽　主编
责 任 编 辑	邹记东　张　宁
标 准 书 号	ISBN 978-7-301-33241-2
出 版 发 行	北京大学出版社
地　　　　址	北京市海淀区成府路 205 号　100871
网　　　　址	http://www.pup.cn
电 子 信 箱	law@pup.pku.edu.cn
新 浪 微 博	@北京大学出版社　@北大出版社法律图书
电　　　　话	邮购部 010-62752015　发行部 010-62750672　编辑部 010-62752027
印 刷 者	北京虎彩文化传播有限公司
经 销 者	新华书店 730 毫米×980 毫米　16 开本　42 印张　776 千字 2013 年 9 月第 1 版　2017 年 9 月第 2 版 2022 年 9 月第 3 版　2022 年 9 月第 1 次印刷
定　　　　价	98.00 元

未经许可,不得以任何方式复制或抄袭本书之部分或全部内容。
版权所有,侵权必究
举报电话: 010-62752024　电子信箱: fd@pup.pku.edu.cn
图书如有印装质量问题,请与出版部联系,电话: 010-62756370

第三版修订说明

本教材自第二版出版发行至今,已历经5年。5年间,随着民事司法改革的不断推进和深化,我国民事司法理念和司法制度都发生了诸多变化。作为对民事司法改革成果的回应,民事诉讼法律、法规、司法解释等不断推陈出新,主要涉及审判组织制度、司法确认制度、简易程序制度和小额诉讼程序制度、证据制度、公益诉讼制度、代表人诉讼制度、民事检察监督制度、在线诉讼和调解制度、执行制度等的变革。尤为重要的是第十三届全国人大常委会第三十二次会议于2021年12月24日通过了《全国人民代表大会常务委员会关于修改〈中华人民共和国民事诉讼法〉的决定》,该决定于2022年1月1日实施。与此同时,伴随着《民法典》的实施,民事诉讼相关的其他法律、法规、司法解释等也进行了大幅度的调整。面对立法和司法实践的高速发展,在应对新情况、解决新问题的过程中,民事诉讼理论研究亦取得了长足进步。作为学习民事诉讼法的指引和工具,民事诉讼法教材自然要与时俱进,将新的法律、法规、司法解释等确立的新规则和新制度整合其中。因此,教材修改势在必行。

本次修改基本保持了全书的体系结构,只对部分章节进行了调整,即将公益诉讼程序和第三人撤销之诉程序独立出来,安排在第二编"诉讼程序论"中,作为两类特殊的诉讼程序进行介绍。内容方面的修订主要体现在以下方面:

首先,紧密结合2021年《民事诉讼法》的修订,对其中所涉在线诉讼、独任制扩大适用、送达制度、简易程序和小额诉讼程序、司法确认程序等内容,进行及时的补充、调整和修改,并对修法背景和目的进行了详尽的解读和分析。

其次,立足民事司法改革的重要问题和最新成果,以近几年制定或修改的民事诉讼司法解释,如《最高人民法院关于适用〈中华人民共和国民事诉讼法〉的解释》(2022修正)、《最高人民法院关于审理生态环境侵权纠纷案件适用惩罚性赔偿的解释》(2022)、《人民法院在线运行规则》(2022)、《人民法院在线诉讼规则》(2021)、《人民法院在线调解规则》(2021)、《人民检察院民事诉讼监督规则》(2021)、《最高人民法院关于知识产权民事诉讼证据的若干规定》(2020)、《最高人民法院关于证券纠纷代表人诉讼若干问题的规定》

(2020)、《最高人民法院、最高人民检察院关于检察公益诉讼案件适用法律若干问题的解释》(2020修正)、《民事诉讼程序繁简分流改革试点实施办法》(2020)、《最高人民法院关于民事诉讼证据的若干规定》(2019修正)、《最高人民法院关于适用〈中华人民共和国人民陪审员法〉若干问题的解释》(2019)、《最高人民法院关于人民法院通过互联网公开审判流程信息的规定》(2018)、《最高人民法院关于人民法院办理仲裁裁决执行案件若干问题的规定》(2018)、《最高人民法院关于公证债权文书执行若干问题的规定》(2018)等为依据,对教材进行了相应的调整和补充。

再次,从程序法和实体法协调对接的角度,充实和调整了教材原有内容。《民法典》的贯彻实施,离不开民事诉讼程序和制度的配合。为配合《民法典》的实施,最高人民法院于2020年年底修改颁布了19件民事诉讼类司法解释和18件民事执行类司法解释。有鉴于此,本次修订也从程序法和实体法的协调对接出发,对原有内容进行了修改。例如,为保证《民法总则》《合同法》《物权法》等一系列民事法律废止后法律、法规、司法解释等的一致性,对相关法律规范的名称、条文编号进行了调整。再如,为避免实体法与程序法因概念表述不同产生法律适用上的混乱,教材修改过程中力求在专有概念的表述上保持一致,或作出特别说明。更为重要的是教材还从程序和实体协调的角度,对民事诉讼基本原则、基本制度、共同诉讼和第三人参加之诉等诉的制度、诉讼程序、证据制度、执行程序等民事诉讼程序与制度进行了阐释和说明。

最后,为了使读者了解民事诉讼司法实践的适用情况和最新动向,编者选取了近年来源于各级法院的比较有代表性、新颖性的案例,尤其是最高人民法院颁布的指导案例,对教材"案例精选"板块的部分内容进行了更新。

本教材的再次修订,仍得力于原七位编者的通力合作,最后的统稿工作由张艳丽、于鹏、胡晓霞完成。感谢各位编者以及胡晓霞教授的辛勤付出!此外,还要感谢北京大学出版社以及法律事业部诸位编辑对本书出版的大力支持!

尽管教材编者在修订过程中始终抱着如履薄冰的心态,希望尽己所能编写一部可靠、质量上乘的民事诉讼法教科书,但因认识水平的局限,教材难免存在疏漏、不当甚至错误之处。真诚希望学界同仁和广大读者提出宝贵意见和建议,以期日后进一步完善。

张艳丽
2022年1月22日写于北京海淀世纪城

修订说明

本教材是基于我国2012年新修订《民事诉讼法》编写,自2013年出版至今历时四年,本次进行修订的主要原因如下:

第一,近几年我国民事司法改革向纵深发展,在司法理念、司法体制和司法制度方面都产生了一些变化。例如,"以审判为中心"的强调,程序公正公开及当事人的"程序保障"的强化,"协同主义"诉讼模式的提出,民事诉讼程序的类型化,最高巡回法院、跨行政区划中院、专业审判庭的设置,司法责任制的落实,立案登记制的实现,审前准备和庭审功能的加强,调解和审判的进一步分离,执行权的科学配置和执行立法的发展,多元化纠纷解决机制的建设,等等。这些理念和制度的变化,说明我国民事诉讼法正在逐步实现本土化和现代化的发展。本次依据上述变化对民事诉讼法教材进行修订,以实现内容的更新。

第二,与此同时,诸多与民事诉讼法有关的新的法律、法规、司法解释得以颁布。例如,《民法总则》(2017)、《最高人民法院关于适用中华人民共和国民事诉讼法的解释》(2015)(以下简称《民诉法解释》)、《最高人民法院关于人民法院登记立案若干问题的规定》(2015)、《人民检察院民事诉讼监督规则(试行)》(2013)、《最高人民法院关于人民法院进一步深化多元化纠纷解决机制改革的意见》(2016)、《最高人民法院关于人民法院特邀调解的规定》(2016)、《最高人民法院关于人民法院办理财产保全案件若干问题的规定》(2016)、《人民检察院提起公益诉讼试点工作实施办法》(2015)(失效)、《最高人民法院关于人民法院办理执行异议和复议案件若干问题的规定》(2015)、《最高人民法院关于执行案件移送破产审查若干问题的指导意见》(2017)、《最高人民法院关于限制被执行人高消费及有关消费的若干规定》(2015修正)、《最高人民法院关于公布失信被执行人名单信息的若干规定》(2017修正)等。尤其是2015年《民诉法解释》共计552条,为历次民事诉讼法司法解释之最。作为2012年《民事诉讼法》的实施细则,该解释不仅系统、全面、细化地解释了《民事诉讼法》的各项规定,而且作为《民事诉讼法》的一个补充,更是创设性地规定了一些新的民事诉讼操作规范。对于解释中一些新概念、新制度进行充分的解读和分析,是本次教材修订的主要内容。

基于上述，在主编统筹安排之下，各章节作者百忙之中对所写教材内容进行了修订，最终统稿工作由张艳丽、于鹏、周建华合力完成。出于篇幅考虑，此次修订删除了部分章节和章节之后的法条衔接和拓展阅读，有关内容见诸书中引用法条和脚注中参考文献。在本次修订完成之际，再一次感谢北京大学出版社和本书责任编辑孙战营女士的大力支持！期待修订版的顺利出版，并欢迎学界同仁批评指正。

张艳丽
2017 年端午节写于北京海淀世纪城

前　言

民事纠纷是社会主要的纠纷种类,民事诉讼是最终有效地解决民事纠纷的方式,民事诉讼法又是国家的基本法律之一。在我国实行依法治国的新形势下,为满足社会经济发展和司法实践的需要,2012年8月31日,第十一届全国人大常委会第二十八次会议通过了修改《民事诉讼法》的决定,新的《民事诉讼法》于2013年1月1日起施行。依据新修订的《民事诉讼法》和相关司法解释,结合我国民事司法改革和审判实践,我们组织编写了此本《民事诉讼法》教材。本教材主要用于法学本科和非法学法律硕士专业学位研究生的日常教学和培养。

关于如何编写一部好的民事诉讼法教材,我们主要考虑了如下因素:第一,教材对于学生至关重要。对于编者而言,编写教材的责任、压力、难度和艰辛可能数倍于撰写学术专著或论文。因为对学术性创作而言,一句"文责自负"还可以为自己开脱;而对于教材而言,稍有懈怠,就有可能误人子弟。教材是初学法律的学生步入法学殿堂的引路人,是其学习法律的指路灯和向导。因此,一部好的民事诉讼法教材,既要高屋建瓴地、全面系统地展示该学科的理论体系,又要深入浅出地将对于初学者而言晦涩难懂的法理、原则、制度、概念等解释清楚。第二,民事诉讼法不仅是法学专业本科教育阶段的主干核心课程之一,更为重要的是它是一门理论与实践结合非常紧密的学科。因此,一部高质量的民事诉讼法教材,还应该在诉讼理论与诉讼实践、程序规则与诉讼现象之间架起桥梁,帮助学生从诉讼现象入手理解民事诉讼和民事诉讼法。法律的抽象规定只有和具体的案件事实结合起来,才具有生命力。第三,立足民事诉讼法基本理论和知识,体现我国民事诉讼法最新理论、立法和司法研究成果。自1982年《民事诉讼法(试行)》颁布以来,我国民事诉讼法学研究有了长足的发展,尤其是近年来,更是呈现出欣欣向荣的景象。许多在学术界有重要影响的学者满腔热情地投身学术研究和实践,更多崭露头角的年轻学人迅速成长起来,许多高质量的研究成果雨后春笋般地涌现。随着民事诉讼理论研究的日新月异,民事诉讼立法也在不断推进。自2007年针对困扰司法实践的"申诉难""执行难"问题对《民事诉讼法》进行局部修改后,2012年8月31日全国人大常委会又通过了《关于修改〈中华人民共和国民事诉讼法〉的决定》，对《民事诉讼法》进行了较为全面的修改，本次修正所涉范围较广，修改和增加的条文多达八十多处，增设了许多新的诉讼制度，也吸纳了司法实践中运行效果良好的一些政策和措施。主要内容包括：完善诉讼与调解相衔接机制，增加了司法确认程序；进一步保障当事人诉讼权利，包括完善起诉和受理程序、完善开庭前准备程序、增加公益诉讼制度、增加第三人撤销诉讼制度、完善保全制度、完善裁判文书公开制度；完善当事人举证制度，包括明确接收当事人提交证据材料的手续、促使当事人积极提供证据、赋予当事人启动鉴定程序的权利、增加规定人民法院确定举证期限和不按期举证的责任；完善简易程序，包括扩大简易程序适用范围、设立小额诉讼制度；强化法律监督，完善审判监督程序，包括增加监督方式、扩大监督范围、强化监督手段；完善执行程序，包括强化执行措施、加强执行监督、将不予执行仲裁裁决标准与《仲裁法》规定的申请撤销仲裁裁决的审查标准相统一。本教材紧跟我国最新的立法动态，体现了民事诉讼法学理论和司法研究的最新成果。

呈现在读者面前的这本《民事诉讼法》正是本着上述宗旨编写完成的。本教材有如下几个特点：第一，在结构安排上，尊重传统，力求突破。亦即，根据民事诉讼法学的逻辑结构和各部分的相对独立性分编设章，将全书分为总论、诉讼程序论、非讼程序论、执行程序论、涉港澳台及涉外程序五编，共二十五章，既与民事诉讼法学的基本原理相符，也从结构上消除了纯粹的注释法学的痕迹。第二，在编写体例上，遵循惯例，丰富手段。本书遵循学术惯例，按照编、章、节的体例安排内容，同时丰富教与学的手段，每章由正文、案例精选、思考问题、法条链接、扩展阅读五部分组成。除此之外，在每一章正文之前，还增加了本章内容的核心提示，以帮助学生提纲挈领地了解全章内容。如此安排，可以让学生在掌握基本理论和基础知识的同时，获取与本章内容相关的经典论文、著作和案例的基本信息，将知识的灌输与运用以及学术研究的引导有机地衔接起来，极大地提高教材的效用。第三，在内容和知识体系上，立足于民事诉讼法学基本理论的主流观点，同时兼顾前沿问题，反映民事诉讼法学研究的新进展和最新的立法、司法动态。本教材在编写过程中，充分考虑了本科生和非法学法律硕士研究生民事诉讼法学教学的目的和要求，力求做到内容覆盖全面、知识介绍准确、分析透彻充分、语言简洁明快。

本书由北京理工大学和中国政法大学具有多年民事诉讼法教学和研究经验的骨干教师编写，充分发挥了各位编者的学术擅长，同时注重保持教材内在的逻辑严谨性和整体风格的协调，使得七人之作更似一人之功。本书作者简介及分工如下（以撰写的章节先后为序）：张艳丽，北京理工大学法学院教授、博士生导师，法学博士，本书主编，撰写第一、四、十七章。王秋兰，中国政法大学民商经济法学院副教授，撰写第二、三、五、七章。史飚，中国政法大学民商经济法学院副教授，法学博士，撰写第六、十八、十九、二十章。于鹏，北京理工大学法学院副教授，法学博士，撰写第八、九章。丛青茹，北京理工大学法学院讲师，法学博士，撰写第十、十六、二十一、二十二章。周建华，北京理工大学法学院讲师，法学博士，撰写第十一、十二、十三、十四章。蔡颖慧，北京理工大学法学院讲师，法学博士，撰写第十五、二十三、二十四、二十五章。

凭着对法学教育和民事诉讼法学专业的一往情深，本书编者走到一起，通力合作、数易其稿，最终完成了这本教材。感谢北京大学出版社和本书责任编辑孙战营女士的鼎力支持，使得这本教材得以顺利出版。虽然在撰写过程中力求严谨，但错讹和不足之处实属难免，还望学界同仁不吝赐教，以期将来修订时改进。

张艳丽
2013年9月6日写于北京海淀世纪城

本书法律、法规、司法解释及其他规范性文件全称简称对照表

全称	简称
《中华人民共和国宪法》(2018 修正)	《宪法》
《中华人民共和国民事诉讼法》(2021 修正)	《民事诉讼法》
《中华人民共和国民事诉讼法(试行)》(1982)(失效)	《民事诉讼法(试行)》(失效)
《中华人民共和国海事诉讼特别程序法》(1999)	《海事诉讼法》
《中华人民共和国仲裁法》(2017 修正)	《仲裁法》
《中华人民共和国律师法》(2017 修正)	《律师法》
《中华人民共和国公证法》(2017 修正)	《公证法》
《中华人民共和国企业破产法》(2006)	《企业破产法》
《中华人民共和国人民调解法》(2010)	《人民调解法》
《中华人民共和国劳动争议调解仲裁法》(2007)	《劳动争议调解仲裁法》
《中华人民共和国农村土地承包经营纠纷调解仲裁法》(2009)	《农村土地承包经营纠纷调解仲裁法》
《中华人民共和国刑事诉讼法》(2018 修正)	《刑事诉讼法》
《中华人民共和国行政诉讼法》(2017 修正)	《行政诉讼法》
《中华人民共和国人民法院组织法》(2018 修订)	《人民法院组织法》
《中华人民共和国人民检察院组织法》(2018 修订)	《人民检察院组织法》
《中华人民共和国民法典》(2020)	《民法典》
《中华人民共和国公司法》(2018 修正)	《公司法》
《中华人民共和国合伙企业法》(2006 修订)	《合伙企业法》
《中华人民共和国产品质量法》(2018 修正)	《产品质量法》
《中华人民共和国消费者权益保护法》(2013 修正)	《消费者权益保护法》
《中华人民共和国英雄烈士保护法》(2018)	《英烈保护法》
《中华人民共和国国家赔偿法》(2012 修正)	《国家赔偿法》
《中华人民共和国海商法》(1992)	《海商法》
《中华人民共和国专利法》(2020 修正)	《专利法》
《中华人民共和国商标法》(2019 修正)	《商标法》
《中华人民共和国著作权法》(2020 修正)	《著作权法》
《中华人民共和国劳动法》(2018 修正)	《劳动法》
《中华人民共和国劳动合同法》(2012 修正)	《劳动合同法》

(续表)

全称	简称
《中华人民共和国农村土地承包法》(2018 修正)	《农村土地承包法》
《中华人民共和国全国人民代表大会和地方各级人民代表大会选举法》(2020 修正)	《选举法》
《中华人民共和国工会法》(2021 修正)	《工会法》
《中华人民共和国治安管理处罚法》(2012 修正)	《治安管理处罚法》
《中华人民共和国道路交通安全法》(2021 修正)	《道路交通安全法》
《中华人民共和国环境保护法》(2014 修订)	《环境保护法》
《中华人民共和国海洋环境保护法》(2017 修正)	《海洋环境保护法》
《中华人民共和国大气污染防治法》(2018 修订)	《大气污染防治法》
《中华人民共和国电子签名法》(2019 修正)	《电子签名法》
《中华人民共和国反家庭暴力法》(2015)	《反家庭暴力法》
《中华人民共和国保险法》(2015 修正)	《保险法》
《中华人民共和国食品安全法》(2021 修正)	《食品安全法》
《中华人民共和国立法法》(2015 修正)	《立法法》
《中华人民共和国香港特别行政区基本法》(1990)	《香港特别行政区基本法》
《中华人民共和国澳门特别行政区基本法》(1993)	《澳门特别行政区基本法》
《中华人民共和国涉外民事关系法律适用法》(2010)	《涉外民事关系法律适用法》
《中华人民共和国领事特权与豁免条例》(1990)	《领事特权与豁免条例》
《中华人民共和国外交特权与豁免条例》(1986)	《外交特权与豁免条例》
《全国人民代表大会常委会关于完善人民陪审员制度的决定》(2004)(失效)	《人民陪审制度决定》(失效)
《全国人民代表大会常务委员会关于司法鉴定管理问题的决定》(2015 修正)	《鉴定决定》
《国务院诉讼费用交纳办法》(2006)	《诉讼费用交纳办法》
《最高人民法院关于适用〈中华人民共和国民事诉讼法〉的解释》(2022 修正)	《民诉法解释》
《最高人民法院关于适用〈中华人民共和国民事诉讼法〉若干问题的意见》(失效)	《民诉法意见》(失效)
《人民检察院民事诉讼监督规则(试行)》(2013)(失效)	《检察院监督规则(试行)》(失效)
《人民检察院民事诉讼监督规则》(2021)	《检察院监督规则》
《人民法院在线诉讼规则》(2021)	《法院在线诉讼规则》
《最高人民法院关于民事诉讼证据的若干规定》(2019 修正)	《证据规定》
《最高人民法院关于知识产权民事诉讼证据的若干规定》(2020)	《知识产权民事诉讼证据规定》

(续表)

全称	简称
《最高人民法院关于证券纠纷代表人诉讼若干问题的规定》（2020）	《证券纠纷代表人诉讼规定》
《最高人民法院关于印发修改后的〈民事案件案由规定〉的通知》（2020）	《民事案件案由规定》
《最高人民法院关于人民法院登记立案若干问题的规定》（2015）	《登记立案规定》
《最高人民法院关于互联网法院审理案件若干问题的规定》	《互联网法院审理案件规定》
《最高人民法院关于人民法院在互联网公布裁判文书的规定》（2016修订）	《公布裁判文书规定》
《最高人民法院关于民事经济审判方式改革问题的若干规定》（1998）（失效）	《审判方式改革规定》（失效）
《最高人民法院关于各高级人民法院受理第一审民事、经济纠纷案件问题的通知》（1999）（失效）	《高院受理一审案件通知》（失效）
《最高人民法院关于新疆生产建设兵团人民法院案件管辖权问题的若干规定》（2005）	《新疆建设兵团法院案件管辖权规定》
《最高人民法院关于铁路运输法院案件管辖范围的若干规定》（2012）	《铁路运输法院案件管辖范围规定》
《最高人民法院关于军事法院管辖民事案件若干问题的规定》（2020修正）	《军事法院管辖民事案件的规定》
《最高人民法院关于对诉前停止侵犯专利权行为适用法律问题的若干规定》（2001）（失效）	《诉前停止侵犯专利权行为规定》（失效）
《最高人民法院关于诉前停止侵犯注册商标专用权行为和保全证据适用法律问题的解释》（2002）（失效）	《诉前停止侵犯商标专用权行为和保全证据解释》（失效）
《最高人民法院关于人民法院民事调解工作若干问题的规定》（2020修正）	《调解规定》
《人民法院在线调解规则》（2021）	《在线调解规则》
《最高人民法院关于人民法院进一步深化多元化纠纷解决机制改革的若干意见》（2016）	《深化多元化纠纷解决机制改革意见》
《最高人民法院关于人民法院特邀调解的规定》（2016）	《特邀调解规定》
《最高人民法院关于建立健全诉讼与非诉讼相衔接的矛盾纠纷解决机制的意见》（2009）	《诉讼与非诉讼衔接纠纷解决意见》
《最高人民法院关于人民调解协议司法确认程序的若干规定》（2011）	《人民调解协议司法确认程序规定》

(续表)

全称	简称
《最高人民法院关于适用〈中华人民共和国仲裁法〉若干问题的解释》(2008调整)	《仲裁法解释》
《最高人民法院关于审理涉及人民调解协议的民事案件的若干规定》(2002)(失效)	《审理涉及人民调解协议案件规定》(失效)
《最高人民法院关于人民法院办理财产保全案件若干问题的规定》(2020修正)	《财产保全规定》
《最高人民法院关于审理消费民事公益诉讼案件适用法律若干问题的解释》(2020修正)	《消费公益诉讼适用法律解释》
《最高人民法院关于审理环境民事公益诉讼案件适用法律若干问题的解释》(2020修正)	《环境公益诉讼适用法律解释》
《人民检察院提起公益诉讼试点工作实施办法》(2015)(失效)	《人民检察院提起公益诉讼办法》(失效)
《最高人民法院、最高人民检察院关于检察公益诉讼案件适用法律若干问题的解释》(2020修正)	《两高检察公益诉讼适用法律解释》
《最高人民法院关于严格执行案件审理期限制度的若干规定》(2008调整)	《审限规定》
《最高人民法院关于适用简易程序审理民事案件的若干规定》(2020修正)	《简易程序规定》
《全国人民代表大会常务委员会关于授权最高人民法院在部分地区开展民事诉讼程序繁简分流改革试点工作的决定》(2019)	《繁简分流改革试点决定》
《关于民事诉讼程序繁简分流改革试点实施办法》(2020)	《繁简分流实施办法》
《最高人民法院关于适用〈中华人民共和国民事诉讼法〉审判监督程序若干问题的解释》(2020修正)	《审监程序解释》
《最高人民法院关于加强人民法院审判公开工作的若干意见》(2007)	《审判公开意见》
《最高人民法院关于严格执行公开审判制度的若干规定》(1999)	《公开审判规定》
《最高人民法院关于人民法院庭审录音录像的若干规定》(2017)	《庭审录音录像规定》
《最高人民法院关于人民法院通过互联网公开审判流程信息的规定》(2018)	《法院互联网公开审判流程信息的规定》
《最高人民法院关于人民法院合议庭工作的若干规定》(2002)	《合议规定》

(续表)

全称	简称
《最高人民法院关于进一步加强合议庭职责的若干规定》(2010)	《合议庭职责规定》
《最高人民法院关于改革和完善人民法院审判委员会制度的实施意见》(2010)	《人民法院审委会制度意见》
《最高人民法院关于审判人员在诉讼活动中执行回避制度若干问题的规定》(2011)	《回避规定》
《最高人民法院关于适用〈中华人民共和国人民陪审员法〉若干问题的解释》(2019)	《人民陪审员司法解释》
《最高人民法院关于适用督促程序若干问题的规定》(2008调整)(失效)	《督促程序规定》(失效)
《最高人民法院关于审理民事级别管辖异议案件若干问题的规定》(2020修正)	《级别管辖异议规定》
《最高人民法院关于受理审查民事申请再审案件的若干意见》(2009)	《受理审查民事申请再审案件意见》
《最高人民法院关于适用〈中国人民共和国民事诉讼法〉执行程序若干问题的解释》(2020修正)	《执行解释》
《最高人民法院关于人民法院执行工作若干问题的规定(试行)》(2020修正)	《执行规定》
《最高人民法院关于进一步加强和规范执行工作的若干意见》(2009)	《执行意见》
《最高人民法院关于执行权合理配置和科学运行的若干意见》(2011)	《执行权配置与运行意见》
《最高人民法院关于委托执行若干问题的规定》(2020修正)	《委托执行规定》
《最高人民法院关于人民法院办理执行异议和复议案件若干问题的规定》(2020修正)	《执行异议和复议案件规定》
《最高人民法院关于民事执行中变更、追加当事人若干问题的规定》(2020修正)	《执行中变更追加当事人规定》
《最高人民法院关于执行担保若干问题的规定》(2020修正)	《执行担保规定》
《最高人民法院关于执行和解若干问题的规定》(2020修正)	《执行和解规定》
《最高人民法院关于适用〈中华人民共和国海事诉讼特别程序法〉若干问题的解释》	《海事诉讼法解释》
《最高人民法院关于人民法院办理仲裁裁决执行案件若干问题的规定》(2018)	《仲裁裁决执行案件问题规定》

（续表）

全称	简称
《最高人民法院关于人民法院扣押铁路运输货物若干问题的规定》（2020修正）	《法院扣押铁路运输货物问题规定》
《最高人民法院关于人民法院能否对信用证开证保证金采取冻结和扣划措施问题的规定》（2020修正）	《法院能否对信用证开证保证金采取冻结和扣划措施问题的规定》
《最高人民法院关于执行案件移送破产审查若干问题的指导意见》（2017）	《执行转破产意见》
《最高人民法院关于在中级人民法院设立清算与破产审判庭的工作方案》（2016）	《中院设立清算与破产庭方案》
《最高人民法院关于人民法院民事执行中查封、扣押、冻结财产的规定》（2020修正）	《查封、扣押、冻结财产规定》
《最高人民法院关于人民法院民事执行中拍卖、变卖财产的规定(2020修正)	《拍卖、变卖财产规定》
《最高人民法院关于人民法院网络司法拍卖若干问题的规定》（2016）	《网络司法拍卖规定》
《最高人民法院关于网络查询、冻结被执行人存款的规定》（2013）	《网络查询冻结存款规定》
《最高人民法院关于人民法院委托评估、拍卖工作的若干规定》（2011）	《委托评估、拍卖工作规定》
《中央纪律检查委员会、中央组织部、中央宣传部等关于建立和完善执行联动机制若干问题的意见》（2010）	《执行联动机制意见》
《最高人民法院关于限制被执行人高消费及有关消费的若干规定》（2015修正）	《限制被执行人高消费规定》
《最高人民法院关于公布失信被执行人名单信息的若干规定》（2017修正）	《失信被执行人名单规定》
《最高人民法院关于民事执行中财产调查若干问题的规定》（2020修正）	《执行中财产调查若干规定》
《最高人民法院关于公证债权文书执行若干问题的规定》（2018）	《公证债权文书执行规定》
《最高人民法院关于公布失信被执行人名单信息的若干规定》（2017修正）	《公布失信被执行人名单信息的规定》
《最高人民法院关于依法制裁规避执行行为的若干意见》（2011）	《依法制裁规避执行行为的意见》
《最高人民法院关于涉外民事或商事案件司法文书送达问题若干规定》（2020修正）	《涉外民事或商事案件司法文书送达规定》

(续表)

全称	简称
《最高人民法院关于涉港澳民商事案件司法文书送达问题若干规定》(2009)	《涉港澳送达规定》
《最高人民法院关于人民法院办理海峡两岸送达文书和调查取证司法互助案件的规定》(2011)	《两岸司法互助规定》
《最高人民法院关于内地与香港特别行政区法院相互委托送达民商事司法文书的安排》(1999)	《内地与香港送达安排》
《最高人民法院关于内地与香港特别行政区法院就民商事案件相互委托提取证据的安排》(2017)	《内地与香港委托取证安排》
《最高人民法院关于内地与香港特别行政区相互执行仲裁裁决的补充安排》(2021)	《内地与香港执行仲裁裁决安排》
《最高人民法院关于内地与香港特别行政区法院相互认可和执行当事人协议管辖的民商事案件判决的安排》(2008)	《内地与香港认可和执行判决安排》
《最高人民法院关于内地与香港特别行政区法院就仲裁程序相互协助保全的安排》(2019)	《内地与香港仲裁协助保全安排》
《最高人民法院关于内地与澳门特别行政区法院就民商事案件相互委托送达司法文书和调取证据的安排》(2020修正)	《内地与澳门送达取证安排》
《最高人民法院关于内地与澳门特别行政区相互认可和执行民商事判决的安排》(2006)	《内地与澳门认可和执行判决安排》
《最高人民法院关于内地与澳门特别行政区相互认可和执行仲裁裁决的安排》(2007)	《内地与澳门认可和执行仲裁裁决安排》
《最高人民法院关于认可和执行台湾地区法院民事判决的规定》(2015)	《认可执行台湾地区判决规定》
《最高人民法院关于人民法院认可台湾地区有关法院民事判决的补充规定》	《认可台湾地区判决补充规定》(失效)
《最高人民法院关于认可和执行台湾地区仲裁裁决的规定》(2015)	《认可执行台湾地区仲裁裁决规定》
《最高人民法院关于涉外民事或商事案件司法文书送达问题若干规定》(2020修正)	《涉外送达规定》
《最高人民法院关于涉台民事诉讼文书送达的若干规定》(2008)	《涉台送达规定》
《最高人民法院关于涉外民商事案件诉讼管辖若干问题的规定》(2020修正)	《涉外民商事案件管辖规定》
《最高人民法院关于审理涉台民商事案件法律适用问题的规定》(2020修正)	《涉台法律适用规定》

（续表）

全称	简称
《中国海事仲裁委员会仲裁规则》（2021修订）	《海事仲裁规则》
《中国国际经济贸易仲裁委员会仲裁规则》（2014修订）	《经贸仲裁规则》
《中国国际经济贸易仲裁委员会金融争议仲裁规则》（2014修订）	《金融仲裁规则》

目 录

第一编 总 论

第一章 民事诉讼与民事诉讼法 ……………………………… (1)
    第一节 民事纠纷及其解决机制的多元化 …………………… (3)
    第二节 民事诉讼 ……………………………………………… (16)
    第三节 民事诉讼法 …………………………………………… (26)

第二章 民事诉讼法的基本原则 ……………………………… (35)
    第一节 基本原则概述 ………………………………………… (37)
    第二节 当事人诉讼权利平等原则 …………………………… (38)
    第三节 辩论原则 ……………………………………………… (40)
    第四节 诚信原则 ……………………………………………… (43)
    第五节 处分原则 ……………………………………………… (48)
    第六节 法院调解原则 ………………………………………… (51)
    第七节 民事检察监督原则 …………………………………… (54)

第三章 民事审判基本制度 …………………………………… (61)
    第一节 概述 …………………………………………………… (63)
    第二节 公开审判制度 ………………………………………… (63)
    第三节 合议制度 ……………………………………………… (66)
    第四节 回避制度 ……………………………………………… (70)
    第五节 两审终审制度 ………………………………………… (73)

第四章 民事诉权与诉 …………………………………… (79)
   第一节 民事诉权 ……………………………………… (81)
   第二节 民事之诉 ……………………………………… (84)
   第三节 诉的利益 ……………………………………… (89)
   第四节 诉的标的 ……………………………………… (90)
   第五节 反诉 …………………………………………… (96)
   第六节 诉的合并和变更 ……………………………… (98)

第五章 受案范围和管辖 ……………………………… (103)
   第一节 法院受理民事案件的范围 …………………… (105)
   第二节 法院的组织体系和职权 ……………………… (110)
   第三节 管辖概述 ……………………………………… (124)
   第四节 级别管辖 ……………………………………… (127)
   第五节 地域管辖 ……………………………………… (132)
   第六节 裁定管辖 ……………………………………… (142)
   第七节 管辖权异议与管辖恒定 ……………………… (146)

第六章 民事诉讼参加人 ……………………………… (151)
   第一节 诉讼当事人概述 ……………………………… (153)
   第二节 共同诉讼 ……………………………………… (161)
   第三节 代表人诉讼 …………………………………… (165)
   第四节 民事公益诉讼原告 …………………………… (171)
   第五节 第三人 ………………………………………… (174)
   第六节 诉讼代理人 …………………………………… (179)

第七章 民事诉讼证据 ………………………………… (187)
   第一节 民事诉讼证据概述 …………………………… (189)
   第二节 民事诉讼证据的种类 ………………………… (195)
   第三节 证据保全 ……………………………………… (218)
   第四节 法院调查收集证据 …………………………… (221)

第八章 证明 …………………………………………… (231)
   第一节 证明对象 ……………………………………… (233)
   第二节 证明责任 ……………………………………… (242)

第三节　证明标准 …………………………………………… (251)
　　第四节　举证时限与证据交换 ……………………………… (258)
　　第五节　质证与认证 ………………………………………… (264)
　　第六节　证明妨碍及其救济与制裁 ………………………… (269)

第九章　诉讼保障机制 ………………………………………… (279)
　　第一节　期间与送达 ………………………………………… (281)
　　第二节　对妨害民事诉讼的强制措施 ……………………… (288)
　　第三节　保全与先予执行 …………………………………… (294)
　　第四节　诉讼费用与司法救助 ……………………………… (304)

第二编　诉讼程序论

第十章　第一审普通程序 ……………………………………… (317)
　　第一节　第一审普通程序概述 ……………………………… (319)
　　第二节　起诉和受理 ………………………………………… (320)
　　第三节　审前准备程序 ……………………………………… (326)
　　第四节　开庭审理 …………………………………………… (330)
　　第五节　案件审理中几种特殊情况的处理 ………………… (336)

第十一章　法院调解 …………………………………………… (345)
　　第一节　法院调解概述 ……………………………………… (347)
　　第二节　法院调解的原则 …………………………………… (350)
　　第三节　法院调解的实施 …………………………………… (354)
　　第四节　调解协议及其效力 ………………………………… (358)

第十二章　简易程序与小额诉讼程序 ………………………… (365)
　　第一节　简易程序 …………………………………………… (367)
　　第二节　小额诉讼程序 ……………………………………… (372)

第十三章　民事公益诉讼程序 ………………………………… (379)
　　第一节　民事公益诉讼程序概述 …………………………… (381)
　　第二节　民事公益诉讼的特殊程序规定 …………………… (386)

第十四章　第二审程序 ………………………………………… (395)
　　第一节　第二审程序概述 …………………………………… (397)

第二节　上诉的提起和受理 ·············· (399)
　　第三节　上诉案件的审理 ················ (404)
　　第四节　上诉案件的裁判 ················ (406)

第十五章　民事裁判 ························· (411)
　　第一节　民事判决 ······················ (413)
　　第二节　民事裁定 ······················ (417)
　　第三节　民事决定 ······················ (420)
　　第四节　既判力 ························ (421)
　　第五节　公众对裁判文书的阅卷权 ········ (430)

第十六章　再审程序 ························· (435)
　　第一节　再审程序概述 ·················· (437)
　　第二节　基于审判监督权的再审 ·········· (438)
　　第三节　基于检察监督权抗诉的再审与检察建议 ··· (440)
　　第四节　申请再审 ······················ (445)
　　第五节　再审事由 ······················ (451)
　　第六节　再审案件的审理和裁判 ·········· (455)

第十七章　第三人撤销之诉 ··················· (465)
　　第一节　第三人撤销之诉概述 ············ (467)
　　第二节　第三人撤销之诉的程序 ·········· (469)
　　第三节　第三人撤销之诉与再审程序、案外人执行异议
　　　　　　的关系 ························ (474)

第三编　非诉讼程序论

第十八章　非诉讼程序概述 ··················· (481)
　　第一节　非诉讼程序与诉讼程序 ·········· (483)
　　第二节　非诉讼程序适用范围 ············ (489)
　　第三节　我国非诉讼程序的立法完善 ······ (492)

第十九章　特别程序 ························· (495)
　　第一节　特别程序概述 ·················· (497)
　　第二节　选民资格案件的审判程序 ········ (499)

第三节　宣告公民失踪案件的审判程序 …………………………（501）
　　第四节　宣告公民死亡案件的审判程序 …………………………（503）
　　第五节　认定公民无民事行为能力或者限制民事行为能力案件
　　　　　　的审判程序 ………………………………………………（507）
　　第六节　认定财产无主案件的审判程序 …………………………（510）
　　第七节　确认调解协议案件的审理程序 …………………………（512）
　　第八节　实现担保物权案件的审理程序 …………………………（516）

第二十章　督促程序 ……………………………………………………（527）
　　第一节　督促程序概述 ……………………………………………（529）
　　第二节　支付令的申请和受理 ……………………………………（530）
　　第三节　支付令的发出和效力 ……………………………………（532）
　　第四节　支付令异议和督促程序终结 ……………………………（534）

第二十一章　公示催告程序 ……………………………………………（541）
　　第一节　公示催告程序概述 ………………………………………（543）
　　第二节　公示催告案件的审理程序 ………………………………（546）
　　第三节　除权判决 …………………………………………………（549）

第四编　执行程序论

第二十二章　执行程序总论 ……………………………………………（553）
　　第一节　执行程序概述 ……………………………………………（555）
　　第二节　执行程序的一般规定 ……………………………………（560）
　　第三节　执行程序的开始 …………………………………………（570）
　　第四节　执行程序的进行 …………………………………………（572）
　　第五节　执行程序的结束 …………………………………………（584）
　　第六节　执行救济 …………………………………………………（587）

第二十三章　执行程序分论 ……………………………………………（599）
　　第一节　执行措施概述 ……………………………………………（601）
　　第二节　实现金钱债权的执行 ……………………………………（602）
　　第三节　实现非金钱债权的执行 …………………………………（611）
　　第四节　保障性执行措施 …………………………………………（613）

第五编　涉港澳台及涉外民事诉讼程序

第二十四章　涉港澳台民事诉讼程序 ……………………………（619）
 第一节　涉港澳台民事诉讼程序概述 ……………………………（621）
 第二节　涉港澳台民事诉讼程序的特别规定 ……………………（622）
 第三节　区际民事司法协助 ………………………………………（625）

第二十五章　涉外民事诉讼程序 ……………………………………（629）
 第一节　涉外民事诉讼程序概述 …………………………………（631）
 第二节　涉外民事诉讼程序的一般原则 …………………………（633）
 第三节　涉外民事诉讼管辖 ………………………………………（636）
 第四节　涉外民事诉讼的期间和送达 ……………………………（640）
 第五节　司法协助 …………………………………………………（643）

第一编 总 论

第一章 民事诉讼与民事诉讼法

民事纠纷是社会纠纷种类之一,解决民事纠纷包括诉讼和非诉讼两大机制。本章主要介绍了民事纠纷及其解决机制的多元化、民事纠纷的诉讼解决机制与其他非诉讼纠纷解决机制(ADR)之间的衔接、民事诉讼的特征、民事诉讼的模式、民事诉讼的目的、民事诉讼的理念、民事诉讼的结构、民事诉讼法及其与其他法律部门之间的关系。

第一节　民事纠纷及其解决机制的多元化

▶ 一、民事纠纷含义和特征

纠纷,又称争议,据《辞海》解释是"纷扰"。[①] 现代社会关系由人与人之间、人与组织之间、组织与组织之间的行为和活动而形成。由于政治、经济、文化等各种原因,行为主体之间总会产生各种利益冲突和纠纷。纠纷可以分为法律纠纷和非法律纠纷,法律纠纷通过法律途径解决,非法律纠纷通过非法律途径解决。非法律纠纷是指那些不涉及法律所规定的权利义务的纠纷,如道义、政治、学术纠纷等;法律纠纷又大致可分为行政纠纷、刑事纠纷和民事纠纷。行政纠纷是指涉及行政法规定的行政机关与行政相对人之间发生的有关行政权行使的纠纷;刑事纠纷是指国家、刑事被害人与犯罪人之间发生的涉及刑事权利义务的纠纷;民事纠纷是指平等主体之间发生的涉及民事权利义务的纠纷,例如合同纠纷、侵权纠纷、财产纠纷、家事纠纷等。

民事纠纷是现代社会关系中一种重要的纠纷种类,就其本质而言是利益冲突,在法律的层面就是民事权利义务争议。与刑事纠纷和行政纠纷相比较,以民事权利义务为内容的民事纠纷有如下特征:

1. 民事纠纷主体法律地位的平等性

民事纠纷是自然人之间、法人之间、非法人组织之间及他们相互之间,因财产关系和人身关系而发生的纠纷。上述民事主体之间实体法律关系地位是平等的,不存在尊卑、上下、大小、隶属之分,发生纠纷以后,在纠纷的处理过程中其法律地位是平等的。

2. 民事纠纷内容的特定性

平等主体之间民事纠纷争议的内容仅指民事权利和义务。不同于行政权利义务和刑法上的权利义务,民事法律将这些权利和义务概括为财产权利义务和人身权利义务,即凡是民事纠纷要么是财产权利义务之争,要么是人身权利义务之争。超出此范围的不属于民事纠纷。

3. 民事纠纷的可处分性

基于民事纠纷主体地位的平等性和民事纠纷内容的特定性,平等的民事主体可以依据私法"意思自治原则",对产生争议的民事权利和义务进行自由处分,即可以基于民事法律规定,出于不同理由、动机,主张权利、变更权利、

---

① 《辞海》,上海辞书出版社1980年版,第1146页。

放弃权利。民事纠纷的可处分性是其与行政纠纷和刑事纠纷的本质区别。

4. 民事纠纷解决机制的多元性

民事纠纷的上述特征,决定了民事纠纷解决机制的多元性。由于平等的民事主体对民事权利和义务具有自由处分权能,因此,其平息民事纠纷的手段和途径也应该是多元化的。不同于行政纠纷和刑事纠纷,民事纠纷不仅仅可以通过诉讼方式,还可以通过更为广泛的非诉讼方式加以解决。

▶ 二、民事纠纷解决机制的多元化

社会学家认为纠纷是一种破坏力量,纠纷意味着失范和道德规范的失衡,犹如一种病症,造成社会结构失调和功能紊乱。① 但是,纠纷也有其正面作用,它犹如一种"清醒剂",有利于"提高社会单位的更新力和创造力水平","促进常规性冲突关系的建立","提高对现实性后果的意识程度"。② 但是,要发挥纠纷的正面作用,最终必须面对纠纷和解决纠纷。古往今来,各国都非常重视纠纷的解决和平息。如上所述,民事纠纷解决机制是多元化的,包括私力救济、社会救济和公力救济。

私力救济,是指纠纷主体依靠自身力量解决纠纷,以达到维护自己权益的目的,包括自决和和解。自决是指纠纷主体一方凭借自己的力量使对方服从。和解是指纠纷主体双方相互妥协和让步,最终解决纠纷。二者的共同点是依靠自己的力量来解决纠纷,不需要第三者的介入,也不受任何规范制约。私力救济是最古老、最简单的民事纠纷解决机制。

社会救济,是指依靠社会力量解决民事纠纷的一种机制,包括调解(诉讼外调解)和仲裁。调解是指第三者依据一定的道德和法律规范,对纠纷主体摆事实、讲道理,促使双方在相互谅解和让步基础上,最终解决纠纷的一种活动。仲裁是指纠纷主体根据有关规定和双方协议,将纠纷提交一定的机构,以第三者居中裁决的方式解决纠纷。调解和仲裁的共同特点是第三者对纠纷处理起到重要作用。运用调解和仲裁解决纠纷标志着人类社会在解决民事纠纷方面的进步,这种纠纷解决机制在现代法治社会不仅被保留,而且得到了大力提倡和发挥。

公力救济,是指采用国家公权力处理和解决纠纷机制,包括诉讼和行政裁决。诉讼是指由国家审判机关在纠纷主体参加下,处理和解决纠纷的一种

---

① 参见渠敬东:《缺席与断裂——有关失范的社会学研究》,上海人民出版社1999年版,第31—38页。

② 〔美〕L. 科塞:《社会冲突的功能》,孙立平等译,华夏出版社1989年版,第17—183页。

最终和最有效的机制。行政裁决是指由国家行政机关基于法律规定处理和解决民事纠纷的制度。诉讼和行政裁决的共同特点是由国家公权力机关参与处理和解决纠纷。现代社会采用公力救济解决纠纷机制，能够使纠纷得到最公正、最合理的解决。

针对现代社会的民事纠纷，各国法律在提高司法效率、降低司法成本的原则下，根据纠纷的具体情况，尽量采用耗时短、成本低的纠纷解决手段。尤其是针对西方国家民事诉讼制度运行耗时耗力浪费成本的特定背景，美国在20世纪80年代掀起了一场减少诉讼、以调解或和解来替代诉讼解决纠纷方式的浪潮，即所谓的ADR（Alternative Dispute Resolution）。随着网络科技的发展，在线纠纷解决机制（Online Dispute Resolution，简称ODR）逐渐兴起并发展成为独立于ADR的新型诉讼外纠纷解决机制。我国自20世纪80年代司法改革起，也开始重视和提倡民事纠纷解决机制的多元化。

▶ 三、民事纠纷的非诉讼解决机制

（一）非诉讼纠纷解决机制特点

非诉讼纠纷解决机制，可称为替代诉讼解决纠纷机制。通常认为非诉讼纠纷解决机制有广义和狭义之分[①]：广义是指除了诉讼外解决民事纠纷的各种方式、程序和制度的总称，狭义是指诉讼程序之内解决民事非讼案件的特别非诉讼程序。在此我们说明的是广义上的非诉讼纠纷解决机制。与诉讼相比，非诉讼纠纷解决机制具有以下特点[②]：① 替代性。在纠纷的解决上，非诉讼纠纷解决机制是对诉讼或审判方式的替代。② 选择性。非诉讼纠纷解决机制以当事人自愿选择为前提，即是否选择非诉讼纠纷解决方式，或选择何种非诉讼纠纷解决方式都取决于当事人的自愿选择。③ 优越性。与诉讼方式相比，非诉讼纠纷解决方式能够克服诉讼解决纠纷的刚性，降低纠纷解决成本，方便当事人纠纷的尽快解决。

（二）非诉讼纠纷解决机制的类型和方式

纵观世界各地，关于非诉讼纠纷解决机制，可以做如下类型和方式上的划分：

1. 非诉讼纠纷解决机制的类型

（1）根据纠纷解决主体，可分为法院、行政机关、民间团体或民间组织、律师、国际组织等附设的非诉讼纠纷解决机制。

---

① 参见范愉：《非诉讼纠纷解决机制研究》，中国人民大学出版社2000年版，第12页。
② 参见张卫平：《民事诉讼法》（第3版），中国人民大学出版社2015年版，第4页。

（2）根据纠纷处理结果效力，可分为有权申请法院强制执行和无权申请法院强制执行的非诉讼纠纷解决机制。

（3）根据所解决纠纷的性质，可分为普通纠纷、特定纠纷的非诉讼纠纷解决机制。例如，对于劳动纠纷、医疗纠纷、交通事故纠纷、家事纠纷等特殊纠纷，可能由政府或民间组织专门机构和人员进行处理和解决。①

2. 非诉讼纠纷解决机制的方式

（1）协商。又称和解，是历史最悠久、使用最广泛的民事纠纷解决方式，指通过当事人之间自愿协商和谈判对话，达成解决民事纠纷的协议。协商的特点是不需要第三者的介入，只有双方当事人进行协商的过程和活动。实践当中，自愿协商不仅可以解决纠纷，还可以预防尚未发生的纠纷，使大量纠纷不通过诉讼即可得到合理解决。

（2）调解。所谓调解是指在第三方主持下，依据国家法律、法规、规章和政策，对纠纷双方当事人摆事实、讲道理，促成其相互谅解，进行协商，自愿达成调解协议，消除纠纷的活动。② 调解是一种传统的民事纠纷解决方式，在现代社会仍然得到广泛的运用。目前，各国家和地区都非常重视调解在解决民事诉讼中的作用，调解不仅成为解决民事纠纷的一种方式，而且成为一种非常重要的非诉讼纠纷解决制度。根据我国现行法律规定，诉讼之外调解解决民事纠纷的种类越来越多，主要包括人民调解组织调解、行政机关调解、商事调解组织调解、行业调解组织调解和其他具有调解职能组织的调解。③ 多元化的调解解决民事纠纷方式已成为我国非诉讼纠纷解决重要机制，不同部门调解协议的法律效力也在得到提高和确认。对此，我国《民事诉讼法》第15章特别程序第6节专门规定了申请司法确认调解协议效力程序。

（3）仲裁。所谓仲裁是指根据民事纠纷双方当事人在纠纷发生以前或以后达成的仲裁协议，在仲裁机构仲裁员或专设仲裁庭主持下，对双方当事人之间的纠纷进行居中裁决的纠纷解决方式。仲裁也是一种比较古老的非诉讼纠纷解决机制，在现代社会依然被广泛使用。各个国家和地区一般都通过制定独立的仲裁法来规范这种非诉讼纠纷解决方式。与其他非诉讼纠纷解决方式相比较，仲裁有如下特点④：第一，自愿性。仲裁必须以当事人在纠纷发生前后达成的有效书面仲裁协议来排斥法院对纠纷的管辖权。第二，民间性。民商事仲裁机构应当是民间组织，系社会团体法人，无国界和区界划分，

---

① 参见范愉：《非诉讼纠纷解决机制研究》，中国人民大学出版社2000年版，第17页。
② 参见江伟、杨荣新主编：《人民调解学概论》，法律出版社1990年版，第1页。
③ 参见《诉讼与非诉讼衔接纠纷解决意见》《仲裁法》《人民调解法》和《劳动争议调解仲裁法》。
④ 参见江伟主编：《民事诉讼法》（第3版），高等教育出版社2007年版，第3页。

无上下级划分,当事人可以自由选择国际国内任何一个仲裁机构进行仲裁解决纠纷。第三,自治性。在仲裁程序中,当事人双方具有高度自治性,可以选择仲裁机构、仲裁员、仲裁规则、适用的实体法、仲裁审理方式等。第四,合法性。仲裁的民间性和自治性,并不排除仲裁应当遵守当事人约定、一裁终局等法律有关强制性规定,仲裁的有关规范是由仲裁法来决定的,合法的仲裁裁决才具有强制执行效力。

(4) 其他。随着民事纠纷解决机制的多元化,除了上述非诉讼纠纷解决方式,在各个国家和地区还存在着更多具有自己特点的非诉讼纠纷解决方式,而且这些非诉讼纠纷解决方式存在与诉讼纠纷解决方式相互交融和衔接的状态。例如,在20世纪后半期,美国创建的民间纠纷解决机制与法院附设ADR方式,其步骤是:早期中立评价、中立专家事实发现、简易陪审团审判、小型审判、聘请法官调解、仲裁等[①];日本建立的"和解兼辩论""辩论兼和解"审判方式,提倡法官在审判程序中尽量广泛地获取纠纷解决信息,以促进当事人达成和解;我国法院建立的"审前调解"中委托其他社会组织和机构的调解等。此外,技术进步和社会发展使得网络科技在纠纷解决过程中的运用日益普及。随着美国学者在21世纪初期提出所谓"第四方"概念,ODR这一矩形架构的纠纷解决机制逐渐从ADR中独立出来。ODR的主要内容涉及在线协商、在线调解、在线仲裁等,有助于实现纠纷解决的低成本和高效率。

▶ 四、民事纠纷的诉讼解决机制

(一) 民事纠纷的诉讼解决机制必要性

民事纠纷是平等主体之间的民事权利义务争议,涉及的是私人权益之争。因此,当事人可以依据私法"意思自治原则"选择协商、调解、仲裁等非诉讼机制解决纠纷。这些非诉讼机制化解了相当一部分社会纠纷,减少了进入诉讼的纠纷案件数量。但是,国家的司法最终裁决原则以及非诉讼纠纷解决机制的民间性,决定了非诉讼解决纠纷结果在权威性和执行力上具有相当的局限性。因此,在很多情况下民事纠纷还是要通过民事诉讼加以解决。根据世界各地的经验,国家必须设立具有极高权威性的最后一道机制来解决民事纠纷,这一机制就是由国家审判机关主持进行的民事诉讼。

(二) 民事纠纷的诉讼解决机制的特征

为了保证实体公正和程序公正的共同实现,民事诉讼必须由一套精密合理的程序制度构成,保证实现当事人之间的辩论、法院的居中裁判、当事人之

---

① See Larry L. Teply, Ralph U. Whitten, *Civil Procedure*, the Foundation Press, 1994, pp. 17-21.

间权利义务的最终落实等。由于国家公权力的干预和司法最终裁决原则的存在,民事诉讼是解决民事纠纷最终、最有效的方式。

民事诉讼作为解决民事纠纷最为重要的方式也有一定的局限性,这些局限性表现在[①]:

(1)程序的运行刚性化。民事诉讼由法律规定的若干制度和程序构成,民事纠纷的解决必须严格依照法律规定进行,否则就违反了程序的正当性和合法性。因此,相对其他非诉讼纠纷解决方式,民事诉讼强调刚性化特点,缺少了灵活性和方便性手段的运用。

(2)事实证据的认定形式化。民事纠纷的解决首先要对事实和证据进行认定。由于民事诉讼法强调法律上的真实,法院对案件事实和证据的认定需要合法性,因此民事诉讼法中设定了一系列举证、质证和认证的形式要求。这些固化的形式要求很有可能影响事实认定的有效性,使事实证据的认定相对形式化。

(3)纠纷解决的成本高昂化。由于民事诉讼设计了相对复杂的程序和制度,通常情况下当事人提起民事诉讼耗时、耗力、耗财,经过几级审判裁决以后,有效的裁判还不一定能够得到有效的执行。因此,就社会资源和司法资源而论,民事诉讼并不是一种经济的解决纠纷的方式,相对其他非诉讼纠纷解决机制,其成本是比较高昂的。民事诉讼虽然存在上述局限性,却不能否定其在解决民事纠纷中巨大的价值和作用。为了克服民事诉讼的局限性,提高民事诉讼效率,现代各国民事诉讼法都基于程序相当理论,根据民事纠纷的不同性质和简易程度,设置了一个多元化和开放化的解决民事纠纷体系,民事诉讼程序的构成可以根据纠纷类型加以构建。例如,根据案件有无实质争议的诉讼和非诉讼属性,设置了诉讼程序和非诉讼程序;根据案件简易程度,设置了普通程序、简易程序、小额程序等;根据案件复杂程度和标的额大小,设置了合理的审级制度等。

▶ 五、民事纠纷诉讼与非诉讼纠纷解决机制的衔接

(一)诉讼与非诉讼纠纷解决机制衔接的必要性

民事纠纷可以通过诉讼和非诉讼纠纷解决机制分别加以解决,但是这两种机制并不是完全或绝对独立的,它们之间存在内在的衔接机制。实际情况往往是,有些纠纷通过非诉讼纠纷解决机制并没有得到解决,最终还是要遵

[①] 参见张卫平:《民事诉讼法》(第3版),中国人民大学出版社2015年版,第3页;张卫平:《民事诉讼法》(第5版),法律出版社2019年版,第5—7页。

守司法最终裁决原则进入诉讼程序;有些纠纷虽然通过非诉讼纠纷解决机制得到解决,但是还要经过诉讼程序中司法确认协议效力或强制执行程序才能得到最终执行。由于各国或地区诉讼与非诉讼纠纷解决机制不尽相同,所以关于两者之间如何衔接的法律规定也不尽相同。我国近几年非常重视扩大非诉讼纠纷解决机制的范围,加强了有关规范性立法规定;同时,在立法和司法上也重视和规范了诉讼与主要非诉讼纠纷解决机制的衔接。2009年最高人民法院《诉讼与非诉讼衔接纠纷解决意见》明确规定建立健全诉讼与非诉讼相衔接纠纷解决机制的主要目标是:充分发挥人民法院、行政机关、社会组织、企事业单位以及其他各方面的力量,促进各种纠纷解决方式相互配合、相互协调和全面发展,做好诉讼与非诉讼渠道的相互衔接,为人民群众提供更多可供选择的纠纷解决方式,维护社会和谐稳定,促进经济社会又好又快发展。2016年《深化多元化纠纷解决机制改革意见》明确了今后一个时期人民法院进一步深化多元化纠纷解决机制改革的三大目标:一是建设功能完备、形式多样、运行规范的诉调对接平台,畅通纠纷解决渠道,引导当事人选择适当的纠纷解决方式;二是合理配置纠纷解决的社会资源,完善和解、调解、仲裁、公证、行政裁决、行政复议与诉讼有机衔接、相互协调的多元化纠纷解决机制;三是充分发挥司法在多元化纠纷解决机制建设中的引领、推动和保障作用,为促进经济社会持续发展、全面建成小康社会提供有力的司法保障。

(二)诉讼与主要非诉讼纠纷解决机制的衔接

1. 民事诉讼与人民调解等民间调解的衔接

人民调解是由人民调解委员会在当事人参加下对民事纠纷或轻微刑事纠纷进行调解解决的一种制度。人民调解是我国民间调解的延续和发展,在纠纷解决中起到了重要作用,曾被誉为"东方经验"并被西方各国纷纷借鉴。我国规范诉讼与人民调解相衔接的法律和法规主要是《民事诉讼法》以及2011年施行的《人民调解法》。

《人民调解法》是人民调解工作的专门性法律规范,分别对调解原则、人民调解委员会、调解员、调解程序、调解协议进行了细致规定。关于民事诉讼与人民调解的衔接有两方面:一是当事人对达成的调解协议可以向人民法院起诉;二是当事人对达成的调解协议向人民法院申请司法确认。

(1)向人民法院提起诉讼。《人民调解法》第32条规定:经人民调解委员会调解达成调解协议后,当事人之间就调解协议的履行或者调解协议的内容发生争议的,一方当事人可以向人民法院提起诉讼。根据该条规定,只有两类情况之下当事人可以就调解协议向人民法院提起诉讼。第一类是当事人之间对调解协议内容没有争议,而是对调解协议中义务人一方不自动履行协议有争议,权利人一方可以向人民法院提起诉讼,以使协议获得强制执行效力。人民法院对此类诉讼无须审理协议内容,只需查明义务人是否履行义务,并对此作出判决,该判决生效后便可作为权利人的执行根据。第二类是当事人之间对调解协议内容发生争议,一方当事人可以向人民法院提起诉讼,要求人民法院对调解协议内容合法性进行审查,并作出判决。人民法院对此类诉讼要进行事实上的审理,与一般民事纠纷的诉讼审理一样,要对民事争议内容作出判决,判决生效后就产生强制执行效力。

(2)向人民法院申请司法确认。《人民调解法》第33条规定:经人民调解委员会调解达成调解协议后,双方当事人认为有必要的,可以自调解协议生效之日起30日内,共同向人民法院申请司法确认,人民法院应当及时对调解协议进行审查,依法确认调解协议的效力。人民法院依法确认调解协议有效,一方当事人拒绝履行或者未全部履行的,对方当事人可以向人民法院申请强制执行。人民法院依法确认调解协议无效的,当事人可以通过人民调解方式变更原调解协议或者达成新的调解协议,也可以向人民法院提起诉讼。同时,《民事诉讼法》第201条规定,申请司法确认调解协议,由双方当事人自调解协议生效之日起30日内,共同向下列人民法院提出:其一,人民法院邀请调解组织开展先行调解的,向作出邀请的人民法院提出。其二,调解组织自行开展调解的,向当事人住所地、标的物所在地、调解组织所在地的基层人民法院提出;调解协议所涉纠纷应当由中级人民法院管辖的,向相应的中级人民法院提出。第202条规定:人民法院受理申请后,经审查,符合法律规定的,裁定调解协议有效,一方当事人拒绝履行或者未全部履行的,对方当事人可以向人民法院申请执行;不符合法律规定的,裁定驳回申请,当事人可以通过调解方式变更原调解协议或者达成新的调解协议,也可以向人民法院提起诉讼。《民诉法解释》第351条至第358条全面完善了调解协议司法确认程序规范,为司法确认程序的具体适用提供了依据。

除了上述法律规定的人民调解之外,随着我国多元化纠纷解决机制的建立和完善,有关民间调解机构会不断增多,其类型包括商事调解组织、行业调解组织、律师调解组织、仲裁调解组织等。按照《民事诉讼法》第201条的规定,经"依法设立的调解组织"调解达成的调解协议,都有获得司法确认和强制执行的机会。2021年10月23日公布的《民事诉讼法(修订草案)》曾规定,经"依法设立的调解组织或者依法任职的调解员"调解达成的调解协议可以申请司法确认,但正式发布的修正案删除了"依法任职的调解员"的表述。可见,有关司法确认的主体范围,立法持相对严格、谨慎的立场。所谓"经依法设立的调解组织",字面意义上应解释为具有一定调解资质,而且是特殊设立的专门调解组织。其具体范围应如何界定,仍需立法机关或最高人民法院通过法律解释的方式予以明确。

2. 民事诉讼与仲裁的衔接

仲裁是一种非常重要且有效的独立解决民事纠纷的方式。与民事诉讼相比,由于仲裁机构的民间性和当事人的自治性,仲裁具有更大的可选择性和优越性。民商事纠纷案件当事人不仅可以自由选择仲裁机构、仲裁员,而且由于仲裁实行的是不公开和一裁终局制度,仲裁裁决一旦作出就发生法律效力。但是,基于司法最终裁决原则,仲裁与民事诉讼也存在有机的衔接关系。值得一提的是,这种衔接关系要体现的是司法对仲裁的事后救济和监督,对仲裁裁决的有关审查应当局限于形式而非实体内容,要体现司法对仲裁的支持和保障。在我国,《仲裁法》和《民事诉讼法》是规范仲裁与诉讼衔接的主要法律。根据现有法律规定,民事诉讼与仲裁主要衔接机制如下:

(1) 有效的仲裁协议排斥人民法院对民事纠纷的审判权。对于民事纠纷,除了人身关系纠纷外,其他民事或民商事纠纷仲裁机构都有仲裁权力,但是当事人要选择仲裁解决纠纷必须要有仲裁协议。《仲裁法》第2条规定:平等主体的公民、法人和其他组织之间发生的合同纠纷和其他财产权益纠纷,可以仲裁。第4条规定:当事人采用仲裁方式解决纠纷,应当双方自愿,达成仲裁协议。没有仲裁协议,一方申请仲裁的,仲裁委员会不予受理。第5条规定:当事人达成仲裁协议,一方向人民法院起诉的,人民法院不予受理,但仲裁协议无效的除外。同样,《民事诉讼法》第127条第2项规定:依照法律规定,双方当事人达成书面仲裁协议申请仲裁、不得向人民法院起诉的,告知原告向仲裁机构申请仲裁。上述规定说明,当事人之间有效的仲裁协议排除了法院对此纠纷的审判权,一方当事人要向人民法院提起诉讼的,人民法院不予受理。但是,当事人双方仲裁协议无效、失效或者内容不明确的、无法执行的除外。

(2) 人民法院可以通过民事诉讼程序确认仲裁协议的效力。仲裁协议是否有效直接关系到此项民事纠纷是由仲裁机构裁决还是由人民法院审理的问题。仲裁机构和人民法院都有权对仲裁协议效力进行确认,但是,以人民法院通过民事诉讼程序确认优先为原则。按照《仲裁法》第20条第1款的规定,当事人对仲裁协议的效力有异议的,可以请求仲裁委员会作出决定或者请求人民法院作出裁定。一方请求仲裁委员会作出决定,另一方请求人民法院作出裁定的,由人民法院裁定。同时,按照《最高人民法院关于确认仲裁协议效力几个问题的批复》的规定,仲裁机构已经先于人民法院接受关于确认仲裁协议效力的申请并作出决定的,人民法院不予受理当事人关于确认仲裁协议无效的诉讼。仲裁机构虽已接受关于确认仲裁协议效力的申请,但尚未作出决定的,人民法院可以受理当事人关于要求确认仲裁协议无效的诉讼,同时通知仲裁机构终止仲裁。人民法院对仲裁协议效力的确认一般是在一方当事人向人民法院提起民事诉讼,而另一方当事人以双方存在仲裁协议为由抗辩人民法院审判权的情况下产生。

(3) 当事人可以申请人民法院撤销仲裁裁决。仲裁实行一裁终局制度,仲裁裁决一旦作出就产生法律效力。同时,《仲裁法》第58条规定,仲裁当事人如果发现仲裁裁决具有法定可撤销理由的,可以向仲裁委员会所在地的中级人民法院申请撤销裁决。在我国,仲裁裁决分为国内仲裁机构作出的仲裁裁决和涉外仲裁机构作出的仲裁裁决,对两种裁决可以撤销的理由,《仲裁法》作出了不同规定。《仲裁法》第58条规定了可撤销国内仲裁裁决的理由[①],《仲裁法》第70条则规定了可撤销涉外仲裁裁决的理由[②]。同时,根据《仲裁法》第59—61条的规定当事人申请撤销裁决的,应当自收到裁决书之日起6个月内提出。人民法院应当在受理撤销裁决申请之日起2个月内作出撤销裁决或者驳回申请的裁定。人民法院受理撤销裁决的申请后,认为可以由仲裁庭重新仲裁的,通知仲裁庭在一定期限内重新仲裁,并裁定中止撤销程序。仲裁庭拒绝重新仲裁的,人民法院应当裁定恢复撤销程序。人民法院撤销仲裁裁决是一种特别程序,对于人民法院作出的撤销裁决或者驳回申请的裁定,当事人不能上诉,也不能申请再审。仲裁裁决被人民法院撤销后,当事人可以重新达成仲裁协议进行仲裁,也可以直接向人民法院提起民事诉讼。

(4) 当事人可以申请人民法院不予执行仲裁裁决。仲裁裁决作出以后就

---

① 《仲裁法》第58条规定:"当事人提出证据证明裁决有下列情形之一的,可以向仲裁委员会所在地的中级人民法院申请撤销裁决:(一)没有仲裁协议的;(二)裁决的事项不属于仲裁协议的范围或者仲裁委员会无权仲裁的;(三)仲裁庭的组成或者仲裁的程序违反法定程序的;(四)裁决所根据的证据是伪造的;(五)对方当事人隐瞒了足以影响公正裁决的证据的;(六)仲裁员在仲裁该案时有索贿受贿,徇私舞弊,枉法裁决行为的。人民法院经组成合议庭审查核实裁决有前款规定情形之一的,应当裁定撤销。人民法院认定该裁决违背社会公共利益的,应当裁定撤销。"

② 《仲裁法》第70条规定:"当事人提出证据证明涉外仲裁裁决有民事诉讼法第二百五十八条第一款规定的情形之一的,经人民法院组成合议庭审查核实,裁定撤销。"(本条引用的《民事诉讼法》条文,为现行法第281条第1款之规定,即"对中华人民共和国涉外仲裁机构作出的裁决,被申请人提出证据证明仲裁裁决有下列情形之一的,经人民法院组成合议庭审查核实,裁定不予执行:(一)当事人在合同中没有订有仲裁条款或者事后没有达成书面仲裁协议的;(二)被申请人没有得到指定仲裁员或者进行仲裁程序的通知,或者由于其他不属于被申请人负责的原因未能陈述意见的;(三)仲裁庭的组成或者仲裁的程序与仲裁规则不符的;(四)裁决的事项不属于仲裁协议的范围或者仲裁机构无权仲裁的。")

产生强制执行效力。《仲裁法》第62条规定：当事人应当履行裁决。一方当事人不履行的，另一方当事人可以依照民事诉讼法的有关规定向被执行人所在地或被执行的财产所在地人民法院申请执行。受申请的人民法院应当执行。与当事人申请撤销仲裁裁决一样，我国《仲裁法》对国内仲裁机构作出的仲裁裁决和涉外仲裁机构作出的仲裁裁决，可以申请不予执行的理由也作了不同规定。《仲裁法》第63条对国内仲裁裁决申请不予执行的理由作出了规定[①]；《仲裁法》第71条对涉外仲裁裁决申请不予执行的理由作出了规定。[②] 根据《民事诉讼法》第244条（国内仲裁）和第280条、第281条（涉外仲裁）的规定，对国内仲裁和涉外仲裁机构的仲裁裁决，当事人可以依据不同情形申请不予执行。仲裁裁决被人民法院裁定不予执行的，当事人可根据双方达成的书面仲裁协议重新申请仲裁，也可以向人民法院起诉。

另外，《民事诉讼法》第104条规定：利害关系人因情况紧急，可以在申请仲裁前，向被保全财产所在地、被申请人住所地人民法院申请财产保全。这一规定体现了人民法院支持仲裁和保障仲裁的政策倾向。

3. 民事诉讼与劳动争议调解仲裁的衔接

劳动争议调解仲裁是我国解决境内企业和职工之间劳动纠纷的法律制度。规范民事诉讼和劳动争议调解仲裁的法律是2008年起施行的《劳动争议调解仲裁法》。《劳动争议调解仲裁法》第5条规定：发生劳动争议，当事人不愿协商、协商不成或者达成和解协议后不履行的，可以向调解组织申请调解；不愿调解、调解不成或者达成调解协议后不履行的，可以向劳动争议仲裁委员会申请仲裁；对仲裁裁决不服的，除本法另有规定的外，可以向人民法院提起诉讼。由此规定可看出，对于劳动争议，当事人应首先进行调解，调解不成

[①]《仲裁法》第63条规定："被申请人提出证据证明裁决有民事诉讼法第二百一十三条第二款规定的情形之一的，经人民法院组成合议庭审查核实，裁定不予执行。"（本条引用的《民事诉讼法》条文，为现行法第244条第2款之规定，即："被申请人提出证据证明仲裁裁决有下列情形之一的，经人民法院组成合议庭审查核实，裁定不予执行：（一）当事人在合同中没有订有仲裁条款或者事后没有达成书面仲裁协议的；（二）裁决的事项不属于仲裁协议的范围或者仲裁机构无权仲裁的；（三）仲裁庭的组成或者仲裁的程序违反法定程序的；（四）裁决所根据的证据是伪造的；（五）对方当事人向仲裁机构隐瞒了足以影响公正裁决的证据的；（六）仲裁员在仲裁该案时有贪污受贿，徇私舞弊，枉法裁决行为的。"）

[②]《仲裁法》第71条规定："被申请人提出证据证明涉外仲裁裁决有民事诉讼法第二百五十八条第一款规定的情形之一的，经人民法院组成合议庭审查核实，裁定不予执行。"（本条引用的《民事诉讼法》条文，为现行法第281条第1款之规定，即："对中华人民共和国涉外仲裁机构作出的裁决，被申请人提出证据证明仲裁裁决有下列情形之一的，经人民法院组成合议庭审查核实，裁定不予执行：（一）当事人在合同中没有订有仲裁条款或者事后没有达成书面仲裁协议的；（二）被申请人没有得到指定仲裁员或者进行仲裁程序的通知，或者由于其他不属于被申请人负责的原因未能陈述意见的；（三）仲裁庭的组成或者仲裁的程序与仲裁规则不符的；（四）裁决的事项不属于仲裁协议的范围或者仲裁机构无权仲裁的。"）

申请仲裁。当事人不服仲裁裁决的,原则上可以向人民法院提起民事诉讼。关于民事诉讼和劳动争议调解仲裁衔接关系,要侧重于对劳动者的保护,主要体现如下:

(1) 对劳动争议仲裁不服,原则上不实行"一裁终局制",当事人可以向人民法院提起诉讼。与一般民间仲裁不同,法律规定对多数劳动争议仲裁不实行"一裁终局制"。依据《劳动争议调解仲裁法》第50条的规定,当事人对该法第47条规定以外的其他劳动争议案件的仲裁裁决不服的,可以自收到仲裁裁决书之日起15日内向人民法院提起诉讼;期满不起诉的,裁决书发生法律效力。

(2) 对部分劳动争议仲裁,实行"一裁终局制",裁决一旦作出就发生法律效力。依据《劳动争议调解仲裁法》第47条的规定,下列劳动争议,除该法另有规定的外,仲裁裁决为终局裁决,裁决书自作出之日起发生法律效力:① 追索劳动报酬、工伤医疗费、经济补偿或者赔偿金,不超过当地月最低工资标准12个月金额的争议;② 因执行国家的劳动标准在工作时间、休息休假、社会保险等方面发生的争议。但是,应当注意的是:第一,上述争议的一裁终局制度并不约束劳动者,劳动者对该法第47条规定的仲裁裁决不服的,可以自收到仲裁裁决书之日起15日内向人民法院提起诉讼。第二,对于上述争议的一裁终局结果,用人单位只能在有法定事由情形之下,可以自收到仲裁裁决书之日起30日内向劳动争议仲裁委员会所在地的中级人民法院申请撤销裁决。① 仲裁裁决被人民法院裁定撤销的,当事人可以自收到裁定书之日起15日内就该劳动争议事项向人民法院提起诉讼。

(3) 对不予受理或逾期未作出决定的,申请人可以向人民法院提起诉讼。劳动争议仲裁委员会收到仲裁申请之日起5日内,认为符合受理条件的,应当受理,并通知申请人;认为不符合受理条件的,应当书面通知申请人不予受理,并说明理由。对劳动争议仲裁委员会不予受理或者逾期未作出决定的,申请人可以就该劳动争议事项向人民法院提起诉讼。②

(4) 对逾期未作出仲裁裁决的,当事人可以向人民法院提起诉讼。仲裁庭裁决劳动争议案件,应当自劳动争议仲裁委员会受理仲裁申请之日起45日内结束。案情复杂需要延期的,经劳动争议仲裁委员会主任批准,可以延期并书面通知当事人,但是延长期限不得超过15日。逾期未作出仲裁裁决的,当事人可以就该劳动争议事项向人民法院提起诉讼。③

---

① 参见《劳动争议调解仲裁法》第49条。
② 参见《劳动争议调解仲裁法》第29条。
③ 参见《劳动争议调解仲裁法》第43条。

(5) 当事人可以申请人民法院先予执行。仲裁庭对追索劳动报酬、工伤医疗费、经济补偿或者赔偿金的案件,根据当事人的申请,可以裁决先予执行,移送人民法院执行。①

(6) 当事人可以申请人民法院依照《民事诉讼法》强制执行。当事人对发生法律效力的调解书、裁决书,应当依照规定的期限履行。一方当事人逾期不履行的,另一方当事人可以依照民事诉讼法的有关规定向人民法院申请执行。受理申请的人民法院应当依法执行。②

(7) 对仲裁前由调解组织主持达成的部分调解协议,劳动者可以向人民法院申请支付令。根据《劳动争议调解仲裁法》的规定,发生劳动争议,当事人可以到有关调解组织申请调解。调解协议书由双方当事人签名或者盖章,经调解员签名并加盖调解组织印章后生效,对双方当事人具有约束力,当事人应当履行。因支付拖欠劳动报酬、工伤医疗费、经济补偿或者赔偿金事项达成调解协议,用人单位在协议约定期限内不履行的,劳动者可以持调解协议书依法向人民法院申请支付令。人民法院应当依法发出支付令。③

4. 民事诉讼与行政调解和裁决的衔接

行政调解和裁决是指行政机关或具有行政职能的机构处理和解决特定民事纠纷的制度。我国行政机关除了行使行政管理权之外,历来承担着处理和解决社会纠纷的职能和作用,它们根据有关法律和法规的规定,通过行政调解、决定或裁定等方式,解决一定范围内民事纠纷。行政机关调解或裁决应当属于国家行政权获准行使司法权的结果,应当具有法律效力。但是,随着法治化进程的深入,为了防止行政机关滥用权力干涉私权,对于行政机关调解或裁决解决的民事纠纷,根据有关现行法律法规规定,限制了其法律上的终局性和强制执行效力,并赋予了当事人相应的司法救济途径。④ 在没有达成调解协议或当事人不履行调解协议时,允许当事人提起民事诉讼。目前我国这类行政调处主要包括:公安机关依据《治安管理处罚法》(第 9 条)对造成他人人身和财产损失等的赔偿处理;《道路交通安全法》(第 74 条)交通事故处理涉及的损害赔偿纠纷;各主管行政机关依据《医疗事故处理条例》(第 46 条)、《专利法》(第 63 条)、《商标法》(第 54 条)等法律明文规定处理的民事纠纷。值得注意的是:为避免行政机关滥用权力损害民事纠纷主体权益,行政机关调解和解决民事纠纷,必须要有法律明文规定,否则,行政机关不得调解

---

① 参见《劳动争议调解仲裁法》第 44 条。
② 参见《劳动争议调解仲裁法》第 51 条。
③ 参见《劳动争议调解仲裁法》第 10 条、第 14 条、第 16 条。
④ 参见范愉:《非诉讼纠纷解决机制研究》,中国人民大学出版社 2000 年版,第 541 页。

和裁决民事纠纷；同时，在调解中不得以行政权力强制解决纠纷，只能以中立第三者身份进行调解。

第二节　民事诉讼

一、民事诉讼特征

民事诉讼是指国家审判机关在当事人和其他诉讼参与人参加下，审理民事纠纷案件的活动，以及由这些活动所产生的各种法律关系。民事诉讼有广义和狭义之分：广义民事诉讼是指国家审判机关依照《民事诉讼法》审理解决民事纠纷以及保障实现民权利义务的程序，既包括审判程序，又包括执行程序；狭义民事诉讼只包括国家审判机关审理解决民事纠纷的审判程序，不包括执行程序；最狭义的民事诉讼是指国家审判机关审理解决对立双方当事人之间具有民事权利义务争议的纠纷时的程序，即诉讼程序，而不包括非对立双方当事人之间按照特别程序（或非诉讼程序）审理解决的特别事件，如宣告失踪死亡、认定财产无主、司法确认、督促程序、公示催告程序等，即非诉讼程序。我国《民事诉讼法》适用的是广义上的民事诉讼程序。

民事诉讼是解决民事纠纷最为重要的方式，与前述和解、调解、仲裁等其他非诉讼解决纠纷方式相比较，民事诉讼有如下特征：

1. 民事诉讼解决纠纷的特定性

民事诉讼解决的纠纷是民事诉讼法规定的平等主体之间的财产关系和人身关系纠纷，不属于法院主管范围之内的其他纠纷不能适用民事诉讼程序处理。如伦理上冲突、政治上争议、宗教和科学纠纷等不属于民事诉讼调整对象。另外，对于具有民事权利义务内容的非诉讼事件，其他各国的普遍做法是由法院主管，但是一般都制定了与民事诉讼程序不同的单独立法，即非诉讼程序法来处理解决此类纠纷。

2. 民事诉讼当事人处分权利的自由性

民事诉讼解决的是平等民事主体之间的权益之争，对于这种权益之争当事人无论在实体上还是在程序上，都依法享有处分权利自由。在诉讼过程中，原告和被告都有权利处分其诉讼权利和实体权利。正是由于当事人的处分权，民事诉讼才形成了其特有机制，如"不告不理制度""法官居中裁判制度""和解和调解制度""程序选择权制度""申请强制执行制度"等。

3. 民事诉讼双方当事人对抗的特殊性

诉讼即意味着双方当事人的对抗性。但是，与其他纠纷解决方式不同，民事诉讼以依法协调当事人民事权利义务关系为基础,双方当事人在实体和程序上地位是平等的,所以他们在诉讼上的对抗性也是平等的。如民事诉讼中一方当事人提起诉讼,另一方当事人可以提出反诉予以对抗;双方当事人都有提起上诉权利等。

4. 民事诉讼解决纠纷程序的法定性

与其他非诉讼解决纠纷方式相比,民事诉讼是国家司法制度的重要组成部分,是由国家审判机关依法行使裁判权的制度,为了达到公正高效地解决纠纷的目的,民事诉讼法规定了严格的程序步骤和方法,诉讼主体必须遵守法定程序进行民事诉讼。这些程序和步骤大体包括第一审程序、第二审程序、再审程序和强制执行程序,对于上述程序,法院和当事人都必须严格按照时间先后顺序依次依法进行。

5. 民事诉讼解决纠纷的权威性

根据"司法最终裁决原则",相对于其他非诉讼纠纷解决方式,民事诉讼是以国家强制力为后盾,所作裁决具有终局性和强制性,当事人必须接受法院的裁判后果。民事诉讼权威性来源有二:一是国家强制力,二是程序的合理性。公正合理的民事诉讼程序所产生的裁判结果,使得国家强制力更容易实现,最终保障了司法裁判的权威性。

二、民事诉讼模式

(一)民事诉讼模式含义

民事诉讼模式是指支持民事诉讼制度和程序运作所形成的结构中各种基本要素及其关系的抽象形式。民事诉讼模式是对民事诉讼程序及制度结构的抽象和概括,是对某一类型民事诉讼体制基本特征的揭示和对民事诉讼中最基本要素和关系的描述。法院审判行为和当事人诉讼行为之间的关系,是民事诉讼模式的核心问题。①

无论是大陆法系国家还是英美法系国家,少有学者以诉讼模式从理论上探讨和解释各国民事诉讼体制。我国学者从始于20世纪80年代的司法制度改革开始,从强化民事诉讼中当事人地位角度,以诉讼模式来研究民事诉讼基本特征,阐明民事诉讼模式与特定的民事诉讼体制中各种具体制度相互之间关系,并提出了当事人主义与职权主义诉讼模式之分,同时倡导我国民事

---

① 参见齐树洁主编:《民事诉讼法》(第3版),中国人民大学出版社2013年版,第11页。

诉讼体制由职权主义向当事人主义诉讼模式的转换。① 研究民事诉讼模式的意义在于：解释不同体制下民事诉讼运行的规律，正确处理诉讼中当事人和法院之间的关系，实现民事诉讼价值目标，完善具有中国特色的民事诉讼制度。

(二) 当事人主义与职权主义

基于各国不同历史文化、法律传统、政治经济体制，在民事诉讼法学领域，根据当事人和法院在诉讼程序启动、运行、裁判对象的确定、证据资料的来源等方面的不同作用，可将民事诉讼模式分为当事人主义和职权主义两种。

当事人主义通常被认为是英美法系国家解决民事纠纷的基本原则。1806年的法国《民事诉讼法典》首先在成文法中确定了当事人主义。1877年的德国《民事诉讼法典》、1891年的日本《民事诉讼法典》也相继确定了当事人主义。所谓当事人主义，是指诉讼程序启动和继续主要由当事人决定，裁判对象仅限于当事人请求范围，证据资料主要由当事人提出等。在当事人主义模式下，民事诉讼以当事人双方的积极诉讼活动为核心展开，通过当事人双方主张举证进行，法院只就当事人提出诉讼请求和根据当事人提供证据作出裁判。当事人主义诉讼模式有利于调动当事人诉讼积极性，落实当事人程序参与权，体现诉讼的民主和公正。但是，在当事人主义模式下，法院的被动和消极地位不利于发现事实真相，可能导致诉讼效率低下。

职权主义通常被认为是大陆法系国家解决民事纠纷的模式，典型代表为苏联及东欧国家，以及1895年制定《民事诉讼法》的奥地利。所谓职权主义，是指法院对诉讼程序启动和继续、裁判对象确定、证据资料收集等具有主动权。职权主义偏重法院职权的发挥，法官在诉讼中居于主导地位，并控制诉讼进程和裁决的产生。职权主义模式有利于发挥法官的主动性，有利于发现事实真相，有利于提高诉讼效率。但是，职权主义模式削弱了当事人主体地位，可能导致裁判权的滥用。

(三) 我国民事诉讼模式的转换

受苏联民事诉讼理论和立法影响，我国法院在民事诉讼中始终起着主导作用，因此我国民事诉讼模式属于职权主义诉讼模式。在审判实践中，这一传统的诉讼模式逐渐暴露其弊端。例如，法官权力的滥用、当事人权益保障不足、开庭审理形式化、诉讼不经济等缺陷。为此，我国自20世纪80年代开始对民事审判方式进行改革。1991年我国第一部正式颁布的《民事诉讼法》

---

① 参见张卫平：《转换的逻辑：民事诉讼体制转型分析》(修订版)，法律出版社2007年版，第145—241页。

一定程度上弱化了人民法院的职权,强化了当事人诉权,具体表现在强化了当事人的举证责任、建立了自愿调解制度等。由此,我国民事诉讼模式开始由职权主义向当事人主义转换。

然而,与倡导当事人主义诉讼模式的西方国家司法制度改革相反,在当事人主义模式下当事人控制诉讼且过度对抗,突显了诉讼迟延和诉讼成本过高的弊端。因此,20世纪中后期西方国家民事司法改革提出了"司法能动主义",其改革路径是强化法官对诉讼程序运行的控制权,在诉讼制度中逐渐导入职权主义的一些规定,目的在于确保当事人个人权利和社会权力的平衡,提高司法裁判效率,保障诉讼能够迅速有效进行。当然,由当事人控制诉讼向法官控制诉讼的转变,只是在诉讼中增加法官控制诉讼的色彩或倾向,而并不意味着有关西方国家从根本上改变了其诉讼模式。[①] 由此,在西方国家形成了一种介乎于当事人主义和职权主义之间的新的诉讼模式:协同主义诉讼模式。这种诉讼模式强调法官与当事人之间的协调与合作,在诉讼过程中双方各有分担并相互配合,共同促进诉讼的进行。

由此可见,当事人主义诉讼模式和职权主义诉讼模式孰优孰劣并没有一个绝对的答案。对一个国家民事诉讼体制的评价,应当基于一国诉讼传统和特色,从降低诉讼成本、节约诉讼期间、发现事实真相和正确适用法律等角度进行。我国民事审判方式的改革是对域外先进立法和司法的借鉴,在向当事人主义诉讼模式转换过程中,应当警惕西方国家过度的当事人主义诉讼模式所带来的弊端,合理地设计民事诉讼制度。事实上,当事人主义与职权主义交错适用的协同主义诉讼模式,是当今许多国家在民事诉讼模式上形成的共识和发展趋势,过度对抗的当事人主义并不符合我国具体国情。基于三十多年的民事审判制度改革经验,我国《民事诉讼法》在进一步理清当事人主体地位和人民法院审判地位基础上,确立的应该是一种符合我国国情的当事人主义和职权主义相结合的民事诉讼模式。在这一诉讼模式中,既要坚持具有中国特色的"能动司法"[②],注重以多元社会规则、多重社会价值、多元诉讼目的作为司法考量依据,同时更要遵守法律精神,尊重当事人主体权利,构建符合司法规律的民事诉讼模式,及时有效地解决民事纠纷。

▶ 三、民事诉讼目的

民事诉讼目的是国家在设立民事诉讼制度时,所要求或期望达到的目

---

① 参见齐树洁主编:《民事司法改革研究》(第3版),厦门大学出版社2006年版,第56页。
② 参见顾培东:《能动司法若干问题研究》,载《中国法学》2010年第4期;江必新:《能动司法:依据、空间和限度》,载《光明日报》2010年2月4日,第9版。

标,即设计和建立民事诉讼制度最基本的理由和需求。关于民事诉讼的目的,在德日等大陆法系国家和地区一直是一个民事诉讼理论重要问题,我国自20世纪后半期开始讨论民事诉讼目的理论。①

(一)国外学说

关于民事诉讼目的理论,国外学者主要有以下观点:

(1) 权利保护说。认为民事诉讼制度目的是保护民事实体法规定的实体权利。此说为德国学者所倡导,其理由是:民事诉讼制度建立在克服权利人因为私力救济所带来的弊端之上,是要以国家强制力为后盾,取代私力救济方式来对权利进行保护。

(2) 私法秩序维护说。认为民事诉讼制度是基于国家维护私法秩序的目的而设立的。其理由是:国家为调整私人之间的利害关系而制定了私法法规,建立了私法秩序,与此同时,还必须建立民事诉讼制度来维持这种私法秩序,以保障私法法规的有效性。

(3) 纠纷解决说。认为民事诉讼目的就是国家通过强制力来解决民事纠纷。此学说在日本占有通说地位。其理由是:通过诉讼解决纠纷的请求限于实体法存在,不能单纯认为民事诉讼制度的建立就是维护私法秩序,民事诉讼制度并非是为实体法实现而建立的。与此相联系,诉权是原告向法院行使的要求法院作出判决从而解决纠纷的一种权利。纠纷解决说既考虑了原告提起民事诉讼的目的,也顾及了民事诉讼设立者——国家的利益,因此比较好地说明了民事诉讼目的。

(4) 程序保障说。认为从"正当程序"观念出发,民事诉讼的正当性来自其程序的正当,因此民事诉讼制度的目的在于"为实现当事人自律性的纷争解决提供程序保障"。程序保障说从全新的诉讼理念出发,认为保障当事人在诉讼中平等地进行攻击和防御才是目的,判决不过是程序保障的结果。②尽管程序保障说强调了程序存在的价值,但是将程序保障本身目的化以后,就可能忽视实体法价值,发现真实和迅速审理的理念也将被否定。③

(5) 权利保障说。认为应当从宪法的角度阐述民事诉讼目的。理由是:诉讼制度所保障的权利实为实体法上的"实质权",即法律应当保护的利益和价值,民事诉讼的目的就是保障这种"实质权"。

(6) 多元说。认为对民事诉讼目的的认识,应当站在设置、运作制度的国

---

① 参见李祖军:《民事诉讼目的论》,法律出版社2000年版,第1页。
② 参见〔日〕井上治典、伊藤真、佐上善和:《新民事诉讼法》,东京日本评论社1989年版,第365页。
③ 同上。

家和利用制度的国民的双重立场下进行。依此,纠纷的解决、法律秩序的维护、权利的保护都应当被视为民事诉讼制度的目的。

(二)我国通说及发展趋势

基于国外有关学说,我国目前关于民事诉讼目的的通说是多元说。但是,关于多元说的解释学者表述有所不同。有学者认为:民事诉讼目的是多元的,既有程序保障的目的,又有解决纠纷以及发现真实、迅速审理的目的。虽然这些目的或价值追求在实践中存在矛盾,但是这些矛盾属于事物本身内部自然存在的冲突,是可以在实现过程中平衡的。如果硬要从这些多元目的中列出层次,应当将程序保障作为最基本和最重要的目的。① 有学者认为:民事诉讼过程是民事诉讼法和民事实体法共同作用的过程,在现代民主和法治社会中,国家设置民事诉讼程序制度的目的,就在于为当事人提供充分、完善的程序保障,并在这种保障之下实现制定法所确定的权利义务关系和法定秩序。因此,民事诉讼目的应当既包括实体性目的也包括程序性目的,应当是以此为基础的多个目的的统一。具体而言,实体性目的包括保护实体权利和维护法律秩序等;程序性目的则主要是指为当事人提供程序保障,保护当事人的程序权利和程序利益。② 从我国《民事诉讼法》第 2 条的规定分析,我国民事诉讼目的在立法上也是倾向多元化的。③

与我国民事诉讼目的多元说相契合的是:民事诉讼目的的相对性。近年来,在日本除了传统学说相互之间的冲突和对立之外,学者主张应将传统各说均视为诉讼目的的"多元说",同时,在理论上和理解方法上开始对原有民事诉讼目的论进行反思,提出了对"民事诉讼目的相对性"的把握。指出民事诉讼的目的不应该是绝对单一的,而应该是相对多元的。④ 基于上述民事诉讼目的相对性理论,多元化的民事诉讼目的设定应从以下几个方面去把握和考虑:第一,民事诉讼的直接目的应该是纠纷的解决,其原因在于当事人选择诉讼和经历诉讼,就是要使其纠纷得以最终解决。第二,从国家司法秩序和民事诉讼利用者的角度出发,在达到纠纷解决目的的同时,应当兼顾其他目的的实现,包括私法秩序之维持、权利保护、程序保障等都可以被视为民事诉讼目的。第三,民事诉讼法目的要考虑国家司法政策和执法背景。在目前强调依法治国的背景下,结合最高人民法院"建成具有中国特色的社会主义审

---

① 参见张卫平:《现行〈民事诉讼法〉的任务构成及修正》,载《法学》2006 年第 5 期。
② 参见江伟、刘学在:《中国民事诉讼基本理论体系的阐释与重塑》,载樊崇义主编:《诉讼法学研究》(第 5 卷),中国检察出版社 2003 年版,第 105 页。
③ 参见《民事诉讼法》第 2 条。
④ 参见〔日〕新堂幸司:《新民事诉讼法》,林剑锋译,法律出版社 2008 年版,第 1、7、8 页。

判权力运行体系"目标,民事诉讼法的目的应该在解决纠纷的最终目标指引下,更多地考虑现代意义上审判权的属性和运行规律,考虑解决纠纷制度的科学性和合理性。

▶ 四、民事诉讼理念

正确的诉讼理念不仅能够指导法院和当事人的诉讼行为,也有助于正确解释和规制法院和当事人的民事诉讼法规范。现代法治社会追求的民事诉讼理念主要如下:

1. 尊重当事人意愿

民事诉讼的最大特征在于解决的是平等主体之间民事权利义务纠纷,除了涉及婚姻家庭等身份关系民事诉讼外,当事人都有处分自己权利的自由,因此在普通民事诉讼中应当充分尊重当事人意愿。尊重当事人意愿理念贯穿整个民事诉讼过程,体现的具体诉讼制度包括不告不理、处分原则、辩论原则、自愿调解、程序选择、申请执行等。针对我国传统的职权主义诉讼模式,更应该强调尊重当事人意愿诉讼理念,弱化法院职权干预,强化当事人在民事诉讼中主体地位。

2. 强调程序正义

现代诉讼理念强调程序的正义,认为法律的正义包括实体正义和程序正义,没有程序正义就没有法律正义,程序及程序正义具有独立的存在价值,程序不仅具有保障实体正义实现的功能,还具有使审判结果正当化的作用。强调程序正义的表现包括:裁判者的中立、保障当事人程序参加权、保障当事人诉讼地位平等、保障当事人知情权、尊重当事人处分权、当事人不受突袭裁判、当事人有诉讼救济手段等。

3. 追求发现真实

公正的裁判应当基于对案件事实的正确认定,在民事诉讼中坚持发现真实是法院诉讼行为必须追求的理念。这一理念要求法院在民事诉讼中尽可能穷尽认定事实和证据的方法和途径,对案件法律要件事实作出认定,并在此基础上正确适用法律。追求发现真实理念应当注意:第一,法院对真实的追求应当在保持中立原则和辩论原则指导下进行,即发现真实的行为必须在尊重当事人意思自治前提下进行,违反辩论原则将导致不必要的职权干预。第二,追求发现真实只是一种理念,在诉讼中实际情况是未必能够发现事实上的真实,当出现真伪不明情况时,法院只能按照证明责任的规范作出认定。即民事诉讼中的真实是一种法律上的真实,而不是事实上的真实。

4. 注重诉讼效率

诉讼效率是对民事诉讼经济性的价值衡量,在诉讼中过度投入人力、物力、财力和时间,将使整个诉讼失去意义。诉讼效率是程序正义的组成部分,所谓"迟到的正义非正义"。注重诉讼效率是当前各国诉讼制度改革坚持的重要理念,针对诉讼程序过于复杂、审判周期长、诉讼费用高昂等弊端,各国将降低诉讼成本、简化诉讼程序作为民事诉讼制度改革的重要内容。例如,德国在20世纪70年代专门制定了《诉讼简化法》。我国在新民事诉讼立法过程中也十分重视诉讼效率的提高,在原有共同诉讼制度、简易程序、督促程序、特别程序、诉讼期限等提高诉讼效率制度的基础上,进一步提高了诉讼经济属性,降低了诉讼成本。例如,公益诉讼制度、小额诉讼制度、独任审判制度、在线诉讼制度、司法确认程序制度等的确立,有效提高了我国民事诉讼效率。

▶ 五、民事诉讼结构

民事诉讼结构是指调整民事诉讼法律关系的法律规范构成体系。由于各国民事诉讼立法体例不同,民事诉讼结构有狭义和广义之分,狭义的民事诉讼仅指民事诉讼审判程序,广义上的民事诉讼构成体系既包括诉讼程序也包括非诉讼程序,既包括审判程序也包括执行程序。我国实行的是"大一统"的民事诉讼结构体系,包括诉讼程序、非讼程序和执行程序。诉讼程序包括普通诉讼程序、简易诉讼程序、小额诉讼程序,在审理方式上实行的是调解与裁判的相结合,在审级制度上实行的是第一审、第二审、再审程序。非讼程序包括特别程序、督促程序、公示催告程序,在审级制度上实行的是一审终审制。执行程序包括执行一般规定和执行措施、执行救济等。

进入21世纪,随着我国社会转型以及民事纠纷的复杂化和多样化,学界开始注意到现有的"大一统"民事诉讼程序结构已经不能满足民事司法的需要,理论界和司法界开始讨论民事诉讼程序的结构性变革问题,进一步提出民事诉讼程序的类型化。[①] 所谓民事诉讼程序的类型化,又可称为程序分化或程序分类,是指针对不同纠纷的特点以及解决不同纠纷方式、程式上的需要,按照各自不同的标准,有针对性地具体设置解决程序。本书认为借鉴域外民事诉讼程序类型化的立法经验,结合我国民事司法改革的深入实践,民事诉讼程序结构的类型化应从诉讼与非讼的分离、审判和执行的分离、财产

---

① 参见傅郁林:《分界·分层·分流·分类——我国民事诉讼制度转型的基本思路》,载《江苏行政学院学报》2007年第1期;王亚新:《民事诉讼法修改中的程序分化》,载《中国法学》2011年第4期;肖建国:《回应型司法下的程序选择与程序分类——民事诉讼程序建构与立法的理论反思》,载《中国人民大学学报》2012年第4期。

诉讼与人事（家事）诉讼的分离、法院审判与调解的分离、通常诉讼程序与专门诉讼程序的分离等方面进行。在此基础上，逐步地实现我国"非讼事件法""调解法""民事强制执行法""家事事件法"等单独立法。①

▶ 六、民事诉讼法律关系

（一）民事诉讼法律关系概念和特征

民事诉讼法律关系是指受民事诉讼法律、法规调整的法院、当事人及其他诉讼参与人之间存在的以诉讼权利义务为内容的具体的社会关系。这一概念应当包含以下内容：① 民事诉讼法律关系是民事诉讼法律和法规调整的社会关系；② 民事诉讼法律关系是法院与当事人和其他诉讼参与人之间，以及当事人与其他诉讼参与人之间发生的法律关系；③ 民事诉讼法律关系的内容为诉讼权利和义务。民事诉讼法律关系这一概念最早由德国学者标罗（Osker Bulow）在1868年的《诉讼抗辩和诉讼要件论》中提出，他认为民事诉讼是双方当事人和法院之间的一种统一、逐步发展的法律上的关系，就像民事法律关系一样，其中与一方的权利相对应的是另一方的义务。② 该理论对大陆法系国家产生了深刻影响。现代很多学者主张民事诉讼法律关系存在于所有参加诉讼成员之间，并且贯穿于民事诉讼始终。

在贯彻当事人主义与职权主义相结合的民事诉讼模式下，民事诉讼法律关系应具有如下特征：

（1）民事诉讼法律关系是由审判法律关系和争讼法律关系构成的特殊法律关系。所谓"审判法律关系"是指法院与当事人和其他诉讼参与人之间形成的，受民事诉讼法律法规调整的具体社会关系。所谓"争讼法律关系"是指在当事人之间以及当事人与其他诉讼参与人之间形成的，受民事诉讼法律法规调整的社会关系。整个民事诉讼过程由上述两种法律关系构成并发展。

（2）民事诉讼法律关系体现了法院审判权和当事人诉讼权利的制衡。如果没有法院审判权与当事人诉权的结合，那么一切民事诉讼法律关系将不会发生。现代诉讼程序都注重当事人诉权与法院审判权的相互配合，强调法院审判权与当事人诉权的并重与制衡。在协调审判法律关系和争讼法律关系时，一方面要贯彻辩论主义，使争讼法律关系形成对审判法律关系的约束；另一方面也要重视审判权的行使，正确引导争讼法律关系。只有正确认识二者

---

① 参见张艳丽：《现代民事诉讼程序结构的类型化》，载《政法论丛》2015年第3期。
② 参见张卫平：《程序公正实现中的冲突与衡平——外国民事诉讼研究引论》，成都出版社1993年版，第55页。

的相互关系,才能构建科学公正的诉讼程序,实现民事诉讼目的。

(二)民事诉讼法律关系要素

与其他法律关系一样,民事诉讼法律关系也由主体、内容和客体三个要素组成。

1. 民事诉讼法律关系的主体

民事诉讼法律关系主体是指民事诉讼权利享有者和义务承担者,包括法院、检察机关、当事人及其诉讼代理人、其他诉讼参与人等。

(1)法院。法院是行使国家审判权的机关,在民事诉讼中通过行使审判权,与当事人和其他诉讼参与人形成审判法律关系。

(2)检察机关。检察机关是国家法律监督机关,在民事诉讼中依照法律规定有权对民事诉讼实行法律监督。根据《民事诉讼法》的规定,人民检察院作为一种特殊主体,在民事诉讼中可以通过行使检察公益诉讼诉权、抗诉权、检察建议权、监督执行权等方式,与人民法院、当事人及其他诉讼参与人形成一种特殊的民事诉讼法律关系。

(3)当事人及其诉讼代理人。当事人及其诉讼代理人是重要的民事诉讼法律关系主体。当事人包括原告、被告、共同诉讼人、公益诉讼人、第三人和诉讼代表人。当事人在诉讼过程中享有广泛的诉讼权利,对诉讼程序和民事诉讼法律关系的发生、变更和消灭具有决定性影响,因此他们既是法律关系主体,又是诉讼主体。诉讼代理人包括法定诉讼代理人和委托诉讼代理人,他们依据与当事人之间的法定关系和代理权限代为当事人进行民事诉讼,与法院、检察机关、其他诉讼参与人形成特定诉讼法律关系。

(4)其他诉讼参与人。其他诉讼参与人是指除了上述主体之外的其他参加民事诉讼的人,包括证人、鉴定人、勘验人和翻译人员等。其他诉讼参与人与诉讼结果不具有法律上的利害关系,他们基于不同原因参加诉讼,分别与法院产生审判法律关系,与当事人产生争讼法律关系,协助法院和当事人查明案件事实。

2. 民事诉讼法律关系的内容

民事诉讼法律关系内容是指民事诉讼法律关系主体根据民事诉讼法律规范所享有的诉讼权利和承担的诉讼义务。不同的民事诉讼法律关系主体享有不同的民事诉讼权利,承担不同的民事诉讼义务。其中最为主要的是法院、当事人的诉讼权利和诉讼义务,它们决定着民事诉讼程序的正常进行。

3. 民事诉讼法律关系的客体

民事诉讼法律关系客体是指民事诉讼法律关系主体的诉讼权利和诉讼义务所指向的对象。民事诉讼法律关系主体之间存在多种民事诉讼法律关系，各个主体享有的诉讼权利和承担的诉讼义务也不相同，所以其所指向的对象客体也不相同。例如，法院与当事人之间以及各方当事人之间，诉讼法律关系的客体是案件事实和诉讼请求；法院、当事人与其他诉讼参与人之间，诉讼法律关系的客体仅仅是案件事实，因为证人等其他诉讼参与人不能提出诉讼请求，仅仅是为协助法院和当事人查明案件事实而参加诉讼。

第三节 民事诉讼法

一、民事诉讼法的含义和性质

（一）民事诉讼法的含义

民事诉讼与民事诉讼法是两个既相联系又相区别的概念。民事诉讼是民事诉讼法的调整对象，民事诉讼法是调整民事诉讼的法律规范。民事诉讼法，是指国家制定和认可的，规范民事诉讼程序和民事诉讼法律关系主体之间权利义务的法律规范的总和。

民事诉讼法有广义和狭义之分。狭义的民事诉讼法仅指国家专门规定颁布的法律或法典，即《民事诉讼法》。广义的民事诉讼法是指除了狭义民事诉讼法之外，存在于其他法律、法规和司法解释中的有关民事诉讼的法律规范的总和。包括：① 法律、法规的相关规定。例如《民法典》的相关规定。② 最高人民法院的司法解释。所谓司法解释是指最高人民法院根据法律和有关立法精神，结合审判工作实际需要，就人民法院在审判工作中具体应用法律的问题所制定的解释性规范。司法解释形式分为"解释""规定""批复""决定"4 种。由最高人民法院制定的有关民事诉讼的司法解释具有规范的效力，在民事诉讼中具有十分重要的作用，人民法院应当将其作为诉讼和裁判的依据。《民诉法解释》第 550 条，是民事诉讼法具体适用的重要法律依据。③ 国务院以及国务院各部委等发布的法律、法规解释性文件，包括由最高人民法院与其他有关行政机关联合发布的司法解释性文件。

（二）民事诉讼法的性质

关于民事诉讼法的性质可以作如下表述：

（1）民事诉讼法属于程序法。法律依照内容和性质，可分为实体法和程序法：实体法是规定人们实体权利义务法律；程序法是规范审理实体权利义务关系程序的法律。民事诉讼法与实体法同等重要。作为程序法，民事诉讼法不仅是保障了实体权利义务的实现，同时也保障了程序权利义务的实现。法制现代化的重要标志之一就是程序法治的强化、完善。

（2）民事诉讼法属于基本法。法律依照其在法律体系中地位,可以分为根本法和基本法,除宪法是国家根本法律以外,民事诉讼法与民法、刑法、刑事诉讼法等,都属于国家基本法范畴。民事诉讼法是实现所有民事实体法规范的程序规范总和,属于国家重要基本法律。

（3）民事诉讼法属于部门法。法律按照其所规范的范畴和对象,分为不同的部门法。民事诉讼法是民事诉讼领域的专门法律,因此属于部门法。

▶ 二、民事诉讼法的效力

（一）民事诉讼法对人的效力

民事诉讼法对人的效力,是指我国民事诉讼法适用于哪些人,及对人的效力范围。根据《民事诉讼法》第4条的规定,凡在中华人民共和国领域内进行民事诉讼,必须遵守该法。也就是说,凡是在我国进行民事诉讼的人,无论其国籍如何,都必须遵守我国《民事诉讼法》。具体而言包括:① 中国公民、法人和其他组织。② 居住在我国领域的外国人、无国籍人以及在我国的外国企业和组织。③ 在我国进行民事诉讼的外国人、无国籍人以及外国企业和组织。

（二）民事诉讼法对事的效力

民事诉讼法对事的效力,是指人民法院依照民事诉讼法审理的案件范围,即民事诉讼的主管范围。《民事诉讼法》第3条规定,人民法院受理公民之间、法人之间、其他组织之间以及他们相互之间因财产关系和人身关系提起的民事诉讼,适用《民事诉讼法》的规定。这就是民事诉讼法对事的效力范围。随着社会的发展和法律制度的完善,民事诉讼法对事的效力范围会不断扩大。

（三）民事诉讼法的时间效力

民事诉讼法的时间效力,是指民事诉讼法在什么时间范围内有效,包括生效时间、失效时间以及是否具有溯及力等事项。《民事诉讼法》第291条规定:该法自公布之日起施行,《民事诉讼法（试行）》同时废止。我国现行《民事诉讼法》是从1991年4月9日起施行,共进行了四次修正,最新的修正于2022年1月1日起施行。属于程序法的《民事诉讼法》具有溯及既往的效力,即人民法院在《民事诉讼法》实施前已经受理、施行时尚未审结和执行的民事案件,除另有规定之外,适用新施行的《民事诉讼法》。

（四）民事诉讼法的空间效力

民事诉讼法的空间效力,是指民事诉讼法作用和适用的地域范围。同样根据《民事诉讼法》第4条的规定,凡在中华人民共和国领域内进行民事诉讼,必须遵守该法。据此,民事诉讼法的空间范围是我国整个领域,包括领土、领海、领空以及领土的延伸部分(如我国驻外使领馆、航行或停泊于国外或公海上的我国飞行器或船舶等)。

三、民事诉讼法与相关法律的关系

（一）民事诉讼法与宪法的关系

（1）民事诉讼法的宪法化。民事诉讼法的宪法化是指民事诉讼法基本原则和当事人的程序基本权由宪法规定并获得宪法保障。民事诉讼法与宪法关系非常密切，尤其是第二次世界大战以后，民事诉讼法呈现出宪法化的特点：一是宪法明确规定了民事诉讼法一些基本原则和基本审判制度，如果违反这些原则和制度就构成违反宪法；二是宪法确认了当事人诉权、程序基本权和法院审判权。

（2）民事诉讼中宪法的司法化。宪法的司法化是指在宪法所规定的实体权利或者程序基本权受到侵害时，可以通过合宪性审查或者宪法诉讼得到救济，甚至宪法的规定在民事诉讼中可以直接作为判决依据。宪法司法化已成为当今世界各国司法实践的普遍做法，许多国家建立了宪法法院和程序，以实现宪法司法化。我国现行立法没有明文规定宪法司法化制度，但司法实践中已有相关判例出现，如何实现宪法司法化还要进一步探讨。

（二）民事诉讼法与民事实体法的关系

民事诉讼法与民法、商法、亲属和继承法、经济法等是程序法与实体法的关系。民事实体法是国家规定的调整平等主体之间社会关系的规则，民事程序法是法院解决私权纠纷所应遵循的程序规则。二者在调整社会关系中各自发挥着作用，彼此独立又相辅相成。目前学界普遍认为，不应将诉讼法单纯视为实现实体法内容的手段和工具，而应当充分尊重其保障程序正义的独立价值。实体法与诉讼法"如同一辆车的两个轮子，对诉讼都起作用，在它们之间不可能存在主从关系"①。民事诉讼法与实体法的关系可以概括为两个方面：第一，二者为同一法律体系的组成部分，相互独立，互不从属。但是，二者在实现某一特定民事法律关系时在形式上又有一体化倾向。第二，二者相互依存，相辅相成。一方面，实体法作为抽象的法律规则，其生命力要通过诉讼法的保障来实现；另一方面，诉讼法通过对实体规范的选择适用、填补漏洞来推动实体法的发展。

（三）民事诉讼法与刑事诉讼法的关系

民事诉讼法和刑事诉讼法同属程序法，因此在审判制度和程序上有很多

---

① 〔日〕兼子一、竹下守夫：《民事诉讼法》（新版），白绿铉译，法律出版社1995年版，第8页。

相通和交叉(如刑事附带民事诉讼)之处。但是,由于它们的调整对象不同,二者之间存在明显的区别:

(1)提起诉讼的主体不同。民事诉讼涉及私权纠纷,通常是由与案件有直接利害关系的人提起诉讼,实行不告不理;而刑事诉讼涉及的是国家和人民利益,旨在惩罚犯罪,因此除自诉案件外,必须由检察机关提起公诉,实行国家干预。

(2)基本原则不同。当事人权利平等原则、处分原则、诚信原则、法院调解原则等是民事诉讼法的特有原则;而公检法三机关分工负责、相互配合、相互制约原则,犯罪嫌疑人和被告人有权获得辩护原则是刑事诉讼法的特有原则。

(3)审理方式不同。民事诉讼法院既可以调解结案,也可以裁判结案;而刑事诉讼除自诉案件外,公诉案件一律不能调解,必须以判决方式结案。

(4)证明标准不同。司法实践中刑事案件证明标准要高于民事案件。刑事诉讼实行"排除合理怀疑"的证明标准,而民事案件则实行"盖然性权衡"的证明标准。

(5)执行方式不同。民事调解和裁判大多由当事人自动履行,只有在当事人不履行时才由权利人申请法院强制执行;而刑事裁判通常由专门的刑罚执行机关执行,方式多为限制和剥夺被告人身自由。

(四)民事诉讼法与行政诉讼法的关系

民事诉讼法与行政诉讼法也同属于程序法,二者关系较为密切,行政诉讼法未规定的事项,准用民事诉讼法有关规定。因此,二者在审判制度、诉讼程序上有很多共同之处。但是,毕竟二者处理案件的性质不同,所以也存在如下区别:

(1)诉讼主体不同。民事诉讼中发生争议的是平等主体,公民、法人和其他组织既可以作为原告,也可以作为被告;而行政诉讼解决的是行政机关或其工作人员与公民、法人或其他组织之间在行政管理中发生的争议,所以行政诉讼中被告是特定的国家行政机关,而原告则是不服行政机关具体行政行为的公民、法人或其他组织。

(2)举证责任不同。民事诉讼一般实行"谁主张,谁举证"原则,由提出主张的当事人承担举证责任;而行政诉讼则实行举证责任倒置,由作为被告的行政机关承担举证责任,提供作出该具体行政行为的证据和所依据的规范性文件。

(3)审理方式不同。民事诉讼实行调解优先,可以调解方式结案;而在行政诉讼中,由于被告行政机关不能自由地处分行政权力,只能依法行政,所以除了行政侵权损害赔偿案件外,对于一般行政案件人民法院不能以调解方式进行处理。①

(五)民事诉讼法与仲裁法的关系

民事诉讼与仲裁同属于解决民事纠纷的方式,同属于程序法。但是,仲裁具有非诉讼性质,由《仲裁法》调整。民事诉讼与仲裁存在着内在衔接关系,根据《仲裁法》的规定,人民法院有权根据当事人请求对仲裁协议是否有效作出裁定;有权撤销违法仲裁裁决;有权对仲裁裁决不予执行;当事人申请仲裁证据、财产保全的,由人民法院执行等。但是,二者毕竟是不同的解决纠纷机制,存在如下主要区别:

(1)组织机构性质不同。人民法院是国家审判机关;而仲裁机构属于独立的民间社会团体法人,不隶属于任何国家行政机构,同时仲裁机构相互之间也没有上下级隶属关系。

(2)受理案件前提不同。纠纷发生后,民事诉讼任何一方当事人向人民法院提起诉讼的,只要符合民事诉讼法的规定条件,人民法院就应当受理;而仲裁当事人申请仲裁,必须以当事人之间存在有效的仲裁协议为条件,没有仲裁协议的仲裁机构无权受理。

(3)当事人选择权限不同。由于诉讼与非诉讼程序属性不同,仲裁程序更加重视当事人选择权,民事诉讼中当事人选择权限小于仲裁。在民事诉讼中,诉讼地点、人民法院、审判程序均由法律作出明确规定,当事人无权自由选择;而在仲裁程序中,对于仲裁地点、仲裁机构、仲裁员、仲裁程序,当事人都可以根据仲裁法和仲裁规则自由选定。

(4)程序制度不同。民事诉讼实行法定的两审终审制、公开审判制,合议庭裁决实行少数服从多数制;而仲裁则实行一裁终局制、不公开审理制,仲裁庭裁决不能形成多数意见则由首席仲裁员意见裁决等。

(六)民事诉讼法与破产法的关系

破产法又称倒产法或债务清理法,是对具有资不抵债破产原因的债务人和所有债权人的债权债务进行清理的法律规范。破产法既要对破产原因、破产财产、债权确定等实体问题作出规定,又要对重整、和解、清算等作出程序

---

① 在近年司法实践中,一些人民法院也推行行政诉讼和解和调解机制,这一做法得到最高人民法院有关司法解释的肯定。参见最高人民法院2007年3月1日印发的《关于进一步发挥诉讼调解在构建社会主义和谐社会中积极作用的意见》第6条。

上规定，因此破产法是实体法和程序法的统一体。由于破产法对债权债务关系进行清理，并对所有债权作出概括性的执行，所以破产法与民事诉讼法关系密切。民事诉讼法与破产法关系主要表现在两方面：

（1）破产程序没有规定的适用民事诉讼程序规定。根据我国2006年《企业破产法》第4条的规定，破产案件审理程序，该法没有规定的，适用《民事诉讼法》的有关规定。所以，民事诉讼法的很多基本原则和制度都适用于破产程序。

（2）民事执行程序转破产程序。为解决"执行难"和"破产难"双重问题，在民事执行程序中，执行法院如果发现被执行人具有破产情形，应经过当事人同意，裁定中止执行，并将案件转入破产法院实施破产。对此执行转破产机制，《民诉法解释》第511条至第514条作出了详细规定，司法实践也在探索执行转破产的运行。

案例精选

▶【案例1】

某县技术监督局两名工作人员在对某实业有限公司进行食品检查时，发现其出售的日用百货和副食品存在食品过期和其他质量问题，在准备采取查封措施时，被公司有关营业员加以阻拦，致使查封工作不能进行。之后技术监督局又要求某实业有限公司自行清理整顿并作出检讨，并在当晚当地电视台以技术监督局名义播发了《提请消费者注意》的书面文稿。文中称："某实业有限公司销售大量过期变质食品，请消费者注意，不要只顾价格便宜而忽视质量，上当受骗。"某实业有限公司认为该技术监督局行为侵犯了其名誉权，于是向某县人民法院提起诉讼，要求被告技术监督局更正此报道内容，并赔偿因此造成的经济损失。第一审人民法院经审理后认为：技术监督局在当地电视台播出的有关文稿，是侵犯他人名誉权行为，因此应将该案定性为侵犯名誉权的民事侵权诉讼。被告不服提起上诉。第二审人民法院认为：本案是一起因为行政机关在执法过程中的行政行为引起的由行政关系相对人提起的诉讼，因此应定性为行政诉讼。

评析：本案涉及两个法律问题：一是什么是民事纠纷和民事诉讼；二是行政诉讼中是否涉及对民事纠纷的处理。

所谓民事纠纷，是指平等主体之间发生的涉及民事权利义务的纠纷，属于民事诉讼主管范围。民事纠纷的特点包括：民事主体地位的平等性、纠纷内容的特定性、纠纷的可处分性。所谓民事诉讼是指国家审判机关在当事人和其他诉讼参与人参加下，审理民事纠纷案件的活动，以及由这些活动所产生的各种法律关系。民事诉讼由民事诉讼法调整。从本案情况看，诉讼主体地位是不平等的，一方是行政机关技术监督局，一方是受行政机关技术监督局执法行为管理的被管理者某实业有限公司。他们的纠纷是在行政管理活动中发生的，因此不构成平等主体间的民事纠纷。对于技术监督局在监督行为中存在越权或侵害被管理者权益（包括民事权益）的情况，可以提起行政诉讼。第二审人民法院的认定应当是正确的，对于已经由第一审人民法院按民事诉讼受理、审理的案件，如果认为没有主管权限，应当裁定撤销原判，告知原告另行提起行政诉讼。

所谓行政诉讼，是指国家审判机关在行政纠纷当事人（行政管理者和被管理者）和其他诉讼参与人参加下，审理行政纠纷案件的活动，以及由这些活动所产生的各种法律关系。人民法院在受理和审理行政诉讼过程中，也会牵涉侵犯被管理者民事权益的问题。对于行政诉讼中的民事纠纷，司法实践中人民法院可以采取行政诉讼附带民事诉讼的做法，以民事诉讼解决机制解决案中民事纠纷。从本案情况看，如果进入行政诉讼，人民法院可以按行政诉讼规则处理和解决技术监督局行政执法行为是否合法适当的问题，对于技术监督局在执法过程中造成的被管理者侵权损失的赔偿问题，可以按民事诉讼处理机制，例如可以将双方以平等主体对待，对于侵权损害赔偿按调解方式协商解决。

案例精选

▶【案例 2】[①]

原告贾某与家人及邻居在被告春海餐厅聚餐，春海餐厅提供给他们使用的炉具为被告厨房用具厂生产的 YSQ-A"众乐"牌卡式炉，提供的燃气为被告气雾剂公司生产的罐装"白旋风"牌边炉石油气。在使用完第一罐、换置第二罐继续使用约 10 分钟时，使用中的气罐发生爆炸，致贾某面部、双手烧伤。当即送往中国人民解放军第二六二医院治疗，经诊断为：面部、双手背部深 2 度

[①] 贾国宇诉北京国际气雾剂有限公司、龙口市厨房配套设备用具厂、北京市海淀区春海餐厅人身损害赔偿案，载《中华人民共和国最高人民法院公报》1997 年第 2 期。

烧伤,面积为8%。贾某共住院治疗52天。住院期间应支付治疗费、营养品费用、护理费、交通费、残疾者生活自助用具费共计31664.93元。贾某向北京市海淀区人民法院提起诉讼称:要求气雾剂公司、厨房用具厂和春海餐厅共同赔偿共计1659551.63元,其中残疾赔偿金65万元。

诉讼中,气雾剂公司辩称:我公司的产品质量合格,贾某起诉我公司赔偿没有法律依据,故不同意其诉讼请求。厨房用具厂辩称:气雾剂公司灌装的气液不符合上述标准,是造成事故的主要原因,故我公司不承担任何责任。春海餐厅辩称:此次事故是因为卡式炉和气罐质量问题引发的,我餐厅提供服务没有过错,不应承担赔偿责任。

案件审理中,海淀区人民法院委托国家技术监督局对此次爆炸事故原因进行了技术鉴定。鉴定结论为:边炉石油气罐的爆炸不是由于气罐选材不当或制造工艺不良引起的,而是由于气罐不具备盛装边炉石油气的承压能力引起的。事故罐的内压较高,主要是由于罐中的甲烷、乙烷、丙烷等的含量较高,气罐内饱和蒸气压高于气罐的耐压强度,是酿成这次事故的原因。灌装后的边炉石油气的混合气达0.95MPA和0.98MPA(15℃和23℃),"白旋风"牌边炉石油气罐不具备盛装上述成分石油气的盛装能力。卡式炉仓内存在一个小火是酿成事故的不可缺少的诱因。卡式炉仓内存在小火是由于边炉气罐与炉具连接部位漏气而形成的。又经国家燃气用具质量监督检验中心对YSQ-A"众乐"牌卡式炉进行测试,认为该产品存在漏气的可能性,如果安装时不对准,漏气的可能性更大。经委托北京市法庭科学技术鉴定研究所对贾某的伤情进行鉴定,结论为:贾某损伤为面部、双手烧伤,经治疗目前伤情已稳定,遗留面部及双手片状疤痕,对其容貌有较为明显的影响。依照有关规定,贾国宇目前劳动能力部分受限,丧失率为30%。又经中国人民解放军第三○四医院证明,贾某今后面部及手部可行药物及皮肤美容护理治疗,费用约5万—6万元;必要时可再行手术治疗,费用约1万元。但治疗后仍遗留部分瘢痕难以消除。

经过对鉴定意见等证据质证、认证后,海淀区人民法院认为:气雾剂公司生产的"白旋风"牌边炉石油气气罐质量问题是造成此次事故的基本原因,气雾剂公司无可推卸地应当承担相当于70%的主要责任。"众乐"牌卡式炉与燃气瓶连接部位存在漏气可能,因此厨房用具厂也负有30%的责任。现没有证据证明春海餐厅提供服务中存在过错,贾某要求该餐厅赔偿损失的诉讼请求,不予支持。人身损害赔偿应依法按照实际损失确定。实际损失除物质方面的以外,也包括精神损失,即实际存在的无形的精神压力与痛苦。赔偿额度要考虑当前社会普遍生活水准。综上所述,依据《中华人民共和国产品质量法》第32条、《中华人民共和国消费者权益保护法》第41条之规定,判决气雾剂公司和厨房用具厂共同赔偿贾某273257.83元,其中残疾赔偿金10万元。

评析: 本案是一起典型的民事侵权纠纷和民事诉讼案件。通过本案可考虑的问题包括:民事纠纷基本含义和特点;民事诉讼基本含义和特点;人民法院、当事人、鉴定人之间在诉讼中形成了什么样的法律关系。首先,本案是一起典型民事纠纷,原告与三被告之间形成了人身损害赔偿法律关系,他们之间属于平等主体之间的民事权利义务纠纷,可以通过民事诉讼来解决。其次,这是一起典型的民事诉讼,海淀区人民法院在当事人起诉以后主持了本案的程序运行,通过技术鉴定、质证、认证、法庭辩论等诉讼程序,确定了案件事实,并正确适用法律,判定应当承担责任的过错主体,并且依法确定了对原告赔偿数额,作出最终判决。最后,人民法院和原告贾某、三被告、技术鉴定机构相互之间都产生了不同诉讼法律关系,其中主要是人民法院与当事人间的审判法律关系以及当事人之间的争讼法律关系。

思考问题

1. 正确理解民事纠纷的特点及意义。
2. 民事纠纷解决机制多元化。
3. 民事诉讼与非诉讼纠纷解决(ADR)机制的衔接。
4. 民事诉讼与民间调解的衔接。
5. 如何理解民事诉讼模式、目的和主要诉讼理念。
6. 民事诉讼法与相关法律的关系。

第二章　民事诉讼法的基本原则

民事诉讼法的基本原则是民事诉讼基本制度和具体规范的基础，体现民事诉讼的目的并承载着民事诉讼程序的价值追求。基于基本原则抽象性的特征，其往往通过民事诉讼基本制度和具体规范得以体现。有关民事诉讼法基本原则的体系构成，理论上存在观点的分歧，本章主要介绍了集中反映民事诉讼特有规律的当事人诉讼权利平等原则、辩论原则、处分原则、法院调解自愿和合法原则、检察监督原则和诚信原则。

第一节 基本原则概述

一、基本原则的概念

民事诉讼法的基本原则，是在民事诉讼整个过程中或重要诉讼阶段起指导作用的准则。民事诉讼法典将基本原则放在篇首不仅彰显了其在民事诉讼法中的重要地位，而且表明其是民事诉讼法规定的基本制度以及具体规范的"源"。它集中体现了民事诉讼的目的，反映了民事诉讼的基本原理和内在规律，承载了民事诉讼程序的价值要求，概括了当事人和法院在民事诉讼中的作用分担，是制定、适用、解释民事诉讼法的依据，也是法院、检察院、当事人以及其他诉讼参与人进行民事诉讼活动必须遵守的根本性规则。

掌握民事诉讼法的基本原则，有助于探求民事诉讼法立法的要旨，全面、深入领会和把握民事诉讼基本制度、具体程序规范的本质所在。民事诉讼法基本原则具有以下特性：① 概括性。与民事诉讼法基本制度和具体程序规范相比，民事诉讼法基本原则具有高度概括性。这种概括性保障了民事诉讼法基本原则在整个民事诉讼中发挥作用，也为具体程序规范制定提供了依据，同时为司法补充法律漏洞提供了契机。② 稳定性。民事诉讼法基本原则是对民事诉讼规律的概括和总结，决定了这些基本原则具有相对稳定性，不会轻易改变。③ 包容性。民事诉讼法基本原则的包容性，是指基本原则对民事诉讼具体程序问题的处理和解决具有指导性和涵盖性。

二、基本原则的体系

民事诉讼法基本原则是由若干个原则共同构成的有机整体。各项基本原则之间既相互联系，又相互制约。因此，对每项基本原则的理解，既要单独看它的运作内容和方式，又要将它置于民事诉讼法体系去审视和观察，并加以利用。

我国《民事诉讼法》第5条至第17条规定了基本原则。关于民事诉讼法应当包括哪些基本原则，学者看法不一。[①] 依据《民事诉讼法》规定，根据规定

[①] 学者们基于对判断、识别基本原则的标准以及基本原则在民事诉讼中所起作用不同，提出的基本原则内容亦不同。参见柴发邦主编：《中国民事诉讼法学》，中国人民公安大学出版社1992年版；陈桂明：《诉讼公正与程序保障——民事诉讼程序之优化》，中国法制出版社1996年版；肖建国：《民事诉讼程序价值论》，中国人民大学出版社2000年版；刘家兴、潘剑锋主编：《民事诉讼法学教程》（第5版），北京大学出版社2018年版；张卫平：《民事诉讼法》（第5版），法律出版社2019年版；宋朝武主编：《民事诉讼法学》（第5版），中国政法大学出版社2018年版；江伟主编：《民事诉讼法学》（第3版），北京大学出版社2015年版等。

基本原则的法律和适用范围,同时考虑到民事诉讼自身的规律,我们认为,民事诉讼法基本原则可分为共有原则与特有原则两类。共有原则是指《宪法》《人民法院组织法》规定的、普遍适用于民事诉讼、刑事诉讼、行政诉讼的原则。这类原则包括:① 审判权由人民法院行使原则;② 人民法院对案件独立进行审判原则;③ 以事实为根据,以法律为准绳原则;④ 使用本民族语言进行诉讼原则;⑤ 为推动现代科学技术在诉讼中的应用,2021年《民事诉讼法》修订增加一条基本规则,即经当事人同意,民事诉讼活动可以通过信息网络平台在线进行。民事诉讼活动通过信息网络平台在线进行的与线下进行的具有同等法律效力。特有原则是反映民事诉讼的特点和规律,根据民事诉讼的特殊要求所确立的基本原则。主要包括:① 当事人诉讼权利平等原则;② 辩论原则;③ 诚信原则;④ 处分原则;⑤ 法院调解原则;⑥ 民事检察监督原则。本章仅对《民事诉讼法》规定的特有原则进行分析。

第二节 当事人诉讼权利平等原则

▶ 一、当事人诉讼权利平等原则的含义

当事人诉讼权利平等原则,是指在民事诉讼中,双方当事人享有平等的诉讼权利,人民法院审理民事案件应当平等地保障当事人行使诉讼权利。我国《民事诉讼法》第8条规定:"民事诉讼当事人有平等的诉讼权利。人民法院审理民事案件,应当保障和便利当事人行使诉讼权利,对当事人在适用法律上一律平等。"当事人诉讼权利平等原则要求立法对当事人诉讼权利予以平等分配,要求司法平等保护当事人行使诉讼权利。

▶ 二、当事人诉讼权利平等原则内容

(一)双方当事人诉讼地位平等

当事人诉讼地位平等取决于当事人双方诉讼权利与诉讼义务的立法分配。《民事诉讼法》规定当事人之间平等地享有诉讼权利,同时平等地承担诉讼义务。诉讼地位平等并不是说双方当事人在诉讼中地位完全相同,而是指双方当事人不因社会地位、经济状况、民族、宗教信仰、文化程度、职业以及住所等因素存在差别,其诉讼地位是平等的。诉与被诉的差异可能导致当事人双方在诉讼中具体地位有所不同,但是这种差异不会使当事人双方在诉讼中

实质地位不平等。同样,在《民事诉讼法》第 5 条规定"同等、对等原则"①的前提下,外国人、无国籍人、外国企业和组织在我国做当事人,进行民事诉讼,其诉讼地位与我国当事人平等。

(二)双方当事人诉讼权利义务平等

诉讼地位平等意味着诉讼权利义务平等。诉讼权利义务平等,不是说当事人诉讼权利义务相同,而是指民事诉讼法规定的双方当事人进行攻防的手段以及承担的法律后果是平等的。双方当事人诉讼权利义务平等具体表现为两个方面:第一,双方当事人有一些相同的诉讼权利义务。例如,双方当事人都有权委托代理人、申请回避、收集提供证据以及进行辩论。双方当事人都应当按照法律规定行使诉讼权利、遵守诉讼秩序、履行生效文书确定的义务等。第二,双方当事人的诉讼权利义务虽然不完全相同,但是相对应的、对等的。例如,原告有起诉权,而被告有反诉权;原告有权变更诉讼请求、放弃诉讼请求,而被告有权反驳诉讼请求、承认诉讼请求。在应当出庭的情况下,原告没有正当理由不出庭或者未经许可中途退庭的,人民法院可以按照撤诉处理或作出缺席裁判;而对于被告没有正当理由不出庭或者未经许可中途退庭的,人民法院可以拘传或者缺席裁判。

(三)人民法院应当保障和便利当事人能够平等地行使诉讼权利

双方当事人有平等的诉讼权利义务,是当事人进行诉讼活动的法律依据。法律规定具有现实意义还要求人民法院对其提供平等保护。它包括两项基本要求:其一,人民法院要对当事人双方提出的主张和证据予以平等关注,应当告知当事人享有哪些诉讼权利,为当事人行使诉讼权利提供平等条件和机会;其二,在审理案件时,法官应当保持中立,平等对待双方当事人,既不能随意限制或者剥夺某一方当事人行使诉讼权利,也不能无视某一方当事人滥用诉讼权利的行为,影响诉讼程序的正常进行。没有人民法院的平等保护,当事人诉讼权利义务平等原则就难以在诉讼中落实。

三、当事人诉讼权利平等原则的依据

(一)宪法规定的平等原则是当事人诉讼权利平等原则的立法依据

《宪法》第 33 条规定:"凡具有中华人民共和国国籍的人都是中华人民共

---

① 同等原则是指一国自然人、组织在他国进行民事诉讼,同他国自然人、组织享有他国法律规定的诉讼权利。而对等原则是指一国司法机关对他国自然人、组织的诉讼权利加以限制的,他国司法机关可以对限制国自然人、组织的诉讼权利同样加以限制。同等原则和对等原则是国家间平等互惠关系原则的具体体现。由于其是审理涉外案件遵循的原则,我们将其放在涉外民事诉讼程序特别规定部分。

和国公民。中华人民共和国公民在法律面前一律平等。国家尊重和保障人权。任何公民享有宪法和法律规定的权利,同时必须履行宪法和法律规定的义务。"宪法是我国的根本法,它规定了公民的基本权利义务。民事诉讼法是基本法,是民事诉讼中当事人享有诉讼权利、承担义务的依据,因此民事诉讼法规定当事人诉讼权利义务平等原则,不仅是宪法"公民在适用法律面前一律平等"在民事诉讼法中的具体体现,也是实现宪法规定的适用法律平等原则的要求。

(二)当事人实体法律地位平等决定了当事人诉讼权利义务平等

《民法典》第4条规定,民事主体在民事活动中的法律地位一律平等,即民事主体实体权利义务是平等的。民事诉讼是主要解决民事主体实体权利义务纠纷的方式和过程,民事主体实体地位平等必然要求在民事诉讼中双方当事人诉讼地位平等。同时,只有当事人诉讼权利义务平等,才能真正实现民事主体实体权利义务平等。

(三)当事人诉讼权利平等原则是程序正义的具体要求

程序正义是民事诉讼程序自身固有的价值。对程序正义价值的内容,尽管学者们的看法不尽相同,但大家普遍认为确保程序正义实现的基本要素包括:法官在审理案件时应当保持中立,平等对待双方当事人,保证当事人能够参与程序、充分陈述自己的主张等。当事人诉讼权利义务平等并不仅仅是为了实现实体公正,更是满足程序正义的要求。

第三节 辩论原则

一、辩论原则的含义

辩论原则,是指在法院主持下,双方当事人就案件的事实和争议的问题,各自陈述自己的主张和根据,互相进行辩驳,通过论证自己主张的事实,为法院查明事实、依据法律作出正确裁判打下基础,从而维护自己的合法权益。《民事诉讼法》第12条规定:"人民法院审理民事案件时,当事人有权进行辩论。"

辩论原则确立了当事人在民事诉讼中的辩论权。民事诉讼中的辩论原则建立在当事人双方诉讼地位平等的基础上。我国《民事诉讼法》规定辩论权在民事诉讼中具有重要意义。一方面,当事人辩论权是程序正义和民主权利在诉讼中的体现;另一方面,当事人的辩论能够为人民法院查明案件事实、正确适用法律提供依据。通过双方的辩论,当事人有机会积极参与诉讼,并影响最终裁判结果，真正体现了当事人的程序主体地位。

二、辩论原则的内容

（一）辩论权的行使贯穿于诉讼程序的整个过程

辩论权是当事人（不仅指原、被告，也包括第三人）的一项重要的诉讼权利，表现为他们有权提出诉讼请求、陈述案件事实和理由，有权反驳对方的诉讼请求，进行答辩。辩论权是民事诉讼法为保证法院正确裁判民事纠纷案件而赋予当事人的诉讼权利，因此辩论权的行使不应当仅限于开庭辩论环节，它贯穿于解决民事纠纷的第一审程序、第二审程序以及审判监督程序全过程。

（二）辩论的范围包括案件事实和适用法律

在民事诉讼中，当事人辩论的范围十分宽泛，不仅包括案件事实，也包括如何适用法律。案件事实包括实体问题和程序问题。实体问题包括双方当事人争议的实体法律关系是否存在、是何种性质的实体法律关系，原告提出的诉讼请求是否成立以及谁应当承担民事责任等；程序问题包括当事人是否符合法律规定的条件、受诉法院对该案是否有管辖权、诉讼代理人是否有代理权等。同时，当事人在针对案件事实问题进行辩论时，也可以针对如何适用法律问题进行辩论，以确定当事人之间的权利和义务。

（三）辩论的形式多种多样

在民事诉讼中当事人可以自己行使辩论权，也可以由其代理人代为行使：在开庭审理环节，当事人或其代理人主要采用口头方式进行辩论；而在其他阶段，当事人则可以通过书面方式进行辩论，例如递交起诉状、答辩状、代理意见书等。

（四）法院应当保障当事人充分行使辩论权

辩论权是法律规定的纸面上的权利，当事人行使辩论权离不开法院的保障行为。法院的保障行为具体包括下列几方面：① 法院应当为当事人行使辩论权提供机会和条件，确保当事人辩论权的全面实现；② 法院主持当事人之间的辩论，指挥双方当事人按照法定秩序进行辩论，并进行适度提问、引导、解释和说明，对不当行使辩论权的行为及时加以制止；③ 充分重视当事人辩论对法院审判的作用，未经法庭辩论和质证的证据，不得作为裁判的依据；④ 剥夺或者限制当事人行使辩论权是一种程序严重违法行为，当事人可以此为由提出上诉或者申请再审。

三、确立我国民事诉讼中约束性辩论原则

我国《民事诉讼法》规定的辩论原则是在借鉴苏联和东欧各国民事诉讼

法规定的基础上确立的。它将辩论权作为体现社会主义民主的形式之一,是维护当事人合法权益的一种手段。辩论原则表现的是当事人的抽象权利,法院应当保障当事人行使这种权利。"由于法院的保障行为仅仅是让当事人能够实施辩论行为,而没有使当事人的辩论结果形成对法院裁判的约束。因此,辩论权的相对义务就只停留在被虚无化的保障行为这一层面。我国民事诉讼法所规定的辩论原则实际上成为一种非约束性或非实质性原则,因此,可将这种形式上的辩论原则称之为'非约束性的辩论原则'。"[①]

(一)约束性辩论原则的基本含义

首先,直接决定法律效果发生或消灭的必要事实必须在当事人的辩论中出现,没有在当事人的辩论中出现的事实,法院不得作为裁判的依据。民事诉讼解决的是民事纠纷,纠纷主体有权处分自己的实体权利,因此作为裁判基础的事实和证明材料的提出,是当事人的权利和责任。只有规定当事人辩论的内容对法院裁判行为具有约束性,才能发挥当事人程序主体地位,避免当事人辩论仅仅是法官发现、了解案件事实情况的一个渠道。

其次,当事人一方提出的事实,对方当事人无争议的,法院应将其作为裁判依据。即对于自认的事实,法院应当直接作出认定。自认事实,是指一方当事人认可了对方当事人主张的对自己不利的案件事实。由于自认事实,双方当事人之间没有争议,因此不仅可以免除主张该事实当事人的举证责任,而且对法院有约束力。即只要一方当事人自认,法院就没有必要继续审查该事实,而是直接认定该事实并作出相应的裁判。

最后,认定案件事实的证据由当事人自行收集提出,法院不能依职权主动调查收集证据,只能对当事人提供的证据进行审查判断。民事诉讼中,原告提出诉讼请求和案件事实,被告为反驳原告诉讼请求也要提出事实,这些事实由当事人主张,因此证明该事实存在与否的责任也由当事人承担。法院在当事人提出的证据范围内对证据进行审查判断。只有在客观原因导致当事人不能收集证据的情况下,当事人才可以申请法院收集证据。

(二)我国确立约束性辩论原则的依据

约束性辩论原则是与职权探知主义相对应的一项基本原则,是当事人主义诉讼模式的必然结果。[②] 虽然我国没有完全实行当事人主义诉讼模式,但是我国仍然有必要确立约束性辩论原则,其原因在于:

首先,约束性辩论原则可以充实辩论程序,避免法官"突袭裁判"。我国

[①] 张卫平:《我国民事诉讼辩论原则重述》,载《法学研究》1996年第6期。
[②] 汤维建主编:《民事诉讼法学》(第2版),北京大学出版社2014年版,第86页。

《民事诉讼法》规定的辩论原则只是当事人的一种诉讼权利，法院最多就是保障当事人行使权利，因此虽然辩论程序给当事人提供了行使辩论权的机会，但是并没有明确规定程序进行对法院产生的法律后果，没有法律后果的程序充其量只是一种形式、走过场。由于法官裁判行为可以不受当事人辩论内容的约束，因此对当事人来说，法官以未经当事人主张的事实和质证的证据作出裁判就是"突袭裁判"。

其次，约束性辩论原则可以实现当事人对实体权利和诉讼权利的处分，提高当事人对诉讼结果的认可度。约束性辩论原则建立在双方当事人诉讼地位平等的基础上，通过广泛参与诉讼程序，平等、自由地陈述自己的请求和主张案件事实，双方当事人平等"对抗"，法院据此形成最终"判定"。因此它不仅使当事人对自己实体权利和诉讼权利的处分权得以实现，而且也促使当事人心悦诚服地接受裁判结果。

最后，约束性辩论原则能够使法院保持中立地位，从而实现司法公正。司法公正包括程序公正和实体公正，程序公正是实现实体公正的基础和保障。程序公正要求法院是中立的裁判者，不偏不倚、平等对待双方当事人。要实现程序公正，就应当合理界定案件审理中法院和当事人的作用分担。约束性辩论原则明确当事人负责提出诉讼请求、主张案件事实、收集证据材料，法院在当事人主张的范围内调查、判断证据，在诉讼请求范围内依法作出裁判。但是约束性辩论原则并不是说法官在审判中完全是被动的，为了尽量实现实体公正，法官在必要时应当行使释明权。① 只不过，行使释明权的范围和方式必须在保持法院中立地位的前提下进行。

第四节　诚　信　原　则

▶ 一、诚信原则的含义

诚信原则，是指法院、当事人以及其他诉讼参与人在审理民事案件和进行民事诉讼时必须公正和诚实、善意。② 我国《民事诉讼法》第13条第1款规定："民事诉讼应当遵循诚信原则。"该款规定表明我国《民事诉讼法》已将诚实信用原则确立为民事诉讼法基本原则。

诚信是民事实体法中规定的基本原则，起源于罗马法的诚信契约。但

---

① 释明权，是指当事人的有关诉讼请求、案件事实的主张不明确、不充分、不适当时，法院依职权引导当事人通过补充、修正等方式将诉讼请求或者案件事实明确、充分、适当。

② 参见张卫平：《民事诉讼法》(第4版)，法律出版社2016年版，第46页。

是，自19世纪末20世纪初开始，一些国家和地区相继在民事诉讼法中对诚信原则相关的当事人真实义务作出了规定。① 如1895年的奥地利《民事诉讼法》、1911年的匈牙利《民事诉讼法》和1933年修改后的德国《民事诉讼法典》都规定，当事人或其代理人恶意陈述虚伪事实，或妨碍对方当事人的陈述，提出无理争辩及提出不必要的证据时，法院可以处以罚款。日本1996年修改的《民事诉讼法》第2条中规定："法院应为民事诉讼公正并迅速地进行而努力；当事人进行民事诉讼，应以诚实信用为之。"随着社会的发展，许多国家的法院在民事诉讼实践中不断扩大诚信原则的适用范围。

诚信原则是现代诉讼程序制度效率和公正的要求。一方面诚信原则应当贯穿于民事诉讼整个过程；另一方面诚信原则适用的主体包括当事人、法院和其他诉讼参与人。诚信原则是对法院、当事人以及其他诉讼参与人的诉讼行为加以约束的限制性准则，又是判断民事诉讼法律关系主体行为合法性、有效性的标准。我国《民事诉讼法》中的一些具体规定也体现了诚信原则的要求。如《民事诉讼法》第68条第2款规定：人民法院根据当事人的主张和案件审理情况，确定当事人应当提供的证据及其期限。当事人在该期限内提供证据确有困难的，可以向人民法院申请延长期限，人民法院根据当事人的申请适当延长。当事人逾期提供证据的，人民法院应当责令其说明理由；拒不说明理由或者理由不成立的，人民法院根据不同情形可以不予采纳该证据，或者采纳该证据但应当予以训诫、罚款。第114条规定：诉讼参与人或者其他人伪造、毁灭重要证据，妨害人民法院审理案件的，以暴力、威胁、贿买方法阻止证人作证或者指使他人作伪证的，人民法院可以根据情节轻重予以罚款、拘留；构成犯罪的，依法追究刑事责任。第115条规定：当事人之间恶意串通，企图通过诉讼、调解等方式侵害他人合法权益的，人民法院应当驳回其请求，并根据情节轻重予以罚款、拘留；构成犯罪的，依法追究刑事责任。第116条规定：被执行人与他人恶意串通，通过诉讼、仲裁、调解等方式逃避履行法律文书确定的义务的，人民法院应当根据情节轻重予以罚款、拘留；构成犯罪的，依法追究刑事责任。诚实信用由道德规范上升为法律规范，并规定于具体程序制度中，才能在民事诉讼中发挥指导作用。

▶ **二、诚信原则的立法依据**

首先，它是民事诉讼法与民事实体法一致性的体现。民事诉讼是解决民

---

① 当事人真实义务，是指法律关于当事人应当真实陈述案件，不得实施矛盾的行为，不得滥用诉讼权利等义务的规定。

事案件、保护当事人合法权利以及稳定民事法律关系的手段。民事诉讼法规定诚信原则，就是要求在解决民事案件过程中，当事人以及其他诉讼参与人也按照诚信原则规范自己的行为。可以说，民事诉讼法规定诚信原则既是基于法统一性，又是民事实体法诚信原则的延伸和扩张。

其次，它是实现民事诉讼法任务的具体要求。民事诉讼法的任务就是保障当事人行使诉讼权利，保证人民法院正确、及时解决民事案件。民事诉讼是法院、当事人以及其他诉讼参与人共同作用的过程。因此为了实现民事诉讼法的任务，当事人以及其他诉讼参与人应按照法律规定进行诉讼行为，不得滥用自己的诉讼权利；法院应保障当事人、其他诉讼参与人行使诉讼权利，在法律规定范围内行使自由裁量权。

最后，它是我国审判实践中对法院、当事人以及其他诉讼参与人诉讼行为进行规范的要求。自我国民事审判方式改革以来，当事人的诉讼权利逐渐扩大的同时，恶意诉讼、拖延诉讼等滥用诉讼权利的情形也时有发生。法律不可能完全满足审判实务的要求，在法律没有明确规定的情况下，难以判断法院审判是否公正合理、诉讼参与人实施的行为是否诚实善意。明确规定诚信原则不仅是规制法院、当事人以及其他诉讼参与人诉讼行为的要求，也是对民事诉讼法的解释和补充。

▶ 三、诚信原则的适用

民事诉讼中哪些主体适用诚信原则，尤其是法院是否受到诚信原则的约束，在学说上存有争议。日本通说认为，诉讼是法院和当事人之间构成的三角关系，与法院期待当事人遵守信义一样，当事人也应当期待法院遵守信义，这是一种相互的关系。如果法院的程序错误使当事人实施了相应的诉讼行为，就应保护当事人的信赖利益。[①] 因此，诚信原则不仅适用于当事人之间，也适用于法院和当事人之间。在法院与当事人之间，诚信原则侧重于确保两者实质性协调机能；而在当事人相互之间的关系中，诚信原则侧重于维持两方当事人的实质衡平。[②] 此外，诚信原则也适用于其他诉讼参与人。根据诚信原则适用的主体，可以将诚信原则的适用分为三种情况：

（一）诚信原则对当事人的适用

诚信原则要求当事人在实施诉讼行为时应当诚实善意：

---

① 〔日〕谷口安平：《程序的正义与诉讼》（增补本），王亚新、刘荣军译，中国政法大学出版社2002年版，第141页。

② 〔日〕中野贞一郎：《民事诉讼中的信义诚实原则》，载〔日〕中野贞一郎：《诉讼关系与诉讼行为》，日本弘文堂1961年版，第63页。

（1）不得滥用诉讼权利，恶意制造诉讼状态。它要求当事人不得以不正当手段形成利己诉讼状态，或者恶意串通，企图通过诉讼、调解等方式侵害他人合法权益。对此，人民法院应当驳回其请求，并根据情节轻重予以罚款、拘留；构成犯罪的，依法追究刑事责任。被执行人与他人恶意串通，通过诉讼、仲裁、调解等方式逃避履行法律文书确定的义务的，人民法院应当根据情节轻重予以罚款、拘留；构成犯罪的，依法追究刑事责任。

（2）禁止作伪证和虚假陈述。诚信原则要求当事人履行真实陈述义务，即当事人按照本意陈述自己所了解的案件事实情况。如《证据规定》第63条第1、3款规定："当事人应当就案件事实作真实、完整的陈述。当事人故意作虚假陈述妨碍人民法院审理的，人民法院应当根据情节，依照民事诉讼法第一百一十一条（现行法第114条）的规定进行处罚。"

（3）禁止矛盾行为，即禁反言。禁止反悔及矛盾行为重在保障对方当事人的利益，其基于一方当事人已有的陈述和行为或因给予一方当事人充分的信任而为的行为应当受到法律保护，不允许一方当事人事后反悔或者采取矛盾的行为来损害对方当事人的合法权益。[①] 如《证据规定》第63条第2款规定："当事人的陈述与此前陈述不一致的，人民法院应当责令其说明理由，并结合当事人的诉讼能力、证据和案件具体情况进行审查认定。"《民诉法解释》第340条第2款规定："当事人推翻其在第一审程序中实施的诉讼行为时，人民法院应当责令其说明理由。理由不成立的，不予支持。"

（4）不得实施突袭诉讼行为。当事人对自己提出的主张应当及时提供证据。未及时提供证据的，人民法院应当责令其说明理由。理由不成立的，人民法院根据不同情形予以训诫、罚款、赔偿拖延诉讼造成的损失、不予采纳该证据。

（5）不得实施其他滥用诉讼权利的行为。如以不正当的手段改变确定管辖连接因素规避人民法院的管辖权，以及滥用撤诉权、反诉权及其他诉讼权利的行为。这些行为既侵犯了对方当事人的合法权益，也侵害了司法的权威性，违反了诚信原则，应当予以禁止。

（二）诚信原则对法院的适用

诚信原则要求法院在审理和裁判民事案件时应当公正合理。诚信原则对法院的要求具体包括：

（1）禁止滥用审判权。法官是民事诉讼中的事实审理者、法律适用者、程序指挥者，法官在行使裁判权时应以诚实善意和不偏不倚的态度，探求法律

---

① 参见田平安主编：《民事诉讼法学研究》，高等教育出版社2008年版，第117页。

本意,根据案件具体情况,合理公正地解决纠纷。

(2) 禁止突袭裁判。法官在审理案件时,应当保障当事人充分行使诉讼权利,为当事人陈述主张和事实提供条件和机会,不得实施突袭性裁判。对于诉讼中剥夺当事人及其诉讼代理人辩论权利的行为,当事人有权申请再审。

(3) 禁止滥用自由裁量权。法官对于实体问题和程序问题自由裁量时应当诚实善意,不得滥用自由裁量权。无论当事人提供的证据材料还是法院调查收集的证据材料都应当在法庭上出示,由当事人质证。未经质证的证据,不得作为认定案件事实的依据。审判人员应当依照法定程序全面、客观地审核证据,依照法律规定,遵循法官职业道德,运用逻辑推理和日常生活经验,对证据有无证明力和证明力大小独立进行判断,并公开判断的理由和结果。

(4) 法官裁判民事案件都要对法律进行理解、解释。当法律有明确规定时,法官对法律适用和解释,必须考虑到法律创制时的意旨,针对法律文本的意思阐明自己形成判断的理由和依据。当法律没有明确规定时,法官则直接以诚信原则作为评价标准,以衡量案件事实,如果当事人的行为符合诚信原则,即认可其有效,并予以保护;如果当事人的行为违背诚信原则,即否定其效力,甚至进一步追究其法律责任。[①]

(三) 诚信原则对其他诉讼参与人的适用

诚信原则要求其他诉讼参与人在实施诉讼行为时也要诚实善意,具体应当包括:诉讼代理人在诉讼中不得超越和滥用代理权,不得无正当理由拒绝代理或恶意侵害被代理人利益;证人不得无故不出庭,不得作虚假证言;鉴定人不得作出与事实不符的鉴定意见;翻译人员不得故意作同原陈述或原文不符的翻译等。

虽然民事诉讼法规定诚信原则,有助于规制法院、当事人以及其他诉讼参与人的诉讼行为,提高诉讼效率,实现诉讼公正。但是,由于诚信原则内容具有模糊性、包容性、灵活性等特点,因此民事诉讼立法中应当力求具体化,需要通过具体规范进一步落实诚信原则,以避免原则规定的空泛化以及实务中的滥用。

---

① 梁慧星:《裁判的方法》,法律出版社2003年版,第176页。

第五节 处分原则

▶ 一、处分原则的含义

处分原则，是指民事诉讼中，在法律规定的范围内，当事人有权对自己的实体权利和诉讼权利进行支配和处置。具体表现为：积极处分，可以行使权利；消极处分，可以放弃权利。我国《民事诉讼法》第 13 条第 2 款规定："当事人有权在法律规定的范围内处分自己的民事权利和诉讼权利。"根据处分原则的要求，当事人对其依法享有的民事权利和诉讼权利有权自由决定是否行使或如何行使，即当事人享有处分权，法院不得干预。

▶ 二、处分原则的内容

处分原则是建立在权利主体对其权利进行控制和支配的基础上的一项原则。它具体包括下列内容：

（一）处分权是双方当事人都享有的权利

民事诉讼是公权处理私权纠纷的过程，基于"私权"特点，民事诉讼法规定处分原则，即双方当事人按照自己的意志决定是否行使权利以及如何行使权利。处分是当事人对自己权利的处置，不同的当事人既有不同的处分权，也有某些相同的处分权。例如，在起诉受理环节，原告有起诉权，而被告有反诉权，他们都有权决定行使与否；在开庭审理环节，他们都有权决定是否行使申请法官回避的权利、进行质证的权利，是否同意法院调解等。

（二）当事人在整个诉讼过程中都可依法行使处分权

诉讼权利是当事人进行各种诉讼活动的手段，诉讼程序的进行主要是由当事人实施诉讼活动推动的，因此当事人处分权的行使贯穿于整个诉讼过程。具体表现为：民事纠纷出现后，向哪个法院起诉、提出什么诉讼请求，由原告自己决定；法院受理案件后，是否同意法院调解、要不要和解，由当事人自己决定；对于第一审判决和可以上诉的裁定是否上诉，由当事人自己决定；对于已经确定的裁判，是否申请再审，由当事人自己决定；对于有给付内容的确定裁判，是否申请法院强制执行，一般也是由当事人自己决定。由于处分的权利与案件结果的关系存在差异，不同的处分行为具有不同的法律意义。

（三）处分权对象是当事人享有的民事实体权利和民事诉讼权利

当事人行使处分权的对象是基于民事实体法和民事诉讼法所享有的实体权利和诉讼权利。当事人对民事实体权利的处分主要表现为：① 原告可以自由确定诉讼请求的范围以及确定诉讼请求的实体法律关系的性质。例如，对于基于合同造成损害的纠纷，原告可以选择是基于侵权案件提出损害赔偿还是基于合同纠纷要求对方承担违约责任。② 在诉讼中，原告有权变更、增加或放弃诉讼请求；而被告可以反驳、全部或者部分承认诉讼请求，也可以决定是否提出反诉。当事人对诉讼权利的处分主要表现为：① 当事人对于程序的开始、进行和结束有选择权。例如，程序的开始离不开原告的起诉行为、上诉人的上诉行为，当事人的撤诉行为一般会导致诉讼程序的终结。② 当事人可以决定诉讼权利如何行使。例如，当事人可以决定自己提出哪些事实主张、提出什么证据材料以及是否进行答辩，是否委托代理人代为诉讼、是否申请法官及有关人员回避等。

在诉讼过程中，当事人对自己民事实体权利的处分，往往是通过对其诉讼权利的处分来实现的。例如，原告全部或者部分放弃诉讼请求，就是通过撤诉、和解或者法院调解等方式进行。

（四）当事人对自己权利的处分应符合法律规定

我国法律保护当事人充分行使处分权，但是处分行为受国家法律的制约和法院的监督。我国民事诉讼法处分原则是相对的、有限制的，而不是绝对的、无限制的。当事人的处分行为必须与国家的合法干预相结合，当事人的处分行为不得超过法律规定的范围，不得损害国家的、集体的和他人的合法权益。否则，当事人处分行为即是非法的。

三、处分权与审判权的关系

民事诉讼是在当事人处分权和法院审判权相互作用下展开的，正确贯彻落实处分原则，应当正确认识和处理处分权和审判权关系：

首先，处分权对审判权的合理制约。在民事诉讼中法律赋予当事人处分权，就意味着审判权受到处分权的制约，否则处分权行使就会空化。当事人处分权直接决定法院审判权运作的起点、范围和终点。例如，审判权启动取决于当事人起诉行为，审判权作用范围受当事人提出的诉讼请求和事实、证据的制约，审判权还会因为当事人撤诉而停止。当然，处分权对审判权的制约存在程度上的差异。某些处分权具有绝对性，法院必须接受当事人处分结果，例如当事人是否起诉、或是否上诉等。某些处分权不具有绝对性，需要经过法院许可才能产生法律后果，例如是否允许当事人撤诉等。

其次，审判权对处分权的监督。法院审判权对当事人处分权有监督作用，为了保障当事人处分行为不超出法律规定范围，法院应通过审判权对当事人处分权实施必要的干预。发现当事人处分行为违反法律，超出规定范围,损害国家、社会、他人利益的,法院应依法干预,使其处分行为不发生法律效力。

最后,审判权应保障处分权的行使。一方面审判权不能过度扩张,不当侵入当事人自由处分领域,例如动员撤诉、强制调解等;另一方面审判权应指导处分权的行使,应当依法提供诉讼上的便利,对缺乏诉讼能力或没有聘请律师的当事人提供诉讼指导,在当事人行使处分权之前提供必要的指示和说明,使当事人了解处分权行使方式及其所产生的法律后果。

▶ 四、处分原则与约束性辩论原则的关系

处分原则和约束性辩论原则都是体现民事诉讼特点的重要原则,共同体现了当事人在诉讼中的地位和作用,共同反映了当事人和法院的关系:

首先,它们都是由民事实体法律关系的本质决定的。民事诉讼主要解决民事权利义务关系纠纷。在民事权利义务关系中,双方当事人是平等的,而且有权根据自己的意思行使自己的权利。因而,在解决民事纠纷的诉讼过程中,要保证法院作为中立的裁判者,一方面要求当事人在程序中发挥主导作用,另一方面要赋予当事人依法处置自己权利的自由。处分原则和约束性辩论原则都是民事实体法律关系平等和自由的特点在民事诉讼中的体现。

其次,它们都从实质上反映了当事人和法院在诉讼中的相互关系。"即使当事人要求国家通过诉讼来解决它们之间的纠纷,国家仍最大限度地尊重当事者自由处分自己权利的自律性。处分权原则是在当事者直接处分自己实体权利这方面尊重他们自由的表现,而在此延长线上,辩论原则意味着从程序方面尊重当事者间接地处分自己权利的自由。这正是近代民事诉讼制度的本质要求。"①民事诉讼的本质就是调整当事人和法院之间的相互作用关系。处分原则,是通过当事人行使处分权确定法院审判权的作用范围,而约束性辩论原则,主要是把作为裁判基础的事实和证据交由当事人提供来确定法院和当事人在民事诉讼中作用分担规则。

最后,它们都起到了限制法院审判权的作用。处分原则的内容之一就是由当事人根据自己的意思自主确定诉讼程序的启动、继续以及终结,使法院处于相对被动地位;而约束性辩论原则表现为法院裁判所依据的事实和证据由当事人在辩论中提出,法院处于被动确认地位。即处分权和辩论权制约法院审判权。

---

① 〔日〕谷口安平:《程序的正义与诉讼》(增补本),王亚新、刘荣军译,中国政法大学出版社 2002 年版,第 141 页。

第六节　法院调解原则

一、法院调解原则的含义和特点

法院调解原则，是指民事诉讼过程中，对于能够调解或应当调解的案件，人民法院应当在当事人自愿和合法的基础上，组织双方当事人依法定程序对争议的问题进行协商、达成协议，以调解方式解决民事纠纷。法院调解在民事诉讼中既是一项重要基本原则，也是一项重要审判制度。我国《民事诉讼法》第9条规定："人民法院审理民事案件，应当根据自愿和合法的原则进行调解；调解不成的，应当及时判决。"

法院调解原则，是法院审判民事案件的一种方式，更是诉讼民主原则的体现和处分原则的具体运用。就其性质而言，法院调解是法院行使审判权与当事人行使处分权相结合以解决民事纠纷的处理方式；法院调解的过程既是当事人进行诉讼的过程，也是受诉法院对案件进行审理的过程。由此，法院调解具有如下特点：

（1）法院调解是一种诉讼活动。与民间调解不同，法院调解是在法院主持下，促使双方当事人达成调解协议的诉讼活动。

（2）法院调解是法院行使审判权与当事人行使处分权的结合。从当事人角度讲，法院调解必须尊重当事人的意愿，是否用调解的方式解决纠纷、调解程序的进行、调解协议的达成都应当以双方当事人的自愿为前提。从法院角度讲，法院调解在法官或者其他人员的主持、协调下进行，是法院审判活动的一部分。因此法院调解既是法院行使审判权，更是尊重当事人自主解决纠纷的过程。

（3）法院调解是法院审结民事案件的一种方式。双方当事人通过法院调解达成的调解协议，与法院判决解决民事纠纷发生同样的法律效力。

二、法院调解原则的依据

我国《民事诉讼法》之所以始终将法院调解作为基本原则，其主要依据是：

1. 民事纠纷的特点

在民事诉讼中，法院解决的民事案件多数属于民事权利义务关系纠纷。民事权利义务关系纠纷中民事权利的可处分性为双方当事人进行平等协商、调解解决提供了可能。

2. 文化传统

法律制度是文化的一部分，法律制度的确定必然和一国民族文化传统息息相关。受到儒家思想的影响，和睦相处、息事宁人一直是我们处理人际关系的重要准则。民事纠纷起诉至法院后，由法官主持进行调解，双方通过平等协商、互谅互让解决纠纷不仅是儒家传统文化的要求，也是当事人愿意且能够接受的方式。

3. 调解的优势

与判决相比较，调解的优势就是更灵活、更快捷、更彻底地解决纠纷。因为运用调解方式解决案件，可以最大限度尊重当事人的选择，降低当事人之间的对抗性，程序阶段上、方式方法上更灵活。同时，恰当适用调解手段，能够尽快终结诉讼、彻底解决纠纷，可以为当事人节省大量时间和精力。调解方式更符合诉讼效率和诉讼效益。

▶ 三、法院调解原则的内容

（一）法院调解活动贯穿审判程序整个过程

法院适用民事诉讼法审理的民事案件中绝大多数是由民事纠纷引起的，民事权利具有可处分性，因此根据案件性质和需要，对于有可能调解的案件，人民法院可以调解解决。法院调解贯穿于审判程序的各个阶段，包括第一审程序、第二审程序、审判监督程序。但是特别程序、督促程序、公示催告程序以及执行程序不能适用调解原则。

（二）法院调解要在自愿和合法的基础上进行

自愿是指是否运用调解手段解决纠纷以及调解能否达成协议，均需征得双方当事人同意；合法是指法院主持进行的调解活动不得违反民事诉讼法律规范关于调解程序制度的规定，调解协议的内容不得违反法律、法规的规定，不得侵害国家、社会和他人合法权益。法院进行调解必须遵循自愿、合法的原则，这两者之间相互联系，不可分割。其中，自愿是前提条件，合法是要求，二者缺一不可。自愿与合法协调一致，是判断法院调解能否进行以及是否有效的标准。

（三）对调解不成的案件法院应当及时判决

法院调解是解决民事纠纷的一种方式，自愿是其本质特点，如果一方或者双方当事人坚持不愿意调解或者经过调解后达不成一致意见，法院应当根据案件情况及时审理案件并作出判决。

四、法院调解原则的沿革

人民法院用调解方式解决民事纠纷,是我国法院的优良传统和成功的司法经验。自新民主主义革命时期以来,人民政权的司法审判中就实行调解制度,如"调解为主、审判为辅"的八字方针,以及"调解和审判相结合"的政策等。20世纪60年代初期,我国提出"依靠群众、调查研究、调解为主"的十二字方针,后来又发展为"依靠群众、调查研究、调解为主、就地解决"十六字方针。可见,在中华人民共和国成立后相当长一段时间,人民法院用调解方式解决纠纷在我国民事案件审理过程中一直处于绝对重要的地位,调解成为我国民事审判的政策导向。但是"调解为主"无论从提法还是执行上都起到了负面作用。调解为主意味着审判为辅,这必然和人民法院的性质发生矛盾;在执行过程中,强调调解为主,出现了追求调解率,违背当事人自愿原则用拖、磨方式变相强迫当事人调解等问题。为解决"调解为主"在实务中出现的偏差,1982年《民事诉讼法(试行)》(失效)在规定基本原则时,将调解为主改为"着重调解"。1991年《民事诉讼法》将"着重调解原则"改为"自愿合法调解原则"。随着20世纪80年代初到90年代中后期司法制度改革和审判为中心理念的影响逐渐深入,"调审不分""调审合一"受到理论和司法界批判,作为民事审判重要方式的法院调解逐渐被边缘化。21世纪初,迫于人民法院案件压力增大以及"建设和谐社会"目标的提出,司法政策又开始重视法院调解。2002年以后,最高人民法院相继颁布《审理涉及人民调解协议案件规定》(失效)、《调解规定》等司法解释。2006年,时任最高人民法院院长的肖扬发表题为《充分发挥司法调解在构建社会主义和谐社会中的积极作用》的讲话,明确将"能调则调,当判则判,判调结合,案结事了"作为新时期人民法院民商事审判工作的重要指导原则,强调要重新审视司法调解的功能和作用。法院调解乘着"和谐社会"的东风强势回归,成为审判实务界和万众瞩目的热点。2009年3月10日,时任最高人民法院院长王胜俊在最高人民法院工作报告中首次提出"调解优先、调判结合"原则。2010年最高人民法院制定发布了《关于进一步贯彻"调解优先,调判结合"工作原则的若干意见》,即在民事司法政策导向上一方面强调调解优先,另一方面将调解和判决两种方式相结合。为了在坚持调解优先时将调解建立在不违背当事人自愿的基础之上,同时实行调审适当分离,2012年《民事诉讼法》修订时除了将自愿和合法调解作为原则外,还在第一审程序中完善了诉前调解(也有的学者称为立案调解)和审前调解有关规定。其一,第122条(现行法第125条)规定:当事人起诉到人民法院的民事纠纷,适宜调解的,先行调解,但当事人拒绝调解的除外。其二，第133条第2项（现行法第136条第2项）规定：开庭前可以调解的，采取调解方式及时解决纠纷。

人民法院调解制度的沿革，是对调解本质的一个认识过程，也是正确理解调解与判决这两种民事纠纷解决方式相互关系的过程。无论对调解的表述方式由政策到原则，还是对调解内容的规定由"为主"到"着重"再到"自愿合法"，调解一直是人民法院处理民事案件的方式和结案方式。

第七节 民事检察监督原则

一、民事检察监督原则的含义

民事检察监督原则，是指人民检察院有权对民事诉讼进行法律监督。人民检察院对民事诉讼进行监督，是由我国《宪法》规定的"人民检察院是国家的法律监督机关"所决定的，民事检察监督原则是基于维护国家法制、保障国家利益、社会公共利益的需要而确立的一项原则。《民事诉讼法》第14条规定："人民检察院有权对民事诉讼实行法律监督"。

二、民事检察监督的范围和方式

（一）民事检察监督的范围

根据我国《民事诉讼法》第14条的规定，人民检察院有权对民事诉讼实施法律监督。此条规定赋予了人民检察院比较广泛的监督范围，即人民检察院有权对人民法院审判活动、执行活动以及调解活动进行监督，具体包括：

（1）人民法院审判活动。人民检察院有权对人民法院审理民事案件过程中的严重违反程序行为进行监督。如果人民法院在审判中出现严重违反《民事诉讼法》的行为，人民检察院有权提出检察建议，提请人民法院予以纠正。

（2）人民法院制作的生效判决、裁定和调解书。人民检察院有权对人民法院作出的生效裁判是否正确合法进行监督。根据《民事诉讼法》第215条第1款的规定，人民检察院对人民法院解决民事纠纷所作出的确定判决、裁定，发现有申请再审法定情形之一的，应当通过抗诉或再审检察建议的方式进行监督。人民检察院发现调解书损害国家利益、社会公共利益的，应当提出抗诉或提出再审检察建议。

（3）执行活动。《民事诉讼法》第242条规定：人民检察院有权对民事执行活动实行法律监督。此规定作为《执行规定》的一般原则，确立了人民检察院对民事执行活动实行法律监督的依据。

（二）民事检察监督的方式

根据我国《民事诉讼法》有关规定，人民检察院对民事诉讼实行法律监督方式主要包括：

(1) 提出抗诉。《民事诉讼法》第 215 条第 1 款规定：最高人民检察院对各级人民法院已经发生法律效力的判决、裁定，上级人民检察院对下级人民法院已经发生法律效力的判决、裁定，发现有《民事诉讼法》第 207 条规定情形之一的，或者发现调解书损害国家利益、社会公共利益的，应当提出抗诉。同条第 2 款规定：地方各级人民检察院对同级人民法院已经发生法律效力的判决、裁定，发现有《民事诉讼法》第 207 条规定情形之一的，或者发现调解书损害国家利益、社会公共利益的，也可以提请上级人民检察院向同级人民法院提出抗诉。

(2) 提出再审检察建议。再审检察建议是指各级人民检察院在办理民事抗诉案件中，认为人民法院已经生效判决、裁定或调解协议确有错误，以书面形式向同级人民法院提出监督意见，建议同级人民法院启动再审程序自行纠正的一种监督方式。《民事诉讼法》第 215 条第 2 款规定：地方各级人民检察院对同级人民法院已经发生法律效力的判决、裁定，发现有《民事诉讼法》第 207 条规定情形之一的，或者发现调解书损害国家利益、社会公共利益的，可以向同级人民法院提出检察建议，并报上级人民检察院备案。

(3) 提出审判人员违法行为检察建议。审判人员违法行为检察建议是指各级人民检察院对审判监督程序以外其他审判程序中审判人员违法行为，以书面方式向同级人民法院提出检察建议。对此，《民事诉讼法》第 215 条第 3 款作了规定。

▶ 三、民事检察监督原则的沿革

我国检察机关对民事审判活动实行法律监督存在一个发展变化的过程。中华人民共和国成立之始，1949 年 11 月 2 日，最高人民检察署检察委员会第二次会议通过《中央人民政府最高人民检察署试行组织条例》，并报请中央人民政府审批，毛泽东同志批准了这个条例。这是在党的领导下，我国关于检察制度的第一个单行法规。该条例第 3 条规定：最高人民检察署受中央人民政府委员会之直辖，直接行使并领导下级检察署行使对各级司法机关之违法判决提起抗议；对于全国社会与劳动人民利益有关之民事案件及一切行政诉讼，均得代表国家公益参与职权。1954 年《人民检察院组织法》第 4 条规定：人民检察院对于人民法院的审判活动是否合法实行监督；对于有关国家、人民利益的重要民事案件有权提起诉讼或者参加诉讼。这是全国人民代表大会第一次以法律的形式明确人民检察院对有关国家、人民利益的重要民事案件的起诉权。1975年《宪法》明确规定,检察机关的职权由公安机关行使,从宪法上彻底否定了检察机关存在的必要性,民事检察制度与其他检察制度同时被废止。1978年以后,我国又重建了检察机关,各项检察职能都在不同程度上得以恢复。1979年2月2日最高人民法院制定颁布的《最高人民法院审判民事案件程序制度的规定(试行)》对人民检察院提起诉讼、参与民事案件的审理程序作了具体规定。1982年《民事诉讼法(试行)》第12条规定:"人民检察院有权对人民法院的民事审判活动实行法律监督。"由此重新确立了人民检察院对民事审判活动的监督权。1991年《民事诉讼法》沿用了1982年《民事诉讼法(试行)》中原则性规定,并对检察机关按照审判监督程序提出抗诉作出了一些具体规定。随后十几年,民事检察监督原则成为民事诉讼法学界研讨的重要课题。理论和实践部门围绕民事检察监督原则的存废、民事检察监督的范围、民事检察监督方式等问题形成了不同观点。民事检察监督原则成为民事诉讼法修改的重要内容。

2012年《民事诉讼法》在结合我国国情、总结司法实践经验基础上,对民事检察监督原则作了重大修改,进一步加强了人民检察院对民事诉讼活动的监督。此次修改主要有如下变化:① 扩大了监督范围。将民事检察监督从过去规定的对民事审判活动进行监督扩大到整个民事诉讼领域——既包括审判活动,也包括执行活动。一方面规定在法定情况下对人民法院生效判决、裁定进行抗诉。另一方面规定发现调解书损害国家利益、社会公共利益的,人民检察院可以向同级人民检察院提出检察建议,并报上级人民检察院备案;也可以提请上级人民检察院向同级人民法院提出抗诉。② 增加了监督方式。对检察监督的方式,除原来规定的对生效裁判的抗诉方式外,还规定了检察建议这一新的监督形式。③ 由事后监督扩展到全程监督。原有法律只规定了对人民法院生效裁判的抗诉监督,现行法律在加强抗诉监督的基础上,增加了通过检察建议的方式对审判与执行整个过程中违法行为进行监督。④ 强化了监督手段。为使检察机关正确及时地监督诉讼活动,增加规定人民检察院因履行法律监督职责提出检察建议或抗诉需要,可以向当事人或案外人调查核实相关情况。虽然2012年《民事诉讼法》较为完整地规定了民事检察职能,但是基本原则的规定还需要具体制度性规范加以体现。另外,此次修改虽然扩大了民事检察监督范围,强化了民事检察监督方式,但是,检察机关对民事诉讼法律监督仍然需要坚持合法性原则、居中监督原则、谦抑性原则。

案例精选

▶【案例 1】①

2003年9月,原告厉夫金与其所在村的村委会签订土地承包合同,承包村里94亩连片土地,约定由其种植桃树。被告徐州铜利铸造有限公司(以下简称铜利公司)是桃园南部一家经营生铁冶炼、铸铁铸造的钢铁生产企业。厉夫金发现,铜利公司生产过程中排放的烟尘飘落在桃树的叶子、花朵和幼果上,严重影响桃树生长,造成桃园减产,于是就和铜利公司进行交涉。双方曾于2005年就桃园的赔偿问题达成协议,由铜利公司补偿厉夫金5000元。但是就2006年损失补偿问题,双方未能达成一致意见。厉夫金专门委托铜山县果树技术指导站对桃树受损情况进行评估,该站参照相关文件规定标准,计算出厉夫金桃树损失产量,按黄桃近期市场均价计算,总产值损失为78508.8元。厉夫金据此向铜山县人民法院起诉。铜山县人民法院采信该鉴定结论,判决铜利公司赔偿厉夫金损失78508元。铜利公司不服,提起上诉。徐州市中级人民法院审理后,以原判决认定事实不清为由,裁定撤销原判,发回重审。铜山县人民法院在重审过程中,法官依法向双方当事人释明了举证责任的分配规则和鉴定的相关规定。双方当事人经协商,同意委托铜山县环保局进行鉴定,但是铜山县环保局以受技术条件限制为由拒绝鉴定,后双方当事人又协商委托一家省级鉴定机构进行鉴定,但由于该鉴定机构要收取115000元鉴定费,诉讼成本明显过高。此时,本案已经跨年度历经两级人民法院三次审理,仍难以彻底查清案件事实,而且诉争的2006年桃园赔偿争议尚未解决,双方又马上面临2007年度桃园的赔偿问题。对此,法官从一般公众所认可的经验常识和逻辑规则出发,认定铜利公司排放烟尘和厉夫金桃园的损害后果之间具有一定的因果关系,并在此基础上对双方当事人进行调解,最终达成调解协议:在厉夫金承包期间,被告铜利公司每年给付厉夫金赔偿额以30000元为基数并按国家统计局公布的国民经济和社会发展统计公报公布的农产品生产价格升降指数作相应调整。

评析:本案涉及的法律问题是人民法院对案件主要事实的认定应建立在当事人充分行使辩论权的基础上。本案是一起环境污染侵权纠纷,根据法律和相关司法解释的规定,应当适用特殊的举证责任分配规则,即受害人厉夫金应当证明其受损害的事实,加害人铜利公司应当就法律规定的免责事由及

---

① 参见最高人民法院中国应用法学研究所编:《人民法院案例选》2009年第3辑(总第69辑),人民法院出版社2010年版,第170—174页。

其行为与损害结果之间不存在因果关系承担举证责任。本案一审时，原告厉夫金依据铜山县果树技术指导站出具的桃树受损评估报告，提出自己的损害赔偿请求。由于第一审人民法院对铜利公司排放烟尘的行为和厉夫金桃园受到损失后果之间是否有因果关系这一争议事实的认定没有建立在当事人充分行使辩论权的基础上，因此第二审人民法院作出裁定撤销原判，发回重审。在重审时，铜山县人民法院不仅依法向当事人释明本案举证责任的分配规则、负担举证责任的当事人应当申请鉴定以及不申请鉴定的法律后果，而且在进行鉴定的诉讼成本过高的情况下，征得当事人同意进行调解，使得该案能够及时、顺利解决。环境污染侵权纠纷中，侵权行为和损失后果之间是否有因果关系往往关系到案件的处理结果。因此，要求法官对证明责任分配规则进行释明，不仅体现了司法为民的举措，更是贯穿辩论原则的要求。

案例精选

▶【案例 2】[①]

因法律服务合同纠纷，原告北京儒鼎时代法律咨询服务有限公司（以下简称儒鼎公司）向北京市朝阳区人民法院起诉被告程爱华。在庭审结束前，儒鼎公司向人民法院提交书面撤诉申请书，称"经过慎重考虑，依据《民事诉讼法》之规定，依法申请撤诉"。被告程爱华辩称：被告与原告不存在咨询服务合同关系，双方也没有约定咨询费 9000 元。原告因本次事件多次起诉又撤诉，且均因同一事实和理由，这既浪费人民法院的司法资源，又浪费被告的时间和精力，请求驳回原告的诉讼请求。朝阳区人民法院认为，因儒鼎公司此前就该案多次起诉又均撤诉，本次诉讼又未说明合理理由而申请撤诉，其撤诉申请不符合法律规定，裁定不准许儒鼎公司撤回起诉。此后，朝阳区人民法院经过审理认为，原告主张原、被告曾约定被告应向原告支付咨询费 9000 元，但在被告明确否认的情况下，原告对此并没有提供充分证据进行证明，故该举证不能的后果由原告承担。判决驳回儒鼎公司的诉讼请求。判决后，儒鼎公司不服，向北京市第二中级人民法院提出上诉。上诉审法院审理后，判决驳回上诉，维持原判。

评析：本案涉及的法律问题是人民法院为什么不准许原告儒鼎公司提出的撤诉申请。撤诉是当事人处分其诉讼权利的重要表现，但是是否准许，由

[①] 参见最高人民法院中国应用法学研究所编：《人民法院案例选》2010 年第 2 辑（总第 72 辑），人民法院出版社 2011 年版，第 106—108 页。

人民法院裁定。根据《民事诉讼法》和有关司法解释的规定,当事人在宣判前申请撤诉,只要没有违反法律的行为需要依法处理的,人民法院应当准许。但是否符合"有违反法律的行为需要依法处理"由人民法院根据案件情况来确定。就本案来说,儒鼎公司在一年之内多次起诉又多次撤诉,撤诉理由同一,且其又是专门从事法律服务的公司,对法律规定非常熟悉。而被告程爱华为积极应诉,花费了大量时间、人力和财力。根据《民诉法解释》第238条第2款的规定,"法庭辩论终结后原告申请撤诉,被告不同意的,人民法院可以不予准许"。也就是说在法庭辩论终结前,原告申请撤诉,由人民法院审查确定是否准许。在我国现行法没有规定原告撤诉须经被告同意,或者没有明确的恶意诉讼制度的情况下,就本案而言,人民法院根据案件和原、被告的情况不准许原告撤诉申请符合现行法相关规定。

案例精选

▶【案例3】①

吴梅与西城纸业有限公司存在买卖废书合同关系。由于西城纸业公司拖欠货款,吴梅向眉山市东坡区人民法院起诉,请求人民法院判令西城纸业公司支付货款251.8万元及利息。第一审人民法院经审理后判决:西城纸业公司在判决生效之日起10日内给付吴梅货款251.8万元及违约利息。宣判后,西城纸业公司向眉山市中级人民法院提起上诉。第二审审理期间,西城纸业公司与吴梅签订了一份还款协议,商定西城纸业公司的还款计划,吴梅则放弃了支付利息的请求。西城纸业公司申请撤回上诉并得到人民法院裁定准予。因西城纸业公司未完全履行和解协议,吴梅向第一审人民法院申请执行第一审判决。在执行中,西城纸业公司向眉山市中级人民法院申请执行监督,主张不予执行原第一审判决。眉山市中级人民法院于2010年7月7日作出(2010)眉执督字第4号复函认为:西城纸业公司未按和解协议履行还款义务,违背了双方约定和诚信原则,故对其以双方达成和解协议为由,主张不予执行原生效判决的请求不予支持。根据吴梅的申请,第一审人民法院受理执行已生效法律文书并无不当,应当继续执行。

评析:本案事实很简单,最高人民法院将其作为指导性案例是因为一方面该案件涉及的情况在司法实务中还是比较常见的,另一方面现行民事法律

---

① 吴梅诉四川省眉山西城纸业有限公司买卖合同纠纷案,最高人民法院指导案例2号(2011年)。

没有明确规定和解协议的效力。最高人民法院2号指导性案例裁判理由中主要有两点。一是"和解协议属于双方当事人诉讼外达成的协议,未经人民法院依法确认制作调解书,不具有强制执行力"。二是"西城纸业公司未按和解协议履行还款义务,违背了双方约定和诚信原则"。这就提出"违约"是否属于违反诚信原则,民事诉讼中如何运用诚信原则等问题。我们认为,诚信原则是原则性规范,不可能通过法律具体规定何种行为违反诚信原则。因为一旦规定具体情形,诚信原则就变成一般性规范,不再是诚信原则。而人民法院审理、执行民事案件时,应当先适用一般性规范。只有在没有一般性规范情况下,才能援用原则性规范。对于当事人而言,诚信原则是制约、限制其诉讼权利,因此不当适用诚信原则会造成对当事人诉讼权利的不当干预,进而损害程序正义。

思考问题

1. 当事人诉讼权利义务平等原则的内容。
2. 我国民事诉讼辩论原则与约束性辩论原则的区别。
3. 当事人处分权与法院审判权之间的关系。
4. 法院调解原则的内容。
5. 民事检察监督原则的内容。
6. 民事诉讼诚信原则的具体适用。

第三章 民事审判基本制度

民事审判基本制度是法院审判民事案件必须遵循的基本操作规程,体现审判的规律,反映审判的目的,在民事诉讼中具有关键性的作用。本章主要介绍了合议制度、回避制度、公开审判制度和两审终审制度的基本内容及其在诉讼中的作用。

第一节 概 述

民事审判基本制度,是在法院审理民事案件的重要环节和重要问题上起重要作用的规则。由于民事审判基本制度与民事诉讼法基本原则都反映了民事诉讼法的基本精神,都对民事诉讼一般程序制度、具体规范具有指导作用,因此我国民事诉讼法在立法体例上将它们放在一章中。但是民事审判基本制度与民事诉讼法的基本原则是不同的,民事审判基本制度不仅是法院审判行为的基本规则,而且内容更具体、实用性强。民事审判基本制度与民事诉讼法规定的具体制度、一般制度也不同,具体制度、一般制度只是规制某个程序阶段或者某种程序活动,如起诉制度、裁判制度;而民事审判基本制度往往通过具体制度、一般制度体现对整个审判程序运行的作用。依据《民事诉讼法》第10条的规定,我国民事审判基本制度包括公开审判制度、合议制度、回避制度以及两审终审制度。

第二节 公开审判制度

一、公开审判制度的概念和依据

(一)公开审判制度概念

公开审判制度,是指依照法律规定,法院审理民事案件,除合议庭评议外,应当公开进行的制度。

关于向谁公开,我国学者普遍认为,包括向群众公开、向社会公开。所谓向群众公开,就是对于公开审理的案件,法院的审理活动和宣判应当允许群众旁听;所谓向社会公开,就是允许新闻记者对公开审理的案件进行采访、报道,使社会大众知晓审理的过程和裁判的结果。也有学者主张,公开审判是指依法应当向当事人和社会公开的制度。① 该观点有合理之处,因为它立足于我国审判实务只强调审判过程公开,而对法官的思维过程、裁判理由不公开或者公开不够的情况。公开审判是对秘密审判的否定。秘密审判,就是法院审理案件的行为、法官的思维过程以及裁判理由不仅对社会而且对当事人也不公开。公开审判制度不仅应当向社会展示审判的过程,也应当向社会展示法官在诉讼中对案件事实的认识过程和对当事人是非责任的判断理由。

---

① 参见常怡主编:《民事诉讼法学》(第4版),中国政法大学出版社2016年版,第79页。

公开审判是针对不公开审理提出和确立的,不公开审理的案件,只是不允许群众旁听、不允许记者采访报道。因此无论公开审判还是不公开审理的案件,法院的审判过程和法官的思维过程、裁决理由都要对当事人公开。

公开审判与开庭审理虽然都是反映法院审理案件的方式、形式,但是它们是不同的。公开审判需要通过法院的开庭审理得以实现,因此公开审判的案件,法院必然要开庭审理;但是开庭审理的案件,并不一定公开审判。

(二)公开审判制度立法依据

民事诉讼法将公开审判作为一项基本审判制度的依据在于:

(1)它是司法民主化的要求。公开审判是与秘密审判相对应的一种审判形式,它是在保障人权基础上建立的,体现了诉讼制度的文明、民主。

(2)它是司法公正的要求。公开审判将案件审判活动置于公众监督之下,增强了审判透明度,防止了司法专横和擅断,强化了审判人员责任感,保证其公正司法。

(3)它是司法教育功能的要求。司法的作用不仅包括法院通过行使审判权解决各种纠纷、稳定法律关系,也包括进行法制宣传教育。公开审判的过程,就是通过直观、形象的方式对旁听群众或者社会大众进行普法宣传,从而使社会大众能够自觉按照法律规定规范自己的行为。

(4)它是社会监督具体化的需要。司法反映的是法院行使国家赋予的审判权,保障权力的正确行使离不开社会的监督。社会监督包括多种形式,最基本的就是舆论监督。只有贯彻公开审判,对审判活动进行旁听、传播、报道等形式的公开,才能真正发挥社会力量对司法的监督作用,实现对民事审判活动的制约。

二、公开审判的内容和要求

关于公开审判制度的内容,我国学者中存在一些不同看法。如公开审判的程度,即:半公开——仅仅审理案件的过程和判决的宣告公开,评议中的少数意见不公开;彻底公开——不仅案件的过程和判决的宣告公开,而且合议审理的案件评议中的少数意见也要公开。有些学者主张,我国三大诉讼法确立和采用的是一种半公开审判制度,应当逐步向彻底的公开审判制度转化。[①]我们也同意该观点。至于公开审判与维护法的独立空间之间的关系,我们认为实务中出现的舆论监督干涉法官独立行使审判权,甚至"绑架"法官的独立

---

① 参见常怡:《公开审判》,载江伟、杨荣新主编:《民事诉讼机制的变革》,人民法院出版社1998年版,第84—101页。

判断的原因不在于实行公开审判制度，而是我国没有新闻法等相关法律使然。1999年《公开审判规定》、2007年《审判公开意见》以及2016年《公布裁判文书规定》对如何落实公开审判原则、切实加强审判公开基本要求，规范审判公开作了具体规定。根据我国现行有关公开审判制度的规定，我国公开审判制度的内容包括：

第一，审判主体和情况的公开。审判主体的公开是指本案审判人员及记录人员应当向当事人和社会公开。同时，对于公开审理的案件，人民法院应当在开庭前将审理案件的情况、时间、地点予以公告。

第二，公开对象应包括当事人和社会两方面。向当事人公开指人民法院审判活动应在当事人参与下进行。对社会公开指允许群众旁听开庭审理和判决宣告。对于公开审判的案件，除精神病人、醉酒的人和未经人民法院许可的未成年人外，其他公民可以旁听。经人民法院许可，新闻记者可以记录、录音、录像、摄影、转播庭审实况。[①]

第三，公开的阶段指除了合议庭评议阶段以外的审判全过程。无论案件是否公开审理，人民法院宣判都应当公开进行。所谓全过程包括立案公开、庭审公开、执行公开、听证公开、文书公开和审务公开等。[②]

第四，审判公开包括形式和实质公开。形式公开指公开开庭、允许旁听等。实质公开指要求人民法院依法公开审理案件，案件事实未经法庭公开调查不能认定。证明案件事实的证据未在法庭公开举证、质证，不能进行认证，但无须举证的事实除外。缺席审理的案件，法庭可以结合其他事实和证据进行认证。另外，人民法院制作的判决书应当写明判决认定的事实和理由以及适用的法律和理由。

第五，除涉及国家秘密、商业秘密和个人隐私的内容外，公众可以查阅发生法律效力的判决书、裁定书。

第六，凡是依法应当公开审理的案件没有公开审理的，当事人提起上诉的，第二审法院应当裁定撤销原判决、发回重审；当事人申请再审的、人民检察院按照审判监督程序提起抗诉的，人民法院应当裁定再审。发回重审或者裁定再审的案件，人民法院应当公开审理。

[①] 为进一步落实公开审判原则，规范人民法院接受新闻媒体舆论监督工作，妥善处理法院与媒体关系，最高人民法院2009年12月8日下发了《关于人民法院接受新闻媒体舆论监督的若干规定》。

[②] 为更好贯彻依法全面公开原则，最高人民法院2009年12月8日下发了《关于司法公开的六项规定》，从立案公开、庭审公开、执行公开、听证公开、文书公开和审务公开等六个方面对各程序阶段审判公开作了规定。

▶ 三、公开审判的例外情况

根据《民事诉讼法》第137条的规定,公开审判是一项基本审判制度,但是对于特殊案件,人民法院不公开审理。

第一,不能公开审理的案件,包括涉及国家秘密的案件、涉及个人隐私的案件或者法律另有规定不公开审理的案件。这些案件或者涉及执政党、政府、军队等国家利益、国家安全;或者涉及个人不愿被人了解或者干涉的私人生活安宁和私人信息受法律保护的权利,因此为维护国家利益、个人的合法权益,法律明确规定不公开审判。

第二,可以不公开审理的案件,包括离婚案件、涉及商业秘密的案件。离婚案件是涉及公民人身关系的案件,可能涉及当事人一些不愿公开的个人生活情况,从保护当事人隐私权出发,赋予当事人申请权,即当事人申请不公开的,则人民法院不公开审理。商业秘密,是指企业业务秘密、商业情报等当事人不愿公开的商业信息,如生产工艺、配方、贸易联系、购销渠道等。由于商业秘密是企业生存、竞争的法宝,因此当事人申请不公开审理的,人民法院不得公开审判。

第三,人民法院调解解决民事纠纷不公开进行。根据《民诉法解释》第146条的规定,"人民法院审理民事案件,调解过程不公开,但当事人同意公开的除外。调解协议内容不公开,但为保护国家利益、社会公共利益、他人合法权益,人民法院认为确有必要公开的除外。主持调解以及参与调解的人员,对调解过程以及调解过程中获悉的国家秘密、商业秘密、个人隐私和其他不宜公开的信息,应当保守秘密,但为保护国家利益、社会公共利益、他人合法权益的除外。"保密性是符合调解工作规律的基本原理,也是各国审判实践中通常做法。调解不同于裁判的根本之处在于调解是当事人合意解决纠纷,以当事人行使处分权为基础,是当事人之间的私事。为确保双方当事人自由放心地进行协商,不受外来因素的影响,应当对当事人自愿达成的协议进行保密。

第三节 合议制度

▶ 一、合议制度的概念和立法根据

(一)合议制度概念

合议制度,是指由三名以上审判人员组成审判组织,代表人民法院对民事案件进行集体审理和裁判的制度。

由多人共同对案件进行审理的方式,我国有文字记载始于西周时期。

《礼记·王制》一书中就记载:"成狱辞,史以狱成告于正,正听之;正以狱成告于大司寇,大司寇听之棘木之下;大司寇以狱之成告于王,王命三公参听之;三公以狱成告于王,王三又(宥),然后制刑。"①即案件的审理由三公共同进行。但是,中国古代的合议制只具有形式意义,实质意义的合议制度是清末修律时期引进的。② 合议制是与独任制相对的。独任制,是由一名审判人员独立对案件进行审理并作出裁判的制度。根据我国《民事诉讼法》的有关规定,独任制原则上只适用于基层人民法院审理的民事案件,如基层人民法院适用简易程序、小额诉讼程序审理的民事纠纷;基层人民法院审理的基本事实清楚、权利义务关系明确的第一审民事案件,可以由审判员一人适用普通程序独任审理;某些特殊性程序(如特别程序、督促程序以及公示催告程序)审理的简单、特殊民事案件。当然也有例外,如法律规定中级人民法院、专门人民法院对第一审简易程序审理结案或者不服民事裁定提起上诉的第二审民事案件,事实清楚、权利义务关系明确的,经双方当事人同意,也可以由审判员独任审理。合议制度是人民法院民事案件审判组织的基本制度。因此为了防止实务中人民法院随意扩大独任制适用范围,损害当事人程序利益,《民事诉讼法》第42条规定,人民法院审理的下列案件,不得由审判员一人独任审理:① 涉及国家利益、社会公共利益的案件;② 涉及群体性纠纷,可能影响社会稳定的案件;③ 人民群众广泛关注或者社会影响较大的案件;④ 新类型或者疑难复杂的案件;⑤ 法律规定应当组成合议庭审理的案件;⑥ 其他不宜由审判员一人独任审理的案件。审判组织制度既是对人民法院审理民事案件审判庭组成方式的要求,也是对当事人的程序保障,因此《民事诉讼法》第43条规定,人民法院在案件审理过程中,发现案件不宜由审判员一人独任审理,应当裁定转由合议庭审理。当事人认为案件由审判员一人独任审理违反法律规定的,可以向人民法院提出异议。人民法院对当事人提出的异议,应当审查。异议成立的,裁定转由合议庭审理;异议不成立的,裁定驳回。

(二)合议制度依据

民事诉讼法将合议制度作为基本审判制度的理由在于:

(1)发挥集体成员的智慧。合议制度是我国民主集中原则在民事诉讼中的具体体现,通过发挥集体的力量,可以克服审判人员个人的主观片面性,弥

---

① 参见:《汉书·淮南王安传》。转引自巩富文:《中国古代法官会审制度》,载《史学月刊》1992年第6期。

② 参见左卫民、汤火箭、吴卫军:《合议制度研究:兼论合议庭独立审判;兼论合议庭独立审判》,法律出版社2001年版,第72页。按照该书观点,只有多人参与只是一种形式意义的合议,只有当多人参与、平等参与、共同决策、独立审判四要素同时具备时,才是实质意义的合议制。

补审判员个人知识和能力上的不足。

(2) 实现审判人员内部的监督和制约,保证案件的公正处理。吸收陪审员参与合议庭或者由三名以上审判员组成合议庭不仅可以防止法官个人专断,而且有利于实现审判人员之间的相互配合、相互制约。

▶ 二、合议制度的内容

《民事诉讼法》第3章、《人民法院审判长选任办法(试行)》《合议规定》以及《合议庭职责规定》对合议制度适用的案件范围、合议庭的组成方式、合议庭的权限以及合议庭的议事规则等内容进行较为明确的规定。

(一) 合议庭的组成情况

按照法律规定,我国合议庭的组成情况根据案件适用的审级不同而不同:

(1) 适用第一审程序的民事案件,合议庭的组成有两种形式:① 审判员、陪审员共同组成合议庭。对审判员、陪审员的人数、比例,《民事诉讼法》没有作限制性规定,只要求合议庭成员的人数,必须是单数。② 全部由审判员组成的合议庭,没有陪审员参加,审判员的人数,也必须是单数。

(2) 适用第二审程序民事案件,合议庭全部由审判员组成,没有陪审员参加。这主要因为,第一审及第二审的任务不完全相同。第一审要解决当事人的争议,在查明案件事实基础上依据法律作出裁判,陪审员参加可以帮助法官查明案件事实,有利于法官作出正确裁判。第二审除了解决上诉人与被上诉人之间争议外,还要审查原审人民法院的裁判是否正确,有没有不符合法律规定之处,通过上诉审程序对原审人民法院的裁判进行监督。

(3) 发回重审的案件,原审人民法院应按第一审程序另行组成合议庭。

(4) 再审的案件,适用第一审程序审理的,按照第一审程序另行组成合议庭;适用第二审程序审理的,按照第二审程序另行组成合议庭。

(二) 合议庭的权限和合议规则

根据《合议规定》,合议庭的审判长由符合审判长任职条件的法官担任。院长或者庭长参加合议庭审判案件的时候,自己担任审判长。合议庭的审判活动由审判长主持,全体成员平等参与案件的审理、评议、裁判,共同对案件认定事实和适用法律负责。合议庭承担的职责包括:① 根据当事人的申请或者案件的具体情况,可以作出财产保全、证据保全、先予执行等裁定;② 确定案件委托评估、委托鉴定等事项;③ 依法开庭审理第一审、第二审和再审案件;④ 评议案件;⑤ 提请院长决定经案件提交审判委员会讨论决定;⑥ 按照权限对案件及其有关程序性事项作出裁判或者提出裁判意见;⑦ 制作裁判文书;⑧ 执行审判委员会决定;⑨ 办理有关审判的其他事项。

根据《民事诉讼法》第45条以及《合议规定》《合议庭职责规定》相关条款要求，合议庭评议案件应当在庭审结束后5个工作日内进行。合议庭评议案件时，先由承办法官对认定案件事实、证据是否确实、充分以及适用法律等发表意见，审判长最后发表意见；审判长作为承办法官的，由审判长最后发表意见。对案件的裁判结果进行评议时，由审判长最后发表意见。审判长应当根据评议情况总结合议庭评议的结论性意见。合议庭成员进行评议的时候，应当认真负责，充分陈述意见，独立行使表决权，不得拒绝陈述意见或者仅作同意与否的简单表态。同意他人意见的，也应当提出事实根据和法律依据，进行分析论证。

合议庭成员对评议结果的表决，以口头表决的形式进行。合议庭进行评议的时候，如果意见分歧应当按多数人的意见作出决定，但是应当将少数人的意见记入笔录。评议笔录由书记员制作，由合议庭的组成人员签名。

合议庭应当按照规定的权限，及时对评议意见一致或者形成多数意见的案件直接作出判决或者裁定。但是对于下列案件，合议庭应当提请院长决定提交审判委员会讨论决定：疑难、复杂、重大或者新类型的案件，合议庭认为有必要提交审判委员会讨论决定的；合议庭在适用法律方面有重大意见分歧的以及合议庭认为需要提请审判委员会讨论决定的其他案件；或者本院审判委员会确定的应当由审判委员会讨论的案件。

合议庭一般应当在作出评议结论或者审判委员会作出决定的5个工作日内作出裁判文书。

(三) 合议庭和审判委员会、院长、庭长的关系

审判委员会是按照《法院组织法》的规定，在各级人民法院内部设置的集体领导人民法院审判工作的组织形式。审判委员会由人民法院的同级人民代表大会常务委员会任命的委员组成。人民法院院长主持审判委员会的会议，审判委员会讨论决定问题，实行民主集中制原则。

按照《民事诉讼法》的有关规定，审判委员会与合议庭在审判业务上是监督与被监督关系。具体表现为：

(1) 对于疑难、复杂、重大或者新类型的案件，合议庭认为有必要提交审判委员会讨论决定的；合议庭在适用法律方面有重大意见分歧的以及合议庭认为需要提请审判委员会讨论决定的其他案件；或者本院审判委员会确定的应当由审判委员会讨论的案件，审判委员有权讨论并作出决定。合议庭对审判委员会的决定有异议的，可以提请院长决定提交审判委员会复议一次。

(2) 对于合议庭作出的生效裁判，发现确有错误、需要再审的，各级人民法院院长应当提交审判委员会决定再审。

关于合议庭与人民法院院长、庭长的关系,院长、庭长负责人民法院行政事务组织、领导和指挥等工作,而具体案件则由合议庭或独任庭进行,院长、庭长不能对合议庭如何断案下达命令。根据2007年《最高人民法院关于完善院长、副院长、庭长、副庭长参加合议庭审理案件制度的若干意见》,院长、庭长也可以和其他审判员一起组成合议庭审判案件。《合议规定》第16条、第17条规定:院长、庭长可以对合议庭的评议意见和制作的裁判文书进行审核,但是不得改变合议庭的评议结论。院长、庭长在审核合议庭的评议意见和裁判文书过程中,对评议结论有异议的,可以建议合议庭复议,同时应当对要求复议的问题及理由提出书面意见。合议庭复议后,庭长仍有异议的,可以将案件提请院长审核,院长可以提交审判委员会讨论决定。

第四节 回避制度

▶ 一、回避制度的概念和立法依据

回避制度,是指审判人员、辅助审判工作的有关人员遇有法律规定不宜参加案件审理或参加有关诉讼活动的情形时,退出案件审理活动或有关诉讼活动的制度。确立回避制度就是体现程序正义的要求。一方面,"任何人不能做自己案件的法官"。审判人员、辅助审判工作的其他人员具有双重身份,既是主持或参与民事案件解决的人,又进行社会交往,可能与解决的案件或案件当事人产生各种社会关系,这必然影响其对案件的公正处理。另一方面,当审判人员、辅助审判的工作人员与解决的民事案件或者当事人有各种社会关系存在时,客观上当事人就会对其能否公正审理案件产生怀疑。因此隔离审判人员、辅助审判人员与案件的联系不仅可以消除当事人顾虑,而且可以保障案件得到公正审理。

涉及回避制度,除了《民事诉讼法》第10条的原则性规定外,《民事诉讼法》第4章以及《回避规定》对回避制度的适用人员、法定情形以及回避程序等内容进行了具体规定。

▶ 二、回避适用的主体及法定事由

(一)回避适用主体

根据《回避规定》,回避适用的人员包括:其一,审判人员,是指各级人民法院的院长、副院长、审判委员会委员、庭长、副庭长、审判员、助理审判员、执行员以及人民陪审员;其二,辅助审判工作的人员,是指书记员、翻译人员、鉴

定人以及勘验人。另外,根据《检察院监督规则》第12条的规定,检察人员从事民事检察活动,遇有法定情形也应依法回避。

(二) 回避法定事由

根据《民事诉讼法》第47条的规定,上述人员有下列情形之一的,应当回避:

(1) 是本案当事人或者当事人、诉讼代理人近亲属的,即上述人员与本案当事人有夫妻、直系血亲、三代以内旁系血亲及姻亲关系的亲属,或者与本案的诉讼代理人有夫妻、父母、子女或者兄弟姐妹关系的。

(2) 与本案有利害关系的,即上述人员本人或者其近亲属与本案处理结果有直接或间接经济利益和人身利益。

(3) 与本案当事人、诉讼代理人有其他关系,可能影响对案件公正审理的。

(4) 审判人员接受当事人、诉讼代理人请客送礼,或者违反规定会见当事人、诉讼代理人的,当事人有权要求他们回避。审判人员接受当事人、诉讼代理人请客送礼,或者违反规定会见当事人、诉讼代理人的,应当依法追究法律责任。

为使上述规定更具有可操作性,《回避规定》第1条至第3条对回避情形作出了更具体的规定:

(1) 审判人员具有下列情形之一的,应当自行回避,当事人及其法定代理人有权以口头或者书面形式申请其回避:① 是本案的当事人或者与当事人有近亲属关系的;② 本人或者其近亲属与本案有利害关系的;③ 担任过本案的证人、翻译人员、鉴定人、勘验人、诉讼代理人、辩护人的;④ 与本案的诉讼代理人、辩护人有夫妻、父母、子女或者兄弟姐妹关系的;⑤ 与本案当事人之间存在其他利害关系,可能影响案件公正审理的。其中所称近亲属,包括与审判人员有夫妻、直系血亲、三代以内旁系血亲及近姻亲关系的亲属。

(2) 当事人及其法定代理人发现审判人员违反规定,具有下列情形之一的,有权申请其回避:① 私下会见本案一方当事人及其诉讼代理人、辩护人的;② 为本案当事人推荐、介绍诉讼代理人、辩护人,或者为律师、其他人员介绍办理该案件的;③ 索取、接受本案当事人及其受托人的财物、其他利益,或者要求当事人及其受托人报销费用的;④ 接受本案当事人及其受托人的宴请,或者参加由其支付费用的各项活动的;⑤ 向本案当事人及其受托人借款,借用交通工具、通信工具或者其他物品,或者索取、接受当事人及其受托人在购买商品、装修住房以及其他方面给予的好处的;⑥ 有其他不正当行为,可能影响案件公正审理的。

(3)凡在一个审判程序中参与过本案审判工作的审判人员,不得再参与该案其他程序的审判。但是,经过第二审程序发回重审的案件,在第一审人民法院作出裁判后又进入第二审程序的,原第二审程序中审判人员不受本条规定的限制。

▶ 三、回避的方式与程序

（一）回避的方式

根据《民事诉讼法》和《回避规定》,回避方式有三种:自行回避、直接决定回避和申请回避。

自行回避是指审判人员、辅助审判工作的有关人员遇有法定回避事由时,主动要求退出案件审理或者诉讼程序。

直接决定回避,是指审判人员应当回避,本人没有自行回避,当事人及其法定代理人也没有申请其回避的,院长或者审判委员会应当决定其回避。

申请回避是指当事人及其诉讼代理人认为审判人员、辅助审判工作的有关人员具有法定回避情形时,依法向人民法院申请要求该人员退出案件审理或者诉讼程序。

（二）申请回避的程序

申请回避是当事人一项重要的诉讼权利,根据《民事诉讼法》的有关规定,申请回避应当符合下列要求:① 由当事人自己行使或者由其诉讼代理人代为行使;② 申请回避一般在案件开始审理时提出,但是回避事由在案件审理后知道的,也可以在法庭辩论终结前提出;③ 申请回避,应当说明理由。

（三）决定是否回避的程序

在当事人申请回避时,被申请回避的人员不同,决定是否回避的组织或人员也不同:院长担任审判长被申请回避的,由审判委员会决定是否回避;审判人员被申请回避的,由院长决定是否回避;辅助审判工作的有关人员被申请回避的,由审判长或者独任审判员决定是否回避。

人民法院对当事人提出的回避申请,无论是否准许,都应当在当事人申请回避提出的3日内,以口头或者书面方式作出决定。

（四）回避的法律后果

当事人申请回避后,在人民法院作出是否准许回避前,该被申请回避的人员原则上应当暂停参与本案的审判工作或者诉讼程序,但是案件需要采取紧急措施的除外。

另外,申请人对人民法院是否回避决定不服的,可以在接到决定时申请复议一次。复议期间,被申请回避的人员,不停止参与本案的工作。

由于回避制度体现了程序公正,因此我国有关法律规定了违反回避制度的法律后果,即当事人可以以人民法院违反回避制度为由提起上诉或者申请再审,确实存在违反回避制度情形的,上级人民法院应当发回重审或者再审。

第五节 两审终审制度

一、两审终审制度的概念和立法依据

(一)两审终审制度概念

两审终审制度反映的是我国的审级制度。但何谓审级制度,学者看法不一。有的主张:审级制度是指一个民事案件需要经过几个不同级别的法院审理,裁判才产生既判力的制度。① 有的主张:审级制度,是指当事人对第一审地方各级人民法院作出的裁判不服,可以在法定期限内向上一级人民法院提起上诉,经过上一级人民法院审理裁判后,对该案件的审理宣告终结,裁判发生法律效力,当事人再不服的也不能再提起上诉。已经生效的裁判确有错误的,可通过审判监督程序加以纠正。② 还有学者主张,审级制度包含两个方面:一方面指明了一个国家法院的级别设置;另一方面也明确了当事人不服未生效的裁判,可以提起几次上诉,一个案件经过几级法院审理才能发生法律效力的问题。③ 我们认为:第一种主张虽然简洁,但并没有全面涵盖审级制度的内容,这会影响审级制度相关内容的协调;第二种主张虽然立足我国的现行规定,但也存在片面性,因此我们认可第三种看法。根据我国现行法律的规定,我国民事诉讼审级制度,即"四级两审终审",是指我国设立四级法院的建制,四级人民法院都有权审理第一审民事纠纷,民事纠纷经过两级人民法院审判后即告终结的制度。

(二)两审终审制度依据

在封建社会,我国并没有审级制度的理念,但基于"慎刑"思想,实行的是"逐级转审""审而不判"。审级制度的理念和确立始于民国时期,北京政府实行有名无实的"四级三审",南京政府实行"三级三审制"。④ 在新民主主义革命时期,各个根据地法院的审级制度并不统一,有的实行两审终审,有的实行

---

① 参见杨荣新、乔欣:《重构我国民事诉讼审级制度的探讨》,载《中国法学》2001年第5期。
② 参见张卫平主编:《民事诉讼法教程》,法律出版社1998年版,第91页。
③ 参见傅郁林:《审级制度的建构原理——从民事程序视角的比较分析》,载《中国社会科学》2002年第4期。
④ 参见聂鑫:《近代中国审级制度的变迁:理念与现实》,载《中外法学》2010年第2期。

三审终审。中华人民共和国成立初期,1951年9月公布实施的第一部综合性法院组织法《中华人民共和国人民法院暂行组织条例》第5条第1款规定:"人民法院基本上实行三级两审制,以县级人民法院为基本的第一审法院,省级人民法院为基本的第二审法院,一般的以二审为终审,但在特殊情况下,得以三审或一审为终审。"1954年第一部正式的《人民法院组织法》确立了现行的四级法院结构和统一的两审终审制。我国确定现行审级制度的理由在于:① 符合我国国情,体现了便于当事人进行诉讼、便于人民法院行使审判权的原则。我国地域辽阔,实行两审终审制不仅便于当事人就近进行诉讼,而且也有利于人民法院及时解决纠纷。两审终审制不仅可以防止当事人滥用诉权、缠诉不休、增加当事人诉累,也可以使最高人民法院能够有时间指导、监督下级人民法院的审判活动,使其能提高办案效率,正确、合法、及时处理一切民事案件。② 我国现行法规定的上诉审包括事实审和法律审,不仅能够发挥上诉审的作用,而且可以保证案件的审判质量。③ 我国审判监督程序的设立,可以弥补两审终审制存在的某些不足。

▶ 二、两审终审制度的内容

首先,对于允许上诉的民事纠纷,第一审裁判作出后,当事人不服第一审裁判提出上诉,只要符合法定的上诉条件,第二审法院都应当受理。第二审法院作出的裁判为终审裁判,当事人不得就此再提起上诉。需要说明的是,并非所有的民事案件都实行两审终审。如最高人民法院作为第一审法院所作出的裁判都是终审裁判;《民事诉讼法》规定按照小额诉讼程序、特别程序、督促程序以及公示催告程序审理的案件,一律实行一审终审。

其次,两审终审,反映的是法律允许上诉的案件经过两个不同的审级法院独立进行审理。只有第一审作出裁判,当事人不服,在法定期间内提交上诉书,第一审法院将有关诉讼文书、案卷移交上诉审法院,才能使两个审级相互衔接、协调,从而发挥两个审级的不同作用。

最后,虽然两个审级法院都对案件事实和适用法律进行审理,但是由于第二审法院对第一审法院的监督作用,因此一审、二审的审理方式、作出裁判的种类以及裁判的效力等方面都有所不同。

▶ 三、两审终审制的弊端及其完善

当代各国审级制度的设置深受其历史传统的影响,在审级结构上存在很大差异,大体上可分为以英、美为代表的上诉制,以法、意为代表的撤销制,以德、奥为代表的更审制。此三种类型最终都构成了三级审判司法结构。这种

结构实现了上级法院对下级法院的制约且维护了法律适用的统一性。

近年来,我国理论和司法实务界认为现行两审终审制与现行级别管辖制结合在一起,其运行存在弊端:其一,不利于法律适用的统一性。因为多数终审法院级别较低,各生效判决及对法律的解释相差万别。其二,一些终审法院水平较低,第一审错误裁判难以通过第二审得到及时、正确纠正。其三,较低层次的两审终审制不易于消除地方保护主义。针对上述问题,民事诉讼法学界对我国现行审级制度提出了一些改革和完善措施,如从维护司法统一性角度出发,使终审法院保持小规模,各级法院之间有职能分工,实行有限范围的法律审;建立审级制度的多元化,即以两审终审为基础,实行有条件的三审终审和一审终审等。①

案例精选

▶【案例1】②

2005年6月3日,李平向第一审人民法院起诉尹文君、马家学、马恒,请求判令尹文君、马家学、马恒共同返还不当得利400万元。原告诉称,作为福彩双色球玩法的彩迷,自己编了10注号码,长期在尹文君所在的彩票销售站购买。2005年4月14日上午9点38分,原告电话委托尹文君按其长期购买的10注双色球彩票号码购买10注2005042期双色球彩票。当晚9点46分,尹文君给李平打电话告知了李平中奖的消息。9点54分,李平又打电话给尹文君进行核实,尹文君再次予以确认。随后,李平将其中奖的消息、告诉了矿区工程队的同事周从军、周从华、周洪兵等人。次日上午8点48分,李平在从矿区赶往建始的途中给尹文君打电话表示感谢,但尹文君却在电话中告诉李平忘记给其代买彩票了。当天下午3点,马家学持中奖彩票在湖北省福利彩票发行中心兑领了奖金400万元(已扣税100万元)。

第一审人民法院公开审理该案。第一审人民法院认为,李平作为福彩双色球玩法的彩民,自己编了一组号码在尹文君上班的福彩销售站长期购买,有湖北省福利彩票发行中心对该销售站的电脑记录复印件、李平持有的福彩2005041期双色球彩票、李平的手机通话单以及尹文君的小灵通通话单以及证人周从军、周从华、周洪兵的证言作为证据,可以认定李平是中奖彩票的合法所有人。马家学取得中奖彩票及兑领奖金的行为不合法,属不当得利,应

---

① 参见傅郁林:《审级制度的建构原理——从民事程序视角的比较分析》,载《中国社会科学》2002年第4期;章武生:《我国民事审级制度之重塑》,载《中国法学》2002年第6期。

② 李平诉尹文君等不当得利纠纷案,湖北省恩施土家族苗族自治州中级人民法院民事判决书(2005)恩中民初字第14号。

将已兑领的奖金400万元返还给李平。因尹文君的行为给李平造成了损失，应由其在马家学不能返还时承担赔偿损失的责任。李平无证据证实马恒获取了不当得利，故其要求马恒返还不当得利的请求不能支持。经第一审人民法院审判委员会讨论决定，依照《中华人民共和国民法通则》《中华人民共和国合同法》判决如下：① 马家学返还李平不当得利400万元。如不能返还，由尹文君在不能返还的范围内承担赔偿责任；② 驳回李平的其他诉讼请求。

宣判后，尹文君、马家学均不服，以第一审人民法院公开审理涉及个人隐私案件，属程序违法以及第一审判决认定事实错误为由向湖北省恩施土家族苗族自治州中级人民法院提起上诉。

评析：本案涉及的法律问题主要是中奖彩票兑付奖金合法归属纠纷是否属于个人隐私案件，第一审人民法院公开审理本案是否违反法定程序。根据民事实体法规定，所谓个人隐私，是指个人的信息，如个人健康状况、收入情况以及个人的生活领域等。随着社会进步和文明进程的发展，个人隐私的范围将会不断扩大。就本案来说，中奖彩票的奖金是个人财产，属于个人信息。但是本案系因中奖彩票兑付奖金的合法归属产生的纠纷，在未经人民法院审理并作出裁判前，该奖金归属尚不确定，人民法院是解决中奖彩票兑付奖金的合法归属问题，而不是个人财产状况。因此人民法院公开审理本案符合法律关于公开审判的规定。

案例精选

▶**【案例2】**①

因民间委托理财合同纠纷，高启花、张子亮、高启平、马晶、张妮妮向陕西省榆林市榆阳区人民法院起诉边生龙、李小兵、王世宏，要求人民法院判令三被告立即清偿拖欠原告的现金10万元，并赔偿给原告造成的利息损失10万元。第一审人民法院依法组成合议庭，公开开庭审理了本案。经审理，第一审人民法院认为，高某某（又名高某某）生前与边生龙系朋友关系，高启花以高某某的名义通过边生龙向内蒙古达旗杨场煤矿入股。2008年4月1日，高启花借用张某（已故）的农行卡在该卡内存入10万元，2008年4月2日，边生龙、李小兵分别从该卡内取走4万元，王世宏取走2万元，后经核对，边生龙认可该10万元均由其取走。高启花所提供的证据能证明高启花以高某某名义通过边生龙向达旗杨场煤矿入股，并不是高启花向边生龙直接支付入股款，

---

① 高启花等与边生龙民间委托理财合同纠纷上诉案，陕西省榆林市中级人民法院民事判决书（2011）榆中法民三终字第159号。

故对高启花的诉请不予支持。高启花只是用张某的农行卡打款，现张某去世，张某的继承人张某某、高启平、马晶、马妮妮要求边生龙、李小兵、王世宏承担民事责任的请求无事实和法律依据，故对该诉请不予支持。因此判决驳回高启花、张子亮、高启平、马晶、张妮妮的诉讼请求。

高启花等原审原告不服，上诉至陕西省榆林市中级人民法院。上诉人认为本案上诉人在原审撤诉后又起诉，原主审法官两次参加该案的审理，违反最高人民法院关于审判人员回避制度的规定。

评析： 本案主要涉及对民事诉讼回避适用情形如何理解的问题。由于我国《民事诉讼法》对回避制度规定的较为原则，为进一步规范审判人员的诉讼回避行为，维护司法公正，《回避规定》对回避制度有关内容进行了具体规定。根据该规定第3条，凡在一个审判程序中参与过案件审判工作的审判人员，不得再参与该案其他程序的审判。但是，经过第二审程序发回重审的案件，在第一审人民法院作出裁判后又进入第二审程序的，原第二审程序中合议庭组成人员不受本条规定的限制。对于本案上诉人所说，在第一审时其作为原告撤诉后又起诉，第一审人民法院指派同一主审法官进行审理，那么该主审法官是否与案件具有利害关系，第一审人民法院的做法是否违反回避制度呢？我们认为，法官审理原告撤诉后又起诉案件的程序不是该案的其他程序，仍属于对原告起诉案件的第一审程序，因此同一主审法院审理原告撤诉后又起诉的案件，与该案没有利害关系，第一审人民法院的做法并不违反民事诉讼回避制度的规定。

思考问题

1. 公开审判制度和法官独立行使审判权的关系。
2. 合议庭与审判委员会之间的关系。
3. 我国实务中合议制度运行及存在问题。
4. 民事回避制度的理由的模糊与具体。
5. 我国的两审终审制和审判监督程序的关系。

第四章 民事诉权与诉

民事诉权是当事人请求法院行使审判权,保护自己合法权益的基本权利,尊重和保护诉权是民事诉讼程序设计和运行的出发点。诉是当事人向法院提出的保护实体权益的请求。诉既是民事审判权针对的对象,也构成了民事审判活动的基础和前提。二者均为民事诉讼法学的基本范畴。本章主要介绍了民事诉权的含义和作用、诉的概念和种类、诉的利益概念及作用、诉讼标的概念和识别、反诉的条件以及诉的合并与变更。

第一节 民事诉权

一、民事诉权的含义

关于何谓诉权,民事诉讼法学界存在不同看法。一般认为,诉权,是指可以为诉的权利。民事诉权是指当事人享有请求法院行使审判权,保护自己合法权益的基本权利。即,民事主体享有受到他人侵犯或与他人发生争执时请求法院行使司法权来保护自己的民事权益或者解决民事纠纷的权利。要通过诉讼渠道解决民事纠纷,当事人就必须具有民事诉权。民事诉权是国民平等享有的一种宪法权利,是国家法律赋予当事人向法院提出请求进行诉讼的基本权利。

一般认为,民事诉权包含双重含义:程序意义上的诉权和实体意义上的诉权。程序意义上的诉权,是指民事诉讼法规定的当事人请求法院行使审判权的权利。只有具备程序意义上的诉权,才能启动诉讼程序。因此,程序意义上的诉权表现为原告的起诉权和被告的反诉权;实体意义上的诉权,是指民事实体法赋予当事人请求法院解决民事纠纷、保护自己合法权益的权利。只有具备实体意义上的诉权,诉讼程序才能有具体内容,有意义。程序意义上诉权与实体意义上诉权是形式与内容、手段与目的关系,这两方面法律赋予的权利统一构成当事人进行诉讼的基本权利。

对于民事诉权的含义,我们应当从以下几方面加以理解:

1. 民事诉权是当事人平等享有的宪法基本权利

当事人享有民事诉权的首要法律依据是宪法,诉权是宪法赋予国民平等享有的请求司法救济的基本权利。诉权的"宪法化"是现代宪政发展趋势之一,许多国家和地区都已明确将诉权规定为宪法上基本权利。法谚云:"有权利必有救济",宪法在赋予国民自由权、人身权、财产权时,必须同时赋予国民在权利受到侵害时寻求司法救济的权利。所以,诉权是宪法上的救济权。民事纠纷发生后,当事人可以提起民事诉讼就是宪法法律赋予当事人的基本权利。当然,当事人在行使民事诉权时,必须遵守民事实体法和程序法规定,只有符合法律规定,才能享有诉权。

2. 民事诉权是当事人向法院行使的请求权

民事诉权是一种特殊公权。一方面,民事诉权是当事人向审判机关行使的请求权,而不是向立法机关、行政机关、仲裁机关等行使的请求权。另一方面,民事诉权的内容是请求作为国家机关的法院通过民事诉讼保护民事权益和解决纠纷。民事诉权体现了当事人和国家之间在公法上权利义务关系。国家承担保护当事人诉权的义务和职责,不能非法拒绝行使审判权。

3. 民事诉权具有实体和程序双重内涵

民事纠纷是有关民事权利义务的争议,只有民事实体权益发生争议或受到侵犯才能行使民事诉权。民事诉权的实体内涵是当事人行使诉权所要获得的实体法上的地位或法律效果。同时,行使民事诉权将民事争议引入民事诉讼程序,也必须符合民事程序法律规定。民事诉权的程序内涵是当事人在程序上请求法院行使审判权启动诉讼程序。民事诉讼是实体法和程序法共同发生作用的"场",所以民事诉权兼具实体和程序双重内涵。

4. 民事诉权贯穿于诉讼活动的全过程

民事诉讼法是规范审判程序和诉讼程序的法律。审判程序以审判权为基础,而诉讼程序则以诉权为基础。诉讼程序虽然有先后不同的顺序,但它们之间有连续性,正是诉权使不同诉讼程序能够连接起来。诉讼程序贯穿诉讼活动始终,因此诉权体现在不同的诉讼阶段,贯穿于诉讼活动的全过程。

▶ 二、民事诉权与诉讼权利的关系

民事诉权反映的是"当事人为什么可以提起民事诉讼"和"当事人根据什么提起民事诉讼"的权利,因此它与民事诉讼法规定的各种诉讼权利既有联系,又有区别。诉权是抽象性的权利,是当事人诉讼权利的基础,而当事人的诉讼权利是具体权利,是诉权在诉讼过程中不同阶段的具体体现。

民事诉权与诉讼权利又有所不同:① 诉讼权利是民事诉讼法规定的民事诉讼法律关系主体进行诉讼活动的依据;而诉权是实体法和程序法两方面法律确定的进行诉讼活动的权利。② 享有诉讼权利的主体不仅包括当事人、代理人,还包括其他诉讼参与人,而诉权的主体是当事人。③ 诉讼权利在不同的程序阶段表现为不同的权利内容,如起诉权、管辖权异议权、申请回避权、上诉权等,而诉权是贯穿于诉讼全过程的基本权利。

▶ 三、民事诉权的作用

民事诉权作为宪法规定国民平等享有的一项基本权利,具有如下作用:

1. 维护当事人的合法权益

当事人进行民事诉讼的目的,就是维护自己的合法权益。要实现这一目的,当事人必须实施各种诉讼行为,诉讼行为是当事人行使法律赋予其诉讼权利的手段,而诉讼权利正是当事人诉权的体现。因此,只有当事人享有诉权,他们才可以充分行使诉讼权利,要求法院通过审判程序,维护其合法权益。

2. 实现当事人双方平等对抗

当事人双方平等地享有诉权,决定了当事人诉讼地位平等。在诉讼过程中,双方当事人基于自己的诉权,通过行使各种诉讼权利,形成双方攻防平衡,从而使法院在当事人对抗的基础上作出判定。

3. 制约法院的审判权

民事诉讼程序的运作过程离不开法院审判权和当事人诉权的相互作用。一方面,诉权作为当事人的一项基本权利,它对审判权的启动和诉讼程序的运行有重大影响;另一方面,当事人的诉权由审判权加以保障。诉权对审判权的制约不仅指法院能否对民事纠纷行使审判权以及审判权的作用对象、范围,而且还指约束审判权的滥用,监督审判权的依法行使。[1]

▶ 四、民事诉权的保护

民事诉权相对于民事审判权,从当事人程序主体地位出发,为保证民事诉权最终实现,必须从制度和实务两个层面保护民事诉权。[2]

（一）民事诉权的制度保护

涉及民事诉权保护的法律制度主要包括宪法、民事实体法、民事诉讼法、律师制度、法律援助制度等。首先,要从宪法角度明确规定当事人能够通过诉讼保护其受到侵害的民事权益,并且可以通过宪法规范司法权;其次,民事实体法是裁判规范,要使当事人能够依据实体规范行使民事诉权保护其合法权益;最后,民事诉讼法应当构建合理和正当的程序,使当事人能够顺利进入诉讼,并运用正当程序及时公正地获得司法救济。我国《民事诉讼法》修改的一个重要内容就是保护当事人诉权,并对保障当事人顺利有效行使诉权作出比较充分的规定。例如,《民事诉讼法》第 126 条规定:人民法院应当保障当事人依照法律规定享有的起诉权利。对符合该法第 122 条的起诉,必须受理。符合起诉条件的,应当在 7 日内立案,并通知当事人;不符合起诉条件的,应当在 7 日内作出裁定书,不予受理;原告对裁定不服的,可以提起上诉。

（二）民事诉权的实务保护

民事诉权作为法律规定的一项基本权利,当事人在行使过程中主要针对法院及法院审判权。从我国司法实际情况出发,法院对当事人诉权的保护起到了至关重要的作用。首先,对于符合起诉条件的,法院应当及时受理,不得

---

[1] 参见刘家兴、潘剑锋主编:《民事诉讼法学教程》（第 5 版）,北京大学出版社 2018 年版,第 31 页。

[2] 参见江伟、邵明、陈刚:《民事诉权研究》,法律出版社 2002 年版,第 310—363 页。

非法增加起诉条件,违规不予受理;其次,当事人起诉存在程序错误的,对能够补正的应当允许当事人补正,法院不得轻易拒绝审判;最后,在审判程序和执行程序中,法院应当保证当事人各项具体诉讼权利的实现,不得侵犯或剥夺当事人诉讼机会和权利,否则,应当承担法律责任。

五、滥用民事诉权的法律规制

在强调民事诉权保护的同时,也要防止当事人诉权的滥用。我国《民事诉讼法》修改在强调保护当事人诉权的同时,也规定了当事人诉讼诚信原则,以及滥用诉权的法律规制。① 值得注意的是,规制滥用诉权不应阻碍诉权的合法行使。滥用诉权构成要件应当比较严格:① 当事人存在主观恶意,即当事人恶意串通,企图通过诉讼侵犯他人权益或逃避义务;② 当事人存在客观行为,即实际上实施了滥用诉权行为。至于滥用诉权是否发生损害结果,可以不作为其构成要件。

根据我国《民事诉讼法》第115、116 条的规定,对滥用诉权的法律规制应当包括:① 人民法院驳回其请求;② 对妨害民事诉讼行为人予以罚款、拘留,受害者还可以提起侵权损害赔偿之诉;③ 对于滥用诉权情节严重的,可以追究其刑事责任。

第二节 民 事 之 诉

一、诉的含义和构成要素

（一）诉的含义

关于诉的概念,学界存在不同看法。有人认为诉是一种制度②;有人认为诉为一个案件名词,例如给付之诉等;有人认为诉是一个动词,其含义为起诉。③ 一般认为,诉是特定原告对特定被告向法院提出的审判特定实体主张的请求。④ 诉由原告以起诉的方式提起,具有使诉讼开始、形成诉讼系属的功能。

---

① 我国《民事诉讼法》第 115 条规定:当事人之间恶意串通,企图通过诉讼、调解等方式侵害他人合法权益的,人民法院应当驳回其请求,并根据情节轻重予以罚款、拘留;构成犯罪的,依法追究刑事责任。第 116 条规定:被执行人与他人恶意串通,通过诉讼、仲裁、调解等方式逃避履行法律文书确定的义务的,人民法院应当根据情节轻重予以罚款、拘留;构成犯罪的,依法追究刑事责任。
② 柴发邦主编:《民事诉讼法学》(修订本),北京大学出版社 1998 年重排本,第 45 页。
③ 邵明:《民事诉讼法理研究》,中国人民大学出版社 2004 年版,第 200 页。
④ 参见柴发邦主编:《中国民事诉讼法学》,中国人民公安大学出版社 1992 年版,第 283 页。

诉包含程序意义的诉和实体意义的诉双重含义。所谓程序意义的诉,是指程序法规定的当事人向法院提起诉讼应当具备什么条件以及按照什么程序和方式进行诉讼活动,在诉讼活动中发生什么样的法律关系与法律效果;所谓实体意义上的诉,是指在什么情况下,在多长期限内可以提请法院解决。程序意义的诉和实体意义的诉并不是两个相互独立的请求,而是包含在一个诉的内涵中,它们是紧密联系的统一体。如果实体法未作出在一定条件下可以向法院提起诉讼的规定,民事权利义务之争的问题就无法通过诉讼渠道解决。如果程序法不对解决争议的具体问题加以规定,实体法上确定的权利,实体权利义务的争执问题,就无从运用适当的程序和方式解决。

对于诉的含义,我们可以从下列几方面理解:

(1)诉的主体是双方当事人。民事纠纷发生后,双方当事人都有权要求法院保护自己的合法权益。诉的表现形式是当事人的诉讼行为,如起诉与应诉的行为。原告起诉提出的诉讼请求,被告应诉反驳原告的诉讼请求,都以诉为根据。诉对双方当事人是持之以平的,而绝不是为一方当事人所设立,诉保护的是双方当事人的合法权益。

(2)诉的内容是解决民事纠纷、保护合法民事权益的主张请求。诉是向法院提出的请求,其内容不仅包括对法院提出的审理和裁判的请求,也包括实体权利主张,如确认法律关系是否存在、变更现存法律关系或者判决对方履行一定的义务。

(3)诉贯穿于诉讼的全过程。诉讼的过程是以诉为核心的过程,从起诉开始到诉讼结束,整个诉讼活动必须遵守民事诉讼法确定的诉讼程序和方式。当事人全部诉讼活动都是以诉为基础的。诉不仅是诉讼程序开始、展开的前提,也是法院裁判的范围和对象。

(二)诉的构成要素

诉的要素,是指一个独立的诉(或案件)必不可少的因素。分析诉的构成要素意义在于使诉特定化,确定一个具体诉的构成要素作用在于:其一,使法院能够判断当事人的诉是否符合法律设定条件,从而决定是否受理和审理。其二,有助于法院确定诉的性质、案件审理范围和处理方式。其三,明确了一个具体诉的构成要素,可以使一"诉"与他"诉"区别开来,从而避免原告重复起诉,有助于贯彻"一事不再理"原则。其四,便于双方当事人有针对性地进行诉讼。总之,诉的要素使诉具体化、特定化,它对法院是否受理该诉、采取什么方式审理和解决当事人之间争议,以及原、被告之间如何有针对性地起诉和答辩都具有重大意义。

通常认为,诉的要素有以下三点:

(1) 诉讼当事人。在诉讼中要有具体的当事人起诉和应诉,没有当事人就没有诉讼。当事人在提起诉讼时要向法院表明所要求审理、裁判的纠纷是在何者之间进行的,法院判决应对哪些人产生拘束力。当事人这一要素使诉的主体特定化,即使原告、被告特定化。

(2) 诉讼标的。诉讼标的是当事人提起诉讼的动因,是双方当事人争执的焦点,是法院审理的对象。只有当事人因为民事权利义务关系发生争议,并且起诉到法院,法院才能对这一具体民事法律关系进行审理,其才能成为诉讼标的。

(3) 诉讼理由。当事人提起诉讼得以成立的根据,包括事实根据和法律根据两方面。事实根据是指诉方当事人提起诉讼所根据的客观事实,包括引起当事人之间法律关系发生、变更和消灭的事实,以及民事权益受到侵害或发生争议的事实。法律根据是指诉方当事人提出诉讼请求所根据的法律规定。法律依据是当事人诉的理由选择性要件,在某些情况下诉的成立并不要求当事人提供诉的法律依据。但是,在某些情况下,法律根据却是确定民事案件争议焦点的依据。例如,在违约和侵权责任竞合的情况下,就要寻求不同法律依据,以支持不同诉讼请求。

▶ 二、诉的种类

按照当事人诉讼请求的目的和内容,可以将诉分为:确认之诉、形成之诉和给付之诉。

(一) 确认之诉

确认之诉,是指原告请求法院确认其与被告之间某种法律关系存在或不存在的诉讼。在社会生活中,社会因素的复杂和人们认识的差异往往导致当事人对是否存在民事法律关系产生争议,设立确认之诉不仅可以消除当事人之间的争议,而且可以稳定民事法律关系。

在民事诉讼中,确认之诉既适用于财产关系,也适用于人身关系。当事人向法院提出的确认请求可能有两种:一种是请求确认当事人之间存在某种法律关系,例如在合同确权纠纷中,请求法院确认原告与被告之间形成的合同法律关系有效;另一种是请求确认当事人之间不存在某种法律关系,例如在婚姻纠纷案件中,当事人一方请求法院认定他们之间婚姻关系无效。请求确认当事人之间存在某种法律关系的,在理论上被称为肯定的确认之诉,又称为积极的确认之诉;请求确认当事人之间不存在某种法律关系的,在理论上被称为否定的确认之诉,又称为消极的确认之诉。

确认之诉具有以下特征:

(1) 双方当事人就该法律关系是否存在发生争议。当事人向法院提出请求，是为了确认其与对方当事人之间存在或不存在某种法律关系，而不是要求法院判令对方当事人履行一定义务，也不是要求法院裁判解除某种法律关系。

(2) 法院裁判的结果不需要执行。对确认之诉而言，法院裁判的结果是通过行使司法裁判权认定当事人之间是否有某种法律关系存在，确定某种法律关系的状态。这种确定的结果并不需要负有义务的当事人为给付的行为，也不需要强制执行。

(二) 形成之诉

形成之诉，是指原告请求法院变更或消灭其与对方当事人之间的现存的民事法律关系的诉讼。民事法律关系设立、变更或消灭是由法律事实引起的。对于已经设立的民事法律关系，当事人双方就变更或消灭的法律事实产生争议形成诉讼的，原告基于民事实体法规定的形成权向法院提起形成之诉，例如请求解除婚姻关系、解除收养关系、解除合同关系等诉讼。

形成之诉具有下列特征：

(1) 当事人对现存的民事法律关系没有争议。形成之诉建立在当事人双方之间现存法律关系有效的基础之上，因此如果对现存法律关系是否成立、是否生效有争议，则形成之诉不能成立。

(2) 双方当事人就法律关系是否应当变更或者如何变更发生争议。当事人向法院提出形成之诉的目的，可能是使法院解除原、被告之间的法律关系。如解除收养关系诉讼，双方当事人对他们之间存在收养关系没有争议，只是对是否具有解除收养关系的法律事实产生争议。当然，实务中也存在双方当事人对现存法律关系没有争议，对变更这一法律关系也没有争议，但对如何变更这一法律关系发生争议的情形。如析产案件，原、被告对他们之间现存的财产共有关系没有争议，对变更这一法律关系也没有争议，但是就如何分割财产没有形成一致意见。

(3) 形成判决确定之前，原法律关系不变；形成判决确定后，原法律关系即发生变化。如离婚裁判确定前，原、被告之间仍然存在夫妻关系。只有离婚裁判确定后，原、被告之间的婚姻关系才消灭。

(三) 给付之诉

给付之诉，是指原告请求法院裁判被告履行一定义务的诉讼。当双方当事人之间形成法律关系后，由于种种原因，一方当事人可能不履行自己的义务，则另一方当事人就可以根据实体法规定的请求权向法院提出给付之诉。

根据请求给付的时间，给付之诉可以分为现在给付之诉和将来给付之诉；根据请求给付的内容，可以分为特定物给付之诉、种类物给付之诉和行为的给付之诉。对于给付之诉，法院往往在确认当事人之间存在一定民事法律关系的基础上，判令被告履行一定的法律义务。

给付之诉具有以下特征：

（1）当事人的请求具有给付的内容。原告提起给付之诉的目的，就是使对方当事人为一定的行为或者给付一定的财物，而不是确认法律关系是否存在，也不是变更法律关系。

（2）根据给付之诉作出的给付判决往往具有执行性。法院对给付之诉作出的给付判决，负有履行义务的当事人应当主动履行，如果不履行，权利人可以申请法院强制执行。

（四）三种诉之间的关系

1. 确认之诉和形成之诉都是针对法律关系本身

确认之诉和形成之诉都是原告针对法律关系本身向法院提起的诉讼，其中确认之诉是要求法院作出裁判确认某种法律关系存在或不存在，而形成之诉是请求法院变更或消灭当事人之间现存民事法律关系，它们都不是请求法院裁判被告履行一定的义务。

2. 确认之诉是给付之诉的前提

在给付之诉的案件中，为了审理裁判原告是否享有给付请求的权利，法院必须首先确认当事人之间是否存在给付与被给付的法律关系，然后再裁判被告是否负有给付的义务。另外，有时确认之诉后，确认之诉的当事人又因被确认的法律关系上的权利义务发生争议，而提起给付之诉。由于在给付之诉的诉讼中，必须先确认当事人之间是否存在给付与被给付的法律关系，而该法律关系已在原先的确认之诉的判决中确定，不必再次确认，原先的确认判决有预决的效力。

3. 确认之诉、形成之诉有时会发展为给付之诉

在物的确认之诉中，法院裁判物的归属后，常常因为纠纷标的物在对方控制下，所以当事人在确认请求之后会提出给付的请求。形成之诉也同样如此。例如，原告请求解除合同关系，法院裁判解除合同关系后，当事人可能进一步提出请求恢复原状的给付之诉。

第三节 诉的利益

一、诉的利益的含义

诉的利益,是指当事人所提起的诉中应具有的,法院对该诉讼请求作出判决的必要性和实效性。[①] 必要性是指法院有必要通过裁判解决当事人之间的纠纷。如案件不属于民事诉讼受案范围,则法院没有必要适用民事诉讼法审理裁判。实效性是指法院能够通过裁判实际解决纠纷。尽管案件属于民事诉讼受案范围,但是如果法院作出判决也不能实际解决案件,该请求就不具有诉的利益。

在诉讼理论上,诉的利益包括两方面内容:权利保护资格和权利保护利益。"权利保护资格",实际上是法院民事审判权的范围。如果某个案件不属于法院民事审判的范围,当事人就该案件所提起的诉就不具有权利保护资格,也就根本谈不上诉的利益问题。"权利保护利益"是指当事人所提起的诉尽管具有权利保护资格,但是法院不一定有必要对案件进行审判,在法律明确规定不得向法院提起诉讼时,该起诉就不具有权利保护的利益。

诉的利益是大陆法系民事诉讼中一个非常重要的概念和理论。按照"无利益即无诉权"的原则,诉的利益是诉权的要件之一,是法院作出实体判决的前提。

二、诉的利益的作用

确定诉的利益,有助于排除不当诉讼,使有限的司法资源得到充分利用。民事诉讼是国家提供公共产品的方式。由于国家司法资源的有限性,不可能将当事人提起的所有诉都受理并审理裁判,因此需要设立一个标准筛选运用民事诉讼方式解决案件的范围。诉的利益的确定,不仅限制了无意义的诉进入到民事诉讼程序中,而且可以使有限的司法资源更好地发挥作用。

确定诉的利益,还有助于扩大法院民事受案范围,促进新的民事权利生成。民事诉讼的目的就是保护当事人的实体权利。由于民事实体法自身的不周延性,当事人的许多正当利益游离于实体法之外。法律明确规定的民事受案范围具有诉的利益,而值得法律保护的利益主要是指法律没有明确规定

---

① 参见张卫平:《民事诉讼法》(第5版),法律出版社2019年版,第193页。

但需要诉讼保护的正当利益和"形成中的权利"。[①] 因此，诉的利益可以扩大民事诉讼保护的权益范围，实现民事诉讼的政策形成功能。

▶ 三、诉的利益的适用

我国《民事诉讼法》没有明确规定诉的利益的含义、作用以及诉的利益标准等内容，但我国法律的一些规定体现了诉的利益的意旨。如《民事诉讼法》第127条规定：依照法律规定，双方当事人达成书面仲裁协议申请仲裁、不得向人民法院起诉的，告知原告向仲裁机构申请仲裁；对判决、裁定、调解书已经发生法律效力的案件，当事人又起诉的，告知原告申请再审，但人民法院准许撤诉的裁定除外；依照法律规定，在一定期限内不得起诉的案件，在不得起诉的期限内起诉的，不予受理。

另外，针对不同类型的诉，我国民事实体法和相关司法解释的规定也体现了诉的利益的内容。如《民法典》第578条规定："当事人一方明确表示或者以自己的行为表明不履行合同义务的，对方可以在履行期限届满前请求其承担违约责任。"该条规定表明，对于将来给付之诉，衡量诉的利益的标准就是被告明确表示不履行合同义务或者通过自己的行为表明不履行合同义务。

第四节 诉 的 标 的

▶ 一、诉讼标的概念和意义

诉讼标的，又称诉讼客体、诉讼对象、系争标的等。我国《民事诉讼法》第55条、第57条和第59条使用了诉讼标的的表述，但对诉讼标的含义没有明确规定。由于受大陆法系诉讼标的理论不同学派的影响，学者对诉讼标的的含义的界定众说纷纭。一般认为，所谓诉讼标的，是指原告在诉的声明中所表明的具体权利主张，或者是当事人之间发生的争议，并要求法院以裁判的形式予以解决的民事法律关系。

诉讼标的与诉讼标的所指向的标的物是不同的。前者是指当事人之间争议，并要求法院予以裁判的民事法律关系；后者是指当事人争议的权利和义务所指向的具体对象。例如，房屋买卖纠纷，诉讼标的是买卖关系，诉讼标的物是房屋。在民事诉讼中，任何一个诉都有诉讼标的，但不一定都有标的物，如确认之诉、形成之诉中就没有标的物。

[①] 参见汤维建主编：《民事诉讼法学》（第2版），北京大学出版社2014年版，第53页。

诉讼标的与诉讼请求既有联系又有区别。我国《民事诉讼法》第54条、第56条、第57条、第59条、第62条、第100条、第122条、第124条、第143条、第155条和第207条等条文中都使用了诉讼请求的表述,但对诉讼请求的含义没有明确解释。我国学者一般认为,诉讼请求是原告以诉讼标的为基础,向法院提出的针对被告的实体权利主张。同一诉讼标的,当事人可以提出一个或者几个诉讼请求。如借贷纠纷,原告可以请求被告归还本金,也可以基于同一诉讼标的请求被告承担违约金。诉讼标的是诉讼请求的依据,但不是当事人的具体权利主张。具体而言,给付之诉的诉讼标的是原告主张的具有给付内容的实体法律关系,或者当事人主张的给付请求权;而给付之诉的诉讼请求则是请求被告作为或者不作为,给付多少或者给付什么。

▶ 二、诉讼标的的意义

诉讼标的是民事诉讼法学的一个基本理论问题,是整个民事诉讼的核心,在民事诉讼理论和实务中发挥着重要作用,对于其作用可以从以下几方面来认识:

1. 诉讼标的与法院民事受案范围与管辖的关系

法院民事受案范围是法院依据民事诉讼法审理的民事案件范围。而管辖是法院内部上下级法院或者同级法院之间审理民事案件的分工和权限。通过诉讼标的,可以确定双方当事人之间纠纷的性质,是否属于法院民事受案范围。同时,诉讼标的是确定法院管辖的依据。如《民事诉讼法》第24条规定:"因合同纠纷提起的诉讼,由被告住所地或者合同履行地人民法院管辖。"

2. 诉讼标的与诉讼时效的关系

诉讼时效是权利人在一定时间不行使实体法上的权利,就丧失该权利的胜诉权的法律制度。适用诉讼时效保护的民事权利不同,诉讼时效期间也不同,如《民法典》第188条规定,向人民法院请求保护民事权利的诉讼时效期间为3年;《海商法》规定的就海上货物运输向承运人要求赔偿的请求权诉讼时效是1年;《环境保护法》规定的关于环境损害赔偿请求权的诉讼时效是3年等。因此民事案件诉讼标的的界定关系到权利人在多长时间内可以通过诉讼得到法律的保护。

3. 诉讼标的是法院审理和裁判的对象

法院审理和裁判是围绕诉讼标的进行的。因为根据处分原则,民事纠纷发生后,基于哪种法律关系提起诉讼是当事人的权利,法院只能根据当事人主张的诉讼标的进行审判。如承租方未按合同约定交付租金引起的纠纷,出租方可以基于物权关系,要求承租方退房;也可以基于债权关系,要求对方支付拖欠的租金并赔偿损失。因此,法院应当根据当事人的起诉要求相应地按照物权或者债权法律规范进行审理并裁判。

4. 诉讼标的是确定适格当事人的主要依据

适格当事人是指能够成为某个具体案件当事人的资格。法院审理裁判的程序应当是在适格当事人之间进行。判断参加诉讼的当事人是否适格的主要依据在于案件的诉讼标的。如申请宣告婚姻无效的适格原告是婚姻当事人和利害关系人,而申请撤销婚姻的适格原告只能是受胁迫一方或者未患重大疾病的婚姻当事人本人。

5. 诉讼标的是双方当事人进行诉讼活动的基础

民事诉讼活动的核心是证明和辩论,原告基于诉讼标的提出自己的具体诉讼请求和事实、理由,而被告围绕原告主张的诉讼标的是否存在、诉讼请求是否有理等来进行答辩。当事人对自己主张的证明过程和辩论行为都必须以本案诉讼标的为中心。

6. 诉讼标的是"一事不再理"原则的标准

诉讼标的是法院判定是否重复起诉,应否合并、分离、追加甚至变更诉的依据。诉讼标的是构成诉的要素①之一,是区别此诉与彼诉的重要因素。因此当事人前后提出的诉是同一的还是两个诉,法院应当根据诉讼标的判断。如果属于同一诉,法院应当按照"一事不再理"原则裁定驳回起诉。诉的合并、分离、追加和变更实际上是诉讼标的的合并、分离、追加和变更,诉讼标的因而也是法院判断诉的合并、分离以及追加、变更的关键。

7. 诉讼标的与既判力的关系

既判力是指,判决确定后,判决中针对当事人的请求而作出的实体判断就成为规定当事人之间法律关系的基准,此后当事人既不能提出与基准相冲突的主张来进行争议,法院也不得作出与此基准相矛盾的判断。② 既判力与诉讼标的的关系主要通过既判力的客观范围加以体现。要理清既判力的客观范围,就要先搞清诉讼标的,因为诉讼标的决定既判力的客观范围。

8. 诉讼标的与民事案件案由的关系

民事案件案由是民事案件名称的重要组成部分,反映案件所涉及的民事法律关系的性质,是将诉讼争议所包含的法律关系进行概括,是法院进行民

---

① 诉的要素,是指构成完整诉不可缺少的因素。关于诉的要素,我国学者看法不一,有二要素说,包括诉讼标的、诉讼理由;三要素说,包括诉讼当事人、诉讼标的、诉讼理由;还有四要素说,包括诉讼当事人、诉讼标的、诉讼请求和诉讼理由等。

② 参见王亚新:《对抗与判定——日本民事诉讼的基本结构》,清华大学出版社2010年版,第255页。

事案件管理的重要手段。根据 2007 年 10 月 29 日最高人民法院审判委员会第 1438 次会议通过的《民事案件案由规定》和 2011 年 2 月 18 日法〔2011〕41 号《最高人民法院关于修改〈民事案件案由规定〉的决定》，民事案件案由分为四级。一级民事案件案由一般是根据当事人主张的民事法律关系的性质确定的，如民事案由规定的第一级人格权纠纷、物权纠纷、合同纠纷、无因管理纠纷、不当得利纠纷等。基于民事法律关系性质的复杂性，也有少部分案由是根据请求权、形成权或者确认之诉、形成之诉的标准进行确定，如确认合同有效纠纷、债权人撤销权纠纷等，还有少部分案由包含了争议焦点、标的物、侵权方式等要素，如大气污染纠纷、产品运输者责任纠纷等。由此可见，民事案件案由与诉讼标的有密切联系，其主要是根据诉讼标的确定的。2020 年 12 月 29 日，根据《民法典》《民事诉讼法》等法律规定，结合人民法院民事审判工作实际，最高人民法院印发修改后的《民事案件案由规定》，对 2011 年 2 月 18 日第一次修正的《民事案件案由规定》进行了修改。民事案件案由主要作用于司法统计、确定人民法院审判业务庭的管辖分工、为司法决策服务等。因此，不能将《民事案件案由规定》等同于《民事诉讼法》第 122 条规定的受理条件，不得以当事人的诉请在《民事案件案由规定》中没有相应案由可以适用为由，裁定不予受理或者驳回起诉，影响当事人行使诉权。

▶ 三、诉讼标的识别

根据什么标准确定案件诉讼标的的问题，是诉讼标的理论中的重要问题。

（一）国外学者关于诉讼标的识别的学说

1. 旧实体法说（旧诉讼标的理论）

该说的代表人物是德国的赫尔维希（Hellwig）。该说主张，诉讼标的是原告在诉讼中提出的具体的实体法上的权利主张。① 原告起诉时，在诉状中必须具体表明其所主张的实体法权利或法律关系。诉讼标的的识别标准是实体法上的请求权。该学说是基于诉讼法尚未从实体法中分离出来产生的。根据该学说，同一案件事实，在实体法上按其权利构成要件，能产生多个不同请求权时（即请求权竞合），每一请求权均能独立成为一诉讼标的。例如，合同标的物致人损害的案件，虽然都是致人损害的事实，但是在实体法上，原告可以依侵权行为行使损害赔偿请求权，也可以依合同要求对方承担违约责任。依旧实体法说，原告可以提出两个诉讼标的，法院得分别作出两个判决。一个损害事实要被告承担两次民事责任显然是不公平的。随着诉讼法与实

---

① 转引自张卫平主编：《民事诉讼法教程》，法律出版社 1998 年版，第 181 页。

体法的分离，尤其是确认之诉与形成之诉的产生，旧实体法说已经不能完全适应所有类型民事案件确定诉讼标的的要求。

2. 诉讼法说（新诉讼标的理论）

20世纪30年代，德国学者罗森贝克（Rosenberg）等提出不以实体请求权为诉讼标的之识别根据，纯从诉讼法立场考察诉讼标的问题。① 诉讼法说是为了克服旧实体法说的弊端而产生的，强调同一纠纷一次解决和公平保护当事人。此说早期采二分肢说，即诉讼标的由诉的声明和事实理由构成。前后两诉的诉讼标的是否相同，应看前后两诉的诉的声明和事实理由是否全部同一；诉的声明和事实理由中任何一个是多数的，诉讼标的即为二个以上。就上例来说，根据诉讼法说，事实理由（标的物致人损害的事实）和诉的声明（请求赔偿损失）构成单一诉讼标的。在诉讼中，即使原告将侵权损害赔偿请求权改为违约损失赔偿请求权，也不构成诉的变更，只是原告攻击方法的变更，不影响诉讼标的的同一性。但是二分肢说也不能合理解释全部情况。比如，原告请求解除婚姻关系，然而离婚的事实理由可能是多个：无效婚姻、虐待、遗弃或感情不忠等，如果在诉讼中原告同时提出这些事实理由，那么根据二分肢说，诉讼标的则为多个，法院得相应作出多个判决，这显然违背常理。为合理解决这一问题，德国学者伯特赫尔（Botticher）提出了"一分肢说"。"一分肢说"认为，事实理由并不能构成诉讼标的之要素，诉讼标的仅由诉的声明构成，亦即以诉的声明为诉讼标的的识别标准。就上例来说，虽然事实理由为多数，但是诉的声明是单一的（请求解除婚姻关系），所以诉讼标的是单一的。但是，此说不能合理识别金钱或种类物给付之诉中的诉讼标的。因为同一当事人之间可能有几个事实关系而发生多次给付金钱或种类物，如果不结合事实理由，就不能识别具体的诉讼标的。比如，被告拖欠原告货款1万元，另外被告又从原告处借款1万元，如果仅凭原告诉的声明，显然无法判断是请求返还哪个1万元，必须把诉的声明与其所依据的具体事实理由（拖欠货款或借款）一并考虑，才可识别诉讼标的。

3. 新实体法说

诉讼法说的局限就在于脱离实体法确定诉讼标的，因此一些学者又回到实体法角度来研究诉讼标的问题。20世纪60年代，德国学者尼克逊（Nikisch）认为，凡基于同一事实关系发生的，以同一给付为目的的数个请求权存在时，实际上只存在一个请求权，因为发生请求权的事实关系是单一的，并非真正的竞合，而是请求权基础竞合。就合同标的物致人损害案件来说，产生

---

① 转引自张卫平主编：《民事诉讼法教程》，法律出版社1998年版，第181页。

请求权的事实（致人损害）是单一的，请求的目的（赔偿损失）是同一的，所以原告只拥有一个实体法上的请求权，至于所谓的侵权损害赔偿请求权、违约赔偿损失请求权等不过是请求权的竞合。①

虽然新实体法说解决了困扰旧实体法说的实体请求权竞合问题，但是因其与"法律不相符合"而遭受"有力打击"：其一，由于各具体请求权是在不同法律中加以规定，诉讼时效有所不同，发生请求权竞合时如何确定一个统一的消灭时效成为难题。其二，对于各种性质的请求权，当事人的举证责任不同，有的适用"谁主张谁举证"，有的适用举证责任倒置，若将发生请求权竞合作为一个案件，如何确定举证责任也是一个难题。②

（二）我国各种诉的诉讼标的的识别

我国学者对诉讼标的的识别标准看法不一，但普遍认为根据不同类型的诉，确定诉讼标的的标准有所不同：

（1）对于给付之诉，诉讼标的的识别依据是旧实体法说。即实体法上存在几个请求权，诉讼上就是几个标的。确定诉讼标的时，一般不考虑诉讼请求所基于的事实理由。但是，当同一当事人再次提出相同的诉讼请求时，法院应当看前后两次请求基于的案件事实理由是否相同。如《民诉法解释》第218条规定，赡养费、扶养费、抚养费案件，裁判发生法律效力后，因新情况、新理由，一方当事人再行起诉要求增加或者减少费用的，人民法院应当作为新案受理。根据旧实体法说确定给付之诉的诉讼标的，可能会发生请求权竞合问题。对此，《民法典》第186条规定："因当事人一方的违约行为，损害对方当事人人身权益、财产权益的，受损害方有权选择请求其承担违约责任或者侵权责任。"也就是说，发生请求权竞合时，受损害方有权选择请求对方当事人承担违约责任或者承担侵权责任。

（2）对于确认之诉和形成之诉，诉讼标的的识别依据可以是当事人要求法院确认或变更实体法律关系的诉讼请求。③ 当事人要求确认或者变更的实体法律关系有几个，诉讼上就有几个诉讼标的。确定诉讼标的时，一般不考虑诉讼请求所基于的事实理由。但是，在某些情况下，单靠诉讼标的即争议的法律关系还不能确认是否同一诉讼，还需结合诉讼理由以及诉的利益来判断。如申请宣告婚姻无效案件，婚姻关系一方当事人以双方存在禁止结婚的亲属关系为由申请宣告婚姻无效，法院判决驳回诉讼请求。裁判生效后，婚

---

① 转引自张卫平：《程序公正实现中的冲突与衡平——外国民事诉讼研究引论》，成都出版社1993年版，第100页。
② 参见汤维建主编：《民事诉讼法学》（第2版），北京大学出版社2014年版，第46页。
③ 参见张卫平：《民事诉讼法》（第4版），法律出版社2016年版，第189页。

姻关系一方当事人又以对方患有不得结婚的疾病且没有治愈为由申请宣告无效,法院应当作为新案受理。又如婚姻关系一方当事人的父母以双方存在禁止结婚的亲属关系为由申请宣告婚姻无效,法院判决宣告婚姻无效。裁判生效后,婚姻关系一方当事人又以对方患有不得结婚的疾病且没有治愈为由申请宣告婚姻关系无效,虽然诉讼请求基于的事实理由不同,但由于不具有诉的利益,法院裁定不予受理。

第五节 反 诉

一、反诉的概念

我国《民事诉讼法》第54条规定:被告可以承认或者反驳诉讼请求,有权提起反诉。反诉,是指民事诉讼进行中,本诉的被告以原告为被告,向受理本诉的法院提出与本诉具有牵连关系的,目的在于抵消或者吞并本诉原告诉讼请求的独立的反请求。由于原、被告之间法律关系的复杂性,原、被告的利益要求以及权利基础的交叉和重叠,《民事诉讼法》规定反诉制度,通过将反诉与本诉合并审理,不仅可以减少诉讼成本,提高诉讼效率,而且可以避免矛盾裁判,全面保护当事人各自的合法权益。

在民事诉讼中,原、被告双方是对立的关系。为保护自己的合法权益,双方当事人都会采取各种手段提出自己的主张,辩驳对方提出的事实和依据。反诉与反驳都是《民事诉讼法》赋予当事人的重要诉讼权利,但它们是不同的。对于反驳的概念,学者有不同的观点。有的学者认为,反驳,是被告为维护自己的合法权益,提出各种有利于自己的事实和根据,以否定原告提出的诉讼请求的一项诉讼权利。[1] 还有的学者认为,反驳不仅是对诉讼请求主张的否定,也可以是对对方事实主张和法律主张的否定。[2] 我们同意后者,认为反驳是指一方当事人对另一方当事人主张的否定,它是被告针对原告提出的诉讼请求以及相应的事实与理由提出相反的证据和理由予以辩驳的诉讼行为,也包括原告对被告主张和理由的否定、辩驳。反驳与反诉主要有以下区别:

1. 主体不同

反驳的主体可以是原告,也可以是被告,因为在诉讼过程中,原、被告双

---

[1] 参见毕玉谦主编:《民事诉讼法学》(第2版),中国政法大学出版社2021年1月版,第183页。
[2] 参见张卫平:《民事诉讼法》(第5版),法律出版社2019年版,第321页。

方都可以使用反驳的手段驳斥、否定对方提出的证据及理由；而反诉是《民事诉讼法》赋予被告的一项诉讼权利，本诉的原告不得就反诉再提出反诉。本诉的原告若还有诉讼请求，可以通过增加诉讼请求的方式达到目的。

2. 性质不同

反驳只是对诉讼请求、事实或者理由进行驳斥、辩驳，是一种维护权益的手段，其本身没有提出独立的反请求，没有成为独立的诉；而反诉具备诉成立的要件，是一种独立的诉。因此原告撤回本诉，并不影响反诉的成立。如果反诉原告仍然坚持诉讼，法院应当继续审理并作出裁判。

3. 目的不同

反驳的目的是通过相反的证据和理由证明原告的诉讼请求不成立，要求法院判令原告败诉；反诉的目的则是抵消、吞并原告的诉讼请求。

二、提起反诉的条件

我国《民事诉讼法》规定了被告可以反诉，但是没有规定反诉的条件。由于反诉也是一个独立的诉，所以它必须具备诉的一般条件。又由于反诉要与本诉合并审理，所以反诉还必须具备特殊的条件：

1. 反诉只能由本诉的被告向本诉的原告提起

就是说，反诉中的当事人与本诉中的当事人相同，只是在诉讼地位上原告与被告发生互换，诉讼中双方当事人的地位具有双重性。

2. 反诉应当在本诉的法庭辩论终结前提出

如果本诉的辩论程序已终结，就不允许提起反诉，被告应当另行起诉。《证据规定》第55条第4款规定："当事人增加、变更诉讼请求或者提出反诉的，人民法院应当根据案件具体情况重新确定举证期限。"根据《民诉法解释》第326条的规定，如果民事案件进入第二审程序，第一审被告才提出反诉，实务中的做法是第二审人民法院根据当事人自愿的原则就反诉进行调解；调解不成的，告知当事人另行起诉。双方当事人同意由第二审人民法院一并审理的，第二审人民法院可以一并裁判。

3. 反诉只能向受理本诉的法院提出

因为反诉的目的是利用本诉之诉讼程序一并审理相互有牵连的两个案件，既达到诉讼经济的目的，又避免分别审理可能造成的矛盾判决。同时，反诉不得属于其他法院专属管辖，否则，审理本诉的法院将因无管辖权而不得将反诉与本诉合并审理。

4. 反诉请求与本诉请求具有一定的牵连性

反诉之所以产生和形成，是因为它与本诉有牵连，如果没有牵连则不成其为反诉,而是另外的诉。根据《民诉法解释》第233条规定,反诉与本诉的牵连主要表现在:① 反诉与本诉的诉讼请求基于相同的法律关系;② 反诉与本诉的诉讼请求之间具有因果关系;③ 反诉与本诉的诉讼请求基于相同的事实。

5. 反诉与本诉适用的程序具有同一性

反诉与本诉适用的程序具有同一性。同一性是指本诉与反诉都是适用诉讼程序审理的案件,不能一个适用诉讼程序,另一个适用非讼程序。

▶ 三、反诉的提起和审理

对当事人提出的反诉,法院应当依起诉的条件及反诉的要件予以审查。符合条件,而且符合合并审理简化诉讼程序、及时解决纠纷目的的,法院应当受理;不符合条件的,法院则裁定不予受理。

法院受理反诉后,应当与本诉合并审理。合并审理是指同一审判组织在同一诉讼程序中审理本诉与反诉,如同时辩论、同时裁判。但是并不是说所有的诉讼行为都必须同时进行,因为反诉与本诉是两个独立的诉,当合并审理使程序过于复杂时,也可以分别辩论、分别判决。

第六节　诉的合并和变更

▶ 一、诉的合并

(一) 诉的合并的概念和意义

诉的合并,是指法院将两个或两个以上彼此之间互有关联的单一之诉合并到一个诉讼程序中进行审理并予以裁判的制度。每个诉讼程序通常只有一个诉,即一个原告和一个被告基于一个诉讼标的进行,又称为单一诉讼。但是由于民事法律关系的复杂性,有时几个诉之间有内在关联,如果分别审理不仅增加司法成本,加重当事人诉累,也可能导致法院对相关事实的认定和裁判出现矛盾。因此为保障诉讼公正和诉讼效率,各国民事诉讼法都规定了诉的合并制度。

我国《民事诉讼法》没有明确规定"诉的合并"的概念、适用条件以及类型等内容。但《民事诉讼法》第55条、第143条等规定都体现了诉的合并的内容。《民事诉讼法》第143条规定:"原告增加诉讼请求,被告提出反诉,第三人提出与本案有关的诉讼请求,可以合并审理。"对于该条文规定需要注意两点:其一,这里规定的"合并审理"并非都是诉的合并,有时仅仅是指对当事人提出的诉讼请求的合并。① 其二,原告增加诉讼请求,人民法院可以合并审理。这里规定的是"诉讼请求合并"。因为诉讼请求是原告通过人民法院向被告提出的实体权利主张。当事人提出具体诉讼请求是引起诉讼程序开始的必备要件。在诉讼中,当事人增加诉讼请求,可能是基于同一诉讼标的。如借贷案件,原告的诉讼请求是要求被告给付本金,在诉讼中原告又增加了诉讼请求,要求被告不仅给付本金还要给付利息。可能不是基于同一诉讼标的,如请求权竞合案件,原告基于合同要求对方承担违约责任,在诉讼中又要求对方给付人身损害精神抚慰金,则该案诉讼请求的增加超越了原诉讼标的,引起了诉的增加。因此诉讼请求合并与诉的合并不同,诉讼请求的合并不一定就是诉的合并,而诉的合并必然是诉讼请求的合并。

（二）诉的合并的种类

1. 诉的主观合并

所谓诉的主观合并,是指若干个主体集中于同一诉讼程序中。有的可能是当事人一方或者双方在两人以上,有的可能不仅有双方当事人,还有第三人等。如《民事诉讼法》规定的共同诉讼、第三人制度以及代表人诉讼等。

2. 诉的客观合并

所谓诉的客观合并,是指同一当事人的几个诉集中在同一诉讼程序中审理。如原告增加诉讼请求引起诉的合并、反诉等。诉的客观合并虽然具有诸多益处,但是如果不加以限制,也可能造成诉讼的混乱和迟延。因此,诉的客观合并应当有以下条件限制:其一,合并的数个诉讼标的或数个诉需由同一原告向同一被告在同一诉讼程序中提出;其二,合并的数个诉讼标的或数个诉需适用相同诉讼程序;其三,受诉法院对数个诉有管辖权。

二、诉的变更

（一）诉的变更的概念

诉的变更,是指在同一诉讼程序中,原告以新的诉取代原来的诉。从被告角度而言,法院受理原告的起诉后,被告已经针对原告提出的诉讼请求和实施理由进行了辩驳,因此为保护被告的合法权益,法律不应当允许原告提出诉的变更。但是从原告角度而言,有的可能是在对案件事实认识不清的情况下提起的诉讼;有的可能是法院受理起诉后,通过其他证据材料,原告发现提起的诉不恰当;还有可能是法院发现当事人主张的法律关系的性质或者民事行为的效力与法院根据案件事实作出的认定不符等。如果不允许原告提

---

① 参见张永泉:《民事之诉合并研究》,北京大学出版社2009年版,第12页。

出诉的变更,原告将撤诉,然后再起诉;或者被法院判决驳回诉讼请求。对于前者,原告再起诉,重新提交原来提交的材料,被告再次被拖入诉讼,不仅会造成诉讼浪费,而且会增加当事人诉累;对于后者,虽然提高了诉讼效率,但是并没有使纠纷得到适当、真正的解决。因此,从提高诉讼效率和解决纠纷角度出发,应当允许当事人诉的变更。

虽然我国《民事诉讼法》没有明确规定"诉的变更"的概念、适用条件以及类型等内容。但《民事诉讼法》第54条,《民诉法解释》第232、251、252、326条以及《证据规定》第55条都对当事人变更诉讼请求的诉讼权利和权利行使进行了规定。

判断诉的变更,要依据诉讼标的识别标准来进行。需要注意的是,诉讼请求的变更不一定引起诉的变更。因为诉讼请求是原告通过法院向被告提出的实体权利主张。诉讼请求的变更可以建立在同一诉讼标的的基础上,如损害赔偿案件,原告提出根据损害程度增减赔偿数额;也可以建立在诉讼标的变更的基础上,如原告基于合同违约提出被告承担违约责任的诉讼请求,在诉讼过程中,原告将诉讼请求改为精神损害赔偿,则诉讼标的由合同纠纷变为侵权纠纷。

另外,《证据规定》53条规定:"诉讼过程中,当事人主张的法律关系性质或者民事行为效力与人民法院根据案件事实作出的认定不一致的,人民法院应当将法律关系性质或者民事行为效力作为焦点问题进行审理。但法律关系性质对裁判理由及结果没有影响,或者有关问题已经当事人充分辩论的除外。存在前款情形,当事人根据法庭审理情况变更诉讼请求的,人民法院应当准许并可以根据案件的具体情况重新指定举证期限。"需要说明的是:其一,法律关系的性质或者民事行为效力的变更可能是诉讼请求的变更,也可能是诉的变更;其二,发生法律关系性质或者民事行为效力变更情况时,是否变更由当事人自己决定。如果当事人主张变更,人民法院应根据案件情况重新指定举证期限,依法将法律关系性质或者民事行为效力作为焦点问题进行审理。

(二)诉的变更条件

诉的变更条件与诉的合并条件基本一致,主要包括:① 变更后的新诉与原诉的原因事实是同一事实;② 变更后的新诉与原诉需适用相同的诉讼程序;③ 诉的变更应当在言词辩论终结前进行;④ 新诉不属于其他法院级别管辖、专属管辖和协议管辖。

诉的变更,应当以书面方式提出,并送达被告。法院不允许诉的变更的,应对原诉进行审判;法院允许诉的变更的,应对新诉进行审判。

案例精选

▶【案例】①

2015年3月15日,被告卢党生、郭新飞分别驾驶两辆小型轿车发生碰撞。前者甩尾,撞上由原告严国芸驾驶的电动三轮车,致严国芸左膝受伤,后行内固定后交叉韧带重建术治疗。经交警部门认定,卢党生负事故的主要责任,郭新飞负次要责任,严国芸无责。两辆肇事轿车各自在被告紫金财保盐城支公司和平安财保上海分公司同时投保了交强险和不计免赔商业三者险。2016年1月18日,严国芸诉至人民法院,要求四被告赔偿医疗费、误工费、残疾赔偿金等各项损失计115089.19元(不含被告已垫付的65220.72元)。经司法鉴定,严国芸因交通事故致左膝损伤构成十级伤残,建议误工期6个月、护理期3个月、营养期3个月。庭审中,四被告对伤残结论提出异议,认为原告治疗尚未终结,应当待内固定取除后再行鉴定。为此,鉴定机构出具补充意见,以示"此类内固定一般终身不再取出,故内固定在位不影响伤残程度及三期评定"。据此,扣除被告已垫付费用外,人民法院判决紫金财保盐城支公司、平安财保上海分公司、郭新飞分别赔偿严国芸21578.98元、71405.20元和773元。判决履行完毕后,严国芸手术取出内固定,于2017年8月16日再次诉至法院,要求四被告赔偿二次手术费8057.50元。被告则辩称,赔偿已经兑现,若支持原告主张,则须对原告的伤残程度进行重新鉴定,否则应驳回原告的诉讼请求。

江苏省阜宁县人民法院经审理认为,因司法鉴定补充意见表明原告的内固定终身不取,四被告对鉴定结论才没有再提异议,人民法院亦得以据此确定原告的人体损伤程度和各项人身、财产损失大小,并判令被告依法承担相应的赔偿责任。现赔偿到位后,原告又取除内固定,并要求四被告给付二次手术费,在实体上明显违反公平原则,构成重复评价,加重了被告的负担;在程序上则构成重复起诉,应当不予受理。综上,阜宁县人民法院依法驳回原告的起诉。宣判后,双方当事人均未上诉,裁定书已生效。

评析:本案涉及的争议焦点是基于内固定在位定残判决赔偿后,受害人取除内固定所生二次手术费并主张由被告赔偿是否属于重复起诉?根据《民诉法解释》第247条规定:"当事人就已经提起诉讼的事项在诉讼过程中或者裁判生效后再次起诉,同时符合下列条件的,构成重复起诉:(一)后诉与前诉的当事人相同;(二)后诉与前诉的诉讼标的相同;(三)后诉与前诉的诉讼请

---

① 参见刘干:《以判决隐含的事实起诉构成重复起诉》,载《人民司法》2017年第35期。

求相同,或者后诉的诉讼请求实质上否定前诉裁判结果。当事人重复起诉的,裁定不予受理;已经受理的,裁定驳回起诉,但法律、司法解释另有规定的除外。"就本案而言,案涉两诉不仅当事人一致,而且诉讼标的相同。虽然前后诉基于不同事实提出诉讼请求不同,但是前诉基于内固定终身不取这一事实,鉴定机构才会确信治疗终结而进行伤残评定,并给出相应的在位等次意见,也正是基于该意见,前诉才会作出不同于内固定不在位情形下的给付判决。在前诉判决生效后,受害人严国芸有权自主决定取除内固定发生的手术费是否属于新事实?因为确定判决只对基准时即"事实审言词辩论终结时"之前发生的事项具有拘束力,基准后发生的新事实,不受既判力的拘束,当事人当然可以再次提起诉讼。对此,《民诉法解释》第248条也进行了相关规定,即裁判发生法律效力后,发生新的事实,当事人再次提起诉讼的,人民法院应当依法受理。但是就本案而言,支持二次手术费明显是以后诉推翻前诉的裁判思路和裁判结果。因为前诉已经包含了后诉的诉讼请求。从实体公正角度看,不能让受害人在继续享受伤残等次错误高评所生红利的同时,还让加害人负担本不该发生的二次费用。

思考问题

1. 诉权的含义和诉权的作用。
2. 三种诉之间的关系。
3. 诉的利益的含义以及作用。
4. 诉讼标的的概念及识别标准。
5. 反诉的条件。

第五章 受案范围和管辖

民事诉讼受案范围明确了法院和其他国家机关、社会团体等在解决民事纠纷方面的职责划分；管辖则确定了法院系统内部同级法院或上下级法院受理第一审民事案件的分工和权限。在具体的民事诉讼中，无论是法院还是当事人，首先要明确所解决的纠纷是否属于法院的受案范围，然后进一步确定管辖。本章主要介绍了法院受理民事案件的范围；我国法院的结构和职权；立法对管辖的种类划分，即级别管辖、地域管辖、移送管辖和指定管辖；诉讼理论对管辖的划分，即法定管辖和裁定管辖、专属管辖和协议管辖、共同管辖和合并管辖；以及当事人享有的一项重要诉讼权利——管辖权异议。

第一节　法院受理民事案件的范围

一、法院受理民事案件范围的概念与意义

法院受理民事案件的范围,即民事诉讼主管,是指法院主管民事案件的职责和权限。在我国是指人民法院依法受理、审理民事案件的职权范围,实质上也就是确定人民法院和其他国家机关、社会团体之间解决民事纠纷的分工和职权的范围。法律规定由人民法院主管的民事案件,人民法院应当受理和审理;反之,人民法院无权行使审判权。

明确人民法院受理民事案件的范围,一方面有利于人民法院正确、及时地行使审判权解决民事纠纷,维护社会秩序的稳定;另一方面,有利于当事人对所发生纠纷是否属于人民法院主管进行判断,避免当事人告状"无门"的现象。同时,也有利于当事人诉权的行使,及时保护当事人的合法民事权益。

二、法院受理民事案件的范围

我国《民事诉讼法》第3条规定:"人民法院受理公民之间、法人之间、其他组织之间以及他们相互之间因财产关系和人身关系提起的民事诉讼,适用本法的规定。"[①]

根据《民事诉讼法》及其他法律、法规的规定,民事诉讼主管的案件主要包括:

(一) 平等主体之间因财产关系和人身关系发生的争议

平等主体之间发生的财产权和人身权纠纷具体包括:

(1) 由民法调整的因物权、合同、人格权、婚姻家庭关系、继承关系、收养关系等产生的纠纷。例如财产所有权、用益物权、担保物权等物权纠纷;买卖合同、赠与合同、借款合同、保证合同、融资租赁合同、保理合同、承揽合同、建设工程合同、运输合同、技术合同等合同纠纷;无因管理和不当得利等准合同纠纷;名誉权、隐私权、生命权等人格权纠纷;离婚案件、追索赡养费、扶养费、抚养费、解除收养关系等婚姻家庭纠纷;继承纠纷等。

(2) 由商法调整的由商事关系引起的纠纷。如海商案件、票据纠纷、股权纠纷案件等。

[①] 《民法典》对民事主体种类进行了修订,《民法典》第2条规定:民法调整平等民事主体范围包括自然人(公民)、法人(包括营利法人、非营利法人、特别法人)、非法人组织。由此,民事诉讼法调整的平等民事主体范围也要做相应的改变。

(3) 由经济法调整的因经济关系所发生的各类纠纷。如因不正当竞争行为引起的损害赔偿案件、因环境污染所引起的损害赔偿案件等。

(二) 因劳动关系所发生的纠纷

我国《劳动法》《劳动争议调解仲裁法》规定，劳动者与用人单位之间应签订确立劳动关系、明确双方权利和义务的协议。在订立、履行、解除劳动协议过程中所发生的劳动争议，首先向劳动仲裁委员会申请仲裁解决，对该仲裁委员会裁决不服的，当事人可在接到劳动争议裁决书之日起15日内向人民法院起诉。

(三) 法律规定适用民事诉讼法解决的其他案件

依照特别程序审理的案件，如选民资格案件、宣告失踪和宣告死亡的案件、认定无民事行为能力或限制民事行为能力的案件、认定财产无主的案件、确认调解协议案件和实现担保物权案件；依照督促程序或公示催告程序审理的案件，这些案件虽然不属于民事争议，但是《民事诉讼法》明确规定其属于民事诉讼的主管范围。

▶ 三、法院受理民事案件的范围和其他组织之间解决民事纠纷范围的关系

平等主体的公民之间、法人之间和其他组织之间及其相互之间发生的民商事争议，由第三方介入解决的方式包括调解、仲裁和民事诉讼，这就涉及法院与调解机构、仲裁机构以及行政机关之间处理这些争议的关系问题。根据我国《宪法》以及相关法律的规定，处理法院与其他机构主管关系的原则是司法最终解决原则，即对其他机构解决民事纠纷的结果不服，可以通过起诉或司法监督的方式最终解决。

(一) 法院主管和人民调解委员会调解

人民调解委员会是村民委员会和居民委员会下设的调解民间纠纷的群众性组织，在基层人民政府和基层人民法院指导下进行工作。

人民调解委员会调解，必须遵循自愿原则，在当事人自愿、平等的基础上进行调解。人民调解委员会解决的民间纠纷，主要是公民之间、公民与法人或其他组织之间有关人身、财产权益和其他在日常生活中发生的纠纷，其受理范围明显小于人民法院受理民事案件的范围。

对于民间纠纷，人民法院和人民调解委员会均可以受理，处理两者的关系应遵循：

(1) 人民调解不是进行诉讼的前置性程序。当事人之间发生争议后，是否进行人民调解取决于自愿，而非强制；人民调解应当尊重当事人的权利，不得因调解而阻止当事人依法通过仲裁、行政、司法等途径维护自己的权利。

（2）经过人民调解达成的调解协议具有法律约束力，当事人应当按照约定履行。当事人之间就调解协议的履行或者调解协议的内容发生争议的，可以向人民法院提起诉讼。经人民调解委员会调解达成调解协议的，可以制作调解协议书。调解协议书自各方当事人签名、盖章或者按指印，人民调解员签名并加盖人民调解委员会印章之日起生效。当事人认为无须制作调解协议书的，可以采取口头协议方式，人民调解员应当记录协议内容。口头调解协议自各方当事人达成协议之日起生效。

（3）人民调解协议通过司法确认程序确认为有效的，具有强制执行力。经人民调解委员会调解达成调解协议后，双方当事人认为有必要的，可以自调解协议生效之日起30日内共同向人民法院申请司法确认调解协议。人民法院受理审理后，经审查，符合法律规定的，裁定调解协议有效，一方当事人拒绝履行或者未全部履行的，对方当事人可以向人民法院申请强制执行；不符合法律规定的，裁定驳回申请，当事人可以通过人民调解方式变更原调解协议或者达成新的调解协议，也可以向人民法院提起诉讼。①

（二）法院主管和仲裁机构仲裁

目前，我国能够通过仲裁解决的争议，主要包括：民商事争议、劳动争议、人事争议以及农村土地承包经营纠纷，分别由商事仲裁机构、劳动争议仲裁机构、人事争议仲裁机构以及农村土地承包仲裁委员会受理。

1. 法院主管与民商事仲裁

根据《仲裁法》的规定，商事仲裁机构的受案范围为平等主体之间发生的合同纠纷和其他财产权益纠纷；婚姻、收养、监护、抚养、继承等有关身份关系的争议以及依法应当由行政机关处理的行政争议不属于商事仲裁的范围。

对于平等主体之间发生的合同纠纷和其他财产权益纠纷（目前主要指财产侵权纠纷），人民法院和商事仲裁机构均可以受理和审理，在处理二者的权限上，我国法律确立了或裁或审制度，具体内容为：

（1）民事诉讼和仲裁是法定的两种解决民事纠纷的裁判方式，当事人只能在二者中择一适用，当事人一旦选择仲裁，并签订书面形式的仲裁协议，则有效的仲裁协议排斥人民法院的司法管辖权。

（2）根据《民诉法解释》第215条和第216条的规定，有效的仲裁协议并不禁止当事人起诉权的行使，一方当事人向人民法院起诉，人民法院应当告知通过仲裁方式解决；如果其坚持起诉，人民法院裁定不予受理，但仲裁协议无效或失效的除外；如果一方向人民法院起诉未声明有仲裁协议，人民法院

---

① 参见《人民调解法》第33条、《民事诉讼法》第201条和第202条。

受理后,另一方在首次开庭前以有书面形式仲裁协议为由对受理民事案件提出异议,人民法院应当进行审查。经审查符合下列情形之一的,人民法院裁定驳回起诉:① 仲裁机构或人民法院已经确认仲裁协议有效的;② 当事人没有在仲裁庭首次开庭前对仲裁协议的效力提出异议的;③ 仲裁协议符合《仲裁法》第16条规定且不具有《仲裁法》第17条规定情形的。①

(3) 一方当事人起诉后,另一方当事人在首次开庭前未对人民法院受理该案提出异议,则视为放弃仲裁协议,人民法院对此案享有司法管辖权。

2. 法院主管与劳动仲裁

根据《劳动争议调解仲裁法》第2条的规定,用人单位与劳动者发生的劳动争议,主要包括:① 因确认劳动关系发生的争议;② 因订立、履行、变更、解除和终止劳动合同发生的争议;③ 因除名、辞退和辞职、离职发生的争议;④ 因工作时间、休息休假、社会保险、福利、培训以及劳动保护发生的争议;⑤ 因劳动报酬、工伤医疗费、经济补偿或者赔偿金等发生的争议;⑥ 法律、法规规定的其他劳动争议。

对于劳动争议的处理,《劳动争议调解仲裁法》第5条确立了先裁后审的模式,即劳动者与用人单位发生劳动争议后,可以向劳动争议仲裁委员会申请仲裁,对仲裁裁决不服的,除法律另有规定的外,可以向人民法院提起诉讼。其中,《劳动争议调解仲裁法》第47条规定的两种类争议,追索劳动报酬、工伤医疗费、经济补偿或者赔偿金,不超过当地月最低工资标准12个月金额的争议;以及因执行国家的劳动标准在工作时间、休息休假、社会保险等方面发生的争议,裁决书自作出之日起发生法律效力。劳动者对第47条规定的仲裁裁决不服的,可以自收到仲裁裁决书之日起15日内向人民法院提起诉讼。用人单位有证据证明第47条规定的仲裁裁决具有法定撤销情形之一的②,可以自收到仲裁裁决书之日起30内向劳动争议仲裁委员会所在地的中级人民

---

① 《仲裁法》第16条规定:仲裁协议包括合同中订立的仲裁条款和以其他书面方式在纠纷发生前或者纠纷发生后达成的请求仲裁的协议。仲裁协议应当具有下列内容:(1) 请求仲裁的意思表示;(2) 仲裁事项;(3) 选定的仲裁委员会。

《仲裁法》第17条规定:有下列情形之一的,仲裁协议无效:(1) 约定的仲裁事项超出法律规定的仲裁范围的;(2) 无民事行为能力人或者限制民事行为能力人订立的仲裁协议;(3) 一方采取胁迫手段,迫使对方订立仲裁协议的。

② 《劳动争议调解仲裁法》第49条规定的用人单位可以申请撤销仲裁裁决的情形如下:(1) 适用法律、法规确有错误的;(2) 劳动争议仲裁委员会无管辖权的;(3) 违反法定程序的;(4) 裁决所根据的证据是伪造的;(5) 对方当事人隐瞒了足以影响公正裁决的证据的;(6) 仲裁员在仲裁该案时有索贿受贿、徇私舞弊、枉法裁决行为的。人民法院经组成合议庭审查核实裁决有前款规定情形之一的,应当裁定撤销。仲裁裁决被人民法院裁定撤销的,当事人可以自收到裁定书之日起15日内就该劳动争议事项向人民法院提起诉讼。

法院申请撤销裁决。仲裁裁决被人民法院裁定撤销的,当事人可以自收到裁定书之日起15日内就该劳动争议事项向人民法院提起诉讼。《劳动争议调解仲裁法》第47条规定以外的其他劳动争议案件,并非裁决书作出即生效。当事人对该仲裁裁决不服的,可以自收到仲裁裁决书之日起15日内向人民法院提起诉讼;期满不起诉的,裁决书才发生法律效力。

当然,对于劳动争议的处理,劳动者可以与用人单位协商,也可以请工会或者第三方共同与用人单位协商,达成和解协议。还可以向调解组织申请调解,通过调解达成调解协议。对于劳动争议的协商和调解,都要基于双方当事人的自愿,如果当事人不愿意协商和调解,或协商、调解不成,则需要通过劳动仲裁解决,对劳动仲裁裁决不服,才可以向人民法院起诉。

3. 法院主管与人事仲裁

根据《劳动人事争议仲裁办案规则》的规定,人事争议主要包括:① 企业、个体经济组织、民办非企业单位等组织与劳动者之间,以及机关、事业单位、社会团体与其建立劳动关系的劳动者之间,因确认劳动关系,订立、履行、变更、解除和终止劳动合同,工作时间、休息休假、社会保险、福利、培训以及劳动保护,劳动报酬、工伤医疗费、经济补偿或者赔偿金等发生的争议;② 实施《公务员法》的机关与聘任制公务员之间、参照《公务员法》管理的机关(单位)与聘任工作人员之间因履行聘任合同发生的争议;③ 事业单位与其建立人事关系的工作人员之间因终止人事关系以及履行聘用合同发生的争议;④ 社会团体与工作人员之间因终止人事关系以及履行聘用合同发生的争议;⑤ 军队文职人员聘用单位与文职人员之间因履行聘用合同发生的争议;⑥ 法律、法规规定由劳动人事争议仲裁委员会处理的其他争议。

对于人事争议的处理,同劳动争议一样,适用先裁后审的模式,即人事争议发生后,当事人应先向人事争议仲裁机构申请仲裁,当事人对裁决不服的,可以自收到裁决书起15日内向人民法院提起诉讼,期满不起诉的,裁决书发生法律效力。[①]

当然,对于人事争议的处理,当事人也可以协商解决,不愿协商或协商不成的,还可以向主管部门申请调解。不愿意调解或调解不成的,可以向人事争议仲裁机构申请仲裁;也可以直接向人事争议仲裁机构申请仲裁。对仲裁裁决不服的,才可以向人民法院起诉。

4. 法院主管与农村土地承包经营仲裁

根据《农村土地承包经营纠纷调解仲裁法》的规定,农村土地承包经营纠

---

① 参见《公务员法》第105条第3款,《劳动人事争议仲裁办案规则》第55条。

纷主要包括：① 因订立、履行、变更、解除和终止农村土地承包合同发生的纠纷；② 因农村土地承包经营权转包、出租、互换、转让、入股等流转发生的纠纷；③ 因收回、调整承包地发生的纠纷；④ 因确认农村土地承包经营权发生的纠纷；⑤ 因侵害农村土地承包经营权发生的纠纷；⑥ 法律、法规规定的其他农村土地承包经营纠纷。因征收集体所有的土地及其补偿发生的纠纷，不属于农村土地承包仲裁委员会的受理范围，可以通过行政复议或者诉讼等方式解决。

对于农村土地承包经营纠纷的处理，《农村土地承包经营纠纷调解仲裁法》确立了可裁可审和先裁后审两种模式，由当事人自行选择。可裁可审模式为：发生农村土地承包经营纠纷的，当事人可以向农村土地承包仲裁委员会申请仲裁，也可以直接向人民法院起诉。先裁后审模式为：当事人向农村土地承包仲裁委员会申请仲裁，对仲裁裁决不服的，可以自收到裁决书之日起30日内向人民法院起诉。逾期不起诉的，裁决书即发生法律效力。

当然，对于农村土地承包经营纠纷的处理，当事人可以自行和解，也可以请求村民委员会、乡（镇）人民政府等调解。当事人和解、调解不成或者不愿和解、调解的，可以向农村土地承包仲裁委员会申请仲裁，也可以直接向人民法院起诉。如果申请仲裁后对仲裁裁决不服，还可以向人民法院起诉。

（三）法院主管与行政机关解决民事纠纷

根据我国法律的规定，行政机关在履行对社会事务管理的职能时，也有处理部分民事纠纷的权限。处理人民法院与行政机关主管民事纠纷案件的关系应当遵循：其一，当事人既可以选择提起诉讼，也可以请求主管部门处理。一方当事人请求行政机关处理，另一方当事人向人民法院起诉的，由人民法院主管。其二，当事人因不服行政机关的处理决定而向人民法院提起诉讼的，属于行政诉讼范畴的，应划入人民法院行政诉讼主管的范围；属于民事诉讼范畴的，应划入人民法院民事诉讼的主管范围。一般而言，对行政机关涉及侵权赔偿数额等具有民事性质问题的处理不服的，应当提起民事诉讼。①

第二节　法院的组织体系和职权

▶ 一、法院的组织体系

根据《宪法》和《人民法院组织法》等法律的规定②，人民法院的组织体系

---

① 参见《专利法》第65条。
② 参见《宪法》第129条第1款和《人民法院组织法》第12条。

由最高人民法院、地方各级人民法院和专门人民法院组成。地方各级人民法院又分为高级人民法院、中级人民法院和基层人民法院；专门人民法院有军事法院、海事法院、知识产权法院、互联网法院、金融法院等。各级人民法院由同级权力机关产生，最高人民法院院长由全国人民代表大会选举，副院长、庭长、副庭长和审判员由全国人民代表大会常务委员会任免。地方各级人民法院院长由地方各级人民代表大会常务委员会选举，副院长、庭长、副庭长和审判员由地方各级人民代表大会常务委员会任免。各级人民法院对同级权力机关负责并报告工作，接受权力机关监督。最高人民法院是国家最高审判机关，有权监督地方各级人民法院和专门人民法院的审判工作，上级人民法院有权监督下级人民法院的审判工作。上下级人民法院之间在审判案件上属审级监督关系，而不是行政隶属关系。上级人民法院应当通过第二审程序或审判监督程序对下级人民法院的审判工作实行监督，纠正其错误裁判，但无权对下级人民法院正在审理的案件作出有约束力的指示或决定。

（一）最高人民法院及其巡回法庭

最高人民法院是国家最高审判机关，设在北京市。为了保障人民法院依法独立行使审判权，保证公正司法，落实司法为民、司法便民原则，深化司法改革和探索人民法院未来的发展模式，最高人民法院从2015年开始设立巡回法庭，审理跨行政区域的重大行政和民商事案件，探索建立与行政区划适当分离的司法管辖制度，以保证国家法律统一正确的实施。

目前最高人民法院一共设立了六个巡回法庭：第一巡回法庭于2015年1月在广东省深圳市设立，管辖湖南、广东、广西、海南四省区有关案件；第二巡回法庭于2015年1月在辽宁省沈阳市设立，管辖辽宁、吉林、黑龙江三省有关案件；第三巡回法庭于2016年12月在江苏省南京市设立，管辖江苏、上海、浙江、福建、江西五省市有关案件；第四巡回法庭于2016年11月在河南省郑州市设立，管辖河南、山西、湖北、安徽四省有关案件；第五巡回法庭设于2016年11月在重庆市设立，管辖重庆、四川、贵州、云南、西藏五省区市有关案件；第六巡回法庭于2016年12月在陕西省西安市设立，管辖陕西、甘肃、青海、宁夏、新疆五省区有关案件。最高人民法院本部直接管辖北京、天津、河北、山东、内蒙古五省区市有关案件。通过以上布局，巡回法庭实现了管辖范围的全覆盖。

巡回法庭是最高人民法院派出的常设审判机构，其工作受最高人民法院本部指导和监督，代表最高人民法院行使审判权，作出的判决、裁定和决定，即为最高人民法院的判决、裁定和决定。巡回法庭的主要职责是审理巡回区法院的有关案件和办理来信来访。在受理案件方面，巡回法庭主要管辖辖区内重大的第一审行政、民商事案件,不服高级人民法院作出的第一审行政或民商事判决、裁定提起上诉的案件以及民商事、行政申请再审和刑事申诉等案件。最高人民法院认为巡回法庭受理的案件对统一法律适用有重大指导意义的,可以决定由本部审理;巡回法庭对于已经受理的案件,认为对统一法律适用有重大指导意义的,可以报请最高人民法院本部审理。

巡回法庭受理的案件,由最高人民法院办案信息平台统一编号立案。巡回法庭作出的裁判文书应当上传至中国裁判文书网,依法向当事人和全社会公开。在司法行政管理方面,巡回法庭受本部相关综合部门指导,建立了常态化的信息互通机制。

巡回法庭实行合议庭办案责任制,巡回法庭庭长、副庭长直接审理案件。严格落实办案质量终身负责制和错案责任倒查问责制,防止内部人员干扰办案的机制,防范司法腐败的机制。巡回法庭法官实行轮换制,防止在管辖区域内形成利益关系。巡回法庭将借助信息化手段,依法将立案信息、审判流程、庭审活动、裁判文书面向当事人和社会公开,接受社会监督。

最高人民法院设立巡回法庭,不仅是为推进司法改革提供了重要平台,为人民法院推行各种制度积累了经验,还是落实司法为民、司法便民的重要举措,在空间上拉近了与人民群众的距离,利于减轻民众的诉累,更是实现司法公正的重要保障。但其也有明显的不足:其一,巡回法庭法官数量有限,迫使很多法官审理自己不擅长领域的案件,甚至跨专业的案件,不仅导致最高人民法院司法裁判的质量下降,而且各巡回法庭关于不同类型案件的处理可能不同,极易导致最高人民法院裁判尺度不统一。其二,可能会加重部分当事人的差旅负担。因此,有学者建议在巡回法庭基础上设置跨省行政区域的第一审人民法院(标的额门槛),第二审上诉到最高人民法院,建构真正意义上的巡回法院。①

(二)地方各级人民法院

地方各级人民法院分为基层人民法院、中级人民法院和高级人民法院三级。基层人民法院包括县人民法院和市人民法院、自治县人民法院和市辖区人民法院。人民法庭是基层人民法院的组成部分,它的判决和裁定就是基层人民法院的判决和裁定。中级人民法院包括省、自治区内按地区设立的中级人民法院,在直辖市内设立的中级人民法院,省、自治区辖市的中级人民法院和自治州中级人民法院。高级人民法院包括省、自治区和直辖市的高级人民法院。地方各级人民法院审理的案件范围见第四节"级别管辖",在此不赘述。

---

① 参见毕玉谦主编:《民事诉讼法学》,中国政法大学出版社2019年版,第105页。

(三) 专门人民法院

专门人民法院是我国法院体系中的一个组成部分，它和地方各级人民法院共同行使国家的审判权。专门人民法院与地方人民法院的区别主要在于如下几个方面：① 专门人民法院按照特定领域或者区域的实际需要建立，而地方人民法院则是按照行政区划建立。② 专门人民法院管辖的案件具有专门性，即专门人民法院所审理的案件的性质不同于地方人民法院，受理案件的范围具有特定的约束。③ 专门人民法院的产生及其人员的任免也不同于地方人民法院。如军事法院院长并不是经过人大选举产生的，而是由最高人民法院同中央军事委员会任命的。设立专门人民法院是以行政区划为基础设立的地方各级人民法院的重要补充。目前我国设立的专门人民法院主要包括军事法院，海事法院，铁路运输法院，知识产权法院，互联网法院，金融法院，林业、农垦法院等。

1. 军事法院

军事法院是国家设立在军队中的审判机关。中国人民解放军军事法院是中华人民共和国在中国人民解放军中设立的国家审判机关，属于国家审判体系的专门人民法院，受中央军委和总政治部领导，受最高人民法院监督。

军事法院分三级：中国人民解放军军事法院（军）为高级人民法院，是中国军队中的最高审判机关；东部战区军事法院，南部战区军事法院，西部战区第一、二军事法院，北部战区军事法院，中部战区军事法院、中国人民解放军总直属军事法院为中级人民法院；上海军事法院、广州军事法院、驻香港部队军事法院、成都军事法院、西宁军事法院、呼和浩特军事法院、武汉军事法院、中国人民解放军直属军事法院等军事法院为基层人民法院。

依据《刑事诉讼法》《人民法院组织法》以及《中央军委关于军队执行〈中华人民共和国刑事诉讼法〉若干问题的暂行规定》等的规定，军事法院主要管辖下列案件：① 现役军人和军队在编职员、工人违反军人职责案件和其他刑事犯罪案件；② 最高人民法院授权的军内经济纠纷案件和指定管辖的案件；③ 受理遗弃伤员案、虐待俘虏案等。

2. 海事法院

海事法院是为行使海事司法管辖权而设立的专门人民法院，主要受理第一审海事、海商案件。海事法院在建制上属于中级人民法院，所以海事案件的审级为"三级两审终审制"，三级法院为：各海事法院、海事法院所在地高级人民法院和最高人民法院。根据海事案件的性质、标的以及社会影响程度等方面，海事法院所在地的高级人民法院和最高人民法院可以受理第一审海事案件。为方便当事人诉讼和解决海事纠纷，各海事法院陆续在沿海各大港口设立派出法庭。海事法院由内设的海事庭、海商庭和派出庭审理第一审海事案件。

目前,我国在北海、广州、厦门、上海、武汉、海口、宁波、青岛、大连、天津和南京设立了11个海事法院。2016年施行的《最高人民法院关于海事法院受理案件范围的规定》对海事法院受理案件的范围作了明确规定,就民事案件而言,主要包括以下五大类案件:第一,海事侵权纠纷案件;第二,海商合同纠纷案件;第三,海洋及通海可航水域开发利用与环境保护相关纠纷案件;第四,其他海事海商纠纷案件;第五,海事特别程序案件。

3. 铁路运输法院

我国铁路法院初建于1954年3月,当时称为"铁路沿线专门法院",主要受理涉及铁路运输、铁路安全、铁路财产的民事诉讼和刑事诉讼。1957年9月根据《国务院关于撤销铁路、水上运输法院的决定》予以撤销。随着中国改革开放和经济建设全面启动,1980年我国筹建全国铁路运输法院系统,在北京设立了铁路运输高级法院(1987年5月撤销),在铁路局所在地设立了铁路运输中级法院,在铁路分局所在地设立了铁路运输法院,1982年5月1日正式办案。2009年7月8日,中央下发关于铁路公检法管理体制改革的文件,要求铁路公检法整体纳入国家司法体系,铁路法院整体移交驻在地省(直辖市、自治区)党委、高级人民法院管理。截至2012年6月月底,全国铁路法院完成管理体制改革,整体纳入国家司法体系。

最高人民法院在其2015年2月26日通过的《最高人民法院关于全面深化人民法院改革的意见——人民法院第四个五年改革纲要(2014—2018)》中指出,根据中央司法改革精神,铁路运输法院将改造为跨行政区划法院,主要审理跨行政区划案件、重大行政案件、环境资源保护、企业破产、食品药品安全等易受地方因素影响的案件、跨行政区划人民检察院提起公诉的案件和原铁路运输法院受理的刑事、民事案件。

目前,北京铁路运输中级法院、上海铁路运输中级法院已经改造为跨行政区划法院,即北京市第四中级人民法院、上海市第三中级人民法院。

4. 知识产权法院

为进一步加强对知识产权的司法保护,2014年8月,在北京市、上海市、广州市设立了三个知识产权法院,对知识产权的民事事件和行政案件进行管辖。知识产权法院在建制上属于中级人民法院,因此知识产权法院审理的第一审民事案件,审级为"三级两审终审制",三级为:知识产权法院、知识产权法院所在地的高级人民法院以及最高人民法院。根据2014年11月3日起实行的《最高人民法院关于北京、上海、广州知识产权法院案件管辖的规定》,知识产权法院管辖的第一审民事案件主要包括北京市、上海市和广东省的专利、植物新品种、集成电路布图设计、技术秘密、计算机软件等技术类民事案件；以及涉及驰名商标认定的民事案件。知识产权法院设立后，北京市、上海市和广东省各中级人民法院和基层人民法院不再受理上述案件。知识产权法院的设立，有利于集中司法资源解决知识产权纠纷，是司法改革的一项举措。2016年10月，最高人民法院对知识产权跨区域管辖工作又作出了部署，要求2017年3月前在南京、苏州、成都、武汉四地设立知识产权案件跨区域管辖法庭。2017年1月19日，南京、苏州知识产权法庭在南京、苏州两地正式挂牌成立。江苏省内各市的大部分知识产权案件将分别在这两个法庭进行跨区域集中审理，这意味着跨区域集中管辖技术类案件已成主流趋势。这也是自2014年北上广三家知识产权法院相继设立之后，专利等技术类案件集中管辖的又一举措。

5. 互联网法院

鉴于我国互联网的高速发展，我国在杭州、北京、广州设立了审理互联网纠纷的互联网法院。根据《互联网法院审理案件规定》互联网法院集中管辖所在市辖区内应当由基层人民法院受理的特定类型互联网案件，主要包括互联网购物、服务合同纠纷；互联网金融借款、小额借款合同纠纷；互联网著作权权属和侵权纠纷；互联网域名纠纷；互联网侵权责任纠纷；互联网购物产品责任纠纷；检察机关提起的涉互联网公益诉讼案件；因对互联网实行行政管理引发的行政纠纷；上级人民法院指定管辖的其他互联网民事、行政案件。当事人对互联网法院审理的案件提起上诉的，第二审人民法院原则上采取在线方式审理。第二审人民法院在线审理规则参照适用《互联网法院审理案件规定》。

6. 金融法院

为提供专业化的金融方面的司法救济，我国设立金融法院。2008年11月，上海市浦东新区就组建了金融法庭。2017年5月，金融法院试点在上海区级法院上线。2018年4月，设立上海金融法院。2018年10月，江西省首个跨行政区划的金融法庭在南昌市挂牌成立，标志着江西省开启金融案件跨行政区划集中审理的模式。2021年1月，北京金融法院设立。金融法院专门管辖以下案件：① 应由某市的中级人民法院管辖的第一审金融民商事案件；② 应由某市的中级人民法院管辖的以金融监管机构为被告的第一审涉金融行政案件；③ 以住所地在某市的金融基础设施机构为被告或者第三人，与其履行职责相关的第一审金融民商事案件和涉金融行政案件；④ 某市基层人民法院第一审金融民商事案件和涉金融行政案件判决、裁定的上诉、抗诉案件以及再审案件；⑤ 依照法律规定应由其执行的案件；⑥ 最高人民法院确定由其管辖的其他金融案件。金融法院第一审判决、裁定的上诉案件，由高级人民法院审理。

7. 林业、农垦法院

林业、农垦法院主要审理发生在林区、垦区的刑事、民事等各类案件。林业、农垦法院各地情况不一，有的设两级、有的只设一级，主要分布在黑龙江等林业比较发达的地区。

根据《最高人民法院关于设立国际商事法庭若干问题的规定》，最高人民法院设立国际商事法庭。国际商事法庭的管辖范围为：当事人依照《民事诉讼法》第 34 条的规定协议选择最高人民法院管辖且标的额为人民币 3 亿元以上的第一审国际商事案件；高级人民法院对其所管辖的第一审国际商事案件，认为需要由最高人民法院审理并获准许的；在全国有重大影响的第一审国际商事案件；依照该规定第 14 条申请仲裁保全、申请撤销或者执行国际商事仲裁裁决的；最高人民法院认为应当由国际商事法庭审理的其他国际商事案件。

二、法院的职权

本书有关法院职权的阐述，主要从民事司法的角度出发。司法是一个相对于立法和行政的概念，世界上大多数国家为实现司法独立分别设立了立法、行政、司法三个相互制约的国家机构，由这些机构分别行使立法权、行政权、司法权，并在宪法中明确规定司法权只能由法院行使，其所谓司法权就是法院处理和解决社会纠纷的强制性职权。与国外宪法规定司法机关仅指法院、司法权只能由法院行使不同，我国《宪法》所规定的司法权是一个广义上的概念，除了通常所指的人民法院依法处理和解决纠纷审判职权之外，还包括人民检察院依法行使的检察职权，甚至还包括一些行政机关（如公安部门、司法部门、国家安全部门等）所承担的刑事侦查和执行权能。我国《宪法》第 128 条确立的人民法院的地位是"国家审判机关"，其职权是"审判权"。因此，我国语境下的"法院审判权"就是"法院司法权"。基于人民法院行使司法权的对象，可将司法权分为民事司法权、刑事司法权和行政司法权。

以"民事司法权"取代"民事审判权"概念，其合理性在于：其一，关于司法权是否应当包括检察机关的检察权以及其他所谓"司法机关"权能，目前理论界存有争议。否定者认为一个国家的司法权与立法权和行政权相对的，是专属于国家法院和法官独立行使的裁决解决纠纷权力，检察机关的检察权和其他司法行政机关权能不属于严格意义上的司法权。民事司法权是专属于法院行使的解决纠纷权能,与检察权没有关系,所以目前在民事诉讼法学理论界已将"民事司法权"和"民事审判权"相互替代适用。其二,"民事审判权"的概念已经不能涵盖法院解决民事纠纷的全部职能。在民事诉讼程序理论中,审判权一般仅仅指狭义上的、以庭审为中心的裁判权。然而,法院作为民事纠纷裁决者,除了行使裁判权之外,还要根据整个民事诉讼程序构造阶段,享有程序管理权、程序控制权、审理权、裁判权、执行权等。因此,与其要对宪法语境下的"民事审判权"进行扩大化解释,不如直接以"民事司法权"取代"民事审判权",从而正确理解民事司法权的职权内容。

(一)民事司法职权内容

民事司法职权的内容受到以下因素的影响:一是一国民事司法政策。例如,从构建"多元化解决纠纷机制"的民事司法政策考虑,我国民事司法还承担着对非司法的引领和衔接功能;从构建"以审判为中心"民事诉讼制度角度考虑,法院的民事审判要强化民事庭审职能。二是一国的民事诉讼程序结构。由于法系和各国民事诉讼发展历史不同,各国民事诉讼法的构成也有所区别。例如,美国民事诉讼法的构成只是单一的民事诉讼程序规则,多数大陆法系国家基于民事诉讼程序类型化,实行了民事诉讼法、非讼事件法、民事强制执行法、调解法、人事(家事)事件法的单独立法,其民事司法职能在各法中有不同体现。而我国目前大一统的民事诉讼法除了民事诉讼、调解、非诉讼程序外,还包括民事执行程序,由此我国民事司法权既包括民事审判权、调解权,又包括民事执行权。三是民事司法职权是一种职责和权力的统一。法院行使司法权力也是在履行一种司法职责。例如行使释明权的同时,也是在履行促进程序进行和对法律适用进行说明的职责;不得滥用程序控制权力;实施裁判权要受到监督;等等。四是民事司法职权的行使应当是消极和被动的。基于民事纠纷发生在平等主体之间,民事自治原则以及当事人的程序主体地位,程序启动和进程的主导者应当是当事人,而法院在民事诉讼结构中的基本定位应当是中立的第三者。总之,基于我国目前民事诉讼理论与实践,法院作为民事纠纷解决者,其司法职权内容应当包括:审理权、裁判权、执行权三大类。审理权和裁判权可统称为审判权,与执行权相对。具体权能如下:

1. 审理权

审理权是指法院基于民事诉讼程序结构安排,在民事案件所实施的程序控制、调查取证、释明、事实认定等方面的权力。

(1)程序控制权。程序控制权是指法院对民事诉讼程序的发生、发展、终止以及程序进程方式的决定权。包括:①诉讼启动控制权,又可称为诉讼受理权。根据民事诉讼处分原则和不告不理原则,民事诉讼程序应当由当事人启动,但是对于程序是否应当被启动,法院应当进行基本条件审查,这些条件是起诉条件或程序开始条件。根据《民事诉讼法》第126条的规定,人民法院应当保障当事人依照法律规定享有起诉权利;对符合该法第122条的起诉,必须受理。对于法院诉讼程序控制权应当理解为只是一种形式条件上的控制,而不是一种实质条件上的控制。我国自2015年5月由原来的"立案审查制"变为"立案登记制",这是符合民事诉讼规律的——法院对当事人的诉讼应尽量予以便利而非阻碍。② 诉讼程序促进职权。诉讼效率是诉讼程序的价值追求之一,法院作为程序的控制者,有权决定举证时限、何时证据交换、何时召开庭前会议、何时开庭审理、如何进行法庭调查和辩论、诉讼是否合并与分离、是否同意变更诉讼请求、反诉、撤诉、决定缺席判决、诉讼中止、终结等。当然,在实现诉讼效率方面,法院作为民事纠纷裁判中立者,要注意保障诉讼当事人的程序正义。

(2) 调查取证权。法院在诉讼中的调查取证权是一项重要的职权。这种调查取证权包括两种含义:一是法院依照自己的意志主动调查取证;二是法院根据当事人的申请调查收集证据。在不同的诉讼体制之下,如何对待法院的调查取证权有很大差异。在职权干预型诉讼体制之下,发现案件真实是法院实行职权干预重要依据,因此其调查取证权范围不仅限于程序事项,还涉及当事人实体权利义务争议。我国法院在诉讼中的调查取证权经过了一个从强职权干预到弱化职权干预的变化过程。1982年《民事诉讼法(试行)》(失效)第56条第2款规定:人民法院应当按照法定程序,全面地、客观地收集和调查证据。1991年《民事诉讼法》第64条第2款将此修改为:当事人及其诉讼代理人因客观原因不能自行收集的证据,或者人民法院认为审理案件需要的证据,人民法院应当调查收集。2002年《证据规定》受民事诉讼体制改革影响,弱化了职权干预,限制了法院依职权调查取证。该规定第15条将"人民法院认为审理案件需要的证据"限定为:① 涉及可能有损国家利益、社会公共利益或者他人合法权益的事实;② 涉及依职权追加当事人、中止诉讼、终结诉讼、回避等与实体争议无关的程序事项。2015年《民诉法解释》吸收和完善了2002年《证据规定》,第96条将法院依职权调查收集证据范围具体限定为:① 涉及可能损害国家利益、社会公共利益的;② 涉及身份关系的;③ 涉及《民事诉讼法》第55条(现行法第58条)规定诉讼的;④ 当事人有恶意串通损害他人合法权益可能的;⑤ 涉及依职权追加当事人、中止诉讼、终结诉讼、回避等程序性事项的。除前款规定外,人民法院调查收集证据,应当依照当事人的申请进行。《民诉法解释》的原意是继续限制法院依照职权调查取证,并且完善了人事诉讼、公益诉讼和恶意诉讼的调查取证权,但是仍然没有跳出法院对涉及实体权利义务事项可依照职权调查收集证据的权力。

(3) 释明权。释明权是法院在案件审理过程中使不明确的事项得以明确的一项重要程序指挥权。在诉讼过程中,经常会出现诉讼法律关系不明确状态,所谓释明权是指当事人在诉讼过程中声明和陈述意思不清楚、不充分时,或提出了不当的声明和陈述时,或所收集证据不够充分却以为证据充足时,法官以发问或晓谕的方式提醒或启发当事人,对不明确的予以澄清,对不充分的予以补充,对不当的予以排除,或者让其提供新的诉讼材料,以证明案件事实的权能。国外民事诉讼法中释明权含义范围比较广泛,包括:① 当事人的声明和陈述不明确的,法院应当通过释明予以明确;② 当事人的声明和陈述不适当的,法院应当通过释明加以适当化或解除;③ 当事人证据和诉讼资料不充分的,法院通过释明令其补充。释明权作为一种法律制度在其演进中逐渐扩展为双重含义:第一层含义是,法官向当事人有针对性地发问的职权,旨在提示当事人作出充分完整的陈述及主张,这种释明以救济弱势当事人为目的。第二层含义是,法官向当事人开示法官在庭审中形成的临时心证及相关法律见解,旨在切实保障当事人的程序参与权,避免突袭裁判。[①] 当代协同主义诉讼模式要求法官与当事人双方共同推进诉讼程序的进行,除了要求当事人履行诉讼促进义务和协助义务外,还要求强化法官依照职权推动程序有效进行的义务,加强和完善法官的释明权。我国关于释明权制度的规定比较滞后,至今在《民事诉讼法》中没有明确法官释明权,只是在《证据规定》和《民诉法解释》等有关条款中规定了人民法院对当事人的举证要求、告知和说明义务。在今后完善法官释明权制度的过程中,要注意法官释明权与当事人处分原则和辩论原则的制约关系,避免矫枉过正。法官在行使释明权时应当注意不能替代当事人最终确定诉讼请求和证据,否则会影响当事人对处分权和实体问题决定权的实现。

(4) 事实认定权。查明和认定事实是审理权重要组成部分,因此法院查明和认定事实职权属于宪法性质的权力,只有法院才是查明和认定事实的主体,任何未经法院认定事实不能作为裁判案件的依据。所谓阐明和认定事实权是指法院在审判过程中运用证据规则,揭示和查明案件真实情况的权能。通过诉讼程序查明案件真实,是正确适用法律的前提和基础。在民事诉讼中,任何证据材料都必须经过出证、质证和认证的程序,当事人依法享有出

[①] 参见骆永家等:《阐明权》,载《民事诉讼法之研讨》(四),三民书局有限公司1993年版,第192页。

证、质证权利,但是不享有对案件事实最终的认定权。只有权威和中立的国家审判机关,在审理民事案件过程中才有权查明和认定案件事实。法官实施事实认定权要注意以下问题:一是自由心证的公开。法官享有自由裁量权,但是对于不同案件事实裁量的过程和结果必须公开,即能够当庭认证的要当庭认证。二是完善认定证据规则。证据规则来源于认证实践,要依据民事诉讼特点和认证标准,确定一系列证据排除、证据优势规则,保证法官事实认定权的公正行使。

2. 裁判权

法院审理案件的最终目的是对当事人之间民事纠纷依法作出裁决,这是民事审判权最重要、最核心的权力。准确认定案件事实,是正确适用法律的前提和基础,如果法院认定事实有误,就不能够正确适用法律并作出公正裁判。我国法院所适用的法律,既包括既定的实体法和程序法,也包括审判实践当中形成的规范性司法解释,以及最高人民法院发布的典型判例也可以作为同类案件裁判依据。在诉讼理论上,法院的裁判可分为三个阶段论,即起诉要件裁决、诉讼要件裁决、实体要件裁决。前两者属于法院程序事项裁判权,后者属于实体争议裁判权。

(1) 程序事项裁判权。程序事项裁判权是指法院对民事诉讼实体争议以外的程序问题予以裁决的权力。包括起诉要件裁决、诉讼要件裁决、其他程序事项裁决。起诉要件裁决,是指法院依据民事诉讼法规定的当事人提起诉讼的形式要件,按照"立案登记制"对是否受理案件作出的裁决。诉讼要件裁决,又称判决要件裁决,是指法院受理案件以后,对当事人争议的实体问题是否符合条件可以进行审理判决作出的裁决。诉讼要件一般包括:① 当事人实际存在;② 具有当事人能力;③ 当事人适格;④ 当事人实施了起诉行为,符合起诉要件并进入诉讼系属;⑤ 具有诉的利益;⑥ 不属于重复起诉;⑦ 属于法院裁判权范围;⑧ 属于审理本案法院管辖等。① 对不符合上述条件的,法院则以驳回诉的裁判(诉讼判决)终结诉讼程序。诉讼要件不同于起诉要件,法院对起诉条件审查在先,对诉讼条件审查在后,对于当事人符合起诉要件的诉讼必须首先开始诉讼程序。进入诉讼系属后经过审查认为符合诉讼要件的案件,法院可以进入实体争议问题的审理程序。其他程序事项裁决,是指法院对民事诉讼程序中发生的其他程序性事项作出的裁决,包括程序启动变动、中止、终结,以及对有关事实状态认定、当事人程序性要求的裁定等。

(2) 实体争议裁决权。民事诉讼最终要解决当事人实体争议,法院对实

---

① 参见〔日〕新堂幸司:《新民事诉讼法》,林剑锋译,法律出版社2008年版,第213页。

体权利义务作出裁判是最重要的司法职权。法院这项权力的行使必须以判决书的方式来体现。法院对实体权利义务的裁判规范构成民事诉讼裁判制度。在我国法院调解是重要的解决纠纷方式之一,广义上的实体争议裁决权应当包括调解权力,法院依照调解原则和程序对实体争议作出的调解书与判决书具有同等执行效力。随着调解与审判分离制度的改革和完善,调解权与审判权职权的内容将进一步清晰和完善。

3. 执行权

各国对执行权是否属于司法职权内容规定不一。大陆法系国家一般认为民事强制执行权是民事司法权,与民事审判权共同构成民事司法权能。所谓民事执行权,是指法院通过强制执行力实现执行根据的权力。这些执行根据包括具有给付内容的民事裁判文书,以及法律规定的行政和刑事裁判中涉及财产部分的执行文书、公证文书、司法确认的调解文书,等等。

基于审判权和执行权属性和运行机制的不同,各国和地区一般都实行审判权和执行权分离模式,并单独制定"民事强制执行法"。我国自21世纪初期开始探讨审判与执行分离问题,并对执行权属性产生行政权、司法行政权、行政司法权等不同学说。2014年《中共中央关于全面推进依法治国若干重大问题的决定》指出:"完善司法体制,推动实行审判权和执行权相分离的体制改革试点。"关于审判权和执行权的分离有如下观点:① 绝对分离说。认为强制执行权是行政权力,应当从法院彻底分离出去,并归属行政机关。② 相对分离说。即执行权属于司法权,审判权和执行权的分离只是在法院内部进行,实行法院内部职权分离。

目前,我国执行权与审判权分离主要涉及如下内容:① 在法院内部设置独立的执行机构。法院的主要职权是裁判,但是并不排斥执行权,由于审判权和执行权属性和运行机制不同,需要在法院内部设置与审判庭相独立的执行机构,即执行局。② 执行权实施主体的独立。在法院人事体制上实行审判员和执行员的分别设置,审判权实施主体是法官,执行权实施主体是执行官。③ 执行权内容及配置问题。在审执分离模式之下,将执行权配备给执行局,根据民事执行制度"实现"的目的和功能,将民事执行权分为执行实施权和执行判断权。同时,在执行局内部设置不同机构,由不同机构人员分别行使执行实施权和执行判断权。④ 制定单独的"民事强制执行法"。执行权虽然属于法院司法权能,但是毕竟与法院审理权力有重大区别,从司法权的合理设置与权能分工角度考虑,应当将强制执行程序从民事诉讼法中分离出来,制定单独的"民事强制执行法",以理顺审判权和执行权关系,从根本上解决"执行难"。

(二) 民事司法权的运行

民事司法权是国家赋予审判机关——法院的独有权力。民事司法权的有效运行,需要相关司法制度、适当的法院结构和审判组织形式、合理的审判权与诉权关系等运行条件予以保障。

1. 独立运行

司法裁判权由法官独立行使为现代法治国家普遍承认并确立的基本法律原则,其核心是法官在进行审判的过程中,只服从法律和良心,客观地判断事实和证据,公正地作出裁判,而不受外界干涉。我国《宪法》第131条规定:人民法院依照法律规定独立行使审判权,不受行政机关、社会团体和个人干涉。《民事诉讼法》第6条也规定:"民事案件的审判权由人民法院行使。人民法院依照法律规定对民事案件独立进行审判,不受行政机关、社会团体和个人的干涉。"这是我国司法裁判权独立行使的法律依据。从立法和机构的设置来看,我国法院的审判权是独立的,与立法机关和行政机关在机构设置和权力分工上也是分立的。但是,由于司法隶属行政的历史传统的影响,以及我国现代审判独立理念建立较晚,民事审判权的独立行使在实践当中尚未完全实现。要真正实现民事审判独立,首先,要确立社会普遍接受的现代司法独立理念,以保证审判权行使的正当性和合理性;其次,要改革人民法院现有的财政制度和人事制度,从人、财、物上使人民法院独立于当地权力机构和行政机构;最后,要从微观上完善现有民事审判制度,例如公开制度、合议制度、人民陪审制度、证据制度、审级制度、再审制度等,以保证人民法院审判权的有效运行。

2015年《最高人民法院关于全面深化人民法院改革的意见》将确保人民法院依法独立行使审判权作为主要改革目标,提出了"推动省级以下法院人员统一管理改革""建立防止干预司法活动的工作机制"等具体要求。为了彻底排除来自人民法院内外对审判权的干预,2015年8月,最高人民法院发布《人民法院落实〈领导干部干预司法活动、插手具体案件处理的记录、通报和责任追究规定〉的实施办法》和《人民法院落实〈司法机关内部人员过问案件的记录和责任追究规定〉的实施办法》。可见在未来司法实践中,推进审判权独立运行的工作将更深入和系统地展开。

2. 审判组织

民事审判权的运行要通过设置合理的审判组织的具体审判行为来实现。因此,在法院必须独立于外部机构和权力的前提下,应当设置合理的审判组织,并保证审判组织或法官能够依法独立行使民事审判权。

根据《民事诉讼法》的规定,民事案件审判组织有两种形式:一是独任制,二是合议制。独任制是由一名审判员对案件进行审理的制度,合议制是由三名以上审判员组成合议庭对案件进行审理的制度。① 基于民事案件的性质和复杂程度,我国《民事诉讼法》比较合理地设置了合议庭和独任审判庭两种审判组织形式。但是,合议庭成员和独任审判员能否依法独立行使审判权,并从根本上保证民事审判权的正当运行却存在问题。世界多数国家对审判独立的理解是:审判独立的最终内涵应当是法官的独立。1987年联合国《世界司法独立宣言(草案)》第2条规定:"每个法官均应自由地根据其对事实的评价和对法律的理解,在不受来自任何方面或由于任何原因的直接或间接的限制、影响、诱导、压力、威胁和干预的情况下,对案件秉公裁决;此乃他们应有之职责。"第3条规定:"在作出裁决过程中,法官应对其司法界的同行和上级保持独立。司法系统的任何等级组织,以及等级和级别方面的任何差异,都不影响法官自由地宣布其判决的权力。"根据《法院组织法》以及《民事诉讼法》的有关规定,我国审判的独立是指法院的独立,强调法院组织内部集体的智慧和作用,在民事审判中套用行政系统的等级模式,审判行为行政化色彩较浓厚,使得应当享有和独立行使民事裁决权的合议庭和独任审判员无法独立行使民事裁决权。其主要表现为:普通法官要接受庭长领导,庭长要接受院长领导,承办案件的审判组织要听从和服从法院审判委员会决定。由此,在民事审判权运行过程中普遍存在着院庭长报批制度、审判委员会讨论案件制度、下级法院向上级法院请示汇报制度。这些做法造成的弊端就是:具体案件的审判组织丧失了独立审判权,"审"与"判"分离,有关民事审判制度和原则未能严格落实,最终导致民事审判权有时不能良性运行。因此,2017年《最高人民法院关于落实司法责任制完善审判监督管理机制的意见(试行)》明确提出,各级人民法院必须严格落实司法责任制改革要求,确保"让审理者裁判,由裁判者负责"。除审判委员会讨论决定的案件外,院庭长对其未直接参加审理案件的裁判文书不再进行审核签发,也不得以口头指示、旁听合议、文书送阅等方式变相审批案件。实现审判组织或法官行使民事审判权的独立性,对保证民事审判权运行正当化意义重大。

3. 民事审判权与诉权关系

民事审判权和诉权是民事诉讼活动中两个核心和相互制衡的权力(权利),合理调整审判权与诉权关系是保证民事审判权良性运行的又一重要条件。诉权与审判权属于两个不同的法权范畴,诉权属于当事人权利的范畴,审判权则表现为国家权力。诉权与审判权的关系是权利与权力关系的特殊

---

① 参见《民事诉讼法》第40条第1、2款。

表现形式。从法治的角度讲,权利产生权力,权力为权利服务,权利制约权力,这一原理完全适用于民事诉权和审判权的关系。就诉权与审判权的关系而言,二者既有相互冲突的一面,又有彼此融通的一面。关于二者的关系可以概括如下:首先,诉权与审判权在内在目的上具有一致性。在诉讼法律关系中诉权与审判权相对应,共同作用,推动着程序发展,促进诉讼目的的实现。其次,诉权与审判权存在着一定的冲突。审判权与诉权之间存在反向关系,审判权的膨胀,一般会导致诉权的萎缩;审判权的自律、立法的约束必然促进诉权的保障。最后,诉权与审判权既相辅相成又相互制衡。正是因为二者既体现了一致的一面,又存在冲突的一面,才决定了二者在诉讼法律关系中,除了相互配合、相互协调外,还相互制约。诉权对审判权具有请求与制约双重功能,审判权对诉权兼具维护和监督双重职能。[①] 在我国以往的民事诉讼中,民事审判权的运行具有较强的职权主义色彩,在审判权和诉权关系处理上,强调了法院审判权在诉讼中的主动性和主导性,使民事审判权的运行不能受到诉权的必要制约,其结果是造成民事审判权与诉权的冲突,加剧了法官和当事人的对立,弱化了程序正义,损害甚至剥夺了当事人诉讼权利,甚至产生滥用审判权的违纪违法现象。审判权的过于强势,必然导致当事人对裁判的不满。

正当的民事审判权和诉权关系,应当是在不违背民事诉讼解决纠纷基本目的的前提下,坚持程序主体性原则和司法被动性原则,建立起当事人诉权制约民事审判权、民事审判权保障诉权实现的运行机制。具体而言就是:诉权以及作为其具体表现的各种诉讼权利应当属于当事人自主支配范围,民事审判权一般不予以干涉,从而保证当事人诉权的独立性和完整性。同时,与民事审判权相比,诉权的行使应当处于优先地位,没有诉权也就没有民事审判权,而民事审判权的行使应该以保障当事人诉权充分实现为宗旨。因为,从根本上讲,国家设置民事审判权就是为了保护当事人诉权的行使和实现。

第三节 管辖概述

▶ 一、管辖的概念

管辖,是指各级人民法院之间以及同级人民法院之间,受理第一审民事

[①] 参见王岩云:《诉权与审判权关系论纲》,载张卫平、齐树洁主编:《司法改革评论》第12辑,厦门大学出版社2011年版。

案件的分工和权限。它是在人民法院系统内部划分和确定上下级人民法院或者同级人民法院对某一民事案件行使审判权的制度。

管辖与主管既有联系又有不同。两者的不同在于：主管只划定了人民法院行使审判权作用的范围，解决的是人民法院与其他国家机关、社会团体之间受理民事纠纷案件的分工和权限。而管辖是人民法院内部具体实施审判权的制度，解决的是某一民事案件由哪一级人民法院以及由哪一个人民法院行使审判权的分工和权限。两者的联系为：主管是确定管辖的前提和基础，管辖是对主管的体现和落实。

在民事诉讼中，只有将人民法院主管的民事案件，在人民法院组织系统内部确定由具体人民法院行使第一审的审判权限，才能使人民法院依法解决民事纠纷案件的权限得以落实；使当事人能够充分有效地行使诉权，避免管辖不明导致当事人投诉无门，合法权益无法得到及时保护。

▶ 二、确定管辖的原则

根据我国《民事诉讼法》的规定，确定民事案件的管辖应遵循如下原则：

1. 便于当事人进行诉讼

以有利于当事人行使诉权为出发点，为当事人进行诉讼提供方便，是我国民事诉讼立法的指导思想，也应当是确定管辖的原则。《民事诉讼法》将绝大部分第一审民事案件交由基层人民法院管辖，正是体现了这一原则。

2. 便于人民法院行使审判权

辖区是人民法院行使审判权的空间范围，为了保证人民法院及时审理民事案件，提高办案效率，就要求在确定案件的管辖时，从客观实际出发，充分考虑人民法院工作的实际情况和案件的需要，以利于人民法院顺利地完成其审判任务。

3. 保证案件的公正审判

通过公正审判，维护当事人合法权益是民事诉讼所追求的终极目标。在民事诉讼中，管辖的确定同样应当体现这一原则。为保证审判公正，《民事诉讼法》在确定管辖时，根据各级人民法院职权范围和各类案件的具体情况，分别确定了不同案件的管辖。例如，为防止地方保护主义干扰，规定了对合同纠纷和其他财产权益纠纷的协议管辖；为便于排除某些行政干预因素和避免基层人民法院的业务素质及设备条件对审判质量的限制，规定了管辖权的转移和指定管辖，并适当地提高了某类案件的审级；等等。

4. 兼顾各级人民法院的职能和工作负担的均衡

各级人民法院职能和分工不同，在确定管辖时必须考虑不同级别人民法院工作负担的均衡。基层人民法院最主要的职能是审理第一审民事案件,同时基层人民法院最接近当事人,为当事人诉讼和人民法院行使审判权提供了方便条件。因此,《民事诉讼法》规定,除法律另有规定以外,第一审民事案件均由基层人民法院管辖。中级人民法院、高级人民法院不仅依法要审理部分第一审民事案件,而且还要审理上诉审案件,并有职责对下级人民法院的审判活动进行法律监督和业务指导,《民事诉讼法》只将部分第一审案件交由其管辖。最高人民法院是全国最高审判机关,其主要职能是监督和指导地方各级人民法院、专门人民法院的审判工作,制定有关司法解释,总结和推广审判经验,以保证整个人民法院的审判质量,因此对第一审民事案件的管辖范围更加有限。

5. 确定性与灵活性相结合

为便于当事人行使诉讼权利,便于人民法院及时、正确地受理民事案件,特别是避免在当事人之间、人民法院之间以及他们相互之间因管辖不明发生争议,在立法上应当尽可能明确、具体管辖的规定。但由于客观现实的不断发展变化和法律所具有的相对稳定性的特点,为保证对案件的公正处理,在确定管辖时还必须体现一定的灵活性,以满足发展变化的审判实践的需要。

6. 有利于维护国家主权

司法权是国家主权的重要组成部分。在民事诉讼中,特别是涉外民事诉讼中,司法管辖权直接与国家主权相联系,是国家主权在司法上的具体体现。因此,在确定涉外民事案件管辖时,应当以维护国家主权和我国公民的合法权益为出发点,尽量扩大我国人民法院对涉外民事案件管辖的范围。

▶ 三、管辖的分类

(一) 管辖的法律分类

根据《民事诉讼法》第 1 编第 2 章的规定,可以将诉讼管辖划分为:级别管辖、地域管辖、移送管辖和指定管辖。其中地域管辖又可进一步划分为:一般地域管辖、特殊地域管辖、协议管辖、专属管辖、共同管辖、选择管辖和合并管辖。

(二) 管辖的理论分类

1. 法定管辖和裁定管辖

以管辖是由法律直接规定还是由人民法院通过裁定加以确定为标准,管辖可以分为法定管辖和裁定管辖。由法律直接规定的管辖为法定管辖,包括级别管辖、地域管辖和专属管辖;由人民法院通过裁定方式确定的管辖为裁定管辖,包括移送管辖、指定管辖、管辖权转移和对管辖权异议的裁定。

2. 专属管辖和协议管辖

以管辖是否由法律强制性规定，是否允许当事人协议变更为标准，管辖可以分为专属管辖和协议管辖。由法律强制性加以规定，不允许当事人协议变更的管辖为专属管辖；允许当事人通过协议变更法律规定的管辖为协议管辖。

3. 共同管辖和合并管辖

以诉讼关系为标准，管辖可以分为共同管辖和合并管辖。诉讼关系是指诉讼主体、诉讼客体与人民法院辖区之间存在的关系。对同一案件两个或者两个以上人民法院都有管辖权的，为共同管辖；对某一案件具有管辖权的人民法院将与该案有牵连的其他案件一并进行审理，即为合并管辖。

第四节 级别管辖

一、级别管辖的概念

级别管辖，是指划分上下级法院之间受理第一审民事案件的分工和权限。级别管辖是从纵向上划分每一级法院管辖第一审民事案件的权限范围，是明确案件管辖权的先决条件。

根据《人民法院组织法》的规定，我国人民法院设有四级，即基层人民法院、中级人民法院、高级人民法院和最高人民法院。这四级人民法院都具有第一审民事案件的管辖权。但由于四级人民法院各自的职能不同，受理第一审民事案件的权限范围也存在一定的差异。

二、确定级别管辖的标准

域外设立级别管辖的国家，通常是以诉讼标额的大小、诉讼主体的特点和案件的性质为标准来确定民事案件的级别管辖。

我国《民事诉讼法》是以案件性质和案件影响范围为标准来确定级别管辖。

（一）案件性质

案件的性质，也即案件的类型，主要是确定涉外管辖与专门管辖的标准。涉外管辖，是指具有涉外因素案件的管辖。例如，涉外民商事案件由特定的区人民法院、中级人民法院或最高人民法院指定的其他中级人民法院、高级人民法院管辖。① 专门管辖，又称事项管辖，是指某一类型案件的管辖。例如，知识产权案件、证券纠纷等，由最高人民法院确定的中级人民法院管辖。目前，案件性质标准对民事诉讼级别管辖的影响不大。家事案件在德国和法国等大陆法系国家，一般规定专属于基层人民法院管辖，除考虑确立管辖的原则因素外，还考虑这类案件与当地风俗联系紧密，由当地人民法院管辖可以减少国家法与民间法之间的距离和冲突。②

（二）案件影响范围

案件影响范围的大小是目前我国确定级别管辖的主要标准。对案件影响力大小的判断，主要考虑下列因素：① 诉讼标的额的大小；② 案件的难易程度；③ 案情涉及范围，包括涉及的当事人、地区等；④ 案件处理的结果对社会产生的影响。例如，《民事诉讼法》规定，中级人民法院、高级人民法院和最高人民法院分别受理在本辖区内有重大影响的案件。

案件影响范围作为确定标准，在立法中体现为"重大"，具有抽象性，不具有能够作为标准的确定性要求，在实践中无法划出一条清晰的界限，使人民法院和当事人能够明确地判断某一具体案件应当由哪一级人民法院具体管辖。因此，1995年7月3日，《最高人民法院关于当事人就级别管辖提出异议应如何处理问题的函》（失效）将诉讼标的额的大小作为确定财产案件级别管辖的标准。将争议标的数额作为标准来划分级别管辖，简明、确定，便于操作，能够有效避免认识不一和理解分歧、减少管辖权争议的产生。

▶ **三、各级人民法院管辖的第一审民事案件**

（一）基层人民法院管辖的第一审民事案件

我国《民事诉讼法》第18条规定："基层人民法院管辖第一审民事案件，但本法另有规定的除外。"基层人民法院是我国法院组织系统中最低一级的法院，不仅数量多、分布广，而且与当事人住所地、纠纷发生地、法律事实所在地、争议财产所在地等也最为接近。因此，除法律明确规定由中级人民法院、高级人民法院和最高人民法院管辖的第一审民事案件外，其余的第一审民事案件，也即绝大多数的第一审民事案件都由基层人民法院管辖。另外，适用特别程序、督促程序以及公示催告程序的案件，也一律由基层人民法院审理。

（二）中级人民法院管辖的第一审民事案件

根据《民事诉讼法》第19条的规定，中级人民法院管辖的第一审民事案件

---

① 参见《涉外民商事案件管辖规定》第1条。
② 参见江伟主编：《民事诉讼法学》（第3版），高等教育出版社2007年，第91页。

包括以下三种：

1. 重大涉外案件及重大涉港、澳、台案件

涉外案件是指具有涉外因素的民事诉讼案件。在涉外案件中，只有重大的涉外案件才由中级人民法院作为第一审人民法院审理。根据《民事诉讼法解释》第1条的规定，重大涉外案件，包括争议标的额大的案件、案情复杂的案件，或者一方当事人人数众多等具有重大影响的案件。非重大的涉外案件由基层人民法院管辖。

根据最高人民法院的规定，重大涉港、澳、台民事案件，比照涉外案件处理。

2. 在本辖区有重大影响的案件

本辖区是专指中级人民法院所辖区域。有重大影响，则是指案件自身复杂，涉及面广，其影响已经超出了基层人民法院辖区范围。对于在本辖区有重大影响的案件，《民事诉讼法》只作了原则性规定，实践中由人民法院根据案件的具体情况自行认定。审判实践中判断是否为"有重大影响的案件"，一般从以下三个方面考虑：① 案情的复杂程度；② 诉讼标的金额的大小；③ 在当地的影响等。

3. 最高人民法院确定由中级人民法院管辖的案件

这是最高人民法院根据审判工作的需要，以规范性文件所确定的由中级人民法院管辖的第一审案件。根据最高人民法院的有关规定，由中级人民法院管辖的第一审民事案件包括：

（1）知识产权民事案件。其一，专利纠纷案件。《民诉法解释》第2条规定，专利纠纷案件由知识产权法院、最高人民法院确定的中级人民法院和基层人民法院管辖。根据2015年2月1日施行的第二次修正后的《最高人民法院关于审理专利纠纷案件适用法律问题的若干规定》，专利纠纷第一审案件，由各省、自治区、直辖市人民政府所在地的中级人民法院和最高人民法院指定的中级人民法院管辖。最高人民法院根据实际情况，可以指定基层人民法院管辖第一审专利纠纷案件。其二，商标纠纷案件。根据《最高人民法院关于审理商标案件有关管辖和法律适用范围问题的解释》（2020修正）第2条的规定，商标民事纠纷第一审案件，由中级以上人民法院管辖。但考虑到部分较大城市的一些基层人民法院近年来也处理了不少商标民事纠纷案件，积累了一定的审判经验，该解释同时规定，授权各高级人民法院根据本辖区的实际情况，经最高人民法院批准，可以在较大城市确定1—2个基层人民法院受理第一审商标民事纠纷案件，例如，北京市的朝阳区和海淀区的基层人民法院可以审理第一审商标民事纠纷案件。其三，著作权纠纷案件。根据2020年

《最高人民法院关于审理著作权民事纠纷案件适用法律若干问题的解释》第2条的规定，著作权纠纷案件由中级以上人民法院管辖，但考虑到各地的实际情况和已有的人民法院管辖经验，又灵活规定各高级人民法院根据本辖区的实际情况，可以报请最高人民法院批准，由若干基层人民法院管辖第一审著作权民事纠纷案件。

（2）海事、海商案件。海事、海商案件由海事法院管辖。海事法院在建制上属于中级人民法院，在管辖事项上具有专门性，属于专门法院。我国在北海、广州、厦门、上海、武汉、海口、宁波、青岛、大连、天津及南京设立了海事法院。2016年施行的《最高人民法院关于海事法院受理案件范围的规定》对海事法院受理案件的范围作了明确规定，就民事案件而言，主要包括以下五大类案件：第一，海事侵权纠纷案件；第二，海商合同纠纷案件；第三，海洋及通海可航水域开发利用与环境保护相关纠纷案件；第四，其他海事海商纠纷案件；第五，海事特别程序案件。

（3）证券虚假陈述民事赔偿案件。依据2003年2月公布的《最高人民法院关于审理证券市场因虚假陈述引发的民事赔偿案件的若干规定》第8条的规定，因虚假陈述引发的证券民事赔偿案件，由省、自治区、直辖市人民政府所在的市、计划单列市和经济特区中级人民法院管辖。2005年1月公布的《最高人民法院关于对与证券交易所监管职能相关的诉讼案件管辖与受理问题的规定》，指定上海交易所和深证交易所所在地的中级人民法院分别管辖以上海交易所和深证交易所为被告或第三人的与证券交易所监管职能相关的第一审民事和行政案件。

（4）期货纠纷案件。依据2003年6月公布的《最高人民法院关于审理期货纠纷案件若干问题的规定》第7条的规定，期货纠纷案件由中级人民法院管辖。高级人民法院根据需要可以确定部分基层人民法院受理期货纠纷案件。

（5）确认仲裁协议效力的案件和撤销仲裁裁决的案件。《仲裁法解释》第12条规定，当事人向人民法院申请确认仲裁协议效力的案件，由仲裁协议约定的仲裁机构所在地的中级人民法院管辖；仲裁协议约定的仲裁机构不明确的，由仲裁协议签订地或者被申请人住所地的中级人民法院管辖。申请确认涉外仲裁协议效力的案件，由仲裁协议约定的仲裁机构所在地、仲裁协议签订地、申请人或者被申请人住所地的中级人民法院管辖。《仲裁法》第58条规定，当事人可以向仲裁委员会所在地的中级人民法院申请撤销裁决。

（三）高级人民法院管辖的第一审民事案件

我国《民事诉讼法》第20条规定："高级人民法院管辖在本辖区有重大影响的第一审民事案件。"

由于绝大多数第一审民事案件由基层人民法院和中级人民法院管辖,同时高级人民法院的工作职能决定了高级人民法院的主要任务是对不服中级人民法院裁判的上诉案件进行审理,并对其辖区内的中级人民法院和基层人民法院的审判工作进行指导和监督。因此,《民事诉讼法》规定只有在高级人民法院辖区有重大影响的案件,才由高级人民法院作为第一审案件的管辖法院。

(四)最高人民法院管辖的第一审民事案件

最高人民法院是国家的最高审判机关。根据《民事诉讼法》第21条的规定,最高人民法院对下列民事案件行使第一审管辖权:

1. 在全国有重大影响的案件

将在全国有重大影响的案件交由最高人民法院管辖,主要是因为此类案件处理的结果对整个社会都有影响。在保证审判质量、指导全国各级人民法院的审判工作、维护法律的统一适用等方面,这一规定有其积极意义。

2. 最高人民法院认为应当由本院审理的案件

只要最高人民法院认为某个案件应当由自己审理,不论法律是否有明确规定,或者是否属于在全国范围内有重大影响的案件,最高人民法院都可以行使对该案的管辖权,并进行审理、作出终审裁判。这是法律赋予国家最高审判机关在管辖上的特殊权力。法律这样规定,可以使具有代表性的典型案件,通过最高人民法院的审判指导地方各级人民法院和各专门人民法院的审判工作。同时,也可以防止地方保护主义和其他方面对地方人民法院审判工作的干扰,从而保证案件的审判质量,维护法律尊严。

▶ 四、违反级别管辖的后果

司法实践中突破级别管辖权限受理案件的现象可谓是屡见不鲜。突破级别管辖权限受理诉讼可分为两种类型:一种是初始的违反级别管辖规定,即人民法院受理诉讼时争议标的数额等就明显超出其级别管辖权限;另一种是后发的违反级别管辖规定,即在受理诉讼时,原告主张的争议标的数额在受诉人民法院级别管辖权限内,但在开庭时,由于原告增加或变更了诉讼请求,争议标的数额发生了变化,超出了受诉人民法院的级别管辖权限。

关于违反级别管辖的后果,1996年《最高人民法院关于执行级别管辖规定几个问题的批复》曾规定,在当事人一方或者双方全部没有履行合同义务的情况下,发生纠纷起诉至人民法院的,如当事人在诉讼请求中明确要求全部履行合同,应以合同总金额加上其他请求额作为诉讼标的的额,并据以确定级别管辖。如当事人在诉讼请求中要求解除合同,应以其具体的诉讼请求数额来确定诉讼标的额,并据以确定级别管辖。当事人在诉讼中增加诉讼标的额从而加大诉讼标的额,致使诉讼标的额超过受诉人民法院级别管辖权限的,一般不再予以变动。但当事人故意规避有关级别管辖等规定的除外。按照级别管辖规定应当由上级人民法院管辖的案件,上级人民法院交由下级人民法院审理的,该下级人民法院不得再交其下级人民法院审理。这一批复虽然明确了故意规避有关级别管辖规定的应当变动案件的管辖,但对于违反级别管辖的判决并未规定可以作为上诉的理由或者可以作为撤销判决的事由。如果程序上的制度没有规定任何不利的后果,那么该程序制度必然为一项软性制度,因为违反它并不会带来任何不利的后果。有鉴于此,山东省高级人民法院作出了有益的尝试,特别规定违反级别管辖不能超过标的额的两倍,否则应当撤销判决,但实践中很少有判决被撤销。我国无论学理还是司法实践均认为管辖仅仅是解决人民法院之间的分工问题,并不牵涉审判权问题,因此违背级别管辖的判决并不会遭遇不利后果也就不足为怪了。这样,难免会出现审判级别混乱,或者利用级别管辖的这一漏洞行地方保护主义的情况,在一定程度上影响了人民法院的执法形象。①

第五节 地域管辖

一、地域管辖的概念

地域管辖,又称为土地管辖、区域管辖或属地管辖,是按照法院的辖区和民事案件的隶属关系确定的诉讼管辖。其作用在于确定同级法院之间在各自的辖区内受理第一审民事案件的分工和权限。

地域管辖与级别管辖不同,级别管辖确定第一审民事案件由哪一级法院管辖,而第一审民事案件具体由同级的哪个法院管辖,则由地域管辖来确定。可见,级别管辖是从纵向来确定上下级法院对第一审案件的分工和权限;而地域管辖则是从横向来确定同级法院之间对第一审案件的分工和权限。地域管辖与级别管辖又有联系,级别管辖是地域管辖的前提,只有明确了级别管辖,才能进一步确定地域管辖;而地域管辖则是级别管辖的落实,任何一个案件,在级别管辖明确之后,只有进一步确定地域管辖,才能具体落实到特定区域的法院。

---

① 参见毕玉谦主编:《民事诉讼法学》,中国政法大学出版社2019年版,第119—120页。

二、确定地域管辖的标准

在我国,人民法院的辖区与行政区域相一致,行政区域的范围就是设在该区域内的人民法院行使审判权的空间范围。确定地域管辖的标准主要是:

1. 以当事人所在地为标准

当事人所在地即当事人的住所地或者居住地,是确定一般地域管辖的原则性标准。由于当事人所在地与其所居住的行政区域具有密切联系,因此以当事人住所地与人民法院的关系作为确定地域管辖的标准是可行的。

2. 以诉讼标的的原因事实发生地为标准

诉讼标的的原因事实发生地是指对双方争议的实体权利义务关系的产生、变更以及消灭有影响的法律事实所在地,例如合同签订地或合同履行地、侵权行为地等,是确定特殊地域管辖的重要标准。

3. 以诉讼标的物所在地为标准

诉讼标的物所在地是指双方争议的实体权利义务指向物的所在地,例如保险合同纠纷中保险标的物所在地、继承纠纷中主要遗产所在地等,是确定特殊地域管辖和专属管辖的标准。

根据上述标准,地域管辖可分为一般地域管辖、特殊地域管辖和专属管辖。

根据我国《民事诉讼法》的规定,地域管辖还包括:协议管辖、共同管辖、选择管辖和牵连管辖。

三、一般地域管辖

一般地域管辖,又称为普通管辖或一般管辖,是以当事人的所在地确定的管辖。此类管辖一般遵循"原告就被告"的原则,即原告应当到被告所在地的人民法院提起诉讼。该原则的确立,有利于人民法院查清案件事实,及时、正确地作出裁判;有利于被告出庭应诉,在双方当事人到庭的情况下解决争议;有利于人民法院采取财产保全措施和对生效判决的执行;同时可以限制原告滥用诉权,避免给被告造成不应有的经济损失。但鉴于实际情况的复杂性与案件审理的便捷性,我国《民事诉讼法》及其司法解释还规定了一系列"原告就被告"的例外,即原告所在地有管辖权的特殊情形。

(一)一般地域管辖的原则:被告所在地人民法院管辖

我国《民事诉讼法》第 22 条规定:"对公民提起的民事诉讼,由被告住所地人民法院管辖;被告住所地与经常居住地不一致的,由经常居住地人民法院管辖。对法人或其他组织提起的诉讼,由被告住所地人民法院管辖。同一诉讼的几个被告住所地、经常居住地在两个以上人民法院辖区的,各该人民法院都有管辖权。"

1. 公民所在地

公民所在地包括公民住所地与公民经常居住地。住所地,即公民的户籍所在地;经常居住地,即公民离开住所地至起诉时已连续居住1年以上的地方,但公民住院就医的地方除外。我国《民事诉讼法》第22条第1款明确规定了公民的经常居住地优先适用于住所地,即被告住所地与经常居住地不一致时,由经常居住地人民法院管辖。而关于经常居住地的判断,需要同时具备两个条件:① 起诉时在此地居住;② 起诉时在此地连续居住超过1年。也即起诉时不在此地居住,或起诉时虽在此地居住,但连续居住不超过1年的,都不构成经常居住地。

此外,《民诉法解释》还规定了特殊情形下被告所在地的确定,具体包括:① 原告、被告均被注销户籍的,由被告居住地人民法院管辖;② 当事人户籍迁出后尚未落户,有经常居住地的,由该地人民法院管辖;没有经常居住地的,由其原户籍所在地人民法院管辖。③ 双方当事人都被监禁或者被采取强制性教育措施的,由被告原住所地人民法院管辖。被告被监禁或者被采取强制性教育措施1年以上的,由被告被监禁地或者被采取强制性教育措施地人民法院管辖。需要注意的是,该处被告被监禁或者被采取强制性教育措施1年以上,并非指被告被判处的刑期或被确定强制教育的期限在1年以上,是指被告已经被实际监禁或者被采取强制性教育措施1年以上,此时被监禁地或者被采取强制性教育措施地可视为其经常居住地。

2. 法人或其他组织住所地

法人或者其他组织的住所地是指法人或者其他组织的主要办事机构所在地。法人或者其他组织的主要办事机构所在地不能确定的,法人或者其他组织的注册地或者登记地为住所地。对没有办事机构的个人合伙、合伙型联营体提起的诉讼,由被告注册登记地人民法院管辖。没有注册登记,几个被告又不在同一辖区的,被告住所地的人民法院都有管辖权。

(二) 一般地域管辖原则的例外:原告所在地人民法院管辖

"原告就被告"原则并不完全适应所有民事案件的需要。在实践中,有一部分案件如果由被告所在地的人民法院管辖,对原告行使诉权和人民法院审理案件均会带来诸多不便。考虑到对原告诉权的有效保护,《民事诉讼法》和《民诉法解释》明确规定了由原告所在地人民法院管辖的具体情形:

《民事诉讼法》第23条和《民诉法解释》第6条规定由原告所在地人民法院管辖的情形包括:① 对不在中华人民共和国领域内居住的人提起的有关身

份关系的诉讼;② 对下落不明或者宣告失踪人提起的有关身份关系的诉讼;③ 对被采取强制性教育措施的人提起的诉讼;④ 对被监禁的人提起的诉讼;⑤ 被告被注销户籍的诉讼。其中,前两类诉讼需要关注案件类型,即仅限于有关身份关系的诉讼,包括身份关系的案件,如婚姻关系、亲子关系、收养关系等的案件,以及与这些身份关系密切相关的赡养费、扶养费、抚养费用的案件。如果是财产案件,仍要由被告所在地人民法院管辖。后三类诉讼需要关注,仅为被告一方被监禁、被采取强制性教育措施或被注销户籍,对案件类型没有限制。如果原、被告双方均被监禁、被采取强制性教育措施,或被注销户籍,仍应由被告所在地人民法院管辖。

（三）一般地域管辖的特殊规定：原、被告所在地人民法院均有管辖权

《民诉法解释》规定了可以由原告所在地人民法院管辖的情形,即原、被告所在地人民法院均有管辖权的情形,包括：

（1）追索赡养费、抚养费、扶养费案件的几个被告住所地不在同一辖区的,可以由原告住所地人民法院管辖。需要注意,如果几个被告住所地在同一辖区,则只能由被告住所地人民法院管辖。

（2）夫妻一方离开住所地超过1年,另一方起诉离婚的案件,可以由原告住所地人民法院管辖。如果夫妻双方均离开住所地超过1年,仍然适用"原告就被告"的原则。

▶ 四、特殊地域管辖

特殊地域管辖,又称为特殊管辖,是以诉讼标的物所在地和诉讼标的的原因事实所在地确定的管辖。特殊地域管辖与一般地域管辖是兼容关系,特殊地域管辖并不排除当事人对一般地域管辖的选择。因此,特殊地域管辖的相关条款中也明确规定了作为一般地域管辖权依据的被告住所地享有管辖权。

（一）合同纠纷案件的地域管辖

1. 一般合同纠纷案件的管辖

《民事诉讼法》第24条对合同纠纷案件的管辖作了原则性规定,即"因合同纠纷提起的诉讼,由被告住所地或合同履行地人民法院管辖"。合同履行地,是指合同规定的履行义务的地点,主要是指合同标的物的交付地。当事人可以在合同中明确约定合同履行地,当事人在合同中对履行地没有约定或约定不明确时,《民诉法解释》进一步规定了合同履行地的确定规则。

（1）合同履行地的确定规则。其一,合同履行地应以双方约定的履行地为准,而不依据实体履行义务的地点确定,即合同中明确约定合同履行地的,

以约定的履行地为合同履行地;其二,合同对履行地没有约定或约定不明确时,根据当事人的诉讼请求,结合合同履行义务确定合同履行地。即争议标的为给付货币的,接收货币一方所在地为合同履行地;交付不动产的,不动产所在地为合同履行地;其他标的,履行义务一方所在地为合同履行地。例如,商品房买卖合同中,A 为商品房(位于 C 处)出卖方,B 为买受方,如果 A 起诉 B 要求支付房款,A 为接受货币一方,A 地为合同履行地;如果 B 起诉 A 要求交付房屋,C 地为不动产所在地,C 地为合同履行地;如果 B 起诉 A 要求协助办理房屋过户手续,则争议标的为其他标的,A 为履行义务一方,A 地为合同履行地。即时结清的合同,交易行为地为合同履行地。财产租赁合同、融资租赁合同以租赁物使用地为合同履行地。以信息网络方式订立的买卖合同,通过信息网络交付标的的,以买受人住所地为合同履行地;通过其他方式交付标的的,收货地为合同履行地。

(2) 未履行合同的合同履行地的确定。合同没有实际履行,如果合同对履行地有约定,依照约定确定合同履行地,但是当事人双方住所地均不在合同约定的履行地的,由被告住所地人民法院管辖;如果合同对履行地没有约定,由被告所在地人民法院管辖。换言之,如果合同没有履行,除了约定的合同履行地是原告所在地时原告所在地(合同履行地)与被告住所地均有管辖权之外,其余情形下都由被告所在地人民法院管辖。

(3) 名称与内容不一致的合同履行地的确定。当事人签订的经济合同虽具有明确、规范的名称,但合同约定的权利义务内容与名称不一致的,应当以该合同约定的权利义务内容确定合同的性质,从而确定合同的履行地;合同的名称与合同约定的权利义务内容不一致,而根据该合同约定的权利义务难以区分合同性质的,以及合同的名称与该合同约定的部分权利义务内容相符的,则以合同的名称确定合同履行地。

(4) 供电、水、气、热力合同的履行地的确定。《民法典》第 654 条、第 656 条对该类合同的履行地作了明确规定,即该类合同的履行地点,按当事人的约定确定;当事人没有约定或约定不明确的,供电、供水、供气、供热力设施的产权分界处为履行地点。

2. 特殊合同纠纷案件的管辖

(1) 保险合同纠纷案件的管辖。根据《民事诉讼法》第 25 条的规定,因保险合同纠纷提起的诉讼,由被告住所地或者保险标的物所在地人民法院管辖。所谓保险标的物,即保险对象,是投保人与保险人订立的保险合同,收取保险费用所指向的对象。《民诉法解释》第 21 条进一步规定,因财产保险合同纠纷提起的诉讼,如果保险标的物是运输工具或者运输中的货物,由被告住所地或者运输工具登记注册地、运输目的地、保险事故发生地人民法院管辖。因人身保险合同纠纷提起的诉讼,由被告住所地或者被保险人住所地人民法院管辖。

(2) 票据纠纷案件的管辖。根据《民事诉讼法》第26条的规定,因票据纠纷提起的诉讼,由票据支付地或者被告住所地人民法院管辖。票据支付地,是指票据上载明的付款地。根据《最高人民法院关于审理票据纠纷案件若干问题的规定》第6条,票据上未载明付款地的,汇票付款人或者代理付款人的营业场所、住所或者经常居住地,本票出票人的营业场所,支票付款人或者代理付款人的营业场所所在地为票据付款地。代理付款人,即付款人的委托代理人,是指根据付款人的委托代为支付票据金额的银行、信用合作社等金融机构。

(3) 公司纠纷案件的管辖。根据《民事诉讼法》第27条的规定,因公司设立、确认股东资格、分配利润、解散等纠纷提起的诉讼,由公司住所地人民法院管辖。根据《民诉法解释》第22条的规定,因股东名册记载、请求变更公司登记、股东知情权、公司决议、公司合并、公司分立、公司减资、公司增资等纠纷提起的诉讼,也由公司住所地人民法院管辖。根据我国《公司法》第10条的规定,公司以其主要办事机构所在地为住所。公司办事机构所在地不明确的,由其注册地人民法院管辖。公司诉讼管辖的性质为专属管辖,它排除了被告住所地人民法院管辖这一连接点,限制了原告选择人民法院的范围,便于集中地、一次性地解决有关的纠纷,有助于正确、迅速地裁判。

(4) 运输合同纠纷案件的管辖。根据《民事诉讼法》第28条的规定,因铁路、公路、水上、航空运输和联合运输合同纠纷提起的诉讼,由运输始发地、目的地或者被告住所地人民法院管辖。因海上运输合同纠纷提起的诉讼,除依照《民事诉讼法》第27条的规定以外,还可以由转运港所在地海事法院管辖。

(5) 主合同与担保合同发生纠纷案件的管辖。根据《最高人民法院关于适用〈中华人民共和国民法典〉有关担保制度的解释》第21条的规定,主合同与担保合同发生纠纷提起诉讼时,债权人一并起诉债务人和担保人的,应当根据主合同确定管辖法院。债权人依法可以单独起诉担保人且仅起诉担保人的,应当根据担保合同确定管辖法院。

(二) 侵权纠纷案件的管辖

1. 一般侵权纠纷案件的管辖

根据《民事诉讼法》第29条的规定,因侵权行为提起的诉讼,由侵权行为地或者被告住所地人民法院管辖。《民诉法解释》第24条进一步规定,侵权行为地,包括侵权行为实施地、侵权结果发生地。对因海事侵权行为提起的诉讼,还可以由船籍港所在地的海事法院管辖。

2. 特殊侵权纠纷案件的管辖

(1) 交通事故案件的管辖。根据《民事诉讼法》第30条的规定,因铁路、公路、水上和航空事故请求损害赔偿提起的诉讼,由事故发生地、车辆、船舶最先到达地,航空器最先降落地或者被告住所地人民法院管辖。

(2) 海事案件的管辖。根据《民事诉讼法》第31条的规定,因船舶碰撞或者其他海事损害事故请求损害赔偿提起的诉讼,由碰撞发生地、碰撞船舶最先到达地、加害船舶被扣留地或者被告住所地人民法院管辖。《民事诉讼法》第32条规定,因海难救助费用提起的诉讼,由救助地或者被救助船舶最先到达地人民法院管辖。《民事诉讼法》第33条规定,因共同海损提起的诉讼,由船舶最先到达地、共同海损理算地或者航程终止地人民法院管辖。

(3) 因信息网络侵权行为提起的民事诉讼,由侵权行为实施地、侵权结果发生地和被告住所地人民法院管辖。《民诉法解释》第25条进一步规定,信息网络侵权行为实施地包括实施被诉侵权行为的计算机等信息设备所在地,侵权结果发生地包括被侵权人住所地。涉及域名的信息网络侵权纠纷,在级别上应当由中级人民法院管辖。

(4) 根据《民诉法解释》第26条的规定,因产品、服务质量不合格造成他人财产、人身损害提起的诉讼,产品制造地、产品销售地、服务提供地、侵权行为地和被告住所地人民法院都有管辖权。

(5) 因侵犯名誉权提起的民事诉讼,由侵权行为实施地、侵权结果发生地和被告住所地人民法院管辖。其中,受侵害的公民、法人和其他组织的住所地,可以认定为侵权结果发生地。

(6) 因侵犯著作权行为提起的民事诉讼,由侵权行为的实施地、侵权复制品储藏地或者查封扣押地、被告住所地人民法院管辖。侵权复制品储藏地,是指大量或者经常性储存、隐匿侵权复制品所在地;查封扣押地,是指海关、版权、工商等行政机关依法查封、扣押侵权复制品所在地。对涉及不同侵权行为实施地的多个被告提起的共同诉讼,原告可以选择其中一个被告的侵权行为实施地人民法院管辖;仅对其中某一被告提起的诉讼,该被告侵权行为实施地的人民法院有管辖权。

(7) 因侵犯注册商标专用权行为提起的民事诉讼,由侵权行为的实施地、侵权商品的储藏地或者查封扣押地、被告住所地人民法院管辖。侵权商品储藏地,是指大量或者经常性储存、隐匿侵权商品所在地;查封扣押地,是指海关、版权、工商等行政机关依法查封、扣押侵权商品所在地。

▶ 五、专属管辖

专属管辖，是指法律规定某些特殊类型的案件只能由特定的法院行使管辖权。专属管辖具有强制性和排他性的特点，即凡法律规定属于专属管辖的案件，既排除其他法院（包括外国法院）的管辖权，也排除当事人的协议变更。

根据《民事诉讼法》第34条的规定，下列三种案件适用专属管辖：

第一，因不动产纠纷提起的诉讼，由不动产所在地人民法院管辖。不动产已登记的，以不动产登记簿记载的所在地为不动产所在地；不动产未登记的，以不动产实际所在地为不动产所在地。《民诉法解释》第28条进一步明确，此处的不动产纠纷仅指不动产的权利确认、分割、相邻关系等引起的物权纠纷，而不能理解为所有与不动产有关的物权纠纷。将这些不动产纠纷，规定由不动产所在地人民法院管辖，便于受诉人民法院对不动产进行勘验、保全和对生效裁判的执行。此外，农村土地承包经营合同纠纷、房屋租赁合同纠纷、政策性房屋买卖合同纠纷、建设工程施工合同纠纷这四类涉及不动产的合同纠纷具有一定特殊性：前三者可能涉及当地的土地承包经营政策和房地产宏观调控政策；而建设工程施工合同纠纷往往涉及建筑物工程造价评估、质量鉴定、留置权优先受偿、执行拍卖等。因此，这四类纠纷由不动产所在地人民法院管辖，便于统一裁判尺度，有利于审理和执行。

第二，因港口作业中发生纠纷提起的诉讼，由港口所在地人民法院管辖。港口作业，主要指货物的装卸、搬运、仓储、理货等。港口作业所造成的纠纷，既包括在对货物的装卸、搬运、仓储、理货时发生的纠纷，也包括因违章操作造成他人人身或财产损害的侵权纠纷。如果是在海事法院辖区内发生的港口作业纠纷，应当由该港口所在地的海事法院管辖。

第三，因继承遗产纠纷提起的诉讼由被继承人死亡时住所地或者主要遗产所在地人民法院管辖。继承人为继承被继承人遗产而发生的纠纷，称为继承遗产纠纷，主要有两类：一是对当事人有无继承权存在争议而发生的纠纷；二是当事人因分割遗产而发生的纠纷。遗产是指死者生前个人的合法财产，既包括动产也包括不动产。当遗产为不动产或者动产且有多项时，以价值高的遗产为主要遗产。将继承遗产纠纷提起的管辖规定由被继承人死亡时住所地或主要遗产所在地人民法院管辖，便于确定继承人和被继承人之间的身份关系，开始继承的时间、地点；便于确定遗产的范围和分配方案等。

▶ 六、协议管辖

根据《民事诉讼法》和《民诉法解释》的规定，合同或者其他财产权益纠纷的管辖分为协议管辖和法定管辖,在没有协议管辖的约定或协议管辖的约定无效时,适用法定管辖,即协议管辖优先适用于法定管辖。这一方面体现了民事诉讼法在合同和财产权益纠纷案件中对当事人意思自治的尊重;另一方面也可避免法定管辖中可能产生的地方保护。

(一)协议管辖的概念

协议管辖,又称合意管辖或约定管辖,是当事人在纠纷发生之前或者发生之后,以书面的形式约定管辖的法院。协议管辖制度充分体现了当事人的意思自治,对于保护当事人管辖利益、维护管辖秩序有重要意义。

1991年《民事诉讼法》将协议管辖分为国内协议管辖和涉外协议管辖。国内协议管辖,针对的是国内合同或者其他财产权益纠纷案件的管辖协议;涉外协议管辖,针对的是具有涉外因素的合同或者其他财产权益纠纷案件的管辖协议。涉外协议管辖适用的案件范围、可选择的法院范围以及协议的方式均比国内协议管辖要广。2012年《民事诉讼法》扩大了国内协议管辖适用的案件范围、可选择的法院范围以及协议的方式,实现了协议管辖在立法上内外的一致性。即2012年《民事诉讼法》对协议管辖不再有国内和涉外的区分,均适用第34条的规定。

根据民事诉讼法理论,协议管辖可分为明示协议管辖和默示协议管辖。明示协议管辖是指双方当事人以明确的意思表示在合同条款中或在起诉前以书面协议形式确定管辖的法院。默示协议管辖,又称为拟制的协议管辖或者应诉管辖、推定管辖,是指当事人之间没有明示的管辖协议,但双方当事人以起诉与应诉答辩的方式,默示地接受受诉法院的管辖。1991年《民事诉讼法》对国内民事案件仅规定了明示的协议管辖,对于涉外民事案件既规定了明示的协议管辖,又规定了默示的协议管辖。2012年《民事诉讼法》中增加了对国内民事案件默示协议管辖的规定。自此,默示协议管辖不再有国内和涉外的区分,均适用第127条的规定,即"人民法院受理案件后,当事人对管辖权有异议的,应当在提交答辩状期间提出。人民法院对当事人提出的异议,应当审查。异议成立的,裁定将案件移送有管辖权的人民法院;异议不成立的,裁定驳回。当事人未提出管辖异议,并应诉答辩的,视为受诉人民法院有管辖权,但违反级别管辖和专属管辖规定的除外"。需要注意的是,这里的应诉答辩是指有管辖异议权的一方当事人未在法定期间提出异议,且通过实体答辩的行为接受受诉人民法院的管辖。如果当事人在答辩期间没有提出管辖异议,且答辩期届满后未应诉答辩,此时不能视为默示由受诉人民法院管辖,人民法院在第一审开庭前,发现案件不属于本院管辖的,应当裁定移送有管辖权的人民法院。

(二)协议管辖的适用条件

根据《民事诉讼法》第 35 条的规定,协议管辖必须符合以下几个条件:

(1)协议管辖适用于合同和其他财产权益纠纷案件。其他财产权益纠纷,主要是指因侵犯财产权引起的财产权益纠纷,也包括当事人因同居或者在解除婚姻、收养关系后发生财产争议的纠纷。

(2)协议管辖必须以书面形式约定,口头协议无效。书面形式是指合同书、信件和数据电文(包括电报、电传、传真、电子数据交换和电子邮件)等可以有形地表现所载内容的形式。需要注意的是,当事人可以通过起诉和应诉答辩行为,以默示的方式达成管辖协议。

(3)当事人协议选择的管辖法院应当是在地域上与争议有实际联系的人民法院,包括但不限于被告住所地、合同履行地、合同签订地、原告住所地、标的物所在地的人民法院。

(4)协议管辖不得违反民事诉讼法关于级别管辖和专属管辖的规定。民事诉讼法关于级别管辖和专属管辖的规定属于强制性法律规定,协议管辖只能就第一审案件的地域管辖进行约定,不得协议选择第二审人民法院和再审人民法院;也不得违反第一审案件的专属管辖。

(三)特殊情形下协议管辖的判断

《民诉法解释》对特殊情形下协议管辖的有效性以及管辖法院的具体确定作了进一步规定:

(1)当事人协议管辖的人民法院应当明确,起诉时能够确定的,从其约定;不能确定的,依照民事诉讼法的相关规定确定管辖。但如果管辖协议约定两个以上与争议有实际联系地点的人民法院管辖,不应视为不能确定,原告可以向其中一个人民法院起诉。

(2)经营者使用格式条款与消费者订立管辖协议,未采取合理方式提请消费者注意,消费者主张管辖协议无效的,人民法院应予支持。

(3)管辖协议约定由一方当事人住所地人民法院管辖,协议签订后当事人住所地变更的,由签订管辖协议时的住所地人民法院管辖,但当事人另有约定的除外。协议由一方住所地人民法院管辖,不因住所地变动而变更,一方面管辖法院在当事人最初约定时是确定的,应当稳定当事人的预期,更主要的是能避免当事人通过改变住所地选择有利于自己的管辖法院的现象发生。

(4)合同转让的,合同的管辖协议对合同受让人有效,但有两种例外情形:第一,转让时受让人不知道原合同有管辖协议的,管辖协议对受让人无效。如补充协议中订有管辖条款,当事人转让合同时没有披露补充协议。第二,转让协议另有约定且原合同相对人同意的,受让人也不受原合同中管辖协议的约束。即转让协议的管辖约定与原合同中的管辖约定不一致的,经过原合同相对人同意后,应当按照转让协议中的管辖约定确定管辖法院。

第六节 裁定管辖

裁定管辖,是指人民法院基于一定的事实和理由,以裁定的方式确定案件的管辖法院。在司法实践中,管辖问题纷繁复杂。《民事诉讼法》在规定法定管辖的同时规定裁定管辖,有利于人民法院根据具体情况灵活处理在适用法定管辖中出现的问题,从而更好地协调各个人民法院之间的分工和权限。可见,裁定管辖是法定管辖的必要补充。根据我国《民事诉讼法》的规定,裁定管辖包括移送管辖、指定管辖和管辖权转移。

▶ 一、移送管辖

移送管辖,是指人民法院受理案件后,发现本法院对该案无管辖权,依法将案件移送给有管辖权的人民法院审理的制度。移送管辖是对案件的移送,是在对案件的管辖发生错误时所采用的一种纠正措施。即将案件从没有管辖权的人民法院移送至有管辖权的人民法院进行审理。

移送管辖通常发生在同级人民法院之间,《民事诉讼法》第37条规定:"人民法院发现受理的案件不属于本院管辖的,应当移送有管辖权的人民法院,受移送的人民法院应当受理。受移送的人民法院认为受移送的案件依照规定不属于本院管辖的,应当报请上级人民法院指定管辖,不得再自行移送。"

移送管辖也可以发生在上下级人民法院之间,《级别管辖异议规定》第6条规定:"当事人未依法提出管辖权异议,但受诉人民法院发现其没有级别管辖权的,应当将案件移送有管辖权的人民法院审理。"

根据《民事诉讼法》以及司法解释的相关规定,移送管辖的适用应当具备以下条件:

(1)人民法院已经受理案件。人民法院已经受理案件是适用移送管辖的前提,对于尚未受理的案件,不存在移送管辖问题。

(2)受理案件的人民法院对该案无管辖权。依法享有管辖权的人民法院才有权行使审判权,无管辖权即无案件的审理。因此移送管辖的基础是人民法院受理了其无管辖权的案件。这里的无管辖权,既包括无地域管辖权,也包括无级别管辖权。

(3)接受移送的人民法院依法享有管辖权。移送的目的在于纠正案件管辖的错误,因此接受移送的人民法院应当是依法享有管辖权的法院,即移送管辖,只能向有管辖权的人民法院移送。

(4)移送管辖只能移送一次。受移送的人民法院即便认为接受移送的案件依据法律规定本院无管辖权,也不得将该案件退回,也不得再自行移送,而应当报请上级人民法院指定管辖。即移送案件的人民法院所作出的移送案件的裁定,对接受移送案件的人民法院具有约束力。具体表现在:其一,移送案件的裁定作出后,接受移送案件的人民法院必须受理,不得以任何理由退回或再自行移送;其二,接受移送案件的人民法院认为该院依法确无管辖权时,应报请其上级人民法院指定管辖。这样的规定,既可以避免人民法院之间相互推诿或者争夺管辖权,又可以防止拖延诉讼,使当事人的合法权益得到有效保护。对于级别管辖的移送,《级别管辖异议规定》第8条规定:"对于将案件移送上级人民法院管辖的裁定,当事人未提出上诉,但受移送的上级人民法院认为确有错误的,可以依职权裁定撤销。"

根据我国《民事诉讼法》及其有关司法解释的规定,下列情形不得移送:

(1)受移送的人民法院认为自己对移送的案件不享有管辖权,不得再自行移送。

(2)两个以上的人民法院对同一案件都有管辖权时,先立案的人民法院不得将案件移送给其他有管辖权的人民法院;但人民法院在立案后发现其他有管辖权的人民法院已经先立案的,则应当裁定将案件移送给先立案的人民法院。同一案件有两个以上的人民法院对其都有管辖权的,称为共同管辖。此时,当事人可以选择其中一个人民法院起诉,称为选择管辖。原告选择向两个以上有管辖权的人民法院起诉的,由最先立案的人民法院管辖。先立案的人民法院不得将案件移送给其他有管辖权的人民法院。人民法院在立案前发现其他有管辖权的人民法院已先立案的,不得重复立案;立案后发现其他有管辖权的人民法院已先立案的,裁定将案件移送给先立案的人民法院。

(3)有管辖权的人民法院受理案件后,根据管辖恒定原则,其管辖权不受行政区域变化、当事人住所地或经常居住地变更的影响,人民法院不得以此为由移送管辖。

▶ 二、指定管辖

指定管辖,是指上级人民法院以裁定的方式,指定其下级人民法院对某一案件行使管辖权的制度。指定管辖的实质,是从法律上确认上级人民法院在特殊情况下有权变更和确定案件管辖法院。

根据《民事诉讼法》第37条和第38条的规定,下列情况下适用指定管辖:

第一，在移送管辖中，受移送的人民法院认为自己对移送案件无管辖权的，应当报请上级人民法院指定管辖。

第二，有管辖权的人民法院由于特殊原因，不能行使管辖权的，由上级人民法院指定管辖。特殊原因包括：其一，事实上的原因，主要指因不可抗力的发生而无法行使管辖权。例如，有管辖权的人民法院所在地发生了严重的台风、地震、火灾等自然灾害，导致该院无法办案等。其二，法律上的原因。主要是指法律规定的缘故，使得人民法院不能行使管辖权。例如，受诉人民法院的全体审判人员，因法律规定的回避事由的发生，无法执行职务等。出现上述情形之一的，应由上级人民法院在其辖区内，指定其他人民法院管辖。

第三，人民法院之间因管辖权发生争议，由争议双方协商解决；协商解决不了的，报请它们的共同上级人民法院指定管辖。不同的人民法院之间就某一案件的管辖权所发生的相互推诿或者相互争夺，称为管辖权争议。对于管辖权争议的处理，首先由争议双方协商解决；协商不成，才能报请它们的共同上级人民法院指定管辖。《民诉法解释》第40条进一步规定，发生管辖权争议的两个人民法院因协商不成报请它们的共同上级人民法院指定管辖时，如双方为同属一个地、市辖区的基层人民法院，由该地、市的中级人民法院及时指定管辖；同属一个省、自治区、直辖市的两个人民法院，由该省、自治区、直辖市的高级人民法院及时指定管辖；如双方为跨省、自治区、直辖市的人民法院，高级人民法院协商不成的，由最高人民法院及时指定管辖。报请上级人民法院指定管辖时，应当逐级进行。另外，《民诉法解释》第41条还规定，对于报请上级人民法院指定管辖的案件，下级人民法院应当中止审理。指定管辖裁定作出前，下级人民法院对案件作出判决、裁定的，上级人民法院应当在裁定指定管辖的同时，一并撤销下级人民法院的判决、裁定。

▶ 三、管辖权转移

管辖权转移，也称移转管辖，是指经上级人民法院决定或者同意，将案件的管辖权由上级人民法院转交给下级人民法院，或者由下级人民法院转交给上级人民法院的制度。管辖权的转移是对级别管辖的一种变通和补充。

《民事诉讼法》第39条规定，"上级人民法院有权审理下级人民法院管辖的第一审民事案件；确有必要将本院管辖的第一审民事案件交下级人民法院审理的，应当报请其上级人民法院批准。下级人民法院对它所管辖的第一审民事案件，认为需要由上级人民法院审理的，可以报请上级人民法院审理。"根据这一规定，管辖权的转移有两种情形：

1. 自下而上的转移

自下而上的转移是指案件的管辖权由下级人民法院转移至上级人民法院,包括两种情况:① 上级人民法院认为下级人民法院管辖的第一审民事案件应当由自己审理时,有权决定并将案件调上来自己审理。② 下级人民法院管辖的第一审民事案件,认为需要由上级人民法院审理的,报请上级人民法院进行审理。

管辖权自下而上的转移,提高了争议案件的第一审人民法院的级别,案件的终审审级提高,有利于避免地方保护,保障案件的公正审理。

2. 自上而下的转移

自上而下的转移,是指案件的管辖权由上级人民法院转移至下级人民法院。虽然管辖权自上而下转移制度有其存在的价值,但是把按照法定标准已被认定为应由上级人民法院审理的案件交给下级人民法院进行审理,一方面会给规避级别管辖留下可乘之机,另一方面会弱化程序保障和损害诉讼当事人的利益。因此,应当对管辖权自上而下的转移进行严格限制,《民事诉讼法》对其适用条件和程序作了规定:① 上级人民法院认为确有必要将本院管辖的第一审民事案件交下级人民法院审理;② 应当报请其上级人民法院批准。《民诉法解释》第 42 条对适用的案件范围作了规定,即上级人民法院对于下列案件可以在开庭前交下级人民法院审理:① 破产程序中有关债务人的诉讼案件;② 当事人人数众多且不方便诉讼的案件;③ 最高人民法院确定的其他类型的案件。

移送管辖与管辖权转移是两种裁定管辖的制度,关于移送管辖与管辖权转移的区别,详见表 1:

表 1 移送管辖与管辖权转移的区别

区别项	移送管辖	管辖权转移
性质不同	移送的仅仅是案件	转移的是管辖权
作用不同	主要是纠正地域管辖的错误,同时也纠正级别管辖的错误	级别管辖的变通
程序不同	为单方行为,移送人民法院作出移送裁定,无须经过受移送人民法院的同意,且受移送人民法院必须接受移送	包括上级人民法院单方决定的转移和下级人民法院报请且上级人民法院同意双方行为而为的转移。对于上级人民法院认为确有必要将案件管辖权转移下级人民法院的,应当报请其上级人民法院批准

第七节　管辖权异议与管辖恒定

▶ 一、管辖权异议

管辖权异议,也称管辖异议,是指人民法院受理案件后,当事人依法向受诉人民法院提出的该人民法院对本案无管辖权的主张和意见。对于共同管辖的案件,原告起诉时有选择管辖法院的权利,基于当事人诉讼权利平等原则,赋予应诉的被告对应的管辖异议权。可见,管辖权异议制度的设立,不仅有利于保障双方当事人平等地行使诉讼权利,同时可以保证人民法院管辖权的合法性与正当性,避免管辖错误的出现。

《民事诉讼法》第130条规定,人民法院受理案件后,当事人对管辖权有异议的,应当在提交答辩状期间提出。人民法院对当事人提出的异议,应当审查。异议成立的,裁定将案件移送有管辖权的人民法院;异议不成立的,裁定驳回。当事人未提出管辖异议,并应诉答辩的,视为受诉人民法院有管辖权,但违反级别管辖和专属管辖规定的除外。《民诉法解释》第223条第2款对上述"应诉答辩"作了进一步界定,即当事人在答辩期未提出管辖异议,就案件实体内容进行答辩、陈述或者反诉的,可以认定为应诉答辩。

(一)管辖权异议的条件

1. 管辖权异议的主体

提出管辖权异议的主体应当是本案的当事人。一般而言,管辖权异议由被告提出,原告和第三人无权提出。

因为原告在起诉时总是向其认为有管辖权的人民法院提起,在人民法院受理案件后,原告认为管辖不当,可以通过撤诉后另行诉讼的方式解决,不存在提出管辖权异议的情况。而被告是基于原告的起诉被迫进入诉讼程序的,当他认为受诉人民法院无管辖权时,就会通过提出管辖权异议抗辩受诉人民法院的管辖权。有独立请求权的第三人以起诉的方式参加已经开始的诉讼,应视为承认和接受了受诉人民法院的管辖,否则其可以选择不参加该诉讼而去其他人民法院另行起诉,因而不发生对管辖权提出异议的问题。无独立请求权的第三人参加他人已开始的诉讼,是通过支持一方当事人的主张,维护自己的利益。他在诉讼中始终辅助一方当事人,并以一方当事人的主张为转移,所以他无权对受诉人民法院的管辖权提出异议。[①]

---

① 参见《民诉法解释》第82条。

2. 管辖权异议的对象

当事人管辖权异议只能针对第一审案件的管辖权提出,因为第二审管辖法院由第一审管辖法院所决定,因此当事人对第二审案件的管辖权无权提出异议。

当事人对第一审案件的管辖权异议,既可以针对地域管辖,也可以针对级别管辖。实践中管辖权异议多是对地域管辖的异议。《级别管辖异议规定》第1条明确赋予被告级别管辖异议权,即被告认为受诉人民法院违反级别管辖规定,案件应当由上级人民法院或者下级人民法院管辖的,可以在提交答辩状期间提出管辖权异议。

3. 提出管辖权异议的时间

当事人对管辖权有异议的,应当在提交答辩状期间提出。即在被告收到起诉状副本之次日起15日内,可以提出管辖权异议。无正当理由逾期提出的,视为被告放弃管辖异议权,人民法院不予审查。这一规定旨在督促被告尽快行使权利,确定管辖法院,保障诉讼效率。

需要注意的是,《级别管辖异议规定》第3条规定了提出管辖权异议不受答辩状期间限制的情形,即提交答辩状期间届满后,原告增加诉讼请求金额致使案件标的额超过受诉人民法院级别管辖标准时,被告提出级别管辖异议的,人民法院应当进行审查并作出裁定。

(二)管辖权异议的处理

根据《民事诉讼法》及其相关的司法解释,人民法院对当事人在提交答辩状期间提出的管辖权异议,应当审查,并在受理异议之日起15日内作出裁定。对于提交答辩状期间届满后,原告增加诉讼请求金额致使案件标的额超过受诉人民法院级别管辖标准,被告提出管辖权异议,请求由上级人民法院管辖的,人民法院应当按照有关规定审查并作出裁定。

经过人民法院审查,认为当事人管辖权异议成立的,裁定移送有管辖权的人民法院;异议不成立的,裁定驳回,裁定应当送达双方当事人。当事人对受诉人民法院的裁定不服的,应当在裁定送达之日起10日内向上一级人民法院提起上诉,第二审人民法院应当依法审理并作出裁定,该裁定所确定的管辖法院即为该案的管辖法院。但是当事人对小额案件提出的管辖异议,人民法院作出的裁定为生效裁定,不可上诉。人民法院对管辖异议审查后确定有管辖权的,不因当事人提起反诉、增加或者变更诉讼请求等改变管辖,但违反级别管辖、专属管辖规定的除外。

在掌握人民法院对管辖权异议的处理时,需要注意下列问题:

(1)在管辖权异议裁定作出前,案件不得进入实质审理。因为管辖权是审判权的前提和基础,只有有管辖权的人民法院,才能够对案件行使审判权。管辖权不确定时,审判权不能行使。

(2) 在管辖权异议裁定作出前,原告申请撤回起诉,受诉人民法院作出准予撤回起诉裁定的,对管辖权异议不再审查,并在裁定书中一并写明。

(3) 对于被告以受诉人民法院同时违反级别管辖和地域管辖规定为由提出管辖权异议的,受诉人民法院应当一并作出裁定。

(4) 人民法院发回重审或者按第一审程序再审的案件,当事人提出管辖异议的,人民法院不予审查。

二、管辖恒定

管辖恒定,是指人民法院对民事案件管辖权的确定,以起诉时为标准,起诉时对案件享有管辖权的人民法院,不因确定管辖的事实在诉讼过程中发生变化而影响其管辖权。确立管辖恒定的原则,可以避免已经确定的管辖因无法预料的情形而随时可能变动的风险,减少因管辖变动而造成司法资源的浪费,减轻当事人的讼累,推动诉讼迅速、经济地进行。

我国《民事诉讼法》并未明确规定管辖恒定,但在最高人民法院的司法解释中充分体现了立法者对于管辖恒定的肯定。管辖恒定制度具体表现为:

(1) 地域管辖恒定,即原告起诉时,受诉人民法院依法对该案享有管辖权,则案件受理后,其管辖权不受该案件有关情况变化的影响,始终对其享有管辖权。《民诉法解释》第37条规定,案件受理后,受诉人民法院的管辖权不受当事人住所地、经常居住地变更的影响。第38条规定,有管辖权的人民法院受理案件后,不得以行政区域变更为由,将案件移送给变更后有管辖权的人民法院。判决后的上诉案件和依审判监督程序提审的案件,由原审人民法院的上级人民法院进行审判;上级人民法院指令再审、发回重审的案件,由原审人民法院再审或者重审。可见,地域管辖恒定主要是指受诉人民法院依法受理案件后,其管辖权不受当事人住所地、经常居住地变更的影响,也不受行政区域变更的影响,对该案件始终享有管辖权。需要注意的是,原告起诉时,受诉人民法院依法对该案无管辖权,但受诉人民法院没有发现而受理,当事人也未提出管辖权异议,并应诉答辩的,受诉人民法院在开庭审理后即视为对该案件取得了管辖权,此后不得再变更管辖法院,但违反专属管辖的除外。

(2) 级别管辖恒定,即原告起诉时,受诉人民法院按照诉讼标的金额确定级别管辖后,其级别管辖权不因诉讼过程中当事人增加诉讼请求导致诉讼标的金额超出其级别管辖权限而变动。但下列情形除外:① 原告增加诉讼请求金额致使案件标的额超过受诉人民法院级别管辖标准,被告提出级别管辖权异议成立的；② 当事人故意规避有关级别管辖等规定的。

案例精选

▶【案例1】①

2011年6月1日，华泰财产保险有限公司北京分公司（以下简称华泰保险公司）与北京亚大锦都餐饮管理有限公司（以下简称亚大锦都餐饮公司）签订机动车辆保险合同，被保险车辆的车牌号为京A82368，保险期间自2011年6月5日0时起至2012年6月4日24时止。2011年11月18日，陈某某驾驶被保险车辆行驶至北京市朝阳区机场高速公路上时，与李志贵驾驶的车牌号为冀GA9120的车辆发生交通事故，造成被保险车辆受损。经交管部门认定，李志贵负事故全部责任。事故发生后，华泰保险公司依照保险合同的约定，向被保险人亚大锦都餐饮公司赔偿保险金83878元，并依法取得代位求偿权。基于肇事车辆系在天安财产保险股份有限公司河北省分公司张家口支公司（简称天安保险公司）投保了机动车交通事故责任强制保险，华泰保险公司于2012年10月诉至北京市东城区人民法院，请求判令被告肇事司机李志贵和天安保险公司赔偿83878元，并承担诉讼费用。

被告李志贵的住所地为河北省张家口市怀来县沙城镇，被告天安保险公司的住所地为张家口市怀来县沙城镇燕京路东108号，保险事故发生地为北京市朝阳区机场高速公路上，被保险车辆行驶证记载所有人的住址为北京市东城区工体北路新中西街8号。

北京市东城区人民法院于2012年12月17日作出（2012）东民初字第13663号民事裁定：对华泰保险公司的起诉不予受理。宣判后，当事人未上诉，裁定已发生法律效力。

评析：本案涉及保险人代位求偿权诉讼管辖的确定。根据2009年《保险法》第60条的规定，保险人的代位求偿权是指保险人依法享有的，代位行使被保险人向造成保险标的的损害负有赔偿责任的第三者请求赔偿的权利。保险人代位求偿权源于法律的直接规定，属于保险人的法定权利，并非基于保险合同而产生的约定权利。因第三者对保险标的的损害造成保险事故，保险人向被保险人赔偿保险金后，代位行使被保险人对第三者请求赔偿的权利而提起诉讼的，应根据保险人所代位的被保险人与第三者之间的法律关系确定管

---

① 华泰财产保险有限公司北京分公司诉李志贵、天安财产保险股份有限公司河北省分公司张家口支公司保险人代位求偿权纠纷案，最高人民法院指导案例25号（2014年）。

辖法院。第三者侵害被保险人合法权益,因侵权行为提起的诉讼,依据2012年《民事诉讼法》第28条(现行法第29条)的规定,由侵权行为地或者被告住所地人民法院管辖,而不适用财产保险合同纠纷管辖的规定,不应以保险标的物所在地作为管辖依据。本案中,第三者实施了道路交通侵权行为,造成保险事故,被保险人对第三者有侵权损害赔偿请求权;保险人行使代位权起诉第三者的,应当由侵权行为地或者被告住所地人民法院管辖。现二被告的住所地及侵权行为地均不在北京市东城区,故北京市东城区人民法院对该起诉没有管辖权,应裁定不予受理。

总结:因第三者对保险标的的损害造成保险事故,保险人向被保险人赔偿保险金后,代位行使被保险人对第三者请求赔偿的权利而提起诉讼的,应当根据保险人所代位的被保险人与第三者之间的法律关系,而不应当根据保险合同法律关系确定管辖法院。第三者侵害被保险人合法权益的,由侵权行为地或者被告住所地人民法院管辖。

思考问题

1. 级别管辖确定标准以及我国现行级别管辖确定标准存在的问题和完善。
2. "原告就被告"作为一般地域管辖原则的合理性及缺陷。
3. 指定管辖能否改变专属管辖?
4. 管辖权转移制度的价值以及如何解决与级别管辖的冲突。
5. 专属管辖制度设立的价值以及如何完善其适用案件范围。
6. 管辖权异议制度的价值以及完善。
7. 我国法院的结构和职权。

第六章　民事诉讼参加人

民事诉讼参加人包括参加诉讼的当事人和诉讼代理人。当事人是重要的诉讼主体之一，诉讼程序中的诸多问题都与其相关，确定当事人因而也成为民事诉讼中的一项重要工作。诉讼代理人是在民事诉讼中为当事人的利益进行诉讼活动的人，对保障当事人的合法权益和诉讼顺利进行起到了至关重要的作用。本章主要介绍了当事人理论即当事人的概念，当事人能力，当事人适格和当事人变更；多数当事人制度即共同诉讼，代表人诉讼，民事公益诉讼当事人，第三人参加诉讼以及诉讼代理制度。

第一节 诉讼当事人概述

一、当事人的概念和特点

（一）当事人的概念

关于当事人的概念，我国学者看法不一。有的学者主张，当事人指因与他人发生民事纠纷，以自己的名义进行诉讼，并受人民法院裁判约束的利害关系人。[①] 有的主张，民事诉讼中的当事人，是指因民事权利义务发生纠纷，以自己的名义进行诉讼，旨在保护民事权益，并能引起民事诉讼程序发生、变更或消灭的人。[②] 还有学者主张，民事诉讼的当事人，是指以自己的名义，就特定的民事争议要求人民法院行使民事裁判权的人及相对人。[③] 由此可见，关于民事诉讼当事人概念的理解，有的从实体意义上，强调要与案件处理结果有利害关系或者实际上存在民事权利义务，需要保护才能作为民事诉讼当事人。有的是从程序意义上，认为当事人的确定不是根据该当事人是不是实体权利义务关系的主体，而是看其是不是在客观上实际享有实体权利、承担义务的主体。[④] 我们认为，民事诉讼当事人，是指因民事权利义务发生争议，以自己的名义进行诉讼，要求人民法院行使民事裁判权的人或者相对人。当事人是诉讼法上的概念，因为民事诉讼是因当事人起诉开始的，没有当事人就没有民事诉讼，所以在起诉阶段就要求当事人是实体权利义务主体，虽然有利于实际权利义务纠纷得到解决，但是这抬高了诉讼门槛，必然会影响当事人行使诉讼权利。[⑤]

在民事诉讼法规定的不同程序中，当事人有不同的称谓。在第一审普通程序、简易程序以及小额程序中，称为原告和被告。在第二审程序中，称为上诉人和被上诉人。在审判监督程序中，一般而言，如果适用第一审程序，仍称为原告和被告；如果适用第二审程序，仍称为上诉人和被上诉人。但是在当事人申请再审引起的再审案件审理程序中，称为再审申请人和被申请人；在执行程序中，称为申请执行人和被申请执行人。在特别程序中，除选民资格案件审理程序当事人称为起诉人外，其他案件的当事人都称为申请人。督促

---

① 参见柴发邦主编：《中国民事诉讼法学》，中国人民公安大学出版社1992年版，第201页。
② 参见柴发邦主编：《民事诉讼法学新编》，法律出版社1992年版，第147页。
③ 参见江伟主编：《民事诉讼法》（第4版），高等教育出版社2013年版，第70页。
④ 同上。
⑤ 参见常怡主编：《民事诉讼法学》（第4版），中国政法大学出版社2016年版，第127页。

程序中,当事人称为申请人和被申请人。公示催告程序中,当事人称为申请人和利害关系人。当事人称谓不同,表明的是案件处于不同程序阶段,也反映了当事人有不同的诉讼权利和义务。

(二) 当事人的特点

按照程序意义上的当事人概念,当事人具有如下特征:

(1) 发生了民事权利义务关系纠纷。民事诉讼是公力救济、司法救济,无纠纷就没有救济。因此只有发生民事纠纷,才有当事人到法院诉讼,通过法院行使审判权解决纠纷、维护民事法律关系稳定。

(2) 以自己的名义进行民事诉讼活动。当事人和代理人的最明显区别之一就是当事人以自己名义参加诉讼、进行各种诉讼行为;而代理人是以他人名义参加诉讼活动,实施诉讼活动。

(3) 要求法院行使民事裁判权。当事人参加诉讼的目的,就在于要求法院行使审判权,解决民事纠纷。当事人的诉讼行为不仅推动了诉讼程序的开始、进行和结束,而且他们提出的主张、事实理由确定了法院的审判内容。

二、当事人诉讼权利能力和诉讼行为能力

(一) 当事人诉讼权利能力

当事人诉讼权利能力,又称为当事人能力、当事人资格,是指能够以自己名义请求法院行使民事审判权的资格。诉讼权利能力是作为当事人的基本条件。只有具有权利能力,才能做民事诉讼当事人,才有权要求法院行使民事审判权。《民事诉讼法》第51条第1款规定:"公民、法人和其他组织可以作为民事诉讼的当事人。"公民,即自然人;法人,是指依法成立的具有独立法律人格的社会组织;其他组织,也称为非法人组织。根据《民诉法解释》第52条的规定,其他组织是指合法成立、有一定的组织机构和财产,但又不具备法人资格的组织。其他组织包括:① 依法登记领取营业执照的个人独资企业;② 依法登记领取营业执照的合伙企业;③ 依法登记领取我国营业执照的中外合作经营企业、外资企业;④ 依法成立的社会团体的分支机构、代表机构;⑤ 依法设立并领取营业执照的法人的分支机构;⑥ 依法设立并领取营业执照的商业银行、政策性银行和非银行金融机构的分支机构;⑦ 依法登记领取营业执照的乡镇企业、街道企业;⑧ 其他符合该条规定条件的组织。

民事诉讼权利能力与民事权利能力有密切联系。一般而言,有民事权利能力才有民事诉讼权利能力。因为有民事权利能力,就有资格享有民事权利、承担民事义务,在其民事权益受到侵犯或者与他人发生争议时,就可以作为民事诉讼当事人,以自己的名义向法院起诉、应诉。但是在特殊情况下,民

事权利能力与民事诉讼权利能力是不一致的,如外国企业、组织,它们不具有我国法人或者其他组织资格,但它们在我国进行民事诉讼也适用我国《民事诉讼法》的规定,有权按照我国《民事诉讼法》的规定起诉和应诉,成为我国民事诉讼中的当事人。

公民的诉讼权利能力与法人、其他组织的诉讼权利能力的存续时间是不同的。公民的诉讼权利能力始于出生,终于死亡。法人、其他组织的诉讼权利能力,始于依法成立,终于终止(因解散、撤销、被宣告破产等原因依法完成清算、办理注销登记)。

(二) 当事人的诉讼行为能力

当事人的诉讼行为能力,又称为诉讼能力,是指当事人可以独立实施诉讼行为和接受他方诉讼行为的资格。诉讼行为能力是当事人能否亲自进行诉讼活动的资格,是当事人诉讼行为有效的基本条件。如果只具有诉讼权利能力,没有诉讼行为能力,则该当事人就不能亲自实施诉讼活动,只能由其法定代理人代为进行诉讼。

民事诉讼行为能力与民事行为能力是密切联系的。法人和其他组织的民事诉讼行为能力与民事行为能力是完全一致的。但是,公民的民事诉讼行为能力与民事行为能力不完全一致。只有具有完全民事行为能力的公民有民事诉讼行为能力,无民事行为能力或者限制民事行为能力的公民都没有民事诉讼行为能力。原因在于民事活动与民事诉讼活动不同。民事活动具有广泛性、难易程度不同等特点,而民事诉讼活动不仅需要一定的经验及技巧,而且涉及许多主体,有时很复杂。

对于精神状况正常的公民而言,其民事诉讼行为能力始于成年,终于死亡。在我国,根据《民法典》第 18 条第 2 款的规定,16 周岁以上的未成年人,以自己的劳动收入为主要生活来源的,视为完全民事行为能力人,因此也是具有民事诉讼行为能力的人。对法人和其他组织而言,民事诉讼行为能力与其民事诉讼权利能力一致,从其成立时产生,到其终止时消灭。

在通常情况下,有诉讼行为能力人都有诉讼权利能力,但是有诉讼权利能力人并非必然有诉讼行为能力。例如,限制民事行为能力人和无民事行为能力人有诉讼权利能力,但并无诉讼行为能力。

三、当事人适格

(一) 当事人适格概念

当事人适格,又称为正当当事人,是指对具体的诉讼标的有作为本案当事人起诉或应诉资格的当事人。当事人适格是大陆法系当事人制度中一个很重要的理论问题。当事人适格与程序当事人概念不同。程序当事人是以自己名义要求法院行使民事审判权的人,其中向法院起诉的人是原告,被原告起诉的人就是被告。而当事人适格,是指对本案诉讼标的的民事权利或者民事法律关系有实施诉讼的资格。

当事人适格与当事人诉讼权利能力虽然都是成为当事人的资格,但它们也有区别。诉讼权利能力是一种抽象意义上的当事人资格,即只要有诉讼权利能力就可以作为当事人。而当事人适格是一种具体资格,反映的是能够在某个案件中作为当事人的问题。因此有民事诉讼权利能力的人不一定能够成为某个具体民事案件的适格当事人。

（二）判定当事人适格的作用

1. 排除不正当当事人,避免无意义的诉讼程序发生

民事诉讼是公权力解决私权纠纷的过程,因此一方面要尊重当事人程序主体地位,保障当事人行使权利;另一方面要保障法院司法资源得到充分利用。为此,就需要在立法上作出周全考量,规定当事人适格与否的识别机制,防止与本案实体法律关系无关的人提起诉讼或被对方提起,尽量避免当事人滥用诉权,使对方无端陷入诉讼。①

2. 扩大司法解决纠纷的范围

当事人适格制度是与程序当事人相适应的。程序当事人的确定是程序自主性的体现,更是扩大民事权利保障范围的需要。虽然当事人适格制度是剔除诉讼中不合格当事人的制度,但程序当事人使得当事人适格的范围不断扩大。因此当事人适格制度和程序当事人一样都具有扩大司法解决纠纷范围的作用。

（三）确定适格当事人的标准

为了使民事诉讼能够在适格当事人之间进行,使法院裁判具有意义,确定当事人是否适格就应当按照一定的标准进行。确定适格当事人的标准,就是判断程序当事人是否为正当当事人的根据。一般而言,民事诉讼解决民事纠纷,当事人诉权的行使与当事人在实体法上对作为诉讼标的的实体权利的处分具有同样效果。因此应当以当事人是否是所争议的民事诉讼法律关系的主体作为判断当事人适格的标准。②

判定当事人是否适格主要情况包括:

(1) 一般情况下,适格当事人就是所争议法律关系利益的主体。根据这

---

① 参见肖建华:《民事诉讼当事人研究》,中国政法大学出版社2002年版,第81页。
② 参见江伟主编:《民事诉讼法学》(第3版),北京大学出版社2015年版,第140页。

一标准,以该民事权利或者民事法律关系为标的进行诉讼的,一般就是适格当事人。

(2) 但是,在特殊情况下,非民事权利或者民事法律关系主体也可以作为适格当事人。例外情况主要指基于诉讼担当理论①,根据第三人的意思或法律规定,对他人的民事法律关系或民事权利享有管理权的人,如保护死者民事权益的近亲属、财产代管人等,又称为非实体权利义务当事人。

(3) 在确认之诉中,适格当事人是对诉讼标的有确认利益的人。由于消极确认之诉是原告请求法院确认其与被告之间不存在民事法律关系,原告和被告可能都不是该争议法律关系的主体,因此对适格当事人的判断,不是看该当事人是不是该争议法律关系的主体,而是看该当事人对该争议的法律关系的解决是否具有法律上的利害关系。就是说,原告只要对该争议标的有确认利益,就可以成为适格原告,而被告只要与作为原告诉讼标的的法律关系有争议,就可以成为适格被告。②

我国《民事诉讼法》没有规定当事人适格制度。但从有关法条和司法解释规定分析,我国适格当事人包括实体权利义务当事人和非实体权利义务当事人。

1. 实体权利义务当事人

实体权利义务当事人,就是因自己的民事权益受到侵犯或者与他人发生争执,为保护自己合法民事权益,到人民法院起诉、应诉的人。对此,《民诉法解释》第 53 条、第 56 条至第 58 条、第 62 条至第 64 条、第 68 条还为具体复杂情况作了规定:

(1) 法人非依法设立的分支机构,或者虽依法设立,但没有领取营业执照的分支机构,以设立该分支机构的法人为当事人。

(2) 法人或者其他组织的工作人员执行工作任务造成他人损害的,该法人或者其他组织为当事人。

(3) 提供劳务一方因劳务造成他人损害,受害人提起诉讼的,以接受劳务一方为被告。

(4) 在劳务派遣期间,被派遣的工作人员因执行工作任务造成他人损害的,以接受劳务派遣的用人单位为当事人。

(5) 法人或者其他组织应登记而未登记,行为人即以该法人或者其他组

---

① 诉讼担当与诉讼代理不同;诉讼担当,是指本不是权利主体或民事法律关系主体的第三人,因对他人的权利或法律关系有管理权,以当事人的身份,就法律关系所产生的纠纷而行使诉讼实施权,判决的效力及于原民事法律关系主体的制度。

② 参见张卫平:《民事诉讼法》(第 5 版),法律出版社 2019 年版,第 138 页。

织名义进行民事活动的;行为人没有代理权、超越代理权或者代理权终止后以被代理人名义进行民事活动的,但相对人有理由相信行为人有代理权的除外;法人或者其他组织依法终止后,行为人仍以其名义进行民事活动的,都以行为人为当事人。

(6)企业法人合并、分立的,因合并、分立前的民事活动发生纠纷,以合并、分立后的企业为当事人。

(7)企业法人解散的,依法清算并注销前,以该企业法人为当事人;未依法清算即被撤销的,以该企业法人的股东、发起人或者出资人为当事人。

(8)居民委员会、村民委员会或者村民小组与他人发生民事纠纷的,居民委员会、村民委员会或者有独立财产的村民小组为当事人。

2. 非实体权利义务当事人

非实体权利义务当事人,就是民事纠纷发生后,为保护他人合法民事权利,以自己的名义到人民法院起诉、应诉的人。根据我国相关法律规定,非实体权利义务当事人主要存在于以下几类案件中:

(1)人民法院宣告公民失踪,应当指定失踪人的财产代管人。失踪人的财产代管人拒绝支付失踪人所欠的税款、债务或者其他费用,债权人提起诉讼的,人民法院应当将代管人列为被告;失踪人的财产代管人向失踪人的债务人要求偿还债务的,可以作为原告提起诉讼。

(2)对侵害死者遗体、遗骨以及姓名、肖像、名誉、隐私等行为提起诉讼的,死者的近亲属为当事人。

(3)著作权人和与著作权有关的权利人可以授予著作权集体管理组织行使著作权或者与著作权有关的权利。著作权集体管理组织被授权后,可以以自己的名义为著作权人和与著作权有关的权利人主张权利,并可以作为当事人进行涉及著作权或者与著作权有关的权利的诉讼、仲裁活动。

(4)作者死亡后,其著作权中的署名权、修改权和保护作品完整权由作者的继承人或者受遗赠人保护;著作权无人继承又无人受遗赠的,其署名权、修改权和保护作品完整权由著作权行政管理部门保护。

▶ 四、当事人变更

参加民事诉讼的当事人不是一成不变的,当发生法律规定的情况或者有其他原因时,原参加诉讼的当事人就会被更换或变动为新的当事人。这种当事人的变化,就是当事人变更制度。由于当事人变化的原因不同,当事人变更分为法定当事人变更和任意当事人变更。

（一）法定当事人变更

法定当事人变更，又称为诉讼权利义务承担，是指诉讼进行中发生了法定事由，一方当事人将其诉讼权利义务转移给案外人，由该案外人续行原当事人已经开始的诉讼。

民事诉讼是解决民事权利义务纠纷的方式。在民事诉讼过程中，如果民事实体权利义务发生转移，则民事诉讼权利义务也发生转移。根据《民诉法解释》第55条以及《民法典》的有关规定，诉讼权利义务承担适用的情形包括：

（1）诉讼进行中作为当事人的自然人死亡，由继承人或者遗产管理人承担诉讼。

（2）诉讼进行中，一方当事人为法人或者其他组织的民事主体资格消灭的，由承受其权利义务的主体承担诉讼。

（3）诉讼中当事人转移其实体权利义务的，如债权转让、债务转让或者债权债务都转让的情况，由受让人承担诉讼。①

法定当事人变更可能发生在第一审、第二审，也可能发生在审判监督程序，还可能发生在执行程序。法定当事人变更，是由承继人取代原当事人进行诉讼活动，原当事人所实施的诉讼行为对承继人有约束力，诉讼程序继续进行。

（二）任意当事人变更

任意当事人变更，又称为当事人更换。是指在诉讼过程中，法院发现起诉或应诉的人为非正当当事人的，通知有关的正当当事人参加诉讼，而非正当当事人退出诉讼的制度。

虽然我国《民事诉讼法》没有规定任意当事人变更制度，但是学者大都同意确定这一制度，实务部门也在适用该制度。当事人更换包括原告的更换和被告的更换。通常做法是：人民法院发现原告不适格的，责令原告退出诉讼，并通知适格原告参加诉讼。如果不适格原告不愿意退出诉讼，人民法院裁定驳回起诉。人民法院通知适格原告参加诉讼，适格原告是否参加诉讼由其自己决定。人民法院发现被告不适格的，通知原告更换被告，如果原告拒绝更

---

① 《民诉法解释》第249条规定，在诉讼中，争议的民事权利义务转移的，不影响当事人的诉讼主体资格和诉讼地位。人民法院作出的发生法律效力的判决、裁定对受让人具有拘束力。受让人申请以无独立请求权的第三人身份参加诉讼的，人民法院可予准许。受让人申请替代当事人承担诉讼的，人民法院可以根据案件的具体情况决定是否准许；不予准许的，可以追加其为无独立请求权的第三人。也就是说，基于当事人恒定原则，为使诉讼程序顺畅进行，在诉讼中出现当事人转移其实体权利的情况时，受让人并非都能替当事人承担诉讼。受让人申请替当事人承担诉讼的，人民法院需要根据对方当事人的意愿、诉讼的进程等因素决定是否准许。

换的,人民法院一般裁定驳回起诉。

当事人更换可能是在审查起诉时,也可能在审理过程中进行。无论何时更换当事人,诉讼应当重新开始,原来不正当当事人的一切诉讼行为,对更换后的正当当事人不发生法律效力。①

▶ 五、当事人诉讼权利和诉讼义务

当事人是民事诉讼主体,为保障当事人充分参加民事诉讼活动,民事诉讼法赋予了当事人广泛的诉讼权利。同时为维护正常的民事诉讼秩序,民事诉讼法也为当事人设定了一些诉讼义务。诉讼权利与诉讼义务是相对的,法院不仅应当保障当事人行使诉讼权利,也要督促当事人履行诉讼义务。

(一)当事人的诉讼权利

我国《民事诉讼法》第52条至第54条集中并完整地规定了当事人的诉讼权利。诉讼权利是当事人进行诉讼行为的依据,这些诉讼权利体现于诉讼的各个阶段。从这些诉讼权利内容和目的来看,大致可以分为两类:

(1)保障当事人进行诉讼的权利。如双方当事人都有使用本民族语言文字进行诉讼的权利;双方当事人都有委托代理人进行诉讼的权利;双方当事人都有申请审判人员或者辅助人员回避的权利;双方当事人都有收集证据材料、提出各种证据材料、进行辩论、阐明自己对案件事实理由看法的权利;双方当事人都有要求交换证据的权利;双方当事人都有请求传唤证人、进行鉴定和勘验的权利;经审判长许可,双方当事人都有向证人、鉴定人或者勘验人发问的权利;法庭辩论终结,双方当事人都有陈述最后意见的权利;双方当事人都有查阅笔录并要求补正庭审笔录的权利以及双方当事人都可以查阅本案的有关材料,并可以复制有关材料和法律文书;等等。

(2)保障实体权利的诉讼权利。如原告有起诉权、撤诉权、变更或者放弃诉讼请求的权利,而被告有反诉权、反驳诉讼请求或者承认诉讼请求的权利;双方当事人都有请求和接受人民法院调解权、自行和解权、程序选择权;双方当事人都有上诉权、申请再审权;当义务人不履行法律文书确定的义务时,权利人可以申请人民法院强制执行,实现自己合法权益。

(二)当事人的诉讼义务

(1)依法行使诉讼权利。当事人应当按照民事诉讼法规定的方式、时间等要求行使诉讼权利,不得滥用诉讼权利,侵犯他方合法权益。

---

① 参见刘家兴、潘剑锋主编:《民事诉讼法学教程》(第5版),北京大学出版社2018年版,第97页。

（2）遵守诉讼秩序。当事人应当遵守法庭纪律，服从法庭指挥，尊重对方当事人和其他诉讼参与人的诉讼权利。

（3）履行生效的法律文书。对于具有执行力的生效法律文书，义务人应当自觉履行。义务人拒不履行的，人民法院可以依法强制执行。

第二节 共同诉讼

一、共同诉讼的概述

（一）共同诉讼的概念

民事诉讼中存在着相互对立的当事人，即原告与被告。一般而言，原告与被告是一对一的状态，即单一诉讼。但是由于社会情况复杂，民事法律关系主体有时并不是单一的，一旦民事法律关系发生纠纷，进入诉讼时就会出现当事人一方或者双方是二人以上的情形。另外，虽然民事法律关系主体是单一的，但是为提高诉讼效率，将两个或者两个以上诉合并在同一程序中审理，也会形成当事人一方或者双方为二人以上。当事人一方或者双方为二人以上的诉讼即为共同诉讼。在共同诉讼中，多数方当事人称为共同诉讼人。

民事诉讼法规定的共同诉讼是法院处理涉及多数当事人民事纠纷的一种诉讼制度。共同诉讼人是民事诉讼的当事人，但它又不同于一个原告和一个被告的当事人，它将一方或者双方是二人以上的多数方当事人纳入同一诉讼程序进行审理，因此它属于诉讼主体的合并。法律规定共同诉讼的意义在于：减少诉讼，节省当事人的时间和费用，避免法院对同一或者同类案件作出相互矛盾的判决。

（二）共同诉讼的分类

《民事诉讼法》第55条规定，根据共同诉讼人与诉讼标的的关系，可以将共同诉讼分为必要共同诉讼和普通共同诉讼。在大陆法系国家，必要共同诉讼又分为固有的必要共同诉讼和类似的必要共同诉讼。固有的必要共同诉讼要求全体多数共同参加诉讼而且法院必须对诉讼标的合一裁判。而在类似的必要共同诉讼中，多数方当事人有选择一同起诉或应诉，还是分别起诉或应诉的权利，一旦当事人选择共同诉讼，法院就必须对共同诉讼人的诉讼标的作出合一确定的判决；如果当事人选择单独诉讼，法院对其中一人的起诉或应诉诉讼作出的判决，效力及于可以作为共同诉讼的其他人。将必要共同诉讼分为固有的必要共同诉讼和类似的必要共同诉讼，既尊重了当事人的诉权，也缓解了固有必要共同诉讼多数方当事人必须一同起诉、一同应诉所带来的紧张。①

二、必要共同诉讼

（一）必要共同诉讼的概念和构成条件

必要共同诉讼，是指当事人一方或者双方为二人以上，诉讼标的是共同的，法院必须合并审理并对诉讼标的合一裁判。必要共同诉讼构成要件包括：

1. 当事人一方或双方为二人以上

这是形成必要共同诉讼的形式要件。

2. 共同诉讼人的诉讼标的是共同的

这是形成必要共同诉讼的实体要件。诉讼标的是共同的，是指共同诉讼人与对方发生争议的诉讼标的是同一的，即共同诉讼人在争议的诉讼标的中或者共同享有民事权利或者共同承担民事义务。共同诉讼人之所以对诉讼标的有共同的权利或者义务，可能是由实体法决定的，民事实体法规定共同诉讼人之间本身就存在权利义务的共有关系或者连带关系；也可能是同一事实或者法律上的原因使本来没有共同权利或者义务的共同诉讼人形成了共同权利或者义务。学者根据形成共同权利或者义务的原因，将必要共同诉讼分为三种：法定型、约定型以及事实型。② 正是由于共同诉讼人诉讼标的的同一性，法律要求共同诉讼人必须一同参加诉讼活动。如果共同诉讼人没有一同起诉或者应诉，法院应当依法追加。

3. 法院必须合并审理并对诉讼标的作出合一裁判

共同诉讼人诉讼标的的同一性决定了法院应当在同一诉讼程序中进行审理，并在裁判中合一确定诉讼标的，对多数当事人之间的权利义务作出内容相同的裁判。③

以上三点构成了必要共同诉讼的条件。根据《民诉法解释》的规定，我国实务中构成必要共同诉讼的情形包括：

（1）以挂靠形式从事民事活动，当事人请求由挂靠人和被挂靠人依法承担民事责任的，该挂靠人和被挂靠人为共同诉讼人。

（2）在诉讼中，个体工商户营业执照上登记的经营者与实际经营者不一致的，以登记的经营者和实际经营者为共同诉讼人。

（3）在诉讼中，未依法登记领取营业执照的个人合伙的全体合伙人为共

---

① 参见张卫平：《民事诉讼法》（第5版），法律出版社2019年版，第151页。
② 参见刘家兴、潘剑锋主编：《民事诉讼法学教程》（第4版），北京大学出版社2013年版，第99页。
③ 参见陈桂明主编：《民事诉讼原理与实务》，北京大学出版社2002年版，第90页。

同诉讼人。个人合伙有依法核准登记的字号的,应以营业执照中登记的字号为当事人。全体合伙人可以推选代表人进行诉讼;被推选的代表人,应由全体合伙人出具推选书。

(4) 企业法人分立的,因分立前的民事诉讼发生的纠纷,以分立后的企业为共同诉讼人。

(5) 借用业务介绍信、合同专用章、盖章的空白合同书或者银行账户的,出借单位和借用人为共同诉讼人。

(6) 在继承遗产的诉讼中,部分继承人起诉的,人民法院应通知其他继承人作为共同原告参加诉讼。

(7) 原告起诉被代理人和代理人,要求承担连带责任的,被代理人和代理人为共同被告。原告起诉代理人和相对人,要求承担连带责任的,代理人和相对人为共同被告。

(8) 共同财产权受到他人侵害,部分共有权人起诉的,其他共有权人应当列为共同诉讼人。

(9) 因保证合同纠纷提起的诉讼,债权人向保证人和被保证人一并主张权利的,人民法院应当将保证人和被保证人列为共同被告。保证合同约定为一般保证,债权人仅起诉保证人的,人民法院应当通知被保证人作为共同被告参加诉讼。

(10) 因共同侵权或者共同危险行为致人损害引起的诉讼,实施行为的人作为共同诉讼人。

(11) 无民事行为能力人、限制民事行为能力人造成他人损害的,无民事行为能力人、限制民事行为能力人和其监护人为共同被告。

(二) 必要共同诉讼人的追加

必要共同诉讼是不可分之诉,因此只有全体共同诉讼人一同起诉或者应诉,当事人才适格。如果共同诉讼人没有一同参加诉讼,法院应当依法追加未参加诉讼的共同诉讼人参加诉讼。追加必要共同诉讼人可能发生在第一审程序中,也可能发生在第二审程序中,还可能发生在审判监督程序中。当法院追加的当事人是原告时,如果被追加的原告不愿意参加诉讼,又不明确表示放弃实体权利,法院仍应追加其为共同原告;当法院追加的当事人是被告时,如果该被告不愿意参加诉讼,而且不适用拘传,法院可以对该被告缺席裁判。

(三) 必要共同诉讼人的内部关系

必要的共同诉讼较单一诉讼更为复杂,因为单一诉讼只涉及原告与被告之间的关系,而必要共同诉讼不仅涉及共同诉讼人与对方当事人之间的关系,还涉及共同诉讼人之间的关系。由于共同诉讼人是一方当事人,因此他们实施的诉讼行为应当一致。如果共同诉讼人实施的诉讼行为不一致,人民法院据此作出裁判的话,就会对共同诉讼人权利或者义务内容认定不一致。因此正确解决必要共同诉讼人内部关系是共同诉讼制度中一个重要问题。根据《民事诉讼法》第55条第2款的规定,必要共同诉讼人一人的诉讼行为,只有经过全体承认后,才能具有法律效力。需要注意的是:第一,为避免因共同诉讼人意见不一致而拖延诉讼,我国《民事诉讼法》采取协商一致的原则。因此我们认为法律规定中的"承认"既包括明示认可,也包括默示,即不反对。第二,协商一致并不适用于所有场合,如第一审判决后,共同诉讼人中的一人不服提起上诉,即使其他共同诉讼人不同意上诉的,其上诉行为的效力也及于其他共同诉讼人。

三、普通共同诉讼

（一）普通共同诉讼的概念

普通共同诉讼,是指当事人一方或者双方为二人以上,其诉讼标的是同种类的,当事人同意合并审理,法院也认为可以合并进行审理的诉讼。诉讼标的是同种类的是构成普通共同诉讼的实质条件。诉讼标的是同种类的,是指各个共同诉讼人分别与对方当事人之间争议的诉讼标的性质相同。例如丙打伤了甲、乙,甲、乙都向法院起诉丙损害赔偿。甲与丙之间是侵权纠纷,乙与丙之间也是侵权纠纷。正是基于对诉讼效率的考虑,法律规定了普通共同诉讼,对几个诉讼标的相同的案件适用同一程序审理裁判。

（二）普通共同诉讼的构成要件

（1）诉讼标的是同种类的。普通共同诉讼是诉讼客体的合并导致的诉讼主体的合并。因此要成为普通共同诉讼,必须有两个以上当事人,就两个以上同种类诉讼标的的向同一法院起诉或应诉。①

（2）同种类诉讼标的的几个纠纷属于同一法院管辖。管辖权是法院行使审判权的基础,只有法院对同种类诉讼标的的几个纠纷都有管辖权,才能适用普通共同诉讼将其并入同一程序进行审理裁判。

（3）当事人同意合并审理,法院也认为可以合并审理。同种类诉讼标的几个纠纷是合并审理还是分开审理,关系到当事人合法权益的维护问题,因此只有当事人同意合并的,才有可能形成普通共同诉讼。普通共同诉讼的目的在于节约司法资源、提高诉讼效率,因此赋予法院权衡是否能够实现该目

---

① 参见江伟主编:《民事诉讼法学》(第3版),北京大学出版社2015年版,第150页。

的并决定是否合并审理的权力。

（三）必要共同诉讼与普通共同诉讼之间的关系

无论必要共同诉讼还是普通共同诉讼，都表现为当事人一方或者双方为二人以上，法院适用同一诉讼程序在共同诉讼人都参加诉讼行使自己诉讼权利的基础上作出裁判。但是它们之间更多的是区别：

（1）共同诉讼人与诉讼标的的关系不同。必要共同诉讼人与对方发生争议的诉讼标的是同一的，而普通共同诉讼人是分别与对方发生争议，诉讼标的属于同一种类。

（2）诉讼标的数量不同。必要共同诉讼中只有一个诉讼标的，而普通共同诉讼中有两个以上诉讼标的。

（3）是否必须合并审理不同。必要共同诉讼是不可分之诉，而普通共同诉讼是几个诉的合并审理，可以合在一起形成普通共同诉讼，也可以分别诉讼。

（4）共同诉讼人之间的关系不同。由于必要共同诉讼是不可分之诉，因此无论是共同诉讼人实施诉讼行为的效力还是诉讼中发生诉讼事件，必要共同诉讼人之间都具有牵连性。必要共同诉讼人一人实施的诉讼行为，只有经其他共同诉讼人承认，才对全体共同诉讼人发生法律效力；必要共同诉讼人一人在诉讼过程中死亡，则整个案件诉讼中止。而普通共同诉讼人之间没有牵连性，每个共同诉讼人的诉讼行为只对自己发生法律效力，对其他共同诉讼人没有约束力。共同诉讼人遇到了诉讼中止或者诉讼终结的情况的，只对个人的诉讼活动发生中止或终结的后果，不影响其他共同诉讼人诉讼活动的正常进行。

（5）裁判的作出不同。对于必要共同诉讼的案件，法院必须合一裁判，裁判内容认定共同诉讼人的权利或者义务应当是一致的；而普通共同诉讼应当分别裁判，裁判内容认定共同诉讼人的权利或者义务可能一致，也可能不一致。

第三节 代表人诉讼

一、代表人诉讼的概念

代表人诉讼，又称为群体诉讼，是指具有共同或同类民事权益的一方当事人人数众多，依法推举或指定代表人进行诉讼，其他当事人不直接参加诉讼，法院裁判的效力及于全体当事人的制度。诉讼代表人，是指在代表人诉讼中，由人数众多的一方当事人推选或法院指定，代表人数众多一方当事人利益实施诉讼行为的人。

现代工业的发展使得人们相互之间的社会联系不断拓展，这有利于经济的发展，也伴生了大量众多的人基于同一或者同类事实与对方发生的民事纠纷，如环境污染致人损害纠纷、产品质量侵权纠纷等。针对这些现代纠纷，各国都设立了不同的群体诉讼制度。如美国的集团诉讼制度、日本的选定代表人制度以及德国的团体诉讼制度。① 随着我国经济体制改革和经济的发展，我国也出现了大量的环境污染、食品质量以及假化肥、假种子等使众多人受到损害的案件。在借鉴国外相关立法规定、总结审判实践经验基础上，我国《民事诉讼法》确定了代表人诉讼。

▶ 二、代表人诉讼制度与共同诉讼制度、诉讼代理制度的异同

(一) 代表人诉讼与共同诉讼

代表人诉讼制度以共同诉讼制度为基础，代表人诉讼与共同诉讼都是当事人一方或者双方为二人以上（我国《民事诉讼法》规定代表人诉讼中多数方是指10人以上），诉讼标的是共同的或者同种类的，为节约司法资源、避免法院在相同或者相类似问题上作出矛盾裁判，法院在同一诉讼程序中将众多方当事人与对方的民事纠纷加以解决。但是代表人诉讼与共同诉讼是两种独立存在的不同的当事人制度。其不同点在于：

(1) 当事人是否参加诉讼不同。共同诉讼要求当事人参加诉讼，对于必要共同诉讼，必要共同诉讼人没有参加诉讼的，法院依法追加；而普通共同诉讼是可分之诉，因此众多方中部分人不愿意参加诉讼的，可以另行起诉解决。代表人诉讼是代表人参加诉讼，被代表的当事人不参加。

(2) 诉讼行为的效力不同。即共同诉讼根据是必要共同诉讼还是普通共同诉讼，对于共同诉讼人中一人的行为对其他共同诉讼人的效力规定不同。必要共同诉讼采用协商一致原则，要求经全体共同诉讼人承认；而普通共同诉讼人之间相互是独立的，因此一人的诉讼行为对其他共同诉讼人没有法律

---

① 美国的集团诉讼，是指众多方当事人存在共同的事实和法律问题，不可能每个人都参加诉讼时，众多方当事人形成一个集团，由其中一人或者数人提出请求、进行答辩的诉讼制度。法院作出的判决不仅对于没有参加诉讼的人、甚至对那些料想不到的人都具有拘束力。日本的选定代表人诉讼，是众多方利害关系人对诉讼有共同利益，全体同时参加诉讼，对当事人、人民法院都不方便时，从众多利害关系人中选定一人或者数人作为全体的代表参加诉讼的制度。德国的团体诉讼，是指法律确定的某些社会组织的成员或者其所保护的人的民事权益或收益受到侵害，该社会组织以自己的名义提起和参加诉讼的制度，法院判决对该社会组织的成员或者其保护的人都具有法律效力。

效力。代表人诉讼中,诉讼代表人的诉讼行为对其所代表的当事人发生效力,但是代表人变更、放弃诉讼请求或者承认对方当事人的诉讼请求、进行和解,必须经被代表的当事人同意。

(3)裁判对谁产生效力不同。在共同诉讼中,法院裁判只对参加诉讼的当事人有效;而代表人诉讼中,法院裁判不仅对亲自参加诉讼的代表人有效,而且对被代表的当事人也有效。

(二)代表人诉讼与诉讼代理

代表人诉讼与诉讼代理都是通过他人行使诉讼权利、履行诉讼义务,但代表人诉讼制度与诉讼代理人制度在性质上是完全不同的。其不同点在于:

(1)与诉讼标的的利害关系不同。诉讼代表人与本案诉讼标的有利害关系,是本案当事人,与被代表的当事人与本案诉讼标的关系是共同的或者同种类的;而诉讼代理人与本案诉讼标的没有关系,其是基于法律规定或者当事人的委托代当事人参加诉讼实施诉讼行为。

(2)产生的程序不同。诉讼代表人因代表人诉讼种类不同,产生方式也不同;而诉讼代理人可能根据法律规定产生代理权、也可能是根据被代理人的授权行为产生代理权。

(3)参加诉讼的目的不同。诉讼代表人参加诉讼是维护自己的利益,也是为了维护全体被代表的当事人的利益;而诉讼代理人是以被代理人名义进行诉讼活动,其参加诉讼的目的在于维护被代理人的合法权益。

(4)法律后果不同。诉讼代表人参加诉讼行使诉讼权利、承担诉讼义务,法院作出裁判不仅对诉讼代表人本人有拘束力,也对被代表的当事人有拘束力;而诉讼代理人因为与本案诉讼标的没有关系,因此其在代理权限范围内实施诉讼行为,法院裁判对其只有程序拘束力,而没有实体拘束力。

▶ 三、诉讼代表人的产生

我国《民事诉讼法》根据起诉时人数是否确定,将代表人诉讼分为人数确定的代表人诉讼和人数不确定的代表人诉讼。代表人诉讼种类不同,诉讼代表人的产生方式和根据不同。

(一)起诉时人数确定的代表人诉讼

根据《民诉法解释》第76条的规定,共同诉讼的一方当事人人数众多,在起诉时确定的,可以由全体当事人推选共同代表人,也可以由部分当事人推选自己的代表人,推选不出代表人的当事人,在必要的共同诉讼中可以自己参加诉讼,在普通的共同诉讼中可以另行起诉。这一规定实际包括三种情况:一是人数众多的共同诉讼当事人,可以互相协商,如果能够取得一致意见,能够推选出共同的代表的,应当推选共同的代表人进行诉讼。二是如果众多当事人意见不一致,可以分成不同的部分,由各部分共同诉讼人推选自己的代表。三是如果部分当事人推选出自己的代表,另一部分当事人推选不出代表人或者不愿推选代表人,在必要共同诉讼中,可以自己参加诉讼;在普通共同诉讼中,可以参加诉讼,也可以另行起诉。究其原因,就是起诉时人数确定的代表人诉讼就是共同诉讼。只是因为人数众多,所有共同诉讼人都参加诉讼,对当事人、人民法院都不方便,可以选定代表人代表其他共同诉讼人参加诉讼。由于共同诉讼分为必要共同诉讼和普通共同诉讼,当不能选定诉讼代表人时,必要共同诉讼中,只能当事人自己参加诉讼;普通共同诉讼中,当事人可以自己参加,也可以不参加代表人诉讼,通过另行诉讼程序解决纠纷。

(二) 起诉时当事人人数不确定的代表人诉讼

根据《民诉法解释》第77条的规定,当事人一方人数众多在起诉时不确定的,由当事人推选代表人;当事人推选不出的,可以由人民法院提出人选与当事人协商;协商不成的,也可以由人民法院在起诉的当事人中指定代表人。由此可见,起诉时当事人人数不确定的代表人诉讼的代表人与共同诉讼情况下的代表人的产生方式不同。原因在于,共同诉讼中,尽管一方人数众多,但其人数在起诉时是确定的,在诉讼进行中共同诉讼人可能存在一定联系,容易推选代表人。推选不出的,可以自己参加诉讼。但是,起诉时当事人人数不确定的代表人诉讼情况有所不同,不仅起诉时当事人人数众多,具体人数不确定,当事人全部参加诉讼不可能,而且众多当事人之间往往素昧平生,互相不了解,推选代表人有一定困难。因此,这种案件只有通过代表人参加诉讼,才能保证诉讼的顺利进行,保护人数不确定当事人的合法权益。

▶ 四、诉讼代表人的法律地位

根据《民诉法解释》第78条的规定,当事人可推选诉讼代表人2至5人,每位代表人可以委托1至2名诉讼代理人。诉讼代表人与本案有利害关系,是诉讼中的当事人,同时又是当事人的代表人,代表当事人行使诉讼权利、承担诉讼义务。根据《民事诉讼法》第56条和第57条第3款的规定,代表人的诉讼行为对其所代表的当事人发生效力,但当事人变更、放弃诉讼请求或者承认对方的诉讼请求,进行和解,必须经被代表的当事人同意。由于诉讼代表人是本案当事人,因此代表人可以行使当事人的一般诉讼权利,如提供证据、请求调解、参加诉讼、提出上诉等。但是,诉讼代表人和被代表的当事人都是民事权利义务主体,都与案件的处理结果有直接的利害关系,同时他们相互之间也还有不同的利益。因此,为避免因不同利害关系而损害被代表的当事人,诉讼代表人处分涉及被代表当事人的实体权利时,需要经被代表当事人的同意。

▶ 五、代表人诉讼的特有程序

诉讼代表人是一种独立的民事诉讼当事人,法院审理代表人诉讼有特殊的程序要求和法院裁判效力内容。

（一）参加诉讼活动的当事人

人民法院审理代表人诉讼案件时,由代表人以及共同诉讼情况下没有推选出代表人自己亲自参加诉讼的当事人参加诉讼,而被代表的当事人不直接参加诉讼。为维护广大的被代表的当事人的合法权益,人民法院应当对诉讼代表人的诉讼行为进行监督,防止代表人侵犯被代表人的利益,诉讼的进展情况应当及时向被代表的当事人发出公告。①

（二）发出公告通知权利人在一定期间向人民法院进行登记

根据《民诉法解释》第79条、第80条的规定,人民法院受理起诉时人数不确定的代表人诉讼案件后,可以发出公告,通知权利人向人民法院登记。公告期根据具体案件的情况确定,但不得少于30日。向人民法院登记的当事人,应证明其与对方当事人的法律关系和所受到的侵害。证明不了的,不予登记,当事人可以另行起诉。就是说,第一,人民法院受理起诉时人数不确定的代表人诉讼后,可以发出公告,也可以不发出公告,直接根据当事人的起诉进行审理和裁判。第二,人民法院公告的目的在于,表明人民法院已经受理该案件,告知与众多方当事人处于相同诉讼地位的权利人及时向人民法院登记,以便简化诉讼程序,使全体权利人得到同等保护。第三,登记是为了确定当事人人数。申请登记就是表明其与被代表的当事人一样享有对对方的请求权,因此申请登记的人需要有一定的证据材料证明自己的权利受到侵害的事实。至于申请登记人提交的证据材料是否真实、充足,其是否确实受到侵害以及权利能否得到保护,需要人民法院在案件审理后才能确定。

（三）人民法院对代表人诉讼作出的裁判具有扩展性

人民法院裁判一般仅对参加诉讼的当事人具有法律效力,但是人民法院对代表人诉讼作出的裁判具有扩展性效力,具体表现为:对于共同诉讼情况下的代表人诉讼,人民法院作出的裁判不仅对参加诉讼的诉讼代表人有效,也对没有推选出代表人自己亲自参加诉讼的当事人有效,对于另行进行诉讼

---

① 参见刘家兴、潘剑锋主编：《民事诉讼法学教程》（第5版），北京大学出版社2018年版，第108页。

的当事人无效。而对于起诉时人数不确定的代表人诉讼,人民法院作出的裁判不仅对代表人有效,对被代表的当事人(包括起诉时的和参加登记的)有效,而且对没有参加登记但在诉讼时效内起诉的权利人也发生法律效力。即未参加登记但在诉讼时效期间起诉的,经审查,符合起诉条件的,人民法院应当作出裁定,裁判起诉的权利人享有人民法院生效裁判所确定的权利。

代表人诉讼是我国《民事诉讼法》为应对现代性群体纠纷,简化诉讼复杂形态而设置的诉讼制度。由于《民事诉讼法》及《民诉法解释》对该制度规定较简单以及制度使用者受案外因素的影响,代表人诉讼制度在司法实务中出现了"分中有合""合中有分""示范诉讼"等多种样态,以及空置、萎缩,甚至限制等问题。随着我国资本市场的不断发展,虚假陈述、内幕交易、操纵市场等违法犯罪行为严重损害了大量投资者的合法权益。证券民事纠纷是典型的人数不确定群体性纠纷,为更好发挥代表人诉讼制度简化诉讼程序、提高诉讼效率、避免矛盾裁判的作用,在 2012 年《民事诉讼法》第 53、54 条普通代表人诉讼规定基础上,2020 年 3 月 1 日起实施的《证券法》第 95 条第 3 款借鉴美国集团诉讼制度规定了默认加入、明示退出的特别代表人诉讼。为推动《证券法》第 95 条规定的代表人诉讼制度的落地,维护投资者的合法权益,保证资本市场良性运转,最高人民法院于 2020 年开始施行《证券纠纷代表人诉讼规定》。《证券纠纷代表人诉讼规定》主要包括下列内容:

(1) 为解决《民事诉讼法》代表人诉讼制度规定简单、实践中不便适用的难题,细化了两类代表人诉讼的程序规定,如代表人诉讼的启动条件、人民法院的先行审查、代表人的推选方式、代表人的权限范围、调解协议的审查、重大诉讼事项的审查、代表人放弃上诉或者决定上诉的处理以及裁判的执行与分配等。

(2) 为降低诉讼门槛和维权成本,《证券纠纷代表人诉讼规定》明确规定了代表人请求败诉的被告赔偿合理的公告费、通知费、律师费等费用的,人民法院应当予以支持;特别代表人诉讼中公告期满后 15 日内未声明退出的投资者即视为原告;特别代表人诉讼案件不预交案件受理费,败诉或者部分败诉的原告申请减交或者免交诉讼费的,人民法院应当依照《诉讼费用交纳办法》的规定,视原告的经济状况和案件的审理情况决定是否准许;特别代表人诉讼中代表人在诉讼中申请财产保全的,人民法院可以不要求提供担保等。

(3) 为提高代表人诉讼的效率,对于代表人诉讼行为效力的规则,《证券纠纷代表人诉讼规定》改变了《民事诉讼法》采纳的明示特别授权,即代表人处分实体权利和重要诉讼权利必须征得被代表的当事人同意;而采纳默示特别授权,即无论是普通代表人诉讼还是特别代表人诉讼,人民法院公告应当以醒目的方式提示,参加登记视为对代表人进行特别授权。代表人的诉讼权限包括代表原告参加开庭审理,变更、放弃诉讼请求或者承认对方当事人的诉讼请求,与被告达成调解协议,提起或者放弃上诉,申请执行,委托诉讼代理人等。

（4）为妥善解决诉讼效率与当事人诉讼权利维护之间的关系,《证券纠纷代表人诉讼规定》明确规定了当事人表决权、知情权、异议权、复议权、退出权以及上诉权等诉讼权利的行使规则。

（5）基于代表人诉讼涉及法律秩序的维护,为缓解代表人特别授权与当事人诉讼权利之间的冲突,《证券纠纷代表人诉讼规定》突破了私益诉讼的处分原则、程序自治原则,强化了人民法院对诉讼活动的监督和管理职责。如对起诉时当事人人数尚未确定的代表人诉讼,在发出权利登记公告前,人民法院可以通过阅卷、调查、询问和听证等方式对被诉证券侵权行为的性质、侵权事实等进行审查,并在受理后30日内以裁定的方式确定具有相同诉讼请求的权利人范围。对代表人的选任和其进行的处分实体权利和重要诉讼权利的行为进行监督。被代表当事人对代表人与对方达成的调解协议草案有异议的,人民法院可以通过听证会对调解协议草案的合法性、适当性和可行性内容进行审查,确定是否制作调解书等。

第四节　民事公益诉讼原告

▶ 一、民事公益诉讼原告的立法确定情况

公益诉讼,是指以保护社会公共利益为目的的诉讼。作为一项法律制度,公益诉讼早在古罗马法时就已存在。公益诉讼是相对于私益诉讼而言的,"私益诉讼是为了保护个人私有权利的诉讼,仅特定个人才可以提起;公益诉讼是为了保护社会公共利益的诉讼,除法律有特别规定外,凡市民均可提起"。[①] 公益诉讼被赋予现代意义并引起广泛关注始于自由资本主义向垄断资本主义过渡时期。生产力水平的提高,生产规模加剧,使得社会化大生产与人们生存环境的矛盾不断尖锐,社会环境问题、消费者权益受损害问题以及产品质量安全问题等涉及公共利益的纠纷越来越多。为加强国家对经济关系的控制和维护社会公共利益,许多国家都纷纷规定了保护公共利益的诉讼制度。

---

① 周枏:《罗马法原论》,商务印书馆1994年版,第958页。

2012年《民事诉讼法》修订前,虽然我国立法上没有明确规定民事公益诉讼制度,但是在司法实践中出现了大量民事公益诉讼案例。如1997年河南省方城县人民检察院就国有资产流失向本县人民法院提起确认房屋买卖合同无效诉讼,2009年中华环保联合会向江苏省无锡市中级人民法院起诉江苏江阴港集装箱有限公司环境污染侵权纠纷案等。面对这些具有公益诉讼属性的案件,传统诉讼制度已经无力应对,社会各界基于我国公益诉讼司法实践,强烈要求建立公益诉讼制度。在这种情况下,我国2012年《民事诉讼法》新增第55条(现行法第58条)规定:对污染环境、侵害众多消费者合法权益等损害社会公共利益的行为,法律规定的机关和有关组织可以向人民法院提起诉讼。由此,我国民事公益诉讼制度诞生。2013年修正后的《消费者权益保护法》第47条规定了可以提起消费民事公益诉讼的社会组织资格。2014年修订的《环境保护法》第58条进一步明确可以提起环境民事公益诉讼的社会组织资格。2015年7月,全国人大常委会通过了《全国人民代表大会常务委员会关于授权最高人民检察院在部分地区开展公益诉讼试点工作的决定》。最高人民检察院随后制定了《检察机关提起公益诉讼改革试点方案》,由此展开了检察机关提起公益诉讼的试点工作。2017年6月,在总结近两年来检察机关提起公益诉讼试点经验的基础上,第十二届全国人民代表大会常务委员会第二十八次会议决定,对2012年《民事诉讼法》作出修改,第55条(现行法第58条)增加1款作为第2款,即"人民检察院在履行职责中发现破坏生态环境和资源保护、食品药品安全领域侵害众多消费者合法权益等损害社会公共利益的行为,在没有前款规定的机关和组织或者前款规定的机关和组织不提起诉讼的情况下,可以向人民法院提起诉讼。前款规定的机关或者组织提起诉讼的,人民检察院可以支持起诉"。此外,2018年施行的《英烈保护法》第25条第2款还规定,对侵害英雄烈士的姓名、肖像、名誉、荣誉的行为,英雄烈士没有近亲属或者近亲属不提起诉讼的,检察机关依法对侵害英雄烈士的姓名、肖像、名誉、荣誉,损害社会公共利益的行为向人民法院提起诉讼。

▶ **二、民事公益诉讼的原告范围**

民事公益诉讼原告范围,是指哪些主体可以提起民事公益诉讼。各国受制于法律传统、法律文化以及司法政策等因素的影响,采取不同的民事公益诉讼模式,因此可以提起民事公益诉讼原告的确定情况也不同。就我国而言,立法者基于我国现行管理体制和司法状况,对民事公益诉讼主体的范围进行了限制性规定。其目的是防止公益诉权的滥用,保证公益诉讼制度有序健康推进。根据《民事诉讼法》第58条的规定,提起民事公益诉讼的主体是

"法律规定的机关和有关组织",即可以提起民事公益诉讼原告,一方面必须是依照法律规定设立的机关和组织,另一方面必须是依照法律有权利提起民事公益诉讼的机关和组织。也就是说,在民事公益诉讼原告确定上,《民事诉讼法》第58条突破了私益诉讼确定当事人采纳的"直接利害关系人规则",而赋予不具有直接利害关系的机关和社会组织提起民事公益诉讼的权利,同时确立了我国民事公益诉讼"基本法(《民事诉讼法》)+单行法(消费领域的为《消费者权益保护法》第47条、环境保护领域的为《环境保护法》第58条、英烈人格保护领域的为《英烈保护法》第25条)"的制度模式。考虑到我国民事公益诉讼制度还不够完善,公民个人诉讼能力较弱、有可能滥用诉权,《民事诉讼法》第58条并没有赋予公民个人提起公益诉讼的权利。

从目前法律规定看,法律规定可以提起民事公益诉讼的机关有《民事诉讼法》第58条第2款以及《英烈保护法》第25条第2款规定的检察机关和《海洋环境保护法》第89条第2款规定的行使海洋环境监督管理权的部门。① 我们认为,还应当根据民事公益诉讼目的和我国公益诉讼司法实践对"法律规定的机关和有关组织"采取较广泛的解释。可以作为民事公益诉讼原告的,应当是其职能或宗旨与公共利益存在关联性的那些机关和组织。

(一)人民检察院可以提起公益诉讼

在全国人民代表大会常务委员会于2017年对2012年《民事诉讼法》第55条(现行法第58条)作出修改决定前,有关法律规定机关是否包括人民检察院,学者们看法不一。人民检察院既是社会公共利益的代表者,又是法律监督者,侵犯社会公共利益的案件本身就是违反法律的行为,因此人民检察院完全有资格作为原告提起民事公益诉讼。需要注意的是,人民检察院作为原告提起民事公益诉讼时,存在不同原告主体诉讼顺序的安排问题。即根据《民事诉讼法》第58条第2款的规定,检察机关在提起公益诉讼问题上充当支持者和补充者的角色,在没有法律规定的机关和有关组织或者法律规定的机关和有关组织不起诉的情况下,可以向人民法院提起诉讼。

(二)有关行政机关可以提起公益诉讼

行政机关的行政执法权应受到限制,但是提起公益诉讼不应该受限。行政机关提起民事公益诉讼有一定优势:一是行政机关掌握环境评价、检测等方面的信息,收集证据的能力比较强;二是行政机关提起民事公益诉讼表明

---

① 《海洋环境保护法》第89条第2款规定:"对破坏海洋生态、海洋水产资源、海洋保护区,给国家造成重大损失的,由依照本法规定行使海洋环境监督管理权的部门代表国家对责任者提出损害赔偿要求。"

了政府对公益保护的态度,人民法院在处理此类诉讼时受到的压力和阻力相对较小。但是,也应当注意协调行政机关的行政执法权与提起民事公益诉讼之间的关系,不能以提起民事公益诉讼来代替行使行政执法权。

(三)关于"有关组织"

有关组织不是一个确定的法律概念,泛指社会团体、民办非企业单位、基金会等各类组织。上述组织情况复杂,良莠不齐,如果都赋予公益诉讼起诉资格,可能造成公益诉权的滥用。为了维护行政管理秩序和社会稳定,防止不当适用民事公益诉讼制度,根据2015年施行的《环境保护法》第58条的规定,对于污染环境、破坏生态,损害社会公共利益的行为,符合下列条件的社会组织可以向人民法院提起诉讼:① 依法在设区的市级以上人民政府民政部门登记;② 专门从事环境保护公益活动连续5年以上且无违法记录。根据最高人民法院《消费公益诉讼适用法律解释》第1条的规定,中国消费者协会以及在省、自治区、直辖市设立的消费者协会,对经营者侵害众多不特定消费者合法权益或者具有危及消费者人身、财产安全危险等损害社会公共利益的行为有权提起消费民事公益诉讼。随着公益诉讼理念的深入,可以提起民事公益诉讼的有关组织范围应当不断扩大。

第五节 第 三 人

一、第三人的概念和特点

民事诉讼是解决民事纠纷的方式,民事纠纷总是存在利益对立的双方当事人。由于民事权利义务关系的复杂性,双方当事人之间的民事权利义务关系或者民事权益矛盾的处理结果可能涉及双方当事人以外的人。为保护这些人的合法权益,全面解决民事纠纷,《民事诉讼法》第59条规定了第三人诉讼制度。一般认为,民事诉讼的第三人,是指对原告和被告所争议的诉讼标的有独立请求权,或者虽没有独立的请求权,但与案件的处理结果有法律上的利害关系,而参加到正在进行的诉讼中去的人。在民事诉讼法学理论上,原告起诉被告的诉称为本诉,第三人诉讼制度反映的是第三人参加之诉讼。我国《民事诉讼法》依第三人参加诉讼的根据,将第三人分为有独立请求权第三人和无独立请求权第三人。

第三人是各国民事诉讼法普遍规定的当事人制度。为了更好地保护本诉之外的当事人利益,法律有必要规定第三人诉讼制度,将第三人参加之诉与本诉合并审理。诉讼中第三人的特点如下:

1. 第三人参加诉讼以原、被告之间本诉的存在为前提

第三人在原、被告本诉已经开始后才参加诉讼,因此其参加诉讼应当以本诉存在为前提,本诉存在就是法院受理本诉以后,诉讼程序还没有结束。否则就谈不上参加诉讼。

2. 第三人参加诉讼的原因是与本诉讼案件有某种利害关系

第三人参加诉讼,必须是对本诉诉讼标的有独立的请求权,或者虽无独立请求权,但同本诉案件的处理结果有法律上的利害关系。

3. 第三人与本诉原、被告间都没有共同的权利或义务

第三人参加诉讼,既不与本诉原告构成共同原告,也不与本诉被告构成共同被告,而是具有独立诉讼地位。虽然有的第三人参加诉讼后,辅助一方当事人进行诉讼,但是其与被辅助方当事人的诉讼地位也不同,因此第三人与本诉原、被告间都没有共同的权利或义务。

4. 参加诉讼的目的都是维护自己的利益

第三人参加诉讼的目的与诉讼代理人以及其他诉讼参与人不同。第三人是当事人,其参加诉讼的目的在于维护自己的合法权益,而诉讼代理人是为了维护被代理人的合法权益,其他诉讼参与人是为了协助法院查明案件事实,作出正确裁判。

▶ 二、有独立请求权第三人

(一)有独立请求权第三人概念和参加诉讼的条件

有独立请求的第三人,是指对原告和被告之间争议的诉讼标的主张独立请求权而参加诉讼的人。有独立请求权第三人参加诉讼的条件如下:

1. 本诉诉讼程序正在进行

这是对有独立请求权第三人参加本诉的时间要求。本诉诉讼程序,仅指审理程序,而不包括特别程序、督促程序、公示催告程序以及执行程序。这里的本诉诉讼程序可以是第一审程序,也可以是第二审程序。对于没有参加第一审程序的有独立请求权第三人,第二审法院准许其参加诉讼后,经当事人同意调解解决本诉和参加之诉,达不成调解协议的,法院发回重审。

2. 提出独立的主张

这是有独立请求权第三人参加诉讼的根据和能否参加诉讼的实质要件。《民事诉讼法》第59条第1款规定:"对当事人双方的诉讼标的,第三人认为有独立请求权的,有权提起诉讼。"诉讼上的请求权与实体请求权有密切联系,当民事主体的实体权利受到侵犯或者与他人发生争议时,他就可以将实体请

求权进一步转化为诉讼上请求权,向法院提起诉讼,请求法院予以司法保护。① 对于实体请求权的范围,学者看法不一,有的认为,"这种独立请求权的实体权利依据一般是物上请求权,即物权请求权。通常表现为第三人对他人之间争执的标的物主张所有权"。② 还有学者认为,由于请求权在诉讼上比实体法规定的请求权范围宽,因此这里的独立请求权是指有独立请求权第三人提出了诉讼请求,认为本诉原告、被告与本诉有关的行为侵犯了其权益,法院就不能拒绝其参加诉讼。③ 我们同意最后一种看法。由于有独立请求权第三人制度的目的是保护第三人的合法权益,因此只要第三人认为原、被告的本诉侵犯其合法权益,他就可以将自己的实体权益转化为诉讼权益,通过提起参加之诉维护自己的合法利益。所谓"独立的请求权",就是第三人的请求权既不同于原告的诉讼请求权,也不同于被告的诉讼请求权,或者说无论法院判决原告还是被告胜诉都会侵犯第三人的合法权益。

3. 向受理本诉的法院提起参加之诉

这是成为参加诉讼的形式要求。有独立请求权第三人以向受理本诉法院提起诉讼的方式参加诉讼。如果他不向受理本诉法院起诉,而是独立起诉,则不是参加诉讼。

（二）有独立请求权第三人的诉讼地位

有独立请求权第三人参加诉讼,是指有独立请求权第三人提出了参加之诉。在参加之诉中,有独立请求权第三人是原告,本诉的原告、被告为被告。至于参加之诉中的被告是否是共同被告,学者看法不一。一般认为,参加之诉中的被告不是共同被告。原因在于,一方面,有独立请求权第三人提出参加诉讼后,诉讼程序中就形成三个不同的对立面:一是本诉原告和被告之间的对立面;二是有独立请求权的第三人与本诉原告之间的对立面;三是有独立请求权的第三人与本诉被告之间的对立面。另一方面,参加之诉中的被告虽然有本诉原告、被告,但本诉原告、被告之间既不是必要共同诉讼,也不是普通共同诉讼。有独立请求权第三人是参加诉讼的原告,因此享有原告的诉讼权利,承担原告的诉讼义务。因此根据《民诉法解释》第236条的规定,有独立请求权的第三人经人民法院传票传唤,无正当理由拒不到庭,或者未经法庭许可中途退庭的,可以对该第三人比照《民事诉讼法》第146条的规定,按撤诉处理。同时,由于有独立请求权的第三人不是本诉中的原告、被告,因此其

---

① 参见柴发邦主编:《中国民事诉讼法学》,中国人民公安大学出版社1992年版,第257页。
② 张卫平:《民事诉讼法教学案例》,法律出版社2005年版,第60页。
③ 参见汤维建主编:《民事诉讼法学》(第2版),北京大学出版社2014年版,第136页。

不享有本诉原、被告享有的诉讼权利,无权对本诉提出管辖权异议。

(三) 有独立请求权第三人与必要共同原告的区别

1. 诉讼标的数量不同

有独立请求权第三人提出参加之诉后,诉讼标的有三个,即本诉原告和被告之间的诉讼标的、有独立请求权第三人与本诉原告之间的诉讼标的以及有独立请求权第三人与本诉被告之间的诉讼标的;而必要共同被告只有一个诉讼标的,即共同原告与被告之间的诉讼标的。

2. 争议的主体对象不同

有独立请求权第三人参加诉讼,有独立请求权第三人与本诉原告、被告都发生争议;而必要共同原告只和被告发生争议。

3. 诉讼行为效力不同

有独立请求权第三人提出参加之诉后,由于是三个诉合并审理,当事人之间没有牵连性,各自进行自己的诉讼行为,行为只对自己产生法律效力;而必要共同原告之间有牵连性,一个原告实施的诉讼行为,只有经其他共同原告承认,才对全体共同原告发生法律效力。

4. 参加诉讼方式不同

有独立请求权第三人是以起诉方式参加诉讼;而必要共同原告可能是一同起诉,也可能是法院依法追加。

5. 案件是否可以分开审理不同

有独立请求权第三人提出参加之诉与本诉是独立的两个诉,因此可以放在同一程序进行合并审理,也可以分开进行。因此《民诉法解释》第237条规定,有独立请求权第三人参加诉讼后,原告申请撤诉,人民法院在准许原告撤诉后,有独立请求权第三人作为另案原告,本诉原告、被告作为另案被告,诉讼继续进行。而必要共同诉讼是不可分之诉,所有共同原告必须一同参加诉讼。

三、无独立请求权第三人

(一) 无独立请求权第三人的概念和参加诉讼的条件

无独立请求权第三人,是指虽没有就原告与被告之间争议的诉讼标的主张独立的请求权,但与案件的处理结果有法律上的利害关系,而参加诉讼的人。无独立请求权第三人参加诉讼的条件如下:

1. 本诉正在进行

第三人以案件处理结果与自己有法律上利害关系为由要求参加诉讼,时间必须是在法院受理本诉案件以后,作出裁判以前。

2. 与本诉案件处理结果有法律上的利害关系

这是判断无独立请求权第三人的实质条件。之所以本诉的处理结果会涉及第三人的利益，大多是因为本诉原告与被告之间争议的实体法律关系与第三人同原告或者被告的实体法律关系有牵连。[①] 所谓与本诉案件处理结果有法律上的利害关系：其一，是指本诉案件处理结果与无独立请求权第三人之间有法律上的利害关系，而不是事实上或者情感上的关系。如夫妻离婚案件中的第三者不得作为无独立请求权第三人。其二，与本诉案件处理结果有法律上的利害关系具体是指，法院对本诉案件的裁判可能影响无独立请求权第三人的实体权利或者义务。如甲乙之间是租赁合同关系，未经甲同意，乙擅自将租赁的房屋出租给丙。现甲向法院起诉乙解除租赁合同，则丙可以作为无独立请求权第三人参加诉讼。其三，与本诉案件处理结果有法律上的利害关系只能是直接的，不能是间接的。

3. 以申请的方式参加或法院通知的方式参加

因为无独立请求权第三人参加诉讼是为维护自己的权益，因此无独立请求权第三人可以主动向法院提出申请参加已经开始的本诉诉讼程序。由于我国立法规定无独立请求权第三人制度的目的在于纠纷的一次性全部解决，再加上多数无独立请求权第三人是基于本诉案件处理结果与其是义务关系才参加诉讼，因此实务中，人民法院通知无独立请求权第三人参加诉讼是主要方式。

（二）无独立请求权第三人的法律地位

关于无独立请求权第三人的诉讼地位是否是当事人，学者看法不一。我们认为，无独立请求权第三人参加诉讼不是基于他提出独立的请求，而是基于他与本诉案件处理结果有法律上的利害关系，因此无独立请求权第三人只是参加本诉程序，并没有形成一个独立的参加诉讼。无论无独立请求权第三人为维护自己的合法权益主动要求参加还是法院基于诉讼效率考虑通知其参加，其都并不是本诉中的当事人，只是辅助一方当事人，因此无独立请求权第三人不能代替本诉当事人行使诉讼权利，也不享有本诉原告、被告享有的所有处分实体权利的诉讼权利。但是，无独立请求权第三人参加诉讼后，又有独立性的一面，因此无独立请求权第三人属于广义当事人，享有当事人保障自己合法权益的一般性诉讼权利，如提交证据材料、委托代理人、申请回避等。《民诉法解释》第82条规定："在一审诉讼中，无独立请求权的第三人无权提出管辖异议，无权放弃、变更诉讼请求或者申请撤诉，判决承担民事责任

[①] 参见柴发邦主编：《中国民事诉讼法学》，中国人民公安大学出版社1992年版，第261页。

的,有权提出上诉。"由于多数无独立请求权第三人是基于本诉案件处理结果与其是义务关系才参加诉讼的,因此考虑到节约司法资源,提高诉讼效率,法院可能判决无独立请求权的第三人承担一定的实体义务。如果无独立请求权第三人在第一审判决中承担民事责任,则该无独立请求权第三人就成为狭义当事人。

第六节 诉讼代理人

一、诉讼代理人概述

(一)诉讼代理人概念和特征

诉讼代理人,是指依据法律规定或者当事人的授权,在民事诉讼中为当事人的利益进行民事诉讼活动的人。诉讼代理人应当享有诉讼代理权,诉讼代理权,是指在民事诉讼中,代理人代理当事人进行诉讼活动的权限。诉讼代理人具有以下特征:

(1)诉讼代理人必须具有诉讼行为能力。诉讼代理人代理当事人进行诉讼活动,因此在整个诉讼代理期间,诉讼代理人必须具有诉讼行为能力,否则不仅其代理行为无效,而且也将丧失代理资格。

(2)诉讼代理人必须以被代理人的名义进行诉讼。诉讼代理人不是当事人,其参加诉讼目的在于维护被代理人的合法权益,因此只能以被代理人的名义进行诉讼活动。

(3)诉讼代理人必须在代理权限范围内进行诉讼活动。诉讼代理人进行诉讼活动的依据是代理权,因此其实施诉讼活动的范围受到代理权的限制。如果诉讼代理人进行的诉讼活动超越代理权范围,则该行为无效。

(4)诉讼代理行为的法律后果由被代理人承担。诉讼代理人进行诉讼活动产生的后果既包括程序后果,如代理当事人申请撤诉,法院裁定准许撤诉,诉讼程序结束,被代理人不得要求法院继续审理;也包括实体后果,如案件败诉,民事责任由被代理人承担。

(5)诉讼代理人只能代理一方当事人进行诉讼活动,不能同时代理双方当事人。在民事诉讼中,当事人双方利益是相互对立的,因此如果允许一个诉讼代理人同时代理双方当事人进行诉讼,则必然损害一方被代理人的合法权益。

(二)民事诉讼代理制度的作用

《民事诉讼法》第60条至第65条规定了诉讼代理人制度,其主要意义在于：

（1）保证民事诉讼的正常进行。法律规定，无民事行为能力、限制民事行为能力人属于无民事诉讼行为能力人，他们作为民事主体参加诉讼，必须由其法定代理人代为进行，以保证其合法权益得到保障，使诉讼顺利进行。

（2）保障当事人充分行使诉讼权利。一般当事人往往不具有法律专业知识和诉讼技巧，在辩论等诉讼过程中，如果能寻求和得到诉讼代理人的帮助，可以保障当事人及时、充分、有效行使诉讼权利。

（3）有利于人民法院正确处理纠纷。在司法实务中，由律师担任诉讼代理人，既能够向审判人员提供有价值的法律意见，又能够推进诉讼程序合法、有序地进行。

根据诉讼代理权的产生根据，我国《民事诉讼法》规定了两种诉讼代理人，即法定诉讼代理人和委托诉讼代理人。诉讼代理人代理权产生的根据不同，代理权限和发挥的作用不同，因而形成了各自不同的代理制度。

▶ 二、法定诉讼代理人

（一）法定诉讼代理人及范围

法定诉讼代理人，是指根据法律规定代理无诉讼行为能力的当事人实施诉讼行为的人。法定诉讼代理是为无行为能力人、限制行为能力人确定的一种保护制度。法定诉讼代理是以监护权为基础建立的。《民事诉讼法》第60条规定："无诉讼行为能力人由他的监护人作为法定代理人代为诉讼。法定代理人之间互相推诿代理责任的，由人民法院指定其中一人代为诉讼。"就是说，根据法律规定，对当事人行使监护权的人，都可作为他的法定代理人。法定代理人是当事人民事行为的代理人，也是诉讼行为的代理人。

（二）法定诉讼代理人的诉讼地位和代理权限

法定诉讼代理制度是在当事人没有诉讼行为能力的情况下，以民事实体法规定的监护权为基础的，因此在民事诉讼中，法定诉讼代理人处于与被代理的当事人相类似的诉讼地位。"相类似"一方面反映了他的诉讼行为被视为当事人的诉讼行为，另一方面反映的是法院将其视为被代理当事人。但是，法定诉讼代理人毕竟不是被代理的当事人，因此法定诉讼代理人进行诉讼行为的后果由被代理的当事人承担。当法定诉讼代理人在诉讼过程中死亡或因故不能行使代理权时，法院裁定中止诉讼程序。一旦确定新的法定诉讼代理人，由其代理当事人继续进行诉讼。

法定诉讼代理人的代理权限非常广泛，凡是被代理人享有的诉讼权利，法定诉讼代理人都有权代替其行使，凡是被代理人负有的诉讼义务，法定诉讼代理人都应当代为履行。法定诉讼代理人所为的一切诉讼行为,均视为被代理人本人所为的诉讼行为,与当事人的诉讼行为具有同等的效力;法定诉讼代理人在诉讼中与被代理人居于同等的诉讼地位,其代理权不受限制,他有权代理被代理人实施一切诉讼行为,既有权处分当事人诉讼权利,又有权处分当事人的实体权利。

（三）法定诉讼代理权的取得和消灭

法定诉讼代理权,在一定条件下产生,也在一定条件下消灭。法定诉讼代理权的取得依赖于代理人与被代理人之间的监护关系。监护关系存在即产生监护权、法定诉讼代理权,监护权消灭,法定诉讼代理权消灭。根据《民法典》及有关规定,法定诉讼代理人代理权消灭的情形包括:① 被代理人取得或者恢复行为能力;② 法定诉讼代理人本人死亡或者丧失诉讼行为能力;③ 基于婚姻关系或者收养关系产生的监护权,这些关系的解除时,其法定诉讼代理权随之消灭;④ 被代理人死亡;⑤ 诉讼结束。

三、委托诉讼代理人

（一）委托诉讼代理人的概念和特点

委托诉讼代理人,是指受诉讼当事人、法定代表人或者法定代理人的委托,以当事人的名义代为诉讼行为的人。确定委托代理制度目的就在于为当事人提供诉讼方便,维护当事人合法权益。委托诉讼代理是民事诉讼中适用比较普遍的一种代理方式。与法定诉讼代理人相比较,委托诉讼代理人有以下特点:

（1）委托诉讼代理人和被代理人都是具有诉讼行为能力的人。委托诉讼代理建立在代理人与被代理人双方意定基础上,只有双方都具有诉讼行为能力,他们的意定行为才能产生法律效力。

（2）诉讼代理的权限范围和代理事项由被代理人决定。代理人与被代理人建立委托关系,代理人的代理权限和代理事项一般由被代理人自行决定,法律有特殊规定的,按照特殊规定确定。代理人只能在代理权限范围内实施诉讼行为。

（3）建立委托诉讼代理关系,委托人应当出具授权委托书并提交给法院。因为委托诉讼代理是意定代理,授权委托书不仅表明代理人与被代理人之间有代理关系,而且可以使法院、对方当事人等了解代理人的授权范围,进而判断其代理行为是否有效。

(二)委托诉讼代理人的范围和人数

基于国情,我国没有实行强制律师代理制度①,根据《民事诉讼法》第61条第2款的规定,可以接受委托担任代理人的范围十分广泛,具体包括:

(1)律师、基层法律服务工作者。根据《律师法》的规定,律师是通过国家统一法律职业资格考试并取得律师执业证书的人员。基层法律服务工作者是指不具有律师身份但专门从事法律服务工作的人员,如乡镇司法助理员等。

(2)当事人的近亲属或者工作人员。主要包括自然人的配偶、父母、子女以及兄弟姐妹等,以及法人、其他组织的工作人员。

(3)当事人所在社区、单位以及有关社会团体推荐的人。"有关社会团体"主要是指那些对其成员负有保护责任的社会团体,比如工会、共青团、妇联以及消费者协会等对其保护人员民事权益受到损害的诉讼,可以被委托为诉讼代理人。

根据《民事诉讼法》第61条第1款的规定,当事人、法定代理人可以委托1—2人作为诉讼代理人。如果委托2名代理人,被代理人在授权委托书中分别写明每个诉讼代理人的代理权限和代理事项,保证代理活动顺利进行。

(三)委托诉讼代理人的代理权限与诉讼地位

1. 委托诉讼代理人代理权限

由于委托诉讼代理人的代理权限范围是由委托人决定的,委托代理人只能在受托的权限范围内代替进行诉讼行为。代理人超越代理权限实施的诉讼行为,属于超越代理,除非得到被代理人事后的追认,否则就是无效诉讼行为,不对被代理人产生法律效力,由其自行承担法律后果。为确保代理权限的有效性,《民事诉讼法》规定授权委托必须以书面形式进行,向人民法院提交由委托人签字或盖章的授权委托书。

根据当事人、法定诉讼代理人、法定代表人授权委托的范围,可以将委托诉讼代理分为一般授权代理和特别授权代理。一般授权代理,就是代理人只能实施被代理人所享有的保障自己进行诉讼活动的一般诉讼行为,如代为起诉、代为申请回避、代为提出管辖权异议、代为答辩等;而特别授权代理,表明代理人可依授权依法处分当事人的某些实体权利和诉讼权利。根据《民事诉讼法》第62条第2款的规定,委托诉讼代理人代为承认、放弃、变更诉讼请求,

---

① 强制律师代理,是指一些国家实行的只有律师可以作为委托代理人或者在法院审判民事案件的某些程序阶段,如上诉审程序中或者在某种审判组织审、合议制审理案件时,必须由律师作为代理人的制度。

进行和解,提起反诉或上诉,必须有委托人的特别授权。根据《民诉法解释》第89条的规定,当事人向人民法院提交的授权委托书,应在开庭审理前提交人民法院。授权委托书仅写"全权代理"而无具体授权的,诉讼代理人无权代为承认、放弃诉讼请求,进行和解,提起反诉或者上诉。

2. 委托诉讼代理人诉讼地位

委托诉讼代理人在诉讼中的地位与法定诉讼代理人不同,不是处于相当于当事人的地位,而是具有独立诉讼地位的诉讼参加人。[①] 由于委托代理是意定代理,因此被代理人决定代理权限、代理事项后,究竟如何行使这些权限、怎样实施诉讼活动由代理人按照自己意志进行。委托代理建立在被代理人与代理人双方利益要求一致的基础上,当出现矛盾,委托代理人有权辞去代理。正是由于法定诉讼代理人与委托诉讼代理人诉讼地位的不同,民事诉讼制度适用上也不完全相同,如法院通知当事人、法定诉讼代理人出庭适用传票,而通知委托诉讼代理人适用通知书。

在一般情况下,当事人、法定诉讼代理人、法定代表人委托代理人后,可以与代理人一同出庭,也可以由代理人单独出庭。但是由于离婚案件涉及身份关系,判决离与不离的标准是双方感情破裂,而感情是否破裂只有当事人本人最了解,因此《民事诉讼法》第65条对离婚案件委托代理进行了特殊规定,即离婚案件的当事人即使委托诉讼代理人,除不能表达意思的以外,本人仍应出庭,有特殊情况确实无法出庭的,被代理人必须向人民法院提交书面意见。

(四) 委托诉讼代理权的产生、变更和消灭

1. 委托诉讼代理人的产生

委托诉讼代理人的代理权产生于当事人、法定代理人的授权委托行为。《民事诉讼法》规定当事人、法定代理人,法定代表人委托他人代为诉讼必须向人民法院提交由委托人签名或盖章的授权委托书。授权委托书必须记明委托的事项和权限。为保证从国外寄交或者托交委托书的真实性、有效性,《民事诉讼法》第62条第3款规定,侨居在国外的中国公民委托代理人的授权委托书,必须经我国驻该国的使领馆证明;没有使领馆的,由与我国有外交关系的第三国驻该国的使、领馆证明,再转由我国驻第三国使领馆证明,或者由当地爱国华侨团体证明。

---

① 参见宋朝武主编:《民事诉讼法学》(第5版),中国政法大学出版社2018年版,第268页。

2. 委托诉讼代理权的变更和消灭

在诉讼中,委托授权范围可以变更,委托人和受托人协商变更代理权限范围的,应通知人民法院,然后由人民法院通知对方当事人。出现下列情况的,委托诉讼代理权消灭:① 诉讼终结;② 委托诉讼代理人丧失代理能力或死亡;③ 被代理人解除委托或者委托代理人辞去代理。

在诉讼中,如果委托诉讼代理权消灭,被代理人必须书面通知人民法院,由人民法院通知对方当事人。

案例精选

▶【案例1】[①]

2005年4月2日19时30分许,王昌胜驾驶苏AQ0128号三轮运输车,沿双望线从北向南行驶至4KM路段时,将一六七十岁男性撞跌于东侧机动车道。就在此时吕芳驾驶的苏AAV822号小轿车由南向北行驶经过此路段,小轿车从该男性身体上碾过,致其死亡。事发后,高淳县交警大队未能查明该男性死者的姓名,并认定王昌胜与吕芳各负事故的同等责任,无名男性不负事故责任。由于无人认领该男性尸体,交警大队就将尸体交殡仪馆火化。王昌胜和吕芳均在天安保险公司投保了第三者责任险。在高淳县人民检察院检察建议情况下,高淳县民政局提起诉讼,要求王昌胜、吕芳以及天安保险公司赔偿丧葬费及死亡赔偿金166331元。高淳县人民法院受理案件后,以民政局不是适格原告为由,裁定驳回起诉。民政局不服第一审裁判,向南京市中级人民法院提起上诉。第二审人民法院审理后,认为上诉理由缺乏法律依据,原审法院裁定驳回并无不当,因此裁定驳回上诉,维持原裁定。

评析: 本案涉及的是原告是否符合起诉条件,即是否适格问题。根据《民事诉讼法》第122条第1项的规定,法定起诉条件要求原告是与本案有直接利害关系的公民、法人和其他组织。根据国务院《城市生活无着的流浪乞讨人员救助管理办法》和民政部《城市生活无着的流浪乞讨人员救助管理办法实施细则》的规定,各级民政部门有责任对无名流浪乞讨人员采取提供食物、住宿条件和疾病治疗等救助措施。由于行政规范、规章没有赋予各级民政部门为维护无名流浪乞讨人员合法权益提起诉讼的权利,因此人民法院以民政局不是适格原告为由,裁定驳回起诉。

---

① 参见李飞坤、李立主编:《参阅案例研究 民事卷》(第一辑),中国法制出版社2009年版,第294—297页。

案例精选

▶【案例 2】①

2015年8月13日,中国环境保护与绿色发展基金会(以下简称"绿发会")向宁夏回族自治区中卫市中级人民法院提起诉讼称:宁夏瑞泰科技股份有限公司(以下简称"瑞泰公司")在生产过程中违规将超标废水直接排入蒸发池,造成腾格里沙漠严重污染,截至起诉时仍然没有整改完毕。请求判令瑞泰公司:① 停止非法污染环境行为;② 对造成环境污染的危险予以消除;③ 恢复生态环境或者成立沙漠环境修复专项基金并委托具有资质的第三方进行修复;④ 针对第二项和第三项诉讼请求,由人民法院组织原告、技术专家、法律专家、人大代表、政协委员共同验收;⑤ 赔偿环境修复前生态功能损失;⑥ 在全国性媒体上公开赔礼道歉等。

宁夏回族自治区中卫市中级人民法院于2015年8月19日作出(2015)卫民公立字第6号民事裁定,以绿发会不能认定为《环境保护法》第58条规定的"专门从事环境保护公益活动"的社会组织为由,裁定对绿发会的起诉不予受理。绿发会不服,向宁夏回族自治区高级人民法院提起上诉。该院于2015年11月6日作出(2015)宁民公立终字第6号民事裁定,驳回上诉,维持原裁定。绿发会又向最高人民法院申请再审。最高人民法院于2016年1月22日作出(2015)民申字第3377号民事裁定,裁定提审本案;并于2016年1月28日作出(2016)最高法民再47号民事裁定,裁定本案由宁夏回族自治区中卫市中级人民法院立案受理。

评析:虽然2012年《民事诉讼法》、2014年修订《环境保护法》以及相关司法解释对环境民事公益诉讼制度进行了相对明确的规定,但实务部门对此理解不一,因此最高人民法院将本案确定为指导性案例。本案中争议的焦点是绿发会是否具有提起环境民事公益诉讼的主体资格。根据2012年《民事诉讼法》第55条(现行法第58条)、2014年《环境保护法》第58条以及《最高人民法院关于审理环境民事公益案件诉讼适用法律若干问题的解释》的规定,确定绿发会是否具有提起环境民事公益诉讼的主体资格应当从两个方面审查:其一,绿发会是否是在设区的市级以上人民政府民政部门登记的社会组织且在提起诉讼前5年内未因从事业务活动违反法律、法规的规定受过行政、刑事处罚。就本案来说,绿发会是在中华人民共和国民政部登记的基金会法人。

---

① 中国生物多样性保护与绿色发展基金会诉宁夏瑞泰科技股份有限公司环境污染公益诉讼案,最高人民法院指导案例75号(2016年)。

绿发会向人民法院提交了基金会法人登记证书、2010—2014年度检查证明材料，显示其在提起本案公益诉讼前5年年检合格以及未因从事业务活动违反法律、法规的规定而受到行政、刑事处罚。其二，绿发会是否专门从事环境保护公益活动。对此，应重点从其宗旨和业务范围是否包含维护环境公共利益，是否实际从事环境保护公益活动，以及所维护的环境公共利益是否与其宗旨和业务范围具有关联性等三个方面进行审查。首先，从绿发会章程内容看，其宗旨为"广泛动员全社会关心和支持生物多样性保护和绿色发展事业，保护国家战略资源，促进生态文明建设和人与自然和谐，构建人类美好家园"。即绿发会的宗旨和业务范围包含维护环境公共利益内容。其次，在本案第一审、第二审及再审期间，绿发会提交了自1985年成立以来长期实际从事举办环境保护研讨会、组织生态考察、开展环境保护宣传教育、提起环境民事公益诉讼等环境保护活动的照片和相关材料，这说明绿发会长期从事环境保护活动。最后，本案是对腾格里沙漠污染提起的环境公益诉讼。绿发会起诉认为瑞泰公司将超标废水排入蒸发池，严重破坏了腾格里沙漠脆弱的生态系统。维护环境公共利益属于绿发会宗旨和业务范围。因此绿发会具备提起环境民事公益诉讼的主体资格。

思考问题

1. 确定适格当事人的标准。
2. 必要共同诉讼与普通共同诉讼的关系。
3. 代表人诉讼制度和共同诉讼制度的关系。
4. 民事公益诉讼的原告资格的确定。
5. 有独立请求权第三人与必要共同原告的区别。
6. 无独立请求权第三人的法律地位。

第七章 民事诉讼证据

证据是全部民事诉讼活动的核心。它连接了实体法和程序法,既是当事人进行诉讼、维护合法权益的必要条件和有力武器,也是人民法院裁判正当性的根本保障。本章主要介绍了证据的概念,证据的构成要件,证据的证据能力和证明力,证据的种类,证据保全以及当事人举证和人民法院调查收集证据的关系。

第一节　民事诉讼证据概述

一、民事诉讼证据的概念

证据既是法律术语，也是现代汉语的常用词汇。在日常生活中，证据在诸多非法律事务中被广泛使用。从语义上理解，证据即证明的根据。作为法律语境中使用的专门术语，证据的概念在我国民事诉讼法学界一直是一个引发颇多争议的问题。争议的范围涉及证据法学、哲学、社会学等诸多领域，先后出现了"事实说""材料说""根据说""结合说""信息说"等不同观点。

传统证据法学理论认为，证据是能够证明案件真实情况的事实。将证据等同于事实的观点在我国诉讼法学研究中具有深远影响，并为1996年《刑事诉讼法》认可。[①] 在将证据界定为"事实"的前提下，为解决"证据必须查证属实"的逻辑悖论，理论上又对证据与证据材料进行区分。所谓证据材料，指的是当事人为证明自己的事实主张向人民法院提供的或由人民法院调查收集的、尚未经过法庭审核的资料。证据材料是证据的初始形态，但尚不具备作为定案根据的资格；民事诉讼证据来源于证据材料，是经过对证据材料的筛选和审查核实后用来认定案件事实的人民法院裁判根据。我国《民事诉讼法》对二者并未进行区分，民事诉讼理论和实践中也往往在两种意义上使用证据这一概念，有时指未经诉讼程序检验的证据材料，有时指人民法院认定争议案件事实的裁判根据。

近年来，"材料说"得到越来越多的认可，即证据是指能够证明案件真实情况的各种材料。2012年《刑事诉讼法》修改时也采纳了该观点，在第48条第1款规定："可以用于证明案件事实的材料，都是证据。"有关证据概念的上述界定，在现行《刑事诉讼法》中得以沿用。"材料说"既关注证据的内容，即证据本身存储的信息；又关注证据的形式，即承载证据信息的各种载体，认为证据是内容和形式的统一。与此同时，该观点回避了有关证据是否属实的价值判断，符合证据材料经查证属实过渡为定案根据的运用逻辑，经立法采纳确立了权威的证据概念。

二、民事诉讼证据的属性

证据的属性是指证据内在的规定性，是判断某事物能否作为证据使用的

---

① 1996年《刑事诉讼法》第42条第1款规定："证明案件真实情况的一切事实，都是证据。"

标准,也是证据区别于其他非证据事物的标志,又被称为证据的特征、证据的形成条件或证据的判断标准。①有关证据属性的问题在我国一直争议不断。一种代表性的观点是"三性说",即认为证据具有客观性、关联性和合法性。②另有观点则否认证据的合法性,主张证据仅具有客观性和关联性。③ 近年来还有证据属性否认说的观点,即认为证据既不具有客观性,也不具有合法性,就其本质属性而言也不存在关联性,关联性仅是证据的外部属性。④ "三性说"在我国具有深远影响,也是通行的观点,最近几年相关司法解释的规定则体现了以"真实性"取代"客观性"的趋势。

(一) 客观性

证据的客观性指证据所反映的内容是不以人的主观意志为转移的客观存在,而非主观臆测、凭空杜撰或任意曲解出来的东西。客观性是证据的首要构成要件,也是证据的本质特征。

证据的客观性主要包括两个方面的含义:一方面,证据的内容是客观的,是不以人的意志为转移的客观存在;另一方面,证据的外在表现形式具有客观性。无论何种形式的证据,都是人们可以通过触觉、视觉、听觉、嗅觉感知到的。证据的客观性保证了案件事实认定的客观性,同时也决定了利用证据认定案件事实是最可靠也是最有说服力的诉讼证明手段。

不可否认,证据在其形成、调查收集、提供、质证、认证并最终用来证明案件事实的全过程中,不可避免地与人的主观活动联系在一起,因而不同程度上沾染了主观性的印记。但是,这种主观性是指对证据的客观性的主观认识。司法人员对证据的判断,应当满足主观符合客观的要求。法院的裁判如果不是建立在客观证据的基础之上,其公正性就无法得到保障。强调证据具有客观性,主要是指证据必须具有真实性,不能是虚假或伪造的。我国有关证据审查判断的相关规定中,多次提及要确认证据的真实性。例如,《民诉法解释》第 104 条规定:"人民法院应当组织当事人围绕证据的真实性、合法性以及与待证事实的关联性进行质证,并针对证据有无证明力和证明力大小进行说明和辩论。能够反映案件真实情况、与待证事实相关联、来源和形式符合法律规定的证据,应当作为认定案件事实的根据。"

---

① 参见汤维建:《关于证据属性的若干思考和讨论——以证据的客观性为中心》,载《政法论坛》2000 年第 6 期。
② 参见江伟主编:《民事诉讼法学》(第 3 版),北京大学出版社 2015 年版,第 177 页。
③ 参见张卫平:《民事证据法》,法律出版社 2017 年版,第 15 页。
④ 易延友:《证据法学:原则 规则 案例》,法律出版社 2017 年版,第 12 页。

（二）关联性

证据的关联性，又被称为证据的相关性，指证据必须与案件事实之间存在客观联系，即证据必须能够在某种程度上证明某项案件事实存在或是不存在。关联性是证据赖以构成的另外一个核心要素，是从证据事实与案件事实的相互关系这一角度来反映证据特征的，说明了客观事实可以作为证据的内在根据问题。

关联性是证据生而具备的属性，因为证据对案件事实的证明作用是以证据和案件事实之间的联系为基础的。二者之间存在联系，证据才能发挥证明作用；二者之间没有联系，则不能证明。根据英美证据法理论，证据若具有关联性，需要满足两个条件：一是证据所指向的证明对象是能够决定案件结果的事实（证据具有实质性）；二是证据必须使能够决定案件结果事实的存在或不存在具有更有可能或更无可能的趋势（证据具有证明性）。① 英美法关于证据关联性的经典定义认为，关联性是指"任何两项事实是如此互相关联着，以至于按照事物的通常发展进程，其中一项事实本身或与其他事实相联系，能够大体证明另一事实在过去、现在或将来的存在或不存在"。②《美国联邦证据规则》第401条也规定："关联性证据是指证据具有任何这样一种倾向，有这项证据要比没有这项证据，对于审理案件有意义的任何事实的存在更可能或者更不可能。"③在大陆法系国家，法官在认定证据的关联性上具有很大的能动性。涉及证据与案件事实是否有关联性的问题，一般交给法官自由心证来处理。

从哲学的角度分析，客观事物之间的普遍联系是绝对的。但是，法律意义上证据的关联性必须符合一定的条件：其一，证据的关联性是针对具体个案中的案件事实而言的，即证据必须在一定程度上对案件事实起到证明作用；其二，证据的关联性必须达到一定的最低限度，即尽管证据与案件事实之间的联系方式及紧密程度不同，但证据必须对证明案件事实有帮助。证据关联性的上述两个特征决定了，这种关联性必须在解决个案纠纷的过程中，与具体的案件事实相结合，才能加以确定。因此，有关证据关联性的判断标准，在很大程度上无法通过立法解决，而必须交由司法者在个案审理中具体把握，根据生活常识、逻辑和经验法则等进行裁量判断。

---

① 参见易延友：《证据法学：原则 规则 案例》，法律出版社2017年版，第102—103页。
② James Fitzjames Stephen, *Digest of the Law of Evidence*, 12th ed., 1948(revised), London: Macmillan, art1.
③ 高忠智：《美国证据法新解：相关性证据及其排除规则》，法律出版社2004年版，第39页。

（三）合法性

证据的合法性，指证据必须符合法定的形式，并按照法定的程序收集、提供和审查判断，主要包括以下三个方面的内容：

1. 形式合法性

形式合法性指证据必须符合法律规定的证据的一般表现形式，即证据必须以我国《民事诉讼法》规定的八种证据形式之一出现在诉讼中。此外，形式合法性还要求证据必须符合实体法律规范要求的证据的特殊表现形式。例如，若证明婚姻关系存在，当事人必须提供婚姻登记机关颁发的结婚证，而不能以双方之间的结婚协议替代。

2. 主体合法性

主体合法性指形成证据的主体必须符合相关法律的规定。主体合法性的要求主要是为了保证证据的真实性。例如，我国《民事诉讼法》对证人、鉴定人的资格和条件都有一些限制性规定，若形成证据的主体不符合法定的资格或条件，该证据不能作为认定案件事实的根据。

3. 证据收集、转化的程序合法性

程序合法性首先指证据的收集、取得必须符合法律的规定，违反法定程序收集、提交的证据不能作为定案根据。收集证据的程序对证据合法性的影响主要体现在非法证据排除规则上。亦即，法律一般并不明确规定证据合法性的条件，而是通过排除非法证据以保证证据收集程序的合法性。《民诉法解释》第 106 条确立了我国民事诉讼非法证据排除的标准，即"对以严重侵害他人合法权益、违反法律禁止性规定或者严重违背公序良俗的方法形成或者获取的证据，不得作为认定案件事实的依据"。此外，程序合法性还要求证据材料转化成为证据必须经过法律规定的质证程序。未经质证，任何证据不得作为认定案件事实的依据。但当事人在审理前的准备阶段认可的证据，经审判人员在庭审中说明后，视为质证过的证据。

▶ 三、证据能力和证明力

大陆法系证据法学理论一般采用证据能力和证明力来阐述证据的基本属性。这两个概念与前述证据的客观性、关联性、合法性关系密切，或者其本身在一定程度上就表明了证据所具有的上述属性。

（一）证据能力

证据能力，指证据材料可以被采用为证据的资格，即证据材料满足诉讼证明对证据的基本要求，作为定案根据的资格和条件。民事诉讼中，用于证明案件事实的证据，必须具备证据能力。

证据能力与证据的属性二者关系密切。因此,对证据能力的审查要从证据的属性或构成要件入手。从证明过程看,当事人为证明自己的主张,必须要向法院提交证据材料。因为不具备证据能力的事实材料进入诉讼,会造成时间、精力的浪费,所以对证据能力的考察是法官审查判断证据的第一个阶段。在此,法官考虑的主要问题是证据的关联性和合法性,或者说,证据能力的主要内容是证据的关联性和合法性。

第一,就判断证据是否具有证据能力的关联性标准而言,该证据与待证案件事实之间的联系必须具有实质性的证明价值。举例来说,在家庭暴力引发的离婚诉讼中,丈夫的父亲脾气暴躁、经常对其母亲实施家庭暴力的证人证言不具备证据能力。上述证据与案件事实之间的关联性肯定是存在的,因为事物之间的联系是普遍的,儿子很可能会受到父亲行为的影响。但二者之间的这种关联性过于遥远和不确定,对于该案而言,显然不符合该证据具备证据能力的关联性标准。

第二,证据能力的合法性标准主要体现为非法证据排除规则。为了查明事实,法律对进入诉讼的事实材料一般不预先加以安排,与案件有关的事实材料,一般都有证据能力。对诉讼实践来说,哪些事实材料不得作为证据提出,才是最值得关注的。我国民事诉讼非法证据排除标准体现在前述《民诉法解释》第 106 条。对于不具有程序合法性的证据是否具有证据能力,英美法系和大陆法系证据法立场有所不同。在英美法系,程序违法对证据的证据能力影响较大,在大陆法系则影响较小。违反程序是否会导致证据的证据能力被否定,需要根据具体情形确定。①

(二)证明力

证明力,指证据对案件事实的证明效果,即证据在多大程度上能证明案件事实。虽然基于证据与案件事实的关联性,所有证据都能在一定程度上证明案件事实的真伪,但不同证据的证明作用却可能相差悬殊。证据的证明力就说明了证据对于案件事实有无证明作用及证明作用的大小。

证据的证明力与其客观性密不可分,因为证据具有证明力的前提是证据所反映的内容是真实的。而真实的证据能够在多大程度上证明待证事实则主要取决于证据和待证事实之间的关联性。一般而言,证据与案件事实之间的关联性越紧密,其证明作用就越强。这就是直接证据比间接证据证明力更强的原因所在。实际上,考察证据的证据能力和证明力均离不开对证据关联性的判断,只不过证据能力主要涉及证据关联性的有无,而证明力则主要涉

---

① 参见张卫平:《民事证据法》,法律出版社 2017 年版,第 18 页。

及证据与案件事实之间联系的紧密程度和性质。

究其实质,证明力反映的是证据的可信程度。若从学理上进行划分,不同种类的证据证明力大小存在差别,如单个的直接证据的证明力一般强于单个的间接证据,原始证据的证明力明显强于传来证据。但具体到个案,对证据证明力的判断不能完全依靠既定的规则,而是需要借助于法官的认识活动。根据证据的证明力是由法律统一作出规定还是委诸法官自由判断,在诉讼理论上存在法定证据制度和自由心证证据制度的区分。所谓法定证据制度,指的是涉及证据的证明力及其取舍运用,都由法律预先规定,法官运用证据以及对证据证明力的判断,要受到法律的约束。而自由心证的证据制度,指的是法律不预先规定不同证据的证明力,涉及证据的取舍、运用以及证明力的大小,交由法官凭借其良心和理性自由作出判断。正如1808年法国《刑事诉讼法典》第342条的经典表述:"法律不要求陪审法官报告他们建立确信的方法,法律也不给他们预定一些规则,要他们必须按照这些规则来决定证据是不是完全和充分。法律只是要求他们集中精神,在自己良心的深处探求对于所提出的不利于被告人的证据和被告人的辩护手段在自己的理性中产生了什么印象。法律不向他们说:'你们应当把多少证人所证明的每一件事实认为是真实的。'法律也不向他们说:'你们不要把没有由某种笔录、某种文件、多少证人或多少罪证……所决定的证据,看作是充分证实的。'法律只向他们提出一个能够概括他们职务上的全部尺度的问题:'你们真诚地相信吗?'"无论是法定证据制度还是自由心证的证据制度,都是各自时代的产物。法定证据制度盛行于中世纪的德国和意大利。之所以确立法定证据制度,与当时诉讼中采用的职权主义诉讼模式密切相关。基于法官队伍整体素质较低和大众对法官缺乏信任感的社会现状,为避免法官在诉讼中滥用自由裁量权,立法者认为必须由法律预先规定证据的证明力和取舍运用规则。而19世纪后,随着国家权力的分立和法官素质的普遍提高,法官滥用权力的风险降低。除此之外,当事人民主意识的不断增强和诉讼结构的日趋合理化,也是自由心证的证据制度应运而生的原因所在。

有关证据证明力的判断,我国民事诉讼法并未明确规定实行自由心证的证据制度,但《民诉法解释》第105条之规定,隐晦地表达了自由心证的精神。即审判人员应当依照法律程序,全面、客观地审核证据,依据法律规定,运用逻辑推理和日常生活经验法则,对证据有无证明力和证明力大小进行判断,并公开判断的理由和结果。该规定明确了法官审查判断证据证明力的基本原则,为证据采信提供了依据。与此同时,为给审判人员审查判断证据提供指导,我国《民事诉讼法》以及相关司法解释也对证据证明力的判断作出了一些具体规定。例如,对于特定类型的证据或特定情形的存在有可能影响证据证明力的情况,立法对其证明力进行限制,规定不得单独作为认定案件事实的依据。①

(三)证据能力和证明力的区别

(1)是否具备证据能力,是证据能否进入诉讼的"门槛"问题,决定了证据是否被允许进入诉讼程序;而证明力的核心是证据的可信度问题,说明了该证据是否具备证明案件事实的作用和能力。

(2)证据能力只存在有或无的差别,不存在大小的区别;而证据的证明力是对证据证明作用的判断,不仅涉及有无的问题,不同证据的证明力还存在大小之别。以此观之,可以说证据能力是定性的概念,而证明力是定量的概念。

(3)涉及证据能力的立法规定中蕴含着立法者的价值取向,因此法官对证据能力的判断要严格遵循立法者所确定的规则;法律或司法解释对证据证明力的有无或强弱也会作出规定,但对证明力大小的判断在很大程度上与经验、逻辑、伦理规则等密切相关,需交由审理者依据经验和理性作出判断。

诉讼证明过程中处理证据能力和证明力之间关系的原则是,法官首先要解决证据有无证据能力的问题,在此基础上才能对证据的证明力作出判断。因为证据材料只有具备证据能力,才能进入诉讼发挥证明作用。在无法确定证据是否具备证据能力的前提下,对证明力的大小进行判断徒劳无益。

第二节 民事诉讼证据的种类

一、当事人陈述

(一)当事人陈述的概念和特征

当事人陈述,指当事人在诉讼中就有关案件的事实情况向法院所作的陈述。从广义理解,当事人在诉讼中所进行的陈述涉及多方面的内容,包括其诉讼请求或抗辩请求,对案件事实的陈述,对证据的分析、判断和应否采纳的建议,对案件法律适用问题或处理方式的意见,等等。但是,并非上述所有陈述都属于作为证据的"当事人陈述"的范围。作为法定证据之一的当事人陈述,仅指当事人就其所感知或认识的案件事实,尤其是作为诉讼请求根据或反驳诉讼请求根据的案件事实,所进行的陈述。

---

① 参见《民事诉讼法》第78条和《证据规定》第90条。

当事人陈述具有如下特征：

（1）真实性与虚假性并存，较难确定其证明力。当事人亲身经历了民事法律关系发生、变更和消灭的整个过程，若如实陈述，则有助于法院全面、客观地了解案件事实。但是，由于当事人与裁判结果有直接利害关系，其陈述的真实性和可靠性容易受到当事人自身心理、个性等因素的影响。因此，当事人陈述的证明力较难判断。

（2）是相对而言最容易收集的证据。诉讼无法脱离当事人进行，当事人陈述是在任何一个民事案件中都存在的一种证据，并且最容易收集。

（3）陈述内容具有广泛性。当事人陈述内容往往涉及案件事实的各个方面，而其他一些法定证据形式则不具有这一特点。例如，鉴定意见通常仅涉及案件事实某一方面的问题，物证对案件事实的反映是碎片化的，往往需要举证人对物证本身或其与待证事实之间的关系作出说明。

（二）当事人陈述的功能

根据大陆法系的民事诉讼理论，当事人就案件事实向法院进行的陈述，具备三种功能：其一，确定法院审理的事实范围和诉讼证明的对象。根据辩论主义的要求，案件主要事实或要件事实只要在当事人的辩论中没有出现，法院就不得以其作为裁判的基础。所谓要件事实或主要事实，是指在判断出现权利发生、变更或消灭之法律效果中直接且必要的事实，换言之，是与作为法条构成要件被列举的事实（要件事实）相对应的事实。① 而当事人向法院陈述的作为其诉讼请求根据的事实，即关于案件主要事实的主张，就是诉讼中的证明对象。其二，排除争议事实，缩小证明对象的范围。当事人对不利于自己的案件事实的真实性的认可，构成当事人自认。对此种性质的当事人陈述，各国诉讼法一般都认可其证明力，赋予其免除对方当事人证明责任的效力。其三，证明手段的功能，指当事人作为证据方法而就其亲历所知向法院陈述的有关案件事实，可以作为证据资料供法院参考。②

（三）当事人陈述的证明力

关于如何看待当事人陈述的证明价值，大陆法系和英美法系有不同的做法。英美证据法中，不存在当事人陈述这一独立的证据种类。当事人是证人的一种，其在法庭上接受质询而对案件事实所作的陈述被视为证人证言。因此，和其他证人证言一样，当事人陈述的证明力由法官根据交叉询问的结果

---

① 参见〔日〕高桥宏志：《民事诉讼法：制度与理论的深层分析》，林剑锋译，法律出版社2003年版，第340页。

② 参见〔日〕兼子一、竹下守夫：《民事诉讼法》（新版），白绿铉译，法律出版社1995年版，第100页。

来确定。法官既不会因为当事人和案件的审理结果存在法律上的利害关系而限制其陈述的证明作用，也不会因为当事人在宣誓之后进行陈述而赋予其特殊的证明价值。在大陆法系国家，当事人陈述一般作为一种补充性或从属性证据而存在。如果当事人作出了有利于自己的陈述，只有当法官穷尽其他证明方法仍无法就待证事实获得心证时，才可以将该陈述作为证据与其他证明方法结合使用。当事人如果在法庭上承认了对方当事人主张的不利于自己的事实，则该陈述被视为诉讼上的自认，具有免除对方当事人证明责任的效力。

我国《民事诉讼法》第78条规定："人民法院对当事人的陈述，应当结合本案的其他证据，审查确定能否作为认定事实的根据。当事人拒绝陈述的，不影响人民法院根据证据认定案件事实。"根据上述规定，当事人陈述不能独立地证明案件事实，法官只有借助其他相关证据对陈述的真实性加以证明，才能将其作为认定案件事实的依据。因此，当事人陈述的证明力受到很大限制。虽然立法将当事人陈述作为独立的证据种类进行规定，但其地位仍然是辅助性的。

（四）当事人的真实陈述义务

因当事人陈述的主观性较强，且具有不稳定的特点，很多国家和地区都在民事诉讼法中规定了当事人的真实义务或真实陈述义务。在诚信原则明文化、法定化的背景下，确立我国民事诉讼当事人的真实义务，既是诚信原则的基本要求和重要实现环节，对遏制司法实践中普遍存在的虚假诉讼、恶意诉讼等现象也具有积极意义。《证据规定》第63条明确规定，当事人应当就案件事实作真实、完整的陈述。当事人的陈述与此前陈述不一致的，人民法院应当责令其说明理由，并结合当事人的诉讼能力以及证据和案件具体情况进行审查认定。当事人故意作虚假陈述妨碍人民法院审理的，人民法院应当根据情节，依照《民事诉讼法》有关对妨害诉讼行为采取强制措施的规定进行处罚。

一般认为，当事人的真实义务主要强调主观真实，即当事人不能违反自己的主观性事实认识，提出主张或作出否认。在德国，真实义务系指对主观真诚（诚实）之义务，"有禁止故意错误陈述之意存在，并及于事实情况之主张或争执"。[①] 日本学者认为，真实义务并不是以"让当事人陈述真实"之积极性义务为内容，而仅仅具有"禁止当事人在不知的前提下提出主张或作出

---

① 姜世明：《民事证据法案例研习（二）暨判决评释》，新学林出版股份有限公司2006年版，第39页。

否认"之消极性内容。① 我国台湾地区学者也认为,所谓真实义务并非指当事人负有仅就客观事实为主张之义务,而是较接近于"真诚义务",或所谓"主观真实义务"。亦即,当事人仅须就其内心所认为"真"者,加以陈述,即若经过法院证据调查,证实其所陈述者"非真",也不能认为其违反民事诉讼法所要求之"真实义务"。②

因此,真实义务旨在禁止当事人故意作虚假陈述或对他方当事人的真实陈述故意争执,而非要求当事人陈述必须符合客观实际情况。或者说,当事人在诉讼中不得提出自己明知或认为不真实的事实,并且不得在明知或认为对方主张与事实相符时,仍然予以否认或争执。真实义务所指之"真实"是一种主观性真实,是当事人对系争案件事实认识活动的结果。从广义角度看,当事人真实义务还包括完全义务,即除了禁止陈述与其主观认知不一样的案件事实,当事人还应在诉讼中进行完全、充分的陈述,即《证据规定》第63条所言之"完整"陈述。所谓的"完全"或"完整"陈述,指当事人的陈述不能是片面的、局部的,不能对于己不利的事实完全保持沉默。但这种完整有其边界,不能要求当事人忽视各自的主张和诉讼资料的提出以及证明责任分配等法则,而陈述全部案件事实。③

为使当事人陈述在司法实践中发挥其应有作用,相关司法解释还确立了当事人询问制度,规定人民法院认为有必要的,可以要求当事人本人到场,就案件有关事实接受询问。人民法院应当在询问当事人之前责令其签署保证书。保证书应当载明据实陈述、如有虚假陈述愿意接受处罚等内容。当事人应当在保证书上签名或者捺印。当事人无正当理由拒不到场、拒不签署或宣读保证书,或者拒不接受询问的,人民法院应当综合案件情况,判断待证事实的真伪。待证事实无其他证据证明的,人民法院应当作出不利于该当事人的认定。

▶ 二、书证

(一) 书证的概念和特征

书证是指以文字、符号、图画等记载的内容或表达的思想证明案件事实的证据。

---

① 〔日〕高桥宏志:《民事诉讼法:制度与理论的深层分析》,林剑锋译,法律出版社2003年版,第378页。
② 姜世明:《民事诉讼中当事人之真实义务》,载《东吴法律学报》第16卷第3期。
③ 参见最高人民法院民事审判第一庭编著:《最高人民法院新民事诉讼证据规定理解与适用》(下),人民法院出版社2020年版,第581页。

是否属于书证,取决于该证据能否以其记载的内容或表达的思想证明案件事实,而非该证据是否表现为纸质形式的文件。从表现形式看,非纸质文件可以作为书证使用,而某些纸质文件从证据种类上分析,却并不属于书证。例如,交通事故中受损停止走动的手表可以在诉讼中作为书证使用,因其显示的时刻能够证明事故发生的时间。而诉讼过程中询问证人所作的笔录,虽然以纸质文件的形式存在,却属于证人证言。

书证具有以下几个特征:

(1) 反映书证本质属性的是书证记载的内容或表达的思想。对书证而言,其物质载体或外在表现形式并不具有证明作用。因此,外在表现形式完备但内容欠缺或不反映任何思想的证据,不是书证。

(2) 具有较强的稳定性。书证反映的思想内容附着在一定的物质载体上,形式上相对固定。因此,一旦形成,只要其物质载体未被损坏,书证会长久地保持其固有状态和本来面目,其证明力也不会因经历的时间久远而减弱。

(3) 书证往往能够直接证明案件的主要事实。书证一般都具有明确的意思表示,所以比较直观。此外,相当数量的书证形成于当事人实施民事法律行为的过程中,是对当事人之间民事权利义务关系的记载,所以在日后可能发生的纠纷中能起到直接的证明作用,产生较好的证明效果。

(二) 书证的分类

书证表现形式各异,根据不同的标准,可以对书证进行如下分类:

1. 公文书与私文书

根据书证的制作主体,书证分为公文书与私文书。公文书指公法人或从事公共管理事务的其他组织在其职务范围内,依法定的程序和格式制作的文书。私文书主要指公民个人制作的文书,国家机关、企事业单位、其他组织非基于法定职权或非依法定程序制作的文书,也属于私文书。

公文书和私文书的区分标准,是制作主体的身份性质以及书证是否依职权所作,而非文书记载内容的性质是公法关系还是私法关系。公文书一般依严格的程序和格式制成,如通常会加盖制作主体的公章、行文格式体例固定等。而私文书无论从制作主体还是制作程序和方式来看,都显得更为随意。

2. 处分性书证与报道性书证

根据书证的内容及其法律后果,书证分为处分性书证与报道性书证。如果书证内容以发生一定的法律后果为目的,包含了设立、变更或消灭某种民事法律关系的意思表示,则为处分性书证。如果书证内容不是以产生一定的民事法律关系为目的,而只是记载或者报道已经发生的或制作人了解的某种事实,则为报道性书证。

处分性书证和报道性书证对案件事实的证明力有所不同。处分性书证通常能够直接证明某种民事权利义务关系存在与否,因此通常具有较强的证明力;而报道性书证反映的内容本身并不与特定的法律后果相联系,所以对案件事实的证明具有间接性。

3. 普通书证与特别书证

根据书证的形式和制作程序,书证分为普通书证与特别书证。普通书证是根据法律规定,无须特殊的制作程序或外在表现形式即可成立的书证。特别书证是根据法律规定,必须按照特定程序制作或者必须具备特定的形式才能够成立的书证。

普通书证与特别书证的区分意义集中体现在对证据证明力的判断方面。对于特别书证而言,如果没有按照法定程序制作或者不具备法律规定的特殊形式,就不能对案件事实起到证明作用。

4. 原本、正本、副本、节录本、复印本和译本

根据书证的制作方法,书证分为原本、正本、副本、节录本、复印本和译本。原本,指书证制作人制作的书证的原始文本,也是书证其他文本的来源。正本,是抄录原本或按照原本印刷,与原本内容相同,与原本具有相同效力的书证。副本也是按照原本内容全文抄录或印刷的,制作副本的目的是告知有关单位或个人原本文件的内容。正本与副本的区别在于,正本是给主收件人保存的,而副本是给主收件人之外的其他需要了解书证内容的人使用的。节录本指仅摘抄原本、正本或副本一部分内容的书证。复印本指使用复印设备对原本、正本或副本进行复制得到的文本。译本是指将外文的原本翻译为本国语言文字的书证。

区分原本、正本、副本、节录本、复印本和译本的意义在于,不同制作方法制成的书证具有不同的证明力。一般而言,原本、正本的证明力高于其他种类的书证。根据《证据规定》第91条,公文书证的制作者根据文书原件制作的载有部分或者全部内容的副本,与正本具有相同的证明力。在国家机关存档的文件,其复制件、副本、节录本经档案部门或者制作原本的机关证明其内容与原本一致的,该复制件、副本、节录本具有与原本相同的证明力。

(三) 书证的证明力

书证的证明力,指的是书证具有的证明案件事实的能力。书证若具备证明力,必须同时满足两个条件:一是书证本身是真实的,即书证的内容体现了书证制作主体的意思;二是书证反映的思想或内容能够对案件事实起到证明作用。前者被称为书证的形式证明力,后者则被称为书证的实质证明力。

书证的形式证明力涉及书证的真伪问题。若书证的真实性成立,即书

确实是当事人主张的制作人所作,则书证所反映的思想或内容通常被认为是制作人的意思,该书证即具备形式证明力。形式证明力是书证具备实质证明力的前提。

大陆法系民事诉讼法一般都设有公文书的真实推定制度,即如果从文书的形式和内容上可以判定该文书确为公法人或从事公共管理事务的其他组织在其职务范围内制作,法官应推定书证本身是真实的。① 我国台湾地区民事诉讼相关规定第355条规定:"文书,依其程式及意旨得认作公文书者,推定为真正。公文书之真伪有可疑者,法院得请作成名义之机关或公务员陈述其真伪。"我国《民诉法解释》第114条对公文书的推定真实作出了规定,国家机关或者其他依法具有社会管理职能的组织,在其职权范围内制作的文书所记载的事项推定为真实,但有相反证据足以推翻的除外。必要时,人民法院可以要求制作文书的机关或者组织对文书的真实性予以说明。

私文书由援引一方对其真实性承担证明责任,即私文书的真实性由主张以私文书证证明案件事实的当事人承担证明责任。就其形式真实的判断,根据是否署名或签章而有所不同。对于带有署名或签章的私文书,其形式真实的判断,在大陆法系的德国和日本的民事诉讼立法中,一般规定适用推定。例如,根据德国《民事诉讼法典》,私文书经本人或其代理人签名、盖章或按指印的,推定其为真实。② 我国《证据规定》第92条第2款也明确规定:"私文书证由制作者或者其代理人签名、盖章或捺印的,推定为真实。"而不带署名或签章的私文书,其形式真实性的判断,则应根据前述条文的第1款,由主张以私文书证证明案件事实的当事人承担举证责任。就私文书的实质证明力,法官一般不得基于其形式真实进行推定,而是需要结合案件其他证据,依自由心证作出判断。

(四)书证提出义务

所谓书证提出义务,是指持有书证的当事人或当事人之外的第三人,在法院基于举证人的申请发出交付相关书证的命令后,所负的向受诉法院提交书证以便其进行证据调查的诉讼法上的义务。大陆法系的德日等国都在其民事诉讼法中专门规定了旨在从不负证明责任的当事人或第三人手中获取书证的文书提出命令制度。

确立书证提出义务既有助于争点的整理和诉讼效率的提高,也有助于查明案件事实,提高裁判的实质正当性。但是,要求不负证明责任的当事人提

---

① 参见《德意志联邦共和国民事诉讼法》,谢怀栻译,中国法制出版社2001年版,第106页。
② 同上书,第103页。

出其所持有的书证,虽然对保障裁判权的正确行使有积极意义,但与民事诉讼辩论主义和处分权主义相悖。因此,大陆法系国家和地区关于书证提出义务的立法均采限制主义原则,即书证持有人仅在特定范围内负书证提出义务。但是,随着现代型诉讼的不断涌现,为解决在产品责任诉讼、环境污染诉讼、医疗纠纷诉讼等现代型诉讼中普遍存在的证据偏在问题,保障当事人双方在接近诉讼资料上的平等性,大陆法系国家和地区在修订民事诉讼法的过程中,普遍扩大了书证提出义务的范围,呈现出书证提出义务一般化的立法趋势。

例如,德国于2001年修订《民事诉讼法典》之前,法院仅能依职权命令当事人而非第三人提出其自主占有的文书。而根据修订后的德国《民事诉讼法典》第142条的规定,法院不仅可依职权命令当事人提出其占有的文书,也可命令第三人提出文书,只要该文书在诉讼中为当事人所援用。对第三人而言,其仅在提交文书对其是不可期待的或者文书记载之内容属于民事诉讼法规定的证人拒绝证言事项时,才可免除义务。另外,修订后的德国《民事诉讼法典》第421条和第425条还规定,只要举证人断定文书为对方当事人所持有时,就可向法院提出申请,命令对方当事人提出有关文书。① 也就是说,涉及文书提出义务,立法实际上没有进行任何范围上的限制。

再以2000年修订的我国台湾地区民事诉讼相关规定为例,修订后第344条第1项第1款至第4款,通过列举的方式,对当事人文书提出义务的范围进行了规定,即当事人有义务提出其在诉讼中曾经引用过的文书、对方当事人依法律规定得请求交付或阅览的文书、为对方当事人利益所作的文书以及商业账簿。而通过第344条第1项第5款的规定,即"就与本诉讼关系有关之事项所作的文书",当事人有提出义务,大大拓宽了文书提出义务的涵盖范围。对此文书提出义务之性质的界定,我国台湾地区学者许士宦教授认为,应理解为一般性义务。②

在扩大文书提出义务范围的同时,各国及地区立法也都规定了文书提出义务的除外事由,同时要求法院对当事人拒不提出文书的正当理由进行审查。一般而言,在对文书持有人课以文书提出义务的情形下,其对所持文书往往不享有绝对的支配权或处分权,举证人要么对其享有实体法上的情报请

---

① 德国《民事诉讼法典》第421条规定:"举证人断定证书在对方当事人手中时,应在申请证据时,同时命令对方当事人提出证书。"德国《民事诉讼法典》第425条规定:"法院认为应由证书证明的事实是重要的,并且认为申请有理由,而对方当事人承认证书在他手中,或者对方当事人对申请不作表示时,法院就命令他提出证书。"

② 参见毕玉谦:《民事诉讼证明妨碍研究》,北京大学出版社2010年版,第158页。

求权,要么对相关文书具有共通的利益。因此,上述情况的存在缓和了文书提出义务与辩论主义、处分权主义的矛盾。

为扩展当事人调查收集证据的手段,实现当事人诉讼权利的平等保护,以便更好地发现案件事实,我国《民诉法解释》原则性地确立了书证提出命令制度。《证据规定》在此基础上对该制度进行了完善,丰富了其内容并在很大程度上增强了其可操作性。根据上述司法解释的规定,我国的书证提出命令制度主要包括如下内容:

(1) 申请条件。书证在对方当事人控制之下的,承担举证证明责任的当事人可以在举证期限届满前书面申请人民法院责令对方当事人提交。申请书应当载明所申请提出的书证名称或者内容,需要以该书证证明的事实及事实的重要性,对方当事人控制该书证的根据,以及应当提交该书证的理由。

(2) 人民法院的审查处理。人民法院对当事人提交书证的申请进行审查时,应当听取对方当事人的意见,必要时可以要求双方当事人提供证据、进行辩论。书证提出命令制度是为落实当事人双方"武器平等原则"作出的制度安排,被申请人应否提交特定书证对其权益有重要影响,因此人民法院在审查时应当充分听取双方当事人的意见并保障双方进行辩论的权利。当事人申请提交的书证不明确、书证对于待证事实的证明无必要、待证事实对于裁判结果无实质性影响、书证未在对方当事人控制之下或者不属于《证据规定》第47条规定的书证提出命令的客体范围的,人民法院不予准许。当事人申请理由成立的,人民法院应当作出裁定,责令对方当事人提交书证;理由不成立的,通知申请人。

(3) 书证提出命令的客体范围。即负有证明责任的当事人可以申请对方当事人提出的书证范围。下列情形下,控制书证的当事人应当提交书证:控制书证的当事人在诉讼中曾经引用过的书证;为对方当事人的利益制作的书证;对方当事人依照法律规定有权查阅、获取的书证;账簿、记账原始凭证;人民法院认为应当提交书证的其他情形。但上述书证若涉及国家秘密、商业秘密、当事人或第三人的隐私,或者存在法律规定应当保密的情形,提交后不得公开质证。

(4) 不遵守书证提出命令的法律后果。为保证文书提出命令制度的有效运行,大陆法系国家和地区的民事诉讼法均规定,基于该义务的公法性质,在义务人违反文书提出义务时,应遭受一定的公法上的制裁。例如,德国、日本的民事诉讼法均将当事人违反文书提出义务的行为视为证明妨碍的一种表现形式,由法院直接对违反该义务的当事人课以裁判上的不利益,通常是由法院审酌情形,认定对方当事人关于该文书的主张为真实。如果对方当事人因无法知道文书内容而不能提出有关文书记载内容的具体主张,并且也无法通过其他证据来证明该文书应证明的事实,法院也可将对方当事人主张的该文书应证明的事实视为真实。根据我国相关规定,控制书证的当事人无正当理由拒不提交书证的,人民法院可以认定对方当事人所主张的书证内容为真实。控制书证的当事人以妨碍对方当事人使用为目的,毁灭有关书证或者实施其他致使书证不能使用行为的,人民法院可以认定对方当事人主张以该书证证明的事实为真实,并可依照《民事诉讼法》第114条的规定,对其处以罚款、拘留。

三、物证

(一) 物证的概念和特征

物证,是指能够以其外部特征、物质属性、存在状况等证明案件真实情况的物品、物质或痕迹等。

物证具有如下特征:

(1) 较强的客观性。物证本身是客观存在的,不像证人证言、当事人陈述等容易受主观因素的影响。即使物证在收集、固定前被人为地改变,也会留下痕迹,这些痕迹又是新的物证。因此,物证具有其他证据不可比拟的客观性。

(2) 较强的稳定性。物证是客观存在的物品或其物理属性,除了那些易腐烂、变质的物品外,形成后不会轻易消失或在短时间内发生性状的改变。所以,物证一旦固定或采用科学方法提取保存,一般就可以长时间地存在,具有较强的稳定性。

(3) 特定性或不可替代性。作为一种客观存在,物证具有自己独一无二的特征。因而,物证一般不能被其他物品或者同类物品代替,否则就不能保持其原有特征,也就不能发挥其对案件事实的证明作用。根据我国《民事诉讼法》和相关司法解释的规定,物证必须提交原物,只有在提交原物确有困难时,才可以提交通过特定的固定和保存方法得到的原物的复制品、影像资料或其他替代品。

(二) 物证和书证的异同

因书证在存在形式上必须依赖一定的物质载体,所以书证和物证在外观上十分接近。某些情况下,同一证据可以同时具备书证与物证的特征,即存在所谓的书证物证同体的现象。

物证与书证的区别主要表现在以下几个方面:

(1) 发挥证明作用的方式不同。物证是以其存在、外部特征或物理属性等证明案件事实,而书证尽管也有一定的物质载体,但却是以附着于该物质载体上的文字、图画、符号等所表达的思想和内容证明案件事实。

(2) 法律对两类证据在诉讼证明中的运用要求不同。对书证而言,法律有时要求必须具备一定的形式或必须履行一定的法律手续才能够产生某种法律后果;对物证,则一般没有这种要求。

(3) 书证一般是书证制作人意思表示的书面形式,因此在内容上具有主观属性,而物证一般是有形的物体,不反映人的主观思想,实物本身就是证据。

▶ 四、视听资料

(一) 视听资料的概念和特征

视听资料是指利用录音、录像等设备储存的音像信息证明案件事实的证据,包括录音资料和影像资料。视听资料是随着现代科技的发展而出现的新型证据,现已在诉讼中被广泛采用。在国外的民事诉讼法和证据法中,视听资料一般不被认为是一种独立的证据种类,而是分别被划入书证或物证的一种。但是,视听资料具有自己的独特特征,既不同于物证,也不同于书证,我国《民事诉讼法》将其作为一种独立的证据种类进行规定。

视听资料的特征主要包括以下几个方面:

(1) 生动逼真,具有动态连续性。其他证据种类一般只能以静态的方式反映案件事实的局部、片段或个别情节,而视听资料能以动态的声音和图像再现案件事实发生时当事人的语言、动作和神态,也可同步记录民事法律行为和法律事实发生、发展和变化的过程。

(2) 技术性强。视听资料是随着现代科技的发展和进步产生的新型证据,其制作、收集、储存和审查判断需要运用相关科学原理,或者依靠一定技术设备的支持。

(3) 具有双面性。一方面,视听资料具有生动逼真的特点,若如实记录,能够全面、形象地反映案件事实,具有高度的准确性。另一方面,技术手段的发展使得视听资料的剪接、筛选和重新编排极为容易,且不容易被发现,具有一定的不可靠性。

(4) 易于保存。视听资料大多体积小、重量轻,易于收集、保管和使用。这一特点为当事人参与诉讼和人民法院审理案件提供了方便。

(二) 视听资料的证明力

视听资料通过其所记录的信息,直观、形象地再现了案件发生的过程和具体情节,克服了证人证言、当事人陈述等证据种类由主体记忆、表达能力等欠缺导致的失实或片面,能够准确、客观地反映案件的真实情况。但是,基于其内在特征,视听资料的证明力上也存在一些固有的缺陷:其一,极强的技术和设备依赖性决定了视听资料在收集、提交、固定或保存的诸多环节,容易被篡改、伪造或删除;其二,视听资料在诉讼中作用的发挥也会受到技术水平和设备的限制,并容易受周围环境的影响。因此,当事人以视听资料作为证据的,应当提供存储该视听资料的原始载体。人民法院调查收集视听资料,也应当要求被调查人提供原始载体。人民法院对视听资料,应当辨别真伪,并结合本案的其他证据,审查确定能否作为认定事实的根据。存有疑点的视听资料,不能单独作为认定案件事实的依据。

▶ 五、电子数据

(一)电子数据的概念和特点

电子数据是随着信息技术产业的兴起而产生的一种新型证据形式,被视为信息世界里新的"证据之王"。① 电子数据以系列电磁或光信号等物理形式存在,表现为以介质、磁性物、光学设备、计算机内存或类似设备生成、发送、接收或存储的信息。我国1999年颁布实施的《合同法》承认了电子数据的可采性;2004年通过的《电子签名法》界定了"数据电文"的概念,解决了电子签名的法律效力、认证等问题;2012年修订的《刑事诉讼法》明确了电子数据是和视听资料并列的法定证据种类之一;2012年修改通过的《民事诉讼法》更是将电子数据作为独立的证据种类予以明确规定。

联合国《电子商务示范法》第2条规定:"电子数据是指由电子手段、光学手段或类似手段生成的传送、接受或储存的信息。"我国《民诉法解释》第116条第2款则规定:"电子数据是指通过电子邮件、电子数据交换、网上聊天记录、博客、微博客、手机短信、电子签名、域名等形成或者存储在电子介质中的信息。"由此,作为法定证据形式之一的电子数据,一般指以电子、电磁、光学等形式或类似形式存储于电子介质中的信息。《证据规定》第14条对电子数据的常见形态进行了具体列举,即民事诉讼中用来证明案件事实的电子数据通常包括网页、博客、微博客等网络平台发布的信息;手机短信、电子邮件、即时通信、通讯群组等网络应用服务的通信信息;用户注册信息、身份认证信息、电子交易记录、通信记录、登录日志等信息;文档、图片、音频、视频、数字证书、计算机程序等电子文件;其他以数字化形式存储、处理、传输的能够证明案件事实的信息。

电子数据具有如下特征:

---

① 参见何家弘、刘品新:《证据法学》(第4版),法律出版社2011年版,第184页。

(1) 技术和设备依赖性。电子数据是一种依赖现代信息技术的存在形式，它无法被直接阅读、聆听或以其他方式感知，而是必须借助于技术手段、技术设备等进行转换后才能为人所知。芯片、磁带、软盘、光盘、硬盘等电子介质是电子数据信息的载体，电子数据不能脱离这些存储介质独立存在。

(2) 不稳定性。其一，电子数据在生成、储存、传播方面的特点决定了其极易通过技术手段被剪接、修改、删除；其二，外部环境如温度、湿度或供电系统、网络通信故障等方面的原因有时会导致电子数据的改变，使其无法反映案件的真实情况。

(3) 高速传播性。传统证据一般只能在物理空间里进行交接、移送，而电子数据则可以在虚拟空间里传播。在技术手段和技术设备的支持下，E-mail、EDI等可以通过因特网在分秒之间传播扩散到世界的每一个角落。

(4) 隐蔽性。电子数据以物理形式存在，且其存储、处理过程中必须使用由"0"和"1"组成的二进制代码来表示和传递。因此，电子数据不像传统证据一样可以被直接识别，而必须要以显示或打印的方式才能为人所感知。正因如此，电子数据的原件和复制件很难区分。

(5) 外在形式的多样性。电子数据的信息一般借助于具有集成性、交互性、实时性的计算机及网络系统形成、传递或储存，不仅可以表现为文字、图像、声音或者三者的组合，还可以是交互式的，具有外在表现形式的多样性。

(二) 电子数据的收集和提交

电子数据的收集有其特殊性，既涉及物理空间，也涉及虚拟空间；既包括计算机主机与其他电子设备的临场取证，也包括网络下载等远程取证。就证据收集的方法和措施而言，一般包括：① 对与案件有关的电脑中的数据和资料进行备份，并在备份上进行数字签名；② 收集有关电子设备和系统软件的资料，搜查与扣押电脑等电子设备；③ 技术鉴定，比如鉴定电子证据的形成过程，以确定电子数据是否被解密、删改，鉴定电子信息传递情形和设备运行状况等；④ 现场勘验，包括勘验单机现场、勘验网络现场。①

收集电子数据原则上要求电子数据随原始存储介质移送。《证据规定》明确要求，人民法院在调查收集电子数据时，应要求被调查人提供原始载体。提供原始载体确有困难的，可以提供复制件。提供复制件的，人民法院应当在调查笔录中说明其来源和制作经过。如果被调查收集的电子数据需要鉴定，应遵守相关技术规范，确保证据不被污染。基于其稳定性差的特点，在电

---

① 参见何家弘主编：《电子证据法研究》，法律出版社2002年版，第57—66页；刘品新：《电子取证的法律规制》，载《法学家》2010年第3期。

子数据的收集过程中要特别注意及时对证据尤其是网络证据进行固定和保全。司法实践中,对网络电子数据经常采用公证保全的方法,即公证机构利用计算机和互联网技术,对互联网上的电子身份、IP地址及电子痕迹、微博或博客记录等进行公证。为了增强电子证据的证明力,同时需要注意封存电子数据的原始储存介质。对电子数据采取保全措施的,适用前述调查收集电子数据的相关要求。

电子数据的提交应遵循原件规则,即当事人以电子数据作为证据的,应当提供原件。电子数据是存储于电子介质上的信息,其作为证据证明案件事实时,需将数据信号或编码转化为人们可以识别的形式,才能发挥证明作用。若坚持从传统意义上界定电子数据的原件,这种经过转换的可识别的电子数据形式,因属于复制件将被排除于诉讼证明过程之外,这将导致电子数据在发现案件事实中的作用被大大削弱。因此,《证据规定》第15条明确规定,电子数据的制作者制作的与原件一致的副本,或者直接来源于电子数据的打印件或其他可以显示、识别的输出介质,视为电子数据的原件。

(三)电子数据证明力的审查判断

虽然有些适用于传统证据种类的证据证明力的判断标准和原则,对于电子数据也同样适用。但是,基于其高技术含量下的脆弱性,对其证明力的判断较之其他传统证据更具有挑战性。

证据的证明力与其真实性密不可分,电子数据的真实性也是电子数据审查判断面临的核心问题。电子数据的真实性建立在其内容的原始性和完整性之上。原始性要求电子数据的内容必须是初始生成的,即电子数据所反映的是证据初始形成时的磁性介质中所保存的文字、图像、声音等。完整性则有两层含义:一是电子数据本身的完整性,即在电子数据的生成、储存、传递过程中,不存在删除、改动、剪接等;二是电子数据所依赖的系统的完整性,即电子数据生成、存储、传送所依赖的计算机系统性能及运行状况正常,不存在被篡改或发生故障等不可靠因素。

对电子数据真实性的判断,国外一般采用推定、当事人诉讼上的自认和证人具结等方法,其中推定更是得到了最为普遍的适用。许多国家法律规定,根据某一电子数据所依赖的计算机系统具有可靠性,或者其系由对其不利的一方当事人保存或提供的,或者其系在正常的业务活动中生成并保管的,可以推定该电子数据具有真实性。[①] 根据我国《证据规定》第93条,人民

---

① 参见刘品新:《电子证据法》,中国人民大学出版社2021年版,第60—61页;何家弘主编:《电子证据法研究》,法律出版社2002年版,第126—128页。

法院对于电子数据的真实性,应当结合下列因素综合判断:① 电子数据的生成、存储、传输所依赖的计算机系统的硬件、软件环境是否完整、可靠;② 电子数据的生成、存储、传输所依赖的计算机系统的硬件、软件环境是否处于正常运行状态,或者不处于正常运行状态时对电子数据的生成、存储、传输是否有影响;③ 电子数据的生成、存储、传输所依赖的计算机系统的硬件、软件环境是否具备有效的防止出错的监测、核查手段;④ 电子数据是否被完整地保存、传输、提取,保存、传输、提取的方法是否可靠;⑤ 电子数据是否在正常的往来活动中形成和存储;⑥ 保存、传输、提取电子数据的主体是否适当;⑦ 影响电子数据完整性和可靠性的其他因素。因电子数据的审查判断涉及的电子技术知识专业性极强,若法官无法通过综合判断形成内心确认,必要时可以通过鉴定或者勘验等方法,审查判断电子数据的真实性。当直接认定电子数据真实性难度过大时,《证据规定》第 94 条也明确了特定情形下可以用法律推定的方式,推定其真实性存在。主要包括如下情形:① 由当事人提交或者保管的于己不利的电子数据;② 由记录和保存电子数据的中立第三方平台提供或者确认的;③ 在正常业务活动中形成的;④ 以档案管理方式保管的;⑤ 以当事人约定的方式保存、传输、提取的。存在上述情形的,人民法院可以确认电子数据的真实性,但有足以反驳的相反证据的除外。电子数据的内容经公证机关公证的,人民法院应当确认其真实性,但有相反证据足以推翻的除外。

▶ 六、证人证言

(一)证人证言的概念和特征

民事诉讼中的证人是指了解案件情况,接受当事人调查和法院询问或被传唤到庭作证的人。在不同法系,证人的范围有所不同。在大陆法系国家,证人是诉讼当事人之外的第三人。而在英美法系国家,证人的范围更为宽泛,所有在法庭审理和其他诉讼过程中向法院提供口头证词的人都属于证人,既包括当事人也包括当事人之外的第三人。证人证言即证人就其所了解和感知的案件事实向法院所作的陈述。证人证言是证人对案件事实的陈述而非判断,证人对案件事实的主观臆想、猜测或评论等,不属于证人证言。

证人证言具有如下特征:

(1)证人证言是证人对案件事实所作的陈述,属言词证据的一种。证人证言一般以口头形式表现出来。特殊情况下,证人若有不能出庭的正当理由,经法院同意,也可以通过书面证言、视听传输技术或者视听资料等方式作证。但改变作证形式并不改变证据的性质,它仍然是证人就其感知的案件事实向法院进行的陈述,因而属于证人证言,而非书证或视听资料。

(2) 证人证言的证明力受多种因素的影响。主观因素方面，证人与当事人的关系、证人的个人好恶等，会影响证言的可信度。客观因素方面，案件发生至诉讼之间的时间间隔，证人的年龄、文化程度等，会造成案件事实陈述的不准确或不完整。此外，证人的感知能力、表达能力等也各有不同。这些因素都会对证人证言的真实性和可靠性造成影响。

(3) 证人证言具有不可替代性。证人证言之所以具有证明价值，是因为证人处于案件事实发生的时空中。证人与案件事实在时间和空间上的这种联系是不可替代的，这也决定了证人证言的不可替代性。

(二) 证人的资格和范围

《民事诉讼法》第75条规定，凡是知道案件情况的单位和个人，都有义务出庭作证，不能正确表达意思的人，不能作证。《证据规定》第67条第2款进一步明确，待证事实与其年龄、智力状况或者精神健康状况相适应的无民事行为能力人和限制民事行为能力人，可以作为证人。

由此可见，是否具备证人资格，不取决于一个人的年龄、生理或精神状况、是否与当事人存在利害关系等因素。判断是否具备证人资格，关键有二：一是是否了解需要证明的案件事实，二是对其所了解的案件事实能否正确表达。生理上有缺陷的人，未成年人，甚至间歇性精神病人在其精神正常期间，只要能够辨别是非、了解案件事实并能正确表达自己的意思，都可以作证人。

和国外通行的做法一致，我国《民事诉讼法》对涉及证人资格的问题实际上采取的是排除式规定，即除非具有不允许作证的情形，所有的人都具有证人资格。在我国，下列人员一般不能充当证人：

(1) 不能正确表达意思的人。"不能正确表达意思"不等同于没有或限制行为能力、生理有缺陷等。如前所述，能否成为证人，以能够辨别是非并能正确表达为条件。儿童、精神病人、生理上有缺陷的人，如果能够正确表达与其年龄、智力、精神状况相适应的案件事实，其陈述可以在诉讼中作为证人证言。

(2) 诉讼代理人在同一案件中不得作为证人。就同一案件而言，诉讼代理人的身份和证人的身份是冲突的。如果诉讼代理人对查明案件事实有重要作用，可以终止与被代理人的代理关系，作为证人出庭作证。

(3) 办理本案的审判人员、书记员、鉴定人、勘验人、翻译人员。上述人员掌握审判权力或对人民法院裁判有一定的影响力。为保障司法公正以及人民法院裁判的可接受性，上述人员如果了解案件事实确有出庭作证的必要，应当以证人身份出庭，而不得担任本案的审判人员、书记员、鉴定人、勘验人、翻译人员和检察人员。

从范围上看，我国民事诉讼中的证人包括单位和个人两大类。证人主要指自然人,包括中国人、外国人和无国籍人。某些情况下,了解案件事实的单位也可以作为证人。在单位作证的情况下,单位向人民法院提出的证明材料,应当由单位负责人及制作证明材料的人员签名或者盖章,并加盖单位印章。人民法院就单位出具的证明材料,可以向单位及制作证明材料的人员进行调查核实。必要时,可以要求制作证明材料的人员出庭作证。单位及制作证明材料的人员拒绝人民法院调查核实,或者制作证明材料的人员无正当理由拒绝出庭作证的,该证明材料不得作为认定案件事实的根据。

需要注意的是,尽管有立法的明确规定,将单位纳入证人范围仍是值得商榷的。证人证言是证人就其所了解的案件事实进行的陈述,而单位本身并不具有感知案件事实的能力,也无法进行陈述。同时,有关单位证人的出庭、对单位证言的质证以及单位作证相应法律后果的承担等,在理论层面和实际操作层面,都有一系列的问题需要解决。

(三) 证人作证的方式

1. 证人应以言词方式陈述证言

民事诉讼遵循直接言词原则,证人作证,原则上应当出庭并以言词的方式进行陈述。对证人作证提出这一要求,是由证人证言这种证据形式的特点决定的。只有让证人置于庭审中接受当事人和法官的询问,才能辨别证言的真伪,从而准确认定案件事实。证人言辞表达有障碍的,可以通过其他方式作证。

2. 证人作证时不得以宣读事先准备的书面材料的方式陈述证言

如果允许证人以宣读事先准备好的书面材料的方式作证,无异于允许提交书面证言,不利于法官对证人证言的审查判断。

3. 证人应当就其作证的事项进行连续陈述

要求证人就其所了解的案件事实向法庭作出完整连续的陈述,主要是为了减少法官或当事人的询问等外界因素对证人陈述的影响,通过制度设计保障证人证言的真实性。当事人及其法定代理人、诉讼代理人或者旁听人员干扰证人陈述的,人民法院应当及时制止,必要时可以依照《民事诉讼法》第114条的规定进行处罚。

4. 证人应当客观陈述其亲身感知的事实

证人作证时不得使用猜测、推断或评论性语言。为了尽可能还原案件事实,证人应当对其亲历的案件事实如实陈述。主观性的猜测、判断或评价,既是对法官判断权的僭越,也不利于案件事实的查明。

5. 证人出庭作证前不得旁听法庭审理

为避免证人陈述受到法庭审理情况和他人观点的干扰,保证证人证言的真实性,对证人的询问应当单独进行,证人作证前不得旁听法庭审理。

(四)证人的权利和义务

1. 证人的诉讼权利

(1)使用本民族语言文字提供证言的权利。

(2)获知诉讼权利义务的权利。证人出庭作证,有权获知自己的诉讼权利义务,人民法院对此有阐明义务。《证据规定》第70条第1款明确规定,人民法院准许证人出庭作证申请的,应当向证人送达通知书并告知双方当事人。通知书中应当载明证人作证的时间、地点,作证的事项、要求以及作伪证的法律后果等内容。

(3)要求宣读、申请查阅、补充或者更正证言笔录的权利。对于书记员在庭审过程中所作的证人证言笔录,证人有权要求宣读或者查阅。如果笔录有错误或遗漏,证人有权要求补充或更正。

(4)人身权、财产权受到保障的权利。司法实践中,证人因提供证言遭受侮辱、诽谤或打击报复的情形时有发生。为此,证人应有权要求公安司法机关对其本人及其亲属的人身权、财产权给予保护。《证据规定》第98条第1款明确规定,对证人的合法权益依法予以保护。根据《证据规定》第78条第1款,当事人及其诉讼代理人对证人的询问与待证事实无关,或者存在威胁、侮辱证人或不适当引导等情形的,审判人员应当及时制止。必要时可以依照《民事诉讼法》第113条、第114条的规定进行处罚。

(5)要求补偿相关费用、损失的权利。请求支付证人费用是证人的一项法定请求权。证人因履行作证义务而支出的交通、住宿、就餐等必要费用以及误工损失,由败诉一方当事人负担。当事人申请证人作证的,由该当事人先行垫付;当事人没有申请,人民法院通知证人作证的,由人民法院先行垫付。证人因履行出庭作证义务而支出的交通、住宿、就餐等必要费用,按照机关事业单位工作人员差旅费用和补贴标准计算;误工损失按照国家上年度职工日平均工资标准计算。证人出庭作证后,可以向人民法院申请支付证人出庭作证费用。证人有困难需要预先支取出庭作证费用的,人民法院可以根据证人的申请在出庭作证前支付。

2. 证人的诉讼义务

(1)出庭作证的义务。证人应当出庭作证,接受审判人员和当事人的询问。证人必须出庭作证是由证人证言的性质所决定的。证人证言属于言词证据,只有证人出庭作证,才能展开对证人证言的有效质证。无论大陆法系还是英美法系,对证人作证都提出了出庭的要求。我国《民事诉讼法》第75条也明确规定了证人出庭作证的义务。证人在审理前的准备阶段或者人民法院调查、询问等双方当事人在场时陈述证言的,视为出庭作证。双方当事人同意证人以其他方式作证并经人民法院准许的,证人可以不出庭作证。证人如果确有困难不能出庭的,经人民法院许可,可以通过书面证言、视听传输技术或者视听资料等方式作证。"确有困难不能出庭"的情形指:因健康原因不能出庭的;因路途遥远,交通不便不能出庭的;因自然灾害等不可抗力不能出庭的;其他有正当理由不能出庭的。无正当理由未出庭的证人以书面等方式提供的证言,不得作为认定案件事实的根据。

(2)向法庭如实提供证言的义务。证人作证时,应如实陈述自己所了解的案件事实,并如实回答审判人员、检察人员、当事人、诉讼代理人的询问。证人故意作虚假陈述,人民法院应当根据情节,依照《民事诉讼法》第114条的规定,对证人进行处罚。

(3)证人保证义务。大陆法系和英美法系的民事诉讼法或证据法,普遍规定了证人宣誓义务。即通过宣誓对证人心理产生约束作用,以保证其证言的真实性。我国《民诉法解释》和《证据规定》也确立了类似的证人保证制度,要求人民法院在证人出庭作证前告知其如实作证的义务以及作伪证的法律后果,并要求证人在作证之前签署保证书以及在法庭上宣读保证书的内容,但无民事行为能力人和限制民事行为能力人作为证人的除外。证人确有正当理由不能宣读保证书的,由书记员代为宣读并进行说明。证人拒绝签署或者宣读保证书的,不得作证,并自行承担相关费用。

(4)遵守法庭秩序的义务。证人应当遵守法庭秩序,服从审判人员对诉讼程序的指挥,不得哄闹、冲击法庭,不得侮辱、诽谤、威胁、殴打审判人员。如有违反,人民法院可以予以训诫,责令退出法庭或者予以罚款、拘留。情节严重的,依法追究刑事责任。

(5)保守秘密的义务。证人应保守在作证过程中了解的国家秘密、商业秘密或个人隐私,不得随意泄露。

七、鉴定意见

(一)鉴定意见的概念和特征

鉴定意见是鉴定人运用自己的专门知识和技能,借助必要的技术手段和技术设备,对案件中涉及的专门性问题进行检测、分析、鉴别后所形成的判断性意见。民事诉讼中常见的鉴定意见有笔迹鉴定意见、医疗鉴定意见、亲子关系鉴定意见、会计鉴定意见、工程质量鉴定意见等。鉴定意见表达的是鉴定人个人对案件中某些专门性问题的看法,仅涉及事实认定问题,而非对当事人应否承担法律责任的判断。作为法定证据种类的一种,法官应结合全案证据,对鉴定意见进行综合审查判断,以决定是否采信,而不是被动地将鉴定人的"结论性意见"作为定案依据。

鉴定意见具有如下特征:

(1) 鉴定意见属于意见证据。鉴定意见不是案件事实本身,也非针对鉴定对象的客观性描述,更不是对当事人法律责任承担问题的判断。鉴定意见是鉴定人针对案件事实中的专门性问题,从专业性角度进行分析、鉴别后得出的结论性意见。

(2) 专业性强。一方面,鉴定意见针对的是案件中的专门性问题,这些问题往往带有专业性的特征,仅凭普通人的知识和能力无法对其作出判定;另一方面,鉴定意见又是鉴定人运用自己的专门知识和技能,通过必要的技术手段形成的,鉴定过程的科学性决定了鉴定意见的专业性。

(3) 具有特定的书面形式。鉴定意见必须采用书面形式,同时符合统一的司法鉴定文书的格式要求。一般而言,鉴定意见应明确记载委托人姓名或者名称、委托鉴定的内容;委托鉴定的材料;鉴定的依据及使用的科学技术手段;对鉴定过程的说明;明确的鉴定意见;对鉴定人鉴定资格的说明;鉴定人员及鉴定机构的签名盖章。

(二) 鉴定程序的启动和鉴定人的确定

本质上分析,只有法官在案件审理过程中对相关专门性问题缺乏判断认定能力的情况下,才有必要委托相关鉴定机构,通过科学的方法和手段来查明该专门性问题的相关事实。① 鉴定意见是法定证据的一种,申请鉴定,属于当事人承担证明责任的一项内容。对案件所涉专门性问题进行鉴定是当事人收集证据的一种手段,鉴定程序的启动理应有当事人参与其中。我国《民事诉讼法》明确规定,当事人可以就查明事实的专门性问题向人民法院申请鉴定。当事人未申请鉴定,人民法院一般不能依职权委托鉴定。人民法院在审理案件过程中认为待证事实需要通过鉴定意见证明的,应当向当事人释明,并指定提出鉴定申请的期间。但是,案件中的专门性问题有时涉及有损国家利益、社会公共利益、他人合法权益的事实,或者涉及诉讼中的程序性事项,符合《民诉法解释》第96条规定情形的,如果当事人未申请鉴定,人民法院应当依职权委托鉴定。

---

① 参见最高人民法院民事审判第一庭编著:《最高人民法院新民事诉讼证据规定理解与适用》(上),人民法院出版社2020年版,第314页。

当事人申请鉴定,应当在人民法院指定期间内提出,并预交鉴定费用。逾期不提出申请或者不预交鉴定费用的,视为放弃申请。对需要鉴定的待证事实负有举证责任的当事人,在人民法院指定期间内无正当理由不提出鉴定申请或者不预交鉴定费用,或者拒不提供相关材料,致使待证事实无法查明的,应当承担举证不能的法律后果。人民法院准许当事人鉴定申请的,应当组织双方当事人协商确定具备相应资格的鉴定人。当事人协商不成的,由人民法院指定。人民法院依职权委托鉴定的,可以在询问当事人的意见后,指定具备相应资格的鉴定人。允许当事人协商确定鉴定人,是对当事人程序选择权的尊重,体现了民事诉讼处分原则。而当事人协商不成的情况下由人民法院进行指定,则是在尊重程序公正的基础上查明事实、获得公正判决结果的重要手段。

对于有关当事人是否可以单方自行委托鉴定,理论上存在不同看法。该问题与对鉴定人职能属性的界定相关。《民事诉讼法》所规定的司法鉴定,指的是由人民法院对外委托启动的鉴定,当事人自行委托鉴定不属于司法鉴定的范畴。自行委托鉴定在程序启动、鉴定人选任、鉴定材料的真实性和完整性等方面,相较于司法鉴定而言,存在权威性弱、欠缺科学性等问题。但是,这并不意味着当事人完全被剥夺了自行委托鉴定的权利。民事诉讼当事人承担事实主张和证据提出的责任,其通过单方委托鉴定形成的书面意见作为一种证据形式,应当被允许,而对方当事人也可提出证据进行反驳。基于此,《证据规定》第41条规定,对于一方当事人就专门性问题自行委托有关机构或者人员出具的意见,另一方当事人有证据或者理由足以反驳并申请鉴定的,人民法院应予准许。

(三)鉴定意见和专家辅助人意见

针对案件所涉专门性问题的认定,除了鉴定意见外,我国民事诉讼中也允许专家辅助人发表意见。所谓专家辅助人,是指出庭帮助当事人对讼争的案件事实所涉及的专门性问题进行说明、审查、质证并提供专业性意见的具有专门性知识或经验的人员。针对民事案件中的专门性问题,虽然可以进行鉴定,但因鉴定意见具有很强的专业性,法官或当事人在庭审中对鉴定人的询问也仅局限于鉴定意见的制作规范等问题,很难触及问题的实质。如此,鉴定人出庭作证往往流于形式,人民法院对鉴定意见的采信有时也难免盲目。为更好地查明案件事实,维护当事人的合法权益,2012年《民事诉讼法》在立法层面确立了专家参与诉讼的制度。当事人可以在举证期限届满前,以书面方式申请一至二名具有专门知识的人出庭,代表当事人对鉴定意见进行质证,或者对案件事实所涉及的专业问题提出意见。具有专门知识的人在法庭上就专业问题提出的意见,视为当事人的陈述。有专门知识的人不得参与对鉴定意见质证或者就专业问题发表意见之外的法庭审理活动。鉴定意见是鉴定人对鉴定对象进行分析鉴别后得出的一种结论性意见,属法定证据的一种。根据司法解释的相关规定专家辅助人的意见则是对专门性问题的一种解释说明,不属于法定的独立的证据种类,而是视为当事人陈述。

(四)鉴定人的诉讼权利和诉讼义务

1. 鉴定人的诉讼权利

(1)了解案情的权利。鉴定人有权要求人民法院提供为进行鉴定所需要的案件材料,必要时还可以通过询问当事人、证人了解与鉴定相关的案件情况。

(2)自主鉴定的权利。如果鉴定事项超出该范围,或者鉴定资料不足以及鉴定人不具备特定鉴定事项所需专门技能和知识,鉴定人有权拒绝鉴定。此外,鉴定人有权对鉴定事项作出自己的独立判断并出具鉴定意见。

(3)获得保护的权利。鉴定人因进行鉴定、提供鉴定意见而受到侮辱、诽谤、殴打或打击报复的,有权请求公安司法机关给予保护。

(4)获取报酬的权利。鉴定人有权请求给付必要的鉴定费用和劳务报酬,如鉴定费、出庭作证的差旅费等。

2. 鉴定人的诉讼义务

(1)出庭义务。鉴定人出庭作证,接受当事人的质询,说明鉴定的过程以及鉴定意见的形成依据,是鉴定意见客观性、合法性的重要保障。《民事诉讼法》明确规定,当事人对鉴定意见有异议或者人民法院认为鉴定人有必要出庭的,鉴定人应当出庭作证,接受当事人、诉讼代理人和审判人员对鉴定意见、鉴定过程和鉴定对象的质询,并给予科学的回答和说明。经人民法院通知,鉴定人拒不出庭作证的,鉴定意见不得作为认定案件事实的根据。人民法院应当建议有关部门或者组织对拒不出庭作证的鉴定人予以处罚,支付鉴定费用的当事人可以要求返还鉴定费用。当事人因鉴定人拒不出庭作证申请重新鉴定的,人民法院应当准许。

(2)公正、如实鉴定的义务。鉴定人对需要鉴定的专门性问题,必须本着科学、客观的态度,勤勉谨慎地履行鉴定义务,独立、公正地进行鉴定活动,不得弄虚作假,不得接受他人请托、收受贿赂等。鉴定开始之前,人民法院应当要求鉴定人签署保证客观、公正、诚实鉴定的承诺书。鉴定人故意作虚假鉴定的,人民法院应当责令其退还鉴定费用,并根据情节,依照《民事诉讼法》第114条的规定处理。

(3)出具鉴定意见的义务。鉴定意见是鉴定人进行鉴定的最终成果体现,及时提交鉴定意见对保障诉讼顺利进行具有重要意义。鉴定完毕后,不管鉴定结果的性质如何,鉴定人都应当出具书面鉴定意见,说明鉴定的内容、委托鉴定的材料、鉴定的依据和手段、鉴定的过程以及明确的鉴定意见,并在鉴定书上签名或者盖章。

(4)保守秘密的义务。鉴定人对在鉴定活动中了解到的国家秘密、商业秘密和个人隐私,不得随意泄露。

(五)重新鉴定和补充鉴定

重新鉴定,指当事人对鉴定意见的可信度存有疑虑,申请另行委托新的鉴定人进行的鉴定。目前,出于对鉴定机构、鉴定人员的不信任,在鉴定意见作出后,当事人申请重新鉴定的现象很普遍。涉及重新鉴定的适用,司法实践中存在法官启动重新鉴定尺度不尽统一,针对同一鉴定事项重复鉴定、多个鉴定意见互相矛盾的情况比较突出。为了解决这一问题,《证据规定》第40条明确规定了当事人申请重新鉴定的条件和后果。当事人申请重新鉴定,存在下列情形之一的,人民法院应当准许:① 鉴定人不具备相应资格的;② 鉴定程序严重违法的;③ 鉴定意见明显依据不足的;④ 鉴定意见不能作为证据使用的其他情形。对鉴定意见的瑕疵,可以通过补正、补充鉴定或者补充质证、重新质证等方法解决的,人民法院不予准许重新鉴定的申请。重新鉴定的,原鉴定意见不得作为认定案件事实的依据。

补充鉴定是在最初鉴定意见的基础上,针对原鉴定意见中存在的个别问题,由原鉴定人进行再次修正和补充,以完善原鉴定意见的鉴定。补充鉴定是对原有鉴定意见的补救手段。需补充鉴定的情形一般包括以下几种:① 原鉴定意见措辞有错误,或者表述不准确;② 原鉴定意见对鉴定要求的答复不完备;③ 原鉴定意见作出后,委托机关又获得了新的可能影响原鉴定意见的鉴定资料;④ 初次鉴定时提出的鉴定要求有疏漏。

▶ 八、勘验笔录

(一)勘验笔录的概念和特征

勘验笔录是人民法院的审判人员为了查明案件事实,对与争议有关的现场、物品等进行实地勘察、检验、测量、拍照后,针对勘验结果和过程制作的书面记录。

勘验笔录的主要特征是:

(1)具有较强的客观性和准确性。勘验笔录由中立的勘验人员遵循严格的法定程序制作,如实、客观地记载勘验情况是对制作勘验笔录的基本要求。此外,在勘验过程中采用的照相、摄影、测量、绘图、摄像等勘验手段也保障了勘验笔录的客观性。

(2)具有综合证明能力。通过对勘验结果进行固定而形成的勘验笔录，不仅仅反映单一的案件事实，而是反映反映了各种证据材料存在的具体环境及其相互之间的关系。因此，勘验笔录既能作为一种独立的证据形式证明案件真实情况，又是固定、保全证据的一种方法，还能为鉴定提供材料，并可用于审查、鉴别其他证据的真实性。

(二)勘验笔录的制作

勘验可以依当事人的申请进行，也可由人民法院依职权进行。人民法院应当在勘验前将勘验的时间和地点通知当事人。当事人不参加的，不影响勘验的进行。当事人可以就勘验事项向人民法院进行解释和说明，可以请求人民法院注意勘验中的重要事项。在进行勘验时，勘验人员必须出示人民法院的证件，证明其具有勘验的法定职责。勘验时应邀请当地基层组织或者当事人所在单位派人参加，当事人或者其成年家属亦应到场；拒不到场的，不影响勘验工作的进行。如有必要，有关单位和个人有义务按人民法院的通知，协助保护勘验的物品或现场。人民法院勘验物证或者现场，应当制作笔录，记录勘验的时间、地点、勘验人、在场人、勘验的经过、结果，由勘验人、在场人签名或者盖章。对于绘制的现场图应当注明绘制的时间、方位、测绘人姓名、身份等内容。

尽管勘验笔录是审判人员或者专门的勘验人员依据法定职权、遵循法定程序制作的，具有较强的客观性和准确性。但是，如果将其作为定案根据，也必须经过质证。法庭审理过程中，经审判人员许可，当事人可以向勘验人员发问。

第三节 证据保全

一、证据保全的概念和条件

民事纠纷从发生到起诉、受理直至开庭审理，都存在证据灭失或以后难以乃至无法收集的情形。这些情况的存在，会给民事诉讼证据的调查和收集造成困难，从而给当事人合法权益的保护和法院查明案件事实造成难以挽回的影响。基于此，我国《民事诉讼法》规定了证据保全制度。证据保全，指的是在证据有可能毁损、灭失或以后难以、无法取得的情况下，人民法院根据当事人、利害关系人的申请或依职权，提前对证据进行调查收集或固定、保存的行为。

证据保全必须满足下列条件：

（1）证据存在毁损、灭失或者以后难以、无法取得的情况。证据毁损，指证据的完整性受到破坏，无法以本来面目呈现于法庭之上；证据灭失，指证据客观物质形态的消失；证据难以或无法取得，指证据虽然从客观物质形态上仍然存在，但凭借当事人或人民法院可以采用的调查收集证据的手段，没有可能取得该证据或者取得该证据面临难以克服的困难。

（2）在举证期限届满前提出。因开庭后将进入证据调查阶段，进行证据保全已无必要，所以证据保全的申请应当在举证期限届满前提出，此为证据保全的时间条件。也就是说，当事人申请证据保全的行为与举证行为一样，要遵守举证期限的要求。此外，利害关系人在起诉前或申请仲裁前申请证据保全，还必须具备"情况紧急"的条件。所谓"情况紧急"，指利害关系人若不立即申请证据保全，证据就有可能灭失或被转移，以至于其合法权益难以得到保护。是否存在"情况紧急"的情形，应当由人民法院根据实际情况进行分析判断。

（3）当事人或利害关系人应当以书面方式提出证据保全的申请。对证据的保全行为涉及诉讼的实体内容，对当事人权利影响较大，因而程序上应当较为正式。

▶ 二、证据保全的类型

（一）依申请的证据保全和依职权的证据保全

根据证据保全的启动程序，证据保全可分为依申请的证据保全和依职权的证据保全。诉讼开始前或申请仲裁前，如果存在证据保全的必要性，利害关系人可以向有管辖权的人民法院提出证据保全的申请，人民法院不得依职权主动采取保全措施，否则就会违背司法权被动性的原则。诉讼开始后，基于辩论主义和处分原则，在证明责任法则的内在机制作用下，证据保全程序一般也是依据当事人的申请启动。如果当事人不提出申请，意味着他在证据收集方面不需要救济，人民法院自然不需要采取保全措施。只有人民法院认为必要时，才可以依职权主动采取证据保全措施。我国《民事诉讼法》并未明确规定人民法院依职权采取证据保全措施的法定情形，但一般认为人民法院依职权保全证据的范围与人民法院依职权调查收集证据的范围一致。

（二）诉前或申请仲裁前的证据保全和诉讼过程中的证据保全

根据采取证据保全措施的时间，证据保全可分为诉前或申请仲裁前的证据保全和诉讼过程中的证据保全。在诉讼进行过程中，当事人可以向人民法院申请保全证据，人民法院也可以主动采取证据保全措施。实际上，无论是起诉之前还是诉讼进行过程中,都存在有必要采取证据保全措施的情形。因此,根据《民事诉讼法》第84条第2款的规定,因情况紧急,在证据可能灭失或者以后难以取得的情况下,利害关系人可以在提起诉讼或者申请仲裁前申请保全证据。除此之外,我国的《海事诉讼法》和《著作权法》等也都明确规定了诉前证据保全制度。[①]

▶ 三、证据保全的程序

（一）证据保全程序的启动

诉前或申请仲裁前的证据保全,应当由利害关系人向人民法院提出书面申请,人民法院不得依职权主动采取证据保全措施。在诉讼过程中,证据保全主要也是由当事人申请,但人民法院在必要时也可依职权主动采取保全措施。

当事人在诉讼过程中申请保全证据,应当在举证期限届满前书面提出。证据保全申请书应载明需要保全的证据的基本情况、申请保全的理由以及采取何种保全措施等内容。

（二）证据保全的管辖

当事人在诉讼进行过程中申请证据保全,应向受理案件的人民法院提出。在提起诉讼或申请仲裁前申请证据保全,利害关系人可以向证据所在地、被申请人住所地或者对案件有管辖权的人民法院提出。

（三）证据保全的担保

证据保全的目的在于固定、保存证据。因此,一般而言,证据保全不会造成证据持有人经济上的损失。但是,当被保全的证据本身是财物,或者采取特定的保全方法或措施时,证据持有人也会有遭受财产损失的风险。因此,当事人或者利害关系人申请采取查封、扣押等限制保全标的物使用、流通等保全措施,或者保全可能对证据持有人造成损失的,人民法院应当责令申请人提供相应的担保。担保方式或者数额由人民法院根据保全措施对证据持有人的影响、保全标的物的价值、当事人或者利害关系人争议的诉讼标的金额等因素综合确定。

（四）人民法院对证据保全申请的处理

根据《民事诉讼法》第84条第3款,对于涉及证据保全的程序,该条没有明确规定的,参照适用《民事诉讼法》第9章保全的有关规定。据此,人民法院受理当事人在诉讼过程中提出的证据保全申请后,情况紧急的,必须在48小

---

① 参见《海事诉讼法》第63条、《著作权法》第57条、《商标法》第66条。

时内作出是否采取保全措施的裁定;对利害关系人在诉讼前或申请仲裁前提出的证据保全申请,人民法院必须在 48 小时内作出裁定。裁定采取保全措施的,应当立即开始执行。诉前或申请仲裁前的证据保全申请人在人民法院采取保全措施后 30 日内必须向有管辖权的人民法院提起诉讼,或向仲裁机构申请仲裁。为保护被申请人的合法权益,申请人在人民法院采取证据保全措施后 30 日内不提起诉讼或申请仲裁的,人民法院应当解除证据保全措施。

诉前证据保全的申请人起诉后,采取证据保全措施的人民法院对该案有管辖权的,应当依法受理;没有管辖权的,应当及时将诉前证据保全的材料移送对案件有管辖权的人民法院。当事人申请诉前证据保全后,没有在法定期间内起诉,因而给被申请人造成财产损失引起诉讼的,由采取该证据保全措施的人民法院管辖。申请诉前证据保全错误的,申请人应当赔偿被申请人或者利害关系人因此遭受的损失。

(五)证据保全措施

人民法院进行证据保全,可以根据被保全证据的形式和案件具体情况,采取查封、扣押、拍照、录音、录像、复制、鉴定、勘验、制作笔录等方法。诉讼实践中,人民法院一般针对不同证据的特点,采取不同的证据保全方法。例如,对证人证言,可以进行录音、录像或制作询问笔录;对于物证,可以制作勘验笔录或封存原物;对于书证,可以拍照或复制。无论采用何种方法保全证据,均应本着全面、客观的原则,尽量反映被保全证据的原貌。在符合证据保全目的的情况下,人民法院应当选择对证据持有人利益影响最小的保全措施。

人民法院进行证据保全,必要时可以要求当事人或者诉讼代理人到场。当事人或诉讼代理人没有到场的,不影响证据保全措施的进行。当事人或诉讼代理人应在证据保全笔录或者查封、扣押的清单上签名或者盖章。拒绝签名、盖章的,人民法院应在笔录或清单上注明。

(六)证据保全的赔偿责任

申请证据保全错误造成财产损失,当事人请求申请人承担赔偿责任的,人民法院应予支持。当事人申请诉前保全后在法定期间内起诉或者申请仲裁,被申请人、利害关系人因保全受到损失提起的诉讼,由受理起诉的人民法院或者采取保全措施的人民法院管辖。

第四节 法院调查收集证据

诉讼中对案件事实的证明始于证据的调查和收集。民事诉讼奉行辩论主义,当事人作为民事诉讼法律关系的主体,理应承担调查收集证据的责任。

有关法院在民事诉讼中可否调查收集证据,两大法系做法有所不同。大陆法系重视法官对诉讼程序的指挥和控制,其民事诉讼法普遍规定了法院在调查收集证据方面享有的职权及其行使范围和程序。英美法系民事诉讼实行对抗制,当事人对诉讼进程的推动起主导作用,法官的职责仅在于维持庭审的基本秩序。所以,当事人尤其是代理其参与诉讼的律师在证据的调查收集方面起至关重要的作用,法官或司法机关不是证据调查的主体。

在我国,在民事诉讼证据的调查收集方面一直遵循当事人提供证据与人民法院调查收集证据相结合的原则。但从不同时期民事诉讼法的规定看,当事人提供证据与人民法院调查收集证据的关系又呈现出一定的发展变化趋势。1982年颁布的我国《民事诉讼法(试行)》(失效)第56条规定:当事人对自己提出的主张,有责任提供证据。人民法院应当按照法定程序,全面地、客观地收集和调查证据。以此规定作为依据,诉讼实践中法官集调查收集证据与审查判断证据的权力于一身,既模糊了当事人和人民法院在民事诉讼中的职能分工,又增加了司法成本,降低了诉讼效率。由此造成了所谓"当事人张张嘴,法官跑断腿"的怪现象。20世纪80年代中期以来,随着审判方式改革的深化,当事人的举证责任得以加强。1991年《民事诉讼法》适时地反映出这种变化,除了赋予人民法院向有关单位和个人调查取证的职权之外,该法第64条也明确规定:"当事人对自己提出的主张,有责任提供证据。""当事人及其诉讼代理人因客观原因不能自行收集的证据,或者人民法院认为审理案件需要的证据,人民法院应当调查收集。人民法院应当按照法定程序,全面地、客观地审查核实证据。"据此,人民法院在诉讼证明中的主要任务已从"全面地、客观地收集和调查证据"转变为"全面地、客观地审查核实证据"。只有当事人因客观原因无法收集,或者人民法院认为必要时,人民法院才可依职权主动调查收集证据。随着《证据规定》的颁布以及《民事诉讼法》和相关司法解释的修订,人民法院依职权调查收集证据的范围更加明确,当事人收集证据和人民法院调查取证的关系进一步得以理顺。

▶ 一、人民法院依职权主动调查收集证据

民事诉讼奉行辩论主义和处分主义,为落实当事人的举证责任,作为裁判依据的证据主要应当由当事人提出,法院一般不得依职权主动调查收集。根据《民诉法解释》第96条,符合《民事诉讼法》第67条第2款之规定,即人民法院认为审理案件需要的,可以由人民法院依职权主动调查收集的证据包括:① 涉及可能损害国家利益、社会公共利益的;② 涉及身份关系的;③ 涉及《民事诉讼法》第58条规定的公益诉讼的;④ 当事人有恶意串通损害他人合

法权益可能的;⑤ 涉及依职权追加当事人、中止诉讼、终结诉讼、回避等程序性事项的。

将上述事项纳入人民法院依职权调查收集证据的范围,主要基于以下考虑:对涉及国家利益、社会公共利益的事实保留依职权调查的权力,是大陆法系国家和地区的普遍做法,也是人民法院保护国家利益和社会公共利益所必要的职权。身份关系关涉社会基本伦理价值,也具有社会公共利益的属性,亦应纳入人民法院职权调查的范围。公益诉讼事关社会公共利益的保护,过程中也需要人民法院在证据调查收集方面发挥其作用。当事人恶意诉讼、恶意串通损害他人合法权益的,也属于需要人民法院依职权调查的情形。程序性事项与当事人间的实体争议没有关系,但影响诉讼程序的顺利进行,为保障诉讼的顺利进行,人民法院可以依职权主动调查收集证据。

二、人民法院根据当事人的申请调查收集证据

根据我国《民事诉讼法》第67条第2款的规定,当事人及其诉讼代理人因客观原因不能自行收集的证据,人民法院应当调查收集。在当事人及其诉讼代理人举证困难时,可以申请人民法院依职权调查取证。作为对当事人举证困难的救济措施,人民法院依照当事人申请调查收集的证据,视为提出申请的一方当事人提供的证据。

(一)当事人申请人民法院调查收集证据的法定情形

根据《民诉法解释》第94条的规定,当事人及其诉讼代理人因客观原因不能收集的证据包括:

1. 当事人及其诉讼代理人无权查阅调取的

这类证据主要指档案材料等由国家有关部门保存的材料,有些按照国家规定需要保密或控制使用,当事人不能自行申请阅览、复制、摘录或以其他方法使用。因此,存在人民法院根据当事人申请调查收集的必要。

2. 涉及国家秘密、商业秘密、个人隐私的材料

国家秘密事关国家安全大计,商业秘密和个人隐私则涉及有关单位、组织和个人的重大权益。为保障国家的安全和利益免受损害,为避免商业秘密的持有人遭受经济损失以及个人隐私权不受侵害,涉及上述事项的事实材料均具有一定的秘密性。当事人因客观原因不能自行收集的,可以申请人民法院调查取证。

3. 当事人及其诉讼代理人因客观原因不能自行收集的其他材料

该条款属于弹性条款。在上述两种法定情形之外,如果存在当事人因客观原因无法自行收集的事实材料,也可申请人民法院调取。

（二）当事人申请人民法院调查收集证据的程序性要求

1. 申请的形式

当事人及其诉讼代理人申请人民法院调查收集证据，应当提交书面申请。

2. 申请书的内容

当事人及其诉讼代理人向人民法院提交的书面申请中，应当载明被调查人的姓名或者单位名称、住所地等基本情况，所要调查收集的证据的名称或者内容，需要由人民法院调查收集证据的原因及其要证明的事实以及明确的线索。这就要求，当事人申请人民法院调查取证，必须提供一定的证据线索。之所以作此要求，是因为申请人民法院调查取证是为当事人举证不能提供的一种救济手段；人民法院应当事人申请所为的调查取证行为，实际上是当事人举证行为的延伸。提供证据线索，既是当事人举证能力范围内能做到的，又能够节约司法资源，提高诉讼效率。

3. 申请的期限

当事人及其诉讼代理人申请人民法院调查收集证据，应当遵守举证时限的要求，在举证期限届满前提出。为当事人申请设置期限限制，一是为了让人民法院有充分的时间去调查取证；二是为了让双方当事人了解人民法院调查取证的情况，以便在开庭前有效地展开证据交换，防止一方当事人通过申请人民法院调查收集证据达到"证据突袭"的目的，避免造成双方当事人之间的不公。

4. 人民法院对申请的审查和处理

人民法院经过审查，认为符合申请人民法院调查取证的法定情形且具备形式要件的，应当批准。当事人申请调查收集的证据，与待证事实无关联、对证明待证事实无意义或者其他无调查收集必要的，人民法院不予准许。

根据《民事诉讼法》第207条、第215条的规定，对审理案件需要的主要证据，当事人因客观原因不能自行收集，书面申请人民法院调查收集，人民法院未调查收集的，可以作为当事人申请再审和人民检察院提出抗诉或检察建议的事由。

▶ 三、人民法院调查收集证据的方法

人民法院依职权调查收集证据的方法，散见于我国《民事诉讼法》以及相关司法解释当中。《民诉法解释》第97条规定："人民法院调查收集证据，应当由两人以上共同进行。调查材料要由调查人、被调查人、记录人签名、捺印或者盖章。"除此之外，对于勘验笔录的制作，物证、书证、视听资料、证人证言的调查与收集，证据保全措施的采取等，《民事诉讼法》和《证据规定》相关条文

中也有具体的规定。①

概括而言,现行法律和司法解释对于人民法院调取证据一般规定了直接调查的方法。但囿于司法资源的有限性,在所有案件中,对所有证据都采用直接调查的方法是不现实的。因此,诉讼实践中,各地法院都进行了许多有益的尝试,采取了多种行之有效的法院间接调查的方式。具体而言,就是人民法院通过授权的方式,将其享有的调查收集特定证据的权力赋予当事人或其代理人,以节约司法资源,方便当事人取证。② 例如,各地方人民法院自21世纪初开始逐步实行了"调查令"制度并在实践中取得了积极的成效。③ 调查令即指当事人在民事诉讼中因客观原因无法取得自己需要的证据,经申请并获人民法院批准,由人民法院签发给当事人的诉讼代理律师向有关单位和个人收集所需证据的法律文件。通过申请人民法院签发调查令,当事人就可获得通过正常的调查取证途径无法取得的相关证据。

案例精选

▶【案例】④

郑亿、林碧波系都市快报社记者,于2017年7月24日共同创作并在《都市快报》A08版面发表了约3100余字,1幅插图的《妈妈带4岁儿子进游泳馆女更衣室被管理员阿姨骂得眼泪都掉下来》(以下简称涉案文章)一文。2017年7月24日,被告深圳市道同科技发展有限公司(以下简称道同公司)主办的第一女性时尚网站刊登《妈妈带4岁儿子进游泳馆女更衣室被管理员骂哭》(以下简称被控侵权文章)一文,与涉案文章完全相同。涉案文章的著作权属于都市快报社享有,2017年7月24日都市快报社将涉案文章的信息网络传播权独家授权于原告杭州华泰一媒文化传媒有限公司(以下简称华泰一媒公司)。原告认为,道同公司在未获得授权的情况下擅自转载使用华泰一媒公司享有信息网络传播权的作品,侵犯了华泰一媒公司的合法权益。2017年10月17日,华泰一媒公司向道同公司发送律师函要求停止侵权并赔偿损失,道同公司未予理睬。据此,华泰一媒公司向杭州互联网法院起诉,请求法院判令道同公司:① 立即删除第一女性时尚网站上刊登的《妈妈带4岁儿子进游

---

① 参见《民事诉讼法》第83条、《证据规定》第21—24条、第27条、第43—44条。
② 参见常怡主编:《民事诉讼法学》,中国法制出版社2008年版,第216—217页。
③ 参见2001年《上海法院调查令实施规则》以及2004年《北京市高级人民法院关于委托调查制度的若干意见(试行)》等。
④ 杭州华泰一媒文化传媒有限公司诉深圳市道同科技发展有限公司侵害作品信息网络传播权纠纷案,杭州互联网法院民事判决书(2018)浙0192民初81号。

泳馆女更衣室被管理员骂哭》文章;② 赔偿著作权侵权损失6200元;③ 赔偿为本案支出的律师费2500元;④ 承担本案全部诉讼费用。

为证明被告的侵权行为,华泰一媒公司将第一女性时尚网中发布涉案文章的侵权网页的URL通过API接口传输至保全网,申请对侵权网页进行固定。保全网的经营主体浙江数秦科技有限公司(以下简称数秦公司)收到该请求后,在阿里云的环境下,由后端代码通过调用谷歌开源程序puppeteer插件对目标网页进行截图,并产生操作日志,记录调用时间和处理内容。后端代码再通过调用curl插件获取目标网页源码和相关调用信息,并产生操作日志,记录调用时间和处理内容。之后保全网将上述截图、网页源码进行打包并计算其SHA256哈希值,并同步上传至FACTOM区块链和比特币区块链中。浙江千麦司法鉴定中心(以下简称千麦鉴定所)对上述抓取过程运用的技术内容进行了说明并予以确认。

法院认为,华泰一媒公司通过第三方存证平台保全网对道同公司的侵权网页予以取证,并通过区块链储存电子数据的方式证明电子数据的完整性及未被篡改,故要认定侵权行为确系发生,需就华泰一媒公司该种固证、存证的方式是否符合电子数据的相关规定及该证据证明力的大小进行认定。结合《电子签名法》第8条规定,审查数据电文作为证据的真实性,应当考虑以下因素:① 生成、储存或者传递数据电文方法的可靠性;② 保持内容完整性方法的可靠性;③ 用以鉴别发件人方法的可靠性;④ 其他相关因素的规定。据此,法院从存证平台的资质审查、侵权网页取证的技术手段可信度审查和区块链电子证据保存完整性审查三个方面,对案涉电子数据的效力作出如下认定。

第一,关于存证平台的资质审查。经查询,华泰一媒公司的股东为浙江华媒控股股份有限公司。数秦公司自然人股东包括翁远、高航、李侨峰、卢春泉,企业股东包括安吉数秦投资管理合伙企业、杭州数秦投资管理合伙企业、新余优创投资管理中心、杭州水木泽华创业投资合伙企业,数秦公司股东及经营范围相对独立于华泰一媒公司和都市快报社,具有中立性,且通过国家网络与信息安全产品质量监督检验中心完整性鉴别检测,其运营的保全网具备作为第三方电子存证平台的资质。

第二,关于侵权网页取证技术手段的可信度审查。打开电脑命令窗口,输入命令"ping www.baoquan.com",返回的IP是112.74.234.54,经查询,该IP的物理位置是阿里云B**数据中心,故可知保全网系部署在阿里云中,阿里云作为通用的云平台,能够确保服务器在一般情况下未受病毒和木马感染入侵;且保全网已获得公安部第三研究所与国家网络与信息系统安全产品质量监督检验中心授予的网站安全一级认证证书、信息系统安全等级保护第三级的备案证明。故此,除有相反证据否定之外,应认定该网站具备进行电子数据存储的安全环境。保全网服务器在收到传输过来的侵权网页 URL 时,会自动请求互联网环境下的目标地址,目标地址自动返回状态码及网页信息,以确认请求的 URL 系有效的可访问地址,从而确保侵权链接的抓取系在互联网环境下进行。

保全网通过自动调用谷歌开源程序 puppeteer 对目标网页进行图片抓取,同时通过调用 curl 获取目标网页源码。经查询可知,puppeteer 系谷歌官方出品的通过 DevTools 协议控制 headlessChrome 的 Node 库,可通过其提供的 API 作为爬虫访问页面来收集数据。Curl 命令系利用 URL 规则在命令行下工作的文件传输工具,通过模拟 HTTP 请求,获取页面内容、版本等信息。该种固证系统对所有人都平等开放,任何人都可以使用,且其操作过程是按照取证系统事先设定好的程序由机器自动完成的,取证、固证全过程被人为篡改相关链接的可能性较小,故该电子数据来源可信性较高;同时,千麦鉴定所对保全网中使用 puppeteer 和 curl 程序进行网页截图和源码调取的技术性进行了鉴别并确认。因此,在没有相反证据推翻的情形下,法院认定保全网通过使用公开版谷歌开源抓取程序对目标网页进行域名解析以生成、储存数据电文的方式,具有可靠性。本案中,通过 puppeteer 抓取的网页截图显示"第一女性时尚网"于 2017 年发布的被诉侵权文章与涉案文章基本一致,通过 curl 获取的目标网页源码网址为"www.ladyfirst.com"。经查询,"www.ladyfirst.com"网站名称为"第一女性时尚网",备案主体是道同公司。

第三,关于区块链电子证据保存完整性的审查。保全网将网页截图、源代码和调用信息打包压缩计算出 SHA256 值后上传至 FACTOM 区块链、比特币区块链中以保证电子数据未被修改。要审查该种保持内容完整性方法的可靠性,应当首先对区块链技术予以分析判断。

区块链作为一种去中心化的数据库,是一串使用密码学方法相关联产生的数据块,每一个数据块中包含了一次网络交易的信息,用于验证其信息的有效性(防伪)和生成下一个区块。具体来说,区块链网络是由多个机构或公司服务器作为节点所构成的网络,该网络上某节点会对一个时间段内所产生的数据打包形成第一个块,然后将该块同步到整个区块链网络。网络上的其他节点对接收到的块进行验证,验证通过后加到本地服务器。之后,某节点会将新产生的数据及本地服务器内已有块的信息放在一起打包形成第二个块,其他节点接收该块并验证通过后,将第二个块加到本地服务器,第一个块与第二个块相连,之后的网络内部的数据均经上述相同方式打包成块,块与块首尾相连形成链，该链即为区块链。若需要修改块内数据，则需要修改此区块之后所有区块的内容，并将区块链网络所有机构和公司备份的数据进行修改。因此，区块链有难以篡改、删除的特点，在确认诉争电子数据已保存至区块链后，其作为一种保持内容完整性的方法具有可靠性。本案中，为确认电子数据确已上传至区块链，法院将从电子数据是否真实上传和上传的电子数据是否系诉争的电子数据两方面进行审查。

一是要审查电子数据是否真实上传。判断案涉电子数据是否真实上传，可根据华泰一媒公司提供的交易哈希值，在FACTOM区块链中进行搜索，以查看该条交易哈希存放的内容以及生成的时间。根据华泰一媒公司提交的区块高度，在该区块高度中可查询到前述交易哈希中存放的内容存入该区块高度中以及该条内容上传的时间，且上传的时间和使用puppeteer和curl自动获取网页截图和源码的调用日志中显示的时间具有合理性，区块高度生成时间符合调用日志生成时间和FACTOM打包规则二者间的时间逻辑。根据该区块高度锚定到比特币区块链的交易哈希值，在比特币区块链中查询到该区块节点中包含的内容和FACTOM中存放的内容哈希值一致，故法院确认保全网已将电子数据上传至FACTOM区块链和比特币区块链中。

二是要查是否为诉争的电子数据。将在保全网中下载的网页截图、源代码和调用信息打包压缩文件进行哈希值计算，经比对，该数值与华泰一媒公司所提交的进行区块链保存的电子数据哈希值一致，故可确认涉案电子数据已经上传至FACTOM区块链和比特币区块链中，且从上链至今保存完整、未被修改。

根据上述分析，法院认为，对于采用区块链等技术手段进行存证固定的电子数据，应秉承开放、中立的态度进行个案分析认定。既不能因为区块链等技术本身属于当前新型复杂技术手段而排斥或者提高其认定标准，也不能因该技术具有难以篡改、删除的特点而降低认定标准，而应根据电子数据的相关法律规定综合判断其证据效力。其中应重点审核电子数据来源和内容的完整性、技术手段的安全性、方法的可靠性、形成的合法性，以及与其他证据相互印证的关联度，并由此认定证据效力。本案中，数秦公司作为独立于当事人的民事主体，其运营的保全网是符合法律规定的第三方存证平台，保全网通过可信度较高的谷歌开源程序进行固定侵权作品等电子数据，且该技术手段对目标网页进行抓取而形成的网页截图、源码信息、调用日志能相互印证，可清晰反映数据的来源、生成及传递路径，应当认定由此生成的电子数据具有可靠性。同时，保全网采用符合相关标准的区块链技术对上述电子数据进行了存证固定，确保了电子数据的完整性。故上述电子数据可以作为本案认定侵权的依据,即法院确认道同公司运营的"第一女性时尚网"上发布了涉案作品,被告侵权行为成立。

评析: 互联网时代下,电子数据大量涌现,以区块链为代表的新兴信息技术,为电子证据的取证存证带来了全新的变革,同时电子证据效力认定规则也亟待明确。本案系全国首次对区块链电子存证的法律效力进行认定的案件,为该种新型电子证据的认定提供了审查思路,明确了认定区块链存证效力的相关规则,有助于推动区块链技术与司法深度融合,对完善信息化时代下的网络诉讼规则、促进区块链技术发展具有重要意义。

本案判决通过审查存证平台的资格、侵权网页取证技术手段可信度和区块链电子证据保存的完整性,明确了区块链这一新型电子数据的认定效力。法院判决明确,利用区块链技术手段存证固定,应重点审核电子数据来源和内容的完整性、技术手段的安全性、方法的可靠性、证据形成的合法性和相关证据的关联性,并根据电子数据的相关法律规定综合判断其证据效力。作为全国首例区块链技术电子存证著作权侵权案,该案对完善我国电子数据认定规则具有重要的示范意义。

思考问题

1. 证据关联性的含义及其判断。
2. 民事诉讼非法证据的认定标准及其适用。
3. 电子数据的审查判断。
4. 我国民事诉讼证人证言制度存在的问题及完善。
5. 民事诉讼当事人收集证据和人民法院调查取证的关系。

第八章 证 明

民事诉讼中,基于一定的诉讼规则运用证据解释、发现案件事实的活动即为证明。诉讼证明由证据的收集、提供、质证、认证等一系列具体环节构成。通过证明责任、举证时限等相关制度设计,诉讼证明过程的公正和效率得以实现。本章主要介绍了证明对象的范围、证明责任的概念和分配规则、证明标准的确定、举证时限制度、证据交换制度和证明妨碍及其救济与制裁。

第一节　证　明　对　象

▶ 一、证明对象的概念及确定标准

证明对象，又称待证事实，指诉讼中需要用证据加以证明的案件事实。证明对象所要解决的问题，是明确需要证明的案件事实的范围。确定了证明对象，法院的审判工作就可以有的放矢地进行，当事人收集提供证据、质证和辩论等也就有了明确的方向。可以说，证明对象的确定是诉讼证明所要解决的首要问题，它不仅是全部证明活动的起点，而且还影响着证明活动的整个过程和归宿。

民事诉讼中，法院通过适用裁判三段论，以法律作为大前提，以案件事实作为小前提，通过推论对当事人之间发生争议的民事权利义务关系作出判断。作为裁判基础的案件事实并非指与案件相关的所有社会生活事实，而仅指与当事人之间发生争议的权利义务关系相关的事实。民事诉讼奉行辩论主义和处分原则，是否存在上述事实主要由当事人主张并证明，法院借助证据对事实的真伪进行认定，并在此基础上对当事人之间发生争议的民事权利义务关系作出裁判。诸多作为法院裁判基础的案件事实中，哪些需要用证据证明，哪些具有不证自明的法律效果，一般根据以下标准确定：

1. 证明对象必须对案件的处理具有实体法或程序法意义

对案件的处理具有实体法意义的事实，主要指与当事人主张的实体权益相关的案件事实，即与引起当事人之间民事权利义务关系发生、变更或消灭的法律事实相关的案件事实。这是民事诉讼证明对象的主体构成部分。此外，某些程序法事实，如适用回避的法定情形、诉讼期限延长的法定事由等，对民事诉讼的开始、进行和终止有重要影响，并且也有可能在双方当事人之间存在争议。查明这些事实，对于保障实体法的正确实施和裁判公正，也具有重要意义。因此，虽然与实体法事实性质迥异，这些程序法事实同样属于证明对象的范畴。

2. 证明对象必须是双方当事人主张并发生争议的事实

证明对象以当事人的事实主张为基础，并且根据当事人辩论的范围加以确定。民事诉讼奉行辩论主义原则，并非所有对案件处理具有实体法或程序法意义的事实都属于证明对象。当事人不主张和没有争议的事实，无须证明。当事人不主张的事实，法院无须认定；当事人之间没有争议的事实，法院可以径行认定。

3. 证明对象不属于法定的无须证明的事实

有些案件事实对法官正确审理案件具有法律意义,但从提高诉讼效率的角度出发,法律规定无须证明,直接作为法院认定案件事实的依据。例如,众所周知的事实、公证证明的事实等就不属于证明对象的范围。

二、证明对象的范围

(一) 实体法事实

当事人之所以提起诉讼,是因其实体权益受到侵犯或与他人发生了实体权利义务争议。实体法事实是由当事人作为诉讼请求根据或反驳对方诉讼请求的根据提出的,关系到当事人之间法律关系的产生、变更和消灭。查明实体法事实是整个诉讼的中心环节,实体法事实因而也就成为证明对象的主干部分。实体法事实通常可以分为主要事实、间接事实和辅助事实。

1. 主要事实

主要事实又被称为直接事实,是指在判断出现权利发生、变更或消灭之法律效果中直接且必要的事实,换言之,是与作为法条构成要件被列举的事实(要件事实)相对应的事实。① 因此,主要事实即法律构成要件事实,会直接引起民事权利义务的发生、变更或消灭。

2. 间接事实

间接事实也被称为凭证(证据),是指借助于经验法则及逻辑法则的作用在推定主要事实过程中发挥作用的事实。② 间接事实不能直接导致某项民事权利义务发生、变更或消灭,但却可以用来推断或证明主要事实是否存在。在无法通过直接证据证明案件主要事实的情况下,可以运用证据证明间接事实的存在,多个间接事实如果形成一条存在内在逻辑关系的事实链,就可以证明案件主要事实。

3. 辅助事实

辅助事实是用来证明证据的证据能力或证明力的事实。证据能力决定了证据材料是否具备进入诉讼的资格;而证明力说明了证据证明案件事实的价值和作用。这二者是证据材料能否作为认定案件事实依据的关键,因此常常成为庭审质证和辩论的焦点问题。对证据能力的有无或证明力的大小有证明作用的事实就是辅助事实。

---

① 参见〔日〕高桥宏志:《民事诉讼法:制度与理论的深层分析》,林剑锋译,法律出版社 2003 年版,第 340 页。

② 同上。

(二)程序法事实

程序法事实是具有程序意义、能够产生诉讼法上效果的事实。程序法事实虽然不直接涉及当事人的实体权利,但对诉讼程序的启动、进行和终结会产生重大影响。通过证明活动确定程序法上的事实,对于正确适用民事诉讼法和依法进行诉讼意义重大。

程序法事实可以分为两类:一类是需要当事人向法院主张后才须进行证明的,如当事人之间是否签订了排除法院管辖权的有效仲裁协议、当事人申请顺延期限的事由是否存在等;另一类是不必由当事人主张法院就要依职权查明的,如受诉法院是否对案件享有管辖权、案件是否应不公开审理等。前一类事实必须由主张该事实的当事人承担证明责任,法院不能依职权主动认定。因此,将其纳入证明对象的范围自无异议。后一类事实能否构成证明对象,我国民事诉讼理论上观点不一。① 我们认为,此类程序法事实虽然仅对法院审判产生意义并须由法院主动查明,但确定这些事实存在与否,不仅能为法院处理程序性问题提供相应的依据,也能为诉讼程序公正、合法、顺畅地运行提供保障,因而同样应成为证明对象。

(三)外国法和地方性法规

认定事实和适用法律是法院进行裁判不可或缺的两个方面。涉及法律的适用,本着"法官应知悉法律"的一般原则,了解并熟悉国内法是法官的义务之所在。因此,一般情况下,案件所适用的国内法是否存在及其内容,并不需要当事人加以证明。而外国法则不属于法官职务上应当知悉的范围。如果案件涉及外国法的适用,法官需要通过一定的途径予以查明。根据我国《涉外民事关系法律适用法》的规定,涉外民事关系适用的外国法律,由人民法院查明;当事人选择适用外国法律的,应当提供该国法律,不能查明外国法律或者该国法律没有规定的,适用中华人民共和国法律。除此之外,因地方性法规具有数量大、变化快的特点,其他地方的法规也往往在法官的知悉范围之外。因此,如果当事人在诉讼中主张适用,也应对其进行证明。

(四)习惯

习惯是在某一特定地方或行业中为大家所熟知并得到普遍遵从、执行的

---

① 有观点认为,因人民法院在民事诉讼中不是承担证明责任的主体,虽然涉及此类事实是否存在同样需要证据证明,也不能将其视为证明对象。另一种观点认为,此类程序法事实虽由人民法院主动查明,但确定这些事实存在与否,对正确适用《民事诉讼法》具有重要意义,因而也应当成为证明对象。参见宋朝武主编:《民事诉讼法学》(第3版),中国政法大学出版社2012年版,第190页;李浩:《民事诉讼法学》,法律出版社2011年版,第207页;何家弘主编:《新编证据法学》,法律出版社2000年版,第283—285页。

规则或惯例。习惯在某些情况下也可以成为法院裁判三段论中的大前提。我国《民法典》第 289 条就明确规定,法律、法规对处理相邻关系有规定的,依照其规定;法律、法规没有规定的,可以按照当地习惯。在立法认可或法律存在漏洞的情况下,地方性习惯或行业习惯就有可能成为法院裁判的依据。地方性习惯在当地虽属于众所周知的事实,但可能并不为其他地域的法官知悉;行业习惯不是法律,亦非规范性文件,也处于法官职权知悉的范围之外。因此,民事诉讼中如果需要适用习惯处理案件,特别是法官对需要适用的习惯并不了解,或者当事人对该习惯的内容存在异议时,习惯就成为证明对象。

三、无须证明的事实

无须证明的事实,又称免证事实,指不需要证据证明即可直接作为裁判基础的事实。免证事实在诉讼上具有不证自明的效果,即与特定法律效果相联系的事实,不需要通过证明的方式取得诉讼上的证明力。之所以将这些事实确定为免证事实,一是因为该事实具有显著的真实性,二是因为免证事实的确定,缩小了证明对象的范围,降低了诉讼证明的成本,有利于实现诉讼经济的目的。无须证明的事实包括以下几类:

(一)诉讼上自认的事实

1. 诉讼上自认的概念

诉讼上的自认,是指一方当事人在诉讼过程中向法院承认对方当事人所主张的于己不利的案件事实。自认具有不证自明法律效果的基础在于辩论主义。一方当事人对不利于己的案件事实的承认,表明了双方对该事实的存在没有争议。基于民事诉讼辩论主义的要求,对当事人之间无争议的事实,法院应当认定并作为裁判的基础,法院自应直接将该事实作为裁判的依据,而无须当事人举证。

通常的自认过程是,一方当事人陈述于己有利的案件事实,对方当事人(自认人)表示承认。但有时一方当事人(自认人)会先作出于己不利的事实陈述,而此后对方当事人对该陈述进行援用。这就是所谓的先行自认,或称为自发性自认。大陆法系通说认为,先行"自认"在对方当事人进行援用前是不成立的。因此,只要对方当事人未进行援用,作出不利陈述的当事人可随时撤回,而一旦该陈述被对方当事人援用,则产生自认的拘束力。[①] 根据我国《证据规定》第 3 条,在诉讼过程中,一方当事人陈述的于己不利的事实,或者

---

① 参见〔日〕高桥宏志:《民事诉讼法:制度与理论的深层分析》,林剑锋译,法律出版社 2003 年版,第 386 页。

对于己不利的事实明确表示承认的,另一方当事人无须举证证明。

根据自认的程度和范围,自认可以分为完全自认和限制自认。完全自认指当事人在诉讼中对对方当事人所陈述的不利于己的案件事实没有任何附加条件的全部承认。限制自认则是指当事人对另一方当事人主张的于己不利的事实有所限制或者附加条件予以承认。根据我国《证据规定》第7条,限制自认能否构成诉讼上的自认,由人民法院综合案件情况决定。

诉讼上的自认不同于对诉讼请求的承认。虽然二者的法律效力有相似之处,即一方当事人若承认对方当事人提出的诉讼请求,则对方主张的作为其诉讼请求依据的案件事实也产生不证自明的法律效果,但它们仍然存在质的差异。其一,自认是对对方主张的案件事实的承认,即自认的对象是案件的主要事实;对诉讼请求的承认是承认对方提出的诉讼请求,是对权利的承认。其二,从法律后果看,自认的法律效力体现在法院必须以自认的事实作为裁判的依据,作出自认的当事人并不一定因此而败诉,因为其在自认的同时,仍可提出新的抗辩事实;而对诉讼请求承认是当事人基于处分原则行使的对自己实体权利的处分行为,将直接导致法院判决该当事人败诉。

2. 自认的限制

自认具有免予证明的效力,既约束法院也约束当事人。但并非所有对案件事实的认定均可适用自认。涉及《民诉法解释》第96条第1款规定的人民法院依职权调查取证的事实,不适用自认。主要包括:涉及可能损害国家利益、社会公共利益的事实;涉及身份关系的事实;污染环境、侵害众多消费者合法权益等损害社会公共利益行为的事实;当事人有恶意串通损害他人合法权益可能的事实;涉及依职权追加当事人、中止诉讼、终结诉讼、回避等程序性事项的事实。此外,在诉讼中,当事人为达成调解协议或者和解协议作出妥协而认可的事实,不得在后续的诉讼中作为对其不利的根据,但法律另有规定或者当事人均同意的除外。最后,自认的事实与已经查明的事实不符的,人民法院不予确认。

3. 诉讼上自认的构成要件

(1) 自认的主体。要构成诉讼上的自认,自认的主体必须适格。自认分为当事人本人自认与当事人的代理人自认两种情形。① 当事人本人承认对方主张的案件事实,是其基于民事诉讼处分原则对事实的处分行为。② 基于法定代理的设置原则,法定代理人的自认与当事人自认应具有同样的法律效力。在当事人委托诉讼代理人参加诉讼的情况下,根据《证据规定》第5条,除授权委托书明确排除的事项外,诉讼代理人的自认视为当事人的自认。但当事人在场对诉讼代理人的自认明确否认的,不视为自认。③ 诉讼实践中,共同诉讼人对事实的承认是否构成自认经常引发争议。针对上述问题，《证据规定》第 6 条进行了明确，即普通共同诉讼中，共同诉讼人中一人或者数人作出的自认，对作出自认的当事人发生效力。必要共同诉讼中，共同诉讼人中一人或者数人作出自认而其他共同诉讼人予以否认的，不发生自认的效力。其他共同诉讼人既不承认也不否认，经审判人员说明并询问后仍然不明确表示意见的，视为全体共同诉讼人的自认。

（2）自认的对象。首先，要构成诉讼上的自认，自认的对象必须是案件主要事实，即直接引起民事法律关系发生、变更或消灭的法律事实。自认的对象限于案件的主要事实，同样根源于辩论主义原则。辩论主义要求，直接决定法律效果发生或消灭的事实必须由当事人主张，法院不得随意变更或更改当事人的主张，当事人未在辩论中提出的事实不得作为裁判的依据。其次，对间接事实和辅助事实的承认不发生自认的法律效果。间接事实是用于证明案件主要事实的事实，辅助事实是用于证明证据的证据能力或证明力的事实，二者均为判断主要事实的手段，其存在与否应由法官依自由心证加以判断。因此，如果承认自认对间接事实和辅助事实有拘束力，则意味着法院必须以当事人自认的间接事实或辅助事实作为裁判的依据，从而限制了法官对案件事实的判断，有违自由心证原则。最后，自认的对象也不包括法律法规、法律解释和法律适用问题。法律法规是拥有立法权的国家机关制定的，其效力或内容不得通过当事人自认的方式得以确定。同样的道理，诉讼中涉及的法律解释或法律适用问题是法官的职责，当事人无权以自认的方式解释法律或确定如何适用法律。

（3）自认的时间。自认必须发生在诉讼过程中，只有在诉讼过程中作出的自认才能产生相应的法律效果。诉讼过程中的自认，一般发生在证据交换或法庭审理的过程中。根据《民诉法解释》第 92 条第 1 款和《证据规定》第 3 条第 2 款之规定，在证据交换、询问、调查过程中，或者在起诉状、答辩状、代理词等书面材料中，当事人对于己不利的事实明确表示承认的，另一方当事人无须举证证明。诉讼外的自认由于不是直接向审理案件的法官作出的，立法一般不承认其具有免除当事人证明责任的效力。诉讼外自认的事实如果得到证明，可以作为本案证据使用，但不得直接作为法院裁判的依据。

（4）自认的方式。诉讼上的自认原则上必须以明示的方式作出，即对对方当事人主张的事实明确表示承认。明示自认既可以采用口头方式向审理案件的法官作出，也可采用书面形式如在起诉状、答辩状等诉讼文书中表示。与明示自认对应的是默示自认，即当事人持消极态度，对他方当事人陈述的事实既不承认也不否认。默示自认只有在法官履行了释明义务后当事人仍不明确表态的,才发生自认的法律效果。根据《证据规定》第4条,一方当事人对于另一方当事人主张的于己不利的事实既不承认也不否认,经审判人员说明并询问后,其仍然不明确表示肯定或者否定的,视为对该事实的承认。

4. 诉讼上自认的效力

诉讼上的自认一旦作出并经法院确认后,将产生如下法律效力:

(1) 免除主张自认事实的当事人证明责任的效力。诉讼过程中,当事人对对方当事人主张的案件事实作出自认的,可以免除对方当事人对该事实的证明责任。但对于涉及身份关系、国家利益、社会公共利益等应当由法院依职权调查的事实的承认,不发生自认的法律效力。

(2) 拘束作出自认的当事人的效力。对作出自认的当事人而言,自认一旦作出并成立,即具有不可撤销性。当事人原则上不得任意将其撤回,或者在诉讼中对自认的事实再行争执。之所以不允许自认人撤回自认,是为了保护因信赖这种意思而行事的对方当事人的利益。① 随意推翻在法庭上承认的事实,不仅会破坏诉讼程序的安定性,造成诉讼迟延,而且有违诚信原则。

自认对当事人的这种拘束力存在适用上的例外。诉讼上的自认对当事人的实体权益有重大影响,绝对地不允许当事人撤回自认有时也欠妥当。因此,《证据规定》第9条规定在两种情形下,应允许当事人在法庭辩论终结前撤销自认,一是经对方当事人同意的;二是自认是在受胁迫或者重大误解情况下作出的。对撤销自认,必须秉承严谨的态度。法院准许当事人撤销自认的,应当作出口头或者书面裁定。

(3) 拘束法院的效力。自认对法院的拘束力体现在,法院应当直接认定当事人自认的事实,并将其作为裁判的依据。这就意味着,对于当事人自认的事实,法院既不能要求主张该事实的另一方当事人举证证明,也不得主动依职权调查取证。自认对于法院的拘束力根源于辩论主义的要求。在辩论主义实行的范围内,对于双方无争议的案件事实,法院必须认定为真实并作为裁判的依据,而无必要对其真实性予以审查。

(二) 自然规律以及定理、定律

自然规律和定理具有必然性,其科学性和客观性已经为人们所认识并被反复验证,所以也无须加以证明。

(三) 众所周知的事实

众所周知的事实,是指在一定范围内为大多数人或具有普通知识经验的人所知晓的事实。其涵盖范围很广,包括历史事件、自然灾害、法定节日、新

---

① 参见〔日〕新堂幸司:《新民事诉讼法》,林剑锋译,法律出版社2008年版,第376—377页。

闻事件、重大事故等。事实是否具有众所周知性往往因事件、地域的不同而有所不同。众所周知的事实免予证明为各国民事诉讼法普遍认可,主要原因有二:其一,该事实既然为社会上大多数人知晓,作为社会上普通人之一的法官,也理应了解该事实;其二,事实的众所周知性实际上从某种程度上说明了该项事实的确定性,因此,从诉讼经济的要求出发,不应将人力、物力和时间用在大家都知道的事实的证明上。

(四)推定的事实

推定是指根据法律规定或经验法则,从已知的前提事实推断未知的结果事实存在,并允许当事人举证推翻的一种证明法则。其中作为推断基础的已知事实,是基础事实或前提事实;根据已知事实推断出的事实,称为推定事实或结果事实;而连接基础事实与推定事实的桥梁则是法律规定、经验法则或逻辑规则。

推定可分为法律推定和事实推定:

(1)法律推定是法律明文规定的推定,即立法者根据事实之间的常态联系,明文规定当基础事实 A 存在时,直接可以推断事实 B 存在。例如,《民法典》第 544 条规定,当事人对合同变更的内容约定不明确的,推定为未变更。通过适用法律推定,当事人若能证明基础事实存在(有关合同变更的内容约定不明确),便可使推定事实(合同未变更)获得证明。法律推定一般指法律上的事实推定。广义上的法律推定还包括权利推定,即法律就某种权利或法律关系是否存在直接进行推定。权利推定的对象不是权利发生或消灭的法律构成要件事实,而是直接推定权利是否存在。

(2)事实推定是法律没有规定,但在司法实践中被广泛运用的推定,指法院有权根据经验法则进行逻辑上的演绎,从已知的基础事实出发,推断出推定事实是否存在的证据法则。连接已知事实和推定事实的经验法则,是人们从日常生活经验中归纳出来的关于事物之间因果关系的具有普遍性的法则,应当具有高度的盖然性。经验法则并非法官的个人认识,而是被社会大众普遍认同。例如,以书面形式损害他人名誉的,推定行为人存在主观上的故意;虽无法证明双方签订有书面合同,但一方当事人履行合同的事实,可以推定合同关系存在,等等。二者的主要区别就在于推定的适用有无法律明文规定。法律推定是事实推定的法律化,客观性较强。而比较典型的事实推定往往会被立法所接受,逐渐转化为法律推定。

民事诉讼中,推定的事实既不需要主张也不需要证明。取而代之的是,当事人应当对推定的基础事实或前提事实提出主张并在双方发生争议时进行证明。如果推定的基础事实得以确定,则法院可以直接将推定的事实作为裁判的根据。

(五)预决的事实

预决的事实指已为发生法律效力的裁判所确认的事实。根据《证据规定》第10条第1款第5项和第6项,已为仲裁机构的生效裁决所确认的事实,以及已为人民法院发生法律效力的裁判所确认的基本事实,当事人无须举证证明。我国民事诉讼法将预决的事实视为免证事实是受苏联民事诉讼理论的影响。预决的事实已经经过人民法院或仲裁机构的审理和裁决,如果允许对该事实再为争执,则很难避免人民法院或仲裁机构在不同程序中对同一事实作出前后矛盾的认定。因此,从维护司法权威、提高诉讼效率、节约司法资源的角度出发,对预决的事实不必再次证明。

将生效裁判所确认的事实确定为免证事实,相当于直接赋予生效裁判文书以实质证据力,与自由心证原则存在一定矛盾,妨碍了审理案件法官对案件事实心证的形成。但考虑到生效裁判所确认的事实与裁判结果存在密切联系,在我国尚未建立既判力规则的情况下,为避免裁判效力的冲突,仍有必要将其规定为免证事实,但可以对该项免证事实的范围适当限缩。① 基于上述考虑,《证据规定》在修订时,对于此类免证事实的表述,从之前"已为人民法院发生法律效力的裁判所确认的"事实限缩为"基本事实"。

还需注意的是,刑事判决对民事诉讼的预决关系和民事、行政判决对民事诉讼的预决关系有所不同,不能一概而论。刑事判决有有罪判决和无罪判决之分。有罪判决确认的犯罪事实,对此后的民事诉讼有预决效力,即该事实在后行的民事诉讼中无须证明。而对无罪判决,则要具体情况具体分析。无罪判决有两种,一种是事实清楚、证据充分的无罪判决;另一种是事实不清、证据不足的无罪判决。就前者而言,人民法院在刑事诉讼中已经查明犯罪行为并非被告人所为,因此该判决对民事诉讼应具有预决效力。就后者而言,人民法院作出无罪判决是因为证据不足,无法达到刑事诉讼排除一切合理怀疑的证明标准,不能认定被告人有罪,因此该判决对后行的民事诉讼不具有预决效力。事实不清、证据不足的无罪判决之所以不具有预决效力,原因在于民事诉讼的证明标准要远远低于刑事诉讼。在证据相同的情况下,被告人在刑事诉讼中可能被认定为无罪,而在民事诉讼中则有可能因达到民事诉讼的证明标准而被认定民事侵权行为成立。生效民事、行政判决对其后诉讼的预决关系,涉及既判力的客观范围问题。根据大陆法系民事诉讼理论的

---

① 参见最高人民法院民事审判第一庭编著:《最高人民法院新民事诉讼证据规定理解与适用》(上),人民法院出版社2020年版,第155—156页。

主流观点,民事、行政判决的预决效力仅限于判决主文中认定的事实,不包括作为判决理由的事实。

（六）已为有效公证文书所证明的事实

在我国,公证机构是依法设立,不以营利为目的,依法独立行使公证职能、承担民事责任的证明机构。公证文书签发前也必须履行法定的审查手续。因此,经过公证的法律事实和文书,一般具有很强的公信力。基于此,《民事诉讼法》第72条规定:经过法定程序公证证明的法律事实和文书,人民法院应当作为认定事实的根据,但有相反证据足以推翻公证证明的除外。在此基础上,相关司法解释也相应地将已为有效公证文书所证明的事实列为免证事实。

众所周知的事实、推定的事实和预决事实中已为仲裁机构的生效裁决所确认的事实,当事人有相反的证据足以反驳的,主张该事实的当事人仍须举证证明;预决事实中已为人民法院发生法律效力的裁判所确认的基本事实以及已为有效公证文书所证明的事实,当事人有相反证据足以推翻的,主张该事实的当事人仍须举证证明。也就是说,对于前者而言,若当事人提供的证据能够动摇法官关于推定事实存在的心证,则不免除主张该推定事实的当事人的证明责任;对于后者而言,需要证据的证明力达到推翻该事实的程度,亦即需要达到证明相反事实成立的程度,该事实免予证明的效力才发生例外。因此,就相反证据之证明度而言,后者的要求更高。

第二节 证明责任

一、证明责任的概念

（一）证明责任的含义

证明责任,也称举证责任、证明负担或立证责任等,指作为裁判基础的法律要件事实处于真伪不明的状态时,一方当事人因此须承担不利诉讼后果的风险。基于法院不得拒绝裁判原则,即使案件事实真伪不明,法官也要对当事人之间的争议进行裁判,而裁判的后果必然对其中一方当事人不利。特定法律要件事实处于真伪不明状态时所导致的由一方当事人承担不利诉讼后果的风险就是证明责任。

证明责任规则解决了案件事实真伪不明时法院如何裁判的问题,其功能主要体现在:对于特定的实体法律构成要件事实,确定由何方当事人提供证据进行证明;若案件审理终结时该要件事实无法得到证明,确定由哪一方当事人承担不利的诉讼后果。概言之,证明责任为法院在实体要件事实真伪不明情形下作出裁判提供了正当性依据。

一般认为,证明责任包含了两个既互相区别又互相联系的概念:行为证明责任和结果证明责任。行为证明责任,又称主观证明责任、形式上的证明责任、证据提出责任等,指当事人为了避免发生不利于己的诉讼后果,向法院提出证据证明自己的主张的责任。结果证明责任,又称客观证明责任、实质上的证明责任、说服责任等,指案件审理终结时,当法官对特定法律要件事实存在与否不能形成内心确信时,由一方当事人承担不利益判决的一种风险。行为证明责任是从提供证据或者举证行为的角度规定证明责任的内涵,指主张有利于己的要件事实的当事人,有责任对该事实的存在提供证据加以证明。结果证明责任则是从说服法官形成内心确信或者证明结果的角度规定证明责任的内涵,指诉讼终结之际若特定法律要件事实处于真伪不明的状态,法官应按照证明责任的分配规则判决一方当事人败诉。

在证明责任概念诞生之初,并不存在行为证明责任和结果证明责任的区分。从其内涵的历史发展进程看,最初的证明责任概念仅从举证行为的角度出发,认为证明责任就是提出证据证明自己主张的责任。在大陆法系,德国法学家尤里乌斯·格尔查于1883年在《刑事诉讼导论》中首次将证明责任的概念进行了主观证明责任和客观证明责任两种意义上的区分。① 在英美法系,美国证据法学者塞耶在其1890年发表的论文《证明责任论》中也区分了证明责任的双重含义。② 此后,塞耶又在《证据理论研究》中对证明责任的两种内涵进行了详细的论证。③ 他认为,客观证明责任是指提出特定事实主张的当事人,如果该事实为对方当事人所争执,就承担起一种特殊责任的风险,即如果提出所有的证据后,其主张仍不能得到证明,他就会败诉;主观证明责任是指诉讼开始时,或在审判、辩论过程中的任何阶段,一方当事人首先对争议事实提出证据的责任。时至今日,大陆法系和英美法系的主流观点,仍然是将证明责任理解为具有主观证明责任和客观证明责任的双重内涵。④

我国清末引进证明责任制度之初,直接沿用了日译的"举证责任"一词。

---

① 参见陈光中主编:《证据法学》(第3版),法律出版社2015年版,第327页。
② 同上。
③ 同上。
④ 参见〔德〕罗森贝克、施瓦布、戈特瓦尔德:《德国民事诉讼法》,李大雪译,中国法制出版社2007年版,第847—849页;张卫平:《民事诉讼:关键词展开》,中国人民大学出版社2005年版,第205—208页。

就其含义而言,"简言之,即当事人为避免败诉之结果,而有证明特定事实之必要"。① 显而易见,该观点是从行为责任角度解释证明责任的。

中华人民共和国成立后相当长一段时期内,证明责任这一概念被界定为当事人提供证据的行为负担,仅涉及当事人提供证据的行为。一种比较有代表性的观点认为:"当事人在诉讼中,对自己的主张负有提出证据,以证明其主张真实的责任。至于当事人提不出证据或所提证据不足以证明其主张的真实性,是否一定要获得不利于己的裁判,并作为我国民事诉讼举证责任的一项内容,我们的回答是否定的。"②

20世纪80年代后期以来,随着证据法学研究的逐步深入,证明责任的双重含义说逐渐被接受。双重含义说是我国证明责任相关学说发展的积极尝试,其主要观点包括:证明责任具有双重含义,即行为上证明责任和结果上证明责任。前者指当事人对所主张的事实负有提供证据加以证明的责任;后者指在事实处于真伪不明状态时,主张该事实的当事人所承担的不利后果。这种不利的诉讼结果既表现为实体法上的权利主张得不到任何法院的确认和保护,又通常表现为因败诉而负担诉讼费用。③

从立法和司法解释的规定看,《民事诉讼法》第67条"谁主张,谁举证"的规定,具有明显的行为意义的证明责任的特征。"谁主张,谁举证"只是从举证行为的角度明确了证明责任的承担,并没有解决案件事实真伪不明情况下法官如何进行裁判的问题。为了进一步明确证明责任的内涵,《民诉法解释》采用了"举证证明责任"这一表述,并在第90条进一步规定:"当事人对自己提出的诉讼请求所依据的事实或者反驳对方诉讼请求所依据的事实,应当提供证据加以证明,但法律另有规定的除外。在作出判决前,当事人未能提供证据或者证据不足以证明其事实主张的,由负有举证证明责任的当事人承担不利的后果。"根据最高院的解释,无论是举证责任、证明责任还是举证证明责任,其内涵都包括三层含义。第一层含义是,当事人应负担提供证据的责任,即双方当事人中谁有义务提供证据。第二层含义是,当事人所举的证据对待证事实所应达到的证明程度,即当事人所举的证据能否证明待证事实存在。举证证明责任的核心是要"证明"待证事实是否存在。第三层含义是,承担举证证明责任的当事人,如果举不出证据,或者其所举的证据不能达到证明待

---

① 该观点由曾参与起草《大清民事诉讼律草案》的日本学者松冈义正所主张,是旧中国证据法学界关于举证责任含义的支配性学说。参见占善刚、刘显鹏:《证据法论》,武汉大学出版社2009年版第188页。

② 柴发邦主编:《民事诉讼法学》(修订本),法律出版社1987年版,第219页。

③ 参见李浩:《我国民事诉讼中举证责任含义新探》,载《西北政法学院学报》1986年第3期。

证事实存在或不存在的效果,就应当承担于己不利的法律后果。简言之,举证证明责任的三层含义是,提供证据、证明待证事实是否存在、承担相应的法律后果。①

(二)正确理解证明责任含义应当注意的问题

1. 证明责任的适用对象是案件主要事实,即法律构成要件事实

设置证明责任制度的目的,是使法院在无法形成内心确信的情况下,对某种法律效果是否发生、变更或消灭作出判断。而法院只要确定了主要事实存在与否,就能够决定是否适用实体法律规范,进而作出裁判。因此,证明责任的适用对象仅及于案件主要事实,不包括间接事实和辅助事实。

2. 证明责任只有在法律要件事实真伪不明的情况下才会实际发生

在诉讼终结和法律所允许的证明手段业已穷尽之时,对法律构成要件事实的证明可能存在三种结果:证实,证伪,真伪不明。在前两种情况下,法官可直接根据实体法规范作出一方当事人胜诉或败诉的判决。最后一种情况的出现,意味着与其相关的法律关系是否发生、变化或消灭处于不明状态,而法官此时又不得拒绝裁判。证明责任即在这种两难的情况下为法官裁判提供了指导和依据。实际上,证明责任就是以将真伪不明的案件事实拟制为真或假的方式帮助法院作出判决的。

3. 证明责任究其实质是一种法定的诉讼风险

虽然被称为一种"责任",但证明责任通常情况下是作为一种潜在的诉讼风险存在的。自诉讼开始后,与特定要件事实无法得到证明相关的这种潜在的诉讼风险就一直伴随着一方当事人。而这种风险最终是否由该当事人实际承担,取决于该要件事实的证明状态。在诉讼审理终结时,若该要件事实仍处于真伪不明的状态,证明责任才最终现实地落到该方当事人身上。

4. 对特定法律要件事实的证明责任,只能由一方当事人承担

民事诉讼中,虽然双方当事人各自对某些法律要件事实承担证明责任,但涉及某一特定法律要件事实的证明责任,只能由一方当事人承担。否则,由双方当事人同时对同一法律要件事实承担证明责任,在该事实真伪不明时,证明责任引导法官作出裁判的功能就无法发挥,证明责任制度的设置目的也无法实现。

5. 证明责任由法律预先设定,在诉讼中不会在当事人之间发生转移

涉及某一特定事实的证明责任由哪一方当事人承担,通常在诉讼开始前已根据一定标准在双方当事人之间抽象地预先分配和确定下来。对某特定

---

① 参见杜万华:《〈民事诉讼法〉司法解释重点问题解析》,载《法律适用》2015年第4期。

法律要件事实的证明责任,一旦确定由哪一方当事人承担,就自始至终伴随着该方当事人,不会因诉讼的具体过程或举证活动的具体展开而发生变化。因此,证明责任不存在在双方当事人之间相互转移的问题。

▶ 二、证明责任的分配

(一)证明责任分配的含义

证明责任的分配,指的是确定分别由哪一方当事人对各类案件主要事实承担证明责任。证明责任分配所要解决的问题,就是原、被告双方各自应对哪些案件事实承担证明不能的诉讼风险,以及该风险应当按照何种标准或原则在双方当事人间进行划分。证明责任分配是民事诉讼证据制度中最核心、也是最具争议性的问题之一。

证明责任分配是脱离具体的诉讼抽象地进行的。通过分配证明责任,双方当事人各自对特定的抽象法律要件事实进行证明。通常情况下,因证明责任的负担往往决定着诉讼结果,为体现公平正义,案件所涉主要事实的证明责任,不能由一方当事人单独承担,而必须在双方当事人之间均衡分配。如何分配证明责任一方面取决于当事人之间的公平,另一方面是法律法规的立法意旨。从贯彻当事人武器平等原则、实现诉讼公正的角度出发,在分配证明责任时,应当考虑分配结果是否会增加一方当事人的负担或者无端导致诉讼争点的增加等不合理后果;从法律法规的立法意旨出发,是否需要拓宽权利救济途径、是否需要加强对一方当事人的保护等立法政策,也成为决定证明责任分配的重要因素。

(二)有关证明责任分配的学说

证明责任的分配虽然是诉讼证明必须解决的问题,但案件事实真伪不明情况下败诉风险的分配是其核心,因此它本质上仍属于实体法问题。确定证明责任如何分配,需要研究实体法的逻辑结构、立法意旨以及实体法条文相互间的关系。一般来说,除了特殊情形外,实体法并不会为每条法律的适用都明确应如何分配证明责任,因为这样做会使得整个实体法律体系变得庞杂。此外,在注重法律适用的统一性、强调实现社会整体正义的规范出发型的大陆法系国家,就具体个案决定证明责任如何分配也不恰当。因此,确定证明责任分配的一般规则是解决证明责任分配问题的必然选择。

大陆法系有关证明责任分配的学说起源于罗马法。罗马法对证明责任的分配规定了两条基本原则,一是原告应负证明责任;二是主张者负担举证的义务,否认者不负担举证的义务。① 这为此后证明责任分配学说的形成奠定了基础。近现代以来,涉及证明责任分配的一般原则,先后产生了如下代表性学说:

1. 待证事实分类说

待证事实分类说的基本观点是根据待证事实的特点和性质分配证明责任,而不问与其相对应的实体法构成要件事实能够产生何种法律效果。待证事实分类说主要包括消极事实说和外界事实说两个流派。

消极事实说认为,所有的待证事实可以分为积极事实和消极事实两大类,凡主张积极事实的当事人应承担证明责任,而主张消极事实的当事人不承担证明责任。所谓积极事实,指肯定事实,即主张某事实存在;而消极事实指否定事实,即主张某事实不存在。主张消极事实的当事人不承担证明责任的原因主要有二:第一,积极事实是已经发生的事实,可能产生某种结果,比较容易证明;而消极事实是没有发生的事实,以其作为证明对象当事人往往不能证明,或者证明极为困难。例如,提出"没有注意""没有过失"的当事人就很难证明自己的主张。第二,从事物之间的因果关系分析,由于根本就没有发生,所以消极事实不会产生任何结果。因而,即使对消极事实举证,也无任何用处,主张消极事实的当事人因此完全没有承担证明责任的必要。鉴于此,要求主张消极事实的当事人承担证明责任是强人所难,有失公正。

外界事实说认为,根据能否借助人的感官观察、感受待证事实,可以将待证事实分为外界事实和内界事实。外界事实指那些能被人的五官感知到的事实,如物体的大小、合同的订立等;而内界事实则指那些不能被人的五官感知到的抽象事实,如知与不知、故意与恶意等人的心理状态。外界事实容易得到证明,而内界事实无法直接感知,因而极难证明。在作此分类的基础上,外界事实说提出,凡主张外界事实的人应当承担证明责任,而主张内界事实的人不承担证明责任。

2. 法律要件分类说

法律要件分类说是在对实体法律规范进行结构分析的基础上,着眼于要件事实所能引起的实体法律效果并以此作为分配证明责任的标准。法律要件分类说包括特别要件说、因果关系说、规范说等多种学说。其中,德国学者罗森贝克提出的规范说是迄今为止大陆法系国家有关证明责任分配理论的主流学说,被奉为大陆法系证明责任分配的基本原则。

规范说的理论建立在对实体法律规范进行结构分析和归类的基础之上,

---

① 叶自强:《举证责任》,法律出版社2011年版,第5页。

该学说的主要观点包括以下几个方面：第一，法规不适用原则。该原则指法官只有在对实体法要件事实的存在形成内心确信的前提下，才能适用该实体法律规范。如果法官确信该实体法要件事实不存在，或认为该事实存在与否处于真伪不明的状态，则不能适用该实体法。第二，当事人应当对于己有利的要件事实承担证明责任，即对当事人有利的要件事实真伪不明时，其要承受不适用该法律规范所产生的不利益。第三，法律规范之间存在相互补充、支持以及排除的关系。从实体法性质出发，实体法律规范可以分为权利发生规范（又称请求权规范、基本规范或通常规范）、权利妨碍规范、权利消灭规范和权利受制规范。后来，罗森贝克又将权利受制规范并入权利妨碍规范，将所有实体法规范分为三类。所谓权利发生规范，是指能够导致某项民事权利发生的规范，如关于借贷人可以请求借用人返还借款的法律规定。权利妨碍规范，指在权利欲发生之初，便与之对抗，使之不能发生的规范，如关于未成年人意思表示、不可抗力等的规定。权利消灭规范，指在权利发生之后与之对抗，使已发生的权利消灭的规范，如关于债权因债务的履行而消灭的法律规定。权利受制规范，指权利发生后，权利人欲行使权利之际才发生对抗作用将权利排除的规范，如关于时效的规定。在对实体法律规范进行上述划分的基础上，规范说对与上述规范相对应的要件事实的证明责任在双方当事人之间进行了分配。主张权利发生规范要件事实的人是权利人，主张性质相反的权利障碍、权利消灭或权利受制规范要件事实的人为义务人。对于权利人和义务人而言，这两种性质相反的规定分别是对其有利的规定。因此，他们分别对各自主张的实体法要件事实承担证明责任。具体而言，主张权利存在的人，应就权利发生的法律要件事实举证；否认权利存在的人，应对妨碍该权利的法律要件事实举证；主张权利消灭的人，应对权利已消灭的法律要件事实举证；主张权利受制的人，则应对权利受制的法律要件事实举证。①

法律要件分类说要求每个当事人都对其诉讼行为承担责任，因而有助于实现双方当事人诉讼武器平等原则。除此之外，法律要件分类说也与罗马法规定的攻击者原理以及维护民事法律秩序、禁止私力救济的民事诉讼基本原理相吻合，符合实体公正的要求。因此，自形成以来，该说一直在大陆法系各国被奉为证明责任分配的主流学说，至今仍为大陆法系分配证明责任的实践操作准则。②

---

① 参见〔日〕高桥宏志：《民事诉讼法：制度与理论的深层分析》，林剑锋译，法律出版社2003年版，第438—441页；张卫平：《民事诉讼法》（第5版），法律出版社2019年版，第251—252页；李浩：《民事诉讼法学》，法律出版社2011年版，第216—219页。

② 参见常怡主编：《民事诉讼法学》，中国法制出版社2008年版，第282页。

3. 反规范说

自法律要件分类说形成以来，无论是在德国还是在日本，都遭受了不少学者的抨击。在批判法律要件分类说的基础上，大陆法系学者提出了一系列分配证明责任的新学说。这些学说主要包括：

(1) 危险领域说。该说以待证事实属于哪一方当事人控制的危险领域为标准，在双方当事人之间分配证明责任。而所谓危险领域，指一方当事人通过事实上或法律上的手段可以控制的生活领域。该说主张，在有关损害赔偿请求权的诉讼中，因损害原因一般来自加害方的危险领域，受害人一方难以对加害人存在过失和过失与损害结果之间的因果关系进行证明，所以有关过失和过失与损害结果之间因果关系的证明责任，应该由加害方当事人承担。

(2) 利益考量说。该说主张，应根据双方当事人公平的观点或立法趣旨决定证明责任的分配。所谓双方当事人公平的考量因素包括举证的难易、与证据距离的远近以及盖然性的高低等。而该说的另一分支则主张主要以实体法的立法目的以及基于实体法的价值判断作为标准，在双方当事人间分配证明责任。

(3) 盖然性说。该说的主要观点是根据具体的或抽象的盖然性来分配证明责任，即如果某事实发生的盖然性高，则主张该事实的一方当事人不负证明责任，而由否认该事实的另一方当事人承担证明责任。

(三) 证明责任倒置

所谓证明责任的倒置，是相对于证明责任的"正置"而言的，是证明责任分配的例外情况。而证明责任的"正置"，是按照证明责任分配的一般原则或标准，在双方当事人间分配证明责任。在大陆法系，证明责任分配的一般原则主要是法律要件分类说。因此，证明责任的倒置就是为了弥补证明责任分配一般原则的不足，针对特殊类型的案件，将按照证明责任分配的一般原则原本应由一方当事人承担的对某要件事实的证明责任，转由对方当事人承担。证明责任倒置是对证明责任一般分配原则的修正，原则上要有法律的明文规定才可适用。

之所以在某些特殊案件中适用证明责任倒置，主要是为了实现证明责任分配的公平。根据法律要件分类说，主张权利的一方当事人，一般为原告，通常须就权利发生规范的要件事实承担证明责任，而由被告就权利妨碍、权利消灭和权利受制规范的要件事实进行证明。但是，随着社会的发展和现代型诉讼的大量涌现，在某些高风险、高技术领域内发生的民事案件，如专利侵权诉讼、环境污染引起的损害赔偿诉讼等，如果按照一般原则分配证明责任，难免会给受害人维权造成极大的障碍，造成对受害人的实质不公。因此，为了保证证明责任分配的合理性和公平性,各国在确定证明责任分配的一般原则之外,对某些特殊类型的民事案件,都通过立法规定了适用证明责任倒置,以减轻处于弱势的受害人的证明负担,从实质上实现诉讼正义。

总体上看,在适用证明责任倒置的案件中,法律往往将某些要件事实的证明责任倒置给那些更有条件、更有能力收集证据的当事人,以体现对弱势当事人的保护。在现代民事诉讼中,将单一的证明责任分配标准不加区分地适用于所有案件,无疑欠缺合理性和妥当性。证明责任倒置,作为一种合理减轻当事人证明负担的技术或方法,对平衡双方当事人间的权益关系,实现社会实质正义,起到了积极的作用。

三、我国民事诉讼证明责任的分配

与大陆法系国家类似,我国民事诉讼基本上属于规范出发型的诉讼,民事审判中奉行裁判三段论的判决模式。与此同时,我国的实体法规范体系以及诉讼结构与大陆法系国家也存在很多共同特征。无论从实体法规范的构成还是从我国的判决模式出发,对实体法规范按照法律要件分类说的要求进行结构分析并在司法实践中加以运用是可行的。在我国当下的司法环境下,根据法律要件分类说分配证明责任,既存在可操作性,又符合法的安定性和统一性的价值要求。[①] 因此,将法律要件分类说作为证明责任分配的基本原则在理论上和实践中均得到普遍认可。根据法律要件分类说中规范说的理论理解证明责任分配的一般规则,是最高人民法院自2002年实施《证据规定》以来的一贯立场。《民诉法解释》第91条在借鉴规范说的基础上,进一步明确了证明责任分配的一般规则,即:除了法律另有规定的情形,主张法律关系存在的当事人,应当对产生该法律关系的基本事实承担举证证明责任;主张法律关系变更、消灭或者权利受到妨害的当事人,应当对该法律关系变更、消灭或者权利受到妨害的基本事实承担举证证明责任。

作为对证明责任分配一般规则的补充,为实现证明责任分配的合理性和公平性,《民法典》等民事实体法对特殊类型的诉讼如特殊侵权诉讼证明责任的分配进行了例外规定,即证明责任的倒置。如《民法典》第1230条规定,因污染环境、破坏生态发生纠纷,行为人应当就法律规定的不承担责任或者减轻责任的情形及其行为与损害之间不存在因果关系承担举证责任。上述规定要求侵权行为人对免责或减轻责任的情形进行证明,是按照证明责任分配一般规则分配证明责任之结果,而有关因果关系证明责任的分配,则属于证

[①] 参见肖建国:《论民事举证责任分配的价值蕴涵》,载《法律科学》2002年第3期。

明责任的倒置。值得注意的是,为强调法律适用的统一,保障诉讼公正,满足诉讼安定性的要求,2020年《证据规定》删除了旧《证据规定》中有关法官裁量分配证明责任的条文,限制了法官在证明责任分配问题上的自由裁量。

第三节 证明标准

一、证明标准概述

（一）证明标准的概念

证明标准,指法院在诉讼中认定案件事实所要达到的证明程度,也是证明主体对案件事实进行证明必须达到的程度。唯有达到证明标准,证明主体才能卸去其所承担的证明责任;同时,也只有依据证明标准,法官才能衡量证明对象是否已经得到了证明。所以,无论对当事人还是法官,证明标准都是一个重要、实际的问题。法律对证明标准的设定,既作用于当事人的举证行为,也作用于法官的裁判行为。正如德国学者所言,证明标准是一把尺子,衡量什么时候证明成功了,也决定着对某个具体内容的法官心证,决定着法官必须凭什么才算得到了心证。①

（二）证明标准的功能

1. 证明标准对当事人的诉讼行为具有指引功能

明确了证明标准,当事人就可以根据该标准对自己诉讼行为的法律后果进行预测。一是当事人可以通过证明标准衡量自己手中已经掌握的证据,决定是否起诉,避免不明智做法。二是证明标准可以引导双方当事人的诉讼证明活动,使其攻击和防御更有针对性。

2. 证明标准对法院的审判行为具有约束功能

证明标准作为对法官自由心证的一种制约机制,可以约束事实认定者的行为,防止其滥用审判权力。一方面,证明标准将诉讼中对案件事实的认识活动限制在该标准所设定的限度之内。另一方面,把握了证明标准,法官才能够确定认定案件事实需要何种程度的证据,也才能够决定是否有必要要求当事人进一步举证。

3. 证明标准对诉讼具有利益权衡功能

证明标准是一种在诉讼中进行利益权衡的重要机制。证明标准的这一

---

① 参见〔德〕汉斯·普维庭:《现代证明责任问题》,吴越译,法律出版社2000年版,第91页。

功能,使得诉讼在无法实现绝对真实的前提下可以正当、有序地进行。首先,从证明标准和败诉风险的关系看,证明标准越高,承担证明责任的一方当事人的败诉风险就越大;反之,证明标准越低,该方当事人的败诉风险越小。因此,合理确定证明标准对于调节进入诉讼的案件数量起重要作用。其次,从证明标准和证明成本的关系看,证明标准越低,证明的成本就越小;反之,证明标准越高,证明的成本就越大。因此,证明标准的确定可以调节诉讼中投入和产出关系。最后,从诉讼结构本身看,证明标准对于调节当事人和法院在诉讼证明中的作用,尤其是在加重或减轻证明负担以及分配证明责任方面意义重大。①

(三)证明标准和证明责任

证明标准和证明责任是在诉讼证明领域两个具有密切联系的概念。一般认为,证明标准和证明责任本质上是一物两面的概念,它们是从不同角度对同一诉讼现象进行考察所得出来的不同概念。② 或者说,证明责任是从诉讼主体角度贯彻的证明标准,实质上是证明标准的主体化;证明标准是从诉讼客体角度观察的证明责任,实质上是证明责任的客体化;二者互相配合,形影相随。③

从概念上分析,证明责任实质上是作为裁判基础的法律要件事实处于真伪不明的状态时,当事人将要承担裁判上不利后果的风险。而证明标准是法院认定案件事实所要达到的证明程度,也是当事人对其主张的事实予以证明必须达到的程度。通俗地讲,证明责任所要回答的问题,是对特定的案件事实,应该由哪一方当事人提供证据加以证明并承担该事实证明不能的不利后果;而证明标准所要回答的问题,是就特定的案件事实,该方当事人应当提供具有何种数量和分量的证据加以证明。因此,也可以说证明责任是证明标准这一概念产生的基础。

诉讼中,当事人提供的证据如果达到证明标准的要求,法官就会对案件事实的存在形成内心确信,从而适用该事实存在时应当适用的实体法规范,作出对一方当事人有利的判决。反之,法官就必须依据客观证明责任作出裁判。法官适用客观证明责任进行裁判的前提,是法律许可的证明手段穷尽后,对案件事实的证明仍无法达到证明标准的要求。因此,证明标准的高低将直接决定法官按照客观证明责任进行裁判情况的多寡。如果证明标准较

---

① 参见江伟主编:《民事证据法学》,中国人民大学出版社2011年版,第203页。
② 参见江伟、肖建国主编:《民事诉讼法》,中国人民大学出版社2015年版,第211页。
③ 参见汤维建、陈开欣:《试论英美证据法上的刑事证明标准》,载《政法论坛》1993年第4期。

低,诉讼证明的难度和成本都相应降低,则法官按照客观证明责任判案的情形就会减少;如果证明标准过高,诉讼证明的难度和成本都相应提高,则法官按照客观证明标准判案的情形就会增加。因此,对案件事实的证明不符合证明标准的要求,将直接决定证明责任的承担。在此意义上,证明标准指的是当事人若要卸除证明责任,对案件事实进行证明所必须达到的程度。

二、两大法系的民事诉讼证明标准

(一) 英美法系的民事诉讼证明标准

在英美法系国家,一般民事案件所适用的证明标准是优势证据(preponderance of evidence)或盖然性占优势(preponderance of probability)。所谓盖然性,又称或然性,指有可能但又不是必然的性质,既可以表示客观事物自身的可能性,又可指人们认识客观事物的不同确定程度。优势证据或盖然性占优势实际上并无本质区别,都是要求诉讼中一方当事人提供的证据要比对方当事人提供的证据更有说服力或更让人信服。

对于盖然性占优势或证据优势,丹宁勋爵曾有过如下经典表述:"如果证据的状况以致于法庭能说'我们认为其存在的可能性与不可能相比更具可能性',那么,其证明责任将被卸除。但是,如果盖然性是相同的,它就不能如此。"① 因此,优势证据或者盖然性占优势,是指承担证明责任的当事人对其所主张的案件事实的证明,应达到使法官确信该事实的存在比不存在更为可能的程度。根据英国学者彼得·墨菲(Perer Murphy)的观点,民事诉讼盖然性占优势的证明标准是指足以表明案件中负有法定证明责任的当事人所主张的事实,真实性大于不真实性。② 美国《模范证据法典》起草委员会主席摩根认为,盖然性占优势标准意味着"凡于特定事实之存在有说服负担之当事人,必须以证据之优势确立其存在。法官通常解说所谓证据之优势与证人之多寡或证据之数量无关,证据之优势乃在其使人信服的力量。有时并建议陪审团,其心如秤,对双方当事人之证据分置于其左右之秤盘,从而权衡何者具有较大之重量"③。因此,判断民事诉讼中当事人提供的证据是否较对方当事人占据优势,不取决于其提供证据的数量,而取决于证据的质量,即证据证明力或可信度的大小。正如霍夫曼所言,放在天平上的分量不是证据的数量而是

---

① Miller v. Minister of Pensions(1947), All ER 372, 373—374.
② See Peter Murphy, *A Practice Approach to Evidence*, 4th ed., Blackstone Press Limited 1992, 105.
③ 〔美〕摩根:《证据法之基本问题》,李学灯译,世界书局1982年版,第48页。

由证据产生的盖然性以及案件的全部环境决定的。①

在英美法系,除了一般民事案件适用证据优势或盖然性占优势的证明标准外,一些特殊类型的民事案件适用更高的证明标准,即明确和有说服力(clear and convincing)的证明标准。明确和有说服力的证明标准介于盖然性占优势和排除合理怀疑之间,我们可以粗略地将其解释为某事实的发生较其不发生有非常高的可能性(much more likely than not)。这就要求当事人在诉讼中需提供清晰和更有说服力的证据,证明其所主张的事实的发生较其不发生有更高的可能性。一般而言,适用该证明标准的民事案件包括有关父母的监护权是否应当终止的诉讼、有关口头契约特别履行的诉讼以及指控欺诈和不适当影响的诉讼等。

英美法系证据优势证明标准的形成与其独具特色的陪审团制度有很大关系。民事诉讼中陪审团制度的存在与证据优势之证明标准的发展似乎存在一个完美的对应关系。② 在英美法系的民事诉讼中,案件事实的认定由非专业人士组成的陪审团承担,法官对陪审团的事实认定活动进行指引并在陪审团认定的事实的基础上适用法律。由于存在由法官对陪审团活动进行指引的必要,英美法必须承认司法审判中存在的事实不确定性,同时也更为坦然地面对司法审判中存在的盖然性本质。

(二)大陆法系的民事诉讼证明标准

大陆法系民事诉讼证明标准的确立与其自由心证制度密切相关。自由心证要求法官不受证据方法和证明力法定规则的制约,针对具体案情,以审理中体现出的全部证据材料为基础,根据经验法则、逻辑规则和自己的理性良心自由判断证据和认定事实。作为这一原则的立法体现,德国《民事诉讼法典》第 286 条明确规定:"法院应该考虑言词辩论的全部内容以及已有的证据调查的结果,经过自由心证,以判断事实上的主张是否可以认为真实。"③ 按照大陆法系的观点,事实裁判者如果认定当事人的主张为真实,须经过自由心证形成内心确信,而这种内心确信通常以高度盖然性进行表述。也就是说,法官根据案件所有的证据信息,能够准确认定案件事实存在的可能性非常大。在德国,高度盖然性的证明标准有多种表述,如"高盖然性""对真相的心证""如此高的盖然性,以至于理性的人都不怀疑"。在日本,高度盖然性的

---

① 参见沈达明编著:《英美证据法》,中信出版社 1996 年版,第 46 页。

② See *World Jury Systems*(Neil Vidmar ed. 2000). 转引自黄国昌:《民事诉讼理论之新开展》,元照出版有限公司 2005 年版,第 100 页。

③ 《德意志联邦共和国民事诉讼法》,谢怀栻译,中国法制出版社 2001 年版,第 70 页。

证明标准也受到了民事诉讼实践和理论的认可。①

高度盖然性证明标准在大陆法系的形成,经历了一个渐进的过程。从德国情况看,在19世纪下半期自由心证主义得以确立的初期,对于诉讼证明应达到何种程度法官才可形成事实存在的心证,并无明确的规定。从德国帝国最高法院的相关判例分析,法官对一般案件事实形成心证的基础仍然是"内心确信",即法官经过对全部案件证据信息的分析判断,已经在主观上对案件事实形成了确定性的认识。法官形成内心确信的事实就是作为裁判基础的案件事实,虽然它们与客观事实本身可能并不一致。而"高度盖然性"证明标准的存在只是为了弥补因人类认识能力有限无法形成绝对内心确信的不足,或者适用于案件中因果关系的证明。② 直至20世纪三四十年代,高度盖然性的证明标准才扩张到对案件中一般事实的认定。现在,德国学者普遍认为,德国《民事诉讼法》第286条第1款规定的"真实",是高度盖然性的真实,或"能够达到确信程度的真实盖然性",即以高度盖然性作为认定案件事实的原则性的证明标准。③ 从日本的民事诉讼判例和学说看,针对作为裁判基础的案件事实,法定的证明标准被描述为"高度逼近真实的盖然性"。④ 民事诉讼法学者松冈义正也在德国有关证明标准的学说和判例的基础上提出:"所谓证明乃促使裁判官,就该事实之真伪获得完全确信之作用。但其事实是过去的事实时,当然以高度的盖然性为满足。原本举证使裁判官就该事实的真实与否有完全的确信为目的之所在。然而,此完全的确信为裁判上之确实,并非是数学上之确实。即使是民事诉讼法存在着绝对的、客观的确实为理想。然而人为判断之原因,错误在所难免。因此,只有接受相对的或主观的确实。此即所谓裁判上的确实。而裁判上的确实如前所示,是指如依一般实验方法,无法了解有相反可能程度为推测。"⑤

两相比较,大陆法系民事诉讼证明标准显然高于英美法系。大陆法系之所以确立了较之英美法系更高的证明标准,主要是为了提高司法判决的可接受性和正当性。和英美法系不同,大陆法系民事诉讼职权主义色彩浓厚,诉

---

① 日本最高法院1975年(昭和五十年)2月24日有关一个医疗事故案件的判决中,对诉讼中因果关系的证明,明确指出应适用高度盖然性的证明标准。参见张卫平主编:《外国民事证据制度研究》,清华大学出版社2003年版,第447页。
② 参见雷万来:《民事证据法论》,瑞兴图书股份有限公司1997年版,第88—89页。
③ 〔德〕汉斯·普维庭:《现代证明责任问题》,吴越译,法律出版社2000年版,第128页。
④ 参见王亚新:《对抗与判定——日本民事诉讼的基本结构》(第2版),清华大学出版社2010年版,第164页。
⑤ 〔日〕松冈义正:《民事证据论》,张知本译,洪冬英勘校,中国政法大学出版社2004年版,第25页。

讼程序主要由法官主导进行。法官在诉讼中既是事实认定者，又承担着适用法律作出裁判的任务。因此，法官在认定事实方面的失误或错误，极易导致当事人和社会公众对司法的不信任。为了维护司法裁判外观上的正当性，就需要在事实认定的问题上设置一个较高的高度盖然性的证明标准来消除当事人的不信任和怀疑。要求法官对案件事实的内心确信达到日常生活中人们不怀疑并作为其行动基础的程度，显然更容易使当事人接受和认同。实际上，如果从性质上分析，两大法系证明标准并不存在质的差别。二者都不苛求在诉讼中对事实的认定达到客观真实的程度。证据优势或盖然性占优势标准逻辑上包含了高度盖然性的证明标准。事实上，尽管证据优势的证明标准低于高度盖然性的证明标准，英美法系判决的合理性和公正性同样受到其独特的程序机制的保障。既然民事诉讼主要由当事人推进，既然发现、认定事实的任务交由普通公民组成的陪审团完成，对于陪审团的事实认定结果，当事人就必须接受或认可，因为不相信陪审团就是不相信自己。如此一来，事实认定错误导致的当事人对司法的不信任就会大大降低。除此之外，要求法官不理会事实问题，只负责对陪审团采信、运用证据进行指引并最终作出裁判，在对抗制模式下也同样增加了判决的合理性和可接受性。

▶ 三、我国民事诉讼证明标准

（一）客观真实的证明标准

2002年《证据规定》施行前，我国民事诉讼立法和司法解释中没有关于证明标准的明确法律规定。在20世纪90年代以及之前的相当长一段时间内，学界一般认为，民事诉讼证明标准与刑事诉讼证明标准呈现"一元化"的倾向，即都奉行客观真实的证明标准。

所谓客观真实的证明标准，是指人民法院在认定案件事实时，应该达到"事实清楚，证据确实充分"的程度。所谓"事实清楚"，指人民法院对案件事实的认识符合客观存在的案件真实情况。所谓"证据确实充分"，既包括对证据质的要求，也包括对证据量的要求，其标志是：① 据以定案的证据均已查证属实；② 案件事实均有必要的证据加以证明；③ 证据之间、证据与案件事实之间的矛盾均已得到合理排除；④ 得出的结论是唯一的，排除了其他可能性。[①] 1991年《民事诉讼法》第64条第3款、第153条、第179条和第185条的规定，反映了立法对"事实清楚，证据确实充分"之证明标准的认可。根据上述条款的规定，"事实不清，证据不足"是第二审案件发回重审的法定事由，

[①] 参见江伟主编：《民事诉讼法》（第3版），高等教育出版社2007年版，第199—200页。

而"证据不足"则会导致再审程序的启动。因此,"事实清楚,证据确实充分"是人民法院在认定事实基础之上作出判决必须达到的最低限度的要求,不符合这一要求,则有可能导致判决在第二审或再审程序中被推翻。

客观真实的证明标准强调人们在主观认识上要与案件事实相符合,即重视真理的绝对性,其理论依据是马克思主义的辩证唯物主义认识论。以马克思主义的辩证唯物主义认识论作为诉讼证明活动的指导思想无可非议。但是,客观真实是人类认识客观事物所能达到程度的终极目标,反映人类思维和认识的价值取向。而诉讼证明具有相对性,绝对真理高度的证明标准,很难在诉讼实践中真正落实。因此,客观真实的证明标准只能作为一种司法理想而存在。

(二)高度盖然性的证明标准

近年来,民事诉讼法学界对司法证明自身规律和特征的认识逐步深化。司法证明既是一种认识活动,同时也是一种诉讼行为。相应地,司法证明既要遵循认识规律,又要遵循诉讼规律,接受程序法和证据规则的制约。因此,将辩证唯物主义认识论的原理简单地适用于诉讼证明的过程,以客观真实作为民事诉讼的证明标准,欠缺妥当性。随着民事审判方式改革的不断推进,确立适应民事诉讼证明特点和规律的新证明标准的呼声不断高涨,司法实务界在这一领域也进行了卓有成效的尝试。2002年《证据规定》以及2008年发布的《最高人民法院关于开展〈人民法院统一证据规定(司法解释建议稿)试点工作的通知〉》的相关规定,均反映了摒弃一元化、以高度盖然性作为民事诉讼证明标准的观点,但在立法技术上仍然存在不周延之处,在理论上和实践中导致了一些误解。鉴于此,2015年《民诉法解释》第108条第1、2款在总结2002年《证据规定》实施经验的基础上对其进行了完善,明确规定:"对负有举证证明责任的当事人提供的证据,人民法院经审查并结合相关事实,确信待证事实的存在具有高度可能性的,应当认定该事实存在。对一方当事人为反驳负有举证证明责任的当事人所主张事实而提供的证据,人民法院经审查并结合相关事实,认为待证事实真伪不明的,应当认定该事实不存在。"上述规定从本证和反证相互比较的角度出发,明确了证明标准是对待证事实进行证明所应达到的法定要求,并采用了"高度可能性"的盖然性规则表述,确立了我国民事诉讼高度盖然性的证明标准。

根据上述规定,对待证事实负有证明责任的当事人对本证的证明,当使法官的内心确信达到高度可能性即高度盖然性的程度,即可卸除证明责任。而反证的证明标准相比本证要低,只需要使待证事实陷入真伪不明即可。

（三）排除合理怀疑的证明标准

高度盖然性的证明标准适用于民事诉讼证明的一般情形，在家事案件等特殊类型的诉讼中，对于一些特殊的事实，出于维护社会伦理等基本价值的需要，应当适用更高程度的证明标准。基于此，《民诉法解释》第109条和《证据规定》第86条第1款，均针对特殊案件确立了更为严格的排除合理怀疑的证明标准，明确规定当事人对欺诈、胁迫、恶意串通事实的证明，以及对口头遗嘱或者赠与事实的证明，人民法院确信该待证事实存在的可能性能够排除合理怀疑的，应当认定该事实存在。排除合理怀疑原为英美刑事诉讼中证明被告人有罪的证明标准，我国现行《刑事诉讼法》第55条第2款也规定了这一标准。民事诉讼中，主要对两类事实的证明提高了证明标准，一是欺诈、胁迫、恶意串通的事实，二是口头遗嘱或赠与的事实。对前者而言，若此类事实被认定，当事人有可能因涉嫌合同诈骗等刑事犯罪而被追究刑事责任；对后者而言，这两类事实均属于社会生活中非常态行为，且行为背后往往存在违反公序良俗的情况，所以需要采取更为谨慎的态度认定。

（四）其他证明标准

证明标准具有内在的层次性，即针对不同的证明对象和待证事实，对证明所应达到的盖然性程度要求也有所不同。除了一般情况下适用的高度盖然性和需要提高证明标准的特殊情形外，司法实践中人民法院对待证事实的认定，有时需要适用其他证明标准。例如，对于案件中的程序法事实和举证特别困难的少数例外情形，为缓和证明的负担，应适度降低证明标准。为此，《民诉法解释》在第108条第3款规定："法律对于待证事实所应达到的证明标准另有规定的，从其规定。"根据《证据规定》第86条第2款，对于与诉讼保全、回避等程序事项有关的事实，人民法院结合当事人的说明及相关证据，认为有关事实存在的可能性较大的，可以认定该事实存在。

第四节 举证时限与证据交换

一、举证时限

（一）举证时限的含义和设置目的

举证时限，指负有举证责任的当事人必须在法律规定或法院指定的期限内向法院提交证据，无正当理由逾期提交证据，将承受不利法律后果的制度。举证时限由两部分内容构成：其一，举证的期限，即由法院指定或由当事人协商确定的当事人向法院提交证据的期间；其二，逾期举证的法律后果，即当事人无正当理由不在举证时限内提交证据,即会承受证据失权、赔偿经济损失以及训诫、罚款等不利后果。

举证时限是一种约束当事人诉讼行为的制度。长期以来,对当事人举证,我国民事诉讼一直奉行证据随时提出主义,即自当事人起诉后至最终的法庭辩论终结前,允许当事人随时提出证据。虽然《民诉法意见》(失效)要求当事人"在合理期限内提交"证据,但当事人逾期举证并不会引发任何不利后果,逾期提交的证据仍可以被人民法院采信。因此,所谓"在合理期限内提交"证据难免沦为一纸空文。证据随时提出主义在诉讼实践中造成了许多弊端。一方面,随时提出证据导致的开庭次数增加、审限延长等,极大地浪费了审判资源,增加了诉讼成本,降低了诉讼效率。另一方面,由于证据可以随时提出,为拖延诉讼或针对对方当事人搞证据突袭,某些当事人故意不在庭审前提供证据,而是在法庭审理中提交。这样的做法,破坏了双方当事人在诉讼证明上的平等对抗关系,对诉讼程序的安定性也构成了极大威胁。为解决上述问题,2002年施行的旧《证据规定》开创性地设置了举证时限制度,对当事人逾期提交的证据适用证据失权,以促进诉讼。这一极具创新意义的制度在实施过程中却遭遇了重重困难和阻力。证据失权和实体公正之间存在的天然紧张关系在中国的现实国情面前愈发凸显。考虑到目前我国当事人的诉讼能力和司法大环境,对举证时限制度的质疑之声不绝于耳,各级人民法院在适用证据失权时也是顾虑重重。举证时限制度本身是一项合理、先进的制度,只是我国目前的经济、文化和法制化程度决定了绝对地适用证据失权难免会出现"水土不服"的现象。为解决举证时限制度在实施过程中出现的种种问题,立法机关在2012年修订《民事诉讼法》时,结合实践经验对举证时限制度的内容进行了完善,2015年《民诉法解释》进一步加强了该制度的可操作性,一定程度上缓解了举证时限和实体公正之间的矛盾。

设置举证时限制度的目的主要有以下几点:

(1) 提高诉讼效率,促使当事人积极举证。举证时限为当事人提出证据设定了时间限制,促使当事人必须在一定期限内收集和提出证据,在很大程度上抑制了当事人举证的随意性,缩短了案件审理期限,减少了反复开庭造成的诉讼资源的浪费,有助于诉讼效率的提高。

(2) 避免"证据突袭",实现当事人武器平等原则。现代民事诉讼,在制度设计和法律适用上,提倡当事人享有均等的利用诉讼制度的机会,以实现当事人武器平等原则。举证时限的设立,抑制了当事人的投机心理,为当事人创设了进行诉讼行为的平等机会,可以有效防止证据突袭;对那些滥用诉讼权利、随时提出新证据以拖延诉讼的行为,也起到了很大的约束作用。

(3) 保障诉讼程序的安定性。诉讼程序的安定性是民事诉讼制度重要的价值取向之一,是法的安定性在民事诉讼中的自然延伸,代表了秩序这一法律基本价值的要求。程序的时限性是程序安定性的基本要素之一,既抑制了法官和当事人行为的随意性和随机性,也为其行为提供了外在的标准。[①] 举证时限制度将当事人的举证行为基本限制在庭审前的阶段,防止了当事人举证的随意性,使得诉讼程序不会因为证据的提出而被随意推翻,增加诉讼结果的可预测性,确保了程序安定性的实现。

(二) 举证期限的确定

1. 举证期限的确定方式

《民事诉讼法》第 68 条第 2 款规定:"人民法院根据当事人的主张和案件审理情况,确定当事人应当提供的证据及其期限……"此外,《民诉法解释》第 99 条第 1 款和《证据规定》第 51 条第 1 款还规定,举证期限可以由当事人协商,并经人民法院准许。由此可见,举证期限的确定有两种方式:一是人民法院根据案件审理情况依职权确定;二是当事人协商并经人民法院准许。从诉讼实际出发,考虑到当事人协商确定举证期限的难度,由人民法院根据当事人主张和案件审理情况指定举证期限的做法,具有合理性和可操作性。但为了尊重当事人的程序主体地位,在诉讼中充分体现当事人的程序选择权,双方当事人也可以协商确定举证期限。当事人协商确定的举证期限应经人民法院准许。除非当事人约定的期限过长可能导致诉讼迟延,基于处分原则,人民法院一般应当尊重当事人的意见。

2. 举证期限的确定时间

人民法院确定举证期限的时间是在审理前的准备阶段。审前准备阶段的重要功能之一是促进争点的整理和固定,在审前准备阶段确定举证期限,既符合诉讼程序内在运行规律,又避免了程序的复杂化。就具体期限而言,人民法院指定举证期限的,适用第一审普通程序审理的案件不得少于 15 日,当事人提供新的证据的第二审案件不得少于 10 日。适用简易程序审理的案件不得超过 15 日,小额诉讼案件的举证期限一般不得超过 7 日。

(三) 举证期限的除外情形与延长

一般认为,举证时限针对主要证据发挥作用,补强证据作为佐证,不受举证期限的限定。因此,举证期限届满后,当事人对已经提供的证据,申请提供反驳证据或者对证据来源、形式等方面的瑕疵进行补正的,人民法院可以酌情再次确定举证期限,该期限不受前述举证期限的限制。

---

① 参见陈桂明:《程序理念与程序规则》,中国法制出版社 1999 年版,第 1—5 页。

举证期限属于可变期间,可以由当事人向人民法院申请延长,但须满足相应条件。从实质要件看,根据《民事诉讼法》第68条第2款的规定,当事人申请延长举证期限,必须具备在举证期限内提交证据材料确有困难的情形。有关上述情形的认定,由人民法院裁量判断。人民法院应当根据当事人的举证能力、不能在举证期限内提供证据的原因等因素综合判断。必要时,可以听取对方当事人的意见。从形式要件看,当事人申请延长举证期限的,应当在举证期限届满前向人民法院提出书面申请。申请理由成立的,人民法院应当准许,适当延长举证期限,并通知其他当事人。延长的举证期限适用于其他当事人。申请理由不成立的,人民法院不予准许,并通知申请人。

(四)逾期举证的法律后果

举证期限和逾期举证的法律后果是构成举证时限制度不可或缺的两个方面。逾期举证的法律后果,是举证时限制度的核心,也是该制度发挥其作用的关键。为了更好地满足审判实践的需要,我国《民事诉讼法》第68条和《民诉法解释》第101条、第102条根据当事人逾期举证的主观过错程度分层设置了逾期举证的法律后果。其一,当事人逾期提供证据的,人民法院应当责令其说明理由,必要时可以要求其提供相应的证据。如果当事人因客观原因逾期提供证据,或者对方当事人对逾期提供证据未提出异议的,视为未逾期。其二,当事人拒不说明理由或者理由不成立的,人民法院根据不同情形可以不予采纳该证据,或者采纳该证据但予以训诫、罚款。

1. 不予采纳证据

不予采纳证据或证据失权是对不遵守举证时限的当事人最为严厉的制裁。证据失权虽是针对证据本身而言,却有可能导致当事人因丧失证明权而无法实现实体权利。从我国实际情况看,当事人法律知识普遍欠缺,法官释明权制度、证据调查收集制度、律师强制代理制度等一系列配套制度还欠完善。在民事诉讼法对当事人程序保障的基本制度结构没有发生实质性改变的前提下,对逾期提供证据的当事人一概适用证据失权,可能有损实体公正和程序效益价值。因此,《民事诉讼法》放弃了对逾期举证一概适用证据失权的严苛立场,规定当事人因故意或者重大过失逾期提供的证据,且证据与案件基本事实无关的,人民法院不予采纳。此处所称基本事实,与要件事实含义相同。因此,凡对案件基本事实认定有证明价值的证据,无论逾期提出是出于何种原因,均不会导致证据失权的后果。证据失权之后果只有在当事人因故意或者重大过失逾期提供证据,且证据不涉及案件基本事实的情况下才会发生。

2. 证据不失权但要训诫、罚款

当事人因故意或者重大过失逾期提供证据，但该证据涉及案件基本事实的证明的，证据不失权但要训诫、罚款。对于当事人非因故意或者重大过失逾期提供证据的，均不发生证据失权的后果，人民法院应采纳该证据但对当事人予以训诫。在上述情况下，考虑当事人逾期举证的主观过错程度以及逾期提供的证据对案件基本事实的证明价值，逾期举证不一定产生证据法上的不利后果。但是，当事人逾期举证的行为对诉讼程序的顺利进行构成妨害，因此应承担诉讼法上的不利后果。

3. 赔偿经济损失

无论当事人逾期提供证据基于何种程度的主观过错，均不能免除对方当事人要求其赔偿相应损失的责任。当事人一方要求另一方赔偿因逾期提供证据致使其增加的交通、住宿、就餐、误工、证人出庭作证等必要费用的，人民法院可予支持。此种赔偿责任并非诉讼法上的责任，其实质是私法上的责任。

▶ 二、证据交换

（一）证据交换的概念和作用

证据交换指的是开庭审理前，双方当事人在人民法院的组织和主持下，互相交换自己持有的证据以了解各自掌握证据情况的诉讼活动。证据交换是民事诉讼审理前准备程序中的重要内容。通过证据交换，当事人双方能够了解和掌握对方所持有的证据信息，明确诉讼的争点，从而为庭审做好充分准备。

证据交换是我国司法实务部门在审判方式改革的过程中逐渐摸索形成的。早在1993年，最高人民法院就在《全国经济审判工作座谈会纪要》中提倡开庭前当事人进行证据的交换和核对。此后，随着民事诉讼法学界对证据交换制度研究的不断深入，在总结实践经验和教训的基础上，2002年《证据规定》确立了证据交换制度，使证据交换进一步规范化和合法化。2012年《民事诉讼法》修订时，将证据交换规定为庭前会议的一项重要内容，从而确立了证据交换的法律地位。

证据交换的作用主要体现在以下几个方面：

（1）明确诉讼争点，提高庭审效率。诉讼争点的发现和确定，无法仅仅通过审查、分析起诉状和答辩状的内容实现。只有通过双方当事人之间的证据交换，才能明确双方当事人就哪些事实认识一致，就哪些事实存在小的争议，就哪些事实存在不可弥合的争议，各自又有何种证据支持。通过这种归纳，进入开庭审理阶段后，法官就可以引导当事人就争点问题展开有效的举证、质证和辩论,从而达到提高庭审效率的目的。

(2)防止"证据突袭"。"证据突袭"的做法会导致遭受突袭的一方当事人无法有针对性地进行举证和质证,既有损程序正义,也影响诉讼结果的公正。通过证据交换的进行,辅以举证时限制度,双方当事人可以在开庭前充分了解对方掌握证据的情况,从而防止证据突袭的发生。

(3)促进和解。通过证据交换,当事人能够了解和掌握对方持有的证据信息,从而对案件事实会有更加充分和客观的认识。基于此,诉讼结果和诉讼证明中双方态势强弱的可预测性增加,当事人更容易达成谅解和妥协。正是在此意义上,可以说"证据交换程序为当事人精确评估自己在审理中的获胜机会提供了依据","是一种和解程序"①。

(二)证据交换的程序

1. 证据交换时间的确定

证据交换通常在答辩期满后、开庭审理前进行。交换证据的时间可以由当事人协商一致并经人民法院认可,也可以由人民法院指定。

证据交换和举证时限关系密切,证据交换制度可以说是举证时限制度的一个组成部分,是案件适用举证时限制度的特殊要求。② 基于此,证据交换的时间应受举证时限的限制。人民法院通过组织证据交换进行审理前准备的,证据交换之日举证期限届满。当事人申请延期举证经人民法院准许的,证据交换日相应顺延。

2. 再次证据交换

2019年《证据规定》修订时,删除了有关证据交换次数的规定,而是从案件具体情况出发,规定"当事人收到对方的证据后有反驳证据需要提交的,人民法院应当再次组织证据交换"。主要原因在于,实践中案件情况各异,重大、疑难、复杂案件难免需要进行多次证据交换,而事实清楚争议不大的案件,往往一次证据交换即可满足需求。因此,对特定案件证据交换的次数,不宜作强制性规定,而是应交由法官根据案件事实和证据交换的情况自由裁量决定。

3. 证据交换的进行

因证据交换是人民法院审判活动的组成部分,所以证据交换应当在审判人员的主持下进行。证据交换以"当面交换"为原则,即人民法院组织双方当

---

① 〔美〕史蒂文·苏本、玛格瑞特·伍:《美国民事诉讼的真谛:从历史、文化、实务的视角》,蔡彦敏、徐卉译,法律出版社2002年版,第123页。

② 参见李国光主编:《最高人民法院〈关于民事诉讼证据的若干规定〉的理解与适用》,中国法制出版社2002年版,第285页。

事人及其诉讼代理人到庭交换证据。当事人、证人因身处异地无法当面交换证据的,只能书面交换证据。这种证据交换方式,因当事人不能面对面质证,不利于及时发现和调整争点。因此,有观点认为,对于书证交换,外地当事人可以采取邮寄的方式进行;但对于实物证据、需要与原件核对的证据、不能复制的证据的交换,要求双方当事人必须到庭。随着在线诉讼的兴起和发展,证据交换得以在线上进行。在条件具备的情况下,人民法院还可以视频会议、电视电话会议等方式进行证据交换。总之,人民法院可以根据当事人的意见和工作安排灵活确定证据交换的方式,既要防止证据交换流于形式,又要防止其庭审化。①

在证据交换的过程中,对当事人无异议的事实、证据,审判人员应当记录在卷。对双方有异议的证据,按照需要证明的事实分类记录在卷,并记载异议的理由。通过证据交换,确定双方当事人争议的主要问题。

第五节 质证与认证

一、质证

(一)质证的概念和功能

所谓质证,是指在法官的主持下,当事人双方针对在法庭审理过程中出示的证据材料,围绕其证据能力的有无和证明力的大小,进行说明、辨认、质疑和辩驳的活动。质证是诉讼证明过程中的一个重要环节,它既是法官选择、采信证据的必经程序,也是当事人进行民事诉讼的一种重要程序保障。基于此,《民事诉讼法》第71条明确规定:"证据应当在法庭上出示,并由当事人互相质证……"我国相关司法解释还进一步规定,人民法院应当组织当事人对鉴定材料进行质证。未经质证的材料,不得作为鉴定的根据。未经当事人质证的证据,不得作为认定案件事实的根据。

质证的功能主要体现在以下三个方面:

(1)质证是当事人实现诉讼主张并维护实体权利的必要手段。质证是当事人享有的法定诉讼权利之一。通过质证,当事人可以充分表达自己对相关证据的证据能力、证明力的意见,从而有助于法官形成对自己有利的心证,并进而对裁判结果的形成产生实质性影响,最终实现自己的诉讼主张并有效维护自己的合法权益。

---

① 参见最高人民法院民事审判第一庭编著:《最高人民法院新民事诉讼证据规定理解与适用》(下),人民法院出版社2020年版,第537页。

（2）质证是人民法院正确认定案件事实的有效途径。根据我国民事诉讼法的规定，质证是人民法院审查核实证据并在此基础上认定案件事实的必经程序。通过双方当事人对证据能力和证明力的说明、质疑和辩驳，法官对证据的真实性、关联性和合法性会有更具体、真切的认识，从而可以更准确地认定案件事实。

（3）质证是诉讼程序公正和实体公正得以实现的保障。司法公正既包括实体公正，也包括程序公正。质证为当事人表达对案件证据材料的意见提供了机会，使得当事人有意义地参与诉讼程序。这一过程既确保了当事人程序参与权的实现，体现了程序公正的内涵，又有助于人民法院更准确地认定案件事实，从而保障了实体公正的实现。

（二）质证的主体、客体和内容

1. 质证的主体

质证的主体指在质证过程中有权向法庭出示证据，对证据的证据能力和证明力进行说明、质疑和辩驳的人。在民事诉讼中，质证的主体是当事人，具体包括原告、被告、第三人以及诉讼代表人。

案件的审判人员虽然是质证活动的主持者和组织者，有些情况下也需要将人民法院依职权调查收集的证据在法庭上宣读、出示，但不能成为质证的主体。法官在质证过程中对证据的宣读、出示、质疑等，究其实质，是其履行审判职能的体现，属于对证据的审查、判断行为，而非质证行为。法官之所以不能成为质证的主体，一方面是因为其与诉讼结果不存在直接利害关系，不存在质证的动因；另一方面，将法官视为质证主体，将导致其丧失中立性，有违程序公正的要求。

2. 质证的客体

质证的客体，是质证行为指向的目标和对象，即在质证活动中宣读、出示并由当事人双方互相质疑、辩驳的证据材料。未经当事人质证的证据，不能作为认定案件事实的根据。因此，可能作为定案根据的一切证据材料，都应作为质证的客体，既包括当事人收集提供的证据，也包括人民法院依职权调查收集的证据。

虽然所有的证据原则上都要经过质证，但并非对所有的证据双方当事人都存在争议。民事诉讼解决的是私权性质的纠纷，奉行处分原则。对那些双方当事人均表示认可的证据，也要求在法庭上质证，无益于诉讼效率的降低。因此，《证据规定》第60条规定，当事人在审理前的准备阶段或者人民法院调查、询问过程中发表过质证意见的证据，视为质证过的证据。除此之外，《民诉法解释》第103条第3款还规定："涉及国家秘密、商业秘密、个人隐私或者法律规定应当保密的证据,不得公开质证。"

3. 质证的内容

质证程序的设置,其直接目的在于就证据的真实性、关联性和合法性提出质疑,从而确定证据的效力和证明力。① 《民诉法解释》第104条第1款也明确规定:"人民法院应当组织当事人围绕证据的真实性、合法性以及与待证事实的关联性进行质证,并针对证据有无证明力和证明力大小进行说明和辩论。"据此,质证的内容应该包括证据之证据能力的有无和证明力的大小两个方面。能够反映案件真实情况、与待证事实相关联、来源和形式符合法律规定的证据,应当作为认定案件事实的根据。

(三) 质证的程序

诉讼实践中,质证一般采取一证一质的方法,对证据逐一进行质证。如果对方当事人同意,也可以对一组有关联的证据统一进行质证。

法庭质证程序应在法官主持下有序进行,包括出示证据、辨认证据和对证据的质问和辩驳三个步骤。质证一般按照以下顺序进行:① 原告出示证据,被告、第三人与原告进行质证;② 被告出示证据,原告、第三人与被告进行质证;③ 第三人出示证据,原告、被告与第三人进行质证。

对于人民法院根据当事人申请调查收集的证据,审判人员对调查收集证据的情况进行说明后,由提出申请的当事人与对方当事人、第三人进行质证。对于人民法院依职权调查收集的证据,由审判人员对调查收集证据的情况进行说明后,听取当事人的意见。

(四) 质证的方式

质证的方式,指双方当事人围绕提交至法庭的证据进行质询的方法和手段。质证的具体方式取决于证据的种类。一般而言,人民法院会根据不同种类证据的特征,采取各不相同的质证方式。

对书证、物证、视听资料进行质证时,当事人有权要求出示证据的原件或原物。只有出示原件、原物确有困难并经人民法院准许的,或者原件、原物已不存在,但有证据证明复制件、复制品与原件、原物一致的,才可以出示复制件或复制品。质证的具体方式包括询问证据的制作者、保管者或收集者,对证据进行鉴定或勘验以辨别真伪,要求当事人对证据的来源及其制作过程、手段等进行说明,等等。

对证人证言的质证,主要围绕证人的资格、证人与当事人及其诉讼代理人是否存在利害关系、证人感知案件事实时的客观情况以及证人证言内容的

---

① 参见罗玉珍、高委主编:《民事证明制度与理论》,法律出版社2003年版,第520页。

真实性等几个方面的问题进行。证人应当出庭接受当事人的质询,但不得旁听法庭审理。审判人员和当事人可以对证人进行询问。询问证人应当单独进行,其他证人不得在场。人民法院认为有必要时,可以让证人进行对质。

对鉴定意见的质证,可以围绕鉴定人的资格、鉴定所依据的材料、鉴定的过程和结论进行。鉴定人应当出庭接受当事人的质询。鉴定人确因特殊原因无法出庭的,经人民法院准许,可以书面答复当事人的质询。

根据我国《民事诉讼法》的规定,为了弥补法官和当事人专业知识的欠缺和不足,维护当事人的权利,当事人可以向人民法院申请由1名至2名具有专门知识的人员出庭就案件的专门性问题进行说明。审判人员和当事人可以对出庭的具有专门知识的人员进行询问。经人民法院准许,可以由当事人各自申请的具有专门知识的人员就案件中的问题进行对质。具有专门知识的人员也可以对鉴定人进行询问。

▶ **二、认证**

(一) 认证的概念和意义

所谓认证,指审判人员对经过法庭质证或者当事人在审理前准备阶段认可的证据,按照法定程序对其客观性、关联性和合法性进行审查判断,决定是否将其作为认定案件事实依据的诉讼活动。认证是诉讼证明活动的重要一环,它和举证、质证一起构成了民事诉讼庭审活动的核心内容。

现代民事诉讼奉行证据裁判原则,案件事实的认定,应该依据相关证据作出。没有证据,不得认定案件事实。因此,民事诉讼解决纠纷的过程实际上是举证、质证、认证、通过证据认定案件事实并在此基础上适用法律的过程。由此观之,审查认定证据是人民法院确定案件事实的决定性步骤。通过认证活动,审判人员对提交到法庭的各种证据材料进行鉴别,去伪存真,保证证据的客观性,确保证据与案件事实之间存在关联性,排除非法证据,并在此基础上准确认定案件事实,为人民法院的正确裁判奠定基础,以维护当事人的合法权益,并最终实现民事诉讼的目的。

正确理解认证的含义,必须注意以下几点:首先,认证的主体是人民法院的审判人员,即参与庭审的独任法官或合议庭全体成员。认证是审判人员对证据进行审查判断并决定采信与否的活动,从性质上属于人民法院的司法行为。其次,认证的对象是拟作为裁判依据的各种证据材料,既包括当事人自行收集向人民法院提供的证据,也包括人民法院依当事人申请或依职权调查收集的证据;既包括业已经法庭质证的证据,也包括当事人在审理前准备阶段认可,视为质证过的证据。最后,认证内容包括对证据的审查和认定两个方面。具体而言,法官在认证的过程中,需要对各种证据材料的客观性、关联性和合法性进行审查、分析,并在此基础上,对证据材料证据能力的有无和证明力的大小作出评判。

（二）认证遵循的基本原则

考察现代各国和地区的民事诉讼立法和证据立法,多数国家和地区在审查、判断及采信证据时奉行自由心证原则。所谓自由心证原则,指法律对证据的证据能力和证明力及其取舍与运用不预先进行规定,而是将其交由法官,根据个案的具体情况,借助经验法则、逻辑法则和良知理性,形成内心确信,从而对证据价值作出判断并据此认定案件事实。现代自由心证原则在赋予法官判断证据和认定案件事实方面的自由裁量权的同时,又对法官自由裁量权的行使施加了诸多限制,以防止司法擅断和法官的主观随意性。

在我国,民事诉讼立法未明确规定自由心证原则,但从审判实践看,由于证据规则的匮乏,法官在认证时享有很大的自由裁量权。从我国民事诉讼司法解释的相关规定看,实际上同样采用了凭借内心确信认定证据的自由心证原则,同时体现了证据裁判、法官职业道德、经验法则等对法官自由心证的制约。具体而言,《证据规定》第85条明确规定:"人民法院应当以证据能够证明的案件事实为根据依法作出裁判。审判人员应当依照法定程序,全面、客观地审核证据,依据法律的规定,遵循法官职业道德,运用逻辑推理和日常生活经验,对证据有无证明力和证明力大小独立进行判断,并公开判断的理由和结果。"

（三）认证的方法

一般而言,认证在庭审中的实际操作方法大致可分为两种情况,即对每一份证据材料单独进行认证和对全案证据材料进行综合认证。就前者而言,法官主要针对证据材料的客观性、关联性和合法性,逐一进行审查、分析,以确定每一份证据材料是否具备证据能力,并判断其证明力的有无和大小。就后者而言,法官在对证据进行单独认证的基础上,对全案证据进行综合的分析判断,以确定各个证据之间是否存在矛盾,能否互相印证。综合认证是从全案出发,审查判断各个证据之间的联系,通过证据间的比较、分析和鉴别,判断证据的真伪,确定其能否作为认定案件事实的依据。

就认证的时间而言,法官根据案件具体情况,既可以当庭认证,也可以庭下认证。当庭认证强化了庭审功能,有利于增强审判的公开性和透明性,但对法官的业务素质提出了较高的要求。法官必须具备丰富的经验、系统的专业知识和高超的分析判断能力,才能适应当庭认证的需要。如果当庭认证的条件不具备,人民法院也可在庭审结束后,进行庭下认证。

第六节 证明妨碍及其救济与制裁

一、证明妨碍的概念

传统大陆法系民事诉讼理论一般从狭义上理解证明妨碍的概念,认为证明妨碍指不负证明责任的当事人,基于故意或过失,通过作为或不作为阻碍负有证明责任的一方当事人对其主张的事实的证明。之所以从狭义上理解这一概念,无外乎基于以下考虑:在证明责任制度的作用机制下,负有证明责任的一方当事人原本就将因欠缺证据而遭受败诉的不利后果,因而无妨碍证明的必要。但是,在根据证据评价的结果认定案件事实并作出判决的审判结构下,承担证明责任的一方当事人没有妨碍证明的必要这一论断,仅在特定条件下才能成立。一方面,其仅适用于本证;另一方面,其仅适用于隐匿、毁灭证据以及拒不提交证据等妨碍行为,而不适用于伪造、更改证据等妨碍行为。而且,上述两个条件必须同时具备。换言之,负证明责任的当事人在利用本证对待证事实进行证明时,没有必要实施隐匿、毁灭、拒不提交证据等妨碍行为。但是,这不等同于他在利用本证证明待证事实时,不会伪造、更改证据;也不等同于他对他方当事人的反证,不会为妨碍行为。

诉讼证明本身是一个动态的过程。虽然证明责任不会在诉讼进行过程中发生转移,但提供证据的责任却会随着诉讼证明的不断深入,在双方当事人之间来回移动。在诉讼证明中,负证明责任的当事人至少在以下两种情况下会产生妨碍证明的动机:一是为使本证证明成功,二是为阻止对方当事人反证证明成功。此外,司法实践中非当事人妨碍诉讼证明的现象也十分普遍。从保障当事人公平使用证据、提高诉讼效率、维护司法公正的角度考虑,从广义上理解证明妨碍的概念十分必要。广义上分析,证明妨碍指民事诉讼当事人(负证明责任的当事人和不负证明责任的当事人)或非当事人(包括诉讼参与人和案外人),基于故意或过失,通过影响证明主体或证明手段干扰和阻挠诉讼证明活动,使本可能为一方当事人所用的证据,无法或不能以本来面目呈现于法庭,并进而导致案件事实证明不能或证明困难的行为。①

二、证明妨碍的构成要件

(一)前提要件

无义务即无责任,证明妨碍应以证明协力义务作为前提要件。作为证明

---

① 参见于鹏:《民事诉讼证明妨碍研究》,中国政法大学出版社2014年版,第34页。

妨碍前提要件的证明协力义务的范围比较宽泛,主要包括实体法上的义务和程序法上的义务两种类型。前者主要指民事实体法律、法规规定的相关主体所负的证据材料或信息资料的保存、报告或交付义务。实体法上义务的渊源还包括合同约定和职业道德规范。后者则主要包括真实义务、事案解明义务、证据调查协力义务和基于诉讼的发生产生的证据保存、提出义务。

(二) 主体要件

证明妨碍的主体要件指哪些主体妨碍诉讼证明的行为可以构成证明妨碍并承担相应的法律后果。从广义的证明妨碍的概念出发,妨碍行为由何种主体实施并不影响证明妨碍的成立。某行为是否构成证明妨碍,更多地取决于该行为是否造成了证明不能或证明困难的后果以及行为实施者的主观心理状态等条件。因此,证明妨碍的主体主要包括两类,一是当事人,即负证明责任的当事人和不负证明责任的当事人;二是非当事人,即诉讼代理人、诉讼参与人和案外人。此处之案外人,主要指承担证据作成、保存义务或证据调查协力义务的未参与诉讼的主体。

(三) 主观要件

证明妨碍的主观要件,即妨碍者实施妨碍行为时的主观可归责性,指的是证明妨碍主体在实施妨碍行为时的主观心理状态。构成法律意义上的证明妨碍,要求妨碍行为的实施者在主观上必须存在过错。如果妨碍行为的发生由不可归责于妨碍者的事由所导致,妨碍者即可免除责任。在证明妨碍的语境下,妨碍者实施妨碍行为时的主观心理状态主要包括故意和过失两大基本形态。

所谓故意,指明知自己的行为会给一方诉讼当事人造成证明不能或证明困难的困境,仍追求或放任这种结果发生的主观心理状态。其本质特征是,妨碍者实施妨碍行为时,主观上希望妨碍行为对他人造成证明不能或证明困难的结果,或者明知上述结果确定会发生或很可能会发生而持放任心理。

所谓过失,指妨碍者对于证据的毁灭、删改或不作成等,以及证据在诉讼中的证明作用,因未尽应有的谨慎和注意,应当认识而未能认识,或者认识到了却轻信能够避免证据被排除、毁灭等后果的心理状态。只要妨碍者对"妨碍行为"和"妨碍行为对诉讼证明造成的影响"两方面之一存在认识上的过失,即构成过失证明妨碍。

(四) 客观要件

证明妨碍的客观要件,指构成证明妨碍所必须具备的客观事实特征,换句话说,即构成证明妨碍在客观活动方面所必须具备的条件。证明妨碍的客观要件应包括以下三个方面的内容:

1. 妨碍证明之行为

妨碍证明的行为范围非常广泛,在诉讼实践中表现形式亦多种多样,依据不同标准又可做不同的类别划分。以行为方式作为标准,证明妨碍可以分为作为的妨碍和不作为的妨碍。以行为发生的时间为标准,证明妨碍可以分为诉讼系属中的妨碍和诉前妨碍。以妨碍者的主观可归责性作为标准,证明妨碍可以分为故意妨碍和过失妨碍。以实施妨碍行为的主体作为标准,可以将证明妨碍分为当事人的妨碍和非当事人的妨碍。

2. 妨碍行为之结果

构成法律意义上的证明妨碍,妨碍行为必须造成一方当事人就待证事实的证明陷入证明不能或证明困难境地的结果。证明不能指案件事实在客观上根本无法得到认定。证明困难则意味着对该案件事实负证明责任的当事人必须付出额外心力才能使该事实得到证明。

3. 妨碍行为与妨碍结果之间存在因果关系

妨碍行为与妨碍结果之间存在因果关系,指的是证明妨碍行为作为原因,诉讼中待证事实无法认定或陷入真伪不明的状态作为结果,在它们之间存在的前者引起后者、后者被前者所引起的客观联系。

三、证明妨碍的救济与制裁

证明妨碍构成对当事人权利(包括实体权利和程序权利)和诉讼秩序的双重威胁,其法律应对措施往往呈现出救济和制裁并行的特征。概括而言,证明妨碍的救济与制裁措施主要包括:

(一)妨碍推定

所谓妨碍推定,指在当事人违反证据保存义务、实施妨碍行为的情况下,法院可以就证据或事实认定作出不利于妨碍者的推定。在英美法系,妨碍推定有时又被称为给予陪审团不利推定的指示(adverse jury inference instruction)。

妨碍推定一般分为两种类型:一是法院将被妨碍人主张的证据之内容或性质视为真实;二是法院将被妨碍人的事实主张视为真实。两种类型的妨碍推定在大陆法系相关立法中都有所体现。

我国《证据规定》第95条规定:"一方当事人控制证据无正当理由拒不提交,对待证事实负有举证责任的当事人主张该证据的内容不利于控制人的,人民法院可以认定该主张成立。"和大陆法系国家民事诉讼法类似条文相比,上述规定明显属于推定被妨碍之证据内容或性质为真的妨碍推定类型,并未考虑到特定情况下拟制待证事实为真的必要性。《民诉法解释》第112条第2

款有关书证持有人无正当理由拒不履行书证提出命令时,人民法院可以认定申请人所主张的书证内容为真实的规定,是专门针对书证适用证明妨碍规则作出的规定。

(二)公法性质的强制措施

基于证明妨碍对诉讼程序造成的危害,公法性质的强制措施作为证明妨碍的法律控制手段在两大法系均得到普遍适用。美国法中存在令妨碍者承担费用的金钱制裁手段(monetary sanction),大陆法系国家和地区的民事诉讼法也普遍规定了针对证明妨碍的罚款、拘留、强制处分等间接或直接强制措施。

根据我国《民事诉讼法》第114条的规定,诉讼参与人或者其他人伪造、毁灭重要证据妨碍人民法院审理案件的,或者以暴力、威胁、贿买方法阻止证人作证或者指使、贿买、胁迫他人作伪证的,人民法院可以根据情节轻重予以罚款、拘留;构成犯罪的,依法追究刑事责任。《民事诉讼法》第117条第1款第1项规定,有义务协助调查、执行的单位拒绝或者妨碍人民法院调查取证的,人民法院除责令其履行协助义务外,并可以予以罚款。而《证据规定》第98条则规定,对证人、鉴定人、勘验人的合法权益依法应当予以保护。当事人或者其他诉讼参与人伪造、毁灭证据,提供假证据,阻止证人作证,指使、贿买、胁迫他人作伪证,或者对证人、鉴定人、勘验人打击报复的,依照《民事诉讼法》第113条、第114条的规定处理。

从立法意旨看,上述规定表现出对证明妨碍制度惩罚之政策目标的高度重视。而如何回复证明妨碍造成的双方当事人在诉讼证明中对抗状态的不均衡,如何弥补证明妨碍受害人遭受的损失,则被立法忽略了。

(三)证明责任转换

在大陆法系国家和地区,理论和实务上还存在适用证明责任转换作为证明妨碍救济与制裁措施的观点和做法。对证明妨碍适用证明责任转换的立论依据,包括损害赔偿义务说、期待可能性说、证明协力说和公平说等。

尽管学者们对证明责任转换的立论依据见解不一,但普遍认为,若不加分析地对所有类型的证明妨碍统一适用转换证明责任的方式加以制裁,显然缺乏弹性。对故意与过失妨碍行为在效果上等同视之,似有失衡与不妥。尤其是证明责任的转换,通常将导致原本不负证明责任的一方当事人败诉,因而对此更应持谨慎态度。[①]

实际上,证明责任转换作为证明妨碍的救济与制裁手段,本身并不存在

---

① 参见姜世明:《新民事证据法论》(修订三版),新学林出版股份有限公司2009年版,第314页。

问题。对某些类型的证明妨碍行为,必须施以这种极端严厉的救济与制裁措施,才能补偿受害人的损失,并实现证明妨碍制度惩罚与预防的功能。问题的关键在于,是否能将证明责任转换作为唯一的救济与制裁手段,不加区别地适用于所有类型的证明妨碍行为。证明责任转换说的局限性主要体现于此,即该学说没有考虑到证明妨碍行为属性多元化、复杂性的特征,试图通过转换证明责任这样唯一的一种方式,去应对司法实践中复杂多变的证明妨碍现象。这种刻板的做法必然导致无法根据个案的具体情况选择恰当的救济与制裁方式的结果。在适用转换证明责任这一证明妨碍救济与制裁方式时,应综合考量受妨碍的证据证明的案件事实的种类(主要事实、间接事实或辅助事实)、妨碍者主观可归责程度(故意还是过失)以及妨碍者的主体身份等因素,区分不同情况分别加以处理。一般而言,应将证明责任的转换限制在不负证明责任的当事人故意妨碍用以证明案件主要事实的证据之使用的情形。

(四)降低证明标准

证明标准的设定对事实认定结果和当事人承担的诉讼风险会产生巨大的影响。以此作为证明妨碍的法律适用效果,同样能够实现证明妨碍救济与制裁制度的目标。

一般认为,针对证明妨碍,降低证明标准的适用范围比证明责任转换更为广泛。一方面,与证明责任转换不同,即使待证事实为间接事实或辅助事实,若有证明妨碍发生,也能产生证明标准降低的效果。[①] 另一方面,从广义上讲,降低证明标准作为一种认定待证事实的方法,既可以适用于故意证明妨碍,也可以适用于过失证明妨碍。而证明责任转换,基于其适用效果的极端性和严厉性,一般仅适用于故意妨碍案件主要事实证明的行为。只是在特定情形下,即妨碍某些辅助事实、间接事实的证明,导致举证人因提供的证据无法达到应有的证明标准而将承受不利裁判的风险,或者使法院在衡量举证人提出的本证与妨碍人提出的反证后认定有利于举证人的待证事实真伪不明的情况下,才可以采用转换证明责任这种极端的措施,以恢复双方当事人间的公平,同时起到制裁与预防的作用。[②]

(五)实体法救济与制裁措施

针对证明妨碍,除了上述程序法救济与制裁手段外,两大法系均存在证

---

① 参见〔日〕伊藤真:《民事诉讼法》(第3版),日本有斐阁2004年版,第326页。转引自占善刚:《证据协力义务之比较法研究》,中国社会科学出版社2009年版,第288页。

② 参见毕玉谦:《民事诉讼证明妨碍研究》,北京大学出版社2010年版,第410、439—440页。

明妨碍的实体法对策。

美国法中证明妨碍的实体法救济与制裁体系由三部分构成：① 受害人向妨碍者提起妨碍侵权之诉、其他类型的侵权之诉和违约之诉，使妨碍者承担相应的民事责任；② 在妨碍行为构成犯罪的前提下，追究其刑事责任；③ 执业律师实施妨碍行为，除了可能承担其他形式的法律责任外，还要受律师职业道德规范的制裁。

在大陆法系国家和地区，证明妨碍受害人同样可以通过提起独立诉讼的形式获得救济。在德国，基于民事实体法的规定，当事人享有广泛的请求文书持有人提出文书的情报请求权。在文书持有人违反实体法义务毁灭或拒不提出相关资讯与文书时，当事人可以基于其享有的实体法权利，向其提起独立的诉讼以获得救济。"实体法之情报请求权可以构成一以系争资讯为给付内容之给付之诉之标的，情报请求权人乃得选择以提起情报之诉（Informationsklage）之方式来实现其权利。"① 尤其是当事人对第三人享有这种请求权时，第三人作为非程序参与人不负有程序法上的证据提交义务，只有实体上的义务时，当事人必须通过提起独立诉讼的方式寻求救济。② 因此，德国《民事诉讼法典》明确规定，举证人主张证书在第三人手中时，在证据申请中，应申请定一期间以便取得证书（第 428 条）。第三人在有与举证人的对方当事人相同的原因时，负有提交证书的义务；但强制第三人提出证书，必须通过诉讼的途径实行（第 429 条）。但是，在大陆法系国家和地区，证明妨碍受害人以提起独立诉讼的方式寻求救济的情况，远不如美国那么普遍。与此同时，就证明妨碍而言，受害人通过侵权之诉获得的补偿要远比给付之诉全面。

案例精选

▶【案例 1】③

余某因周转需要，于 2010 年 1 月 13 日向张某借款 48000 元。余某向张某出具的借条载明，借款期限为一个月，约定月利息 2%，到期按时归还本息，并由刘某提供担保。因余某未按时返还借款，张某向人民法院提起诉讼，请求余某归还借款本金及利息，并由刘某承担连带还款责任。被告辩称已经向

---

① 姜世明：《情报请求权之研究——以诉讼前类型之分析为中心》，载《成大法学》2003 年第 6 期。
② 参见〔德〕奥特马·尧厄尼希：《民事诉讼法（第 27 版）》，周翠译，法律出版社 2003 年版，第 293 页。
③ 张某某诉余某某、刘某某民间借贷纠纷案，浙江省宁波市中级人民法院民事判决书（2011）浙甬商终字第 613 号。

原告归还 62050 元,并提交了还款凭证。原告张某承认已经收到被告归还的 62050 元,但认为该款项系用于归还另一笔借款。原告称,自己曾陆陆续续从银行信用卡里套现资金借给被告余某,到 2010 年 1 月 13 日,经结算,还欠银行 50000 元左右。所以,被告余某在当天给原告重新打了一张借款金额 50000 元的借条,担保人是刘某。同日,原告又借了 48000 元现金给被告余某,并由被告余某出具了本案原告提供的这张借条。因此,2010 年 1 月 13 日,被告实际给原告出具了两张借条。所以,现被告归还的 62050 元其实是用于归还之前欠银行的那笔 50000 元的借款。由于借款已经还清,所以该笔 50000 元的借条已经还给了被告余某。被告刘某主张,张某曾通过信用卡套现借给余某 50000 多元,余某借钱后陆续还掉一些。因为张某害怕余某还不出钱,所以在 2010 年 1 月 13 日叫被告刘某给被告余某作担保,由被告余某重新出具了一张借条。当时经结算,还有 48000 元没有还清,所以借条上写的借款金额就是 48000 元。自己仅作为担保人给原告出具过本案这一张借条。本案证明责任应如何分配?

评析: 涉及证明责任分配的一般规则,《证据规定》采纳的是法律要件分类说的观点。因此,主张权利的当事人应当对权利存在的法律要件事实承担证明责任,否认权利的当事人应当对权利消灭或者权利妨碍的法律要件事实承担证明责任。具体到民间借贷纠纷案件中,原告如果主张权利,就必须对借款合同的存在以及借款已经交付的事实承担证明责任,而被告要否认原告的主张,就必须对权利消灭的事实如借款已经归还承担证明责任,或者就权利妨碍的事实,如诉讼时效已过,承担举证责任。

本案中,原告主张权利的证据为一张借条。凭该借条,原告足以主张其权利已经产生,此时其证明责任已经完成。除非被告能够提供证据证明原告的权利已经消灭或者妨碍的事实,否则被告就必须承担相应的责任。现被告提供了 62050 元的还款凭证,且原告自己也承认已经收到了这些钱。故被告提供的证据足以证明其已还清借款,即原告权利已经消灭。被告还款数额之所以远远超过了借款的本金和利息,是因为原告要求信用卡的违约金和滞纳金也要由被告负担。该说法也和原告自己主张的另一笔 50000 元的借款系从信用卡里套现来的,由于逾期还款,故必须支付信用卡的违约金和滞纳金,所以被告支付了 62050 元才还清了该笔 50000 元的借款的说法相印证。由于被告提供的证据足以证明其主张,此时证明责任就转移到原告一方,即原告必须就其权利仍然存在的事实承担举证责任。原告主张该 62050 元系用于归还另一笔 50000 元的借款,就必须对该事实予以举证证明,否则人民法院就只能认定其权利已经消灭。但本案中,原告对此无法提供证据进行证明,应当由原告承担举证不利的法律后果。

需要注意的是,在贷款人和借款人之间存在连续借款的情况下,如果债务人不诚信,将证明责任分配给原告,不排除导致错误裁判的可能。所以,具体到个案的裁判,人民法院还须结合案件其他情况来认定当事人是否已经履行了证明责任。

案例精选

▶【案例2】①

2010年11月23日,吴俊东驾驶吴秀芝的鲁DK0103普通三轮摩托车在全宽6米的机非混合车道超车时,与胡启明驾驶的无号牌电动自行车(搭载其妻戴聪球)发生交通事故。电动自行车失控侧翻致胡启明及戴聪球二人受伤,随后吴俊东送二人至医院治疗。双方就吴俊东是否谨慎驾驶及其所驾摩托车与胡启明所驾电动自行车是否发生刮擦及碰撞,各执一词。交管部门对事故成因及责任无法认定。超车过程中,胡启明车辆靠道路右侧行驶,距道路右边半米左右,吴俊东车辆距离道路右边一米多远,两车横向距离为40—50厘米。吴俊东超车时为五档,迎面有一黑色轿车快速驶来,吴俊东称感觉有点危险。事发现场道路平坦,事发时除黑色轿车外无其他车辆经过。事故车辆经检验均符合安全技术标准,吴秀芝的车辆未投保交强险。

浙江金华中院二审认为,吴俊东驾驶三轮摩托车超越胡启明电动自行车时,其车速较快;结合吴俊东超车前未注意到对向快速驶来的黑色轿车看,可以认定其未尽谨慎驾驶的注意义务。交管部门的事故责任证明虽未能证实两车是否发生碰撞或刮擦,但从证人证言反映的情况看,正是在吴俊东超车过程中胡启明的电动自行车发生左右晃动而侧翻,结合事故现场的其他情况,根据民事诉讼法高度盖然性的司法原则,审理法院认为胡启明的电动自行车翻车与吴俊东驾三轮摩托车超车中疏忽大意存在因果关系,吴俊东应承担事故的主要责任;胡启明驾驶电动自行车搭载成年人违反道路安全法亦有过错,双方按三七比例承担胡启明等的医疗费、伤残赔偿金、误工费等人身损害赔偿责任。

评析:本案是最高人民法院发布的侵权纠纷的典型案例,其焦点问题是:在交通管理部门对交通事故成因及责任无法认定的情况下,人民法院能否依

---

① 吴俊东、吴秀芝与胡启明、戴聪球交通事故人身损害赔偿纠纷案,载北大法宝司法案例库,http://www.pkulaw.cn/case/pfnl_1970324840062800.html? keywords=％E8％AF％81％E6％98％8E％E6％A0％87％E5％87％86&match=Exact,2021年11月10日最后访问。

据高度盖然性的证明标准确定事故责任。法律事实不同于客观事实,民事诉讼的证明标准也不同于刑事诉讼证明标准。在普通民事案件中我国适用高度盖然性的证明标准。本案的典型意义在于,人民法院根据高度盖然性证明标准,结合吴俊东超车前未注意到前方驶来的车辆,超车时车速较快(五档),与胡启明车辆的横向距离较近(仅为40—50厘米),认定超车过程中胡启明的电动自行车发生左右晃动而侧翻与吴俊东的超车行为之间具有因果关系。本案合理界定了超车时驾驶人的注意义务范围,在证明标准及事实认定方面具有指导意义。

思考问题

1. 自认的构成要件及法律效力。
2. 民事诉讼证明标准的层次化构建。
3. 民事诉讼中设置举证时限制度的目的以及证据失权与实体公正和程序公正的关系。
4. 质证在民事诉讼中的作用。
5. 我国民事诉讼证明妨碍制度的完善。

第九章 诉讼保障机制

诉讼程序的有序和顺畅仰赖于各种配套制度的设立,民事诉讼立法因此设置了全方位的诉讼保障制度,以保障法院、当事人和其他诉讼参与人正常进行诉讼活动,实现诉讼目的。本章主要介绍了从时间和形式上规范法院和当事人行为的期间和送达制度,维护诉讼秩序和当事人权益的对妨害民事诉讼的强制措施,确保生效裁判获得有效实现的保全制度,实现对当事人紧急救济的先予执行制度,减少国家财政支出、防止恶意诉讼的诉讼费用制度以及体现接近司法理念的司法救助制度。

第一节 期间与送达

▶ 一、期间

（一）期间的含义

期间是指法院、当事人和其他诉讼参与人单独或者会合进行或完成某项诉讼活动应当遵守的时间。期间有广义和狭义之分,广义的期间包括期限和期日。期限是指法院、当事人及其他诉讼参与人单独完成或实施某项诉讼活动应当遵守的时限,例如第一审审限、举证期限等。期日是指法院、当事人及其他诉讼参与人会合进行某种诉讼活动的特定的时日,例如证据交换日、开庭审理日等。狭义的期间仅指期限,本节以下内容所及期间,如没有特别说明,仅指期限。

民事诉讼活动的顺利进行和完成要仰赖于法院、当事人以及诉讼参与人的积极行为。一方面,为了使纠纷获得公正的解决,确保参与的机会和权利,需要给予当事人和诉讼参与人足够的时间完成特定的诉讼活动。而法院对证据材料的甄别和审查,对各种错综复杂的事实进行理性的分析和判断也需要一定的时间。另一方面,诉讼需要耗费大量的成本,为了督促法院和当事人以及诉讼参与人在有效的时间内尽快完成诉讼,减轻当事人的讼累和提高法院的审判效率,诉讼行为又必须在合理的时间内完成。期间制度设立的主要目的就是在确保公正审判的前提下,防止诉讼拖延,提高诉讼效率。

（二）期间的种类

根据不同的标准,期间可以做如下分类：

1. 法定期间、指定期间和约定期间

以确定期间的依据为标准,期间分为法定期间、指定期间和约定期间。

法定期间是指由法律明确规定的实施或完成某项诉讼活动的期间。在这一期间内,诉讼主体需要实施或完成相应的审判活动或诉讼活动,否则将引起相应的法律后果。例如,民事诉讼中对地方各级法院作出的第一审判决不服的,上诉期间为15天。当事人从第一审判决送达之日起有权提出上诉,在上诉期间届满未提出上诉的,视为放弃上诉权利,第一审法院判决发生法律效力。除法律另有规定外,法院、当事人以及其他诉讼参与人不得变更法定期间。

指定期间是指法院根据案件的具体情况,依职权对诉讼活动中的具体事项所指定的期间。由于案件本身和诉讼活动的复杂性,并非所有期间都可由法律预先作出规定。在这种情况下，只能由法院根据个案情况和审理案件的特殊需要酌情指定期间。例如，指定当事人的举证时限、指定当事人补足证据的时限、指定当事人行使某种诉讼权利的时限，等等。指定期间是法院发挥诉讼指挥和组织作用的重要体现，法院在指定期间时，既要考虑给予当事人和其他诉讼参与人足够的时间和期限，防止审判突袭；也要确保诉讼的及时进行，防止诉讼拖延。

约定期间是指当事人之间根据法律的规定，协商一致并经法院认可的期间。约定期间体现了民事纠纷解决过程中的平等协商和权利处分特点。《证据规定》第51条第1款规定："举证期限可以由当事人协商，并经人民法院准许。"

2. 不变期间和可变期间

以期间是否可以变更为标准，期间分为不变期间和可变期间。

不变期间一经确定，法院、当事人和其他诉讼参与人必须严格遵守，不得加以改变，不适用诉讼时效中止、中断和延长的规定。根据《民诉法解释》第127条的规定，不变期间包括申请再审期间、第三人撤销之诉提起的期间、特别程序案件裁定异议期间、调解书申请再审期间、以新证据申请再审期间、必要的共同诉讼人申请再审期间、案外人申请再审期间和利害关系人申请除权判决期间。

可变期间是指在期间确定后，在规定的期间内出现了法定事由或者其他情况导致诉讼活动或审判活动无法进行或完成，法院可以根据当事人申请或依职权作出变更。

一般情况下指定期间和约定期间都是可变期间，法定期间相对比较刚性，大多数为不变期间。法律为应对现实生活中的特殊情况也作了适当的变通。例如，《民事诉讼法》第152条规定，第一审普通程序一般情况下自立案之日起6个月内要审结。有特殊情况需要延长的，可以由本院院长批准，延长6个月；还需要延长的，报请上级人民法院批准。

(三) 期间的计算

期间直接关系到当事人以及其他诉讼参与人的诉讼权利是否有效行使，实体权利是否得到有效的救济和保护；同时也关系到法院是否有效行使审判权以及是否确保诉讼效率。期间的计算对于当事人和法院非常重要。

1. 期间的计算单位

期间的计算单位包括时、日、月、年。具体期间的计算单位以法律规定、法院指定或当事人约定来确定。

2. 期间开始时间的计算

期间开始的时间直接关系到期间的长短,《民事诉讼法》第85条第2款规定,期间开始的时和日不计算在期间内,从次时和次日起计算。例如,我国《民事诉讼法》第103条第3款规定,人民法院接受申请后,对情况紧急的,必须在48小时内作出裁定;裁定采取保全措施的,应当立即开始执行。如果当事人申请的时间为9点到10点之间,那么应当从10点整开始计算。同理,当事人的上诉期限不是从收到第一审裁判之日起算,而是从收到裁判之次日起计算。

期日以月和年为计算单位的,也从次日起计算。例如,第一审审限为6个月,从立案之日起计算。如果一个案件是3月1日立案,那期限的起算要从3月2日起计算。

3. 期限届满时刻的计算

期间届满时刻从理论上讲应该是期间最后一日的24时,但是实践中通常以人民法院下班的时间为期间届满时刻。如果期间届满日为节假日的,以节假日后的第一个工作日为期间届满日,节假日在期间中间的不予扣除。这里的节假日是指国家法定的节假日,例如元旦、国庆等,包括双休日。

4. 在途时间的扣除

在途时间是指诉讼文书在邮寄过程中所花费的时间。期间不包括诉讼文书的在途时间,诉讼文书在期间届满前交邮的,不算过期。交邮的时间,通常以诉讼文书邮寄地邮局所盖邮戳上的时间来确定。

5. 期间计算应当扣除的其他时间

我国《民事诉讼法》规定期间不包括在途时间外,相关的司法解释也规定了一些计算期间时应当予以扣除的时间:① 因当事人、诉讼代理人申请通知新的证人到庭、调查新的证据、申请重新鉴定或者勘验,人民法院决定延期审理1个月之内的期间;延期审理超过1个月的时间,仍应计入案件的审结期限;② 民事案件公告、鉴定的期间;③ 审理当事人提出的管辖权异议和处理人民法院之间的管辖争议的期间;④ 民事审判、执行中由有关专业机构进行审计、评估、资产清理的期间;⑤ 中止诉讼到恢复诉讼的期间;⑥ 当事人达成执行和解或者提供执行担保后,人民法院决定暂缓执行的期间;⑦ 上级人民法院通知暂缓执行的期间;⑧ 中止执行到恢复执行的期间;⑨ 执行中拍卖、变卖被查封、扣押财产的期间;⑩ 执行过程中就法律适用问题向上级人民法院请示的期间;⑪ 与其他人民法院发生执行争议报请共同上级人民法院协调处理的期间。

（四）期间的耽误

期间的耽误是指当事人或其他诉讼参与人因特定的原因未能在法定期间或指定期间完成或实施应当完成的诉讼活动的状态。

期间耽误的原因不同，其法律后果也各不相同。如果由于当事人或其他诉讼参与人的主观原因造成期间耽误，其将丧失某种诉讼权利或承担诉讼上的不利后果。例如，当事人因计算错误导致上诉期间的错过，则丧失了上诉权。如果是客观原因导致的期间耽误，根据我国《民事诉讼法》的规定，当事人可以申请顺延期间，或者由人民法院依职权决定顺延或者重新指定期日。

期限顺延应当具备以下条件：① 期间的耽误是由于不可抗拒的事由或其他正当理由。这里的不可抗拒的事由是指主观上无法预见，客观上无法避免和克服的各种情况，例如地震、洪水等自然灾害导致当事人无法在法定或指定期间内完成或实施某项诉讼活动。其他正当理由是指不可抗力外的又不能归属于当事人主观原因的事由，如生病、发生意外等。② 当事人申请顺延期限，要在障碍因素消除后的 10 日向人民法院提出申请。这需要注意的是期间顺延不是重新计算期间，障碍因素导致期间耽误的，耽误几天就顺延几天。

对于当事人提出的顺延期限的申请，是否准许，由人民法院决定。

▶ 二、送达

（一）送达的概念和特征

送达是指法院依照法定的程序和方式，将诉讼文书送交当事人或其他诉讼参与人的诉讼行为。

送达作为法院的一项重要诉讼行为，有以下特征：

（1）送达的主体是法院。送达具有单向性的特征，是法院的单方行为。当事人及其他诉讼代理人向法院递交诉讼文书的行为不能成为送达。

（2）受送达人只能是当事人及其他诉讼参与人。法院之间或法院与其他非涉诉主体之间的文件发送或报请材料的提交不能称为送达。

（3）送达的内容是诉讼文书。法院送达的诉讼文书主要有：判决书、裁定书、决定书、调解书、支付令、传票、通知书以及需要通过法院送达对方当事人的起诉状副本、答辩状副本、上诉状副本等。

（4）送达必须依法进行。送达是法院的诉讼行为，必须严格遵守法定程序和方式，否则不能产生相应的法律效果。

送达是诉讼制度中重要的一环，是连接法院和当事人以及诉讼参与人的重要步骤。法院依法定程序和方式向当事人发送诉讼文书，使得当事人以及其他诉讼参与人及时了解诉讼事项和诉讼进程，了解对方当事人的诉求和诉讼依据,在有效时间内积极准备进行诉讼。送达不仅确保了诉讼的顺利进行,同时确保了当事人以及其他诉讼参与人及时行使法律赋予的各项诉讼权利,维护自己的合法权益。

(二)送达方式的种类

根据《民事诉讼法》的规定,送达包括七种方式。

1. 直接送达

直接送达是指人民法院执行送达任务的人员将诉讼文书直接送交给受送达人本人的送达方式。直接送达耗时短,也最为可靠。直接送达是原则,只有在直接送达无法达成的情况下才考虑其他送达方式。

根据《民事诉讼法》第88条第1款的规定,直接送达分为以下情形:① 受送达人是公民的,应送交其本人签收;本人不在的,交他的同住成年家属签收。② 受送达人是法人或者其他组织的,应当由法人的法定代表人、该组织的主要负责人或者办公室、收发室、值班室等负责收件的人签收或盖章,拒绝签收或盖章的,适用留置送达。③ 受送达人有诉讼代理人的,可以送交其代理人签收。④ 受送达人已向人民法院指定代收人的,送交代收人签收。

受送达人的同住成年家属、法人或其他组织的负责收件的人,诉讼代理人或者代收人在送达回证上签收的日期为送达日期。

2. 留置送达

留置送达是指受送达人或其同住的成年家属拒绝签收所送达的诉讼文书时,送达人依法将受送达文书放置于受送达人住所,并履行相关手续即视为完成送达的送达方式。留置送达是针对直接送达中出现的特殊情况而设定的强制性送达方式,这种方式将产生和直接送达同等的法律效果。

留置送达应当注意以下几个问题:① 受送达人或其同住的成年家属拒绝签收诉讼文书的,送达人应当邀请有关基层组织或者其所在单位的代表到场,说明情况,并在送达回证注明拒收理由和日期,由送达人、见证人签名或盖章,将诉讼文书留在受送达人住所,视为送达完成。有关基层组织和所在单位的代表,可以是受送达人住所地的居民委员会、村民委员会的工作人员以及受送达人所在单位的工作人员。此外,《民事诉讼法》第89条还规定了送达人可以采用拍照和录像等方式记录送达过程,将法律文书留在受送达人住所,作为送达文书的证明。采用拍照、录像等视听资料记录送达过程的,要注意以下几个方面:首先,受送达人或其同住成年家属确实居住于此地;其次,送达人已经向受送达人或其同住成年家属交付法律文书,但受送达人或其同住成年家属拒绝接收或拒绝在法律文书上签字盖章;最后,将法律文书留置于受送达人或其同住成年家属的居住地。② 向法人或其他组织送达诉讼文书,也适用留置送达。③ 受送达人有诉讼代理人的,如果受送达人指定诉讼代理人为代收人,向诉讼代理人送达时也适用留置送达。④ 受送达人拒绝签收诉讼文书,有关基层组织或者所在单位的代表及其他见证人不愿意在送达回证上签字或盖章的,送达人在送达回证上注明情况,把诉讼文书留在受送达人住所,也视为送达完成。需要注意的是调解书应当直接送达当事人本人,不适用留置送达。当事人本人因故不能签收的,可由其指定的代收人签收。

《民诉法解释》为了解决送达难的问题,对直接送达和留置送达又作了补充规定:人民法院直接送达诉讼文书的,可以通知当事人到人民法院领取。当事人到达人民法院拒绝签署送达回证的,视为送达。审判人员、书记员应当在送达回证上注明送达情况并签名。人民法院可以在当事人住所地以外向当事人直接送达诉讼文书。当事人拒绝签署送达回证的,采用拍照、录像等方式记录送达过程即视为送达。审判人员、书记员应当在送达回证上注明送达情况并签名。

3. 委托送达

委托送达是指受诉人民法院因特殊原因在直接送达有困难的情况下,将应由其亲自送达的诉讼文书委托其他人民法院代为送达的方式。受诉人民法院委托其他人民法院送达的前提条件是直接送达有困难,如受送达人不在人民法院辖区内。受诉人民法院委托其他人民法院代为送达的,应当出具委托函,并附需要送达的诉讼文书和送达回证。受送达人在送达回证上签收的日期视为送达日期。委托送达的,受委托人民法院应当自收到委托函以及相关诉讼文书之日起10日内代为送达。

4. 邮寄送达

邮寄送达是指受诉人民法院在直接送达有困难时,将诉讼文书以邮局挂号的方式寄送给受送达人的方式。邮寄送达与委托送达是两种平行送达方式,在直接送达有困难的情况下,受诉人民法院可以选择委托送达,也可以选择邮寄送达。在司法实践中受诉人民法院多选择邮寄送达。邮寄送达的,以受送达人在挂号信回执上注明的收件时间为准。挂号信回执上注明的收件日期与送达回证上收件日期不一致的,或者送达回证没有寄回的,以挂号信回执上注明的收件日期为送达日期。

鉴于在实践中以挂号信方式邮寄送达出现的送达迟延或者丢失等问题,最高人民法院在2004年9月7日通过了《关于以法院专递方式邮寄送达民事诉讼文书的若干规定》。该规定于2005年1月1日实施,要求在全国推行法院专递,以法院专递方式邮寄送达诉讼文书的,其送达与法院送达具有同等效力。

5. 转交送达

转交送达是指人民法院将诉讼文书交由受送达人所在部队或者有关单位代收后,转交给受送达人的方式。转交送达适用于以下三种情况:① 受送达人是军人的,通过其所在部队团以上单位的政治机关转交。② 受送达人被监禁的,通过其所在监所转交。③ 受送达人被采取强制性教育措施的,通过其所在强制性教育机构转交。

代为转交的机关、单位收到诉讼文书后,必须立即交由受送达人签收。受送达人在送达回证上签收的日期为送达日期。

6. 公告送达

公告送达是指在受送达人下落不明或者用上述送达方式无法送达的情况下,由人民法院发布公告,公告期间届满即视为送达。

公告送达的前提是受送达人下落不明或者采用上述五种送达方式无法送达。送达诉讼文书的种类不同,公告送达内容也各不相同。公告送达应当说明公告送达的原因;公告送达起诉状或上诉状副本的,应说明起诉或上诉要点,受送达人答辩期限以及逾期不答辩的后果;公告送达传票的,应说明出庭时间、地点以及逾期不出庭的法律后果;公告送达判决书、裁定书的,应说明裁判主要内容,属于地方各级人民法院第一审的,说明上诉权利、期限以及上诉法院等信息。

公告送达可以在人民法院的公告栏内、受送达人原住所地张贴,也可以在报纸、信息网络等媒体上刊登公告。人民法院在受送达人住所地张贴公告的,应当采取拍照、录像等方式记录张贴过程。发出公告日期以最后张贴或者刊登日期为准。对公告方式有特殊要求的,应当按照要求的方式进行。自公告发出之日起,经过 30 日,即视为送达。

7. 电子送达

除了上述送达方式外,随着科技的发展,为了诉讼效率和方便当事人,《民事诉讼法》第 90 条以及《民诉法解释》第 135 条规定,经受送达人同意,人民法院可以采用传真、电子邮件、移动通信等能确认其收悉的电子方式送达诉讼文书。由此可见,电子送达方式的适用受到一定限制:其一,当事人的同意是其适用前提。受送达人同意采用电子方式送达的,应当在送达地址确认书中予以确认。其二,通过电子方式送达的判决书、裁定书、调解书,受送达人提出需要纸质文书的,人民法院应当提供。人民法院采用电子送达方式送达诉讼文书的,诉讼文书到达受送达人特定系统的日期为送达日期,该日期为人民法院对应系统显示发送成功的日期,但受送达人证明到达特定系统的日期与人民法院对应系统显示发送成功的日期不一致的,以受送达人证明到达其特定系统的日期为准。

(三)送达的效力和送达回证

1. 送达的效力

送达的效力是指人民法院依照法定程序和方式将诉讼文书送达当事人或其他诉讼参与人后所产生的法律效果。送达是人民法院重要的诉讼行为,由此可以引发一系列程序法或实体法上的效力。

(1)程序法上的效力。其一,引起某些诉讼法律关系的发生或消灭。如将起诉状副本送达被告并经被告签收后,被告和法院之间产生诉讼法律关系。其二,诉讼期间开始计算。例如,相关诉讼文书送达后,答辩期间、上诉期间等将开始计算,如果期间届满仍未实施特定的行为,将导致相关权利的丧失或承担不利的法律后果。其三,受送达人签收诉讼文书后有义务按照法律规定或诉讼文书要求履行相关义务或实施相关诉讼行为,否则将承担诉讼上的不利后果。如原告经合法传票传唤无正当理由拒不到庭的,按撤诉处理。

(2)实体法上的效力。根据法律规定,有些法律文书一经送达,当事人签收后即发生法律效力,例如第二审人民法院判决后经双方当事人签收的调解书。当事人应当自觉履行判决书或调解书中确定的实体义务,否则就可能引发强制执行。

2. 送达回证

送达回证是指人民法院统一制作,用于证明人民法院完成送达行为、受送达人已经收到相关诉讼文书的书面凭证。送达回证能证明人民法院依法定程序、方式完成了送达行为,证明当事人或其他诉讼参与人是否履行期间义务,判断当事人或其他诉讼参与人的诉讼行为是否具有法律效力。

除了公告送达外,其他送达方式必须有送达回证。由受送达人在送达回证上记明收到的日期,并签名或盖章。受送达人在送达回证上的签收日期为送达日期。送达回证应由送达人带回或由受送达人寄回法院附卷存查。

第二节 对妨害民事诉讼的强制措施

对妨害民事诉讼的强制措施是指法院在诉讼过程中为了确保审判活动和执行活动的顺利进行,对实施妨害民事诉讼活动的人所采取的强制措施的总称。对妨害民事诉讼的强制措施有双重意义:确保法院审判秩序和执行秩序,维护法院权威和尊严;保障当事人充分行使诉讼权利,保障其合法权利获得有效救济。

一、妨害民事诉讼的行为

妨害民事诉讼的行为是指当事人、诉讼参与人或其他人在诉讼过程中（包括审判和执行程序）故意实施扰乱诉讼秩序，妨害诉讼顺利进行的各种行为。

（一）妨害民事诉讼行为的构成要件

妨害民事诉讼行为必须同时具备以下要件：

1. 客观要件

必须有法律规定的妨害民事诉讼的行为（作为或不作为），且尚未达到犯罪的程度。如果该行为已经非常严重，构成了犯罪，则不属于妨害民事诉讼行为。

2. 主观要件

行为人有主观上的故意。行为人是故意实施妨害行为，如果是过失则不构成妨害民事诉讼行为。

3. 时间要件

该行为发生在诉讼过程中。诉讼过程包括审判程序和执行程序。如果在诉讼前或诉讼结束后有相关违法行为，则根据《治安管理处罚法》或其他法律、法规处理。

（二）妨害民事诉讼行为的种类

1. 妨害审判活动的行为

（1）无正当理由拒不到庭的。① 必须到庭的被告，经传票传唤，无正当理由拒不到庭。必须到庭的被告，一般是指负有赡养、抚养、扶养义务和不到庭就无法查清案情的被告。② 必须到庭才能查清案件基本事实的原告，经两次传票传唤无正当理由拒不到庭。

（2）违反法庭规则、扰乱法庭秩序的行为。如《民诉法解释》第176条规定，未经准许在开庭时录音、录像、摄影的；未经准许以移送通信等方式现场传播审判活动的。有前款规定情形的，人民法院可以暂扣诉讼参与人或其他人进行录音、录像、摄影、传播审判活动的器材，并责令其删除有关内容；拒不删除的，可以采取必要手段强制删除。还有诸如冲击法庭和在法庭上哄闹等行为。

（3）伪造、毁灭重要证据，妨害人民法院审理案件尚未构成犯罪的。

（4）以暴力、威胁、贿买方法阻止证人作证或指使、贿买、胁迫他人作伪证尚未构成犯罪的。

（5）隐藏、转移、变卖、毁损已被查封、扣押的财产或已被清点并责令其保护的财产，转移已被冻结的财产尚未构成犯罪的。

（6）对司法工作人员、诉讼参与人、证人、翻译人员、鉴定人、勘验人、协助执行的人，进行侮辱、诽谤、诬陷、殴打或打击报复尚未构成犯罪的。

（7）以暴力、威胁或其他方法阻碍司法工作人员执行职务尚未构成犯罪的。对于此类行为，《民诉法解释》第187条进行了进一步的细化。

2. 妨害执行工作的行为

（1）拒不履行人民法院已经发生法律效力的判决、裁定，尚未构成犯罪的。对于此类行为，《民诉法解释》第188条进行了详细的规定。

（2）负有协助义务的金融机构接到协助通知书后拒不协助查询、冻结或者划拨存款的。

（3）负有协助义务的有关单位接到协助通知书后拒不协助查询、扣押、冻结、划拨、变价财产的，拒不协助扣留被执行人的收入、办理有关财产证照转移手续的，拒不转交有关票证、证照或其他财产的。

（4）其他妨害执行的行为。这些行为有：隐藏、转移、变卖、毁损向人民法院提供执行担保的财产的；案外人与被执行人恶意串通转移被执行人财产的；故意撕毁人民法院执行公告、封条的；伪造、隐藏、毁灭有关被执行人履行能力的重要证据，妨碍人民法院查明被执行人的财产状况的；指使、贿买、胁迫他人对被执行人的财产状况和履行义务的能力问题作伪证的；妨碍人民法院依法搜查的；以暴力、威胁或其他方法妨碍和抗拒执行的；哄闹、冲击执行现场的；对人民法院执行人员或协助执行人员进行侮辱、诽谤、诬陷、围攻、威胁、殴打或打击报复的；毁损、抢夺执行案件材料、执行公务车辆、其他执行器械、执行人员服装和执行公务证件的。

▶ 二、强制措施的种类及适用

（一）拘传

拘传是指对于必须到庭的被告、被告的法定代理人或被执行人经合法的传票传唤，没有正当理由，拒不到场的情况下采取的强制其到场接受询问的措施。

由于拘传对被执行人的自由和人身都会产生很大的影响，适用上必须具备法定的条件：

（1）拘传适用的对象包括必须到庭的被告，包括负有赡养、扶养、抚养义务和不到庭无法查清案情的被告。① 根据《民诉法解释》第67条的规定，无民事行为能力人、限制民事行为能力人造成他人损害的，无民事行为能力人、限制民事行为能力人和其监护人为共同被告。如果该监护人无故拒不到庭的,也适用拘传。②必须到场接受询问的被执行人或被执行人的法定代表人或负责人。③必须到庭才能查清案件基本事实的原告。对于原告拒不到庭一般情况下是按撤诉处理,但是如果按撤诉处理可能会损害国家利益、社会公共利益或者他人合法权利的情况下,有必要拘传拒不到庭的原告,以查明案件基本事实。

(2) 程序上,必须到场的主体经过了两次传票传唤。

(3) 传唤的对象没有正当理由拒不到场。在拘传前,应当向被拘传人说明拒不到庭的后果,经批评教育仍不到庭的,可以拘传。

只有在以上三个条件同时具备时,才能适用拘传。拘传必须经院长批准,向被告、被告法定代理人或被执行人发拘传票,拘传票直接送达被拘传人。对于被拘传人的调查询问不得超过24个小时,询问后不得限制被拘传人的人身自由。

(二) 训诫

训诫是指对于妨害民事诉讼情节较轻的,可以通过批评教育的方式,指出其违法之处并责令其改正。训诫措施在强制措施中的强制性最弱,主要适用于情节显著轻微的妨害民事诉讼行为。

(三) 责令退出法庭

对于违反法庭规则,情节较轻的,审判人员可以其责令其退出法庭或者交由司法警察强制其离开法庭,防止其继续实施妨害民事诉讼的行为。训诫和责令退出法庭由合议庭或者独任审判员决定。训诫的内容、被责令退出法庭者的违法事实应当记入庭审笔录。

(四) 罚款

罚款是对妨害民事诉讼行为人采取的强制其缴纳一定数额金钱的强制措施。

1. 罚款的适用范围

罚款的适用范围非常广泛,包括违反法庭规则,哄闹、冲击法庭;侮辱、诽谤、威胁、殴打审判人员;妨害证据的收集调查,阻拦、干扰诉讼进行;拒不履行协助执行义务的行为等。

2. 罚款的数额

人民法院对个人或单位采取罚款措施时,应当根据其实施的妨害民事诉讼行为的性质、情节和后果,结合当地经济发展水平以及诉讼标的额等因素,在法定限额内确定相应的罚款金额。为了起到应有的威慑作用,2012年《民事诉讼法》最终将额度提高为"对个人的罚款金额,为人民币十万元以下;对单位的罚款金额为人民币五万元以上一百万元以下"。

3. 罚款程序

罚款必须制作决定书,经院长批准。不服罚款决定,应当自收到决定书之日起3日内向上一级人民法院申请复议一次。复议期间不停止执行。上一级人民法院5日内作出复议决定,并通知下一级人民法院和被罚款人。上级人民法院复议时认为罚款不当,应当制作决定书,撤销或变更下级人民法院的罚款决定。情况紧急的,可以在口头通知后3日内发出决定书。

(五)拘留

拘留是指对于严重妨碍审判活动和执行活动顺利进行的当事人、其他诉讼参与人或案外人,由人民法院决定对其采取一定时间内限制和剥夺其人身自由的措施。拘留是最严厉的强制措施,其适用应当严格限定在法定的范围内,并遵守一定的程序。

1. 拘留的适用范围

拘留适用的对象是在诉讼过程中有严重妨害诉讼顺利进行的行为,且经过反复教育仍不改正的单位和个人。具体适用的情形参见《民事诉讼法》第113条至第116条的规定。

2. 拘留的程序

首先,采取拘留措施必须由院长批准并制作拘留决定书。其次,由司法警察将被拘留人送交当地的公安机关看管。最后,对于拘留决定不服的,被拘留人应当自收到决定书之日起3日内向上一级人民法院申请复议,复议期间不停止决定的执行。上一级人民法院5日内作出复议决定,并通知下一级人民法院和被拘留人。上级人民法院复议时认为强制措施不当,应当制作决定书,撤销或变更下级人民法院的拘留决定。情况紧急的,可以口头通知后3日内发出决定书。

人民法院对被拘留人采取拘留措施后,应当在24小时内通知其家属;确实无法按时通知或通知不到的,应当记录在案。

需要注意的是,当情况紧急时,可以立即采取拘留措施,例如哄闹、冲击法庭,用暴力、威胁等方法抗拒执行公务。在采取拘留措施后,立即报告院长补办批准手续。院长认为拘留不当的,应当解除拘留。

被拘留人在拘留期间认错悔改的,可以责令其具结悔过,提前解除拘留。提前解除拘留,应报经院长批准,作出提前解除拘留决定书,交负责看管的公安机关执行。

▶ 三、对虚假诉讼和恶意诉讼采取的强制措施

随着社会的发展,人们的法律意识、权利意识不断增强,民事诉讼日益成

为人们维护自身合法权益的重要手段。但司法实践中也出现了一些当事人滥用诉权的现象,制造了大量的虚假诉讼、恶意诉讼,企图通过欺骗人民法院获取有利于自身的裁判和执行。例如,当事人合谋虚构债务,转移债务人财产,降低偿债能力,使得真正债权人无法受偿;当事人虚构抵押合同,使得虚构的债权具有法定优先清偿的效力,侵害普通债权人的权益等。虚假诉讼、恶意诉讼在实践中的频繁发生,主要有两个原因:一是少数人诚信道德感严重缺失,为了自身利益不择手段;二是相关立法缺乏对虚假诉讼、恶意诉讼的明确规定和有效惩戒,使得行为人所追求的不法利益大大超出其可能付出的违法成本,客观上助长了其行为的积极性。为扼制虚假诉讼、恶意诉讼的产生,《民事诉讼法》作出如下规定:一是在第13条增加了诚信原则,要求当事人必须本着诚信原则来处分自己的民事权利和诉讼权利,这是对虚假诉讼、恶意诉讼的原则性规定;二是在第115条和第116条规定了虚假诉讼、恶意诉讼的行为方式和法律后果。①

(一)当事人合谋虚假诉讼(含调解)的行为方式及法律后果

《民事诉讼法》第115条规定,当事人之间恶意串通,企图通过诉讼、调解等方式侵害他人合法权益的,人民法院应当驳回其请求,并根据情节轻重予以罚款、拘留;构成犯罪的,依法追究刑事责任。

对虚假诉讼行为进行处罚必须具备以下几个方面的要件:

(1)适用主体必须是民事诉讼程序中的当事人。这里的"当事人"应泛指受人民法院裁判约束的起诉方、被诉方,具体而言,包括普通程序的原告、被告、第三人和特别程序的申请人、债务人等。如果当事人与证人、鉴定人等其他诉讼参与人恶意串通骗取人民法院裁判,则不属于本条规定的范围。

(2)当事人之间必须有恶意串通的意思联络。虚假诉讼行为人以侵害他人合法权益为目的进行意思联络,这样的共同故意严重违反了诚信原则,主观上具有恶意。一般来说,当事人恶意串通的故意在提起诉讼之前就已经存在,但也不排除在诉讼进行过程中逐渐形成该种故意的可能。

(3)行为表现是采取诉讼、调解等方式。

(4)行为人目的是侵害他人合法权益。首先,侵害对象是他人的权益。"他人"是指诉讼外的不特定对象,而非作为诉讼相对方的原告、被告。其次,他人的合法权益不限于财产性权益,还包括非财产性权益。最后,不以对他人合法权益造成全部侵害为要件,行为人即使未能实现其侵害目的,也应受

---

① 江必新主编:《〈中华人民共和国民事诉讼法〉修改条文解读与应用》,法律出版社2012年版,第199—204页。

到本条规定的处罚。

在具体适用处罚措施上,虚假诉讼行为人可能承担三种法律后果:诉讼请求被驳回,被处以罚款、拘留措施,被追究刑事责任。

(二)被执行人虚假诉讼(含仲裁、调解)的行为方式及法律后果

《民事诉讼法》第116条规定,被执行人与他人恶意串通,通过诉讼、仲裁、调解等方式逃避履行法律文书确定的义务的,人民法院应当根据情节轻重予以罚款、拘留;构成犯罪的,依法追究刑事责任。

对本条规定的理解,应掌握以下要素:

(1)适用主体是已进入强制执行程序的被执行人。

(2)行为表现是被执行人与他人恶意串通,行为方式是诉讼、仲裁、调解等。

(3)行为人的目的是逃避履行法律文书确定的义务。至于逃避是否得逞,不为必要要件。

(4)处罚措施方面,人民法院应当根据情节轻重予以罚款、拘留;构成犯罪的,依法追究刑事责任。

第三节 保全与先予执行

▶ 一、保全制度

保全制度是指为了确保生效裁判获得有效执行,或避免给一方当事人的权益造成损害,或避免损害进一步扩大,对当事人争议的财产或与案件有关的财产采取强制性保护措施或是责令另一方当事人为或不为特定行为的制度。

在各国的民事诉讼立法中,保全制度的名称、对象和内容各不相同。例如,日本把保全分为假扣押和假处分两种,针对金钱或者可以转换为金钱的请求采取的保全措施为假扣押;针对金钱以外的请求而采取的保全措施为假处分。

(一)保全的类型

根据采取保全措施的时间,保全分为诉前保全、诉讼保全和执行前财产保全。根据保全的对象,保全可以分为财产保全和行为保全。

我国1991年《民事诉讼法》第92条只规定了财产保全,一方当事人只能对另一方当事人的财产提出保全请求,如扣押诉争标的、查封对方当事人的部分财产等,却无法要求对方当事人停止实施侵权行为,这给司法实践造成

了不便。随着我国知识产权保护制度的逐步发展和完善，著作权法、专利法和商标法中率先规定了行为保全制度。此外，在海事诉讼程序中对于行为保全也作出了相关规定。2012年《民事诉讼法》增加了对行为保全的规定，保全的范围不仅包括与案件有关的财产，也包括一定的行为。《民事诉讼法》第9章相应从"财产保全和先予执行"修改为"保全和先予执行"。行为保全不仅适用于知识产权领域，也适用于有关监护权争议以及人身权侵害等案件。行为保全的特征在于为了避免损失或损失的扩大，由人民法院责令一方当事人为或不为特定行为。行为保全可以在诉前采取也可以在诉讼中采取。除此外，由于行为保全的相关规定多与财产保全相同，在此就不做赘述。

1. 诉前保全

诉前保全是指起诉前或申请仲裁前因情况紧急，如果不立即采取措施可能给利害关系人造成难以弥补的损害的，法院根据利害关系人的申请，对与案件有关的财产和被申请人采取的强制性保护措施。

根据我国《民事诉讼法》第104条第1款的规定，采取诉前保全措施应当具备以下条件：

（1）情况紧急，如不立即采取保全措施将会使申请人的合法权益受到难以弥补的损失。这里的情况紧急是指债务人有转移、损毁、处分或隐匿财产的行为，或者由于客观原因相关财产可能发生毁损或灭失。如果不立即采取保全措施，即使当事人将来胜诉也无法保证其合法权益的实现。

（2）利害关系人提出申请。这里的利害关系人是指认为自己的权利受到侵害或者与他人发生争议，纠纷的处理结果与其有法律上权利义务关系的人。诉前保全只能由利害关系人向人民法院提出申请，人民法院不得依职权采取保全措施。

（3）申请人应当提供担保。这是因为诉前保全是人民法院受理案件之前对民事纠纷的一方当事人采取的保全措施，而此时的利害关系人之间民事权利义务关系未经人民法院审理并不明确。为了防止因保全错误或者一方恶意滥用而给被申请一方合法权益造成损害，法律要求申请人在提出诉前保全时应当提供担保。申请不提供担保的，人民法院应当驳回申请。

（4）申请人应当向被保全财产所在地、被申请人住所地或者对案件有管辖权的人民法院提出申请。

2. 诉讼保全

诉讼保全是指人民法院在受理案件后、生效判决作出之前，对因当事人一方的行为或者其他原因，判决难以执行或者可能造成当事人其他损害的案件，根据对方当事人的申请或依职权，裁定对其财产进行保全、责令其作出一定行为或者禁止其作出一定行为的临时性强制保护措施。

采取诉讼保全应当具备以下条件：

(1) 确实存在一方当事人的行为或其他原因使得将来生效判决无法执行或难以执行，或者造成另一方利益损害或损害扩大的可能性。当事人一方的行为主要是指当事人有转移、处分或损毁财产的行为。其他原因主要是指当事人行为之外一些客观因素导致财产损毁或灭失的，例如争议的标的物具有强烈的季节性特征或者容易腐烂变质等。

(2) 采取诉讼财产保全的案件具有财产给付内容。只有具有财产给付内容的判决才具有执行的必要和可能，保障生效判决实现的诉讼财产保全措施的采取也以有财产给付内容为前提。

(3) 诉讼保全原则上由当事人提出申请。人民法院认为必要时可以依职权裁定采取财产保全措施。

(4) 人民法院采取诉讼保全措施，可以责令申请人提供担保，申请人不提供担保的，裁定驳回申请。

3. 执行前财产保全

根据《民诉法解释》第163条、《财产保全规定》第1条第2款的规定，法律文书生效后，进入执行程序前，债权人因对方当事人转移财产等紧急情况，不申请保全就可能导致生效法律文书不能执行或难以执行的，可以向执行法院申请采取保全措施。债权人申请财产保全的，应当提交申请书，并写明生效法律文书的制作机关、文号和主要内容，并附生效法律文书副本。

(二) 保全的范围和措施

1. 保全的范围

《民事诉讼法》第105条规定，保全限于请求的范围，或者与本案有关的财物。所谓"限于请求的范围"是指保全的财产应当在价值或者对象上与申请人诉讼请求的内容相当或相符。实践中，请求保全的范围可以与诉讼请求的范围重合，也可以小于诉讼请求的范围；如果请求保全的范围超出诉讼请求的范围，则人民法院对超出的部分不予支持。例如，原告诉讼请求是要求被告支付5万元货款，现查明被告在某银行有10万元的存款，此时保全就只能冻结被告账户内的5万元。所谓"与本案有关的财物"是指被保全的财物是本案的诉讼标的物，或者是与本案有牵连的其他财物。如当事人双方对一房屋的所有权发生争议诉诸人民法院，申请人就可以对该房屋申请保全，请求予以查封。

根据《民诉法解释》第157—159条的规定，抵押物、质押物、留置物以及债务人到期的收益以及到期债权也可以作为被保全的对象。对于抵押物、质押物和留置物,人民法院可以采取保全措施,但是抵押权人、质权人和留置权人有优先受偿权。对于债务人的到期收益,人民法院可以采取保全措施,限制其支取并通知有关单位协助执行。债务人财产不能满足保全请求,但对他人有到期债权的,人民法院可以依债权人的申请裁定该他人不得对本案债务人清偿。该他人要求偿付的,由人民法院提存财物或价款。

2. 保全措施

《民诉法解释》第156条规定,人民法院采取财产保全的方法和措施,依照执行程序相关规定办理。一般有以下保全措施:

(1) 查封。是指人民法院依法对需要保全的财物清点后,加贴封条,就地封存或异地封存的强制措施。查封主要适用于不动产或其他不宜移动的财物。在查封过程中,所有权不发生变动,但是所有权人和其他任何人不得擅自使用和处分。

(2) 扣押。是指人民法院将被保全的财产或财产的产权证明予以扣留,在财产保全期间不得使用和处分的强制措施。扣押主要适用于动产,在扣押前应当清点、登记造册,并由被申请人和见证人在清单上签名或盖章后归入案卷。

(3) 冻结。是指人民法院对被申请人的存款或其他款项禁止提取或处分,并通知有关银行或金融机构予以协助执行的强制措施。

(4) 法律规定的其他方法。主要包括提取、扣留被申请人的劳动收入或其他所得;对于不宜保存的季节性商品或者容易腐烂、变质的物品交由有关部门作价变卖,由人民法院保存价款等。

人民法院冻结被执行人的银行存款的期限不得超过1年,查封、扣押动产的期限不得超过2年,查封不动产、冻结其他财产的期限不得超过3年。申请执行人可以申请延长期限,人民法院在期限届满前办理续行手续,续行期限不得超过前项规定。

《民诉法解释》第154、155条对被采取保全措施的财产如何保管和使用进行了详细规定,人民法院在财产保全中采取了查封或扣押、冻结措施的,应当妥善保管被查封、扣押、冻结的财产。不宜由人民法院保管的,可以指定被保全人负责保管;不宜由被保全人保管的,可以委托他人或申请保全人保管。查封、扣押、冻结担保物权人占有的担保财产,一般由担保物权人保管;由人民法院保管的,质权、留置权不因采取保全措施而消灭。由人民法院指定被保全人保管的财产,如果继续使用对该财产的价值无重大影响的可以允许被保全人继续使用;由人民法院保管或委托他人、申请保全人保管的财产,不得使用。

行为保全,采用责令为或不为特定行为的方式。对于可能造成诉讼中另一方当事人损害的,人民法院可以责令一方当事人作出一定行为或禁止其作出一定行为。

(三) 保全的程序

为了解决司法实践中财产保全程序不完善、执法尺度不一、操作各行其是引发的保全难和保全乱问题,最高人民法院出台了有关财产保全的司法解释《财产保全规定》。规定对于申请财产保全的担保数额进行了限定,降低了当事人申请保全的成本;引入了财产保全保险制度以及网络执行查控系统;对债务人和利害关系人的合法权利提供有效保护和保障。

1. 保全的申请

当事人、利害关系人申请财产保全应当提交申请书,并提供相关的证据材料。

申请书应当载明下列事项:① 申请保全人和被保全人的信息,包括身份、送达地址、联系方式;② 请求事项和所依据的事实和理由;③ 请求保全数额或争议标的;④ 明确的被保全财产信息或具体的被保全财产线索;⑤ 为财产保全提供担保的财产信息或资信证明,或者不需要提供担保的理由;⑥ 其他需要载明的事项。如果是执行前财产保全的,债权人还要写明生效法律文书的制作机关、文号和主要内容,并附生效法律文书副本。

诉前保全由利害关系人申请,人民法院不得依职权主动采取保全措施。诉讼保全可以由当事人提出申请,也可以由人民法院依职权决定。

2. 担保

(1) 担保数额。利害关系人申请财产诉前保全的,应当提供相当于请求保全数额的担保;情况特殊的,人民法院可以酌情处理。

在诉讼中,人民法院依申请或依职权采取保全措施的,应当根据案件的具体情况,决定当事人是否应当提供担保。责令申请保全人提供财产保全担保的,担保数额不超过请求保全数额的30%;申请保全的财产系争议标的的,担保数额不超过争议标的价值的30%。

申请诉前行为保全的,担保数额由人民法院根据案件的具体情况决定。

(2) 担保方式。申请保全人或第三人为财产保全提供财产担保的,应当向人民法院出具担保书,担保书应当载明担保人、担保方式、担保范围、担保财产及其价值、担保责任承担等内容;第三人为财产保全提供保证担保的,应当提交保证书,保证书应当载明保证人、保证方式、保证范围以及保证责任承担等内容。

为了有效实现财产保全制度,《财产保全规定》引入了保险担保方式。保险人可以与申请保全人签订财产保全责任险合同,为财产保全提供担保。保险人应当向人民法院出具担保书,载明因申请财产保全错误,由保险人赔偿被保全人所遭受的损失等内容。

金融监管部门批准设立的金融机构可以以独立保函形式为财产保全提供担保。

(3) 免担保的情形。当事人在诉讼中申请财产保全,有下列情形之一的,人民法院可以不要求提供担保:追索赡养费、扶养费、抚养费、抚恤金、医疗费用、劳动报酬、工伤赔偿、交通事故人身损害赔偿的;婚姻家庭纠纷案件中遭遇家庭暴力且经济困难的;人民检察院提起的公益诉讼涉及损害赔偿的;因见义勇为遭受侵害请求损害赔偿的;案件事实清楚、权利义务关系明确,发生保全错误可能性较小的;申请保全人为商业银行、保险公司等由金融监管部门批准设立的具有独立偿付债务能力的金融机构及其分支机构的。申请执行前财产保全的,人民法院也可以不要求提供担保。

3. **保全的裁定和执行**

(1) 保全的裁定。人民法院进行财产保全,由立案、审判机构作出裁定,移送执行机构实施。人民法院接受财产保全申请后,应当在5日内作出裁定;需要提供担保的,在提供担保后5日内作出裁定。裁定采取保全措施的,在5日内开始执行。对于情况紧急的,必须在48小时内作出裁定;裁定采取保全措施的,应当立即开始执行。

(2) 被保全财产信息的提供和查询。当事人、利害关系人申请财产保全,应当向人民法院提供明确的被保全财产信息。当事人在诉讼中申请财产保全,确因客观原因不能提供明确的被保全财产信息,但提供了具体财产线索的,人民法院可以依法裁定采取财产保全措施。人民法院作出保全裁定的,在该裁定执行过程中,申请保全人可以向已经建立网络执行查控系统的执行法院,书面申请通过该系统查询被保全人的财产。申请保全人提出查询申请的,执行法院可以利用网络执行查控系统对裁定保全的财产或者保全数额范围内的财产进行查询,并采取相应的查封、扣押、冻结措施。人民法院利用网络执行查控系统未查询到可供保全财产的,应当书面告知申请保全人。人民法院对查询到的被保全人财产信息,应当依法保密。除依法保全的财产外,不得泄露被保全人其他财产信息,也不得在财产保全、强制执行以外使用相关信息。

(3) 执行。人民法院裁定采取保全措施的,5日内开始执行;因情况紧急裁定采取保全措施的,立即执行。人民法院依据财产保全裁定采取相应的查封、扣押、冻结措施。

被保全人有多项财产可供保全的,在能够实现保全目的的情况下,人民法院应当选择对其生产经营活动影响较小的财产进行保全。

人民法院对厂房、机器设备等生产经营性财产进行保全时,指定被保全人保管的,应当允许其继续使用。

被保全财产系机动车、航空器等特殊动产的,除被保全人下落不明的以外,人民法院应当责令被保全人书面报告该动产的权属和占有、使用等情况,并予以核实。

可供保全的土地、房屋等不动产的整体价值明显高于保全裁定载明金额的,人民法院应当对该不动产的相应价值部分采取查封、扣押、冻结措施,但该不动产在使用上不可分或者分割会严重减损其价值的除外。

对银行账户内资金采取冻结措施的,人民法院应当明确具体的冻结数额。

人民法院在财产保全中采取查封、扣押、冻结措施,需要有关单位协助办理登记手续的,有关单位应当在裁定书和协助执行通知书送达后立即办理。针对同一财产有多个裁定书和协助执行通知书的,应当按照送达时间的先后办理登记手续。

4. 财产保全的程序衔接和续保

利害关系人申请诉前财产保全,在人民法院采取保全措施后30日内依法提起诉讼或者申请仲裁的,诉前财产保全措施自动转为诉讼或仲裁中的保全措施;进入执行程序后,保全措施自动转为执行中的查封、扣押、冻结措施。自动转为诉讼、仲裁中的保全措施或者执行中的查封、扣押、冻结措施的,期限连续计算,人民法院无须重新制作裁定书。

申请保全人申请续行财产保全的,应当在保全期限届满7日前向人民法院提出;逾期申请或者不申请的,自行承担不能续行保全的法律后果。人民法院进行财产保全时,应当书面告知申请保全人明确的保全期限届满日以及前款有关申请续行保全的事项。

第二审人民法院裁定对第一审人民法院采取的保全措施予以续保或者采取新的保全措施的,可以自行实施,也可以委托第一审人民法院实施。再审人民法院裁定对原保全措施续保或采取新的保全措施的,可以自行实施,也可以委托原审人民法院或执行法院实施。

5. 被保全财产的处分

财产保全期间,被保全人请求对被保全财产自行处分,人民法院经审查,认为不损害申请保全人和其他执行债权人合法权益的,可以准许,但应当监督被保全人按照合理价格在指定期限内处分,并控制相应价款。被保全人请求对作为争议标的的被保全财产自行处分的,须经申请保全人同意。人民法院准许被保全人自行处分被保全财产的,应当通知申请保全人;申请保全人不同意的,可以依照《民事诉讼法》第232条的规定提出异议。

保全法院在首先采取查封、扣押、冻结措施后超过1年未对被保全财产进行处分的,除被保全财产系争议标的外,在先轮候查封、扣押、冻结的执行法院可以商请保全法院将被保全财产移送执行。保全法院与在先轮候查封、扣押、冻结的执行法院就移送被保全财产发生争议的,可以逐级报请共同的上级法院指定该财产的执行法院。共同的上级法院应当根据被保全财产的种类及所在地、各债权数额与被保全财产价值之间的关系等案件具体情况指定执行法院,并督促其在指定期限内处分被保全财产。

6. 对裁定不服的救济

对于保全裁定不服的,可以自收到裁定书之日起5日内向作出裁定的人民法院申请复议。人民法院在收到复议申请后10日内审查。裁定正确的,驳回当事人申请;裁定不当的,变更或撤销原裁定。复议期间不停止裁定的执行。

7. 仲裁程序中的财产保全

仲裁过程中,当事人申请财产保全的,应当通过仲裁机构向人民法院提交申请书及仲裁案件受理通知书等相关材料。人民法院裁定采取保全措施或者裁定驳回申请的,应当将裁定书送达当事人,并通知仲裁机构。

(四)保全的解除

根据《民事诉讼法》第107条以及《财产保全规定》的相关规定,保全的解除有下列情形:

1. 申请解除保全

人民法院采取财产保全措施后,有下列情形之一的,申请保全人应当及时申请解除保全:① 诉前或仲裁前保全的申请人应当在人民法院采取保全措施后30日内向采取保全措施的人民法院或其他有管辖权的人民法院,或向约定的仲裁机构起诉或申请仲裁;逾期不起诉或不申请仲裁的,人民法院应当解除保全措施。这样规定的目的一方面是督促申请人尽快起诉或提出仲裁申请,保证纠纷及时获得解决;另一方面是保护被申请人的合法权利,避免因保全时间过长或保全错误遭受损失。② 仲裁机构不予受理仲裁申请、准许撤回仲裁申请或按撤回仲裁申请处理的。③ 其他人民法院对起诉不予受理、准许撤诉或按撤诉处理。④ 起诉或者诉讼请求被其他人民法院生效裁判驳回的。人民法院收到解除保全申请后,5日内裁定解除保全;情况紧急的,48小时内裁定解除保全。如果未及时申请解除保全,申请保全人应当赔偿被保全人因财产保全所遭受的损失。

对于上述情形,被保全人也有权申请解除保全。人民法院经审查认为符合法律规定的,裁定解除保全。

2. 被保全人或第三人提供担保

如果被保全人或第三人提供了有效的担保使得将来生效判决无法执行或难以执行的障碍因素消除,没有必要继续采取保全措施,人民法院应当裁定准许解除保全措施。被保全人请求对作为争议标的的财产解除保全的,须经申请保全人同意。

3. 保全错误或保全的原因消除

保全的目的在于确保判决的有效执行,如果申请时存在有碍判决实现的因素在诉讼过程中已经消除,保全措施已没有必要,人民法院应当解除保全措施。

4. 申请人在保全期间经人民法院同意撤回申请

如果申请人和被申请人达成和解或由于其他原因撤回保全申请,人民法院经审查后同意的,应当解除保全措施。

(五)保全措施错误的赔偿

诉前保全中,申请人在法定期间内不起诉,或者保全确有错误给被申请人造成财产损失的,申请人应当赔偿被申请人因保全所遭受的损失。如果是人民法院依职权错误采取保全措施造成被申请人财产损失的,应当按照国家赔偿法的相关规定,赔偿被申请人的财产损失。

(六)保全裁定执行的救济程序

为了平衡申请保全人、被保全人、利害关系人之间的关系和保护其合法权利,并制衡人民法院的权力,《财产保全规定》规定了一系列的财产保全裁定执行的救济制度。

财产保全裁定执行中,人民法院发现保全裁定的内容与被保全财产的实际情况不符的,应当予以撤销、变更或补正。

申请保全人、被保全人、利害关系人认为保全裁定实施过程中的执行行为违反法律规定而提出书面异议的,人民法院应当依照《民事诉讼法》第232条规定审查处理。

人民法院对诉讼争议标的以外的财产进行保全,案外人对保全裁定或者保全裁定实施过程中的执行行为不服,基于实体权利对被保全财产提出书面异议的,人民法院应当依照《民事诉讼法》第234条的规定审查处理并作出裁定。案外人、申请保全人对该裁定不服的,可以自裁定送达之日起15日内向人民法院提起执行异议之诉。

人民法院裁定案外人异议成立后,申请保全人在法律规定的期间内未提起执行异议之诉的,人民法院应当自起诉期限届满之日起 7 日内对该被保全财产解除保全。

▶ 二、先予执行

先予执行是指在受理案件后、终审判决作出前,由于一方当事人生活或生产以及权利维护的迫切需要,人民法院根据该方当事人的申请,裁定对方当事人向其支付一定数额的金钱或者其他财产,实施或停止某种行为,并立即付诸执行的一种制度。

先予执行的概念是相对于终审判决后的强制执行。一般情况下债务人的给付义务应当由生效判决加以确定,并在判决生效后由债务人自觉履行或经由强制执行完成。司法实践中审判周期比较长,如果严格遵守判决生效后才能履行给付义务的规定,可能会给一方当事人的生产或生活造成无法克服的严重困难。此时就需要一种应急制度,满足一方当事人在诉讼期间的基本生活需求或者生产经营需求,确保该方当事人的利益,同时也确保诉讼的顺利进行,这一制度就是先予执行。

(一)先予执行的适用范围和条件

1. 先予执行的适用范围

先予执行不适用于所有案件,根据《民事诉讼法》第109条的规定,人民法院对下列案件,根据当事人申请,可以裁定先予执行:① 追索赡养费、扶养费、抚养费、抚恤金、医疗费用的;② 追索劳动报酬的;③ 因情况紧急需要先予执行的。

所谓情况紧急在《民诉法解释》第170条中规定有以下情形:一是需要立即停止侵害、排除妨碍的;二是需要立即制止某项行为的;三是追索恢复生产、经营急需的保险理赔费的;四是需要立即返还社会保险金、社会救助资金的;五是不立即返还款项,将严重影响权利人生活和生产经营的。

2. 先予执行的适用条件

(1)当事人之间的权利义务关系明确,不执行将严重影响申请人生活或者生产经营。适用先予执行的案件应当是案件基本事实清楚,当事人权利义务明确,被申请人负有给付义务;同时,申请人又具有生活或生产经营上被满足的迫切需求,如果不先予执行会造成更大损失。

(2)被申请人具有履行能力。这是先予执行得以实施的必要基础。

(二)先予执行的程序

1. 提出申请

当事人提出书面申请,人民法院不得依职权主动采取先予执行措施。口头形式提出申请的,人民法院应当记录在案。

2. 审查和责令提供担保

人民法院经开庭审理后作出是否准许先予执行的裁定。人民法院在管辖权尚未确定的情况下,不得裁定先予执行。人民法院可以责令申请人提供担保,申请人不提供担保的,驳回申请。

3. 先予执行裁定

人民法院经过审查,认为符合条件的,裁定先予执行;不符合条件的,裁定驳回申请。该裁定不可以上诉,可以自收到裁定书之日起5日内向作出裁定的人民法院申请复议一次。复议期间不停止裁定的执行。对于当事人的复议申请,人民法院应当在收到复议申请后10日内审查。经审查认为原裁定正确的,通知驳回当事人的申请;裁定不当的,变更或者撤销原裁定。利害关系人对先予执行裁定不服申请复议的,遵从上述规定。

(三)先予执行措施的救济程序

先予执行措施在经由再审程序或者是被发生法律效力的判决认定为错误的情况下,有两种方式予以救济:其一,由于申请人的错误申请而采取了先予执行措施,造成被申请人损失的,由申请人予以赔偿;其二,申请人将依据先予执行取得的财产或利益返还给被申请人,拒不返还的,强制执行。

第四节 诉讼费用与司法救助

▶ 一、诉讼费用的概念和意义

诉讼费用是指当事人进行诉讼,依法向受诉法院交纳和支付的费用。

诉讼费用制度的设立主要具有两方面意义:一方面,它确保司法有效的运转,为司法活动提供经费支持。当事人向法院提起诉讼,请求法院对其和他人之间的纠纷进行审理和解决,实质是一种对特殊公共品的消费,需要支付一部分费用;法院为解决纠纷需要投入大量的人力和物力资源,纠纷解决又具有个案性的特征,不能由国家财政来负担全部费用。除了国家财政供给外,诉讼费用也成为支撑司法系统正常运转的财力保障。

另一方面,它防止当事人滥用诉权。任何纠纷解决程序都需要社会成本的投入,而诉讼是最为昂贵的纠纷解决方式。诉讼费用的收取使得当事人在涉诉前必须要进行审慎的思考,是否采用诉讼方式来解决纠纷。这样的制度设置能对纠纷进行有效的分流,当事人可以根据具体情况采用其他诉讼外纠纷解决方式,缓解诉讼纠纷解决机制的压力,节约社会成本。另外,根据我国法律规定,诉讼费用由败诉人承担,对于恶意诉讼的当事人具有一定的约束力,可以有效防止恶意诉讼的产生,同时有力保护对方当事人的合法权益,节约司法资源。

▶ 二、诉讼费用的种类和收取标准

诉讼费用分为案件受理费和申请费。根据《诉讼费用交纳办法》第11条第1款的规定,证人、鉴定人、翻译人员、理算人员在人民法院指定日期出庭发生的交通费、住宿费、生活费和误工补贴,由人民法院按照国家规定标准代为收取。

（一）案件受理费

案件受理费是指当事人向人民法院寻求司法救济和保护,人民法院决定立案受理后向人民法院交纳的费用。案件受理费包括：第一审案件受理费、第二审案件受理费。一般情况下再审案件当事人不交纳案件受理费。但是,具有下列情形的除外：当事人有新的证据,足以推翻原判决、裁定,向人民法院申请再审,人民法院经审查决定再审的案件；当事人对人民法院第一审判决或者裁定未提出上诉,第一审判决、裁定或者调解书发生法律效力后又申请再审,人民法院经审查决定再审的案件。根据《诉讼费用交纳办法》第8条的规定,下列案件不交纳案件受理费：依照《民事诉讼法》规定的特别程序审理的案件；裁定不予受理、驳回起诉、驳回上诉的案件；对不予受理、驳回起诉和管辖权异议裁定不服,提起上诉的案件；行政赔偿案件。

案件受理费可以分为财产案件的受理费和非财产案件的受理费。如果诉讼标的既涉及财产问题又涉及非财产问题,如离婚案件中既涉及夫妻关系的解除,又涉及共同财产分割,要按照规定分别交纳两种案件受理费。

1. 非财产案件的受理费

（1）离婚案件每件交纳50元至300元。涉及财产分割,财产总额不超过20万元的,不另行交纳；超过20万元的部分,按照0.5%交纳。

（2）侵害姓名权、名称权、肖像权、名誉权、荣誉权以及其他人格权的案件,每件交纳100元至500元。涉及损害赔偿,赔偿金额不超过5万元的,不另行交纳；超过5万元至10万元的部分,按照1%交纳；超过10万元的部分,按照0.5%交纳。

（3）其他非财产案件每件交纳50元至100元。

（4）劳动争议案件每件交纳10元。

（5）知识产权民事案件,没有争议金额或者价额的,每件交纳500元至1000元；有争议金额或者价额的,按照财产案件的标准交纳。当事人提出案

件管辖权异议,异议不成立的,每件交纳50元至100元。

(6)诉讼请求中有多个非财产性诉讼请求的,按一件交纳诉讼费。

2. 财产案件受理费

财产案件根据诉讼请求的金额或者价额,按照下列比例分段累计交纳:

① 不超过1万元的,每件交纳50元;② 超过1万元至10万元的部分,按照2.5%交纳;③ 超过10万元至20万元的部分,按照2%交纳;④ 超过20万元至50万元的部分,按照1.5%交纳;⑤ 超过50万元至100万元的部分,按照1%交纳;⑥ 超过100万元至200万元的部分,按照0.9%交纳;⑦ 超过200万元至500万元的部分,按照0.8%交纳;⑧ 超过500万元至1000万元的部分,按照0.7%交纳;⑨ 超过1000万元至2000万元的部分,按照0.6%交纳;⑩ 超过2000万元的部分,按照0.5%交纳。

对于案件受理费,还应当注意以下几点:

其一,以调解方式结案或者当事人申请撤诉的,减半交纳案件受理费。其二,适用简易程序审理的案件减半交纳案件受理费。其三,对财产案件提起上诉的,按照不服第一审判决部分的上诉请求数额交纳案件受理费。其四,被告提起反诉、有独立请求权的第三人提出与本案有关的诉讼请求,人民法院决定合并审理的,分别减半交纳案件受理费。其五,需要交纳案件受理费的再审案件,按照不服原判决部分的再审请求数额交纳案件受理费。其六,有两个或两个以上诉讼请求的,按照每一个诉讼请求的金额分别交纳案件受理费。

财产案件中,诉讼标的金额是确定交纳案件受理费的关键因素。为了解决实践中有些案件诉讼标的额难以确定的问题,《民诉法解释》新增了几个条款。诉讼标的额是证券的,按照证券交易规则并根据当事人起诉之日前最后一个交易日的收盘价、当日的市场价或者其载明的金额计算诉讼标的金额。诉讼标的物是房屋、土地、林木、车辆、船舶、文物等特定物或者知识产权,起诉时价值难以确定的,人民法院应当向原告释明主张过高或过低的诉讼风险,以原告主张的价值确定诉讼标的金额。

既有财产性诉讼请求,又有非财产诉讼请求的,按照财产性诉讼请求的标准交纳诉讼费。有多个财产性诉讼请求的,合并计算交纳诉讼费。

(二)申请费及收费标准

第一,依法向人民法院申请执行人民法院发生法律效力的判决、裁定、调解书,仲裁机构依法作出的裁决和调解书,公证机关依法赋予强制执行效力的债权文书,申请承认和执行外国法院判决、裁定以及国外仲裁机构裁决的,按照下列标准交纳:

（1）没有执行金额或者价额的，每件交纳 50 元至 500 元。

（2）执行金额或者价额不超过 1 万元的，每件交纳 50 元；超过 1 万元至 50 万元的部分，按照 1.5％交纳；超过 50 万元至 500 万元的部分，按照 1％交纳；超过 500 万元至 1000 万元的部分，按照 0.5％交纳；超过 1000 万元的部分，按照 0.1％交纳。

（3）符合《民事诉讼法》第 57 条第 4 款规定，未参加登记的权利人向人民法院提起诉讼的，按照该项规定的标准交纳申请费，不再交纳案件受理费。

第二，申请保全措施的，根据实际保全的财产数额按照下列标准交纳：

财产数额不超过 1000 元或者不涉及财产数额的，每件交纳 30 元；超过 1000 元至 10 万元的部分，按照 1％交纳；超过 10 万元的部分，按照 0.5％交纳。但是，当事人申请保全措施交纳的费用最多不超过 5000 元。

第三，依法申请支付令的，比照财产案件受理费标准的 1/3 交纳。

第四，依法申请公示催告的，每件交纳 100 元。

第五，申请撤销仲裁裁决或者认定仲裁协议效力的，每件交纳 400 元。

第六，破产案件依据破产财产总额计算，按照财产案件受理费标准减半交纳；但是，最高不超过 30 万元。

第七，海事案件的申请费按照下列标准交纳：

（1）申请设立海事赔偿责任限制基金的，每件交纳 1000 元至 1 万元。

（2）申请海事强制令的，每件交纳 1000 元至 5000 元。

（3）申请船舶优先权催告的，每件交纳 1000 元至 5000 元。

（4）申请海事债权登记的，每件交纳 1000 元。

（5）申请共同海损理算的，每件交纳 1000 元。

（三）交通费、住宿费、生活费和误工补贴

证人、鉴定人、翻译人员、理算人员在人民法院指定日期出庭发生的交通费、住宿费、生活费和误工补贴，由人民法院按照国家规定标准代为收取。然后由人民法院转交给相关的证人、鉴定人、翻译人员和理算人员。根据《诉讼费用交纳办法》第 12 条的规定，诉讼过程中因鉴定、公告、勘验、翻译、评估、拍卖、变卖、仓储、保管、运输、船舶监管等发生的依法应当由当事人负担的费用，人民法院根据谁主张、谁负担的原则，决定由当事人直接支付给有关机构或者单位，人民法院不得代收代付。人民法院依照民事诉讼法规定提供当地民族通用语言、文字翻译的，不收取费用。

▶ 三、诉讼费用的交纳与退还

诉讼费用的交纳是指当事人预交诉讼费用。诉讼费用的预交并不等同于诉讼费用的最后承担。预交的目的在防止当事人滥用诉权以及产生诉讼费纠纷。诉讼费用的退还是指因法定情形的发生,人民法院将已经预收的诉讼费用退还给预交的当事人。

(一) 诉讼费用交纳的规则

1. 案件受理费的交纳

案件受理费由原告、有独立请求权的第三人、上诉人预交。原告、被告、第三人分别上诉的,按照上诉请求分别预交第二审案件受理费。同一方多人共同上诉的,只预交一份第二审案件受理费;分别上诉的,按照上诉请求分别预交第二审案件受理费。被告提起反诉,依照《诉讼费用交纳办法》的规定需要交纳案件受理费的,由被告预交。追索劳动报酬的案件可以不预交案件受理费。需要交纳案件受理费的再审案件,由申请再审的当事人预交。双方当事人都申请再审的,分别预交。

2. 申请费用的交纳

申请费由申请人预交。依法向人民法院申请执行人民法院发生法律效力的判决、裁定、调解书,仲裁机构依法作出的裁决和调解书,公证机关依法赋予强制执行效力的债权文书的,执行申请费在执行后交纳。申请破产的,破产申请费在清算后交纳。

3. 其他费用的交纳

证人、鉴定人、翻译人员、理算人员在人民法院指定日期出庭发生的交通费、住宿费、生活费和误工补贴,由人民法院按照国家规定标准代为收取。当事人复制案件卷宗材料和法律文书应当按实际成本向人民法院交纳工本费。上述费用均须实际发生后交纳。

(二) 诉讼费用交纳时限及法律后果

原告自接到人民法院交纳诉讼费用通知的次日起7日内交纳案件受理费,反诉案件由提起反诉的当事人自提起反诉次日起7日内交纳案件受理费。

上诉案件的案件受理费由上诉人向人民法院提交上诉状时预交。双方当事人都提起上诉的,分别预交。上诉人在上诉期内未预交诉讼费用的,人民法院应当通知其在7日内预交。

申请费由申请人在提出申请时或者在人民法院指定的期限内预交。

当事人逾期不交纳诉讼费用又未提出司法救助申请,或者申请司法救助未获批准,在人民法院指定期限内仍未交纳诉讼费用的,由人民法院依照有关规定处理。

(三) 诉讼费用的补交与退还

第一,变更诉讼请求数额的。当事人在诉讼中变更诉讼请求数额,案件受理费依照下列规定处理：

（1）当事人增加诉讼请求数额的，按照增加后的诉讼请求数额计算补交；

（2）当事人在法庭调查终结前提出减少诉讼请求数额的，按照减少后的诉讼请求数额计算退还。

第二，根据民事诉讼法相关规定移送、移交的案件，原受理法院应当将当事人预交的诉讼费用随案移交接收案件的人民法院。

第三，人民法院审理民事案件过程中发现涉嫌刑事犯罪并将案件移送有关部门处理的，当事人交纳的案件受理费予以退还；移送后民事案件需要继续审理的，当事人已交纳的案件受理费不予退还。

第四，中止诉讼、中止执行的案件，已交纳的案件受理费、申请费不予退还。中止诉讼、中止执行的原因消除，恢复诉讼、执行的，不再交纳案件受理费、申请费。

第五，第二审人民法院决定将案件发回重审的，应当退还上诉人已交纳的第二审案件受理费。

第六，第一审人民法院裁定不予受理或者驳回起诉的，应当退还当事人已交纳的案件受理费；当事人对第一审人民法院不予受理、驳回起诉的裁定提起上诉，第二审人民法院维持第一审人民法院作出的裁定的，第一审人民法院应当退还当事人已交纳的案件受理费。

第七，依照《民事诉讼法》的规定终结诉讼的案件，已交纳的案件受理费不予退还。

第八，人数不确定的代表人诉讼案件不预交案件受理费，结案后按照诉讼标的额由败诉方交纳。

第九，支付令失效后转入诉讼程序的，债权人按照《诉讼费用交纳办法》补交案件受理费。支付令被撤销后，债权人另行起诉的，按照《诉讼费用交纳办法》交纳诉讼费用。

第十，适用简易程序审理的案件转为普通程序的，原告自接到人民法院交纳诉讼费用通知之日起补交案件受理费。原告无正当理由未按期足额补交的，按撤诉处理，已经收取的诉讼费用退还一半。

案件审结后，人民法院应当将诉讼费用的详细清单和当事人应当负担的数额书面通知当事人，同时在判决书、裁定书或者调解书中写明当事人各方应当负担的数额。判决生效后，胜诉方预交但不应负担的诉讼费用，人民法院应当退还，由败诉方向人民法院交纳，但胜诉方自愿承担或者同意败诉方直接向其支付的除外。

四、诉讼费用的负担

诉讼费用的负担是指在案件审理终结后和执行完毕后,当事人之间对诉讼费用的实际承担。诉讼费用主要是由败诉人承担,当事人之间也可以协商负担或者由法院来决定。

1. 败诉方负担

(1)《诉讼费用交纳办法》第 29 条规定,诉讼费用由败诉方负担,胜诉方自愿承担的除外。部分胜诉、部分败诉的,人民法院根据案件的具体情况决定当事人各自负担的诉讼费用数额。共同诉讼当事人败诉的,人民法院根据其对诉讼标的的利害关系,决定当事人各自负担的诉讼费用数额。承担连带责任的当事人败诉的,共同负担诉讼费用。该条规定的诉讼费用负担原则不仅可以促使当事人选择诉讼外纠纷解决方式,也可以促使当事人在诉讼中达成和解或调解,从而减少诉讼费用的承担。

第二审人民法院改变第一审人民法院作出的判决、裁定的,应当相应变更第一审人民法院对诉讼费用负担的决定。

(2)应当交纳案件受理费的再审案件,诉讼费用由申请再审的当事人负担;双方当事人都申请再审的,诉讼费用按照《诉讼费用交纳办法》第 29 条的规定由败诉方负担。原审诉讼费用的负担由人民法院根据诉讼费用负担原则重新确定。对于经过第二审和再审的案件,人民法院改变原判决、裁定、调解结果的,应当在裁判文书中对原审诉讼费用的负担一并作出处理。

(3)实现担保物权案件,人民法院裁定拍卖、变卖担保财产的,申请费由债务人、担保人负担;人民法院裁定驳回申请的,申请费由申请人负担。申请人另行起诉的,其已经交纳的申请费可以从案件受理费中扣除。

(4)债务人对督促程序未提出异议的,申请费由债务人负担。债务人对督促程序提出异议致使督促程序终结的,申请费由申请人负担;申请人另行起诉的,可以将申请费列入诉讼请求。

(5)申请执行人民法院发生法律效力的判决、裁定、调解书,仲裁机构依法作出的裁决和调解书,公证机构依法赋予强制执行效力的债权文书;申请承认和执行外国法院判决、裁定和国外仲裁机构裁决的,申请费由被执行人负担。

(6)拍卖、变卖担保财产的裁定作出后,人民法院强制执行的,按照执行金额收取执行申请费。

2. 当事人协商负担

(1)经人民法院调解达成协议的案件,诉讼费用的负担由双方当事人协商解决；协商不成的，由人民法院决定。

（2）离婚案件诉讼费用的负担由双方当事人协商解决；协商不成的，由人民法院决定。

（3）执行中当事人达成和解协议的，申请费的负担由双方当事人协商解决；协商不成的，由人民法院决定。

3. 自行负担

自行负担就是不考虑胜诉或败诉，由法律直接规定由特定的当事人自己负担相应的诉讼费用。

（1）根据《民事诉讼法》的规定，民事案件的原告或者上诉人申请撤诉，人民法院裁定准许的，案件受理费由原告或者上诉人负担。当事人在法庭调查终结后提出减少诉讼请求数额的，减少请求数额部分的案件受理费由变更诉讼请求的当事人负担。

（2）公示催告的申请费由申请人负担。

（3）申请保全措施的，申请费由申请人负担，申请人提起诉讼的，可以将该申请费列入诉讼请求。

（4）应当交纳案件受理费的再审案件，诉讼费用由申请再审的当事人负担。

（5）当事人因自身原因未能在举证期限内举证，在第二审或者再审期间提出新的证据致使诉讼费用增加的，增加的诉讼费用由该当事人负担。

（6）依照特别程序审理案件的公告费，由起诉人或者申请人负担。

4. 人民法院决定负担

（1）申请撤销仲裁裁决或者认定仲裁协议效力的，由人民法院根据《诉讼费用交纳办法》第29条的规定决定申请费的负担。

（2）对于诉讼费用可以协商的，先由当事人协商解决诉讼费用的负担，协商不成的，由人民法院决定。

（3）依法向人民法院申请破产的，诉讼费用依照有关法律规定从破产财产中拨付。

5. 海事案件中的有关诉讼费用的特别规定

（1）诉前申请海事请求保全、海事强制令的，申请费由申请人负担；申请人就有关海事请求提起诉讼的，可将上述费用列入诉讼请求。

（2）诉前申请海事证据保全的，申请费由申请人负担。

（3）诉讼中拍卖、变卖被扣押船舶、船载货物、船用燃油、船用物料发生的合理费用，由申请人预付，从拍卖、变卖价款中先行扣除，退还申请人。

（4）申请设立海事赔偿责任限制基金、申请债权登记与受偿、申请船舶优先权催告案件的申请费,由申请人负担。

(5) 设立海事赔偿责任限制基金、船舶优先权催告程序中的公告费用由申请人负担。

6. 《民事诉讼法》的特别规定

《民事诉讼法》第77条规定,证人因履行出庭作证义务而支出的交通、住宿、就餐等必要费用以及误工损失,由败诉一方当事人负担。当事人申请证人作证的,由该当事人先行垫付;当事人没有申请,人民法院通知证人作证的,由人民法院先行垫付。这条规定无疑对于保障证人出庭作证有积极的推进作用,但是同时又存在着具体操作上的问题。例如,部分胜诉或部分败诉时证人费用该如何处理;当事人申请证人作证,该证人证言与待证事实、判决事实之间有无内在联系,是否所有证人的相关费用都由败诉当事人一方承担;等等。

当事人拒不交纳诉讼费用的,人民法院可以强制执行。

7. 诉讼费用负担异议的救济

对于人民法院决定的诉讼费用承担,当事人不服的,不得单独对人民法院关于诉讼费用的决定提起上诉。当事人仅对人民法院关于诉讼费用的决定有异议的,可以向作出决定的人民法院院长申请复核。复核决定应当自收到当事人申请之日起15日内作出。

当事人对人民法院决定诉讼费用的计算有异议的,可以向作出决定的人民法院请求复核。计算确有错误的,作出决定的人民法院应当予以更正。

▶ 五、司法救助

(一) 司法救助的定义

司法救助是指法院对于交纳诉讼费用确有困难的当事人,根据其申请,予以缓交、减交或者免交诉讼费用的制度。

诉权是每个主体的宪政性权利,当其权利受到侵害或者与他人发生争议时,有权向法院提起诉讼,要求法院给予实质性的救济和保护。诉讼费用制度的设立一方面是当事人消费特殊公共品的对价,另一方面也防止了诉权的滥用。但是同时也必须注意到的是如果经济上的困难导致当事人无法接近司法,失去了享有法律保护的权利的话,司法救济将成为一部分人的特权。

根据《诉讼费用交纳办法》第44条的规定,当事人交纳诉讼费用确有困难的,可以依照该办法向人民法院申请缓交、减交或者免交诉讼费用的司法救助。

(二) 司法救助的条件

1. 主体要件

诉讼费用的免交只适用于自然人,其他主体不能申请司法救助。

2. 实质要件

具有下列情形的,可以享有免交、减交或缓交诉讼费用。

(1) 当事人申请司法救助,符合下列情形之一的,人民法院应当准予免交诉讼费用:① 残疾人无固定生活来源的;② 追索赡养费、扶养费、抚养费、抚恤金的;③ 最低生活保障对象、农村特困定期救济对象、农村五保供养对象或者领取失业保险金人员,无其他收入的;④ 因见义勇为或者为保护社会公共利益致使自身合法权益受到损害,本人或者其近亲属请求赔偿或者补偿的;⑤ 确实需要免交的其他情形。

(2) 当事人申请司法救助,符合下列情形之一的,人民法院应当准予减交诉讼费用:① 因自然灾害等不可抗力造成生活困难,正在接受社会救济,或者家庭生产经营难以为继的;② 属于国家规定的优抚、安置对象的;③ 社会福利机构和救助管理站。

(3) 确实需要减交的其他情形:① 追索社会保险金、经济补偿金的;② 海上事故、交通事故、医疗事故、工伤事故、产品质量事故或者其他人身伤害事故的受害人请求赔偿的;③ 正在接受有关部门法律援助的;④ 确实需要缓交的其他情形。

人民法院准予减交诉讼费用的,减交比例不得低于30%。

(三) 司法救助的程序

当事人申请司法救助,应当在起诉或者上诉时提交书面申请、足以证明其确有经济困难的证明材料以及其他相关证明材料。因生活困难或者追索基本生活费用申请免交、减交诉讼费用的,还应当提供本人及其家庭经济状况符合当地民政、劳动保障等部门规定的公民经济困难标准的证明。

当事人申请缓交诉讼费用经审查符合规定的,人民法院应当在决定立案之前作出准予缓交的决定。人民法院对当事人的司法救助申请不予批准的,应当向当事人书面说明理由。

人民法院对一方当事人提供司法救助,对方当事人败诉的,诉讼费用由对方当事人负担;对方当事人胜诉的,可以视申请司法救助的当事人的经济状况决定其减交、免交诉讼费用。人民法院准予当事人减交、免交诉讼费用的,应当在法律文书中载明。

案例精选

▶【案例1】①

2014年8月29日，袁某某驾驶鄂Q22K83号汽车由重庆往成都方向行驶至G85渝昆高速公路出城方向（丁家至大安路段）46 km+913 m处（施工控制单道双通路段，限速30 km/h），因故停于对向车道内（成都至重庆方向）检修车辆，蔡某某驾驶云E23246（云E0520挂）号重型半挂牵引车由成都往重庆方向行驶到此处，在避让停驶的鄂Q22K83号汽车时进入对向车道行驶，与对向由刘某甲驾驶的川K6C162号货车相撞，造成川K6C162号货车驾驶人刘某甲死亡、乘车人陈某某受伤、车辆受损的重大交通事故。2014年10月15日，重庆市交通行政执法总队高速公路第一支队一大队作出了道路交通事故认定书，认定蔡某某承担事故主要责任，刘某甲承担事故次要责任，袁某某承担事故次要责任、陈某某无责任。

事故发生后，刘某甲的父母唐某某、刘某乙向重庆市永川区人民法院申请诉前财产保全，要求对蔡某某的云E23246（云E0520挂）号货车予以查封。永川区人民法院查封该货车后刘某乙、唐某某即向该院提起诉讼，要求信达财产保险股份有限公司内江中心支公司、蔡某某、中国人民财产保险股份有限公司大姚支公司、袁某某、天安财产保险股份有限公司恩施中心支公司赔偿各项经济损失达936696元。永川区人民法院审理后判决由三保险公司各自赔偿刘某乙、唐某某经济损失共计687703.40元，蔡某某未承担赔偿责任。2015年8月27日，永川区人民法院解除了对云E23246（云E0520挂）号货车的查封。后蔡某某以唐某某、刘某乙申请保全错误为由提起损害赔偿之诉，要求唐某某、刘某乙赔偿其损失40000余元。

评析：财产保全损害赔偿责任是指因利害关系人或当事人诉前财产保全或诉中财产保全申请错误给被申请人造成损害的，应当赔偿其因保全行为所遭受的损失。2012年《民事诉讼法》第105条规定：申请有错误的，申请人应当赔偿被申请人因保全所遭受的损失。

对于如何认定申请有错误，司法实践中的做法非常不统一，为此最高人民法院公布了一系列的典型案例，确立了如何认定财产保全损害责任的构成要件。首先，财产保全损害赔偿责任属于一般侵权责任，因此应当满足《民法典》1165条规定的四个要件，即行为人实施了侵权行为，该行为造成了损害后

---

① 蔡明忠诉唐英等财产保全损害责任纠纷案，重庆市永川区(县)人民法院民事判决书(2015)永法民初字第07354号。

果，侵权行为和损害后果之间有因果关系，行为人主观上有过错。

认定的难点是如何判定行为人主观上有过错。财产保全制度设置的初衷是保护利害关系人或当事人的合法权益，使得将来生效法律文书能够获得执行。如果设置过于严苛的条件，当事人惧怕不利后果的承担，将导致该制度就形同虚设。因此对于申请人的主观过错程度需要进行合理设定，即申请人主观上不存在故意或者重大过失即可免除不利后果的承担。即申请人提出财产保全有实体上的请求权基础，生效法律文书有不履行的现实可能性，保全的金额未明显超过合理的范围。这样即使存在对法律认识的偏差或者法院判决的最终结果没有支持或仅部分支持其诉讼请求的情况，也不能认定财产保全申请存在错误。

就本案而言，唐某某、刘某乙作为普通公民，在其子刘某甲因交通事故死亡而申请对蔡某某名下的货车进行查封保全，是因为蔡某某实施了侵权行为，唐某某和刘某乙对其享有侵权损害赔偿请求权。且保全的对象亦是与交通事故有所关联的肇事车辆，该二人提出保全申请错误不是故意，也不存在重大过失，因此对蔡某某的损失不应承担损害赔偿责任。

思考问题

1. 诉前财产保全和诉讼财产保全适用的条件。
2. 先予执行适用的条件。
3. 财产保全错误损害赔偿责任的构成要件。
4. 电子送达的适用条件和程序。

第二编　诉讼程序论

第十章　第一审普通程序

第一审普通程序是民事审判程序的基础性程序,其规定在民事诉讼法中具有"程序通则"的作用,呈现程序完整性、适用自足性和广泛性等特征。通过实行从立案审查制向立案登记制的改革转化,有力保障了当事人起诉权的实现,着力改革审前准备程序,理清争点,争取提前化解纠纷,完善集中审理主义。本章主要介绍了第一审普通程序的概念与特征,以及其基本环节,包括起诉、受理、审理前准备、开庭审理、合议和裁判等阶段。

第二篇　作战方法

第一节　第一审普通程序概述

一、普通程序的概念

我国民事诉讼程序体系的结构总体包含争讼程序与非争讼程序(也称非讼程序)。争讼程序包括第一审程序中的普通程序、简易程序和小额诉讼程序,第二审程序(也称上诉审程序),审判监督程序(也称再审程序);非讼程序包括特别程序、督促程序、公示催告程序。

普通程序是指我国《民事诉讼法》规定的法院审理第一审民事案件和当事人进行第一审民事诉讼通常适用的程序。普通程序在整个民事诉讼程序中居于核心地位,它是所有诉讼程序中最基本的程序,集中体现了民事诉讼程序的基本结构,反映了诉讼程序的全貌,对其他诉讼程序起着程序通则的作用。

二、普通程序的特点

相对于其他诉讼程序而言,普通程序具有以下特点:

（一）完整性

在民事诉讼程序中,普通程序的内容最系统、最完整,规定了从当事人起诉、法院受理案件到开庭前的准备、开庭审理,直至法院作出第一审裁判的不同阶段以及各个阶段依次进行的步骤和程序,同时对民事审判的基本制度作了专门的规定。《民事诉讼法》对第一审程序中的简易程序和小额诉讼程序、第二审程序和审判监督程序等,都没有进行完整、系统的规定。简易程序和小额诉讼程序是普通程序的简化;第二审程序仅针对审理第二审民事案件的特殊之处进行特别规定,除此之外,适用第一审普通程序的规定;而审判监督程序是针对审理再审案件的特点作出的特别规定,就其具体适用的审判程序而言,要么是第一审程序,要么是第二审程序。

（二）基础性

普通程序是法院审理除简单民事案件和特殊类型案件以外的第一审民事案件通常所适用的程序,也是当事人进行第一审民事诉讼通常所遵循的程序。第一审程序是第二审程序或审判监督程序得以进行的前提,因此普通程序是民事诉讼审判程序的基础。

（三）独立性和广泛性

一方面,普通程序是独立的诉讼和审判程序,法院适用普通程序审理案件时,除需遵循民事诉讼法总则部分有关基本原则和基本制度等的规定外,无须适用其他诉讼程序的规定,因此它不依附于其他程序而独立存在。另一方面,法院审理第一审民事案件,除简单民事案件和特殊类型的案件外,都要适用普通程序。即使适用简易程序和特别程序或适用第二审程序和审判监督程序审理各类案件时,如果适用的程序没有相关规定,都要适用第一审普通程序的有关规定。

由于我国《民事诉讼法》中没有关于程序通则的单独规定,而普通程序又具有上述基本特征,因此普通程序的规定在民事诉讼法中具有程序通则的作用。

▶ 三、普通程序的结构

根据其运行的规律与特点,普通程序分为起诉与受理阶段、审理前的准备阶段和开庭审理阶段。开庭审理阶段是整个普通程序的核心,最集中地反映了民事诉讼的特点。该阶段依次分为开庭前准备、法庭调查、法庭辩论、合议庭评议和宣告判决五个环节。

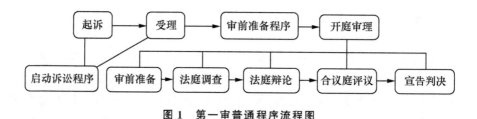

图1 第一审普通程序流程图

第二节 起诉和受理

▶ 一、起诉

(一)起诉的概念和意义

起诉是指公民、法人和其他组织认为自己所享有的或者依法管理、支配的民事权益受到侵害,或者与他人发生民事权益的争议,以自己的名义请求法院通过审判予以司法保护的诉讼行为。

起诉是一种民事诉讼法律行为,是公民、法人和其他组织行使诉权的具体体现。根据"不告不理"原则,没有起诉,法院无权启动诉讼程序。只有当事人向法院起诉,才会启动相应的诉讼程序。原告的起诉也决定了当事人的范围、诉讼的内容与形式以及法院审判的范围。因此,原告起诉是法院正确行使审判权的基础,对诉讼的进行具有重要意义。但是有了当事人的起诉行为,诉讼程序也并非必然得以启动。只有符合法定条件的起诉行为,才能成为诉讼程序的起点。

（二）起诉的条件

依照《民事诉讼法》第122条的规定,起诉必须符合下列条件：

1. 原告必须是与本案有直接利害关系的公民、法人和其他组织[①]

第一,原告必须是有诉讼权利能力或具有"当事人资格"的自然人、法人或其他组织,即原告是具有生命的自然人或处于合法存续状态的法人或其他组织,尚未出生或已经死亡的人、在法律上已不复存在的法人或其他组织不得作为原告。

第二,原告必须与所起诉的案件有直接利害关系。所谓"有直接利害关系",是指当事人请求人民法院保护的民事权益属于自己所享有或者受自己管理、支配。譬如,就离婚案件而言,原告必须是配偶双方之一;就合同纠纷案件而言,原告必须是该合同的签约双方之一;就侵权案件而言,原告必须是利益受到侵害的一方。原告的具体表现形态包括两种类型:一种为实体权利主体,即受到侵害或发生争议的民事权益系自己直接享有,或认为自己享有;另一种为非实体权利主体,即受到侵害或发生争议的民事权益不是原告自己直接享有,而且原告也不认为自己应该享有,但依据法律的明确规定,其享有对民事权益的管理权或支配权,可以以自己的名义提起诉讼,此称为"法定诉讼担当"。应当注意,在起诉阶段,人民法院对原告是否与本案有直接利害关系的审查应为形式审查,即以当事人声明为准。

2. 有明确的被告

有明确的被告,指原告起诉时应向人民法院指明发生争议的相对方,即将发生纠纷的另一方当事人予以特定化、具体化。民事诉讼的任务是解决现实发生的权利义务之争,民事纠纷（包括纠纷当事人）必须呈现在法官面前,否则人民法院无法肯定该纠纷是否现实发生。

《民诉法解释》第209条第1款规定,原告提供被告的姓名或者名称、住所等信息具体明确,足以使被告与他人相区别的,可以认定为有明确的被告。

---

① 当前,由于现代型诉讼（特别是公益诉讼）的兴起和发展,《民事诉讼法》第122条所规定的原告资格条件逐渐成为阻碍诉权行使的限制条件。因此,学者们提出突破的方法:一是借助"诉的利益"概念的扩大化,将那些原本与本案无直接利害关系的公民、法人或其他组织意欲包括进来;二是提出诉讼当事人的资格概念,企图由法律明确赋予某些特定的主体（例如人民检察院、行政机关、行业组织、社会组织等）对某类特殊案件享有起诉的权利。

"明确"的被告并非"正确"的被告。人民法院在受理案件时只是采取形式上的审查，无法对被告的适格问题进行实体审查；受理案件后，人民法院发现原告起诉状列明的被告不适格时，将要求原告更换为正确的被告。

3. 有具体的诉讼请求和事实、理由

"具体的诉讼请求"是指原告在起诉时必须明确请求人民法院予以司法保护的具体内容和方式。人民法院审理民事案件以原告提出的诉讼请求为审理的范围。"事实"是指原告向人民法院提出诉讼请求所依据的案件事实和证据，包括当事人之间民事法律关系发生、变更和消灭的基本事实，当事人之间发生民事争议的事实以及有关的证据。"理由"是指证明该诉讼请求合理、合法，应得到人民法院支持的原因。

起诉条件中的"事实和理由"是一种形式上的要求，并非"必须确实、充分"，而应为"诉讼请求的提出并非毫无根据"或者"原告应为其诉讼请求提供相应的证据材料"。至于这些"根据"或"材料"能否支撑原告的诉讼请求，有待在案件审理中核实。

4. 属于人民法院受理民事诉讼的范围和受诉人民法院管辖

原告起诉的内容必须是人民法院享有民事司法权的事项，同时诉讼应当向有管辖权的人民法院提出，这是对受理资格的要求。

以上四个条件属于起诉的积极条件，必须同时具备，缺一不可。起诉要能够为人民法院受理还必须具备消极条件，即不得具有法律规定的禁止起诉的情形。法律规定禁止起诉的情形主要有：第一，原告的起诉属于重复起诉。根据"一事不再理"原则，人民法院已经立案受理正在处理的案件或判决、裁定已经发生法律效力的案件，当事人不得重复起诉。第二，双方当事人已就合同纠纷自愿达成书面仲裁协议，并且向仲裁机关申请仲裁。第三，属于在一定期限或期间内禁止起诉的情形。例如，《民法典》第1082条规定，女方在怀孕期间、分娩后1年内或终止妊娠后6个月内，男方不得起诉提出离婚；但是，女方提出离婚或者人民法院认为确有必要受理男方离婚请求的除外。

（三）起诉的方式

起诉以书面方式为原则，口头方式为例外。《民事诉讼法》第123条规定：起诉应当向人民法院递交起诉状，并按照被告的人数提交起诉状副本。书写起诉状确有困难的，可以口头起诉，由人民法院记入笔录，并告知对方当事人。

起诉状是原告向人民法院提起诉讼的意思表示的载体，也是确定人民法院将来对案件进行审理是否正确、合法的重要根据。因此起诉状是基础诉讼文件，内容须完整，且形式须符合要求。依照《民事诉讼法》第124条的规定，起诉状应当记明下列事项：① 原告的姓名、性别、年龄、民族、职业、工作单位、住所、联系方式①，法人或者其他组织的名称、住所和法定代表人或者主要负责人的姓名、职务、联系方式；②被告的姓名、性别、工作单位、住所等信息，法人或者其他组织的名称、住所等信息；③诉讼请求和所根据的事实与理由；④证据和证据来源，证人姓名和住所。

起诉状应当按照法律规定的内容书写，内容有欠缺的，受诉人民法院应告知原告限期补正。依据《民诉法解释》第209条和第210条的规定，起诉状列写被告信息不足以认定明确的被告的，人民法院可以告知原告补正；原告在起诉状中有谩骂和人身攻击之辞的，人民法院应当告知其修改后提起诉讼。

（四）起诉的法律效果

起诉是当事人的单方诉讼行为，一旦实施，就会产生相应的法律后果，即当事人提起诉讼之时，其与法院之间的诉讼法律关系由此产生，使案件处于诉讼状态（或称为"诉讼系属"）。当事人享有提起诉讼的权利，相应地，法院负有对当事人的起诉依法进行审查并决定是否予以受理的义务。《民事诉讼法》第126条规定："人民法院应当保障当事人依照法律规定享有的起诉权利。"

起诉将产生下列法律效力：

（1）原告起诉后，人民法院必须对原告的起诉进行审查，并在7日内作出是否立案的决定。

（2）禁止另行起诉。原告向人民法院提起诉讼后，不得以同一事实理由就同一诉讼请求对同一被告再行起诉，即禁止重复起诉。

（3）因原告起诉而启动的民事诉讼程序，除民事诉讼法规定的情形（如不符合起诉条件，人民法院不予受理或原告撤诉）之外，任何组织或个人不得随意解除和终止。

二、受理

受理是指受诉法院通过对原告起诉的审查，认为符合法定条件，决定立案审理的审判行为。受理是纠纷进入诉讼程序的过滤器，法院应把好此关，

---

① 原告要提交自己的联系方式是2012年《民事诉讼法》修订后增加的内容。1991年《民事诉讼法》制定之初，当事人联系方式以"住所"为主，但随着经济社会的发展，固定电话、移动电话、电子邮件等新型的联系方式已逐渐普及，要求原告写明"联系方式"，为诉讼过程中的送达提供了便利条件。原告在起诉状中无须就被告的联系方式详细记明，因为原告在提交起诉状时往往无法掌握被告的确切联系方式，所以只要能够提供其他足以确定被告身份的信息，满足"有明确的被告"的条件即可。2012年《民事诉讼法修正案（草案）》（第一稿）曾建议在原有内容上增加"当事人的身份号码、联系方式"，试图帮助人民法院确定当事人的身份，但是考虑到实践中原告经常无法查明被告的身份证号码，此建议未被采纳。

让合法的起诉行为进入诉讼程序,而将不合法的起诉行为挡在诉讼之外。

(一)审查起诉和立案

法院受理案件包括两个阶段:审查起诉和立案。

1. 审查起诉

法院在收到当事人的起诉状后,先要对当事人的起诉进行审查,查看当事人的起诉是否符合法律规定的条件。法院的审查主要从三个方面进行:其一,要审查原告的起诉是否属于法院受理民事诉讼的范围,是否属于受诉法院的管辖;其二,要审查起诉是否符合法定条件;其三,要审查起诉手续是否完备,起诉书内容是否明确具体。

2. 立案

人民法院对起诉进行审查以后,认为起诉符合法定条件的,应当在7日内立案并通知当事人;认为起诉不符合法定条件的,应当在7日内作出不予受理裁定;原告对裁定不服的,可以提起上诉。在立案后发现起诉不符合法定条件的,应当裁定驳回起诉;当事人对驳回起诉的裁定不服,也可以提起上诉。

为保障当事人的起诉权利,依据《民诉法解释》第208条的规定,人民法院接到当事人提交的民事起诉状时,对当场不能判定是否符合起诉条件的,应当接收起诉材料,并出具注明收到日期的书面凭证;需要补充必要相关材料的,人民法院应当及时告知当事人;在补齐相关材料后,应当在7日内决定是否立案。此规定有利于督促人民法院在法定期间内完成立案审查,依法作出相关书面裁定,缓解审判实践中人民法院对某些案件既不受理,又不作出不予受理的书面裁定,使当事人难以通过上诉的方式维护起诉权利的困境。

3. 立案审查制的改革

2014年,党的十八届四中全会《中共中央关于全面推进依法治国若干重大问题的决定》指出:"改革法院案件受理制度,变立案审查制为立案登记制,对人民法院依法应该受理的案件,做到有案必立,有诉必理,保障当事人诉权。"

立案审查制是我国民事诉讼中一直采取的传统模式,被指责为"门槛过高",是导致"起诉难"的重要原因。我国学者纷纷提出,以纯粹程序性质的"立案登记制"取而代之。立案登记制的特点,就是规定只要当事人向人民法院提起诉讼,提交了符合要求的起诉状,人民法院无须进行审查,而应立案登记;人民法院不得拒收当事人的起诉状。用立案登记制代替立案审查制,旨在确保诉权免遭侵害及有效行使,是对《民事诉讼法》的重大突破。

2015年4月1日,中央全面深化改革领导小组第十一次会议审议通过了《关于人民法院推行立案登记制改革的意见》,指出:坚持有案必立、有诉必理;对符合法律规定条件的案件,人民法院必须依法受理,任何单位和个人不得以任何借口阻挠人民法院受理案件。2015年5月1日,《登记立案规定》开始施行,其中第1条规定人民法院对依法应该受理的一审民事起诉、行政起诉和刑事自诉,实行立案登记制。

(二) 受理的法律效果

法院决定受理案件后,会产生两方面的法律效果:

1. 程序法上的效果

法院通过受理行为,实现对诉争案件的管辖权,排除了其他法院对案件行使审判权的可能性。同时,法院负有依法审判的义务,除非出现法律规定的特殊情形应当裁定中止或终结诉讼,法院不得中途随意停止审理。双方当事人由于法院的受理行为,分别获得了原告和被告的诉讼地位,依法享有诉讼权利,承担诉讼义务,并分别与受诉法院正式发生民事诉讼法律关系。就同一纠纷而言,原告和被告均不得另外向其他任何法院起诉。

2. 实体法上的效果

根据《民法典》第195条的规定,诉讼时效因当事人提起诉讼而中断。人民法院受理当事人起诉的,诉讼时效重新计算;人民法院裁定不予受理或驳回起诉的,不发生诉讼时效中断。

(三) 特殊情况的处理

法院对下列起诉情形,分别予以处理:

1. 法院不予受理,并作出相应处理的特殊情形

(1) 依照行政诉讼法的规定,属于行政诉讼受案范围的,告知原告提起行政诉讼。

(2) 依照法律规定,双方当事人达成书面仲裁协议申请仲裁、不得向法院起诉的,告知原告向仲裁机构申请仲裁。

(3) 依照法律规定,应当由其他机关处理的争议,告知原告向有关机关申请解决。

(4) 对不属于本院管辖的案件,告知原告向有管辖权的法院起诉。

(5) 对判决、裁定、调解书已经发生法律效力的案件,当事人又起诉的,告知原告申请再审,但法院准许撤诉的裁定除外。

(6) 依照法律规定,在一定期限内不得起诉的案件,在不得起诉的期限内起诉的,不予受理。

(7) 判决不准离婚和调解和好的离婚案件,判决、调解维持收养关系的案件,没有新情况、新理由,原告在6个月内又起诉的,不予受理。

2. 法院应予受理的特殊情形

（1）裁定不予受理、驳回起诉的案件，原告再次起诉的，如果符合起诉条件，法院应予受理。

（2）原告撤诉或者法院按撤诉处理后，原告以同一诉讼请求再次起诉的，法院应予受理。

（3）夫妻一方下落不明，另一方诉至法院，只要求离婚，不申请宣告下落不明人失踪或死亡的案件，法院应当受理，对下落不明人用公告送达诉讼文书。

（4）赡养费、扶养费、抚养费案件，裁判发生法律效力后，因新情况、新理由，一方当事人再行起诉要求增加或减少费用的，法院应作为新案受理。

（5）当事人超过诉讼时效期间起诉的，法院应予受理。《民法典》第193条规定，法院不得主动适用诉讼时效的规定。受理后，只能由对方当事人提出诉讼时效抗辩，法院经审理认为抗辩事由成立的，判决驳回原告的诉讼请求。

第三节　审前准备程序

一、审前准备程序的概念和意义

审前准备是指立案受理后至正式开庭审理之前，审判人员与当事人为确保庭审顺利进行依法采取的一系列准备工作的总称。审前准备程序（也称审前程序）是在普通程序中，为保证开庭审理的顺利进行以及案件及时、正确的审理而设立的程序，也是民事诉讼过程中的一个必经阶段。审前准备程序的功能主要包括两个方面：一是在案件进入法庭审理之前尽量解决与实体审理无关的程序性事项，从而使法官在法庭审理阶段集中于实体事项的处理；二是灵活运用调解，在庭审前解决纠纷。

审前准备程序在我国民事诉讼程序中"独立"地位的确立，是在我国民事审判改革经历从"四步到庭"到"直接开庭"后深刻反思的结果。在我国传统的"四步到庭"审判方式下，由法官主导的审前准备阶段一度成为"暗箱操作""先定后审"的温床。为此，民事审判方式改革将强化庭审功能作为改革的目标之一，把开庭审理放到审判的中心位置上来。自20世纪90年代中期开始，各地法院不同程度地推行了"直接开庭"的审理方式，即开庭前基本上不在庭外做调查、询问等了解把握案情的工作，把审理的重点放在正式的开庭上，通过开庭审理来逐渐把握案情。"直接开庭"将法官对案情的了解全部置于当事人对席的公开法庭上,改变了传统审判方式下法官单方接触当事人、未经庭审就作出判决的习惯做法,对于提升当事人的程序主体地位,革除法官包揽诉讼的弊端,体现程序公正的价值均具有重要的意义。尤其是在简单案件中,直接开庭具有适用上的合理性。但是,在复杂的案件中,由于缺少开庭前的准备,法官与当事人对案件缺乏总体的把握,难以掌握真正的争点,开庭审理常常不得要领而达不到预期的效果。而且在庭审前双方当事人互不了解对方的证据,庭审中一方当事人突然提出证据,另一方当事人无法进行及时有效的质证,庭审不得不反复进行,由此不仅带来了诉讼效率的问题,也使庭审陷入形式化的危险。

审前准备程序具备功能多元化的特点,兼有实体法和程序法的意义。审前准备程序中在法院组织下双方交换证据、整理争点等活动具有程序法上的意义,而法院对民事纠纷进行调解或当事人自行和解就具有实体审理的特征。改革与完善审前准备程序成为民事审判方式改革的重心。

二、审前准备程序的内容

在审前准备程序中,法院要完成的工作主要有:

(一)在法定期限内送达诉讼文书

法院应当在立案之日起5日内将起诉状副本发送被告;原告口头起诉的,也应当在5日内将记录口头起诉的笔录抄件发送被告。被告应当在收到之日起15日内提出答辩状。答辩状应记明被告的姓名、性别、年龄、民族、职业、工作单位、住所、联系方式;法人或者其他组织的名称、住所和法定代表人或者主要负责人的姓名、职务、联系方式。法院应当在收到答辩状之日起5日内将答辩状副本发送原告。这是辩论原则在民事诉讼中的最先体现。

起诉状与答辩状的交换,有助于法院与双方当事人初步了解案件的大致情况,尽早明确争议的焦点。然而,我国未规定提交答辩状为被告的强制性义务。《民事诉讼法》虽然要求被告"应当"在收到起诉状副本之日起15日内提交答辩状,但是并未明确被告没有按时提交答辩状时将承担的不利后果。因此,"应当"只是一种口头的强调,并未成为义务性规则。被告不提交答辩状,不影响法院对案件的审理。司法实践中被告也常常不按期提出答辩状,容易导致诉讼的拖延。

2012年《民事诉讼法》修订中曾引发应否确立答辩失权制度的争论:肯定者认为被告的任意答辩有悖于程序正义和诉讼效率,违背诉讼权利平等原则的基本要求,导致举证时限制度的功能减弱①;否定者则认为"答辩失权"源于英美法系的对抗制诉讼土壤,不适合我国的民事诉讼结构及制度背景,而强制答辩的效果根据现有的举证责任和举证时限制度已得到保证。立法者考虑到我国民事诉讼结构的特征和本土的实际情况,没采纳确立答辩失权制度的建议。②

(二)告知当事人诉讼权利义务和合议庭组成人员

法院应当在受理案件通知书和应诉通知书中告知原告和被告所享有的诉讼权利、所承担的诉讼义务,或者以口头形式告知当事人诉讼权利义务。

《民事诉讼法》第40条第2款规定:"适用简易程序审理的民事案件,由审判员一人独任审理。基层人民法院审理的基本事实清楚、权利义务关系明确的第一审民事案件,可以由审判员一人适用普通程序独任审理。"独任制的适用已扩大至部分普通程序审理的案件。为保障当事人申请回避权的充分行使,审理案件的合议庭组成后,人民法院应当在3日内把合议庭的组成人员告知当事人。

(三)审阅诉讼材料,调查收集必要的证据

审阅诉讼材料是审前准备工作的中心环节。审判人员通过审阅原告提交的起诉状、被告提交的答辩状以及各自的证据和其他诉讼材料,初步了解案情,掌握双方当事人争执的问题和矛盾的焦点,并确定当事人提供的证据是否充分,是否需要法院调查、收集必要的证据,案件应当适用的有关法律,涉及的有关专业知识以及案件是否能及时进入开庭审理阶段。

(四)追加当事人

在审前准备工作中,法院发现应当参加诉讼的当事人没有参加诉讼的,应当通知其参加诉讼,或者由当事人向法院申请追加,此谓当事人的追加。法院对当事人提出的申请,应当进行审查,申请无理的,裁定驳回;申请有理的,书面通知被追加的当事人参加诉讼。

法院追加共同诉讼的当事人时,应通知其他当事人。应当追加的原告,已明确表示放弃实体权利的,可不予追加;既不愿意参加诉讼,又不放弃实体权利的,仍追加为共同原告,其不参加诉讼,不影响法院对案件的审理和判决。追加共同被告时,即使被追加的被告未实际参加诉讼,也不影响审理的

---

① 有学者在借鉴德国经验的基础上,对我国答辩私权制度的构建提出详细的意见:应明确答辩失权的不同阶段,并细化相应的程序法教义学要件;答辩失权则覆盖举证时限外的部分诉讼场景,并且应由法官慎重行使其裁量权。参见曹志勋:《论普通程序中的答辩失权》,载《中外法学》2014年第2期。

② 参见江必新主编:《〈中华人民共和国民事诉讼法〉修改条文解读与应用》,法律出版社2012年版,第237—238页。

进行。对于必须到庭的被告,法院可以在法定条件下依法对其采取强制措施,强制其到庭。本案诉讼标的涉及第三人权益的,第三人可以申请参加诉讼,或是由法院通知其参加诉讼。

（五）程序分流

程序分流,是指法院对受理后的民事案件,根据案件的不同情况决定所适用的具体程序。

根据《民事诉讼法》第136条的规定,法院对受理的案件,根据不同情形,分别予以处理：① 当事人没有争议,符合督促程序规定条件的,可以转入督促程序；② 开庭前可以调解的,采取调解方式及时解决纠纷；③ 根据案件情况,确定适用简易程序或者普通程序；④ 需要开庭审理的,通过要求当事人交换证据等方式,明确争议焦点。

（六）召集庭前会议

对于需要开庭审理的案件,庭前会议成为法院进行审前准备的主要方式。庭前会议的目标是实现庭审的集中化审理,保障开庭审理的连贯与充实。从庭前会议的内容分析,它具有四重功能：事实展示功能；争点确认功能；充实庭审功能；和解调解功能。①

根据《民诉法解释》第225条的规定,根据案件具体情况,庭前会议可以包括下列内容：① 明确原告的诉讼请求和被告的答辩意见；② 审查处理当事人增加、变更诉讼请求的申请和提出的反诉,以及第三人提出的与本案有关的诉讼请求；③ 根据当事人的申请决定调查收集证据,委托鉴定,要求当事人提供证据,进行勘验,进行证据保全；④ 组织交换证据；⑤ 归纳争议焦点；⑥ 进行调解。

庭前会议不属于正式的开庭,其程序具有简化、灵活、弱对抗性的特征,更容易促成当事人之间的和解或调解解决。庭前会议仍属于实体审理的一个有机组成部分。

在庭前会议的诸项内容中,证据交换和归纳争议焦点是其核心。由此,庭前会议的本质是为了简化程序而进行的庭审程序的前移。由于其采用非公开的方式进行,与正式的开庭审理相比,法官的职权应受到一定程度的限制,如未经当事人同意不能对证人进行询问,更不能对最终的实体问题作出判断等。

庭前会议结束前,法院应当根据当事人的诉讼请求、答辩意见以及证据

---

① 参见熊跃敏、张润：《民事庭前会议：规范解读、法理分析与实证考察》,载《现代法学》2016年第6期。

交换的情况,归纳争议焦点,并就归纳的争议焦点征求当事人的意见。当事人在审理前的准备阶段认可的证据,经审判人员在庭审中说明后,视为质证过的证据。

第四节 开庭审理

一、开庭审理概述

（一）开庭审理的概念和意义

开庭审理是指在法院审判人员的主持下,在当事人和其他诉讼参与人的参加下,在法院固定的法庭或法律允许设置的法庭上,依照法定的程序和顺序,对案件进行实体审理,从而查明案件事实、分清是非,并在此基础上对案件作出裁判的全部过程。

开庭审理是普通程序中的中心环节,是当事人行使诉权进行诉讼活动和法院行使审判权进行审判活动最集中、最生动的体现。在该阶段,所有民事诉讼法律关系主体都应参加诉讼,民事诉讼法的各项原则、制度都在此得到充分的应用,当事人的权利义务得以实现,所有的事实和证据材料将得到调查、辩论及最后的认定,法院据此作出裁判结果。

（二）开庭审理的形式和要求

1. 开庭审理的形式

法院审理第一审民事案件,都必须开庭审理。开庭审理有公开审理和不公开审理两种方式。公开审理是指开庭审理时向群众和社会公开,允许群众旁听,允许新闻媒体对案件审理的情况进行采访报道,将案情公之于众。不公开审理是指庭审过程不向社会公开,禁止群众旁听和新闻媒体采访报道。开庭审理以公开审理为原则,以不公开审理为例外。法院审理民事案件,除涉及国家秘密、个人隐私或者法律另有规定的以外,应当公开进行;离婚案件,涉及商业秘密的案件,当事人申请不公开审理的,可以不公开审理。

法院审理民事案件,可根据需要进行巡回审理,就地办案。开庭审理的地点可以在受诉法院审判厅内进行,也可以根据客观需要和可能,到当事人所在地、案发地、标的物所在地进行审理。

2. 开庭审理的要求

开庭审理的基本要求包括:第一,庭审活动必须是在规定的时间、地点按照《民事诉讼法》规定的程序和步骤进行。第二,庭审活动应当在各方当事人或其他诉讼代理人的参加下,以对席的方式进行。第三,当事人之间所有争议的事实问题和法律问题都必须接受法庭调查并进行辩论。第四，庭审活动以直接言词的方式进行。第五，法院的裁判必须以庭审活动为基础，未经开庭审理的内容不得作为裁判的依据。

二、开庭审理的程序

开庭审理必须严格依照法定程序进行。普通程序中的开庭审理包括庭审准备、法庭调查、法庭辩论、合议庭评议和宣告判决五个诉讼阶段。

（一）庭审准备

庭审准备是开庭审理的预备阶段，具体是指在事先确定的开庭期日到来时，在正式进入实体审理前，为了保证开庭审理的顺利进行，而应当由法院完成的准备工作。

在开庭审理的准备阶段，法院应当完成以下工作：

（1）向当事人和其他诉讼参与人送达开庭通知。法院确定开庭日期后，书记员应当在开庭3日前通知当事人和其他的诉讼参与人，以便他们做好准备，按时出庭。通知当事人用传票，通知其他的诉讼参与人用通知书。当事人或其他诉讼参与人在外地的，应留有必要的在途时间。

（2）发布开庭公告。对于公开审理的案件，法院应当在开庭审理前3日发布公告，公告当事人的姓名、案由以及开庭的时间、地点，以便群众旁听，记者采访、报道。

（3）查明当事人以及其他诉讼参与人是否到庭，宣布法庭纪律。开庭审理前，书记员应当查明当事人和其他诉讼参与人是否到庭。当事人或其他诉讼参与人没有到庭的，应将情况及时报告审判长，并由合议庭确定是否需要延期审理或者中止诉讼。查明到庭人员后，书记员宣布当事人及其诉讼代理人入庭，并宣布法庭纪律。

（4）核对当事人，宣布案由和审判人员、书记员名单，口头告知当事人有关的诉讼权利和义务，询问当事人是否提出回避申请。依照有关规定，书记员在宣布完法庭纪律后，即应宣布全体起立，请合议庭组成人员入庭。书记员向审判长报告当事人及其诉讼代理人的出庭情况。由审判长核对当事人及其诉讼代理人的身份，并询问各方当事人对于对方出庭人员有无异议。当事人的身份经审判长核对无误，且当事人对对方出庭人员没有异议，审判长宣布各方当事人及其诉讼代理人符合法律规定，可以参加本案诉讼。之后，由审判长宣布案由及开始审理，不公开审理的应当说明理由。此后，审判长宣布合议庭组成人员、书记员名单，告知当事人有关的诉讼权利义务，询问各方当事人是否申请回避。当事人提出回避申请的，合议庭应当宣布休庭。申请回避的理由不能成立的,由审判长在重新开庭时宣布予以驳回,记入笔录;理由成立,决定回避的,由审判长宣布延期审理。

在完成以上开庭准备工作后,审判长即应宣布进入法庭调查阶段。

(二)法庭调查

法庭调查,是指法院依照法定程序,在法庭上向当事人和其他诉讼参与人调查案情,审查核实各种证据以及当事人举证、质证的活动。法庭调查标志着开庭审理进入实质性阶段,调查重点是双方争议的事实。该阶段的主要任务是:在双方当事人陈述、举证、反驳、质证活动的基础上,逐步展示案件事实,再通过法院的审查核实,对证据进行认定,全面揭示案情,为进入法庭辩论打好基础。

依照《民事诉讼法》第141条的规定,法庭调查按照下列顺序进行:

(1)当事人陈述。即由当事人对自己的主张及其所根据的事实和理由加以陈述。具体按原告、被告、第三人及其诉讼代理人的先后顺序进行陈述。在各当事人陈述之后,审判长或者独任审判员归纳本案争议焦点或者法庭调查重点,并征求当事人意见。

(2)告知证人的权利义务,证人作证,宣读未到庭的证人证言。凡是了解案情的人都有义务作证。应法院传唤出庭的证人,在法庭上应当如实提供证言,作伪证应负法律责任。证人如果确有困难不能出庭,经法院许可可以提交书面证言,由法庭宣读。经审判长许可,当事人及其诉讼代理人有权向证人发问,证人应当回答。受诉法院委托外地法院代为询问证人的笔录应当在法庭上宣读。未在法庭上宣读的证人证言,不能作为认定案件事实的根据。

(3)出示书证、物证、视听资料和电子数据。不论是当事人提供还是法院主动收集的书证、物证、视听资料和电子数据,除法律不准公开外,均须当庭出示。书证当庭宣读,物证当庭展示。出示视听资料和电子数据时,法院还应为当事人出示证据提供必要条件。涉及国家秘密、商业秘密和个人隐私的证据,当事人提交法庭的,法庭不能公开出示,但可以适当提示。案件中有多个诉讼请求或者多个独立存在的事实的,可按每个诉讼请求、每段事实中争议的问题,顺序出示书证、物证和视听资料,并由当事人逐一核对证据。

(4)宣读鉴定意见。鉴定意见要当庭宣读。鉴定人应向法庭说明鉴定的方法和经过,以及鉴定意见的科学依据。当事人及其诉讼代理人经法庭许可,可以向鉴定人发问。当事人有权要求重新进行鉴定,是否准许,由法庭决定。

(5)宣读勘验笔录。勘验笔录应由法庭审判人员或勘验人当庭宣读。拍摄的照片或绘制的图表,应向当事人出示。经过法庭许可,当事人及其诉讼代理人可以向勘验人发问。当事人有权要求重新进行勘验,是否准许,由法庭决定。

法庭调查结束前,审判长或者独任审判员应当就法庭调查认定的事实和当事人争议的问题进行归纳总结,并应当分别询问当事人、第三人及其诉讼代理人是否还有意见作最后陈述。经过庭审质证的证据,能够当即认定的,应当当即认定;当即不能认定的,可以休庭合议后再予以认定;合议之后认为需要继续举证或者进行鉴定、勘验工作的,可以在下次开庭质证后认定。未经庭审质证的证据,不能作为定案的根据。

法院经过法庭调查,如果认为此次法庭调查未能查清案件有关情况,法庭可以决定休庭而准备第二次开庭。法庭决定再次开庭的,审判长或者独任审判员对本次开庭情况应当进行小结,指出庭审已经确认的证据,并指明下次开庭调查的重点。第二次开庭时,只就未经调查的事项进行调查和审理,对已经调查、质证并已认定的证据不再重复审理。审判人员如果认为案件事实已经查清,必要的证据已经齐备,即可宣布终结法庭调查,进入法庭辩论阶段。

(三)法庭辩论

在法庭辩论阶段,双方当事人及其诉讼代理人充分行使自己的辩论权,在法庭上就有争议的事实和法律问题进行辩驳和论证。法庭辩论是开庭审理的重要阶段之一,是辩论原则在普通程序中最集中、最生动的体现。法庭辩论的任务是通过双方当事人及其诉讼代理人的言词辩论,对有争议的问题逐一进行审查和核实,以查明案件的客观真实情况,为明确是非责任、正确适用法律奠定基础。作为定案依据的所有证据,都必须经过法庭的辩论和质证,即使是不得在公开开庭时出示的证据,也必须经过双方当事人的辩论和质证。

在法庭辩论过程中,审判人员处于指挥诉讼进程的地位,引导当事人就争议焦点展开辩论,制止发言中与本案无关的陈述或重复未被法庭认定的事实,保障双方当事人的平等辩论权。法庭辩论应在法庭调查的基础上进行,当事人如果在法庭辩论中提出与案件有关的新的事实和证据,合议庭应当停止辩论,恢复法庭调查。法庭辩论时,审判人员不得对案件性质、是非责任发表意见,不得与当事人辩论。必要时,审判长可以根据案情限定当事人及其诉讼代理人每次发表意见的时间。

《民事诉讼法》第144条第1款规定,法庭辩论按照下列顺序进行:① 原告及其诉讼代理人发言;② 被告及其诉讼代理人答辩;③ 第三人及其诉讼代理人发言或者答辩;④ 互相辩论。第一轮辩论结束后,审判长应当询问当事人是否还有补充意见。当事人要求继续发言的,应当允许,但要提醒不得重复。当事人没有补充意见的,审判长应即宣布法庭辩论终结。在案件受理后、法庭辩论结束前,原告增加诉讼请求、被告提出反诉、第三人提出与本案有关的诉讼请求,可以合并审理的,受诉法院应当合并审理。法庭辩论终结时,审判长按照原告、被告、第三人的先后顺序征求各方最后的意见,给当事人再一次阐述自己观点和意见的机会。至此,法庭辩论即告终结。

法庭调查和法庭辩论的区分[①]源于认识论中将裁判过程分为事实认定与法律适用两个阶段,符合"查明事实(小前提)——寻找法律(大前提)——适用法律裁判(结论)"的逻辑思路。然而,事实问题和法律问题难以截然分开。事实的认定与法律的适用,二者界限模糊,特别是作为当事人诉求基础的要件事实和据以支持其权利请求的法律规范,往往被反复论证和强调。基于此因素,《民诉法解释》第 230 条规定,法院根据案件具体情况并征得当事人同意,可以将法庭调查和辩论合并进行。

《民事诉讼法》第 145 条规定:"法庭辩论终结,应当依法作出判决。判决前能够调解的,还可以进行调解,调解不成的,应当及时判决。"法庭辩论终结后,法院作出判决前,对于能够调解的,可以再进行调解。当事人不愿意调解或调解不成的,合议庭应当宣布休庭,进入下一个阶段——合议庭评议。

(四)合议庭评议

法庭辩论终结后,由审判长宣布休庭,合议庭组成人员进入评议室对案件进行评议。合议庭评议的任务是依据法庭调查和法庭辩论的情况,就案件的性质、认定的事实、适用的法律、是非责任和处理结果等进行评议并作出结论。评议的结果应是以判决或裁定的方式确认当事人之间的权利义务关系。评议中如发现案件事实尚未查清,需要当事人补充证据或者由法院自行调查收集证据,可以决定延期审理,审判长在继续开庭时,宣布延期审理的理由和时间,以及当事人提供补充证据的期限。

合议庭评议应当秘密进行。在合议庭对案件进行评议时,发表意见的先后顺序也应依法进行。根据 2002 年《合议规定》第 10 条的要求,合议庭评议案件时,先由承办法官对认定案件事实、证据是否确实、充分以及适用法律等发表意见,审判长最后发表意见;审判长作为承办法官的,由审判长最后发表

[①] 章武生教授批评这种区分不合理:"我国民事案件庭审中存在的突出问题主要是法庭调查和法庭辩论两阶段的不当划分,许多复杂案件的审理没有确定争点且查清案件疑点的手段欠缺,直接导致了法官在争点模糊的情况下审查了大量没有必要审查的证据,法庭辩论的宝贵时间被挤占,造成相当比重的复杂案件审理终结后事实仍然不清等不良后果。"参见章武生:《我国民事案件开庭审理程序与方式之检讨与重塑》,载《中国法学》2015 年第 2 期。

意见。合议庭评议的情况应当制成笔录,由合议庭成员签名。评议实行少数服从多数的原则,评议的情况应如实记入笔录。评议笔录不准当事人及其诉讼代理人查阅、复制。评议完毕,由审判长宣布继续开庭,宣告判决结果。

（五）宣告判决

不论案件是否公开审理,宣告判决结果一律公开进行。宣告判决有两种方式:一种是当庭宣判,一种是定期宣判。定期宣判（也称约期宣判）的,应在10日内向当事人发送判决书;当庭宣判的,应在宣判后立即发给判决书。不管采用哪种形式宣判,都要告知当事人上诉权利、上诉期限以及上诉法院。宣告离婚判决时,必须告知当事人在判决发生法律效力前不得另行结婚。

当庭宣判的案件,法院应当告知当事人或者诉讼代理人领取裁判文书的期间和地点,当事人在指定期间内领取裁判文书之日即为送达之日;当事人在指定期间内未领取的,指定领取裁判文书期间届满之日即为送达之日,当事人的上诉期从法院指定领取裁判文书期间届满之日的次日起开始计算。

定期宣判的案件,定期宣判之日即为送达之日,当事人的上诉期自定期宣判的次日起开始计算。当事人在定期宣判的日期无正当理由未到庭的,不影响该裁判上诉期间的计算。当事人确有正当理由不能到庭,并在定期宣判前已经告知法院的,法院可以按照当事人自己提供的送达地址将裁判文书送达给未到庭的当事人。

三、法庭笔录

法庭笔录是在法庭审理过程中,由书记员制作的反映法庭全部审判活动的真实情况的记录。包括以下内容:① 案由;② 开庭审理的时间、地点;③ 是否公开审理;④ 审判员、书记员姓名;⑤ 当事人、第三人、诉讼代理人和其他诉讼参与人姓名、性别、年龄、民族、职业、住所;⑥ 审判员告知当事人的诉讼权利和义务;⑦ 法庭调查、法庭辩论、法庭调解的过程和内容;⑧ 合议庭评议笔录;⑨ 当庭宣判的应记明判决主文,当事人对判决的声明。定期宣判的,应另作宣判笔录。法庭笔录应当有全体审判员、书记员的签名,以表明法庭笔录的真实性和严肃性。

法庭笔录的内容,应当向当事人和其他诉讼参与人公开。公开方式可以由书记员当庭宣读,或由当事人及其他诉讼参与人当庭阅读,或告知当事人在闭庭后5日内阅读。当事人和其他诉讼参与人认为法庭笔录有遗漏或差错的,有权申请补正;如果审判员和书记员认为申请无理,不予补正的,不能更改原始记录,但应当将当事人的申请记录在案。法庭笔录应当有当事人和其他诉讼参与人的签名或盖章,拒绝签名盖章的,记明情况附卷。

▶ 四、审理期限

审理期限是指某一案件从法院立案受理到作出裁判的法定期间。具体而言，是指从立案的次日起至裁判宣告、调解书送达之日止的期间，但公告期间、鉴定期间、审理当事人提出的管辖权异议以及处理法院之间的管辖争议期间不应计算在内。因当事人、诉讼代理人申请通知新的证人到庭、调取新的证据、申请重新鉴定或者勘验，法院决定延期审理1个月之内的期间；由有关专业机构进行审计、评估、资产清理的期间；中止诉讼（审理）至恢复诉讼（审理）的期间，不应计算在内。

适用普通程序审理的案件，法院应当在立案之日起6个月内审结。有特殊情况需要延长的，报请院长批准，批准延长的期限，最长不超过6个月；在上述期限内还未审结，需要延长的，则由受诉法院报请上级法院批准，延长的期限由上级法院决定。《审限规定》第2条规定，报请上一级法院批准的，可以再延长3个月。

第五节　案件审理中几种特殊情况的处理

▶ 一、撤诉

撤诉是指在法院受理案件后，宣告判决之前，原告要求撤回其起诉的行为。撤诉是当事人对其诉讼权利行使处分权的表现，可以发生在起诉受理之后判决宣告之前的任何诉讼阶段，并产生程序终结的法律后果。撤诉表面上与当事人的实体权利无关，但实际上与法院调解、诉讼和解以及放弃诉讼请求或承认对方诉讼请求等处分实体权利的行为存在千丝万缕的联系。因此，在撤诉的制度设计中，应注意处理好法院审判权与当事人处分权的关系，并保证当事人双方在撤诉程序中的实质性参与。

根据是否由当事人主动提出，撤诉分为申请撤诉和按撤诉处理两种情况。

（一）申请撤诉

申请撤诉，指原告在法院立案受理后，进行宣判前，以书面或口头形式向法院提出撤回其起诉的要求。

申请撤诉的条件包括：

（1）申请人必须是原告及其法定代理人。经原告特别授权的诉讼代理人也可以提出撤诉申请；有独立请求权的第三人也可以提出撤诉申请，但有独立请求权的第三人申请撤诉不影响原告和被告之间本诉的进行。

（2）撤诉必须是原告自愿。申请撤诉是原告处分自己诉讼权利的行为，除非原告有明确的意思表示，任何人不得强迫原告申请撤诉，审判人员也不得以任何借口动员原告申请撤诉。

（3）撤诉必须合法。申请撤诉的时间必须是在法院受理案件之后，宣告判决之前；申请撤诉在实体上不得有规避法律的行为，不得违反现行法律、法规的规定，不得有损于国家、集体和他人的利益。

（4）撤诉必须由法院作出裁定。当事人行使处分权，必须在法律许可的范围内。原告申请撤诉，法院应当依法进行审查，申请符合条件的，裁定准许撤诉，案件审理终结；申请不符合条件的，裁定驳回申请，案件继续审理。不论是否准许撤诉，都必须以裁定的方式告知当事人。此外，有独立请求权的第三人参加诉讼后，原告申请撤诉，法院依法准许原告撤诉后，有独立请求权的第三人作为另案原告，原案原告、被告作为另案被告，诉讼另行进行。当事人申请撤诉的案件，如果当事人有违法行为需要依法处理的，法院可不准撤诉。

在处理撤诉的问题上，许多国家的民事诉讼法都规定需要考虑被告的利益，甚至需要征得被告的同意。例如，德国《民事诉讼法典》为防止被告因原告的撤销行为而遭受利益损害，第269条规定："原告只能在被告未就本案开始言词辩论前，可以不经被告同意而撤回诉讼。撤回诉讼以及使撤回生效的必要的被告的同意，应向法院表示。"[①]在我国撤诉的制度设计中，应注意平衡当事人双方的利益：既要保障原告处分诉讼权利的自由，又要保障被告的程序利益；既要限制原告滥用撤诉权，又要防止被告不合理地阻碍原告撤诉以达到拖延诉讼的目的。因此，《民诉法解释》第238条规定法庭辩论终结后原告申请撤诉，被告不同意的，法院可以不予准许。

（二）按撤诉处理

按撤诉处理指原告虽然没有提出撤诉申请，但其在诉讼中的一定行为已经表明他不愿意继续进行民事诉讼，因而法院依法决定撤销案件，对案件不再进行审理。

按撤诉处理的法律效果与申请撤诉完全相同，因此只有出现下列法定情形时，法院才可以裁定按撤诉处理：

（1）原告经传票传唤，无正当理由拒不到庭的，或未经法庭许可中途退庭的。

（2）原告应预交而未预交案件受理费，法院应当通知其预交，通知后仍不

---

① 《德国民事诉讼法》，丁启明译，厦门大学出版社2016年版，第61页。

交纳,或申请缓、减、免未获法院批准仍不交纳诉讼费用的。

(3) 无民事行为能力的原告的法定代理人,经法院传票传唤无正当理由拒不到庭的。

(4) 有独立请求权的第三人经法院传票传唤,无正当理由拒不到庭的,或未经法庭许可中途退庭的。

对于依法可以按撤诉处理的案件,如果当事人有违法行为需要依法处理,法院可以不按撤诉处理。

(三) 撤诉的法律后果

1. 撤诉将直接引起终结诉讼程序的效果

撤诉是法院结案的一种方式。当事人不能再请求法院按原诉讼程序继续审理此案;法院无须对案件进行审理并作出裁判。

2. 撤诉是否具备中断诉讼时效的效力

我国法学界对此存在争议,主要分为三种观点:① 因撤回起诉视为没有起诉,因此撤诉不能引起诉讼时效的中断。② 只要起诉,无论是否撤诉都会引起诉讼时效的中断,诉讼时效重新计算,但是法律有特别规定的除外。③ 起诉之后被告已经收到了诉讼法律文书,将引起诉讼时效的中断;如果被告未收到,就不能引起诉讼时效的中断。实践中法院大多倾向于采用第三种方式。

3. 诉讼费用由原告负担

当事人申请撤诉的,减半交纳案件受理费。

▶ 二、缺席判决

缺席判决是指法院在一方当事人无正当理由拒不参加法庭审理的情况下,依法作出判决,旨在维持法庭秩序,保障参加法庭审理的一方当事人的合法权益及法庭审理的正常进行。

缺席判决与对席判决具有同等法律效力。对于缺席判决,法院同样应当依照法定的方式和程序,向缺席的一方当事人宣告判决及送达判决书,并保障当事人上诉权利的充分行使。

缺席判决适用于下列情况:

(1) 被告提出反诉,法院已经把反诉和本诉合并审理,而原告经合法传唤,无正当理由拒不到庭的,或未经法庭许可中途退庭,对反诉可以缺席判决。

(2) 不是必须到庭的被告经合法传唤,无正当理由拒不到庭的,或未经法庭许可中途退庭的。

(3) 法院裁定不准撤诉的,原告经合法传唤,无正当理由拒不到庭的。

（4）无民事行为能力的被告人的法定代理人，经合法传唤无正当理由拒不到庭的。

（5）无民事行为能力人的离婚诉讼，当事人的法定代理人不能到庭的。

▶ 三、延期审理

延期审理是指法院开庭审理后，由于发生某种特殊情况，使开庭审理无法按期或继续进行从而推迟审理的制度。

根据《民事诉讼法》第 149 条的规定，有下列情形之一的，可以延期开庭审理：

（1）必须到庭的当事人和其他诉讼参与人有正当理由没有到庭的。

（2）当事人临时提出回避申请的。

（3）需要通知新的证人到庭，调取新的证据，重新鉴定、勘验，或者需要补充调查的。

（4）其他应当延期的情形。

法院决定延期审理的，应当作出裁定，并当庭宣布。延期审理的裁定一经宣布，立即发生法律效力。

▶ 四、诉讼中止

诉讼中止是指在诉讼进行过程中，因发生某种法定中止诉讼的原因，诉讼无法继续进行或不宜进行，因而法院裁定暂时停止诉讼程序的制度。中止诉讼的裁定一经作出，立即发生法律效力，当事人既不得对之提起上诉，亦不得申请复议。中止诉讼的原因消除以后，除了那些发生诉讼程序终结的案件以外，应当及时恢复诉讼。恢复诉讼程序时，不必撤销原裁定，从受诉法院通知或者准许当事人双方继续进行诉讼时起，中止诉讼的裁定即失去效力。诉讼程序恢复后，受诉法院和当事人等原来已经进行的一切诉讼活动仍然有效，除非有必要，不得再次进行。

根据《民事诉讼法》第 153 条第 1 款的规定，有下列情况之一的，中止诉讼：

（1）一方当事人死亡，需要等待继承人表明是否参加诉讼的。

（2）一方当事人丧失诉讼行为能力，尚未确定法定代理人的。

（3）作为一方当事人的法人或者其他组织终止，尚未确定权利义务承受人的。

（4）一方当事人因不可抗拒的事由，不能参加诉讼的。

（5）本案必须以另一案的审理结果为依据，而另一案尚未审结的。

(6) 其他应当中止诉讼的情形。

▶ 五、诉讼终结

诉讼终结是指在诉讼进行过程中,因发生某种法定的诉讼终结的原因,诉讼程序继续进行已没有必要或不可能继续进行,从而由法院裁定终结诉讼程序的制度。

根据《民事诉讼法》第154条的规定,有下列情形之一的,终结诉讼:
(1) 原告死亡,没有继承人,或者继承人放弃诉讼权利的。
(2) 被告死亡,没有遗产,也没有应当承担义务的人的。
(3) 离婚案件中的一方当事人死亡的。
(4) 追索赡养费、扶养费、抚养费以及解除收养关系案件的一方当事人死亡的。

诉讼终结并没有解决当事人之间的实体权益问题,因此法院以裁定的形式决定诉讼终结。诉讼终结的裁定既可以是书面的,也可以是口头的。诉讼终结的裁定一经作出即发生法律效力,当事人不得上诉,也不得申请复议,自裁定送达当事人之日起或宣布之日起发生法律效力。诉讼终结的案件,当事人不得以同一事实和理由,就同一诉讼标的再行起诉,法院也不得再行受理此案。

案例精选

▶【案例1】①

2004年至2009年期间,富士胶片株式会社(以下简称富士公司)与亚洲光学股份有限公司(以下简称亚洲光学公司)、东莞信泰光学有限公司(以下简称信泰公司)分别签订了8份委托开发合同。其中,富士公司(甲方)与信泰公司(乙方)于2004年12月签订的委托开发合同约定:富士公司委托信泰公司实施数码相机开发业务,开发期间为2004年6月28日至2005年7月30日。该合同第28条(仲裁)约定:"与本合同相关的所有纠纷基于诚实信用原则,由甲乙双方协商解决。但是,未能成功协商解决,出于解决纠纷的目的由甲方或者乙方申请仲裁的情况,则基于日本商事仲裁协会的商事仲裁规则在东京通过仲裁的方式对相关纠纷进行最终解决。所有仲裁结果均对甲方以

---

① 亚洲光学股份有限公司、东莞信泰光学有限公司等诉富士胶片株式会社等加工合同纠纷案,最高人民法院民事裁定书(2019)最高法商初2号。

及乙方构成法律约束,同时均为最终结果,并且可由具有管辖权的所有法院执行。"其余7份委托开发合同除所开发数码相机具体型号、开发期间等不同外,其他条款(包括仲裁条款)主要内容基本相同。

自2005年起,亚洲光学公司收到柯达公司基于相关专利许可合同(PLA)要求支付专利使用费的请求。2011年,柯达公司向美国纽约南区联邦地区法院起诉亚洲光学公司,请求亚洲光学公司基于PLA支付专利使用费。经过二审审理,最终认定亚洲光学公司向柯达公司支付赔偿金及利息,共计33726531美元。之后,亚洲光学公司履行了上述判决。

2012年,亚洲光学公司、信泰公司依据与富士公司签订的8份委托开发合同中的仲裁条款向日本商事仲裁协会申请仲裁,认为富士公司有责任解决与柯达公司之间的专利费用问题,请求富士公司对相关费用和美国判决给原告造成的损失进行赔偿。2014年2月28日日本商事仲裁协会作出仲裁裁决(东京12-11号),驳回了亚洲光学公司、信泰公司的全部请求。该裁决认定:在2004年6月10日与亚洲光学公司、信泰公司之间的有关委托开发合同中也没有将3.5%的许可费追加到其中,且上述委托开发合同关于第三方知识产权的侵权问题,并非由富士公司而是由亚洲光学公司、信泰公司负主要解决责任,并不存在富士公司补偿亚洲光学公司所蒙受损失的规定。尽管双方在之后就向柯达公司支付的专利费用问题的解决进行过口头磋商,但如果不存在其他无法将合意书面化的特别情况,双方未就磋商结果形成书面协议的事实,不得不说可以推测这样的协议并没有在当事人之间作为法律性合意成立。

在仲裁期间,亚洲光学公司、信泰公司与富士公司于2013年4月5日签订确认书,载明:各方关于信泰公司与富士公司之间于2004年12月14日附加的委托开发合同,亚洲光学公司与富士公司之间于2008年3月1日添加、2008年3月31日添加、2008年4月30日添加(2份)以及2009年1月29日添加(3份)的各个委托开发合同中所包含的仲裁意见,关于关联这些所有的合同所产生的纠纷,所有的当事人都服从同一内容的仲裁意见,以及关于本次仲裁的一个程序,相互确认对于审查没有异议。

2016年4月22日,亚洲光学公司、信泰公司以富士公司及其在中国境内注册的三家子公司——富士胶片(中国)投资有限公司(以下简称富士投资公司)、富士胶片(中国)投资有限公司深圳分公司(以下简称富士投资深圳分公司)、富士胶片光电(深圳)有限公司(以下简称富士光电公司)为被告,向我国法院提起诉讼,请求:① 富士公司向原告支付制造价款24147344美元及利息;② 富士公司向原告赔偿因未及时支付上述制造价款而产生的损失

13325367美元及利息；③富士公司承担本案全部诉讼费用；④富士投资公司、富士投资深圳分公司以及富士光电公司对富士公司的责任承担连带责任。事实与理由：富士公司委托原告加工生产数码相机，案外人伊士曼柯达公司（EastmanKodakCompany，以下简称柯达公司）在生产过程中向原告发函称数码相机使用了其专利，要求原告向其支付专利使用费，并将原告诉至美国法院，导致原告被判令向柯达公司支付24147344美元专利费及相关利息13325367美元，总金额37472711美元。原告已向柯达公司支付上述专利使用费及利息。根据原告与富士公司之间形成的OEM委托加工制造（OEM，即受托方根据委托方的要求，为委托方生产产品和产品配件，委托方负责设计和开发、控制销售渠道）关系及履行情况，富士公司应向原告支付相应的制造价款和利息以及因违约造成的损失。

请问：我国法院对本案是否具有管辖权？

评析：本案涉及法院对民事起诉条件的判断标准，是否属于法院民事诉讼主管的范围。

2012年《民事诉讼法》第271条第1款（现行法第278条第1款）规定："涉外经济贸易、运输和海事中发生的纠纷，当事人在合同中订有仲裁条款或者事后达成书面仲裁协议，提交中华人民共和国涉外仲裁机构或者其他仲裁机构仲裁的，当事人不得向人民法院起诉。"据此规定，应先确定亚洲光学公司、信泰公司与富士公司之间发生的本案纠纷是否属于仲裁条款的范围。

富士公司与亚洲光学公司、信泰公司分别签订的8份委托开发合同，除了约定委托开发业务外，还就履行合同过程中涉及的侵犯第三方知识产权问题、所开发产品的商品化等进行了约定。可见，开发产品的商品化即委托加工制造也属于委托开发合同的一部分。亚洲光学公司、信泰公司称双方通过往来邮件、电话会议、订单等方式确定了委托加工制造阶段的具体权利义务，形成了委托加工合同关系。尽管委托开发合同关于委托加工制造的约定比较简明，但也与双方之后磋商达成的合意共同确立了委托加工合同关系。即使委托加工合同独立于委托开发合同，上述情形至少也说明委托加工是与委托开发合同密切相关的。而委托开发合同中的仲裁条款为：与该合同相关的所有纠纷，双方未能协商解决的，按照日本商事仲裁协会的商事仲裁规则在东京通过仲裁的方式最终解决。因委托加工是委托开发合同的一部分，或者说至少是与该合同密切相关的，故基于委托加工关系发生的纠纷属于仲裁条款范围，也应通过仲裁解决。

亚洲光学公司、信泰公司向日本商事仲裁协会申请仲裁及其与富士公司在仲裁时签订的确认书也进一步说明本案纠纷属于仲裁条款范围。亚洲光学公司、信泰公司基于委托开发合同向日本商事仲裁协会申请仲裁,请求富士公司向亚洲光学公司、信泰公司支付其为履行美国联邦法院判决而已经向柯达公司支付的赔偿金及利息。亚洲光学公司、信泰公司在本案中对富士公司提出的诉讼请求与仲裁时提出的主要请求实质上并无不同。亚洲光学公司、信泰公司与富士公司均为本案当事人和仲裁案件当事人;仲裁和诉讼的标的,即二者所依据的民事法律关系,均为委托加工合同关系,依据相同的事实;均请求富士公司支付由亚洲光学公司支付给柯达公司的专利费及利息。亚洲光学公司、信泰公司主动申请仲裁,并在仲裁期间与富士公司签订确认书,以书面方式明确了所有关联纠纷均适用上述仲裁条款。亚洲光学公司、信泰公司依据委托开发合同中的仲裁条款申请仲裁和签订确认书,表明其亦认可上述仲裁条款约束委托加工关系,故基于委托加工关系而产生的本案纠纷也受仲裁条款约束。

综上,本案系亚洲光学公司、信泰公司根据委托加工合同关系对富士公司提出有关专利费的诉讼请求,属于委托开发合同中仲裁条款的范围,各方应通过仲裁解决,亚洲光学公司、信泰公司不得向法院起诉,法院对本案不具有管辖权。事实上,亚洲光学公司、信泰公司已申请仲裁,且有关仲裁机构已经作出裁决。故法院应驳回亚洲光学公司、信泰公司对富士公司的起诉。

思考问题

1. 普通程序的功能、意义和基本流程。
2. 立案程序和审前准备程序的功能和改革。
3. 当事人起诉的条件和法院审查起诉的范围。
4. 法院受理案件的法律后果。
5. 当事人撤诉和按撤诉处理的情形和法律后果。
6. 诉讼中止和诉讼终结的情形。

第十一章　法院调解

　　法院调解是当事人在审判人员或其他调解人员的主持下，通过意愿的自由交换，就纠纷的解决达成协议的活动。在我国民事诉讼中，调解和判决是两种并存的结案方式，法院主持达成的调解协议具有与终审判决相同的效力。与判决的封闭性和强制性不同，调解呈现出开放性和自愿性的特征。本章主要介绍了法院调解的特征、基本原则、程序和效力。

第一节　法院调解概述

一、法院调解的概念和性质

（一）法院调解的概念

法院调解，又称诉讼调解、司法调解，是指在民事诉讼中双方当事人在法院审判人员或法院委托的其他调解员的主持下，就案件争议的问题进行协商，从而解决纠纷所进行的活动。

法院调解在我国的民事诉讼程序中具有重要意义：

（1）有利于彻底解决当事人之间的纠纷。法院调解是在法院主持下，在当事人自愿的基础上以平等协商的方式解决他们之间的纠纷。调解的过程，就是尽可能使双方当事人对本案的事实问题和法律问题形成较为一致的认识的过程，调解的结果体现他们的合意，有利于纠纷的彻底解决。

（2）有利于简化诉讼程序，及时化解矛盾。调解手段的运用比较灵活，贯穿于审判程序的全过程，不仅庭审前可以进行调解，开庭审理中也可以进行调解；第一审程序可以调解，第二审、再审程序中都可以进行调解。审判人员可以根据案件的具体情况适时进行调解。一旦调解成功，调解协议生效后即终结诉讼程序，当事人不得再行上诉，从而避免诉讼程序的冗长。

（3）有利于纠纷的顺利解决。由于法院调解有审判人员的介入，因此容易在审判人员的引导下正确地进行调解。当然，要注意防止审判人员对当事人调解意愿的干预。

（二）法院调解的性质

关于法院调解制度的性质，我国民事诉讼法学界目前的主流观点是采用审判行为和处分行为结合说，认为应当从法院的审判行为与当事人的处分行为两个层面去认识法院调解的性质，法院调解制度是当事人行使处分权和法院行使审判权相结合的产物。

对法院调解的双重定位，要求法院调解的程序设置应兼具诉讼解决纠纷与合意解决纠纷的特征，体现二者的特性。从当事人角度讲，是否用法院调解的方式解决纠纷取决于双方当事人的自愿。调解程序的进行、调解协议的达成也都必须以双方当事人的自愿为前提，调解协议的基础实质上即双方当事人的合意，这种合意包含了当事人一方或双方对自己实体权利的处分，并以此换取纠纷的解决。从法院角度讲，法院调解又不仅仅是当事人之间私权的合意，而是在审判人员的主持下，通过审判人员的说服教育，使当事人双方明了法理，知晓是非，从而达成解决纠纷的协议。①

法院调解存在双重性质，即合同性质和司法性质，前者为当事人处分权的体现，后者为法院审判权的体现。② 在承认此双重性质的前提下，应特别注意强调法院调解的合同性质，避免法院职权介入过多，防止出现当事人合意强制化的现象。

二、法院调解与诉讼外调解、诉讼和解

（一）法院调解与诉讼外调解

以调解在诉讼程序内外为标准，可将调解分为法院调解和诉讼外调解。法院调解是指在诉讼程序内，由法官或法官委托的其他人员主持的调解活动。诉讼外调解则是在诉讼程序之外，由人民调解员或其他社会调解组织主持的调解活动。诉讼外调解进行的过程中，法院不会介入调解员的活动；如果介入，就不能说是诉讼外调解，而是法院调解。但是在诉讼外调解协议达成后，法院就有可能介入，即经双方当事人申请，对调解协议实施司法确认，赋予其强制执行的效力。

诉讼外调解协议则只具备合同性质。《人民调解法》第31条第1款规定："经人民调解委员会调解达成的调解协议，具有法律约束力，当事人应当按照约定履行。"《诉讼与非诉讼衔接纠纷解决意见》将合同性质的界定扩展到行政机关、人民调解组织、商事调解组织、行业调解组织或者其他具有调解职能的组织对民事争议调解后达成的具有民事权利义务内容的协议。

（二）法院调解与诉讼和解

诉讼和解是指当事人在诉讼过程中通过自行协商，就案件争议问题达成协议，并共同向法院陈述协议的内容，要求终结诉讼的制度。③

法院调解与诉讼和解相比较，有以下三点区别：

（1）性质不同。前者含有法院行使审判权的性质，后者则是当事人在诉

---

① 参见张卫平：《程序公正实现中的冲突与衡平——外国民事诉讼研究引论》，成都出版社1993年版，第294页。
② 参见周建华：《司法调解：合同还是判决？——从中法两国的比较视野出发》，中国法制出版社2012年版，第25—26页。
③ 周建华：《和解：程序法与实体法的双重分析》，载《当代法学》2016年第2期。本书对于调解和和解的阐述是从《民事诉讼法》的规定出发，以有无第三人参与作为区分的根本标准。然而，笔者认为，调解和和解的关系应当重新界定：和解是目的和结果，调解是过程和方法；两者是属概念和种概念的关系。和解应当成为纠纷协商解决的模板，贯穿于民事实体法和民事程序法。一方面，《民法典》将和解作为一种典型合同确立在债权分则中，此为"民法上和解"。另一方面，《民事诉讼法》应重塑前者在诉讼程序中的延伸和强化——"诉讼和解"，采取小改动的方针，保留和改革原有调解的规定，增设条文规定诉讼和解的构成要件、程序、效力和救济途径。

讼中对自己诉讼权利和实体权利的处分。

（2）参加的主体不同。前者有法院和双方当事人共同参加，后者只有双方当事人自己参加。

（3）效力不同。根据法院调解达成协议制作的调解书生效后，诉讼归于终结，有给付内容的调解书具有执行力；当事人在诉讼中和解的，则应由原告申请撤诉，经法院裁定准许后结束诉讼，和解协议不具有执行力。

二者的联系表现为以下两点：

第一，当事人在诉讼过程中自行达成和解协议的，当事人可以申请法院依法确认和解协议并制作调解书。

第二，当事人在和解过程中可以申请法院对和解活动进行协调，法院可以委派审判辅助人员或者邀请、委托有关单位和个人从事协调活动。

三、法院调解的改革和完善

法院调解一直是我国重要的纠纷解决方式。20世纪90年代以前，在审判功能衰弱的背景下，调解一度成为法官解决纠纷的主要手段。由于过度追求调解，调解制度的运用产生变味和扭曲，最重要的弊病是调解中当事人合意的丢失，取而代之的是法官的恣意。审判功能的加强，逐渐要求区分好审判和调解的不同功能。因此，还原调解中当事人的合意一直是调解改革的目标。

有学者认为法院调解包含了公权裁决和私权合意处分，因此也就导致法院调解制度必然产生矛盾。例如，一方面，作为合意处分，允许调解对事实的认定具有一定的模糊性；另一方面，作为一种公权的运用，调解又必须查明事实、分清是非。因此，有些学者主张以诉讼和解取代法院调解，摆脱法院调解中的公权成分。①

我国法院调解改革的重心应是分清楚法院公权力和当事人私权利在调解中的地位和功能分工。诉讼程序中的审判功能是法院公权力发挥主导优势的领域，那么调解功能则应当是当事人私权利发挥主导优势的领域。因此，调解的根本性原则是自愿原则，当事人对调解的启动和进行、结束拥有优势话语权。法院公权力的存在是辅助当事人私权利的，公权力的运用是为了保障私权利的正确实施。

目前，建立诉讼与非诉讼纠纷解决机制之间的衔接机制是我国纠纷解决改革的重点。

---

① 参见张卫平：《民事诉讼法》（第2版），法律出版社2009年版，第291页。

一方面，人民法院可以将收到的案件转托给诉讼外的组织和个人进行调解，简称为"委托调解"。2004年《调解规定》第3条第2款[①]最先对委托调解作出规定。[②] 经过十余年的改革实践，2016年《特邀调解规定》对委托调解的操作进行了细化和完善。第1条规定："特邀调解是指人民法院吸纳符合条件的人民调解、行政调解、商事调解、行业调解等调解组织或者个人成为特邀调解组织或者特邀调解员，接受人民法院立案前委派或者立案后委托依法进行调解，促使当事人在平等协商基础上达成调解协议、解决纠纷的一种调解活动。"人民法院以立案为时间节点，之前的转托调解称为"委派调解"，之后的称为"委托调解"。实际上，这两类调解可归纳入学理上论述的委托调解。

另一方面，人民法院有权通过司法确认程序赋予诉外调解协议一种特殊法律效力，使其具有申请执行依据的名义。《人民调解法》第33条规定："经人民调解委员会调解达成调解协议后，双方当事人认为有必要的，可以自调解协议生效之日起30日内共同向人民法院申请司法确认，人民法院应当及时对调解协议进行审查，依法确认调解协议的效力。人民法院依法确认调解协议有效，一方当事人拒绝履行或者未全部履行的，对方当事人可以向人民法院申请强制执行。人民法院依法确认调解协议无效的，当事人可以通过人民调解方式变更原调解协议或者达成新的调解协议，也可以向人民法院提起诉讼。"《人民调解协议司法确认程序规定》对该程序作了详细的规定，涉及案件管辖、申请需提交的材料、受理条件、案件审理的具体要求、不予确认的情形、案外人的救济等。2012年《民事诉讼法》修改时第15章增加第6节"确认调解协议案件"，规定了当事人申请司法确认调解协议的程序和法律后果。

第二节 法院调解的原则

法院调解的原则，是指法院在进行调解时应遵循的行为准则。我国《民事诉讼法》第96条规定："人民法院审理民事案件，根据当事人自愿的原则，在事实清楚的基础上，分清是非，进行调解。"第99条规定："调解达成协议，必须

[①] 2020年12月23日最高人民法院审判委员会第1823次会议通过《最高人民法院关于修改〈最高人民法院关于人民法院民事调解工作若干问题的规定〉等十九件民事诉讼类司法解释的决定》，自2021年1月1日起施行。2004年《调解规定》的条文和内容发生调整和修改，上述委托调解的条文调整为《调解规定》第1条第2款。

[②] 在诉讼中经各方当事人同意，法院可以委托与当事人有特定关系或者与案件有一定联系的企业事业单位、社会团体或者其他组织，和具有专门知识、特定社会经验、与当事人有特定关系的个人对案件进行调解，达成调解协议后，法院应当依法予以确认。

双方自愿,不得强迫。调解协议的内容不得违反法律规定。"根据这两项法律条文,我国法院调解的原则通常被总结为三项基本原则:当事人自愿原则、真实原则(或称为查明事实、分清是非原则)、合法原则。

近年来随着对于调解功能和性质认识的转变,法院调解的原则也逐渐发生了变化。因为真实原则和合法原则都是审判中应遵循的原则,调解和审判属于相异的两种纠纷解决方式,调解以其简易性和灵活性著称,真实原则和合法原则有违调解的本质。因此,《调解规定》重新构造了法院调解的原则:提升当事人自愿原则、建立保密原则、抛弃真实原则、限制合法原则。

一、提升当事人自愿原则

当事人自愿原则是指法院调解活动的进行和调解协议的形成都要建立在当事人自愿的基础上。自愿原则是法院调解的合同性质的直接体现,也是私法意思自治原则的贯彻实施。该项原则的具体要求是:第一,在程序上,是否以调解的方式解决纠纷,当事人必须自愿;第二,在实体上,是否达成调解协议,必须尊重当事人的意愿。

自愿原则是调解区别于审判的根本标准。

凡当事人一方或双方坚持不愿调解的,法院不能强行调解。当事人同意调解的,在调解过程中,法院居于主持者地位,既要尽量说服双方当事人互谅互让,达成协议;同时也要尊重当事人的意见,按当事人的意愿达成调解协议。当事人不愿调解或调解无效的,应当及时判决,不能久调不决。

自愿原则虽然一直存在于我国的法院调解中,但是在司法实践的适用经常受到其他两项原则——真实和合法原则的限制。法官在调解型审判方式下容易以查明事实和违反法律规定为由,取缔当事人的合意,以恣意取代合意,歪曲了调解的合同本质。因此,自愿原则的落实贯彻必须依赖其他原则的保障。

对此,应当重塑法院调解的基本原则体系,构建一个金字塔式的原则体系,自愿原则处于金字塔之首,处于底端的其他原则——保密、诚信、对等原则实现对调解程序的规制和对当事人意愿的保护。保密原则禁止调解信息的随意披露。诚信原则将重点放在调解的伦理道德上;调解员展示所要求的品质,特别是他的中立性和客观性;当事人积极参与协议的形成和执行中的诚信合作。对等原则要求调解员平衡当事人的对抗力量,特别是在进行单独会谈时。自愿原则的实现不是孤立的,而必须依赖于配套的一系列原则。在法院调解的金字塔原则体系中,自愿原则处于金字塔之首,统治着下属的次要原则——保密、对等、诚信原则;而这些次要原则的共同实施保障着自愿原则的真正贯彻落实。总而言之,自愿的调解既是保密的调解,也是对等的调解。①

二、建立保密原则

保密原则是指法院在主持调解中既要保证调解的不公开进行,同时(更重要的是)要在以后的程序中对调解程序中产生的信息进行保密,不能将其作为证据(特别是针对提供信息一方)使用。调解保密原则的确立具有双重意义:维护调解程序的安定性和保障司法程序的公正性。②

当事人的合意是调解的核心,与诉讼和仲裁相比,调解员不具有任何的强制权力,既不能对当事人采取某种强制措施,也不能对纠纷施加以自己意愿形成的结果。他在调解过程中只起"催化剂"的作用;他的行为只是帮助当事人作出某种决定。如果当事人发现调解员正在试图冲破界限对调解结果施加自己的意愿时,其享有随时单方面中止调解的权利。自愿原则赋予当事人完全的能力来约束调解员的行为。相反,在诉讼中,法官具有强制的权力,他既可以在诉讼中采取某些强制措施,又可以在诉讼结束后作出具有强制效力的裁判结果。在诉讼中当事人的意愿受到法官权力的约束;如此,公开原则旨在规制法官权力的行使。然而,公开原则在诉讼中的这层含义并不适用于调解中。调解不同于诉讼,它的成功取决于当事人的意愿。在调解中如何保护当事人的意愿是核心问题;调解的公开将会损害当事人意愿在调解程序中的自由表达。缺失保密原则的保护,当事人将会害怕自己的"坦诚相对"反而成为之后诉讼中针对自己的不利证据。于是,他们不敢随意披露自己的观点,不敢随意展示自己拥有的证据,不敢随意作出任何承认和承诺;他们对待对方提出的方案慎之又慎。在缺失当事人真实自由意愿的情形下,调解程序的进展举步艰难。

允许调解信息在调解结束后的诉讼程序中应用的危害,不仅仅限于对调解程序安定性的危害,而且危及诉讼程序中判决的公正性。在泄露的调解信息中,一部分是真实的,另一部分的真实性则可能需要予以验证。比如,当事人在调解中出于对对方的信任,或者寻求一个快速的解决结果,可能会作出一些与事实有所差异的自认、承诺或方案等;他们作出对部分利益的让步,放弃了本来对这部分利益拥有的权利。如果我们允许另一方当事人将前面的"让步"作为证据在诉讼程序中使用,法官的客观中立地位必然受到这些证据

---

① 参见周建华:《司法调解的契约化》,载《清华法学》2008年第6期。
② 参见周建华:《司法调解的保密原则》,载《时代法学》2008年第5期。

的影响,他所作出的判决不可能是公正的。

2002年《证据规定》第67条、2004年《调解规定》第7条第1款、2009年《诉讼与非诉讼衔接纠纷解决意见》第19条先后对调解保密原则的两重含义进行了确定。《民诉法解释》第146条规定:"人民法院审理民事案件,调解过程不公开,但当事人同意公开的除外。调解协议内容不公开,但为保护国家利益、社会公共利益、他人合法权益,人民法院认为确有必要公开的除外。主持调解以及参与调解的人员,对调解过程以及调解过程中获悉的国家秘密、商业秘密、个人隐私和其他不宜公开的信息,应当保守秘密,但为保护国家利益、社会公共利益、他人合法权益的除外。"

▶ 三、抛弃真实原则

有学者说,法院调解与判决一样,是法院行使审判权的方式,因此以调解的方式处理民事纠纷同样要查明案件事实,分清是非。[①] 查明案件事实是分清当事人之间是非责任的前提,又是对当事人进行说服教育、做好调解工作、正确解决纠纷的基础和依据。法院的审判人员在调解时必须查明事实,做到心中有数,才能抓住当事人争执的焦点,分清是非,对当事人进行有理有据的调解工作。如果事实不清,是非不明,盲目调解,只能事半功倍,不能达到调解的目的,甚至使案件久拖不决。[②]

确实,查明事实、分清是非是调解成功的一个重要条件。很多案件如果不事先查明案件事实,就容易产生和稀泥式的调解。这种情形下达成的调解协议极易导致不公平因素的产生。调解中坚持查明事实、分清是非原则和民事诉讼中一直坚持的以事实为根据、以法律为准绳原则分不开。但是,诉讼中坚持的"事实"不再是对客观真实的要求,而是一种法律真实,即通过诉讼证据还原的、尽可能接近客观真实的法律真实。既然诉讼中的事实也只是法律事实,那么在调解中我们并不要求遵守严格的程序规范,自然不能提出与诉讼中查明事实同样的标准。并且,在某些案件中没有查明事实的必要,只要当事人同意,就可以达成调解协议。另外,由于审前调解机制的设立,起诉一开始,还未进入案卷审查阶段,或者还处于案件审查中,就鼓励进行调解。此时,查明事实显然不可能。因此,查明事实、分清是非不应当成为法院调解的原则,而只是部分调解活动中促使调解成功的一个重要条件。

[①] 参见张卫平:《民事诉讼法》(第2版),法律出版社2009年版,第291页。
[②] 参见江伟主编:《民事诉讼法》(第3版),高等教育出版社2007年版,第216页。

四、限制合法原则

合法原则是指法院调解在程序上要遵循法律程序,形成的调解协议不可违反国家的法律规定的原则。该项原则的具体要求是:

第一,法院进行调解活动,程序上要合法。当事人不愿进行调解或不愿继续进行调解的,不应强迫当事人进行调解;调解未成的,不应久调不决,而应及时判决;等等。

第二,法院进行调解,调解协议内容应当不违反国家的法律规定。

应注意,调解中的合法原则显然不同于审判中的合法原则。审判要遵循严格的程序形式要求,同时在实体结果方面要严格依照法律裁断。调解以其灵活性著称。一方面,在程序方面,可以不遵守烦琐的程序要求,采取灵活的方式与当事人和其他诉讼参与人进行会面。另一方面,在实体方面,调解也可跳出法律的束缚,由当事人基于合意自由解决纠纷。根据《调解规定》第10条,调解协议具有下列情形之一的,法院不予确认:① 侵害国家利益、社会公共利益的;② 侵害案外人利益的;③ 违背当事人真实意思的;④ 违反法律、行政法规禁止性规定的。《民诉法解释》第358条在规定法院对提交的人民调解协议不予司法确认的标准是:违反法律强制性规定的;损害国家利益、社会公共利益、他人合法权益的;违背公序良俗的;违反自愿原则的;内容不明确的;其他不能进行司法确认的情形。这些标准也可直接理解为对调解"合法"原则的限制性要求。

第三节　法院调解的实施

一、法院调解的开始

(一)法院调解的适用范围

1. 法院调解适用的程序范围

我国法院调解在诉讼的各阶段、各审级中均可进行。

根据《调解规定》,调解可以在答辩期满后裁判作出之前进行,在征得当事人各方同意后,法院可以在答辩期满前进行调解。为避免答辩期满前的调解时间过长而拖延诉讼,对这一阶段的调解时间也进行了限制:在答辩期满前法院对案件进行调解,适用普通程序的案件在当事人同意调解之日起15天内,适用简易程序的案件在当事人同意调解之日起7天内未达成调解协议的,经各方当事人同意,可以继续调解。延长的调解期间不计入审限。庭审中的调解,通常情况下是在法庭辩论结束后进行。根据司法实践,调解可以当庭进行,也可以在休庭之后另定日期进行。调解的开始,一般由当事人提出申请,法院也可以依职权主动提出建议,在征得当事人同意后开始调解。

《民事诉讼法》第125条规定:"当事人起诉到人民法院的民事纠纷,适宜调解的,先行调解,但当事人拒绝调解的除外。"未经人民调解的纠纷,起诉到人民法院的,可以先行调解;经过人民调解未达成调解协议的纠纷,起诉到人民法院的,也可以先行调解。在立案之前,人民法院就可先行采取调解的方式解决纠纷。调解的适用范围进一步扩大,从立案后延伸至立案前。根据调解适用的阶段,法院调解可分为:立案前的调解、立案阶段的调解、答辩阶段的调解、审前程序中的调解、庭审中的调解。

2. 法院调解适用的案件范围

法院调解适用于具有"调解可能性"的民事案件,即对于有可能通过调解解决的民事案件,法院应当调解。

调解可能性,是指各方当事人之间存在"求同存异"的共同意愿,利益冲突并非不可调处的客观基础,较为明晰的法律关系和基本清楚的案件事实,以及不为法律、法规所强制性禁止的合意处分之可能性。此外,须明确,上述"法院应当调解"之规定,并不意味着法院可以不考虑各方当事人是否愿意而一律主动依职权进行调解,而只是说不一定要待当事人正式提出调解申请后再进行调解。譬如,法院开启调解程序后当事人并未明确表示反对的,即可认为当事人愿意接受调解。

《民诉法解释》第143条规定:"适用特别程序、督促程序、公示催告程序的案件,婚姻等身份关系确认案件以及其他根据案件性质不能进行调解的案件,不得调解。"

特别程序中的选民资格案件,直接涉及相关公民所享有的选举权与被选举权等基本权利,与国家的选举秩序息息相关,因此不允许当事人合意处分。其他几类案件,包括宣告失踪或宣告死亡案件、认定公民无民事行为能力或限制民事行为能力案件、认定财产无主案件、确认调解协议案件和实现担保物权案件,均属非讼案件,这些案件中均不存在利益直接对立的双方争议主体,所以也都不存在调解解决的客观可能性。适用督促程序和公示催告程序的案件,它们所适用的程序均为略式诉讼程序,本身并不具备进行调解所必需的诉讼结构和诉讼空间。至于婚姻关系、身份关系确认案件,它们的处理和解决,不仅直接关系案件当事人个人的权益保护问题,更与国家的婚姻制度、身份制度以及社会的公序良俗密不可分,因此均须以法律、法规的明确规定作为解决纠纷的依据,而不允许各方当事人合意处分。这是当事人意思自治的一个例外。当然,对于同时存在婚姻关系(或身份关系)确认之诉和相关给付之诉的民事案件,针对其中的给付之诉部分,仍然可以适时进行法院调解。

所谓"其他依案件性质不能进行调解的民事案件"附列其后,既给法官提供了一定的自由裁量空间,法官应当谨慎行使、小心操作,同时又为今后随着认识的深化和客观情形的变化而适当调整上述排除性列举的范围预留了规则层面的"入口"。

(二) 调解程序的启动

法院要适用调解的,首先要考虑有无调解解决的可能,如果认为有可能调解解决,即可在征得当事人同意的前提下,由合议庭或独任审判员进行调解;也可委托法院外的第三人进行调解。

对某些特定案件,法律设置了调解前置程序,即必须先行启动调解程序,调解不成才进入审判程序。《简易程序规定》第 14 条规定,婚姻家庭纠纷和继承纠纷,劳务合同纠纷,交通事故和工伤事故引起的权利义务关系较为明确的损害赔偿纠纷,宅基地和相邻关系纠纷,合伙协议纠纷,诉讼标的额较小的纠纷,法院在开庭审理时应当先行调解。但是根据案件的性质和当事人的实际情况不能调解或者显然没有调解必要的除外。应当注意,调解程序的强制启动并不意味着必须达成调解协议。调解程序的强制启动只是给予当事人一个可能协商解决的机会,强制当事人面对面地进行协商,至于当事人能否真心诚意参与调解和达成协议,这是当事人的意愿,任何人不得强制。

▶ 二、调解的进行

(一) 调解工作的展开

调解开始前,法院应当告知当事人主持调解人员和书记员姓名以及是否申请回避等有关诉讼权利和诉讼义务。调解过程原则上不公开,但当事人申请公开进行调解的除外。调解开始后,首先由双方当事人陈述案件的事实和理由,并出示有关的证据,或要求证人出庭作证。双方当事人可以进行辩论、质证。然后,再由审判人员根据已查明的事实,针对当事人之间争议的焦点,有的放矢地对当事人进行法制宣传教育工作。之后,即由双方当事人自行协商,双方当事人协商可在法庭内进行,也可在法庭外进行,但审判人员和调解人员应当参加。

(二) 调解组织

法院的调解在审判人员的主持下进行。调解工作既可以由合议庭共同主持,也可以由审判员一人主持。所谓"由审判员一人主持",既指由独任审判员主持调解活动,也指由受合议庭指派的某一个审判员主持调解活动。①由审判员一人主持调解活动,主要适用于相对简单的民事案件,这样可以在完成调解的同时,合理控制诉讼投入,减少诉讼成本;由合议庭主持调解活动,主要适用于相对复杂或影响较大的民事案件,这样可以充分发挥合议庭组成人员的集体智慧,尽力促成调解协议的达成。调解可以在法庭上进行,也可以在当事人所在地进行。

法院进行调解,还可以采用协助调解和委托调解的方式:

1. 协助调解

协助调解,是指法院进行调解,可以邀请有关单位和个人协助。有关的单位和个人,是指"与当事人有特定关系或者与案件有一定联系的企业事业单位、社会团体或者其他组织,和具有专门知识、特定社会经验、与当事人有特定关系并有利于促成调解的个人"。协助调解制度的确立,并没有改变诉讼调解的主持者,调解的主持者仍然是法官,但是这一机制的适用,既有助于促成案件的调解解决,也能够使普通民众在一定程度上接近司法、参与司法。

2. 委托调解

与前述协助调解机制那种"请进来"的方式不同,委托调解机制则是一种"托出去"的方式。经各方当事人同意,法院可以委托"与当事人有特定关系或者与案件有一定联系的企业事业单位、社会团体或者其他组织,和具有专门知识、特定社会经验、与当事人有特定关系并有利于促成调解的个人"对案件进行调解,达成调解协议后,法院应当依法予以确认。通过委托调解机制,实现了调解主体的多元化与社会化,避免了由法官主持调解所可能给当事人造成的过于"冰冷"的感觉,大大地增强了诉讼调解的可接受性。

(三) 调解方式

1. "面对面"与"背靠背"的调解方式

法院调解应当在当事人的参加下进行,原则上要采取面对面的形式。根据《调解规定》,法院根据需要也可以对当事人分别做调解工作,此即"背靠背"的调解方式。单独会谈有助于调解的成功,特别是在当事人之间存在抵触情绪时。在调解过程中,由于当事人双方本身就已存在情感冲突,因此有时在受到来自对方或其他方面不良信息的刺激后,就极易使冲突进一步升级或矛盾进一步恶化。此时调解员在必要时就应使用隔离的方法使双方当事人分开,并分别安置于不同场所,不使双方有任何接触机会,使他们均接受不

---

① 法院系统内部也在探讨主持调解活动的法官专门化,称其为"调解法官",与从事审判的法官予以区分。

到来自对方或其他方面不良信息的刺激。此时法官则通过各个劝说的方法，使双方逐步缩小意见差距，待当事人的情绪稳定下来后再促成双方调解协议的达成。

2. 当事人参与调解

当事人可以亲自参加调解，也可以委托诉讼代理人代为进行调解。无诉讼行为能力的当事人进行调解，应当由其法定代理人代为进行。离婚案件原则上应由当事人亲自参加调解，确有困难无法亲自参加调解的，当事人应出具书面意见。

(四) 调解方案的提出

调解协议通常是在调解方案的基础上形成的。调解方案原则上应当由当事人自己提出，双方当事人都可以提出调解方案。根据《调解规定》，主持调解的人员也可以提出调解方案供当事人协商时参考，双方当事人经过调解，达成调解协议，法院应当对调解协议进行记录，并由当事人或经授权的代理人签名。

三、调解的结束

法院调解的结束有两种情况：

第一种是因调解无效而结束。即经过调解，双方当事人不能达成协议，或虽已达成协议，但协议内容不合法，当事人又不愿修改以及在调解书送达前一方反悔的，法院应当及时判决。

第二种是因调解成立而结束。即双方当事人经法院调解后，达成了调解协议，经过法院审查，协议内容符合国家法律政策的，应予以批准。需要制作调解书的，应制作调解书并发给双方当事人。对不需要制作调解书的，协议内容应记入笔录，并由双方当事人、审判人员和书记员签名盖章，从而结束案件的审理。

第四节　调解协议及其效力

一、调解协议的制作

(一) 调解协议和调解书

1. 调解协议和调解书的关系

作为调解成功的结果，当事人会就纠纷解决签订协议，此为调解协议。协议内容记入笔录，并由双方当事人、审判人员和书记员签名盖章，即可终结案件的审理。通常而言,在调解协议达成后,法院应制作以调解协议为主要内容的正式法律文书,即调解书。调解书写明诉讼请求、案件的事实和调解结果。调解书由审判人员、书记员署名,加盖法院印章,送达双方当事人。因此,调解协议是一种简单、初步的调解结果,调解书则是一种更为正式、固定化的调解结果。

制作调解书的目的是明确当事人之间的权利义务关系,同时也表明法院对当事人之间的协议予以认可。因此,一般应制作调解书。只有在某些特殊情况下,当事人达成调解协议的,法律规定不需要制作调解书。根据《民事诉讼法》第101条第1款的规定,不需要制作调解书的案件有:① 调解和好的离婚案件;② 调解维持收养关系的案件;③ 能够即时履行的案件;④ 其他不需要制作调解书的案件。

2. 调解书的内容

调解书由法院按照法定的格式依据调解协议的内容制作。《民事诉讼法》第100条第1款规定:调解达成协议,法院应当制作调解书。调解书应当写明诉讼请求、案件的事实和调解结果。调解书的具体内容主要包括:

(1) 首部。包括制作调解书的法院的名称、案件的编号、当事人及其诉讼代理人的基本情况、案由等。

(2) 主文。包括案件的事实和调解的结果。该部分为调解书的核心部分。案件事实包括当事人双方争议的事实和法院查明的事实。写法可采取归纳式,力求简略而概括,不必像判决书那样详细。调解的理由一般可以不写或从简,与事实写在一段里。调解的结果部分则要求具体、明确,避免当事人在履行调解书时发生争议。在协议内容之后,另起一行,写明诉讼费用的负担。当事人不能对诉讼费用如何承担达成协议的,不影响调解协议的效力。法院可以直接决定当事人承担诉讼费用的比例,并将决定记入调解书。

(3) 尾部。包括案件审判人员、书记员的签名、调解书的制作时间和法院的印章。

依据《调解规定》第13条的规定,当事人以民事调解书与调解协议的原意不一致为由提出异议,法院审查后认为异议成立的,应当根据调解协议裁定补正民事调解书的相关内容。

3. 调解协议转化为判决书的情形

基于裁判和调解的本质区别,前者是对纠纷作出强制性处理决定,是公权力对私权的判断,以审判公开为保障权力正当行使的基本方法;后者是当事人合意解决纠纷,以当事人行使处分权为基础。和解、调解协议不要求必须依法成立,而且也可任意超出当事人的诉讼请求。因此,依据《民诉法解释》第148条的规定,当事人自行和解或者调解达成协议后,请求法院按照和解协议或者调解协议的内容制作判决书的,法院不予准许。然而,无民事行为能力人的离婚案件,由其法定代理人进行诉讼的,法定代理人与对方达成协议要求发给判决书的,可根据协议内容制作判决书。此款旨在充分保护无民事行为能力人的合法权益。

(二)调解协议中的特殊约定

1. 调解协议内容可以超出诉讼请求的范围

因为当事人进行协商解决的纠纷,往往不止一个,对这些纠纷达成一揽子协议,有助于解决他们之间的争议。所以,调解中无须像判决那样严格遵守当事人提出的诉讼请求范围。相比判决的封闭性特征,调解协议的内容具有开放性特征。根据《调解规定》第7条,调解协议内容超出诉讼请求的,法院可以准许。

2. 调解协议可先行就部分诉讼请求达成约定

依据《调解规定》第14条的规定,当事人就部分诉讼请求达成调解协议的,法院可以就此先行确认并制作调解书。当事人就主要诉讼请求达成调解协议,请求法院对未达成协议的诉讼请求提出处理意见并表示接受该处理结果的,法院的处理意见是调解协议的一部分内容,制作调解书的记入调解书。

3. 调解协议中对协议执行保障条款的约定

为消除当事人这种顾虑,促进当事人达成调解协议,《调解规定》建立了两种调解协议执行的保障机制:

(1)允许当事人在调解协议中设定违约责任。《调解规定》第8条第1款规定:"人民法院对于调解协议约定一方不履行协议应当承担民事责任的,应予准许。"此款旨在通过加大违约成本来遏制违约行为,督促当事人自动履行调解协议。首先,此项民事责任的预设,须以各方当事人在调解协议中有明确约定为基础;其次,此项民事责任的实际承担,须以一方当事人不履行调解协议中确定由其承担的实体义务为前提;最后,此项民事责任并不是相对于调解协议中原本就已确定由某方当事人承担的基本民事责任而言的"替代性"责任,而是一种带有"加重"性质或曰"惩罚"性质的民事责任。也就是说,在一方当事人不履行调解协议时,基本民事责任与此项民事责任都必须由其承担。正因如此,《调解规定》第15条第1款中才规定:"调解书确定的……承担民事责任的条件成就时,当事人申请执行的,人民法院应当依法执行。"

应当注意的是,当事人在调解协议中约定的此项民事责任应当被限制在合理的范围之内,通常不能超过义务人根据相关实体法所应承担的全部民事责任的范围。同时,为了避免使不履行调解协议的一方当事人重复承担"加重责任"或曰"惩罚性责任",《调解规定》第15条第2款又规定:"不履行调解协议的当事人按照前款规定承担了调解书确定的民事责任后,对方当事人又要求其承担民事诉讼法第二百五十三条(现行法第260条)规定的迟延履行责任的,人民法院不予支持。"

虽然各方当事人可以在调解协议中约定一方不履行协议时所应承担的民事责任,但却不能在调解协议中约定一方不履行协议时另一方可以请求法院对案件作出裁判的条款,否则法院不予准许。这不仅是因为此项约定已经明显超过了各方当事人可以合意处分的事项范围(即其既不属于对实体权利的处分,也不属于对诉讼权利的行使),而且若由法院据此直接作出裁判也有违诉讼机理:既无相关诉讼程序之启动,亦未经过法院审理之过程,更无据以定案之证据。此外更为重要的是,这样做的结果还将造成案件在实体处理上的重叠(因为调解协议的本身就是对案件所做的一种实体处理),并由此导致调解协议在事实上遭到否定。

(2)允许当事人在调解协议中设定担保。《调解规定》第9条规定:调解协议约定一方提供担保或者案外人同意为当事人提供担保的,法院应当准许。案外人提供担保的,法院制作调解书应当列明担保人,并将调解书送交担保人。担保人不签收调解书的,不影响调解书生效。当事人或者案外人提供的担保符合《民法典》规定的条件时生效。同样,调解书确定的担保条款条件成就时,当事人申请执行的,法院应当依法执行。不履行调解协议的当事人按照前款规定承担了调解书确定的民事责任后,对方当事人又要求其承担民事诉讼法规定的迟延履行责任的,法院不予支持。民事诉讼中调解担保制度的确立,有助于督促当事人自动履行调解协议,防止、遏制当事人在达成调解协议后的随意毁约现象。

二、调解协议的效力

调解协议的效力,是指法院主持调解成功,双方当事人达成调解协议,并依法定程序接受调解协议所产生的法律后果。

(一)调解协议生效的时间

法院调解发生效力的时间,因是否制作调解书而有所不同。法院调解成功后,制作调解书的,调解书经双方当事人签收后,即具有法律效力。对不需要制作调解书的协议,记入笔录,由双方当事人、审判人员、书记员签名或者盖章后,即具有法律效力。

调解书不能当庭送达双方当事人的,应以后收到调解书的当事人签收的日期为调解书生效日期。无独立请求权的第三人参加诉讼的案件,法院调解时需要确定无独立请求权的第三人承担义务的,应经第三人的同意,调解书应当同时送达第三人。第三人在调解书送达前反悔的,法院应当及时判决。

为防止当事人一方在签收调解书之前无故反悔,以此拖延诉讼的现象,根据《民事诉讼法》第101条第2款的规定,当事人各方同意在调解协议上签名或者盖章后生效,经法院审查确认后,应当记入笔录或者将协议附卷,并由当事人、审判人员、书记员签名或者盖章后即具有法律效力。当事人请求制作调解书的,法院应当制作调解书送交当事人。当事人拒收调解书的,不影响调解协议的效力。一方不履行调解协议的,另一方可以持调解书向法院申请执行。对调解书的内容既不享有权利又不承担义务的当事人不签收调解书的,不影响调解书的效力。

(二) 调解协议的效力

调解协议或调解书生效后,与生效判决具有同等的法律效力[1],具体表现在以下几方面:

(1) 诉讼结束,当事人不得以同一事实和理由再行起诉。

(2) 一审的调解协议或调解书发生效力后,当事人不得上诉。

(3) 当事人在诉讼中争议的法律关系中的争议归于消灭,当事人之间实体上的权利义务关系依调解协议的内容予以确定。

(4) 具有给付内容的调解书,具有强制执行力。当负有履行调解书义务的一方当事人未按调解书履行义务时,权利人可以根据调解书向法院申请强制执行。

案例精选

▶【案例】[2]

原告吴梅系四川省眉山市东坡区吴梅收旧站业主,从事废品收购业务。约自2004年开始,吴梅出售废书给被告四川省眉山西城纸业有限公司(以下简称西城纸业公司)。2009年4月14日双方通过结算,西城纸业公司向吴梅出具欠条载明:今欠到吴梅废书款壹佰玖拾柒万元整(¥1970000.00)。同年6月11日,双方又对后期货款进行了结算,西城纸业公司向吴梅出具欠条载

---

[1] 我国《民事诉讼法》对既判力没有作出具体规定,所以在规定调解和判决的效力之时,均采取"法律效力"的字眼。长期趋于调解和审判的混同适用,我们未对两者的效力进行严格区分。然而,随着既判力理论在我国的深化,学者们开始论及两者的效力的差别,主流观点集中于调解协议的效力缺失判决既判力中的某些内容,特别是积极作用。

[2] 吴梅诉四川省眉山西城纸业有限公司买卖合同纠纷案,最高人民法院指导案例2号(2011年)。

明:今欠到吴梅废书款伍拾肆万捌仟元整(¥548000.00)。因经多次催收上述货款无果,吴梅向眉山市东坡区人民法院起诉,请求人民法院判令西城纸业公司支付货款2518000元及利息。被告西城纸业公司对欠吴梅货款2518000元没有异议。

第一审人民法院经审理后判决:被告西城纸业公司在判决生效之日起10日内给付原告吴梅货款2518000元及违约利息。宣判后,西城纸业公司向眉山市中级人民法院提起上诉。第二审审理期间,西城纸业公司于2009年10月15日与吴梅签订了一份还款协议,商定西城纸业公司的还款计划,吴梅则放弃了支付利息的请求。同年10月20日,西城纸业公司以自愿与对方达成和解协议为由申请撤回上诉。眉山市中级人民法院裁定准予撤诉后,因西城纸业公司未完全履行和解协议,吴梅向第一审人民法院申请执行第一审判决。眉山市东坡区人民法院对吴梅申请执行第一审判决予以支持。西城纸业公司向眉山市中级人民法院申请执行监督,主张不予执行原第一审判决。

请问:法院是否应当执行第一审判决?

评析:本案涉及第二审中和解的效力问题。依照我国《民事诉讼法》的规定,当事人的和解不必然具有终结诉讼程序的效力,必须转化为法院调解书,才能获得法院调解书的法律效力,包括强制执行效力和撤销第一审裁判的效力。本案当事人在第二审中自愿达成的和解协议,属于双方当事人诉讼外达成的协议,未经法院依法确认制作调解书,不具有强制执行力。第一审被告上诉后的撤回上诉行为,也不具备阻挡第一审裁判效力产生的效力。最终,参照援引2007年《民事诉讼法》中有关执行和解的规定,即第207条第2款(现行法第237条第2款)的规定,在执行程序中,当事人不履行和解协议的,法院可以根据当事人的申请,恢复对原生效法律文书的执行。因此,法院应当执行第一审判决。

学者们展开热烈讨论,从各种角度去阐述上述裁判逻辑的产生。[①] 本案的尴尬境地在我国《民事诉讼法》的规定下可以通过以下两种方法避免:一是在达成和解协议后,要求制作法院调解书,直接取得强制执行的法律效力;二是当事人和解后,由原告向第二审法院提出撤回起诉,如此能直接撤销第一

---

① 参见王亚新:《一审判决效力与二审中的诉讼外和解协议——最高人民法院公布的2号指导案例评析》,载《法学研究》2012年第4期;严仁群:《二审和解后的法理逻辑:评评一批指导案例之"吴梅案"》,载《中国法学》2012年第4期;吴俊:《指导案例2号的程序法理》,载《法学》2013年第1期;贺剑:《诉讼外和解的实体法基础——评最高人民法院指导案例2号》,载《法学》2013年第3期;周建华:《论和解协议的法律效力——从法国法的比较角度探析"吴梅案"的理想逻辑》,载《苏州大学学报(法学版)》2015年第4期;周建华:《和解:程序法与实体法的双重分析》,载《当代法学》2016年第2期。

审裁判,避免其与和解协议并存的局面。同时,依据《执行和解规定》第9条,被执行人一方不履行执行和解协议的,申请执行人可以申请恢复执行原生效法律文书,也可以就履行执行和解协议向执行法院提起诉讼。因此,债权人可以就和解协议向法院另行起诉。

思考问题

1. 调解与审判的关系。
2. 法院调解的双重性质。
3. 法院调解的基本原则。
4. 法院调解的程序。
5. 法院调解的效力。

第十二章　简易程序与小额诉讼程序

　　简易程序与小额诉讼程序的产生，反映了以提高诉讼效率为目的对民事案件进行繁简分流的要求。二者以灵活简便为特征，皆只适用于基层人民法院及其派出法庭审理的简单民事案件；但同时赋予当事人程序选择权，可以合意扩展简易程序与小额诉讼程序的适用范围。与一般简易程序相比，小额诉讼程序更为简单、快捷，如一审终审、审限更短等。本章主要介绍了简易程序和小额诉讼程序的特征与具体适用，二者之间以及二者与普通程序的转换机制。

第一节 简易程序

一、简易程序的概念和意义

在我国民事诉讼中,简易程序是指基层人民法院及其派出法庭审理简单的民事案件所适用的程序。人们对它的理解通常囿于立法,将其局限于《民事诉讼法》专章规定的简易程序,不包括小额诉讼程序。

建构诉讼程序必须遵循程序保障原理和诉讼费用相当性原理。程序的多元化或专门化是社会发展的逻辑结果和适当解决纠纷的内在需求。正当而合理的诉讼程序应当具有充足保护权益和为社会提供安全的品格。程序的繁复或简易都应与所需解决的纠纷和所要保护的权利的性质和意义相匹配,正所谓"不同类型纠纷适用不同程序"。案件有复杂和简单之分,民事诉讼程序中也应有普通程序和简易程序之分。

简易程序的设立,目的在于使简单民事案件得到快捷、高效和低成本的解决,直接贯彻了诉讼经济和诉讼效率的原则,也是便利当事人进行诉讼和便利法院办理案件的"两便"精神在审判程序中鲜活的体现。应注意,简易程序的适用并非只是为了提高司法效率,它还有一个更为重要的目标,即实现司法的大众化,使当事人便于接近司法获得简便快捷的司法救济。

简易程序通过限制甚至取消当事人的一部分诉讼权利来获得或突出"效率"时,应当重视程序自身所具有的最低限度公正性的保障,如平等保障双方当事人的证明权、辩论权等。维护当事人的上诉权,也可限制法官的恣意。

二、简易程序的适用范围

简易程序的适用范围包括适用简易程序的法院范围和案件范围。

(一) 适用简易程序的法院

按照《民事诉讼法》第160条的规定,只有基层人民法院及其派出法庭可以适用简易程序审理第一审案件。派出法庭是指人民法院依法巡回审理就地办案临时组织的审判组织以及固定的人民法庭。人民法庭是基层人民法院在辖区内设置的固定派出机构,是基层人民法院的组成部分,它所作的裁判和调解书与基层人民法院的裁判和调解书具有同等法律效力。人民法庭制作的判决书、裁定书、调解书,必须加盖基层人民法院印章,不得用人民法庭的印章代替基层人民法院的印章。除此以外,中级人民法院、高级人民法院、最高人民法院审理第一审民事案件均不得适用简易程序。

(二) 适用简易程序的案件

1. 适用简易程序的案件范围

依据《民事诉讼法》第160条第1款的规定，一般而言，只有事实清楚、权利义务关系明确、争议不大的简单的第一审民事案件才能适用简易程序。所谓"事实清楚"，是指当事人双方对争议的事实陈述基本一致，并能提供可靠的证据，无须法院调查收集证据即可判明事实、分清是非；所谓"权利义务关系明确"，是指谁是责任的承担者，谁是权利的享有者，关系明确；所谓"争议不大"，是指当事人对案件的是非、责任以及诉讼标的争执无原则分歧。以上三者必须同时具备，缺一不可。

但是，依据同条第2款，如果当事人双方有合意约定，则可对上述法定范围之外的民事案件适用简易程序。由此赋予当事人在普通程序和简易程序之间的程序选择权，即当事人可以通过双方同意共同选择适用简易程序。允许当事人约定适用简易程序，在实际效果上扩大了简易程序的适用范围，符合民事诉讼处分原则，也有助于解决诉讼迟延、法院积案等问题。依据《民诉法解释》第264条，当事人双方约定适用简易程序的，应当在开庭前提出。口头提出的，记入笔录，由双方当事人签名或者捺印确认。然而，当事人对已经明确规定排除在简易程序适用范围之外的案件，如果约定适用简易程序的，法院不予准许。

2. 禁止适用简易程序的案件范围

为了正确适用简易程序，保障当事人依法行使诉讼权利，《民诉法解释》第257条列举了不适用简易程序的案件：

① 起诉时被告下落不明的；② 发回重审的；③ 当事人一方人数众多的；④ 适用审判监督程序的；⑤ 涉及国家利益、社会公共利益的；⑥ 第三人起诉请求改变或者撤销生效判决、裁定、调解书的；⑦ 其他不宜适用简易程序的案件。

▶ 三、普通程序和简易程序的转换

第一审民事案件适用普通程序还是简易程序，一般依据原告起诉时的案件情况确定，而基于程序安定性之考虑，一经确定适用某种程序，不宜再行变化。适用简易程序审理的案件，是事实清楚、权利义务关系明确、争议不大的民事纠纷，比较容易解决。然而，案件简单与复杂的判断标准在诉前只能是主观的，由于案件本身的复杂性、司法认知的渐进性等，会出现已经适用简易程序审理的民事案件，在案件审理过程中，发现案件事实比较复杂的情况，若一概适用简易程序，可能会造成诉讼拖延，不利于查清案件事实、保护当事人

实体权益和诉讼权利。此时，需要有程序转换制度，允许将简易程序转为普通诉讼程序。

《民事诉讼法》第170条规定："人民法院在审理过程中，发现案件不宜适用简易程序的，裁定转为普通程序。"根据该规定，简易程序转换为普通程序由法院依职权主动进行，即法院可以对其决定适用简易程序的案件或当事人合意选择适用简易程序的案件，转为适用普通程序。但是，这种转换必须具备法定的条件，即"案件不宜适用简易程序"。一般而言，这种情况指案件审理过程中发现事实比较复杂，或者权利义务关系不明确，或者争议较大，依法需要转为普通程序进行审理。形式上，法院转换程序必须通过裁定作出，以限制诉讼实践中简易程序向普通程序转换的随意行为。

法院发现案情复杂，需要转为普通程序审理的，应当在审理期限届满前作出裁定并将合议庭组成人员及相关事项书面通知双方当事人。案件转为普通程序审理的，审理期限自法院立案之日计算。但是，已经按照普通程序审理的案件，在开庭后不得转为简易程序审理。

▶ 四、简易程序的具体适用

简易程序是普通程序的简易化。《民事诉讼法》第162条规定："基层人民法院和它派出的法庭审理简单的民事案件，可以用简便方式传唤当事人和证人、送达诉讼文书、审理案件，但应保障当事人陈述意见的权利。"《繁简分流实施办法》第13条明确了对于适用简易程序审理的案件，人民法院可以根据案件情况，采取下列方式简化庭审程序，但应当保障当事人答辩、举证、质证、陈述、辩论等诉讼权利：① 开庭前已经通过庭前会议或者其他方式完成当事人身份核实、权利义务告知、庭审纪律宣示的，开庭时可以不再重复；② 经庭前会议笔录记载的无争议事实和证据，可以不再举证、质证；③ 庭审可以直接围绕诉讼请求或者案件要素进行。

简易程序的最终目标仍然是及时、快捷地保护当事人依法享有的诉讼权利和实体权利，因此不能以牺牲公正换取效率，单纯为了程序上的简便而无视当事人依法享有的诉讼权利。简易程序可以采取简易的方式传唤当事人和证人、送达诉讼文书、审理案件。但如果不给当事人充分合理的时间准备应诉，办理委托手续等，有可能造成其仓促应诉，审理过程中难以有效陈述意见，在诉讼中处于不利地位。因此，简易程序在简化审理方式的基础上，强调要保障当事人陈述意见的权利。

（一）起诉与答辩

适用简易程序的民事案件，原告可通过书面或口头方式起诉。起诉的内容应包括当事人的基本情况、联系方式、诉讼请求、事实理由及相关证据和证据来源。口头起诉的,法院应当将当事人的姓名、性别、工作单位、住所、联系方式等基本信息,诉讼请求,事实及理由等准确记入笔录,由原告核对无误后签名或者捺印。对当事人提交的证据材料,应当出具收据。

被告答辩是被告行使辩护权的重要内容。在民事简易程序中,被告有权选择答辩的方式。双方当事人到庭后,被告同意口头答辩的,法院可以当即开庭审理;被告要求书面答辩的,法院应当将提交答辩状的期限和开庭的具体日期通知各方当事人,并向当事人说明逾期举证以及拒不到庭的法律后果。

(二)审理前准备

适用简易程序审理案件,可以简便方式进行审理前的准备。

1. 举证期限

适用简易程序案件的举证期限由法院确定,也可以由当事人协商一致并经法院准许,但不得超过15日。被告要求书面答辩的,法院可在征得其同意的基础上,合理确定答辩期间。法院应当将举证期限和开庭日期告知双方当事人,并向当事人说明逾期举证以及拒不到庭的法律后果,由双方当事人在笔录和开庭传票的送达回证上签名或者捺印。

2. 对适用简易程序异议的处理

在简易程序进行中,允许当事人对适用简易程序提出异议。当事人一方或者双方就适用简易程序提出异议后,法院应当进行审查。异议成立的,应当将案件转入普通程序审理,并将合议庭的组成人员及相关事项以书面形式通知双方当事人;异议不成立的,口头告知双方当事人,并将上述内容记入笔录。简易程序转入普通程序审理的民事案件的审理期限仍然从法院最初立案的次日起开始计算。转为普通程序前,双方当事人已确认的事实,可以不再进行举证、质证。

(三)开庭审理

1. 简易程序中的先行调解

适用简易程序审理的案件,大都是一些诉讼标的金额较小、案情简单、权利义务明确的案件,因此有可能调解的案件应该遵循当事人自愿的原则,尽可能促进当事人达成调解。对于婚姻家庭纠纷和继承纠纷、劳务合同纠纷、交通事故和工伤事故引起的权利义务关系较为明确的损害赔偿纠纷、宅基地和相邻关系纠纷、合伙协议纠纷、诉讼标的额较小的纠纷等民事案件,除根据案件的性质和当事人的实际情况不能调解或者显然没有调解必要的,法院在开庭审理时应当先行调解。

2. 对当事人诉讼权利义务的告知

在简易程序中,开庭前已经书面或者口头告知当事人诉讼权利义务,或者当事人各方均委托律师代理诉讼的,审判人员除告知当事人申请回避的权利外,可以不再告知当事人其他的诉讼权利义务。对没有委托律师、基层法律服务工作者代理诉讼的当事人,法院在庭审过程中可以对回避、自认、举证证明责任等相关内容向其作必要的解释或者说明,并在庭审过程中适当提示当事人正确行使诉讼权利、履行诉讼义务。

3. 法庭调查和辩论

在开庭审理时,本着简便易行的原则和有利于尽早解决纠纷的目的,法庭在进行法庭调查、法庭辩论时,可以不按法定顺序进行:审判人员可以根据当事人的诉讼请求和答辩意见归纳出争议焦点,经当事人确认后,由当事人围绕争议焦点举证、质证和辩论。当事人对案件事实无争议的,审判人员可以在听取当事人就适用法律方面的辩论意见后直接判决、裁定。

适用简易程序审理的民事案件,应当一次开庭审结,但法院认为确有必要再次开庭的除外。

4. 庭审笔录

为了保证简单民事案件的审理质量,防止案件审理过于简单化,适用简易程序审理民事案件,也应当将审理案件的全部活动记入笔录。对于审判人员关于当事人诉讼权利义务的告知、争议焦点的概括、证据的认定和裁判的宣告等重大事项,当事人申请回避、自认、撤诉、和解等重大事项,当事人当庭陈述的与其诉讼权利直接相关的其他事项,应当详细记载。

5. 宣判

适用简易程序审理的民事案件,判决结案的,应当公开宣判。宣判的方式有当庭宣判和定期宣判两种。除法院认为不宜当庭宣判的以外,应当当庭宣判。

6. 审限

法院适用简易程序审理案件,应当在立案之日起3个月内审结。依据2015年《民诉法解释》第258条,审理期限到期后,双方当事人同意继续适用简易程序的,由本院院长批准,可以延长审理期限,但延长后的审理期限累计不得超过6个月。《繁简分流实施办法》第15条则对此延长期限作了限定,以1个月为限。随后,在2021年修订的《民事诉讼法》中第164条规定:"人民法院适用简易程序审理案件,应当在立案之日起三个月内审结。有特殊情况需要延长的,经本院院长批准,可以延长一个月。"因此,2022年修订后的《民诉法解释》第258条把延长后的审理期限从"六个月"缩短为"四个月"。

(四) 判决书的简化

适用简易程序审理的民事案件，也应制作完整的裁判文书。但有下列情形之一的，法院在制作裁判文书时对认定事实或者判决理由部分可以适当简化：① 当事人达成调解协议并需要制作民事调解书的；② 一方当事人在诉讼过程中明确表示承认对方全部诉讼请求或者部分诉讼请求的；③ 当事人对案件事实没有争议或者争议不大的；④ 涉及个人隐私或者商业秘密的案件，当事人一方要求简化裁判文书中的相关内容，法院认为理由正当的；⑤ 当事人双方一致同意简化裁判文书的。

《繁简分流实施办法》第14条明确适用简易程序审理的案件，法院可以采取下列方式简化裁判文书：① 对于能够概括出案件固定要素的，可以根据案件要素载明原告、被告意见、证据和法院认定理由、依据及裁判结果；② 对于一方当事人明确表示承认对方全部或者主要诉讼请求的、当事人对案件事实没有争议或者争议不大的，裁判文书可以只包含当事人基本信息、诉讼请求、答辩意见、主要事实、简要裁判理由、裁判依据和裁判主文。简化后的裁判文书应当包含诉讼费用负担、告知当事人上诉权利等必要内容。

第二节 小额诉讼程序

▶ 一、小额诉讼程序的概念和意义

小额诉讼程序，也称为小额程序，是指为了案件审理的简便、迅速和经济，针对请求小额金钱或者其他替代物或有价证券的诉讼所规定的一种审理程序。

小额诉讼程序有广义和狭义两种理解。广义的小额诉讼程序与传统的简易程序并无严格区别；狭义的小额诉讼程序指基层人民法院的小额法庭或专门的小额法院审理数额甚小的案件时所适用的比普通程序更加简化的诉讼程序。

贯彻实施小额诉讼程序，在我国具有两层重要意义：

1. 小额诉讼程序有助于人民群众接近司法

在法治社会，不论争议所涉及标的额的大小，当事人都有权诉诸法院，请求司法救济以获得司法平等保护。而民事诉讼法对当事人诉权的平等保障则表现为两个方面：一是程序权的保障，即当事人进入民事诉讼程序后如何保障当事人充分行使诉权；二是程序的保障，即保障当事人都有机会走向法院、接近司法、"接近正义"。对于利益较大的争议案件而言，当事人可能愿意

适用相对复杂的普通程序、简易程序并为此支付较高的诉讼成本。而对于日常生活中的小额争议而言,当事人可能会因法律知识的欠缺或诉讼成本高于诉讼利益而理性选择放弃诉讼。小额诉讼程序以其更加简易化的程序设计、低廉的诉讼成本以及便捷高效的裁判过程,大大方便了当事人诉讼,对解决小额纠纷具有独一无二的优势。

2. 小额诉讼程序有助于降低诉讼成本、合理匹配司法资源

随着社会转型的加速,各种民事纠纷数量不断增长。诉讼案件的增多,一方面体现了人民群众权利意识的苏醒;另一方面也使得当事人的诉讼负担日益增加。因此,当事人对小额案件的程序选择必须考虑诉讼成本上的投入与产出的关系。而小额诉讼程序快捷、简便的程序设计满足了当事人以最低诉讼成本,最快速解决纠纷的需求。

任何国家,在一定时期内的司法资源总是有限的。因此,必须用有限的资源,实现司法制度收益的最大化——最大限度地解决纠纷。如果对小额案件仍适用普通程序或简易程序,将不可避免地造成司法资源的浪费,使得司法资源无法更多地投向更为复杂的民事纠纷,从而最终导致司法资源的配置失衡。而小额诉讼程序一审终审、庭审简化、庭审时间自由、审限压缩等独特的制度设计,都服务于"快收、快审、快结"这一主题,可以有效节省司法成本,快捷、及时、有效地维护当事人的合法权益,实现社会公平和正义。

▶ 二、小额诉讼程序的适用范围

2011年4月,最高人民法院启动了小额速裁试点工作,北京、湖北、青海等13个省、直辖市的高级人民法院分别指定其辖区内两个基层人民法院作为试点单位。《最高人民法院关于部分基层人民法院开展小额速裁试点工作的指导意见》试图对适用小额速裁的案件范围予以确定,限定为法律关系单一、事实清楚、争议标的金额不足1万元、经济发达地区不足5万元的部分给付案件。2011年《民事诉讼法》修改中就如何确定小额诉讼所涉及财产权益的具体标的额展开了激烈的讨论,提出了不同的观点,有的认为应定为1万元,有的则认为应定为5万元。①

然而,立法部门经研究认为,我国地域辽阔、各地发展差异较大,对于适用小额诉讼的标的额不宜采"一刀切"的方式。因此,最后确定的修改条文,即2012年《民事诉讼法》第162条规定:"基层人民法院和它派出的法庭审理

---

① 江必新主编:《〈中华人民共和国民事诉讼法〉修改条文解读与应用》,法律出版社2012年版,第288页。

符合本法第157条第1款规定的简单的民事案件,标的额为各省、自治区、直辖市上年度就业人员年平均工资百分之三十以下的,实行一审终审。"

立法者以两个条件限定了小额诉讼的受案范围:

(1)案件必须属于简易民事案件,即为基层人民法院和它派出的法庭审理的事实清楚、权利义务关系明确、争议不大的简单的民事案件。需要注意,当事人约定适用简易程序的民事案件,并不符合这一条件;也就是当事人不能对简单的民事案件以外的案件约定适用小额诉讼程序。

(2)案件的标的额为各省、自治区、直辖市上年度就业人员年平均工资的30%以下。这主要是考虑到我国各地区经济社会发展不平衡,确定一个相对数更符合实际需要。各省、自治区、直辖市上年度就业人员年平均工资,是指已经公布的各省、自治区、直辖市上一年度就业人员年平均工资。在上一年度就业人员年平均工资公布前,以已经公布的最近年度就业人员年平均工资为准。

2020年,最高人民法院结合小额诉讼程序的适用效果,把其作为推动民事案件繁简分流机制改革的重要动力之一,进一步扩充其适用范围。《繁简分流改革办法》第5条第1款适当提高了小额诉讼案件标的额基准,确定为基层人民法院审理的事实清楚、权利义务关系明确、争议不大的简单金钱给付类案件,标的额为人民币5万元以下的,适用小额诉讼程序,实行一审终审。2021年《民事诉讼法》修订后的第165条第1款考虑到各地经济发展水平的差异性,在提高小额诉讼案件标的额基准上,没有采纳一刀切的统一金额标准确定方式,还是采用了差异性的金额标准,确定为各省、自治区、直辖市上年度就业人员年平均工资50%以下。

2012年《民事诉讼法》修订过程中,对小额诉讼程序是否强制适用的问题主要有三种观点:第一种观点认为,应该采取强制主义,只要是属于法定数额标准以下的案件,无须征询当事人意见,直接由法院依职权决定启动小额诉讼程序;第二种观点认为,小额诉讼程序应贯彻自愿原则,由当事人决定是否自愿适用小额诉讼程序解决他们之间的纠纷;第三种观点认为,应当采取强制与自愿相结合的原则,也即一定标的额以下的案件,采取强制主义,标的金额超过一定金额以上的案件,采取当事人双方自愿的原则。立法机关最终采纳了强制适用的观点,小额诉讼由法院依职权决定使用,当事人对于标的额超过小额诉讼标的额标准的案件,不可以约定适用小额诉讼程序。[①]

---

① 参见江必新主编:《〈中华人民共和国民事诉讼法〉修改条文解读与应用》,法律出版社2012年版,第289页。

随着小额诉讼程序适用范围的扩充,2020年《繁简分流实施办法》第5条第2款率先引入当事人对适用小额诉讼程序的选择权,对于标的额在人民币5万元以上、10万元以下的简单金钱给付类案件,可以约定适用小额诉讼程序。2021年《民事诉讼法》修订后的第165条第2款也新增了当事人合意选择适用模式,规定基层人民法院和它派出的法庭审理事实清楚、权利义务关系明确、争议不大的简单金钱给付案件,标的额在各省、自治区、直辖市上年度就业人员年平均工资50%以上,但在2倍以下的,当事人双方可以约定适用小额诉讼程序。进一步降低小额诉讼程序适用门槛,加大适用力度,充分保障当事人程序选择权和利益处分权,有效发挥小额诉讼程序便捷、高效、一次性终局解纷的制度优势。

但是,对于不适用小额诉讼程序审理的案件范围,《繁简分流实施办法》第6条也予以明确,包括:① 人身关系、财产确权纠纷;② 涉外民事纠纷;③ 需要评估、鉴定或者对诉前评估、鉴定结果有异议的纠纷;④ 一方当事人下落不明的纠纷;⑤ 其他不宜适用小额诉讼程序审理的纠纷。2021年《民事诉讼法》修订后的第166条吸纳了这一规定,同时在已有的5项中增加了一类纠纷,即当事人提出反诉的纠纷,避免实践中的滥用或不当适用。

▶ 三、小额诉讼程序的具体适用

小额诉讼程序的适用涉及下列问题的处理:

(一)小额诉讼程序的释明

法院受理小额诉讼案件,应当向当事人告知该类案件的审判组织、一审终审、审理期限、诉讼费用交纳标准等相关事项。具体方式,可以采取书面《小额诉讼须知》等方式向当事人告知,并要求当事人进行签收。当事人对按照小额诉讼案件审理有异议的,应当在开庭前提出。法院经审查,异议成立的,适用简易程序的其他规定审理;异议不成立的,告知当事人,并记入笔录。

(二)当事人的答辩期和举证期

适用小额诉讼程序审理的案件,当事人明确表示放弃答辩和举证期限的,法院可以直接开庭审理。被告要求书面答辩的,应当在收到起诉状副本之日起15日内提出答辩状。小额诉讼案件的举证期限由法院确定,也可以由当事人协商一致并经法院准许。

(三)小额诉讼程序的审理

适用小额诉讼程序审理的案件,通知当事人开庭可以不必传票传唤,但通知原告、被告开庭时间、地点应有已通知当事人的具体书面材料入卷。在通知开庭时,可要求当事人在开庭时携带所有证据并通知证人出庭,争取做到一次开庭,当庭宣判,当庭送达裁判文书。

庭审中,当事人有正当事由不能到庭时,经对方当事人同意,可利用视频技术开庭审理。庭审可不受法庭调查、法庭辩论、最后陈述以及法庭调解的顺序限制,可以灵活地安排询问证人的时间。当事人申请利用视频技术等方式询问证人理由正当的,可予准许。

另外,适用小额诉讼程序公开审理案件,可不必在开庭3日前公布当事人姓名、案由、开庭时间和地点。至于开庭时间,则可以根据当事人的共同申请并经法院同意后,在晚间、休息日或法定节假日进行开庭。适用小额诉讼程序审理的案件还可到当事人工作场所所在地、住所地或争议发生地等进行开庭。

当事人对小额诉讼案件提出管辖异议的,法院应当作出裁定。裁定一经作出即生效。法院受理小额诉讼案件后,发现起诉不符合《民事诉讼法》第122条规定的起诉条件的,裁定驳回起诉。裁定一经作出即生效。

适用小额诉讼程序审理的案件,在简化起诉、答辩、传唤、送达、庭审等程序和裁判文书内容之时,应当保障当事人举证、质证、陈述、辩论等诉讼权利。小额诉讼程序一般应当一次开庭审结并且当庭宣判,但法院认为确有必要再次开庭的除外。

小额诉讼程序应当在立案之日起2个月内审结。有特殊情况需要延长的,经本院院长批准,可以延长1个月。

(四)小额诉讼程序向其他程序的转化

法院在审理过程中,发现案件不宜适用小额诉讼程序的,应当适用简易程序的其他规定审理或者裁定转为普通程序。同时,赋予当事人程序异议权。当事人认为案件不符合适用小额诉讼程序条件的,可以向法院提出异议。法院经审查,异议成立的,应当转换审理程序,适用简易程序的其他规定审理或者裁定转为普通程序,有效保障当事人的程序异议权,加强对程序适用的制约监督。异议不成立的,法院则裁定驳回。

(五)小额诉讼程序的裁判文书

适用小额诉讼程序审理的案件,可简化裁判文书,在裁判文书中主要记载当事人基本信息、诉讼请求、裁判主文等内容。在条件成熟时,还可以直接将裁判文书要素填充到统一制作的表格,或以制作只记载诉讼参加人基本情况和裁判主文的令状等方式进一步简化裁判文书。为了确保裁判文书简化落到实处,各高级人民法院可以因地制宜,制作各类关于适用小额诉讼程序的法律文书样式,下发辖区内基层人民法院及其派出法庭参照使用,以增加司法活动的权威性和稳定性。

案例精选

▶【案例】①

吴某因与吕某、闫某民间借贷纠纷一案,起诉至人民法院,请求:① 判令被告向原告偿还本金及利息共 26 万元;② 判令被告向原告支付截止到判决之日的违约金;③ 判令被告承担本案诉讼费用。

第一审人民法院认为,原告起诉后,未能提供被告吕某、闫某准确的送达地址,致使无法向被告吕某、闫某送达起、应诉材料。根据《民事诉讼法》第 119 条第 2 项、《最高人民法院关于适用简易程序审理民事案件的若干规定》(简称《简易程序规定》)第 8 条第 2 项之规定,裁定驳回原告的起诉。

吴某以吕某、闫某为被上诉人提起上诉,提出一审认定的事实错误,上诉人在一审中向人民法院提供了准确的被上诉人家庭住址,即阳泉市郊区 A 镇 B 花园 2 单元 301 室,并非一审认定的未能提供准确的送达地址。并且,一审适用法律不当。《简易程序规定》第 8 条第 2 项适用的是原告不能提供准确的送达地址的情况,本案中,上诉人提供了准确的送达地址,应当适用《简易程序规定》第 8 条第 1 项规定,将案件转为普通程序审理,并采取公告送达方式进行送达。因此,一审驳回起诉错误。故提出上诉请求:① 撤销或改判第一审裁定;② 诉讼费由被上诉人承担。

请问:第一审人民法院裁定驳回起诉的做法是否正确?

评析:本案涉及简易程序中无法送达的程序处理问题。

《简易程序规定》第 8 条规定:"人民法院按照原告提供的被告的送达地址或者其他联系方式无法通知被告应诉的,应当按以下情况分别处理:(一)原告提供了被告准确的送达地址,但人民法院无法向被告直接送达或者留置送达应诉通知书的,应当将案件转入普通程序审理;(二)原告不能提供被告准确的送达地址,人民法院经查证后仍不能确定被告送达地址的,可以被告不明确为由裁定驳回原告起诉。"本案中,吴某作为原告提供了被告吕某、闫某

---

① 吴某与吕某、闫某民间借贷纠纷案,山西省阳泉市中级人民法院(2021)晋 03 民终 918 号民事裁定书。

的住址,即阳泉市郊区 A 镇 B 花园 2 单元 301 室,该地址应属准确的送达地址。只有经查证后仍不能确定被告送达地址的,才能驳回起诉。第一审人民法院适用上述规定第 8 条第 2 项错误。因此,第二审人民法院裁定撤销原裁定,指令第一审人民法院审理。

思考问题

1. 简易程序的特点、适用范围和条件。
2. 普通程序与简易程序、小额诉讼程序的转换条件和程序操作。
3. 小额诉讼程序的特点、适用范围和程序操作。

第十三章 民事公益诉讼程序

民事公益诉讼是我国《民事诉讼法》2012年修订时新设立的一项诉讼制度,目的在于通过推进民事公益诉讼制度,防范、制止或者制裁违法行为,维护社会秩序,实现社会正义。由于民事公益诉讼是一项新的诉讼制度,相关法律和司法解释规定并不具体、明确,因此学界和实务部门对民事公益诉讼的一些程序内容还有分歧。本章主要介绍了民事公益诉讼的概念和特征、民事公益诉讼与私益诉讼不同的程序规则。

第一节　民事公益诉讼程序概述

随着我国社会体制的变革和经济结构的调整,利益呈现出多元化和社会化的样态。在此情形下,纠纷不仅仅局限于私益争议,即当事人之间的个别权利义务争议,而且包括大量现代性纠纷,涉及的利益主体具有群体性、不确定性、社会性。因此建立司法救济手段,维护社会公共利益是社会的普遍诉求。2012年《民事诉讼法》增加了民事公益诉讼制度,为有效防范和遏制侵害公共利益的行为、保护公共利益提供了制度层面的保障。

一、民事公益诉讼的概念和特点

对于何为"公益诉讼",学界看法不一,有广义说和狭义说之分。广义公益诉讼说认为,为维护公共利益提起的诉讼,都是公益诉讼,既包括没有直接利害关系的机关或社会组织提起的保护公共利益的诉讼,也包括有直接利害关系的自然人、法人或其他组织提起的保护公共利益的诉讼。狭义公益诉讼说认为,与原告有直接利害关系的诉讼是普通私益诉讼,只有与自己没有利害关系的民事主体,为维护公共利益提起的诉讼才是公益诉讼。[①] 根据《民事诉讼法》第58条的规定,我国采用的是狭义公益诉讼说。立足于我们对公共利益的认识和我国现有的程序法框架,我们认为,公益诉讼,是指在社会公共利益受到侵害或者可能受到侵害时,为保护社会公共利益,由法定的主体向法院提起诉讼,法院进行审理裁判的法律制度。公益诉讼分为民事公益诉讼和行政公益诉讼。民事公益诉讼,是指针对损害社会公共利益的行为,法律规定的机关和有关组织有权向法院提起民事诉讼,法院按照法定程序进行审判,从而制裁民事违法行为,保护社会公共利益的制度。

民事公益诉讼与民事私益诉讼相比,具有如下主要特征:

(1)诉讼标的不同。民事私益诉讼的诉讼标的是当事人之间争议的特定主体之间的权利义务关系;而民事公益诉讼的诉讼标的是公共利益,即不特定多数人共同享有的利益。

(2)诉讼主体的不同。在民事私益诉讼中,民事诉讼主体必须是与本案处理结果有利害关系人,即所争议权利义务关系的主体;而在民事公益诉讼中,由于公共利益主体人数众多,且人数不确定,很难确定一个合适主体来参

[①] 参见全国人大常委会法制工作委员会民法室编著:《2012民事诉讼法修改决定条文释解》,中国法制出版社2012年版,第45页。

加诉讼提出主张,所以需要法律规定相应的机关或组织作为诉讼主体,成为提起民事公益诉讼的原告。多数国家法律规定由特定机关或组织担任公益诉讼原告,而这一原告并不是诉讼结果的直接利害关系者。

(3) 诉讼程序复杂程度不同。在民事私益诉讼中,法院按照既定审判程序规则进行,就能够顺利解决当事人之间存在的单一的、具体的民事权利义务纠纷;而民事公益诉讼案件的特殊性,使得司法裁判具有复杂性。由于涉及人数众多,权利义务范围难以界定,案件政策性、复杂性和专业性也比较强,因此要顺利、公正解决一项公益诉讼案件,不仅需要规定复杂、特殊的审判程序,可能还要求相关行政或政策部门共同配合,以化解和解决公益纠纷。

(4) 判决效力不同。在民事私益诉讼中,民事诉讼判决效力只及于参加本案直接利害关系人,并对其产生拘束力;而民事公益诉讼是由法律规定机关或组织代表民事公益受害人进行诉讼,法院裁判不仅对参加诉讼当事人有拘束力,对社会公众、特定国家机关、组织均具有法律效力。

在 2012 年《民事诉讼法》增加民事公益诉讼制度前,针对现代性纠纷,《民事诉讼法》规定了代表人诉讼。与代表人诉讼制度类似,民事公益诉讼所涉及受损害主体也可能人数众多而且不确定,但代表人诉讼与民事公益诉讼是不同的:

(1) 目的不同。民事公益诉讼的目的在于维护社会公共利益,使社会公共利益最大化;而代表人诉讼是法院通过对具体私人民事权益的确认直接维护民事私人合法权益。

(2) 诉讼主体要求不同。民事公益诉讼的原告具有多元性,法律规定的机关、组织都可以以社会公共利益受到损害为由,向法院提起民事诉讼。而代表人诉讼中,诉讼代表人必须是众多受损害当事人中的一员,其与起诉的案件有直接利害关系。

(3) 法院裁判效力的影响不同。由于民事公益诉讼涉及社会性和公共性,因此法院的裁判不仅解决社会公共利益是否受到损害的问题,而且往往会导致国家、公用事业、垄断经营的单位和公益性服务机构重大决策的调整和重大行为的改变,甚至是某项法律规定的修改。① 而代表人诉讼中,虽然法院裁判具有扩张性,但其主要还是通过及时解决双方当事人之间的纠纷,维护私法秩序。

---

① 参见张艳蕊:《民事公益诉讼制度研究——兼论民事诉讼机能的扩大》,北京大学出版社 2007 年版,第 31 页。

二、民事公益诉讼的案件范围

民事公益诉讼的案件范围,是指哪些案件应当属于公益诉讼。对此,国内外学者也是争论不休,迄今没有定论。从理论上讲,凡是"损害公共利益"的案件均应该属于公益诉讼的范围,但是何为公共利益也是一个模糊不清的概念。有的国家民事公益诉讼的受案范围不仅包括国家利益或者社会利益受到损害的案件,如公害案件、不正当竞争案件等,还包括严重违背社会公德和公序良俗的身份关系案件,如婚姻无效案件、禁治产案件等。随着社会不断进步和发展,社会利益呈多元化趋势,公共利益的外延越来越具有开放性,并且与个人利益存在边缘上的交织状态。

由于公共利益内容的不确定性,我国《民事诉讼法》又是首次规定民事公益诉讼制度,因此现行立法仅将司法实务中影响较大的"环境污染、侵害众多消费者合法权益等损害社会公共利益的行为",纳入民事公益诉讼的案件范围。这就是说,立法一方面采取列举方式明确规定"环境污染"和"侵害众多消费者合法权益"引发的损害公共利益的纠纷属于民事公益纠纷,可以提起民事公益诉讼;另一方面考虑到公共利益内容的发展性,采用开放性的立法,明确规定可以提起民事公益诉讼的案件不限于"环境污染""侵害众多消费者权益"两类案件。2018年,为了保护英雄烈士的姓名、肖像、名誉及英雄烈士纪念设施等,禁止歪曲、丑化、亵渎、否定英雄烈士的事迹和精神,十三届全国人大常委会第二次会议通过《英烈保护法》,自2018年5月1日起施行。该法第25条第1、2款规定,"对侵害英雄烈士的姓名、肖像、名誉、荣誉的行为,英雄烈士的近亲属可以依法向人民法院提起诉讼。英雄烈士没有近亲属或者近亲属不提起诉讼的,检察机关依法对侵害英雄烈士的姓名、肖像、名誉、荣誉,损害社会公共利益的行为向人民法院提起诉讼。"为了促进对未成年人的保护,十三届全国人大常委会第二十二次会议于2020年10月17日修改了《未成年人保护法》,规定了未成年人保护公益诉讼制度。该法于2021年6月1日生效,其第106条规定:"未成年人合法权益受到侵犯,相关组织和个人未代为提起诉讼的,人民检察院可以督促、支持其提起诉讼;涉及公共利益的,人民检察院有权提起公益诉讼。"

三、民事公益诉讼的程序规则

《民事诉讼法》第58条、《消费者权益保护法》第47条、《环境保护法》第58条以及《英烈保护法》第25条只是对提起公益诉讼的原告和公益诉讼的对象进行规定,没有规定民事公益诉讼的审理程序。随着司法实践对民事公益诉讼的积极回应,为推进民事公益诉讼制度的适用,最高人民法院颁布实施《民诉法解释》《环境公益诉讼适用法律解释》《消费公益诉讼适用法律解释》以及《两高检察公益诉讼适用法律解释》等司法解释,对民事公益诉讼的程序规则进行了较为明确的规定。

（一）民事公益诉讼的起诉条件

根据《民诉法解释》第282条、《环境公益诉讼适用法律解释》第1条至第5条以及《消费公益诉讼适用法律解释》第1条、第2条和第4条的规定,提起民事公益诉讼的条件包括:① 只有法律规定的机关和有关组织有权提起。② 有明确的被告。公益诉讼也是民事诉讼,因此只有被告明确,法院才能知道原告与谁发生纠纷并予以解决。③ 有具体的诉讼请求。即原告向法院提出保护公共利益的具体内容,如请求停止侵害、排除妨碍、消除危险等。④ 有社会公共利益受到损害的初步证据。公益诉讼案件受害人人数众多、影响大,因此在需要保护公共利益时,才有提起诉讼的现实性。这是私益诉讼与公益诉讼的区别之一。"社会公共利益受到损害",不但包括已经损害社会公共利益的行为（即现实损害）,也包括具有损害社会公共利益重大风险的行为。这里的"初步证据",是指原告起诉时提交关于被告实施损害公共利益行为的证据材料即可。⑤ 属于民事诉讼受案范围和受诉法院管辖。"这里的属于法院受案范围"是指原告只能针对法定的公益诉讼案件范围提起诉讼。为了保证案件的审理效果,保证法院裁判的尺度统一,公益诉讼案件一般由侵权行为地或者被告住所地中级人民法院管辖。

（二）公益诉讼程序与行政保护程序的关系

2012年《民事诉讼法》修订增加公益诉讼制度后,法律规定了行政手段和司法救济两种方式来保护环境、消费者权益以及英烈的人格利益等社会公共利益。行政保护具有预防性、直接性和高效性。如何处理两种程序之间的关系,各个国家做法不同,如美国、德国都规定,对于环境公益诉讼案件,当事人不得直接提起民事公益诉讼。基于人民检察院的职能和职责,《民事诉讼法》第58条第2款规定了"检察谦抑原则",《两高检察公益诉讼适用法律解释》规定了检察公益诉讼的诉前程序。《民诉法解释》只是规定法院受理公益诉讼后,应当在10日内书面通知相关行政主管机关,从而实现行政机关和司法机关相互配合、良性互动,共同促进社会公共利益的保护。从制度设置看,我国并没有因司法救济的有限性、最终性而规定完整的行政前置程序。

（三）公益诉讼的参加诉讼制度

我国《民事诉讼法》《环境保护法》《消费者权益保护法》以及《英烈保护法》对提起公益诉讼的原告范围进行了规定。由于侵害消费者权益或者环境的违法行为跨区域、涉及面广,因此有权提起公益诉讼的原告往往不止一个。从理论上来说,既然法律赋予了起诉权,则这些法定机关或者组织都有权以起诉方式保护社会公共利益。但是如果这些主体分别起诉,不仅会造成程序的重复,而且可能会出现不同法院对同一侵权案件作出不同判决的问题。因此《民诉法解释》规定了参加诉讼制度。即开庭前,依法有权提起公益诉讼的其他机关和有关组织可以向法院申请参加诉讼。法院准许参加诉讼的,列为共同原告。为了保证案件的集中审理,《环境公益诉讼适用法律解释》第10条、《消费公益诉讼适用法律解释》第7条也都作出了同样规定。

(四)公益诉讼与私益诉讼的关系

无论是环境污染还是侵害众多消费者权益的行为,不仅会损害社会公共利益,有的案件还有确定的受害人。由于公益诉讼和私益诉讼性质、诉讼请求以及诉讼目的等不同,因此公益诉讼和私益诉讼两者同时存在并不矛盾。因此《民诉法解释》第286条规定:"人民法院受理公益诉讼案件,不影响同一侵权行为的受害人根据民事诉讼法第一百二十二条规定提起诉讼。"《消费公益诉讼适用法律解释》第9条也作出同样规定。

在对两种诉讼形式进行区分的前提下,基于两种诉讼形式都是针对同一违法行为,在案件事实、争议焦点、证据材料以及法律适用上具有共通性,为了防止法院作出矛盾裁判,避免司法资源浪费和提高诉讼效率,《环境公益诉讼适用法律解释》第30条、《消费公益诉讼适用法律解释》第16条规定了私益诉讼可搭公益诉讼的"便车"。一是公益诉讼生效裁判认定的事实对于私益诉讼原、被告均具有免于举证的效力。考虑到私益诉讼的被告也是公益诉讼的被告,参加过公益诉讼的审理,已经充分行使举证、辩论等权利,因此不允许其在私益诉讼中对于公益诉讼生效裁判认定的事实再作出相反主张。但是私益诉讼原告对该事实有异议并有相反证据足以推翻的除外。二是如果公益诉讼生效裁判作出对私益诉讼原告有利的认定,私益诉讼原告可以直接主张适用。但是被告不能主张直接适用,仍需要就其主张承担举证证明责任。

(五)适度强化法院职权主义

由于公益诉讼以维护社会公共利益为目的,因此为防止因原告诉讼能力不足或者不当行为损害社会公共利益,《民诉法解释》《环境公益诉讼适用法律解释》以及《消费公益诉讼适用法律解释》都规定了法院在审理民事公益诉讼案件时,既要坚持司法中立原则,又要在合理范围内发挥职权能动作用。同时对公益诉讼中当事人诉讼权利的处分进行了相应的限制。主要包括下列几个方面:

1. 法院对当事人诉讼请求的释明

原告提起民事公益诉讼时,诉讼请求中应当包括请求被告停止侵害、赔礼道歉、恢复原状。如果其诉讼请求中缺少这些内容,不足以保护社会公共利益,法院可以向其释明变更或增加停止侵害等诉讼请求。

2. 法院依职权调取证据

对于公益诉讼案件审理需要的证据,法院认为有必要时,应当调查收集。

3. 对当事人处分权进行适度限制

如对于原告的自认是否有损于社会公共利益进行审查,不允许被告以反诉形式提起诉讼请求。对于原告在法庭辩论终结后申请撤诉的,法院不予准许。对于民事公益诉讼中双方当事人达成和解协议或者调解协议的,法院应当将和解协议或者调解协议进行公告,公告期间不得少于 30 日。公告期满后,法院经审查,和解或者调解协议不违反社会公共利益的,应当出具调解书;和解或者调解协议违反社会公共利益的,不予出具调解书,继续对案件进行审理并依法作出判决等。

(六)民事公益诉讼中被告承担责任的方式

在我国,民事公益诉讼适用于环境污染、侵害众多消费者权益以及侵害英烈人格利益等不同的损害社会公共利益的案件。各种公益案件特点不同,但是适用民事公益诉讼都旨在有效约束民事主体行为,修正失衡的社会关系,因此《环境公益诉讼适用法律解释》以及《消费公益诉讼适用法律解释》都规定被告主要承担停止侵害、排除妨碍、消除危险、恢复原状以及赔礼道歉等具有预防性、禁止性以及恢复性的责任。

第二节 民事公益诉讼的特殊程序规定

鉴于我国民事公益诉讼适用于不同的公益案件,不同公益案件有不同特点,《环境公益诉讼适用法律解释》《消费公益诉讼适用法律解释》以及《两高检察公益诉讼适用法律解释》针对提起民事公益诉讼主体以及不同公益诉讼案件具体规定了一些特殊规则。

▶ 一、检察民事公益诉讼的特别规定

2017 年 6 月 27 日,十二届全国人大常委会第二十八次会议作出关于修改《民事诉讼法》决定后,检察民事公益诉讼制度在立法上得到确立。2018 年 4 月 27 日十三届全国人民代表大会常务委员会第二次会议通过的《英烈保护法》第 25 条第 2 款规定:"英雄烈士没有近亲属或者近亲属不提起诉讼的,检

察机关依法对侵害英雄烈士的姓名、肖像、名誉、荣誉,损害社会公共利益的行为向人民法院提起诉讼。"为落实法律的规定,《两高检察公益诉讼适用法律解释》根据检察公益诉讼的特点和规律,对检察机关在公益诉讼中的权利义务、办理检察公益诉讼案件的程序等进行较为明确、具体的规定。2021年《未成年人保护法》明确未成年人合法权益受到侵害,涉及社会公共利益的,人民检察院有权提起公益诉讼。但是人民检察院提起公益诉讼的案件范围、管辖、诉前程序、诉讼权利与义务、举证责任等程序规则还有待于细化和完善。

(一)检察公益诉讼的案件类型

根据《民事诉讼法》第58条第2款、《英烈保护法》第25条以及《未成年人保护法》第106条的规定,人民检察院提起民事公益诉讼的案件包括四种类型:破坏生态环境和资源保护的案件,食品药品安全领域侵害众多消费者合法权益的案件,侵害英雄烈士等的姓名、肖像、名誉、荣誉的案件以及侵害未成年人合法权益等损害社会公共利益的案件。《两高检察公益诉讼适用法律解释》增加了刑事附带民事公益诉讼。即人民检察院对破坏生态环境和资源保护,食品药品安全领域侵害众多消费者合法权益,侵害英雄烈士的姓名、肖像、名誉、荣誉以及侵害未成年人合法权益等损害社会公共利益的犯罪行为提起刑事公诉时,可以向人民法院一并提起附带民事公益诉讼,由人民法院同一审判组织审理。人民检察院提起的刑事附带民事公益诉讼案件由审理刑事案件的人民法院管辖。

(二)检察机关的法律地位和诉讼权利义务

检察机关是国家的公权力机关,因此人民检察院提起公益诉讼与其他社会组织提起公益诉讼有所不同。《两高检察公益诉讼适用法律解释》明确检察机关以"公益诉讼起诉人"的身份提起公益诉讼。同时《两高检察公益诉讼适用法律解释》也规定,检察机关依照《民事诉讼法》享有相应的诉讼权利,履行相应的诉讼义务,但法律、司法解释另有规定的除外。这既体现了遵循法律规定原则,又突出了检察机关在诉讼中地位的特殊性。

(三)检察机关提起民事公益诉讼的诉前程序

为落实"检察谦抑原则",调动其他主体保护公共利益的积极性,提高行政机关纠正违法行为的主动性,有效节约司法资源,《两高检察公益诉讼适用法律解释》规定了检察民事公益诉讼诉前程序,即人民检察院在提起公民事益诉讼前,应当依法作出公告。公告期满,法律规定的机关和有关组织、英雄烈士等的近亲属不提起诉讼的,人民检察院可以向人民法院提起诉讼。人民检察院办理侵害英雄烈士等的姓名、肖像、名誉、荣誉的民事公益诉讼案件,也可以直接征询英雄烈士等的近亲属的意见。

(四)检察机关调查取证的权力

取证难是影响公益诉讼制度适用的因素之一。为了强调检察机关作为公共利益代表的特殊性,《两高检察公益诉讼适用法律解释》规定了检察机关调查取证的权力,即人民检察院办理公益诉讼案件,可以向有关行政机关以及其他组织、公民调查收集证据材料;有关行政机关以及其他组织、公民应当配合;需要采取证据保全措施的,依照《民事诉讼法》相关规定办理。

(五)法院适用陪审员审理检察机关提起的民事公益诉讼案件

为落实《人民陪审员法》规定,体现司法民主,发挥法官和人民陪审员的优势互补,《两高检察公益诉讼适用法律解释》第7条规定,人民法院审理人民检察院提起的第一审公益诉讼案件,适用人民陪审制。

(六)检察公益诉讼生效裁判的移送执行

为了及时有效保护公共利益,《两高检察公益诉讼适用法律解释》第12条规定,人民检察院提起公益诉讼案件判决、裁定发生法律效力,被告不履行的,人民法院应当移送执行。

▶ 二、环境民事公益诉讼的特别规定

2012年修订的《民事诉讼法》第55条规定了环境民事公益诉讼制度,2014年修订的《环境保护法》第58条则进一步明确了可以提起环境民事公益诉讼的社会组织资格。为了落实法律规定的环境民事公益诉讼制度,强化生产者环境保护的法律责任,弥补行政监管手段的不足,促进社会的可持续性发展,最高人民法院出台了《环境公益诉讼适用法律解释》,围绕环境民事公益诉讼具有的公益性、复合型、专业性、恢复性和职权性特点进行制度设计。[①]

(一)环境民事公益诉讼的管辖

民事公益诉讼案件复杂、社会影响大,因此原则上是由中级以上人民法院管辖。由于环境因素如水、空气等具有流动性,为解决行政权力配置与生态系统相割裂的冲突,《环境公益诉讼适用法律解释》第7条规定了集中管辖制度,即经最高人民法院批准,高级人民法院可以根据本辖区环境和生态保护的实际情况,在辖区内确定部分中级人民法院受理第一审环境民事公益诉讼案件。中级人民法院管辖环境民事公益诉讼案件的区域由高级人民法院确定。同时考虑到我国一些基层人民法院较早设立了专门的环保法庭,在审

---

① 参见郑学林、林文学、王展飞:《〈关于审理环境民事公益诉讼案件适用法律若干问题的解释〉的理解和适用》,《人民司法》2015年第5期。

理环境案件方面已经积累一定经验,《环境公益诉讼适用法律解释》第 6 条第 2 款规定,中级人民法院认为确有必要的,可以在报请高级人民法院批准后,裁定将本院管辖的第一审环境民事公益诉讼案件交由基层人民法院审理。

（二）补强环境民事公益诉讼原告的诉讼能力

环境诉讼具有案件复杂、专业性强,社会组织作为提起环境民事公益诉讼主体诉讼能力不强的特点,因此《环境公益诉讼适用法律解释》除了规定法院依职权调取证据外,还引入支持起诉原则,即检察机关、负有环境资源保护监督管理职责的部门及其他机关、社会组织、企业事业单位可以通过提供法律咨询、提交书面意见、协助调查取证等方式支持社会组织依法提起环境民事公益诉讼。落实被告告知义务,即原告请求被告提供其排放的主要污染物名称、排放方式、排放浓度和总量、超标排放情况以及防治污染设施的建设和运行情况等环境信息,法律、法规、规章规定被告应当持有或者有证据证明被告持有而拒不提供,原告主张相关事实不利于被告的,人民法院可以推定该主张成立。

（三）恢复原则在被告责任承担方式中处于核心地位

在环境民事公益诉讼中,被告除承担停止侵害、排除妨碍、消除危险等预防性民事责任外,在生态环境遭受实质性损害的情况下,恢复原状就是优先适用的责任方式。为了确保恢复原状的效果,《环境公益诉讼适用法律解释》第 20 条规定,人民法院可以依法判决被告将生态环境修复到损害发生之前的状态和功能。无法完全修复的,可以准许采用替代性修复方式。人民法院可以在判决被告修复生态环境的同时,确定被告不履行修复义务时应承担的生态环境修复费用;也可以直接判决被告承担生态环境修复费用。对于环境修复资金和服务功能损失等款项的使用,《环境公益诉讼适用法律解释》第 24 条规定,人民法院判决被告承担的生态环境修复费用、生态环境受到损害至修复完成期间服务功能丧失导致的损失、生态环境功能永久性损害造成的损失等款项,应当用于修复被损害的生态环境。其他环境民事公益诉讼中败诉原告所需承担的调查取证、专家咨询、检验、鉴定等必要费用,可以酌情从上述款项中支付。[①]

（四）环境民事公益诉讼生效裁判的移送执行

环境民事公益诉讼裁判的执行关系到环境公共利益的及时维护,因此

---

① 参见郑学林、林文学、王展飞：《〈关于审理环境民事公益诉讼案件适用法律若干问题的解释〉的理解和适用》,《人民司法》2015 年第 5 期。

《环境公益诉讼适用法律解释》第 32 条规定:"发生法律效力的环境民事公益诉讼案件的裁判,需要采取强制执行措施的,应当移送执行。"

▶ 三、消费者民事公益诉讼的特别规定

《民事诉讼法》和 2013 年修订后的《消费者权益保护法》都仅用一个条文规定消费民事公益诉讼制度(分别是第 58 条和第 47 条),而并没有对消费公益诉讼制度适用的具体案件和程序规则进行明确规定。为落实法律规定的消费民事公益诉讼制度,彰显保护消费者权益与企业规范有序发展并存的价值理念、维护消费市场公平竞争秩序,最高人民法院出台《消费公益诉讼适用法律解释》对消费民事公益诉讼程序进行明确、细化。

(一)消费民事公益诉讼适用的案件范围

《民事诉讼法》第 58 条规定可提起消费民事公益诉讼的案件范围是"侵害众多消费者合法权益等损害社会公共利益的行为"。《消费者权益保护法》第 47 条规定为"侵害众多消费者合法权益的行为"。从文字表述看,上述法律规定并不一致。因此学界和实务部门对消费民事公益诉讼适用的案件范围有不同理解。我们认为,判断是否属于消费民事公益诉讼适用范围,不仅应以合法权益被损害的消费者人数是否"众多"作为形式标准,更应以"损害社会公共利益"作为实质标准。① 由于公共利益的界定具有不确定性,为方便适格原告能够提起消费民事公益诉讼和防止实务中人民法院在此类案件中自由裁量权的滥用,《消费公益诉讼适用法律解释》第 1 条界定了消费领域侵害社会公共利益的范围,既包括"经营者侵害众多不特定消费者合法权益",也包括"具有危及消费者人身、财产安全危险"的情形。《消费者权益保护法》第 2 条"经营者义务"的规定归纳了侵害消费者合法权益公益诉讼适用的具体案件范围,即:经营者提供的商品或者服务存在缺陷,侵害众多不特定消费者合法权益的案件;经营者提供的商品或者服务可能危及消费者人身、财产安全,未作出真实的说明和明确的警示,未标明正确使用商品或者接受服务的方法以及防止危害发生方法的或者经营者对提供的商品或者服务质量、性能、用途、有效期限等信息作虚假或引人误解宣传的案件;宾馆、商场、餐馆、银行、机场、车站、港口、影剧院、景区、体育场馆、娱乐场所等经营场所存在危及消费者人身、财产安全危险的案件;以格式条款、通知、声明、店堂告示等方式,

---

① 参见程新文等:《我国消费民事公益诉讼制度的新发展——〈最高人民法院关于审理消费民事公益诉讼案件适用法律若干问题的解释〉的理解与适用》,载《法律适用》2016 年第 7 期。

作出排除或者限制消费者权利、减轻或者免除经营者责任、加重消费者责任等对消费者不公平、不合理规定的案件;其他侵害众多不特定消费者合法权益或者具有危及消费者人身、财产安全危险等损害社会公共利益行为的案件。

(二)消费民事公益诉讼的前置程序

消费者协会是公益性组织,提起消费民事公益诉讼是其履行公益性职责的一种方式,但不是唯一的。因此《消费公益诉讼适用法律解释》借鉴德国、日本等国的立法,规定了消费民事公益诉讼的前置程序。即消费者组织在提起消费民事公益诉讼前,应当督促经营者改正侵害社会公共利益的行为。只有经营者在合理期限内不予改正的,消费者组织才可提起诉讼。

(三)消费民事公益诉讼中被告的特殊承担责任形式

在消费者民事公益诉讼案件中,以不公平格式条款侵害社会公共利益的案件占有很大比重,基于公益诉讼的预防原则,《消费公益诉讼适用法律解释》在消费民事公益诉讼请求权类型中,将确认合同不公平格式条款无效的诉讼请求单列出来。

案例精选

▶【案例】[①]

2017年3月25日,吴明安、赵世国将湖北省利川市元堡乡朝阳村村民刘某家的一头死因不明并经深埋处理的成年母牛偷偷挖出,分割后将四个牛腿(共计150斤)和牛头以2300元的价格销售给在毛坝集市专门从事牛肉销售生意的黄太宽,该批牛肉经黄太宽以每斤18元至20元不等的价格销售给附近村民及毛坝集市上的不特定消费者,销售获款2890元。2017年4月6日,吴明安、赵世国又以同样的方式将吴明安自家当日深埋的一头死因不明的成年母牛挖出,以1800元销售给黄太宽,黄太宽将102斤牛肉在毛坝集市上以每斤18元至20元的价格销售给不特定的消费者,销售获款2000元。吴明安、赵世国、黄太宽三人两次销售死因不明的牛肉共计获得销售价款4890元。利川市食品药品监督管理局组织有关专家就病死牛肉的危害后果进行认定,结论为:吴明安、赵世国、黄太宽等人经营销售死因不明的牛及其制品,足以造成严重食物中毒事故或者其他严重食源性疾病。

---

① 湖北省利川市人民检察院诉吴明安、赵世国、黄太宽刑事附带民事公益诉讼案,最高人民法院、最高人民检察院联合发布检察公益诉讼典型案例(2018年)。

2017年5月,利川市人民检察院通过网络发现一段村民挖掘被埋死牛的视频,即将该线索反馈该市食药监局,督促其依法履行监督职责,并联合展开调查。6月22日,利川市人民检察院启动立案监督程序,监督利川市食药监局将该案移送利川市公安局办理,同步监督利川市公安局依法立案侦查。同年8月1日,利川市人民检察院发现吴明安等三人生产销售不符合安全标准的食品可能损害社会公共利益,决定立案审查。

2017年8月8日,利川市人民检察院在《检察日报》发出公告,督促适格主体提起民事公益诉讼,公告期满后没有其他适格主体对该案提起诉讼,社会公共利益持续处于受侵害状态。2017年11月22日,利川市人民检察院向利川市人民法院提起刑事附带民事公益诉讼,诉请判令吴明安、赵世国、黄太宽共同支付牛肉销售价款10倍的赔偿金48900元,并在利川市市级公开媒体上赔礼道歉。

2017年12月8日,利川市人民法院公开开庭审理本案并当庭宣判。该院认为,吴明安等三人的行为损害了不特定消费者的生命健康权,除应受到刑事处罚外,还应承担相应的民事侵权责任,利川市人民检察院依照法律规定提起刑事附带民事公益诉讼,是维护社会公益的一种方式,程序合法,请求得当有据。在认定三人构成生产、销售不符合安全标准的食品罪,分别处以不同刑期的刑罚、罚金、追缴违法所得、禁止在缓刑考验期内从事食品生产、销售及相关活动的同时,判决吴明安等三人赔偿人民币48900元并在利川市市级公开媒体上赔礼道歉。赔偿款付至利川市财政局非税收入汇缴结算户。

吴明安等三人已于2017年1月23日在利川市电视台栏目《视点》中公开道歉。赔偿款已部分执行到位,余款正在执行中。

评析:本案是2018年3月最高人民法院、最高人民检察院联合发布的典型案例。该案涉及的法律问题有三点:一是人民检察院提起民事公益诉讼案件范围;二是人民检察院提起民事公益诉讼程序;三是人民检察院提起民事公益诉讼与行政机关行使行政监管职责之间的关系。

根据《民事诉讼法》第58条第2款和《两高检察公益诉讼适用法律解释》的规定,检察民事公益诉讼分为纯粹民事公益诉讼和刑事附带民事公益诉讼两种类型。基于检察机关的职能定位,人民检察院在刑事诉讼中附带提起民事公益诉讼有利于节省司法资源,提高诉讼效率。但是也需要考虑两种不同诉讼形态相互影响问题。该案完整地践行了《两高检察公益诉讼适用法律解释》中规定的人民检察院提起民事公益诉讼的诉前程序、人民法院对案件的审理裁判以及执行的程序。该案另一亮点就是反映了人民检察院综合运用检察职能加强对行政机关违法不行使职权、公安机关刑事立案的监督和对违法犯罪行为人追究刑事责任和民事责任，充分体现人民检察院与行政机关之间关系的协调，从而最大限度维护社会公共利益。

思考问题

1. 民事公益诉讼的概念、特点。
2. 民事公益诉讼适用的案件范围。
3. 民事公益诉讼的程序内容。
4. 人民检察院提起民事公益诉讼的特殊程序内容。

第十四章　第二审程序

第二审程序是两审终审制下保护当事人权利的普通救济程序。只要属于法律规定的可以上诉的案件范围,遵循法律规定的形式条件,当事人提起上诉就可启动第二审程序。第二审程序负有对第一审法院审判活动的监督功能。第二审裁判一旦作出即生效,具有终结诉讼程序的功能,可以作为申请执行的依据。本章主要介绍了第二审程序的性质和功能、启动条件、审理方式、审理结果的情形、裁判结果的效力等。

第一节　第二审程序概述

一、第二审程序的概念和意义

第二审程序,也称上诉审程序,是指由于当事人不服地方各级法院作出的第一审裁判而在法定期间内向上一级法院提起上诉,由该法院对案件进行审理所适用的程序。我国实行两审终审制,一个案件经过第二审程序审理并作出裁判后,诉讼即告终结,第二审作出的判决立即发生法律效力,因此第二审程序又称为终审程序。

第二审程序的设立具有下列意义:第一,当事人可以通过上诉请求第二审法院对第一审裁判的正确性、合法性进行审查,从而维护自己的合法权益。第二,上级法院可以通过第二审程序行使审判监督权,审查和监督下级法院的审判工作,维持正确的裁判,发现并纠正错误的裁判。第三,上诉法院通过第二审程序,发现和纠正下级法院在适用法律上的偏差,确保国家法律的统一实施,克服因法院不同或法官认识不同而产生的裁判的差异性。

二、第二审程序与第一审程序的联系与区别

第一审程序是第二审程序的前提和基础,第二审程序是第一审程序的继续和发展。第二审法院审理上诉案件,首先适用第二审程序的有关规定;第二审程序没有规定的,则适用普通程序的规定。

第二审程序与第一审程序的主要区别如下:

1. 审判程序发生的原因不同

第一审程序的发生,基于当事人的起诉权和法院的管辖权;而第二审程序的发生是基于当事人的上诉权。

2. 审判组织不同

适用第一审诉讼程序审理民事案件的组织形式有两种,即合议制和独任制。实行合议制的,合议庭可以由审判员组成,也可以由审判员和陪审员共同组成。适用第二审程序以前只能采取合议制,并且合议庭必须由审判员组成,不能有陪审员参加;2021年修订《民事诉讼法》后,允许第二审程序中在有限的法定情形中可以采用独任制。

3. 审理的对象不同

第一审程序是以原告的起诉状和被告的答辩状为基点展开的,审理的对象是双方当事人之间的民事权益争议;而第二审程序是以第一审裁判为基

点，对当事人上诉请求的有关事实和适用的法律进行审查，审理对象是第一审法院的裁判。

4. 审理的方式和期限不同

适用第一审程序审理民事诉讼案件，法院只能采取开庭审理的方式；而适用第二审程序审理民事上诉案件，法院可以根据案件事实是否已经清楚等实际情况，选择采取开庭审理或者不开庭审理的方式。第一审程序中，普通案件的审限一般为 6 个月，简易程序一般为 3 个月。适用第二审程序审理案件，对判决不服的，审限为 3 个月；对裁定不服的，为 30 日。

5. 裁判的效力不同

适用第一审诉讼程序审结后的判决，在上诉期间，是未发生法律效力的裁判；而适用第二审程序审结后的裁判，是发生法律效力的裁判，当事人不得提起上诉。

▶ 三、第二审程序的审理模式

从第二审程序与第一审程序关系的角度来说，第二审程序可分为三种审理模式，即复审主义、事后审主义、续审主义：

（1）复审主义。是指第二审法院在审理案件时，不受第一审程序的拘束，全面重新收集一切诉讼资料，当事人也可以无限制地提出新事实和新证据。第二审实际上重复第一审的审理过程，有助于查清案件事实，却有违诉讼经济原则，因此各国民事诉讼法均不采纳。

（2）事后审主义。是指第二审法院在审理案件时，仅以第一审程序中法院据以裁判的诉讼资料与证据资料为限进行事后的审查，并在此基础上对原裁判是否妥当作出判断的审理方式。当事人在第二审程序中不得主张新的事实，也不得就以前主张的事实提供新的证据资料。此模式比较符合诉讼经济的优点，但不利于查清案件事实，仅少数国家采用，如奥地利。

（3）续审主义。是指第二审法院以第一审言词辩论终结时的全部诉讼资料为基础，并与第二审中新提出的诉讼资料与证据资料相结合，对当事人的申请是否妥当作出裁判的审理方式。当事人在第一审中所为的诉讼行为仍有效力，并且可在第二审中提出新资料重新为攻击防御；法院在必要的范围内，通过独立的事实认定及法律适用对案件进行审理，并审查第一审裁判是否正确。续审主义有利于协调诉讼经济原则和查清案件事实，为德、日等多数国家和地区所采纳。适用续审主义应注意限制第二审程序中提出的新证据，防止当事人利用上诉制度进行诉讼投机。

我国《民事诉讼法》第 142 条第 1 款规定，当事人在法庭上可以提出新的证据。第 177 条第 1 款第 3 项规定,原判决认定基本事实不清的,第二审法院可以查清事实后改判。《民诉法解释》第 340 条规定,当事人在第一审程序中实施的诉讼行为,在第二审程序中对该当事人仍具有拘束力。当事人推翻其在第一审程序中实施的诉讼行为时,法院应当责令其说明理由。理由不成立的,不予支持。由此可见,我国第二审程序在性质上应界定为续审主义。

四、第二审程序的结构

第二审程序不是民事诉讼的必经程序,当事人的上诉是第二审程序发生的前提。如果当事人在案件第一审过程中达成调解协议或者在上诉期内未提起上诉,第一审法院的裁判就发生法律效力,第二审程序也因无当事人的上诉而无从发生。当事人提起上诉,只要符合法律规定的上诉条件,第二审法院就应当受理。第二审法院首先对当事人提交的上诉状和案卷材料进行审核,复杂的案件也可参照第一审程序组织证据交换等审理前准备工作。审核后根据不同情况,可以采用开庭审理或不开庭审理的方式。开庭审理的过程基本相同于第一审程序的开庭审理过程,开庭审理结束后作出裁判。第二审裁判经当事人签收后即发生法律效力。

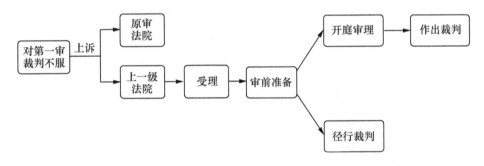

图 2　第二审程序示意图

第二节　上诉的提起和受理

一、上诉的提起

上诉的提起是指当事人对第一审法院的裁判不服,依法向上一级法院提出,要求撤销或变更第一审裁判的诉讼行为。

（一）提起上诉的条件

提起上诉应具备以下条件：

1. 提起上诉的主体必须合格

提起上诉，首先必须有合法的上诉人和被上诉人。上诉人是享有上诉权的人，被上诉人是上诉人的对方当事人。凡是在第一审程序中具有实体权利的当事人都可能成为上诉人或被上诉人，包括：第一审程序中的原告和被告、共同诉讼人、诉讼代表人、有独立请求权的第三人及第一审法院判决认定其承担责任的无独立请求权的第三人。

双方当事人和第三人都提出上诉的，均为上诉人。必要共同诉讼人中的一人或者部分人提出上诉的，按下列情况处理：①该上诉是对与对方当事人之间权利义务分担有意见，不涉及其他共同诉讼人利益的，对方当事人为被上诉人，未上诉的同一方当事人依原审诉讼地位列明；②该上诉仅对共同诉讼人之间权利义务分担有意见，不涉及对方当事人利益的，未上诉的同一方当事人为被上诉人，对方当事人依原审诉讼地位列明；③该上诉对双方当事人之间以及共同诉讼人之间权利义务承担有意见的，未提出上诉的其他当事人均为被上诉人。

2. 提起上诉的客体必须是依法允许上诉的裁判

依法允许上诉的裁判必须是未生效的第一审裁判，包括地方各级法院适用普通程序和简易程序审理后作出的第一审判决，第二审法院发回重审后的判决，以及按照第一审程序对案件再审作出的判决；不予受理的裁定，对管辖权有异议的裁定以及驳回起诉裁定。除此之外，基层人民法院适用特别程序、公示催告程序作出的判决以及对小额诉讼作出的裁判，第二审法院的终审裁判和最高人民法院的第一审裁判，都是不能上诉的裁判，当事人不能对它们提起上诉。

3. 必须在法定期限内上诉

不服第一审判决的上诉期间为15日，不服第一审裁定的上诉期间为10日，从裁判送达之日起计算。诉讼参加人各自接收裁判的，从各自的起算日分别开始计算。只有当双方当事人的上诉期都届满后，双方均未提起上诉的裁判才发生法律效力。

4. 必须提交上诉状

上诉状是表明当事人表示不服第一审法院的裁判，请求第二审法院变更原审裁判的根据，是一种重要的诉讼文书。它不仅要求上级法院确认自己的权利，而且要求改变或者撤销原审法院的裁判，通过变更裁判维护自己的合法权益。

上诉状应写明以下内容：① 当事人的姓名，当事人是法人或者其他组织的，还应写明法人或其他组织的全称，法定代表人或者主要负责人的姓名和职务。② 原审法院的名称、案件的编号和案由。③ 上诉的请求和理由。这一部分是上诉状的核心部分。上诉的请求是上诉人提起上诉所要达到的目的；上诉的理由是上诉人提出上诉的根据，是上诉人向上诉法院对第一审法院在认定事实和适用法律方面持有异议的全面陈述。上诉的请求和理由决定着第二审法院对案件的审理范围。

（二）提起上诉的程序

当事人不服第一审法院的裁判，提起上诉的，原则上应向原审法院提交上诉状，同时也允许当事人直接向第二审法院提起上诉。不论向哪个法院提出上诉，最终都要由第二审法院依第二审程序进行审理，上诉途径并不会影响终审裁判。当事人直接向第二审法院提出上诉状的，第二审法院应在5日内将上诉状移交原审法院。不论当事人向原审法院提起上诉还是直接向第二审法院提起上诉，都应按对方当事人或者诉讼代表人的人数提交诉状副本，以便被上诉人及时提交答辩状、充分行使答辩权，同时也为第二审做好准备。

（三）提起上诉的效力

当事人只要在规定的期间内提起上诉，并符合上诉条件，便产生如下效力：

1. 阻断效力

上诉阻断第一审民事裁判既判力的发生，并使诉讼得以继续。只要上诉在法定期间以法定形式提出，第一审裁判的既判力就不得发生，并且该阻断效力及于裁判的全部，即使上诉人仅对第一审裁判的部分内容不服，也会产生阻断全部裁判内容的效力。

2. 转移效力

上诉产生诉讼移转效果，即该案由第一审法院转移至上一级法院。第一审法院应当将上诉人的上诉状、被上诉人的答辩状连同第一审的案卷材料移交给上一级法院，由上一级法院继续审理。

3. 重新裁判效力

虽然第一审法院在审理终结后作出了相应的裁判，但当事人上诉阻断了其效力，案件转移至上一级法院后，上一级法院应当通过审理，检验第一审法院裁判的正确性，并重新作出裁判。裁判的形式主要有驳回上诉、维持原判、裁定发回重审和依法改判四种。对于驳回上诉、维持原判的，其内容虽然与第一审裁判相同，但发生法律效力的是第二审法院的裁判，而不能认为是第一审裁判继续生效。

（四）附带上诉

附带上诉，是指一方当事人提起上诉后，被上诉人在已经开始的第二审程序中，可以对第一审判决声明不服，请求第二审法院撤销或变更第一审不利于自己的判决的诉讼行为。该制度的设立旨在维持双方当事人的诉讼公平。因为，在双方当事人在第一审判决各有部分胜负的情形下，一方当事人可能基于息事宁人或其他考虑，希望双方不再上诉，自己先行舍弃上诉权或者放任上诉期届满或撤回上诉。但是对方当事人并没有息讼，仍然提起上诉。在此情形下，如不允许被上诉人提起附带上诉，则被上诉人只能处于被动防御的境地，不利于保护其利益。

我国目前没有规定附带上诉制度，对上诉也不采取上诉利益之要件说。所谓上诉利益，是指当事人对于第一审法院的裁判结果有所不服，有利用上诉审程序除去其不利结果，予以进一步救济的必要性。第一审裁判对上诉人是否不利益，原则上采形式的标准予以衡量，即根据原判决的结果与原审所为诉之声明之间是否有差异进行判断。具体而言，若原告在第一审程序中向受诉法院提出的诉讼请求全部得到支持，即诉讼请求与判决主文完全一致，该原告即无上诉利益，不得提起上诉，而被告则有上诉利益；若原告的诉讼请求均被驳回，则原告有上诉利益，而被告无上诉利益；若原告诉讼请求部分得到支持，部分被驳回，则双方当事人都具有上诉利益，可以提起上诉。①

由于我国上诉的条件宽松，实践中非常可能发生上诉权的滥用。司法实践中上诉的效果却并不好，法院改判的概率非常低。如此造成的后果是诉讼资源的极大浪费。上诉制度的改革将可能从限制上诉开始，一方面加入上诉利益要件；另一方面构建附带上诉制度，防止一审当事人因担心诉讼权利的丧失而盲目上诉。

一般而言，提起附带上诉需具备以下几个要件：① 须有合法的上诉存在，即他方当事人已经提起上诉，且该上诉案件已系属于第二审法院中。② 须由被上诉人对上诉人提起。③ 须对被上诉人所上诉的第一审判决声明不服。④ 须在第二审言词辩论终结前提出。

▶ 二、上诉的受理

当事人提起上诉，符合法定上诉条件的，均应受理，并履行如下法定程序：

---

① 有些教材已将上诉利益加入上诉的条件中进行论述。参见江伟、肖建国主编：《民事诉讼法》（第7版），中国人民大学出版社2015年版，第319页。

（一）诉讼文书的接收与送达

原审法院收到当事人的上诉状及其副本后，应当在 5 日内将上诉状副本送达对方当事人。当事人的上诉状及其副本，既包括当事人向原审法院提交的上诉状及其副本，也包括第二审法院移交给原审法院的上诉人的上诉状及其副本。对方当事人收到上诉状副本后，应当在 15 日内提出答辩状。被上诉人提交答辩状的，法院应当在收到答辩状之日起 5 日内将答辩状副本送达上诉人。当事人放弃提交答辩状的，不影响其在审理过程中的答辩。

（二）诉讼案卷和证据的报送

原审法院收到上诉状和答辩状后，应当在 5 日内连同全部案卷和证据，报送第二审法院。至此，案件全部脱离第一审法院，诉讼法律关系在第一审法院全部结束，而由第二审法院对案件进行审理，产生二审的诉讼法律关系。

▶ 三、上诉的撤回

上诉的撤回是指上诉人依法提起上诉后，在第二审法院作出裁判前，要求撤回自己上诉的诉讼制度。当事人撤回上诉，意味着对第一审裁判的承认。

撤回上诉是当事人行使自己处分权的具体体现。当事人应当依法撤回上诉，即撤回上诉应当获得法院的准许。[①] 第二审法院如果认为第一审法院的裁判确有错误或者原审法院违反法定程序，可能影响案件正确裁判，需要改判或者发回重审的，都不应准许其撤诉。另外，对于双方当事人在上诉期内都提出上诉，各自的上诉理由又不一致的，也不应准许其撤诉。

第二审法院裁定准许或者不准许撤回上诉，可以用书面形式，也可以用口头形式。审判实践中，准许撤回上诉的一般用书面裁定，而不准许撤回上诉的则大多采用口头裁定。第二审法院裁定上诉人不准撤回上诉的，诉讼继续进行；裁定准许撤回上诉的，第二审程序即告终结，同时第一审法院的裁判发生法律效力。

▶ 四、第二审程序中的撤诉

第二审程序中的撤诉是指第一审原告在第二审程序中撤回第一审中的起诉。《民事诉讼法》对此没有明确规定，仅第 180 条规定了申请撤回上诉的事项。

[①] 关于上诉人在上诉期间内上诉后撤回上诉，又提起上诉是否允许的问题，存在两种观点。一种观点认为：在上诉期间届满以前，第一审判决、裁定不会自动生效。因此，上诉期间届满前，上诉人在撤回上诉后又上诉，应当允许。另一种观点认为：撤回上诉意味着上诉程序已经结束，第一审判决、裁定便自动生效，因此上诉人不能再次上诉。第一种观点符合我国《民事诉讼法》的现行规定。

《民诉法解释》对此进行了补充规定。第 336 条第 1 款规定,在第二审程序中,原审原告申请撤回起诉,经其他当事人同意,且不损害国家利益、社会公共利益、他人合法权益的,法院可以准许。准许撤诉的,应当一并裁定撤销第一审裁判。第 337 条规定,当事人在第二审程序中达成和解协议的,当事人可以申请撤诉,经审查符合撤诉条件的,法院应予准许。这些规定可谓当事人处分权的延伸,在尊重了一审原告处分权行使的同时,也保护了对方当事人的合法权益——其为参加诉讼已经有所投入,故撤诉与其有利害关系,必须征询他们同意才可为。

同时,为防止撤诉后又不断反复起诉,从诉讼经济原则的角度出发,《民诉法解释》第 336 条第 2 款规定,原审原告在第二审程序中撤回起诉后重复起诉的,法院不予受理。因此,第一审原告在第二审程序中应当谨慎行使自己的撤诉权利。

第三节 上诉案件的审理

一、第二审程序的审理范围

第二审程序的功能是应当侧重于上诉人的权利救济,还是侧重于纠错？不同侧重点的差异将导致第二审审理中的不同处理。如果侧重于权利救济功能,对于上诉人没有上诉的部分,上诉法院不能进行审理裁判;进一步扩展,则在对方当事人没有上诉时,第二审法院不能作出对上诉人相对第一审更为不利的判决。如果侧重于纠错功能,上诉法院则可以对上诉人没有上诉的部分进行审理,也可以对上诉人做出相对第一审更为不利的判决。

我国民事诉讼法比较侧重于第二审程序的纠错功能。虽然,根据我国《民事诉讼法》第 175 条和《民诉法解释》第 321 条的规定,第二审法院原则上应当对上诉请求的有关事实和适用法律进行审查,对于当事人没有提出请求的,不予审理。但是,当第一审判决违反法律禁止性规定,或者损害国家利益、社会公共利益、他人合法权益时,第二审法院可以突破上诉请求的范围进行审查。

至于第二审法院是否能对上诉人作出相对第一审更为不利的判决,我国《民事诉讼法》由于没有确立禁止不利益变更原则,因此第二审法院在作出判决时无此顾虑。禁止不利益变更原则是指在一方当事人上诉的情况下,第二审法院不得作出比第一审判决更不利于上诉人的判决。例如,原告诉请法院判令被告给付原告 20 万元,法院仅判令被告给付 10 万元,被告不服,就败诉的 10 万元提起上诉,此时原告并未提起上诉,第二审法院不能判令被告承担超出 10 万元之外更多的给付义务。然而,依据我国《民事诉讼法》的规定,第二审法院经过审查后,如果认为 10 万元的给付要求不合理,完全可以基于事实和法律判决被告承担 10 万元以上的给付义务。

二、第二审程序的审理方式

根据我国《民事诉讼法》第 176 条第 1 款的规定,第二审法院对上诉案件,应当开庭审理。经过阅卷、调查和询问当事人,对没有提出新的事实、证据或者理由,法院认为不需要开庭审理的,可以不开庭审理。因此,上诉案件的审理方式包括开庭审理和不开庭审理两种,前者为原则,后者为例外。不开庭审理不等于书面审理,仍然要求审判人员必须和当事人见面,亲自听取当事人陈述,并询问当事人。

1991 年《民事诉讼法》第 152 条第 1 款规定,第二审法院对上诉案件,应当组成合议庭,开庭审理。经过阅卷和调查,询问当事人,在事实核对清楚后,合议庭认为不需要开庭审理的,也可以径行判决、裁定。虽然《民诉法意见》(失效)第 188 条界定了适用径行判决的案件范围[①],但是法律和司法政策关于审理方式的这种含糊规定依然导致变相书面审理的普遍存在,审判过程程序展开不充分,事件中绝大多数案件均以所谓"谈话"方式进行,可改可不改的坚决不改;绝大多数案件维持原判,很少改判或被发回重审。在审理方式上,第二审法院拥有无须开庭而径行判决的权力,也往往导致第二审程序很难实现第二审程序纠错和监督的功能,所谓的两审终审制蜕变为事实上的一审终审制。针对这种现象,2012 年《民事诉讼法》将不开庭审理的范围限制为"没有提出新的事实、证据或者理由"的情形,比起原条文中"在事实核对清楚后,合议庭认为不需要开庭审理的"的情形,新条文的客观操作性相对要强些。

三、第二审程序的调解和和解

调解也是第二审程序中的结案方式之一。在第二审程序中达成调解协议的都应制作调解书,同时调解书应由审判员和书记员署名,并加盖法院的印章。调解书送达当事人后,原审法院的判决即视为撤销。

[①] 适用径行判决的案件包括:① 一审就不予受理、驳回起诉和管辖权异议作出裁定的案件;② 当事人提出的上诉请求明显不能成立的案件;③ 原审裁判认定事实清楚,但适用法律错误的案件;④ 原判决违反法定程序,可能影响案件正确判决,需要发回重审的案件。

根据《民诉法解释》第 324 条至第 327 条、第 337 条的规定,下列情形中第二审法院可采取调解方式结案:

(1) 对当事人在第一审中已经提出的诉讼请求,原审法院未作审理、判决的。

(2) 必须参加诉讼的当事人在第一审中未参加诉讼的。

(3) 在第二审程序中,原审原告增加独立的诉讼请求或者原审被告提出反诉的。

(4) 第一审判决不准离婚的案件,上诉后,第二审法院认为应当判决离婚的,可以根据当事人自愿的原则,与子女抚养、财产问题一并调解。

(5) 当事人在第二审中达成和解协议的,法院可以根据当事人的请求,对双方达成的和解协议进行审查并制作调解书送达当事人。

▶ 四、案件审理地点和宣判法院

第二审法院审理上诉案件,可以在本院进行,也可以到案件发生地或者原审法院所在地进行。这是便利当事人进行诉讼、便利法院办案原则在第二审程序中的体现。从审判实践来看,以不开庭方式审理的上诉案件,一般在本院进行;开庭审理的案件,则可依具体情况,到案件发生地或原审法院进行。

第二审的宣判有自行宣判和委托原审法院或当事人所在地法院代为宣判两种方式。第二审法院经过审理作出的判决,既可以在本院自行宣判,也可以委托原审法院或者当事人所在地法院代为宣判。

第四节 上诉案件的裁判

▶ 一、上诉案件的裁判种类

第二审法院审理上诉案件的内容,不仅包括双方当事人之间的实体权利义务之争,而且还包括审查第一审裁判认定的事实是否清楚、适用的法律是否正确、有无违反法定程序等。因此,针对第一审裁判的不同情况,第二审法院对上诉案件要作出不同裁判。

第二审法院对上诉案件,经过审理,按照下列情形,分别处理:

(一) 驳回上诉,维持原判

第二审法院经过审理,认为原判决、裁定认定事实清楚,适用法律正确的,以判决、裁定方式驳回上诉,维持原判决、裁定。即确认第一审法院的裁

判是正确合法的,当事人上诉的请求和理由不能成立,依法不予支持。原判决、裁定认定事实或者适用法律虽有瑕疵,但裁判结果正确的,第二审法院可以在判决、裁定中纠正瑕疵后,予以维持。

(二) 依法改判

1991年《民事诉讼法》对发回重审的标准、范围规定不明确,诉讼实践中滥用发回重审的现象十分普遍。发回重审既增加了当事人的诉讼成本,又影响了审判效率。2012年《民事诉讼法》修订以减少第二审法院将案件发回原审法院重审为原则,增加了第二审法院直接改判的情形。

第二审法院对上诉案件经过审理,对以下情形,可依法予以改判:

(1) 原判决、裁定对上诉请求的有关事实认定清楚,但适用法律错误的,第二审法院在确认第一审裁判认定的事实的同时,依法改判、撤销或者变更,以纠正原判决、裁定在适用法律上的错误。

(2) 原判决、裁定认定事实错误的,依法改判、撤销或者变更。

(3) 原判决认定基本事实不清的,第二审法院可以在查清事实后依法改判。基本事实,是指用以确定当事人主体资格、案件性质、民事权利义务等对原判决、裁定的结果有实质性影响的事实。基于当事人上诉请求的不同,依法改判可能变更原判决的一部分,也可能变更原判决的全部。

(三) 撤销原判,发回重审

第二审法院对上诉案件,经过审理,按照下列情形,分别处理:

(1) 原审判决认定基本事实不清的。对于此种情形,既可由第二审法院在查清事实后依法改判,也可以撤销原判,发回重审。

(2) 原判决有遗漏当事人或者违法缺席判决等严重违反法定程序情形的,裁定撤销原判决,发回原审法院重审。1991年《民事诉讼法》第153条第2款第4项规定:"原判决违反法定程序,可能影响案件正确判决的,裁定撤销原判决,发回原审人民法院重审。"据此,程序违法只有和实体错误联系起来,才能成为发回重审的理由。2012年《民事诉讼法》则强调程序正义的独立价值,规定:"原判决遗漏当事人或者违法缺席判决等严重违反法定程序的,裁定撤销原判决,发回原审人民法院重审。"《民诉法解释》第323条对"严重违反法定程序"的情形进一步补充明确,包括:审判组织的组成不合法的;应当回避的审判人员未回避的;无诉讼行为能力人未经法定代理人代为诉讼的;违法剥夺当事人辩论权利的。

根据《民诉法解释》的规定,下列情形先进行调解,调解不成的,则发回重审：

（1）对当事人在第一审中已经提出的诉讼请求，原审法院未作审理、判决的。

（2）必须参加诉讼的当事人在第一审中未参加诉讼的。

（3）第一审判决不准离婚的案件，上诉后，第二审法院认为应当判决离婚的。

对于最后一种情形，如果双方当事人同意由第二审法院审理，第二审法院可以裁判。此外，在第二审程序中，原审原告增加独立的诉讼请求或原审被告提出反诉的，调解不成功时，如果双方当事人同意，第二审法院也可以一并裁判；否则，告知其另行起诉。

原审法院对发回重审的案件作出判决后，当事人提起上诉的，第二审法院不得再次发回重审，应当直接作出判决。

（四）撤销原判，驳回起诉

法院依照第二审程序审理的案件，认为依法不应由法院受理的，可以由第二审法院直接裁定撤销原判，驳回起诉。发现第一审法院主管错误，应裁定撤销原判，告知当事人向有关主管部门申请解决。

▶ 二、第二审裁判的效力

我国实行两审终审制。第二审法院即终审法院，第二审法院的裁判为终审裁判，其法律效力主要体现在以下三个方面：

第一，不得对裁判再行上诉。第二审法院的裁判是对当事人之间实体权利义务的最终确认，一经送达当事人，即发生法律效力，当事人不得就此再行上诉。如果当事人认为第二审法院的裁判有错误，只能按照审判监督程序向法院申请再审。

第二，不得就同一诉讼标的，以同一事实和理由重新起诉。但是，判决不准离婚、调解和好的离婚案件以及判决维持收养关系的案件、调解维持收养关系的案件除外。

第三，具有强制执行的效力。对于第二审法院具有给付内容的裁判，如果义务人拒不履行义务，对方当事人有权向法院申请强制执行，法院也可以视情况依职权采取强制措施，从而保护当事人合法权益的实现。

三、第二审程序的审理期限

第二审法院审理不服判决的上诉案件,应当在立案之日起3个月内审结。有特殊情况需要延长的报请本院院长批准,由院长根据案件的具体情况,在保证案件审判质量的原则下,予以审批。

第二审法院审理不服裁定的上诉案件,应当在立案之日起30日内作出终审裁定。有特殊情况需要延长审限的,由本院院长批准。

案例精选

▶【案例】[①]

丁某与常某离婚纠纷一案于2014年3月第二次起诉至北京市通州区人民法院。第一审人民法院认定当事人夫妻感情关系破裂,调解不成,判决离婚,并就两人的财产进行分割。原告丁某在夫妻存续期间,存在与第三者同居并生育子女的婚姻过错行为,故对于双方财产本着照顾女方权益和无过错方原则对常某予以多分。

第一审判决后,常某不服,上诉至北京市第三中级人民法院,要求撤销原审判决的部分内容,依法改判或发回重审。并且提出如下诉讼请求:要求丁某进行损害赔偿;判令丁某向常某支付精神损害赔偿100万元。

请问:第二审法院对上诉人常某提出的诉讼请求应当如何处理?

评析:根据两审终审制的原理,从保障当事人诉权的角度出发,当事人提出的诉讼请求必须给予对方同等的防御机会,包括其上诉救济的机会。因此,对于第二审中提出的新诉讼请求,原则上均可先行进行调解,如果调解成功,鉴于调解的生效时间的即时性,能避免侵吞当事人诉讼救济权利的嫌疑。如果调解不成功,此时便只能告知当事人另行起诉。当时的《最高人民法院关于适用〈中华人民共和国婚姻法〉若干问题的解释(一)》第30条第3项规定,无过错方作为被告的离婚诉讼案件,一审时被告未基于2001年《婚姻法》第46条规定提出损害赔偿请求,第二审期间提出的,人民法院应当进行调解,调解不成的,告知当事人在离婚后1年内另行起诉。本案中,常某在第二审期间要求丁某向其支付精神损害赔偿100万元,因双方就此未能达成一致,常某可另行起诉。不过,依据《民诉法解释》第326条的规定,如果当事人都同意由

[①] 丁某与常某离婚纠纷案,北京市第三中级人民法院民事判决书(2015)三中民终字第04903号。

第二审法院审理的,第二审法院可以一并裁判,此为当事人处分权的体现。

思考问题

1. 上诉程序的概念、性质和功能。
2. 上诉程序的流程。
3. 上诉案件的裁判情形。
4. 第二审法院裁判的效力。

第十五章 民事裁判

民事裁判是指法院在审理民事案件的过程中,根据案件事实和法律规定,针对审理案件过程中发生的各种问题按法定程序所作出的处理结果。民事裁判包括三种类别:判决、裁定和决定。它们各自有适用的范围,采取的救济途径也有所区别。判决是法院对所审理案件的实体争议作出的权威性判定,更关系到当事人的权利义务。生效判决具有约束力、确定力和执行力;既判力是其重要的效力,而既判力理论自始至终存在各种争议,其既判力的适用范围也在发生不断演变。本章主要介绍了民事裁判的三种形式即判决、裁定和决定各自的概念、适用范围、内容和效力,民事裁判的既判力以及阅卷权等。

第一节　民事判决

一、民事判决的概念

民事判决是指在民事诉讼程序终结之前，法院根据查清的事实，依据法律对所审理案件的实体争议作出的权威性判定。

民事判决具有以下几个特点：

1. 民事判决是法院行使审判权的结果

民事审判权是法院对民事案件进行审理并作出裁判的权力，民事判决是法院行使民事审判权的重要标志。其他国家机关、社会团体和个人都无权对民事案件进行审理或者作出判决。法院是代表国家行使审判权的机构，法官和人民陪审员又代表法院行使审判权。

2. 民事判决是严格适用实体法的结果

法院在作出民事判决时，以当事人主张的实体法律关系、事实与争点为基础，选择相应的实体法律规范，按照司法三段论的逻辑对案件作出判决。在此过程中，本案是否符合适用某条法律规范的条件、当事人主张的权利能否成立、当事人的抗辩是否成立、当事人的请求在多大程度上能够得到满足等实体问题，都要严格依照实体性法律规范的本意作出评判。因此，民事判决是严格适用实体法的结果。

3. 民事判决是实体争议终结性的结果

对于实体争议，民事判决具有终结性。以民事判决是否发生法律效力为标志，判决的终结性又可分为暂时的终结性与永久的终结性。民事判决未生效之前，裁判的终局性是暂时的。当事人可以通过上诉、复议等救济渠道寻求他们认为公正的判决。民事判决生效后，判决的终局性是永久的。除非极个别的情形下，可以通过再审途径加以改变外，原则上生效判决具有的终结性是永久的。正因为判决具有终结性，民事诉讼程序才具有安定性与可预期性。

二、民事判决的类型

以诉的类型为基础，可以将民事判决分为不同的类型。通说认为，我国民事诉讼中的诉分为给付之诉、确认之诉、形成之诉三种。相应地，民事判决也分为给付判决、确认判决、形成判决。

1. 给付判决

给付判决是指判令一方当事人履行一定义务的判决。给付判决旨在确认原告对被告的权利,并命令被告向原告给付。原告提起给付之诉,法院作出原告胜诉的判决才是给付判决,具有执行力;法院作出原告败诉的判决是消极的确认判决,没有执行力,即认为原告主张的权利或法律关系不存在。

2. 确认判决

确认判决是指确认当事人之间存在或者不存在某种法律关系的判决。其中,确认当事人之间某种法律关系存在的判决为积极确认判决,确认当事人之间不存在某种法律关系的判决为消极确认判决。

3. 形成判决

形成判决是指改变当事人之间的既有法律关系,形成当事人之间新的关系状态的判决。形成判决确定时,自动发生法律状态的效果,一般是使已经存在的法律关系不再存在。

▶ 三、民事判决书的内容

判决书是民事诉讼中最为重要的法律文书,它不仅记载了法院对争议的实体法律关系的终结性评判,也记载了得出这一评判的审判流程与逻辑思维过程。民事判决一般应当包括以下内容:

1. 案由、诉讼请求、争议的事实和理由

案由是民事诉讼案件的名称,应当准确反映出案件争议的民事法律关系的性质和焦点,是法院对诉讼争议所包含的法律关系进行的概括。我国2020年《民事案件案由规定》以民法理论对民事法律关系的分类为基础,结合现行立法及审判实践,将案由的编排体系划分为人格权,婚姻家庭继承,物权,合同与准合同,知识产权与竞争,劳动争议与人事争议,海事海商,与公司、证券、保险、票据等有关的民事纠纷侵权责任,非讼程序案件,特殊诉讼程序案件等共11大部分,54类,473种案由。最高人民法院的这一规定是各级法院确定案由的根据。案由在法院立案时就应当加以明确。除记明案由之外,判决应记明诉讼请求,包括原告的诉讼请求,被告的反诉请求和有独立请求权第三人提出的诉讼请求。除此之外,判决还应当分别具体写明当事人各自主张的事实及相应的理由,不能有所偏颇。

2. 判决认定的事实和理由、适用的法律和理由

判决书的理由部分是判决合法性与正当性的充分体现,是对法院判决所认定的事实、证据进行的高度概括,并依据有关法律、法规,说明法院对争议的焦点和纠纷的性质、当事人责任有无、责任分担等各方面的分析论证和意

见。一方面,当事人和社会公众应当能从判决书中衡量与评价出判决的合法性与正当性;另一方面,判决书应该完整、清晰地表达审判组织形成判决结果的司法逻辑过程。

我国判决书长期存在的主要缺陷就是判决理由论述不充分,表现为认定事实缺少分析和适用,法律论述过于概括。一是认定事实缺少分析。有的判决书没有阐明案件事实的认识过程和认识依据,对证据的取舍不作具体的分析、认证,没有阐明认证的理由,使证据采信的过程在裁判文书中反映不出来。二是适用法律的论理过于概括。判决书大都只引用法律条文,不阐明适用法律的理由,没有对法律依据的适用问题进行法理分析或分析不深入,缺乏说服力。因此,2012年《民事诉讼法》修改强化了判决书的充分说理性:其一,明确规定了判决书应当写明判决结果和作出该判决的理由,强调判决的说理性;其二,强调了要写明法律适用的理由。

根据新修改的法律条文,法官在撰写判决书时应当注意:其一,对于当事人提交证据情况、证据交换情况、当事人质证与辩论情况及法院采信的依据,判决书都应说明清楚。如果涉及举证责任分配,还要对举证责任分配的法律依据加以说明。其二,对于适用的法律,除了列明援引的实体法律依据和程序法律依据外,还应当进一步地说明理由。引用法规条款时,要按照法律、法规的级别效力和条目顺序表述,尤其要注意处理好特别法与普通法之间的关系。总之,在判决书中,无论是对事实认定过程,还是对法律规范的选择与适用,都要有充分的理由。

3. 判决结果

判决结果是法院根据审理查明的事实和理由,依据适用的法律条款对案件争议的实体问题作出的处理决定,通常称为判决的主文。判决主文要求明确、具体、完整。有执行内容的主文还应当具有可操作性。判决的结果,应当明确针对诉讼请求作出,对当事人提出的诉讼请求,法院应当在判决中表明自己的态度,不能遗漏。

4. 诉讼费用的负担

诉讼费用的负担即法院依法决定谁负担诉讼费用以及如何负担、具体数额等。诉讼费用负担本身不是判决结果,但与判决结果密切相关。当事人不得单独就诉讼费用的负担提起上诉。

5. 上诉期间和上诉的法院

对于第一审民事案件的判决,当事人有上诉权。上诉法院是第一审法院的上一级法院。在判决书的结尾部分应写明上诉期间和具体上诉到哪一个法院。

判决书的尾部还应当有合议庭成员及书记员的署名和判决日期。判决书制作印好后,书记员要与原本核对无误,并加盖"本件与原件核对无异"章和法院印章。

▶ 四、生效民事判决的效力

在我国民事诉讼中,判决生效的时间因法院级别和审理程序的不同而不同。《民事诉讼法》第158条规定,最高人民法院的判决、裁定,以及依法不准上诉或者超过上诉期没有上诉的判决、裁定,是发生法律效力的判决、裁定。最高人民法院是我国最高审判机构,不论最高人民法院作为第一审法院,还是第二审法院,其所作出的判决一经宣布就发生法律效力。基层人民法院适用特别程序作出的判决,适用公示催告程序所作出的除权判决,以及根据《民事诉讼法》第165条的规定对小额诉讼作出的判决,当事人没有上诉权,在判决送达当事人之后,立即生效。地方各级人民法院就民事案件所作出的第一审判决,当事人有上诉权。上诉期满,当事人没有提出上诉的,该第一审民事判决于上诉期届满后次日发生法律效力。

关于第一审裁判后发现错误如何处理,根据《民诉法解释》第242条,第一审宣判后,原审法院发现判决有错误,当事人在上诉期内提出上诉的,原审法院可以提出原判决有错误的意见,报送第二审法院,由第二审法院按照第二审程序进行审理;当事人不上诉的,按照审判监督程序处理。另外,如果包括判决书在内的法律文书中出现误写、误算,诉讼费用漏写、误算和其他笔误,可以用民事裁定的方式予以补正。

判决是法院对当事人之间纠纷作出的权威性判断。作为通过国家强制力解决纠纷的最终结果,判决必须具有一定的法律效果或作用,即在法律上或事实上具有一定的效力。判决的效力是指判决本身所具有的作用或效果。具体而言,民事判决的法律效力包括法律上的约束力、确定力和执行力。

(一)约束力

生效的民事判决是法院代表国家对争议作出的权威性评判。民事判决生效后,对当事人、法院和社会都有约束力,这种评判不能随意被撤销或更改,否则将会丧失其权威性根基。判决约束力的意义就在于维持判决的稳定性、安定性和权威性。在我国民事诉讼中,第一审可上诉判决,上诉期届满后,当事人未提出上诉的,则产生法律上的约束力;上诉期内,当事人上诉,上诉后又撤回上诉的,第二审法院准许撤回上诉的裁定送达时,第一审判决发生法律效力,也随即产生了约束力。任何国家机关、企事业单位、社会团体都不能再随意变更或者撤销。

(二) 确定力

生效判决具有确定力。生效判决所确定的案件事实和双方当事人之间的民事法律关系,具有不可争议性。亦即,判决确定后,判决中针对当事人的请求而作出的实体判断就成为规定当事人之间法律关系的基准,此后当事人既不能提出与此基准相冲突的主张来进行争议,法院也不得作出与此基准相矛盾的判断。如果判决不能对审判对象中涉及的权利与义务关系产生实质性的确定力,该判决也就失去了实质意义,民事诉讼就不能发挥其定分止争的基本功能。判决的这种实质性的确定力,被称为既判力。判决的实质确定力,具有禁止重复起诉和"一事不再理"的效力。既判力是要求法院提供权利保护的必然结果,其宪法依据在于法治国家原则。为了维护当事人之间的法律和平,每一个纠纷都必须有一个尽头;从照顾法院的角度出发,它们不应重新卷入已经不可辩驳地裁判了的纠纷;为了维护法院的声望,也需要避免出现矛盾的裁判。只有禁止再次审理和裁判以及使当事人受裁判的拘束,这一目的才能得到最完美的实现。①

(三) 执行力

生效判决的执行力,是指在义务人不履行义务的情形下,权利人根据生效判决请求法院强制义务人履行生效法律文书所确定的义务的效力。一般只有具有给付内容的判决才有执行的必要,因此判决的执行力也可以说是给付判决所特有的一种判决效力。对于生效的民事判决,一方拒绝履行的,对方当事人可以向法院申请执行,也可以由审判员移送执行员执行。在我国民事诉讼中,判决执行力的发生以义务人不履行义务为前提。只有义务人不履行义务时,权利人才有权以给付判决为根据,向法院申请强制执行。

第二节 民事裁定

一、民事裁定的概念

民事裁定,是法院对民事诉讼和执行程序的程序问题以及个别实体问题进行处理时所作的判定。民事裁定主要用于解决程序问题,如管辖权异议、是否允许撤诉等;在个别情况下也用于对实体问题的处理,例如关于保全和先予执行的裁定。需要注意,保全和先予执行裁定虽涉及对当事人实体权利

---

① 参见〔德〕罗森贝克、施瓦布、戈特瓦尔德:《德国民事诉讼法》(下),李大雪译,中国法制出版社2007年版,第1151页。

的处分,但其对实体权利的处分不具有终局性,仅具有暂时性和程序保障性。通常,民事裁定适用于案件受理之后到判决宣告之前;在个别情形下,裁定也适用于案件受理前,如诉前保全的裁定。

▶ 二、民事裁定的适用范围

根据《民事诉讼法》第157条第1款的规定,对于下列事项将采取裁定方式:

(1) 对起诉不予受理。人民法院收到起诉状或者口头起诉,经审查,认为符合起诉条件的,应当在7日内立案,并通知当事人;认为不符合起诉条件的,应当在7日内裁定不予受理。不予受理裁定是对不符合起诉条件的起诉的处理方式,直接关涉原告起诉权的保障,因此不予受理裁定的适用应以慎重为妥。

(2) 对管辖权异议的处理。人民法院受理案件后,当事人对管辖权有异议的,应当在提交答辩状期间提出。人民法院对当事人提出的异议,应当审查。异议成立的,裁定将案件移送有管辖权的人民法院;异议不成立的,裁定驳回。

(3) 驳回原告起诉。起诉不符合受理条件的,人民法院应当裁定不予受理。立案后发现起诉不符合受理条件的,裁定驳回起诉。驳回起诉与不予受理裁定两者发生的时间段不同,不予受理裁定适用于人民法院的立案审查阶段,驳回起诉裁定适用于案件审理阶段。由于立案审查阶段只是形式审查,案件在立案后经实体审查发现不符合起诉条件的,人民法院有权拒绝审判,裁定驳回起诉。不予受理的裁定书由负责审查立案的审判员、书记员署名;驳回起诉的裁定书由负责审理该案的审判员、书记员署名。

(4) 是否准予保全和先予执行。人民法院可以依法作出诉讼中保全和诉前保全以及先予执行的裁定。

(5) 是否准许当事人撤诉。宣判前,原告申请撤诉的,是否准许,由人民法院裁定。

(6) 中止或者终结诉讼。在诉讼中发生了法律规定的中止诉讼或终结诉讼的情形,人民法院应当作出中止诉讼或者终结诉讼的裁定。

(7) 补正判决书中的笔误。对于判决书中的笔误,人民法院以裁定的方式补正,作为原判决书的附件。

(8) 中止或者终结执行。在执行中遇到法律规定的中止执行或终结执行的情形,人民法院应当作出中止执行或者终结执行的裁定。

(9) 撤销或者不予执行仲裁裁决。对国内仲裁裁决和涉外仲裁裁决,被申请人提出证据证明存在应予撤销或不予执行的法定情形之一的,经人民法院组成合议庭审查核实,裁定撤销或不予执行。

(10) 不予执行公证机关赋予强制执行效力的债权文书。人民法院受理执行申请之后,确认据以执行的债权文书确有错误的,裁定不予执行。

(11) 其他需要裁定解决的事项。此为"兜底条款",用以涵盖可能遗漏的情形。

三、民事裁定书的内容和效力

(一) 民事裁定书的内容

裁定书是裁定的书面形式,是记载裁定内容的法律文书。由首部、正文和尾部三部分组成。

(1) 首部。包括标题、案号、案由、诉讼参加人及其基本情况。裁定的案由应依据《民事诉讼法》第157条规定的适用裁定的类型进行确定。

(2) 正文。包括裁定结果和作出该裁定的理由。裁定结果是裁定书的主文,是审判人员根据事实和法律对需要裁定的事项作出的判定。这部分要针对具体的问题,写明具体的处理方式。裁定理由包括事实认定理由和法律适用理由。其中,事实认定理由是指法院对案件事实进行认定的依据,其重点在于法官对证据的分析、比较和阐述。民事裁定书中应当充分地说明认定某一事实的理由,即对当事人的争议事实如何查明、有何证据予以证明进行逐一说明。法律适用理由是指依照法律和法理对案件事实进行的论证。"裁定书应当写明裁定结果和作出该裁定的理由",这是2012年《民事诉讼法》修订增加的条款。虽然之前的审判实践中法院作出的裁定书一般都会写明裁定的理由,但《民事诉讼法》没有规定。2012年《民事诉讼法》的修改以立法的形式确立了裁定书说理性的基本原则。

(3) 尾部。主要包括是否允许上诉、制作主体、裁定日期等。允许上诉的裁定,应当写明上诉期间和上诉的法院。允许复议的裁定,应写明当事人复议的权利和复议的法院;不得上诉的裁定,应写明该裁定不得上诉;如果是终审裁定,应写明该裁定为终审裁定。

裁定书制作后,由审判人员、书记员署名,加盖人民法院印章,注明作出裁定的日期。审判员口头裁定的,记入笔录。

(二) 民事裁定的效力

"有限上诉"是对民事裁定的救济途径之一,可上诉裁定的种类仅包括不予受理裁定、管辖权异议裁定和驳回起诉裁定三类,而其他的裁定只能通过复议、申请再审、抗诉等方式寻求救济。第一审判决书和可以上诉的裁定书不能同时送达双方当事人的,上诉期从各自收到判决书、裁定书的次日起计算。

根据《民事诉讼法》第158条的规定,最高人民法院的判决、裁定,以及依法不准上诉或者超过上诉期没有上诉的判决、裁定,是发生法律效力的判决、裁定。与民事判决相同,可上诉的裁定发生法律效力的时间因法院级别和审理程序而有所不同。最高人民法院作出的裁定一经宣告就发生法律效力。对于准许上诉的裁定,上诉期内,当事人没有提出上诉的,第一审裁定发生法律效力。不准上诉的裁定,一经宣告就发生法律效力。第二审人民法院对提起上诉的裁定所作出的裁定属于终审裁定,一经宣告就发生法律效力。对于可以复议的裁定,复议期间不停止裁定的执行。

第三节 民事决定

一、民事决定的概念

民事决定,是指人民法院在民事诉讼中为了保障诉讼活动的顺利进行,对某些特殊事项依法作出的裁断。所谓特殊事项,一般是指对于诉讼活动的正常进行意义重大,具有一定紧迫性,亟须在诉讼过程中予以解决,但又不宜适用判决或裁定解决的事项。

二、民事决定的适用范围

根据《民事诉讼法》的规定,下列情形应当适用民事决定:

1. 回避

无论是审判人员或有关人员自己提出回避,还是当事人申请回避,都需要由人民法院以决定方式处理。

2. 期间的顺延

当事人因不可抗拒的事由或其他正当理由耽误期间的,在障碍消除后的10日内,可以申请顺延期限,是否准许,由人民法院决定。

3. 对妨害民事诉讼行为采取强制措施

采取对妨害民事诉讼的强制措施必须由人民法院决定。对妨害民事诉讼的行为人采取哪种强制措施,要结合其妨害行为的性质,由人民法院以决定的形式依法确定。

4. 缓交、减交、免交诉讼费用

当事人交纳诉讼费用确有困难的,可以按照规定向人民法院申请缓交、减交或者免交。人民法院审查后,作出是否准许的决定。

5. 启动再审

各级人民法院院长对本院已经发生法律效力的判决、裁定,发现确有错误,认为需要再审的,应当提交审判委员会讨论决定。审判委员会对是否再审的问题采用决定方式处理。

▶ 三、民事决定书的内容和效力

民事决定可以采取口头或者书面的形式。例如,对妨害民事诉讼行为决定采取强制措施时,训诫和责令退出法庭通常采取口头形式,罚款和拘留则采取书面形式。民事决定书是民事决定的书面表达形式。法律规定必须采用书面形式的,必须制作决定书。

决定书由首部、正文、尾部组成,首部应写明作出决定的人民法院名称、决定书标题和编号、案由、当事人的基本情况;正文应写明作出决定的人民事实、理由、法律依据和决定内容;尾部应有作出决定的人民法院的印章、作出决定的审判人员的签名,记明是否准许申请复议,并写明作出决定的时间。

民事决定,一经作出或者送达当事人即发生法律效力,当事人不得上诉。其中对是否回避作出的决定、罚款或拘留的决定,当事人可以申请复议。对罚款与拘留决定不服的,当事人有权向作出决定的人民法院的上一级人民法院申请复议。

第四节 既 判 力

▶ 一、既判力的概念

既判力的概念源于罗马法中关于"诉权消耗"的法理或制度。罗马法诉权消耗制度在德国普通法中进化为"既济事件的抗辩",在德国普通法末期最终演变为作为确定判决效力的既判力制度。[1] 日本、法国等国的民事诉讼法也采用了既判力的概念。既判力也被称为实体的确定力或实质的确定力,是指确定判决之判断被赋予的共有性或拘束力。[2]

判决一经生效就不容许随意改变,而作为其对象的纠纷也被视为得到了最终解决,这种性质就是判决的终局性。判决的终局性体现在其所具有的约

---

[1] 参见张卫平:《民事诉讼:关键词展开》,中国人民大学出版社2005年版,第300页。
[2] 参见〔日〕新堂幸司:《新民事诉讼法》,日本弘文堂1998年版,第403页。

束力、形式上的确定力、实质上的确定力（既判力）、执行力等一系列的效力中。其中，既判力是裁判效力的核心内容。法院的终局判决确定后，无论该判决结论如何，判决中针对当事人的请求而作出的实体判断就成为规定当事人之间法律关系的基准，当事人及法院均要接受判决内容的约束。当事人不得就该判决的内容再提出不同的主张，法院也不得就该判决的内容再作出相矛盾的判决。判决所具有的这种拘束力称为既判力。

▶ 二、既判力的本质

为什么判决具有生效后就不容许随意改变的性质？当诉讼之外客观存在的实体权利关系与判决的判断不一致时，为什么判决仍然具有既判力，不容许改变？确定判决的拘束力来自何方，其基本依据是什么？上述关于既判力的效果来源及其性质的问题即有关既判力的本质问题。对于该问题学理上存在不同的学说。

（一）实体法说

实体法说把生效判决视为实体法上的法律要件之一。该说认为，既判力的本质在于确定判决具有创设实体法上权利义务的效果。正当的判决是对当事人之间从来就有的权利关系给予重新确认，而不正当的错误判断变更了实际上的实体法律关系而使错误的实体关系成为法律上的正当关系。亦即，有关既判力来源的解释，实体法说认为既判力是作为一种实体法的效果来规范双方当事人的，而作为这种规范的效果，判决也间接地拘束法院。该学说认为既判力只在当事人之间产生拘束力，因此难以解释当判决涉及第三人的权利关系时，既判力能否发生拘束力等问题。

（二）诉讼法说

诉讼法说是诉讼法自实体法中分离出来后形成的一种学说。该说认为判决的既判力是纯粹的诉讼法上的效力。既判力与诉讼外实体权利存在与否无关，而仅仅是一种基于国家裁判统一之要求产生的诉讼法上的效力。[①]因此，既判力对当事人和法院的确定力并不是来自实体法，而是来自诉讼法。既判力并不涉及判决所确认的权利与既存权利是否相符的问题，而是关系到前一判决内容上的判断对后诉法院的效力问题。换言之，既判力的本质是一种禁止后诉法院作出与前诉判决相矛盾判断的效力。当某一法院作出的判决确定后，即使法院的确定判决所认定的权利状态与既存的真正权利状态不

[①] 参见〔日〕兼子一：《实体法与诉讼法——民事诉讼的基础理论》，日本有斐阁1957年版，第142页。转引自林剑锋：《民事判决既判力客观范围研究》，厦门大学出版社2006年版，第24页。

符,但基于国家权力的统一性,不准许其他法院作出与其相矛盾的裁判。而且,作为这种效果的一种反射,发生争议的当事人双方也不得提出与此相反的请求或主张。

诉讼法学说的产生与诉权理论中的公法诉权说的兴起是一脉相承的。随着抽象诉权说、具体诉权说的相继提出,在既判力理论中,学者们也逐渐脱离了实体法的旧路,从诉讼法的视野进行分析研究。

(三) 新实体法说

新实体法说承继了实体法说的某些观点,但有所发展。该说承认实体法律关系与既判力的密切关联性,认为既判力属于实体法领域的作用。发生既判力的法院判决的内容,是当事人必须遵从的权利状态。即使判决不正确,也应当维护判决的权威性而以判决的内容作为规范当事人权利状态的标准。新实体法强调要严格区分判决前的权利状态与判决后的权利状态。前者只是当事人依照实体法的规范作出的法律评价,而后者是由法院通过适用法律作出的权威性判断。新实体法说从既判力的实体法性质出发,同时不否认既判力具有诉讼法上的意义。该说认为既判力本质具有实体和程序双面性质,即一方面确定当事人的实体权利状态,另一方面在法院与当事人之间发生一事不再理的作用。

(四) 新诉讼法说

新诉讼法说是由旧诉讼法说发展而来的,代表人物有德国的伯特赫尔、日本的三月章等人。该说认为,既判力的法律效果在于阻止判决事项被一再重复审理,并认为一事不再理是民事诉讼判决的最高理念。从这一理念出发,该说主张前诉判决之所以对后诉判决具有拘束力,原因在于法院不得就同一事项重复审判,因而当事人也不得重复起诉。承认既判力具有一事不再理的法律效果,是新诉讼法说区别于旧诉讼法说的关键点。新诉讼法说把既判力视为与一事不再理具有同样效果的效力。无论新旧诉讼法说,都站在诉讼法的立场上,否认既判力具有实体法上的意义。在这方面,新诉讼法说更彻底。新诉讼法说是德国、日本目前的通说。

(五) 权利实在说

该说为日本民事诉讼法学家兼子一倡导。兼子一认为,权利及法律,只有人们加以判断和适用,才能转化为真正的权利和法律。在法官进行判断之前,没有真正实在的既存法律和权利。在法院判决之前,当事人之间私自适用法律而主张的权利,只是一种虚假的存在,不是真正存在的权利;只有法院作出判决后,才能成为真正存在的权利。该说认为,实体法说和诉讼法说存在共同的错误,即将权利或法律状态的存在现象等同于感觉领域外的物质存在范畴,将法律适用(或判决)视为对既存权利的认识手段。判决既判力之所以对当事人及法院有拘束力,就是因为判决能赋予真正实在的权利,当事人和法院必须遵从,不能作出不同的主张和判断。由于权利实在说否认了诉讼之外存在实体权利,因而法院判决并不存在所谓错误判决问题。权利实在说得到个别学者的认可,一则因为它避免了实体法说将既存权利与经判决的权利进行比较,从而不必将既判力解释为既存权利的转化作用;二则避免了诉讼法说将判决与实体法的关系完全割裂的不当现象。①

▶ 三、既判力的范围

对于民事纠纷的最终解决而言,确定判决既判力具有绝对化意义,但就既判力的作用范围而言,这种遮断或拘束效果只具有相对性意义。既判力这种相对性意义主要体现在既判力作用范围的三个维度,即主观范围、客观范围与时间范围。

(一)既判力的主观范围

既判力的主观范围是指既判力作用的主体范围,即哪些人受到既判力的拘束。由于生效判决是法院和当事人按照正当程序及实体规范共同作用的结果,法院和当事人自当接受既判力的拘束。民事诉讼解决的是当事人之间的民事纠纷,生效判决处理的是当事人之间的实体争议,所以除法院以外,既判力的主体范围原则上只限于当事人。此即大陆法系国家均秉持的既判力的相对性原则。② 按照辩论主义的要求,法院的判决事项必须以当事人双方在言词辩论程序中所主张的内容为基础。如果既判力扩大到当事人以外的案外人,由于案外人没有参与诉讼,实际上是剥夺了该案外人的程序参与权,对其来说是不公平的。

判决的既判力原则上仅对本案当事人发生作用,对本案当事人以外的第三人不发生作用。但在某些情形下,法律上和法理上允许和承认判决的既判力突破这一原则性限制,对本案当事人之外的第三人发生作用,这就是既判力相对性原则的例外,在既判力理论上称为"既判力主观范围的扩张"。民事判决的既判力可能及于当事人以外的人员。既判力向当事人之外的第三人扩张的情形主要包括:

(1)向请求标的物的持有人的扩张。请求标的物的持有人指的是对特定

---

① 参见〔日〕兼子一、竹下守夫:《民事诉讼法》(新版),白绿铉译,法律出版社1995年版,第154—156页。

② 参见张卫平:《民事诉讼:关键词展开》,中国人民大学出版社2005年版,第322页。

物不具有自己的固有利益,专门为当事人或其承继人的利益持有该物的保管人、管理人和受托人等。大陆法系既判力理论认为,虽然请求标的物的持有人相对于案件的当事人而言是第三人,但其对标的物的持有是专门为了当事人的利益,因而在与交付请求相关的限度内,可以被视同为当事人。① 既判力向这些第三者扩张,既不会损害其固有的实体利益,也不会损害其程序保障权益。

（2）向本案最后辩论终结后的诉讼承继人扩张。判决的既判力作用于本案言词辩论终结后承继当事人实体权利义务的人,比如当事人的继承人、债的受让人等。承继人既然承继了当事人的实体权利义务,就应接受对该实体权利义务的判决的既判力的拘束。

（3）向诉讼担当的被担当人扩张。在诉讼担当中,对诉讼标的有直接利害关系的人不参加诉讼,破产管理人、遗嘱执行人等以形式诉讼当事人的身份进行诉讼。上述情形下,法院就该涉讼法律关系进行审理进而作出确定判决,该判决之既判力及于讼争的实体权利义务关系主体。

（4）向一般第三人的既判力扩张。这种情形下既判力扩张的主要特点是,受既判力约束的第三人不限于具体情形的、特定的第三人,而是限于某些类型诉讼的第三人,例如涉及身份关系的"人事诉讼或称家事诉讼和团体法律关系的诉讼（如公司诉讼）。大陆法系诸国的法律中对此均有明确规定。因为是针对某些诉讼类型的一般第三人,因此这种情形的既判力扩张也称为判决效力的对世效力"。② 这种情形下既判力的扩张是为了实现法律关系（身份关系和团体法律关系）的统一处理。为了保障第三人的正当权益,法律上均设置了相应的程序保障。

(二) 既判力的客观范围

1. 既判力的客观范围与诉讼标的的关系

既判力是对后诉的拘束,而对后诉的拘束实际上就是对后诉诉讼标的的拘束,因此就存在着对哪些法律关系有拘束力的问题,也就是既判力客观范围的问题。③ 通说认为,既判力原则上只及于判决主文中表述的判断事项,而所谓判决主文的判断即对诉讼标的的判断。除法律有特别规定外,当事人不得就已经裁判的诉讼标的再行起诉。诉讼标的是当事人请求诉讼救济的实体事项,是诉讼请求的基础,并且诉讼标的是诉的"质",法院生效判决对诉讼

---

① 参见〔日〕新堂幸司:《新民事诉讼法》,林剑锋译,法律出版社2008年版,第489页。
② 参见张卫平:《既判力相对性原则:根据、例外与制度化》,载《法学研究》2015年第1期。
③ 参见张卫平:《民事诉讼:关键词展开》,中国人民大学出版社2005年版,第322页。

标的作出最终判断即意味着法院完成对该诉的审判。诉讼标的是判断是否为"一事多诉"或"一事再理"的标准，以同一诉讼标的为基础的诉讼请求，也随之不得再被提起和再被审判。

关于民事诉讼中"一事不再理"原则及判断标准，根据《民诉法解释》第247条的规定，当事人就已经提起诉讼的事项在诉讼过程中或者裁判生效后再次起诉，同时符合下列条件的，构成重复起诉：① 后诉与前诉的当事人相同；② 后诉与前诉的诉讼标的相同；③ 后诉与前诉的诉讼请求相同，或者后诉的诉讼请求实质上否定前诉裁判结果。

当事人重复起诉的，裁定不予受理；已经受理的，裁定驳回起诉，但法律、司法解释另有规定的除外。

《民诉法解释》第248条对"不适用一事不再理原则的情况"也作出了规定，裁判发生法律效力后，发生新的事实，当事人再次提起诉讼的，人民法院应当依法受理。

《民诉法解释》在我国首次明文规定了重复起诉的要件。尽管该条文是基于民事诉讼"一事不再理"原则而针对禁止重复起诉设定的制度，而且"一事不再理"仅仅只是既判力消极作用的一个方面，但该条文背后所蕴含的理念却对我国关于判决效力的传统观念极具挑战意义与创新价值。其创新的核心要素在于，在判断是否构成"一事不再理"这一问题领域中，司法解释在逻辑上认可了既判力相对性原则以及一定范围内允许矛盾判决存在之观念。

按照该条规定，构成重复起诉的案件必须同时满足三个要件，条件①是关于当事人同一性的限定，条件②与条件③则是关于客体（审理对象或诉讼标的）方面的限定，构成重复诉讼，两方面缺一不可。

该法条背后所蕴含的禁止矛盾判决之存在本身，应当不同于我们通常所理解的"禁止矛盾判决"。作为这两者的主要区别，禁止重复起诉及既判力制度背后的矛盾判决是相对的。该相对性的具体含义是指在同当事人且同诉的前提下才禁止法院作出矛盾判决，若不属于相同当事人之间的诉或诉是矛盾的，哪怕是前诉判决中已决的事项（事实问题、判决理由中有关法律关系的判断、有关诉讼标的的法律判断）作为后诉的部分或全部被提起，后诉法院也应当受理，而且也可以不受前诉拘束来作出独立判断。而允许矛盾判决相对化的存在，是认可既判力相对性原则的必然结果，否则必须满足三个条件才构成重复起诉的条文将失去实际的意义。就这个意义而言，本条法律规定也间接地认可了既判力在主观范围与客观范围方面的相对性原则。①

传统诉讼标的理论以实体法规定的具体实体权利作为诉讼标的的概念，以实体法律规范作为识别诉讼标的标准。因此，法院裁判的既判力只能及于该具体的实体权利。只要实体法上规定的实体权利不同，即使原告请求给付的目的只有一个，其诉讼标的也不相同，在对各个诉讼标的所作出的判决之间，也不发生既判力的拘束问题。根据传统理论，诉讼标的的范围与既判力的客观范围均以实体法上的具体权利或者法律关系为准，所以既判力的客观范围与诉讼标的完全一致。

新诉讼标的理论则将诉讼标的概念从实体法中解放出来，使之成为诉讼法上的范畴。当不同的原因事实只产生同一法律地位或者法律效果时，这些不同的原因事实虽然可能构成实体法上的若干个实体请求权，但并不构成不同的诉讼标的，诉讼标的仍为单一。此时，既判力的客观范围不一定能与诉讼标的的范围一致。

2. 判决理由是否具有既判力

关于判决理由有无既判力的问题是大陆法系特有的争论，分为否定和肯定两种观点：前者认为既判力只及于判决主文中的判断，判决理由中的判断无既判力；后者主张特定情况下判决理由也有既判力。绝对地肯定或者否定判决理由的既判力都有各自无法克服的弊端。从各国司法实践来看，判决主文中的判断往往过于简短，尤其是原告败诉的案件，判决主文往往只表述为"驳回原告的诉讼请求"，根本无法明确双方争议的性质是什么，此时必须斟酌判决理由才能确定双方间的权利义务关系。如果忽视判决理由与判决主文之间这种密不可分的联系，忽视判决理由在认定法律关系、查清法律责任上的重要作用，允许当事人不受拘束地就已经审理判断的事项再行争执，势必破坏民事诉讼解决纠纷的机能。

然而，完全肯定判决理由有既判力的观点也存在缺陷。首先，它剥夺了当事人的处分权。当事人作为诉讼的主体对提出哪些基础事项及诉讼材料享有自由处分的权利，而这些诉讼材料、法庭辩论及质证也都是围绕诉讼请求而进行的。如果直接承认基础事项也有既判力，那么判决一经确定，当事人就不能再就该基础事项发生争执，提出其他诉讼请求或诉讼材料。这无疑剥夺了当事人的合法权益。其次，如果认定判决理由具有既判力，那些事无

---

① 参见林剑锋：《既判力相对性原则在我国制度化的现状与障碍》，载《现代法学》2016年第1期。

巨细的用以支持诉讼请求的基础事项都一概会被赋予拘束当事人自身的效力,这就会使当事人因为法院偶然采纳了某一个并未得到当事人充分抗辩的基础事项作为判决理由而蒙受意外的不利后果,造成对当事人的突袭裁判。最后,它违背诉讼效率价值。如果当事人仅对判决理由不服便可以不断地提出上诉,无疑将导致整个诉讼拖延,这显然违背了诉讼效率的价值要求。

绝对地肯定或否定判决理由的既判力虽有弊端,但并非不可调和。考察两种观点的利弊程度后,学者们提出了一定条件下赋予判决理由约束力的折中观点,在大陆法系比较有代表性的是日本的"争点效"理论。所谓"争点效",是指在前诉中被双方当事人作为主要争点予以争执,而且法院也对该争点进行了审理并作出了判断,当同一争点作为主要的先决问题出现在其他后诉请求审理中时,前诉法院对于该争点作出的判断产生的通用力。根据这种"争点效"的作用,后诉当事人不能提出违反该判断的主张及举证,同时后诉法院也不能作出与该判断相矛盾的判断。这一理论的适用须具备以下几个条件:① 在前诉请求中主要争点事项的判断;② 在前诉中当事人尽到主张和证明责任;③ 法院对于该争点业已作出实质上的判断;④ 前诉与后诉所争利益几乎是等同的;⑤ 在后诉中,一般由当事人主张这种"争点效"。但"争点效"产生的是拘束力,与既判力效力并不相同,其主要区别在于:一是前者基于判决的理由部分,而后者基于判决的主文;二是既判力属于法院职权调查事项,而"争点效"需当事人自己提出抗辩;三是由于"争点效"只有在当事人对此进行认真严格的争议并由法院作出实质性判断的情形下才得以产生,因此其适用的限制较多。①

从2002年《证据规定》到2015年《民诉法解释》均规定了免证的事实,其中都将"已为人民法院发生法律效力的裁判所确认的事实"作为免证的对象,法条但书中同时规定了"当事人有相反证据足以推翻的除外"。《民诉法解释》第93条,一方面确认前诉判决的事实认定结果对后诉原则上具有免证的拘束力,另一方面仍然允许通过反证予以推翻。作为该法条设置的意图,确认前诉认定结果对后诉原则上具有免证效力的原因在于,人民法院的裁判文书具有公文书证的性质,因此判决书作为一种证据,具有高度证明力。不过基于但书的规定,这种证明力在性质上又非具有绝对化的效力,而可以通过反证予以推翻。本法条背后蕴含的逻辑实际上已经在一定程度上否定了"判

---

① 参见邓辉辉:《既判力理论研究》,中国政法大学出版社2005年版,第145—147页。

决书内容作用范围绝对化"的思维,并明确了确定判决中的事实认定部分对后诉并不具有绝对化的拘束力。判决的这种效力为事实上的影响力(预决效力),而非具有强制法律拘束力的既判力。判决预决效力的载体与对象为事实认定部分,基于自由心证主义,后诉法官可以作出与前诉不同的事实认定。换言之,这一制度设计实际上认可了在事实认定领域允许存在着前后矛盾的判决,在拘束后诉效力方面,发生法律效力判决书的所有内容并非都具有绝对化的拘束力。①

3. 诉讼上的抵销与既判力客观范围

如前所述,判决的既判力一般只限于判决主文中的判断,而不及于判决理由。诉讼上的抵销,既然不是原告起诉主张的诉讼标的,而是被告的攻击防御方法,就不应该发生既判力。但是纵观大陆法系各国的民事诉讼法不难发现,几乎所有大陆法系的国家都在其民事诉讼法典中明确规定了抵销抗辩的既判力。② 诉讼中的抵销抗辩可以说是判决理由具有既判力的特殊情形。应当注意,抵销抗辩也不是绝对具有既判力。一方面,法院就抵销抗辩所作的判断必须为实体上的判断,因此对债权不具备适于抵销的状态、禁止抵销或抵销的意思表示无效等理由所作的判断并不发生既判力。另一方面,抵销抗辩只不过是被告抗辩或防御的方法而已,法院对此所作的判断,虽不一定表现于判决主文,但必须在终局判决的理由中经判断才有既判力可言。

(三) 既判力的时间范围

既判力作用还存在着一个时间的界限问题。民事法律关系有可能随着时间的流逝而发生、变动和消灭。每个终审民事判决总是针对一定时间点上的法律关系来作出的。终审民事判决的作出需要一个标准时点,而这个时点在大陆法系民事诉讼中就被称为既判力的标准时。在德国和日本,这个标准时被设置为诉讼最终口头辩论的终结时点。③ 时间范围的相对性,是指确定判决所指向的权利义务关系仅限于口头辩论终结时间点上的争议状态,因此确定判决对于此种状态下的权利义务关系有约束力,而不及于该时间点之后发生变化的权利义务关系。

《民诉法解释》借鉴大陆法系既判力时间范围的相关理论,在我国民事诉

---

① 参见林剑锋:《既判力相对性原则在我国制度化的现状与障碍》,载《现代法学》2016年第1期。
② 参见江伟主编:《中国民事诉讼法专论》,中国政法大学出版社1998年版,第197页。
③ 参见林剑锋:《民事判决既判力客观范围研究》,厦门大学出版社2006年版,第49—50页。

讼中首次确立了"基准时"概念,建立起法院对当事人争议法律关系或状态的确认只限于口头辩论终结之时而不及于之后的观念。因此,如果当事人基于基准时之后的新事由,且这种新事由将导致已被确定判决所确认的法律关系发生变化的,基于此当然可以再次提起诉讼。此种情形下的后诉,并非对前诉的重复,而是基于新的事实关系提出的新诉,因此不属于严格意义上的"再诉",更不违反一事不再理原则。从该法条的条文内容及最高人民法院相关解释来看,该条文基本上照搬了大陆法系国家和地区的相关立法例,就这个意义而言,本条规定之存在,并非仅仅为既判力相对性的制度端绪,而可以说是正面认可既判力在时间范围层面相对性的直接依据。[①]

第五节 公众对裁判文书的阅卷权

《民事诉讼法》第159条规定:"公众可以查阅发生法律效力的判决书、裁定书,但涉及国家秘密、商业秘密和个人隐私的内容除外。"该条是关于裁判文书向社会公开的规定,是2012年《民事诉讼法》修改中新增加的条款,体现了公开审判的要求。公开审判作为现代诉讼制度的重要基石和公认的审判标准,是民主政治的必要要求,也是确保公平正义的基本要素。人民法院的裁判文书不只是审判过程和裁判结果的书面反映,更重要的是,裁判文书可以显示出法官在审理该案时审判权运用得是否公正,承载着向社会展示司法公正的功能。人们通过裁判文书及其执行,能具体深刻地理解法律,感受到法律的尊严和权威。公正裁判具有规范和导引公众行为的功能,有利于培养公民意识,促进社会法治意识的形成。以此观之,确立裁判文书公开制度意义重大。

裁判文书的公开具有重要的社会功能。早在1999年,最高人民法院制定的《人民法院五年改革纲要》就提出,要使"裁判文书成为向社会公众展示司法公正形象的载体"。此后,最高人民法院出台的一系列规定也涉及了裁判文书公开的内容。例如,最高人民法院2009年公布的《关于司法公开的六项规定》提出,人民法院可以根据法制宣传、法学研究、案例指导、统一裁判标准的需要,集中编印、刊登各类裁判文书。除涉及国家秘密、未成年人犯罪、个人隐私以及其他不适宜公开的案件和调解结案的案件外,人民法院的裁判文

---

① 参见林剑锋:《既判力相对性原则在我国制度化的现状与障碍》,载《现代法学》2016年第1期。

书可以在互联网上公开发布。当事人对在互联网上公开裁判文书提出异议并有正当理由的,人民法院可以决定不在互联网上发布。2010年最高人民法院公布《关于确定司法公开示范法院的决定》和《司法公开示范法院标准》,确定了100个人民法院作为司法公开示范法院。在裁判文书公开方面,规定示范法院在法院网站设立专门的裁判文书公开栏目。而在法律层面上就裁判文书公开制度作出专门规定,对司法公开和诉讼公正的实现更能起到积极的促进作用。

根据《民事诉讼法》第159条的规定,公众对裁判文书的阅卷权的实现应当从以下几个方面展开:

1. 民事裁判文书的查阅主体

可以查阅裁判文书的主体不仅包括本案当事人及其诉讼代理人,还应包括普通民众。当公民需要查阅有关民事裁判文书时,应当向持有该民事裁判文书的审判机关提出申请,在不损害案件当事人及其他诉讼参与人利益的情况下,审判机关不应予以拒绝。

2. 民事裁判文书的查阅提供主体

人民法院作为民事裁判文书的制作者,承担着保管民事裁判文书的义务,因此其承担着主要的查阅提供义务。当事人有权公开与其相关的民事裁判文书,但不是查阅的提供主体,其有权拒绝公众向其提出的查阅申请。

3. 民事裁判文书的查阅方式

裁判文书对社会公开的路径和方法是允许公众公开自由地进行实体书面查阅,即直接查阅案卷。公民需要查阅有关的裁判文书的实物时,应依据法定程序向掌握该文书的审判机关提出申请。在不损害案件当事人及其他诉讼参与人利益并符合法定条件的情况下,审判机关不得无故对该申请予以拒绝。

4. 民事裁判文书的查阅范围

按照目前的规定,并非人民法院作出的所有法律文书都向社会公开,公开的对象限定于发生法律效力的判决书、裁定书。因此,民事诉讼过程中人民法院作出的决定书、调解书、人民调解协议确认书,以及第一审法院作出的未满上诉期限的判决书、裁定书等不予公开。需要注意的是,虽原则上所有发生法律效力的判决书、裁定书都要予以公开,但公开的范围只限于裁判文书本身,相应的案卷不是公开的对象,公众不能自由查阅。此外,裁判文书中涉及国家秘密、商业秘密和个人隐私的内容,也不能成为查阅的范围。

5. 民事裁判文书的查阅时间

既包括诉讼中的查阅即审理过程中的查阅和公开宣告裁判结果时的查阅,也包括诉讼结束后的查阅。

案例精选

▶【案例1】①

朱某某与案外人邬某某系夫妻关系。2003年10月,邬某某以朱某某名义与中信银行股份有限公司上海静安支行(以下简称中信静安支行)签订了一份"中信实业银行个人借款合同",借款金额为25万元,并将朱某某名下的房产作为抵押。借款合同上"朱某某"的签名系邬某某找人代签的。朱某某对借款事实并不知情,直至2005年11月,中信静安支行向其本人催款后,他到中信静安支行出具了一张便条,载明:"此房屋2003年5月贷款30万,2003年10月贷款25万元,今后不再抵押,还清贷款后提取抵押证,一定要本人来拿"。2008年3月,邬某某去世。中信静安支行要求朱某某履行还款义务,朱某某诉至人民法院,请求人民法院确认借款合同无效。

第一审人民法院认为,借款合同是邬某某以朱某某名义与中信静安支行签订的,并非朱某某的真实意思表示,依据朱某某所写便条,亦无法确认其事后有对借款合同予以追认的意思表示,故该合同应认定为未成立,对朱某某无约束力。经人民法院释明后,朱某某仍坚持合同无效的诉请,原审人民法院遂判决驳回朱某某的诉讼请求。

第一审判决生效后,中信静安支行对判决结论并无异议,但对判决部分关于合同未成立的认定有异议,认为会直接影响其后向朱某某主张权利,遂以朱某某出具的便条构成追认、系争合同已生效为由向上一级人民法院申请再审,请求再审撤销原判。

上一级人民法院于2012年3月31日作出(2012)沪二中民六(商)抗字第3号裁定,提审该案。

评析:由于本案属于原审"胜诉"一方申请再审,且仅对生效判决理由不服,因此就该再审申请是否能够受理,始终存在争议。一种意见认为,生效判决的既判力仅及于判决主文,中信静安支行如认为原审认定的理由存在错误,其可以另行诉讼提出反证予以推翻。现其实际上已是本案胜诉一方,在

---

① 参见上海市第二中级人民法院网站,http://www.shezfy.com/view/cpws.html?id=72481,2021年12月31日最后访问。

本案中已不具有诉的利益,即便要申请再审也应由朱某某提出,故对中信静安支行的再审申请不应受理,无须再进行实质审查。另一种意见认为,原审判决主文虽对中信静安支行并无不利,但其判决理由直接约束双方当事人,对中信静安支行的利益有实质影响,其具有诉的利益。如不受理本案,由中信静安支行另案再诉,则会出现前后两个判决理由认定不一甚至冲突的矛盾局面。故应受理其再审申请,受理后经实质审查不符合再审法定条件的予以驳回。

我们认为本案关于"合同未成立"的认定系带有诉讼请求性质的判断,应当赋予其既判力。本案"合同未成立"的判决理由实质上就是对"请求权"而非"基础权利"的判断,其原本是应该写进判决主文的,只是朱某某经过人民法院释明后,依然坚持确认合同无效的诉讼请求,人民法院碍于必须根据诉讼请求作出裁判的基本原则,才导致了中信静安支行胜得很无奈的尴尬局面。如果经过释明,朱某某采纳了人民法院的意见变更诉请为确认合同不成立,那么在同样的事实根据、同样的审理程序下,完全一样的判断立刻就有了既判力。

思考问题

1. 民事判决的效力。
2. 民事裁定的适用范围。
3. 民事决定的适用范围。
4. 既判力的概念、本质和范围。
5. 既判力客观范围的扩张。

第十六章 再审程序

再审程序的设立,从法院角度,是对确有错误的生效判决、裁定和调解书的再次审理;从当事人角度,是在两审终审制度的基础上,在具备特定事由的情形下再次启动的救济程序。根据启动主体的不同,再审程序可以分为基于审判监督权的再审程序、基于检察监督权的再审程序和当事人申请再审。本章主要介绍了再审程序的启动主体、启动条件、再审事由和审查程序以及法院对再审案件的处理。

第一节　再审程序概述

一、再审程序的概念

再审程序是指法院对判决、裁定和调解书已生效的民事案件,发现具备法律规定的再审事由时,对案件再次进行审理所适用的程序。

再审程序并不是基于审级制度设置的一种正常审判程序,而是为了纠正生效裁判和调解书的错误而设置的一种特殊救济程序,其启动对生效裁判的终局性和稳定性构成一定程度的威胁。显而易见,以追求结果公正作为制度设计目标的再审程序和以维护终局裁判权威性为目标的既判力理论存在着天然的紧张关系。"在判决被确定后,如果仅仅为判断不当或发现新的证据就承认当事人的不服声明,则诉讼是无止境的;但是另一方面,从作出正确、公正的裁判的理想来说,不管有什么样的瑕疵一律不准撤销已确定的判决,也是不合理的。"[1]因此,如何在结果公正和裁判终局性之间找到平衡点,既能最大限度地维护诉讼公正,又能从整体上保持生效裁判的稳定性,是设计再审程序时必须关注的问题。正是基于这一考虑,各国民事诉讼立法对再审程序的启动,都设定了严格的限制条件。

大陆法系国家民事诉讼再审程序的设计理念,是对受到错误裁判损害的当事人进行救济,因此当事人提起再审之诉是启动再审程序的唯一途径。而我国民事诉讼再审程序以审判监督理念为指导,反映在立法上,该程序以"审判监督程序"命名,规定于《民事诉讼法》的第 16 章。从程序的启动看,除了通过当事人申请再审外,还存在人民法院依职权决定再审和人民检察院抗诉引起再审两种途径。民事诉讼奉行处分原则,基于民事权利的私权性质,再审程序的启动应以当事人申请为主,以法院和人民检察院的审判监督为辅。因此,将纠正生效错误裁判的程序定位于再审程序而非审判监督程序更符合民事诉讼的自身规律。

二、再审程序设立的意义

再审程序不是案件的必经程序,而是在特定情形下适用的诉讼程序制度。

1. 再审程序是法院审判工作重要的补救制度

对于法院来说,出现这样或那样的错误不可避免。确有错误的裁判既损

---

[1] 〔日〕兼子一、竹下守夫:《民事诉讼法》(新版),白绿铉译,法律出版社 1995 年版,第 249 页。

害了当事人的合法权益,也有损司法的公正和权威。而再审程序为纠正错误的裁判和调解书提供多种途径和手段,比如我国《民事诉讼法》规定了基于审判监督权和检察监督权提起再审的途径,也规定了当事人申请再审的途径。

2. 再审程序为当事人的合法权益救济提供了进一步的可能

错误裁判或调解书不仅造成当事人财产上的损失和精神上的伤害,更重要的是其对法院和法律权威的损害。如果这种个体体验没有通畅的解决途径和渠道,就会形成一种普遍的社会共识,会加大法院今后工作的难度,对法律权威造成不可估量的损害。对于错误的裁判,有通畅的渠道予以纠正的,无论是对当事人权利的保护,还是对法院信誉以致对法律权威的确立都是有益的。

3. 再审制度是我国两审终审制的必要补充

许多国家实行的是三审终审制。对我国而言,三审终审制审判周期较长,影响民事权利义务关系的稳定;另外,我国地域辽阔、人口众多,实行三审终审制在人力、物力上都有困难。再审程序的设立,既作为两审终审制的必要补充,又可以避免三审终审制的弊端。

第二节 基于审判监督权的再审

根据我国《民事诉讼法》第205条的规定,各级人民法院院长对本院已经发生法律效力的判决、裁定、调解书,发现确有错误,认为需要再审的,应当提交审判委员会讨论决定。最高人民法院对地方各级人民法院已经发生法律效力的判决、裁定、调解书,上级人民法院对下级人民法院已经发生法律效力的判决、裁定、调解书,发现确有错误的,有权提审或者指令下级人民法院再审。因此,各级人民法院院长对本院的、上级人民法院和最高人民法院对下级人民法院的发生法律效力的确有错误的裁判享有审判监督权,有权发动再审。

2012年《民事诉讼法》对人民法院依职权再审的对象,在"发生法律效力的判决、裁定"外,增加了"调解书"。1991年《民事诉讼法》只规定了当事人对已经发生法律效力的调解书,在提出证据证明调解违反自愿原则或者调解协议的内容违反法律的情形下,可以申请再审。在司法实践中,一些人采用欺诈、胁迫、恶意串通等手段,通过调解方式损害国家利益、社会公共利益、他人合法权益的情况时有发生。为规制此种现象,除了当事人对调解书申请再审外,2012年《民事诉讼法》还增加规定了人民法院对调解书依职权启动再审以及人民检察院对调解书提出再审检察建议或者抗诉。

一、法院行使审判监督权提起再审的程序

提起再审的主体的不同,提起的程序也有所不同。

(一)本院院长提起的再审

我国《民事诉讼法》第 205 条第 1 款规定,各级人民法院院长对本院已经发生法律效力的判决、裁定、调解书,发现确有错误,认为需要再审的,应当提交审判委员会讨论决定。各级人民法院的院长对本院的审判工作享有监督的权力,对于发生法律效力的确有错误的裁判和调解书,人民法院院长应当提交审判委员会讨论,是否再审,由审判委员会决定。审判委员会决定再审的,应当以人民法院的名义作出对案件再审并中止原判决、裁定执行的裁定。

(二)最高人民法院提起的再审

最高人民法院是全国最高的审判机关,它有权监督和指导地方各级人民法院的审判活动,有权监督地方各级人民法院的裁判在认定事实和适用法律上是否正确。最高人民法院对地方各级人民法院已经发生法律效力的裁判和调解书,发现确有错误的,有权提审或者指令下级人民法院再审。

最高人民法院决定再审的方式有两种:可以自己提审,也可以指令下级人民法院再审。对于最高人民法院提审的,应当通知下级人民法院,调取案卷,裁定中止案件的执行,进行再审。指令下级人民法院再审的,指令到达下级人民法院之日为再审提起之时。下级人民法院接到指令后,再审应即时开始,由下级人民法院裁定中止原裁判的执行。下级人民法院作出的裁判,应当报送最高人民法院。哪些案件适用提审,哪些案件适用指令再审,法律并没有明确的规定,由最高人民法院根据案件的具体情况选择适用。

(三)上级法院提出的再审

上级法院对下级法院同样有审判监督权。上级法院对下级法院已经发生法律效力的裁判和调解书,发现确有错误的,有权提审或者指令下级法院再审。上级法院只能对本地区有隶属关系的下级法院的裁判行使审判监督权。由第二审法院判决、裁定的案件,上级法院需要指令再审的,应当指定第二审法院作为再审法院。

根据《最高人民法院关于人民法院对民事案件发回重审和指令再审有关问题的规定》,各级法院对本院确有错误的裁判只能再审一次;上级法院对下级法院确有错误的裁判再审的,只能指令再审一次。上级法院认为下级法院作出的生效再审裁判需要再审的,应当由上级法院提审。但是上级法院因下级法院违反法定程序指定再审的,不受上述规定的限制。

二、再审程序的适用

再审程序的适用根据案件的情况有所不同。

（一）原审人民法院决定再审的案件

原审人民法院应作出裁定，中止原裁判的执行，同时另行组成合议庭，按照原审程序对案件进行审理。即再审案件是第一审人民法院审结的，再审时适用第一审普通程序进行审理，审理后作出的裁判是未生效裁判，当事人不服的，可以提起上诉；再审案件是第二审人民法院审结的，再审时适用第二审程序审理，作出的裁判是终审裁判，当事人不得提出上诉。

基于审判监督权提起的再审程序是为了纠正确有错误的裁判，因此原告在经合法传唤后，无正当理由拒不到庭的，不能按撤诉处理。原告拒不到庭的行为，不影响人民法院对案件的审理。被告经合法传唤，无正当理由拒不到庭的，可以根据案件的情况缺席判决或采用拘传强制措施。

（二）上级人民法院和最高人民法院提审和指令再审的案件

对于指令再审的案件，应指令作出生效裁判的人民法院再审。适用的程序与原审人民法院审理再审案件的程序相同。由上级人民法院和最高人民法院提审的再审案件，无论原审是第一审人民法院审结的，还是第二审人民法院审结的，一律适用第二审程序对案件进行审理。

第三节　基于检察监督权抗诉的再审与检察建议

我国的检察机关是法定的法律监督机关，人民检察院有权对人民法院的审判活动、执行活动以及审判人员、执行人员的行为进行监督。检察机关一般情况下不能直接参与民事诉讼的过程，其实现监督的手段和途径主要是针对人民法院作出的生效裁判和调解书，认为其确有错误或者符合法定情形，依法向人民法院提起抗诉，引发再审程序，要求人民法院对案件重新审理或向同级人民法院提出检察建议。

一、抗诉

（一）抗诉的种类

根据我国《民事诉讼法》第 215 条和 2021 年《民事诉讼监督规则》第 82—86 条的规定，民事抗诉应通过以下途径提出：

第一，最高人民检察院对各级人民法院裁判和调解书的抗诉。最高人民检察院是全国最高的法律监督机关，有权对全国各级人民法院的审判活动行使检察监督权。最高人民检察院对于各级人民法院已经发生法律效力的裁判和调解书,在符合法定条件的情形下,有权提出抗诉,引发再审程序。

第二,上级人民检察院对下级人民法院裁判和调解书的抗诉。上级人民检察院对同一地区,有直接审级关系的下级人民法院的生效裁判和调解书有提起抗诉的权力。上级人民检察院对下级人民法院已经发生法律效力的裁判和调解书,在符合法定条件的情形下,有权提起抗诉,引发再审程序。

第三,地方各级人民检察院对同级人民法院的生效裁判,发现存在法定的抗诉情形,或者发现调解书损害国家利益、社会公共利益的,有权提请上级人民检察院向同级人民法院提起抗诉。

(二)检察机关抗诉的条件

1. 抗诉的客体必须是已经发生法律效力的判决、裁定与调解书

(1)发生法律效力的判决。抗诉是人民检察院对人民法院的审判活动实施的事后监督,对于没有发生法律效力的判决,即使有错误,人民检察院也不能提出抗诉。需要注意的是解除婚姻关系的判决不能抗诉。婚姻关系解除后,允许当事人另行结婚,如果允许抗诉再审势必会影响合法的婚姻关系。另外适用特别程序、督促程序、公示催告程序、破产程序作出的判决、裁定是非讼判决、裁定,也不得提起抗诉。

(2)调解书。与旧法相比,2012年《民事诉讼法》扩大了检察机关抗诉监督的范围,将有损国家利益和社会公共利益的民事判决、裁定和调解书列入监督的范围,《民诉法解释》第411条规定:"人民检察院依法对损害国家利益、社会公共利益的发生法律效力的判决、裁定、调解书提出抗诉,或者经人民检察院检察委员会讨论决定提出再审检察建议的,人民法院应当受理。"作为法律监督机关和社会公共利益的当然维护者,除了对已经发生法律效力的裁判享有检察监督权外,检察机关对人民法院制作的发生法律效力的调解书也应当享有监督的权力。需要注意的是,对调解书行使检察监督权的法定事由是调解书损害国家利益或者是损害社会公共利益,即不特定的多数人的利益。考虑到公权力对调解结案的案件不宜干预过度,调解书违反自愿原则或者调解协议内容损害第三人利益等情形,不属于检察机关监督的范畴。在上述情况下,相关当事人和案外第三人可以通过向人民法院申请再审寻求救济。

(3)裁定。人民检察院对发生法律效力的不予受理、驳回起诉的裁定可以提起抗诉。通常情况下裁定只针对程序事项,不涉及实体权利,不适用审判监督程序给予救济。但是不予受理和驳回起诉裁定的效果直接关系到当事人的基本诉权和实体权利,检察机关可以抗诉。

2. 必须具备法定事由

根据《民事诉讼法》第215条的规定,对于发生法律效力的判决和裁定,检察机关抗诉的事由和当事人申请再审的事由相一致,只要具备《民事诉讼法》第207条规定的法定事由之一的,检察机关就可以提起抗诉。调解书如有损害国家利益、社会公共利益的,也应当提出抗诉。

(三) 抗诉的方式及效果

1. 抗诉的方式

人民检察院对人民法院生效裁判和调解书提起抗诉的,应当制作抗诉书。抗诉书应当载明以下内容:提起抗诉的人民检察院和接受抗诉的人民法院;抗诉案件在原审人民法院的编号;抗诉的事实和理由;如果有证据的,可以同时向人民法院提供证据或证据来源。在决定抗诉之日起15日内,人民检察院将抗诉书连同案件卷宗移送同级人民法院,并由接受抗诉的人民法院在向当事人送达再审裁定时一并送达抗诉书。人民检察院应当制作决定抗诉的通知书,发送给当事人。

2. 抗诉的效果

对于人民检察院抗诉的案件,《民事诉讼法》第218条规定,人民法院应当在收到抗诉书之日起30日内作出再审的裁定。作为国家的法律监督机关,人民检察院对生效裁判的抗诉必然引起再审程序的发生,这是其与当事人申请再审的重要区别。

对于人民检察院以当事人的申请对生效判决、裁定提出抗诉,人民法院有权进行形式审查。审查内容包括:① 抗诉书和原审当事人的申请书以及相关证据材料已经提交。② 抗诉的对象应当是发生法律效力的,依法可以再审的判决、裁定和损害国家利益、社会公共利益的调解书。除了驳回起诉和不予受理裁定外的、其他没有诉的内容的程序性裁定不能抗诉再审。③ 抗诉书列明该判决、裁定有《民事诉讼法》第215条、第216条规定的法定情形。经形式审查,不符合上诉规定的,人民法院可以建议人民检察院撤回或补正;不予撤回或补正的,人民法院可以裁定不予受理。

人民法院一旦裁定再审程序开始,应当裁定中止原裁判的执行。对于抗诉再审的案件,人民法院在开庭3日前通知人民检察院派员出席法庭。案件是基于其抗诉而进行的再审,为了更进一步实现检察监督权,同级人民检察院或提出抗诉的人民检察院应当派员出席法庭。检察人员出庭的任务包括:宣读抗诉书;发表出庭意见;发现庭审活动违法的,向再审人民法院提出建议。根据《民事诉讼法》第218条的规定,具有《民事诉讼法》第207条第1项到第5项规定情形之一的,也就是说主要涉及事实认定和证据问题,不涉及程序和法律适用问题的，接受抗诉的人民法院可以交由下级人民法院审理，但经该下一级人民法院再审的除外。根据 2021 年《民事诉讼监督规则》第 91 条的规定，由下一级法院再审，审理后作出的再审判决、裁定仍有明显错误的，原提出抗诉的人民检察院可以依职权再次提出抗诉。

▶ 二、检察建议

（一）检察建议概述

2012 年《民事诉讼法》丰富了检察监督的内容，除抗诉监督外，还增加了人民检察院依照审判监督程序提出的旨在启动再审的检察建议这一监督方式。《民事诉讼法》第 215 条第 2 款规定：地方各级人民检察院对同级人民法院已经发生法律效力的判决、裁定，发现有该法第 207 条规定情形之一的，或者发现调解书损害国家利益、社会公共利益的，可以向同级人民法院提出检察建议，并报上级人民检察院备案。根据上述规定，检察建议是同级人民检察院向同级人民法院发出的监督建议，并不能马上引发对生效判决、裁定和调解书的再审，但却可以加强人民法院和人民检察院在审判监督方面的合作配合，能够促使人民法院发现错误、纠正错误。同时，通过并行规定向上级人民检察院报请备案，也有利于上下级人民检察院之间及时沟通情况，从而更慎重地决定是否抗诉。①

除了对生效法律文书提出检察建议外，《民事诉讼法》第 215 条第 3 款还规定，对于审判监督程序外的其他审判程序中审判人员的违法行为，人民检察院也有权向同级人民法院提出检察建议。这种检察建议不是对生效裁判予以救济的旨在启动再审的检察建议，而是对第一审和第二审程序进行全程监督的检察建议。

（二）再审检察建议程序的启动

（1）自行审查。由于人民检察院并不直接参与案件的审理活动，对于审判活动的监督信息来自对公开判决、裁定以及调解书的审查。

（2）当事人申请。针对司法实践中当事人申请再审难以启动再审程序的现状，为解决检察抗诉再审和监督在信息上的不对称，2012 年《民事诉讼法》增加了当事人有权向人民检察院申请检察建议或者抗诉的规定。但是，为避免当事人多头申请再审、多头处理导致司法资源的浪费和审判监督程序的混乱，《民事诉讼法》第 216 条确立了"法院纠错先行、检察监督断后"和"有限再

---

① 参见全国人大常委会法制工作委员会民法室编著：《中华人民共和国民事诉讼法解读》（2012 年最新修订版），中国法制出版社 2012 年版，第 570—571 页。

审"的原则。① 具体而言,根据《民事诉讼法》第216条第1款的规定,符合下列情形者,当事人可以向人民检察院申请检察建议或者抗诉:① 人民法院驳回再审申请的;② 人民法院逾期未对再审申请作出裁定的;③ 再审判决、裁定有明显错误的。人民法院对于驳回其再审申请的当事人又向人民法院申请再审的,以及当事人认为再审判决、裁定有错误向人民法院申请再审的这两种情况,应当告知当事人向人民检察院申请检察建议或抗诉,不能作为申请再审案件予以受理。当事人申请检察建议或抗诉的时限、事由等详见下一节申请再审中当事人申请再审的救济程序部分。

(三) 再审检察建议程序

人民检察院对当事人的申请应当在3个月内进行审查,作出提出或者不予提出再审检察建议或者抗诉的决定。为了避免当事人反复申诉引发"终审不终"的后果,在人民检察院作出决定后,当事人不得再次向人民检察院申请再审检察建议或者抗诉。人民检察院因提出检察建议和抗诉的需要,可以查阅、调阅人民法院的诉讼卷宗,并可以向当事人或者案外人调查核实有关情况。

《民诉法解释》第413条规定,人民检察院依照《民事诉讼法》第216条第1款第3项中对"有明显错误的再审判决、裁定"提出抗诉或再审检察建议的,人民法院应当受理。

《民诉法解释》第414条规定,地方各级人民检察院依当事人申请对生效判决、裁定向同级人民法院提出检察建议的,人民法院要进行形式审查,符合条件的,应当受理;不符合条件的,建议人民检察院补正或撤回;不予补正或撤回的,函告人民检察院不予受理。审查的内容有:① 再审检察建议书和原审第三人申请书及相关证据材料已经提交;② 建议再审对象为依照民事诉讼法和本解释规定可以进行再审的判决、裁定;③ 再审检察建议书列明该判决、裁定有《民事诉讼法》第215条第2款规定的情形;④ 符合《民事诉讼法》第216条第1款第1项和第2项规定情形;⑤ 再审检察建议经该人民检察院检察委员会讨论决定。

人民法院收到检察建议后,应当组成合议庭,在3个月内进行审查。发现原判决、裁定、调解书确有错误需要再审的,裁定再审并通知当事人;经审查决定不予再审的,书面回复人民检察院。

---

① 参见江必新主编:《〈中华人民共和国民事诉讼法〉修改条文解读与应用》,法律出版社2012年版,第409页。

第四节 申请再审

当事人是法院裁判和调解书的直接承受者,生效裁判和调解书所确定的权利义务与其利益休戚相关。当事人申请再审制度,赋予当事人在符合法定事由时对确有错误的生效裁判或调解书向法院申请重新审理的救济权利,用以解决实践中有权启动再审程序的组织的权能或动力不足问题,更好地保护当事人的合法权益。除了当事人外,为了保护案外人的合法权益,法律也作出了特别的制度安排。

一、申请再审的法定条件

(一)申请再审的主体

申请再审的主体必须是原审中的当事人以及法律规定有资格申请再审的案外人和权利义务承继者。即有权申请再审的只能是原审中的原告、被告、有独立请求权的第三人和在裁判中承担实体权利义务的无独立请求权的第三人以及诉讼代表人和上诉人、被上诉人。例外情形下,非原审当事人的案外人以及被遗漏的必要共同诉讼人也有权申请再审。根据《民诉法解释》第420条、第421条的规定,必须共同进行诉讼的当事人因不能归责于本人或诉讼代理人的事由未参加诉讼的,自知道或应当知道之日起6个月内申请再审。案外人对驳回其执行异议的裁定不服,认为原判决、裁定、调解书内容错误且损害其民事权益的,可以自执行异议裁定送达之日起6个月内,向作出原判决、裁定、调解书的法院申请再审。

另外根据《民诉法解释》第373条的规定,当事人死亡或者终止的,其权利义务的承继者可以根据法律规定申请再审。判决、调解书生效后,当事人将判决、调解书中确认的债权转让的,债权的受让人无权申请再审。

(二)申请再审的对象

申请再审的对象是法律准许申请再审的生效判决、裁定和调解书。

1. 生效判决和调解书

若判决或调解书尚未生效,当事人可以通过对未生效判决提起上诉或拒绝签收调解书寻求救济,并无申请再审的必要;即使是已生效的法律文书,如果法律规定不得申请再审,当事人也不能提出再审申请,如已经生效的解除婚姻关系的判决。当事人对已经发生法律效力的调解书,提出证据证明调解违反自愿原则或者调解协议的内容违反法律的,可以申请再审。

2. 生效的裁定

当事人认为发生法律效力的不予受理、驳回起诉的裁定错误的,可以申请再审。这两类裁定直接关系到当事人的诉权和实体权利是否能进入司法救济的视野,与一般的处理程序性问题的裁定有明显区别。

因离婚案件中财产分割问题申请再审的,如果涉及的是已经分割的财产,法院经审查认为符合条件的,裁定再审;如果涉及的是未作处理的夫妻共同财产,应当告知当事人另行起诉。

(三) 申请再审的期限

当事人申请再审,应当在判决、裁定和调解书发生法律效力后6个月内提出;有《民事诉讼法》第207条第1项、第3项、第12项、第13项规定的情形的,自知道或者应当知道之日起6个月内提出。对第二种情形,当事人应当书面说明发现再审事由的时间并提交相应证据。

(四) 申请再审的法定情形

当事人申请再审必须符合法定的情形。当事人申请再审的法定事由参见第五节再审事由。

(五) 受理再审申请的法院

当事人必须向有管辖权的法院申请再审。根据《民事诉讼法》第206条的规定,当事人认为已经发生法律效力的判决和裁定有错误的,可以向上一级法院申请再审;当事人一方人数众多或者当事人双方为公民的案件,也可以向原审法院申请再审。

这里需要明确几个问题:

(1) 当事人一方人数众多和当事人双方为公民的案件范围。第一,当事人一方人数众多。这里的人数众多的一方当事人,包括公民、法人和其他组织,案件以一方当事人为10人以上为标准。劳动争议、物业服务合同纠纷等一方当事人相同、诉讼标的是同一种类的普通共同诉讼案件也可以作为当事人一方人数众多的案件。第二,当事人双方为公民案件。当事人双方为公民的案件是指原告和被告均为公民的案件。

(2) 尊重当事人的选择权。当事人选择向原审法院申请再审的,原审法院经审查符合再审条件的,应当依法受理。当事人选择向上一级法院申请再审的,经原审法院释明,当事人同意向原审法院申请再审的,原审法院应当依法受理;当事人坚持向上一级法院申请再审的,原审法院应当在1个月内将当事人申请再审材料、案件卷宗和释明情况一并报送上级法院。

(3) 当事人一方人数众多或当事人双方为公民的案件,当事人分别向原审法院和上一级法院申请再审且不能协商的,由原审法院受理。

根据《最高人民法院关于完善四级法院审级职能定位改革试点的实施办法》，最高人民法院的职能是监督指导全国审判工作，确保法律正确统一适用，因此对最高人民法院在受理再审案件的范围进行了一系列的限缩。修订后的《最高人民法院民事案件当事人申请再审指南》规定，向最高人民法院申请再审的范围包括：一是当事人对最高人民法院作出的发生法律效力的民事判决、裁定、调解书可以向最高人民法院申请再审。二是当事人对高级人民法院作出的发生法律效力的判决、裁定中认定的基本事实、主要证据和诉讼程序无异议，但认为法律适用有错误的；或者原判决裁定经高级人民法院审判委员会讨论决定的。对高级人民法院已经发生法律效力的调解书不能向最高人民法院申请再审。

当事人向最高人民法院申请再审的案件往往比较重大疑难和复杂，并且涉及专业性很强的法律适用问题。一般应当委托律师作为诉讼代理人。委托律师有困难的，可以申请法律援助。

（六）申请再审的消极条件

《民事诉讼法》第209条规定，当事人对已经发生法律效力的解除婚姻关系的判决、调解书，不得申请再审。婚姻关系一经人民法院的生效判决和调解书确定予以变更和解除，就产生了消灭的后果，任何一方当事人可以再行结婚。如果对此提出再审，会影响新的合法婚姻关系的稳定。此外，按照特别程序、督促程序、公示催告程序、企业法人破产还债程序审理的案件以及依照审判监督程序审理后维持原判的案件都不得申请再审。

二、再审申请的审查程序

为了避免法院的推诿，防止再审申请石沉大海，《民事诉讼法》增设了再审申请审查程序，包括启动主体、针对对象、申请书、时效、管辖以及审查时限等一系列规定。经过法院审查后符合条件的，裁定再审；不符合法律规定的，裁定驳回申请。

（一）申请再审提交的材料

申请再审应当提交下列材料：其一，再审申请书并按对方人数提供副本。申请书中应载明以下事项：① 申请再审人与被申请人及原审其他当事人基本信息；② 原审人民法院的名称，原裁判文书案号；③ 申请再审的法定情形及具体事实、理由；④ 具体的再审请求。再审申请书还应明确申请再审的人民法院，由申请人签名、捺印或盖章。其二，再审申请人是自然人的，应当提交身份证明；再审申请人是法人或其他组织的，应当提交营业执行、组织机构代码证书、法定代表人或者主要负责人身份证明书。委托他人代为申请的，应当提交授权委托书和代理人身份证明。其三,原审判决书、裁定书、调解书。其四,反映案件基本事实的主要证据和其他材料。

(二) 再审申请的审查程序

1. 初步审查与受理

法院应当自收到申请书后按照法律规定进行形式审查。对于审查后符合条件的,人民法院应当在收到再审申请书等材料之日起5日内向申请人发送受理通知书,并向被申请人发送应诉通知书及再审申请书副本等材料。被申请人应当在收到再审申请书副本之日起15日内提交书面意见;不提交书面意见的,不影响法院的审查。法院可以要求申请人和对方当事人补充材料,询问有关事项。

根据《民诉法解释》第381条的规定,"当事人申请再审,有下列情形之一的,人民法院不予受理:(1) 再审申请被驳回后再次提出申请的;(2) 对再审判决、裁定提出申请的;(3) 在人民检察院对当事人的申请作出不予提出再审检察建议或者抗诉决定后又提出申请的。前款第一项和第二项规定的情形,人民法院应当告知当事人可以向人民检察院申请再审检察建议或者抗诉,但因人民检察院提出再审检察建议或者抗诉而再审作出的判决、裁定除外"。

2. 再审事由审查

法院受理当事人的再审申请后,应当组成合议庭予以审查。对再审申请的审查,主要是围绕再审事由是否成立进行。法院认为仅审查再审申请书等材料难以作出裁定的,应当调阅原审卷宗予以审查。法院可以根据案情需要决定是否询问当事人。以有新的证据足以推翻原判决、裁定为由申请再审的,应当询问当事人。在审查再审申请过程中,对方当事人也申请再审的,法院应当将其列为申请再审人,对其提出的再审申请一并审查。申请再审人在案件审查期间申请撤回再审申请的,是否准许,由法院裁定。申请再审人经传票传唤,无正当理由拒不接受询问的,可以裁定按撤回再审申请处理。再审事由将在第5节中予以详述。

法院在审查案件时根据需要决定是否询问当事人。再审事由中新的证据可能推翻原判决、裁定的,法院应当询问当事人。

审查再审申请期间,再审申请人申请法院委托鉴定、勘验的,法院不予准许。申请法院委托鉴定、勘验是当事人在第一审和第二审诉讼程序中的权利,如果再审申请人放弃该项权利就要承担举证不利的后果。如果认为需要经过鉴定或勘验确定事实,推翻原判决、裁定,可以自行委托或申请重新鉴定或勘验。向法院提交鉴定结论或勘验笔录,由法院判断是否可以作为再审事由启动再审程序。

3. 再审申请的撤回

审查再审申请期间,再审申请人撤回再审申请的,是否准许,由法院裁定。再审申请人经传票传唤,无正当理由拒不接受询问的,可以按撤回再审申请处理。法院准许撤回再审申请或按撤回处理的,再审申请人再次申请再审的,不予受理。但是有新的证据,足以推翻原判决、裁定的;原审判决、裁定认定事实的主要证据是伪造的;据以作出原判决、裁定的法律文书被撤销或变更的,以及审判人员在审理该案件时有贪污受贿、徇私舞弊、枉法裁判行为的,当事人自知道或应当知道之日起6个月内可以再次提出再审申请,法院应予受理。

4. 裁定

(1)裁定再审。法院经审查再审申请书等材料,认为申请再审事由成立,且符合《民事诉讼法》和相关司法解释规定的申请再审条件的,应当裁定再审。对已经发生法律效力的判决、裁定、调解书依法决定再审的,根据法律规定,需要中止执行的,在再审裁定中同时写明中止原判决、裁定或调解书的执行;情况紧急的,可以将中止执行裁定口头通知负责执行的法院,在通知后10日内发出裁定书。

(2)驳回再审申请。当事人主张的再审事由不成立,或者当事人申请再审超过法定期限,或者超出法定再审事由范围等不符合申请再审法定条件的,法院应当裁定驳回再审申请。驳回再审申请的裁定一经送达,即发生法律效力。

审查再审申请期间,被申请人及原审其他当事人可以依法提出再审申请。法院将其列为再审申请人,对其再审事由一并审查,审查期限重新计算。经审查,一方再审申请人主张的再审事由成立的,应当裁定再审。各方主张的再审事由均不成立的,一并裁定驳回再审申请。

5. 终结审查

有下列情形之一的,法院可以裁定终结审查:① 再审申请人死亡或者终止,无权利义务承受人或者权利义务承受人声明放弃再审申请的;② 在给付之诉中,负有给付义务的被申请人死亡或者终止,无可供执行的财产,也没有应当承担义务的人的;③ 当事人达成执行和解协议且已履行完毕的,但当事人在执行和解协议中声明不放弃申请再审权利的除外;④ 他人未经授权以当事人名义申请再审的;⑤ 原审或上一级法院已经裁定再审的;⑥ 有《民诉法解释》第381条第1款规定情形的。

法院对再审事由审查的期限为3个月,自收到再审申请书之日起算。有特殊情况需要延长的,须经本院院长批准。

三、当事人申请再审的救济程序

2012年《民事诉讼法》第209条确立了"法院纠错先行,检察监督断后"的再审思路,一方面给予当事人有效的权利救济路径,另一方面也确立了有限再审制度。据此,当事人申请再审应首先向法院提出。只有在当事人的再审申请经法院审查被驳回、法院逾期未对再审申请作出裁定以及再审裁判有明显错误的情况下,才可以向人民检察院寻求救济,即向人民检察院申请抗诉或再审检察建议。

(一)当事人向人民检察院申请检察建议或抗诉的情形

当事人有下列情形可向人民检察院申请检察建议或抗诉:① 当事人的再审申请经人民法院审查后被驳回;② 人民法院逾期未对再审申请作出裁定;③ 再审判决、裁定有明显错误。

对于下列情形人民检察院不予受理:① 当事人未向人民法院申请再审的;② 当事人申请再审超过法律规定的期限的,但不可归责于其自身的原因除外;③ 人民法院正在法定期限没对再审申请进行审查;④ 人民法院已经裁定再审尚未审结的;⑤ 判决、调解解除婚姻关系,但是对财产分割部分不服的除外;⑥ 人民检察院已经审查终结作出决定的;⑦ 民事判决、裁定、调解书是人民法院根据人民检察院的抗诉或者检查建议再审后作出的;⑧ 申请超过《民事诉讼监督规则》第20条规定的期限。

(二)当事人向人民检察院申请检察建议或抗诉的期限

对于已经发生法律效力的判决、裁定和调解书申请检察建议或抗诉,应当在人民法院作出驳回申请裁定或者再审判决、裁定发生法律效力之日起2年内提出,该期间为不变期间,不适用中止、中断和延长的规定。这个规定仅适用于当事人申请检察建议或抗诉,人民检察院依职权启动监督程序不受此限。

(三)受理的人民检察院

当事人向人民检察院申请检察建议或抗诉,由作出生效民事判决、裁定、调解书的人民法院所在地同级人民检察院负责控告申诉检察的部门受理。人民法院裁定驳回再审申请或逾期未对再审申请作出裁定的,由作出原生效民事判决、裁定、调解书的人民法院所在地同级人民检察院受理。

(四)审查后的处理

受理后的民事监督案件由负责民事检察的部门进行审查,主要是围绕当事人的申请、争议焦点以及人民法院审判活动的合法性等进行全面审查。审查过程中通过适当方式听取当事人意见,必要的情况下可以召开听证会以及进行调查核实工作。

人民检察院在收到当事人申请之日起3个月内进行审查,决定是否提出检察建议或抗诉。根据2021年《民事诉讼监督规则》第81—83条的规定,地方各级人民检察院审查后认定符合《民事诉讼法》第207条规定的情形之一的,一般情况下向同级人民法院提出再审检察建议。符合以下四种情形之一的,一般应当提请上一级人民检察院抗诉:① 判决、裁定是经同级人民法院再审后作出的;② 判决、裁定是经同级人民法院审判委员会讨论作出的;③ 原判决、裁定适用法律确有错误的;④ 审判人员在审理该案件时有贪污受贿,徇私舞弊,枉法裁判行为的。人民检察院发现调解书损害国家利益、社会公共利益的,可以向同级人民法院提出再审检察建议,也可以提请上一级人民检察院抗诉。

人民检察院认为当事人的申请不符合提出再审检察建议或提请抗诉条件的,作出不支持检察监督的决定,决定之日起15日内制作《不支持监督申请决定书》,发送当事人。当事人认为人民检察院对同级人民法院已经发生法律效力的判决、裁定和调解书作出的不支持监督申请决定有明显错误的,可以在该决定书作出之日起1年内向上一级人民检察院申请复查一次。

第五节 再审事由

一、再审事由确定的意义及标准

再审事由是指由法律规定的法院决定对已经发生法律效力的判决、裁定和调解书再次审理的理由。再审程序与第一审和第二审程序设立的价值取向有显著差别。再审程序的启动不仅是对生效裁判的重新审视,也是对已经发生效力的裁判既判力的挑战,不仅影响法院的权威,也影响案件当事人以及案外人的合法权利甚至是正常生活。对于再审事由的合理确定是实现再审制度价值的关键所在。再审事由的确定必须要考虑诸多因素。

第一,要考虑到法律真实与客观事实的合理距离以及人类认识的局限。已经发生的客观事实势必会留下这样或那样的痕迹,人们只能追寻这些踪迹去认识和发现过往的事实。然而,事物是不断发展变化的,任何过去都无法纤毫无错地重现,就如同人不能两次踏入同一条河流。把客观事实作为认识的标准不仅违反人类认识的规律,也是无法达到的目标。诉讼法意义上的事实都是能用证据证明的事实,这些事实只要达到一定的认识程度或标准就被认定是真实的,可以成为裁判的依据。我们必须承认这样的现状:受有限的诉讼时间和空间条件的限制，法律真实和客观真实之间永远存在距离，在制度设立上无须为追求所谓的客观真实耗费人力、物力和财力。

第二，要注意到效率与公正的平衡。任何诉讼程序都需要大量的成本投入，包括人力资源的投入，例如法院的投入、当事人和律师的投入以及其他诉讼参与人的投入；同时也包括各种物质成本的投入，例如调查取证的花费、证人作证支出的费用等。此外还有对未来裁判结果预期不明而产生的焦虑和不安以及对局部社会秩序产生的不同程度的震荡等影响。一般来说，诉讼程序越多，流程越复杂，与事实就越接近，裁判正确率就会越高。但是，诉讼周期越长就会产生越多的成本投入。

第三，要考虑到"有错必纠"与判决既判力以及法的安定性的背离。"有错必纠"无疑是一种认真的态度，也是一种良好的愿望。生效裁判是法院在对案件进行审理之后，通过认定事实、适用法律，对当事人之间权利义务的重新认定和分配，相当于当事人之间的法律。裁判的效用不仅仅是对当事人的约束，同时也具有非常重要的宣誓意义，该意义已经超越了当事人的范围向整个社会扩散。公权力介入纠纷的解决是人类文明进步的重要指征，避免了私力救济的弱肉强食，赋予裁判公正的象征。通过对个案的解决，对发生扭曲和变形的社会关系或秩序给予修正和弥合，也体现了法律的权威。如果允许对生效裁判频繁的质疑和审查程序存在，无疑将对裁判本身的公正和权威产生巨大的破坏。

▶ 二、法定再审事由

（一）再审事由的修订

1991年《民事诉讼法》对于再审事由的规定语焉不详，导致法院享有巨大的自由裁量权空间，给当事人申请再审设置了重重障碍。经过2007年和2012年两次修订，《民事诉讼法》对再审事由进行了精确化，并且将当事人申请再审的事由和人民检察院抗诉再审的事由统一起来。

具体而言，这些法定事由包括：① 有新的证据，足以推翻原判决、裁定的；② 原判决、裁定认定的基本事实缺乏证据证明的；③ 原判决、裁定认定事实的主要证据是伪造的；④ 原判决、裁定认定事实的主要证据未经质证的；⑤ 对审理案件需要的主要证据，当事人因客观原因不能自行收集，书面申请法院调查收集，法院未调查收集的；⑥ 原判决、裁定适用法律确有错误的；⑦ 审判组织的组成不合法或者依法应当回避的审判人员没有回避的；⑧ 无诉讼行为能力人未经法定代理人代为诉讼，或者应当参加诉讼的当事人，因不能归责于本人或者其诉讼代理人的事由，未参加诉讼的；⑨ 违反法律规定，剥夺当事人辩论权利的;⑩ 未经传票传唤,缺席判决的;⑪ 原判决、裁定遗漏或者超出诉讼请求的;⑫ 据以作出原判决、裁定的法律文书被撤销或者变更的;⑬ 审判人员审理该案件时有贪污受贿,徇私舞弊,枉法裁判行为的。

上述再审事由可以分为三大类:

第一类是实体性错误,涉及的是认定事实并据以作出裁判的主要证据,包括第1项、第2项;此外还有适用法律上错误以及作为裁判依据的法律文书被撤销或变更,包括第6项和第12项。

第二类是程序上的缺陷或瑕疵。公正的程序是确保公正结果的前提,法院在审理案件的过程中,违反了法定程序,就有可能作出错误的裁判。这类事由占了再审事由的绝大部分。

第三类是职业伦理上的过错或瑕疵。如果法官在审理案件中有贪污受贿、徇私舞弊行为,其将难以保障中立立场,这违背了诉讼最本质的理念,因此在这种情形下应赋予当事人申请再审的机会。

(二)司法解释的补充

新的再审事由相对详细,但是在很多事项上仍留有很大的自由裁量空间和不尽合理之处。为此最高人民法院又出台了司法解释给予进一步的补足。

1. 对"新的证据"的界定

"新的证据"具体包括:① 原审庭审结束前已客观存在、庭审结束后新发现的证据;② 原审庭审结束前已经发现,但因客观原因无法取得或在规定的期限内不能提供的证据;③ 原审庭审结束后原作出鉴定意见、勘验笔录者重新鉴定、勘验,推翻原结论的证据。

《民诉法解释》第385条对"足以推翻"也作出了解释,即再审申请人提供的新证据,能够证明原判决、裁定认定的基本事实或裁判结果错误。对于这样的新证据,再审申请人应当说明逾期提交该证明的理由;拒不说明理由或理由不成立的,不予采纳该证据或者采纳该证据,并给予当事人训诫或罚款。

对于逾期提供证据的,有下列情形之一,可以认定理由成立:① 在原审庭审结束前已经存在,因客观原因于庭审结束后才发现;② 在原审庭审结束前已经发现,但因客观原因无法取得或者规定的期限内不能提供的;③ 在原审庭审结束后形成,无法据此另行提起诉讼的。再审申请人提交的证据在原审中已经提供,原审法院未组织质证且未作为裁判依据,也视为逾期提供证据理由成立,但法院依照《民事诉讼法》第68条规定不予采纳的除外。

2. 基本事实的厘清

对原判决、裁定的结果有实质影响、用以确定当事人主体资格、案件性质、具体权利义务和民事责任等主要内容所依据的事实,为《民事诉讼法》第

207条第2项规定的"基本事实"。

3. "适用法律确有错误"情形的明确

"适用法律确有错误"的情形包括：① 适用的法律与案件性质明显不符的；② 确定民事责任明显违背当事人约定或者法律规定的；③ 适用已经失效或尚未施行的法律的；④ 违反法律溯及力规定的；⑤ 违反法律适用规则的；⑥ 明显违背立法原意的。

4. "剥夺当事人辩论权利"的说明

以下情形属于《民事诉讼法》第207条第9项规定的"剥夺当事人辩论权利"：原审开庭过程中审判人员不允许当事人发表辩论意见；应当开庭审理而未开庭审理；违反法律规定送达起诉状副本或上诉状副本，致使当事人无法行使辩论权利的；违法剥夺当事人辩论权利的其他情形。依法缺席审理，依法径行判决、裁定的除外。

5. 违反法定程序的兜底条款

"违反法定程序可能影响案件正确判决、裁定的情形"，是指除《民事诉讼法》第207条中涉及违法程序事项之外的其他违反法定程序，可能导致案件裁判结果错误的情形。

6. 《民事诉讼法》第207条第11项中的诉讼请求包括第一审诉讼请求和第二审上诉请求。但是当事人未对第一审判决、裁定遗漏或超出诉讼请求提出上诉的除外。

7. 《民事诉讼法》第207条第12项中的"法律文书"包括发生法律效力的判决书、裁定书、调解书；发生法律效力的仲裁裁决书；具有强制执行效力的公正债权文书。

8. 职业伦理道德违反的确定

《民事诉讼法》第207条第13项规定的"审判人员审理该案件时有贪污受贿，徇私舞弊，枉法裁判行为的"，是指该行为已经被生效刑事法律文书或者纪律处分决定确认的情形。

（三）对调解书申请再审的法定事由

上述法定再审事由适用于对生效判决和裁定申请再审的情形。对调解书而言，只有在具备以下两种情形时才能申请再审：

（1）调解中违反了当事人的自愿原则。如果调解是在法院或对方当事人的强制下达成的，或者调解协议内容并非当事人的真实意思表示，当事人有权申请再审。

（2）调解协议的内容违反法律。如果调解协议的内容违法，势必会损害一方当事人的权利或对国家、集体或他人的合法权利造成损害。对于调解违反当事人自愿原则,或者调解协议内容违法的,当事人在提供证据的情况下,有权申请再审。法院经查证属实的,应当再审。

第六节　再审案件的审理和裁判

各种主体提出的再审动议都要经过一个审查程序。基于法院审判监督权提出的再审动议,其审查程序相对简单,具有内部性的特征:对于本院作出的裁判,要经由审判委员会讨论决定;上级法院对下级法院的裁判认为确有错误的,要作出提审或指令再审的裁定。基于检察监督权提出的再审动议,一般情况下法院不能拒绝,应在收到抗诉书之日起30日内作出再审的裁定。对于当事人提出的再审动议,法院要对再审事由进行审查,再审事由成立的,裁定再审。法院决定或裁定再审后,案件进入实质的再审程序。

▶ 一、再审案件的审判管辖

进入实质再审程序后,首先面临的问题就是审判管辖,即由哪个法院对再审案件进行审理并作出裁判。根据启动再审程序主体的不同,管辖法院各不相同。

(一) 当事人申请裁定再审的审判管辖

依照《民事诉讼法》第206条的规定,当事人对已经发生法律效力的判决、裁定,认为有错误的,可以向上一级法院申请再审;当事人一方人数众多或者当事人双方为公民的案件,也可以向原审法院申请再审。

对于向上一级法院申请再审的,上级法院经审查认为申请再审事由成立的,一般由本院提审。最高人民法院、高级人民法院裁定再审的案件,由本院再审或者交其他法院再审,也可以交原审法院再审。这里需要注意的是"其他法院"是指与原审法院同级的其他法院。最高人民法院、高级人民法院交由原审法院或其他法院再审的,采用指令再审和指定再审的方式。上一级法院可以根据案件的影响程度以及案件参与人等情况,决定是否指定再审。需要指定再审的,应当考虑便利当事人行使诉讼权利以及便利法院审理等因素。

对于有下列情形之一的,不得指令原审法院再审:① 原审法院对该案无管辖权的;② 审判人员在审理该案件时有贪污受贿,徇私舞弊,枉法裁判行为的;③ 原判决、裁定系经原审法院审判委员会讨论作出的;④ 其他不宜指令原审法院再审的。

(二) 检察机关抗诉裁定再审的审判管辖

检察机关提出再审动议管辖法院和最后的再审审判法院并非完全一致。

根据《民事诉讼法》第215条的规定,由人民检察院提出的再审动议模式是由上级人民检察院对下级法院的生效裁判向同级法院提出抗诉,同级人民检察院无权对同级法院生效裁判提出抗诉,如果认为同级法院裁判具备法定再审事由需要抗诉的,提请其上级人民检察院向同级法院提出抗诉。根据《民事诉讼法》第218条的规定,收到抗诉书后30日内法院作出再审的裁定。具备《民事诉讼法》第207条规定的再审事由第1项至第5项的,可以指令下一级法院再审,但是经过该下一级法院再审的除外。

（三）法院决定再审案件的审判管辖

《民事诉讼法》第215条第1款规定,最高人民法院对地方各级法院已经发生法律效力的判决、裁定、调解书,上级法院对下级法院已经发生法律效力的判决、裁定、调解书,发现确有错误的,有权提审或者指令下级法院再审。

二、再审案件审判庭的组成

再审案件的审判一律实行合议制,不得采用独任制审判。再审合议庭的组成根据原生效裁判的审理程序而定,原生效裁判是由第一审法院作出的,按第一审程序组成合议庭;原生效裁判是由第二审法院作出的,按照二审程序组成合议庭。无论是第一审还是第二审,原参与过案件审理的审判人员不得参与新的合议庭。

三、审理程序

（一）中止执行

裁定再审的案件,法院应当作出裁定,中止原判决、裁定和调解书的执行,裁定由院长署名,加盖法院印章,送达双方当事人。之所以中止原生效法律文书的执行,是为了防止继续执行给国家利益、社会公共利益或公民合法权益造成更大的损害,因为再审程序的启动本身就意味着原生效法律文书极有可能存在错误。但为了保护弱势群体的权益,对于追索赡养费、扶养费、抚养费、抚恤金、医疗费用、劳动报酬等案件,可以不中止执行。

（二）程序适用

启动再审程序不是为了审理新的案件,而是对案件的重新审理。根据《民事诉讼法》第214条的规定,法院审理再审案件,发生法律效力的判决、裁定是由第一审法院作出的,按照第一审程序审理,所作的判决、裁定,当事人可以上诉;发生法律效力的判决、裁定是由第二审法院作出的,按照第二审程序审理,所作的判决、裁定是发生法律效力的判决、裁定;上级法院提审的,按照第二审程序审理,所作出的判决、裁定也是生效的判决、裁定。

（三）审理方式

人民法院审理再审案件应当开庭审理。但按照第二审程序审理的，有特殊情况或双方当事人已经其他方式充分表达意见，且书面同意不开庭审理的除外。符合缺席判决条件的，可以缺席判决。人民检察院抗诉的案件，人民法院再审时，应当通知人民检察院派员出席法庭。

（四）开庭审理流程

法院开庭审理再审案件，应分别不同情形进行：① 因当事人申请裁定再审的，先由再审申请人陈述再审请求及理由，后由被申请人答辩及其他原审当事人发表意见；② 因人民检察院抗诉裁定再审的，先由抗诉机关宣读抗诉书，再由申请抗诉的当事人陈述，后由被申请人答辩及其他原审当事人发表意见；③ 法院依职权裁定再审的，有申诉人的，先由申诉人陈述再审请求及理由，后由被申诉人答辩、其他原审第三人发表意见；④ 法院依职权再审，没有申诉人的，先由原审原告或者原审上诉人陈述，后由其他原审当事人发表意见。

（五）再审审理范围

再审审理针对的是已经发生法律效力的判决、裁定和调解书，当事人的处分权受到更多的限制。法院审理再审案件应当围绕再审请求进行。如果当事人的再审请求超出了原审诉讼请求，法院不予审理。如果符合另案诉讼条件的，法院告知当事人另行起诉。

被申请人及原审其他当事人在庭审辩论结束前提出再审请求，符合再审诉讼时效的，法院一并审理。

法院经过再审，发现已经发生法律效力的判决、裁定损害国家利益、社会公共利益、他人合法权益的，应当一并审理。

（六）再审申请、抗诉以及第一审原告起诉的撤回

申请再审人在再审期间撤回再审申请的，是否准许由法院裁定。裁定准许的，应终结再审程序。申请再审人经传票传唤，无正当理由拒不到庭的，或者未经法庭许可中途退庭的，可以裁定按自动撤回再审申请处理。

人民检察院抗诉再审的案件，申请抗诉的当事人有前款规定的情形，且不损害国家利益、社会公共利益或第三人利益的，法院应当裁定终结再审程序；人民检察院撤回抗诉的，应当准许。终结再审程序的，恢复原判决的执行。

按照第一审程序审理再审案件时，第一审原告申请撤回起诉，经其他当事人同意，且不损害国家利益、社会公共利益、他人合法权益的，法院应当准许。裁定准许撤诉的，应当同时裁定撤销原判决、裁定、调解书。第一审原告在再审审理程序中撤回起诉后重复起诉的，法院不予受理。

四、审理结果

1. 调解结案

再审程序同第一审和第二审一样允许适用调解方式解决当事人之间的争议。当事人在再审审理中经调解达成协议的,法院应当制作调解书。调解书经各方当事人签收后,即具有法律效力,原判决、裁定视为被撤销。部分当事人到庭并达成调解协议,其他当事人未作出书面表示的,法院应当在判决中对该事实作出表述;调解协议内容不违反法律规定的且不损害其他人合法权益的,可以在判决主文中予以确认。

2. 裁定撤销判决

按照第二审程序再审的案件,法院经过审理认为不符合法定的起诉条件或按法律规定不予受理的情形的,应当裁定撤销第一、二审判决,驳回起诉。

3. 维持原判决、裁定或驳回再审申请

法院经再审审理认为,原判决、裁定认定事实清楚,适用法律正确的,应予维持;原判决、裁定在认定事实、适用法律、阐述理由方面虽有瑕疵,但裁判结果正确的,法院应在再审判决、裁定中纠正上述瑕疵后予以维持。

法院以调解方式审结的案件裁定再审后,经审理发现申请再审人提出的调解违反自愿原则的事由不成立,且调解协议的内容不违反法律强制性规定的,应当裁定驳回再审申请;人民检察院抗诉或者再审检察建议所主张的损害国家利益、社会公共利益的理由不成立的,裁定终结再审程序。法院裁定中止执行的调解书需要继续执行的,自动恢复执行。

4. 改判

原判决、裁定认定事实、适用法律错误,导致裁判结果错误的,应当在查清事实后改判。有新的证据证明原判决、裁定确有错误的,法院应予改判。

5. 作出新判决、裁定;发回重审

必须共同进行诉讼的当事人因不可归责于本人或其诉讼代理人的事由未参加诉讼,法院裁定再审的案件,如果是按照第一审程序再审的,应当追加其为当事人,作出新判决裁定;按照第二审程序再审,经调解不能达成调解协议的,应当撤销原判决、裁定,发回重审,重审时应追加其为当事人。

6. 案外人申请再审的处理

因案外人申请法院裁定再审的,法院经审理认为案外人应为必要的共同诉讼当事人,在按第一审程序再审时,应追加其为当事人,作出新的判决;在按第二审程序再审时,经调解不能达成协议的,应撤销原判决、裁定,发回重审,重审时应追加案外人为当事人。案外人不是必要的共同诉讼当事人的,仅审理原判决、裁定、调解书对其民事权益造成损害的内容。经审理,再审请求成立的,撤销或者改变原判决、裁定、调解书;再审请求不成立的,维持原判决、裁定、调解书。

五、终结再审程序

法院再审审理期间,有下列情形之一的,可以裁定终结再审程序:① 再审申请人在再审期间撤回再审申请,法院准许的;② 再审申请人经传票传唤,无正当理由拒不到庭的,或未经法庭许可中途退庭,按撤回再审请求处理;③ 人民检察院撤回抗诉的;④ 有《民诉法解释》第400条规定的再审审查程序终结情形的。因人民检察院提出抗诉裁定再审的案件,申请抗诉的当事人有以上规定情形的,且不损害国家利益、社会公共利益或他人合法权益的,法院应当裁定终结再审程序。再审程序终结后,法院裁定中止执行的原生效判决自动恢复执行。

六、小额诉讼的特别规定

小额诉讼是2012年《民事诉讼法》增加的内容,小额诉讼采用的是一审终审制,不得上诉。《民诉法解释》第424条对小额诉讼的再审救济作出了特别规定。对小额诉讼案件的判决、裁定,当事人有法定再审事由的,法院应当受理。申请再审事由成立的,应当裁定再审,组成合议庭审理。作出的再审判决、裁定,当事人不得上诉。

当事人以不应按小额诉讼案件审理为由向原审法院申请再审的,法院应当受理。理由成立的,应当裁定再审,组成合议庭审理。作出的再审判决、裁定,当事人可以上诉。

案例精选

【案例】①

再审申请人天合地产发展有限公司(以下简称"天合公司")因与被申请

---

① 天合地产发展有限公司诉武汉源开科技开发有限公司房屋买卖合同纠纷案,最高人民法院民事裁定书(2014)民申字第1560号。

人武汉源开科技开发有限公司(以下简称"源开公司")房屋买卖合同纠纷一案,不服湖北省高级人民法院(2014)鄂民一终字第00023号民事判决,向最高人民法院申请再审。

天合公司申请再审,称:① 原审对孙家振、涂鲲、王代贵等人的证人证言不予采信,认定事实不清、适用法律错误。孙家振是源开公司的原法定代表人、股东,也是本案房产交易的参与人,与天合公司没有利害关系,孙家振承认天合公司交给了源开公司有关法律文件并出庭作证有一定证明效力,其在《关于执行房产买卖协议的建议》(以下简称《建议》)中提出天合公司"不能提供享有所有权必要法律文件"之内容与其提供的证人证言并不矛盾。涂鲲、王代贵作为诉争房产实务的办理人、参与人,在均无利害关系的情况下出庭所作证人证言与孙家振的证人证言相互印证,能够证实天合公司向源开公司提交了协议约定的有关法律文件。② 源开公司构成违约,原审未予认定错误。不仅上述证人证言证实天合公司向源开公司交付了"清退现有用户必要的法律文件",而且在源开公司支付110万元后长达13个月的时间内未向天合公司请求交付案涉法律文件,其行为明显不合常理。这也印证天合公司已向源开公司提交了有关法律文件。③ 源开公司不享有履行抗辩权。在天合公司依约提供了清退用户的文件后,源开公司延迟交付第三期付款,其自认属于违约行为,并非履行抗辩权。同时在《商榷函》中承诺如果未按期交付有关款项,自愿放弃之前所有权利,这也不是履行抗辩权,即使存在抗辩权,该种承诺也是一种放弃行为。因此,天合公司没有违约。④ 源开公司未按约支付后期购房款,天合公司予以解除,依法有据。天合公司依据《民事诉讼法》第200条第2项、第6项之规定,申请再审。

经法院审查认为:第一,关于双方争议法律文件所指范围的问题。根据第二审庭审笔录及第二审询问,天合公司认为包括武汉市中级人民法院(2000)武执字第246号、第248号民事裁定书(以下简称"246号、248号民事裁定")、中国光大银行武汉分行(以下简称"光大武汉分行")与正信公司(后更名为"天合公司")签订的《房屋买卖协议书》、光大武汉分行授予天合公司的《授权委托书》。源开公司认为包括天合公司的权利以及源开公司权利的文件,包括产权证明,第246号、248号民事裁定和光大武汉分行向天合公司的授权书原件。据此,双方所指法律文件均包括246号、248号民事裁定、光大武汉分行与天合公司的《房屋买卖协议书》及光大武汉分行给付天合公司的授权书,不同的是源开公司提出需有产权证明。根据本案属现房买卖的实际,房屋所有权人光大武汉分行实系根据法院生效的裁判取得的房屋产权,尚未办理产权证,因其他原因将之转卖天合公司后亦未将产权证办理到正信公司名下,否则即谈不到交付246号、248号民事裁定及光大武汉分行授权书的问题。因此,双方争议交付的法律文件属同一范围,即246号、248号民事裁定,光大武汉分行与天合公司的《房屋买卖协议书》及光大武汉分行的授权书,第二审法院在审理中亦认为上述文件属天合公司应提供的必要法律文件。需要注意的是,因主要涉及清退原房屋用户的问题,是否原件并不影响源开公司清退义务的履行,如确需原件,天合公司可依约予以协助。第二,天合公司是否已向源开公司提交法律文件的问题。根据第二审庭审笔录,源开公司原法定代表人孙家振提供的证人证言表明,其在2006年5月转让源开公司股份前不仅确认了天合公司依约提交法律文件的范围,也承认收到天合公司交付的上述法律文件。同时,其他证人如王代贵在代表天顺世景商贸公司与源开公司协商购买案涉房屋时,源开公司向其提供过相关产权关系、买卖关系等文件。另外涂鲲在孙家振找其进行卖房中介时也向其提供过上述法律文件资料的复印件及三方托管协议等。上述证人均出庭经双方质证,证言能相互印证,对本案事实有一定的证明作用。更为重要的是,在合同履行中,源开公司不仅进行了第二期付款,又另行支付100万元,对交付法律文件问题并未提出异议,直至2005年12月28日源开公司出具《商榷函》时一直表示未予清退是由于其他原因,责任在己方,随后在2006年3月13日向天合公司发出的《建议》中亦认为其对清场付出了很大努力,也取得了很大进展,如没有相关法律文件,其不仅无法开展清退工作,也不可能取得效果。据此,原审认为天合公司未交付有关法律文件构成违约,认定事实不清。第三,法律文件是否交付与源开公司行使抗辩权的关系问题。双方订立的《房产买卖协议补充协议书》第1条约定,源开公司第二次付款至110万元后,由天合公司提供必要的法律文件协助源开公司清退现有用户。根据上述约定及本案房屋现状买卖的实际,正信公司提供法律文件的目的是证明房屋正当权源及排除干扰清退现有用户,源开公司尚不能直接以自己名义进行清退行为或进行权利主张,对此,源开公司应该明知。同时,在上述协议履行中,其不仅未提出异议,而且清退也取得了一定效果,并无证据证明上述文件提供与否对清退产生实际影响。实际上,在案涉协议履行中,光大武汉分行及天合公司一直配合清退行为,张贴了公告,三方还签订了房产托管协议,对阻碍干扰执行的行为还予以了报警。据此,可以认为天合公司当时是否交付案涉法律文件并未影响双方协议的履行,也未实际影响、损害源开公司的实际权益,其以未交付有关法律文件作为不予继续付款的抗辩事由,事实和法律根据不足。需要注意的是,2006年3月13日源开公司向天合公司发出的建议中确有"由于贵公司不能提供证明享有房产所有权的必要的法律文件,导致目前事实上双方都没有合法身份进行清场,所以无法完成房产交付的局面"等表述,但该处"必要的法律文件"与协议约定交付的"法律文件"尚有差异,源开公司此处陈述的仅是一种事实,即由于双方没有直接产权证明,因此清场困难,无法及时完成房产交付,但并非要求正信公司交付直接产权证明,否则,就谈不到交付上述有关民事裁定及授权书等协助其清退的问题。综上,原审认定天合公司未提供法律文件构成违约,事实不清;天合公司在源开公司未足额支付第三期给付款的情况下依约解除合同,有事实和法律根据。

综上所述,最高人民法院认为天合公司的再审申请符合《民事诉讼法》第200条第2项、第6项规定的情形。并依照《民事诉讼法》第204条、第206条之规定,作出如下裁定:① 指令湖北省高级人民法院再审本案;② 再审期间,中止原判决的执行。

评析:本案涉及再审事由,当事人申请再审的管辖法院以及相关程序性问题。

第一,再审事由。本案中双方争议的焦点就是天合公司未提供法律文件行为是否构成违约,天和公司在源开公司未足额支付第三期付款的情况下依照约定解除合同是否有事实和法律依据。最高人民法院认为天和公司是否交付案涉法律文件并未影响双方协议的履行,也未实际影响、损害源开公司的权益,原审认定天合公司未提供法律文件构成违约,事实不清;天合公司在源开公司未足额支付第三期给付款的情况下依约解除合同,有事实和法律根据。根据2012年《民事诉讼法》第200条第2、6项(现行法第207条第2、6项)的规定,构成原判决的基本事实缺乏证据,适用法律错误,应当予以再审。

第二,当事人申请再审的管辖法院。这里包括两个法院,一个是再审申请的审查法院和再审案件的审理法院。根据2012年《民事诉讼法》第199条(现行法第206条)的规定,当事人认为发生法律效力的判决确有错误的,可以向上一级法院申请再审;当事人一方人数众多的,或当事人双方为公民的案件,也可以向原审法院申请再审。本案涉及的当事人为法人,原审法院是湖北省高级人民法院,因此当事人向最高人民法院申请再审。对于最高人民法院裁定再审的案件,可以由最高人民再审,或者交由其他人民法院再审,也可以交由原审人民法院再审。本案中,最高人民法院在裁定再审的同时也指定了原审人民法院湖北省高级人民法院作为再审审理法院。

第三,再审程序性规定。决定再审的案件,应当裁定中止原判决的执行。由原审人民法院再审的,应当另行组成合议庭。

思考问题

1. 再审程序启动的主体、方式和程序。
2. 对基于审判监督权的再审合理性的思考。
3. 基于检察监督权的再审程序的改革。
4. 再审制度设置的根本价值和目的。
5. 再审事由规定的合理性。
6. 再审案件的审理程序。

第十七章　第三人撤销之诉

　　第三人撤销之诉是我国《民事诉讼法》2012年修订时设立的一项诉讼制度，目的在于保障未参加诉讼程序但受生效判决、裁定或者调解书不当损害的案外第三人的合法权益。第三人撤销之诉制度是学界研究热点问题之一，对该制度的功能定位、提起条件以及与相关制度之间的关系协调存在许多不同看法。最高人民法院颁布指导性案例旨在指导司法实践中第三人撤销之诉制度的运用。本章不仅介绍了第三人撤销之诉概念、立法意义和特征，而且阐述了第三人撤销之诉的提起条件、适用的具体程序以及第三人撤销之诉与相关制度之间的关系等内容。

第一节 第三人撤销之诉概述

一、第三人撤销之诉的概念和立法意义

2012年《民事诉讼法》修订前,对第三人权益的保障主要适用第三人参加诉讼、案外人①执行异议、案外人有条件的申请再审和执行异议之诉制度。第三人参加诉讼,即有独立请求权第三人可以在已经开始的诉讼中,将原、被告作为被告,以起诉方式加入诉讼,法院合并审理作出裁判;无独立请求权第三人可以由法院通知或者自己申请参加到已经开始的诉讼中,法院审理并作出裁判。案外人执行异议制度,是指在执行过程中,当执行标的侵犯案外人合法权益时,案外人可以向法院提出不同看法,意在阻止法院对该执行标的的执行。案外人有条件的申请再审,是指在案外人提出的执行异议被法院驳回的情况下,如果执行文书有错误,案外人可以向法院申请再审。执行异议之诉是指在案外人提出的执行异议被法院驳回时,如果执行根据没有错误,则案外人可以要求法院对争议的实体法律关系进行审理和裁判,从而维护自己的民事权益。第三人参加诉讼属于事前救济制度,案外人执行异议、案外人有条件的申请再审和执行异议之诉都属于事后救济制度。无论事前制度还是事后制度都有局限性,都不能对第三人的合法权益提供直接、有效的救济。为维护案外第三人合法权益,2012年《民事诉讼法》修订后,在第56条第3款(现行法第59条第3款)规定了第三人撤销之诉。并在《民诉法解释》中用专章规定了第三人撤销之诉的程序内容。第三人撤销之诉,是指因不能归责于其本人的事由没有参加他人之间诉讼,同时又认为他人之间已经生效的判决、裁定或者调解书内容有错误,侵害其民事权益的第三人,可以向法院提出撤销或者改变该判决、裁定或者调解书的诉讼。第三人撤销之诉、第三人参加诉讼和案外人执行异议、案外人有条件的申请再审以及执行异议之诉制度共同构成了我国保护第三人合法权益的制度体系。

我国引入第三人撤销之诉制度主要是针对司法实践中出现的恶意诉讼、虚假诉讼以及一些当事人利用诉讼调解进行欺诈,严重损害第三人合法权益的现象。当然,2012年《民事诉讼法》规定第三人撤销之诉制度也体现了程序正义和实体正义。因为在作出原判决、裁定、调解书的诉讼中,该案外第三人

---

① 案外人是指执行案件当事人以外的人,包括对执行标的主张所有权或者主张具有其他足以阻止执行标的的转让、交付的实体权利的人。案外人中包含第三人。

并没有参加诉讼,其程序权利没有得到保障,因而规定第三人撤销之诉这种事后保障,符合程序正义的要求。而且在第三人由于不能归责于本人的事由没有参加他人之间的诉讼,他人之间的生效判决、裁定或者调解书可能侵害第三人合法权益时,赋予第三人提出撤销之诉也符合实体正义的要求。

▶ 二、第三人撤销之诉的特征

第三人撤销之诉制度是借鉴大陆法系有些国家或者地区民事诉讼法规定的第三人撤销诉讼程序确定的,其目的在于有效保护受生效判决、裁定或者调解书损害的第三人的民事权益。在大陆法系,对受确定裁判[①]损害的第三人民事权益的救济制度有另行起诉、申请再审和第三人撤销之诉等规定。因此对于第三人撤销之诉的特征,可以通过其与第三人另行起诉、案外人申请再审的区别予以分析。

(一)与第三人另行起诉的区别

另行起诉制度是德国、日本民事诉讼法赋予第三人在未能参加诉讼又无法适用执行异议时的一种救济手段,是指第三人主张对确定裁判诉争标的具有利益,通过提起诉讼维护自己的权益。而第三人撤销之诉,是指第三人认为他人之间已经生效的裁判部分或全部内容错误,损害其民事权益,在一定期限内向法院提起的申请法院撤销生效裁判的诉讼。第三人撤销之诉主要解决生效裁判是否存在错误的问题,第三人另行起诉的权利是建立在既判力相对性原则[②]基础上的。另行起诉则可能出现两个都发生法律效力的既有判决。如果前诉已经执行完毕,则后诉的权利人只能向前诉的被告请求赔偿;如果前诉尚未执行,则后诉权利人可以通过执行异议阻止法院执行。其理论基础不是对前诉的撤销,而是后诉遮盖前诉。在我国没有明确规定既判力相对性原则情况下,如果允许第三人另行起诉,一方面,会造成法院重复审理同一纠纷,浪费司法资源,损害司法权威;另一方面,会导致法院管辖混乱,如前诉是由中级或者以上法院作出生效裁判,第三人另行起诉由基层法院受理,就会出现下级法院可能撤销上级法院裁判的不正常情况;最后,第三人另行起诉,法院裁判后,执行机构对于执行哪个裁判将无所适从。[③]

(二)与案外人申请再审的区别

2007年,我国对《民事诉讼法》进行部分修订,其中一个主要内容就是修

---

① 确定裁判是大陆法系国家对不能再上诉的裁判的表述,而我国的表述是生效判决、裁定。
② 既判力相对性,即既判力只在双方当事人之间发挥作用。
③ 参见全国人大常委会法制工作委员会民法室编:《民事诉讼法立法背景与观点全集》,法律出版社2012年版,第341页。

订案外人执行异议制度。根据该修订,《民诉法解释》第421条规定案外人在具备一定条件时,有权向法院申请再审。虽然案外人申请再审和第三人撤销之诉在撤销生效裁判对第三人不利的部分上是一致的,但他们之间仍有不同。案外人申请再审,是通过再审撤销或者改变原裁判内容,它直接关系到已决裁判的稳定性,因此启动再审程序的门槛很高;而第三人撤销之诉,只是撤销生效裁判对第三人不利的部分,并不影响前诉裁判在当事人之间的效力,因此司法政策上第三人申请撤销之诉的门槛应当比案外人申请再审程序要低一些[①]。具体而言,二者区别包括:

1. 诉讼主体不同

第三人撤销之诉的主体是法律规定的有独立请求权第三人和无独立请求权第三人;而案外人申请再审之诉的主体是对执行标的有异议的执行案件当事人以外的人。

2. 诉讼标的不同

第三人撤销之诉的诉讼标的已经不是原审诉讼标的,而是第三人基于新事实、新理由提出的,法院对原审生效裁判是否侵害第三人民事权益进行审理;而案外人申请再审之诉的诉讼标的仍然是原审诉讼标的,是法院对原审生效裁判程序上、实体上是否存在瑕疵进行审理。

3. 诉讼目的不同

第三人撤销之诉的目的是保护第三人合法权益不至于受到自己未参加诉讼的裁判突袭;而案外人申请再审的目的在于补救原案审判程序的严重瑕疵,恢复程序和裁判的合法性。虽然第三人撤销之诉与申请再审都是针对法院生效判决、裁定或者调解书的,属于事后、特殊的救济制度。但是,第三人撤销之诉是基于新情况、新事实提出的,因此它不同于再审程序,它不是对"旧诉"的再次审理,而是一个"新诉",是对一个新案件的审理。

第二节 第三人撤销之诉的程序

《民事诉讼法》第59条第3款规定:"前两款规定的第三人,因不能归责于本人的事由未参加诉讼,但有证据证明发生法律效力的判决、裁定、调解书的部分或者全部内容错误,损害其民事权益的,可以自知道或者应当知道其民事权益受到损害之日起六个月内,向作出该判决、裁定、调解书的人民法院提起诉讼。人民法院经审理,诉讼请求成立的,应当改变或者撤销原判决、裁

[①] 参见张卫平主编:《新民事诉讼法专题讲座》,中国法制出版社2012年版,第77页。

定、调解书；诉讼请求不成立的，驳回诉讼请求。"从上述规定看，我国《民事诉讼法》仅仅对第三人提起撤销之诉的条件和人民法院如何裁判进行了原则规定。《民诉法解释》用专章12个条文对第三人撤销之诉的适用条件和程序进行了较为完整、具体的规定。

▶ 一、第三人提出撤销之诉的条件

根据《民事诉讼法》和《民诉法解释》的有关规定，第三人提出撤销之诉应当符合以下条件：

第一，提出撤销之诉的主体条件。从立法本身规定看，第三人撤销之诉的原告既可以是有独立请求权的第三人也可以是无独立请求权的第三人。在确定提起第三人撤销之诉的主体资格时，除了要按照《民事诉讼法》第59条第1、2款的规定判断第三人外，还要结合《民事诉讼法》第59条第3款规定的实体要件，即生效的判决、裁定或者调解书的内容是否损害其民事权益。

第二，提出撤销之诉的原告没有参加本诉不是其本人的原因导致的。这是第三人提出撤销之诉应当具备的程序要件。根据《民诉法解释》第293条的规定，因不能归责于本人的原因未能参加诉讼，是指没有被列为生效判决、裁定、调解书的当事人，且无过错或者无明显过错的情形。包括第三人不知道原、被告之间进行的本诉或者第三人虽然知道，但有客观原因导致其不能参加本诉；还有第三人申请参加本诉诉讼程序，但没有得到法院准许等。如果法院依法通知该第三人参加本诉，第三人没有正当理由拒绝参加，则该第三人不得申请撤销裁判。

第三，第三人申请撤销生效裁判，必须提交证据证明发生法律效力的判决、裁定、调解书可能部分或者全部内容错误，损害其民事权益。这是第三人提出撤销之诉应当具备的实体要件。因为撤销之诉既是第三人的权利救济手段，又关系到法院生效裁判的终局性、确定性问题，因此对第三人的撤销之诉的起诉要求与普通民事诉讼有所不同。当然，这里只要求其提供的证据能够初步证明即可，至于原判决是否存在损害第三人合法权益的错误，则只能通过随后的审理程序进行确定。这里的生效裁判既包括发生法律效力的第一审和第二审判决和裁定，也包括再审生效判决、裁定。这里的调解书，既指法院作出的调解书，也包括法院根据《民事诉讼法》第101条可以不制作调解书调解结案的情形。根据《民诉法解释》第294条的规定，生效判决、裁定或者调解书内容错误限定为判决、裁定的主文错误，或者调解书中处理当事人民事权利义务的结果出现错误。根据《民事诉讼法》第155条第1款第3项的规

定,判决主文可以理解为"判决结果和诉讼费用的负担"部分,即有关判项部分的内容。裁定中的主文是指《民事诉讼法》第157条第3款规定的"裁定结果"部分。调解书中处理当事人民事权利义务的内容是指调解书确认的当事人达成的调解协议中关于民事权利义务处分的内容。同时第三人提出撤销之诉还应当具备结果条件,即生效判决、裁定或者调解书的内容损害第三人的民事权益。对于结果条件,最高人民法院释义认为可以被理解为生效的判决、裁定、调解书内容错误与第三人民事权益的损害之间要有因果关系,并且进一步认为这要求第三人与生效裁判的内容存在法律上的利害关系。

第四,第三人应当自知道或者应当知道其民事权益受到损害之日起6个月内提出。因为第三人撤销之诉制度是一种事后救济制度,其有利于维护第三人合法权益的同时,也对生效裁判的安定性和社会秩序的稳定性构成威胁,因此法律规定"6个月"期限,以督促第三人及时行使权利。根据《民诉法解释》第127条的规定,该期间是不变期间,不适用诉讼时效中止、中断或者延长的规定。

第五,第三人只能向作出原生效判决、裁定、调解书的法院提起诉讼。这样规定,一是考虑到作出原生效裁判法院比较了解案件情况,有利于案件及时审理;二是避免出现下级法院撤销或者变更上级法院作出生效裁判的情况。

二、第三人撤销之诉的适用范围

适用范围反映的是第三人提起撤销之诉的消极条件问题。因为第三人撤销之诉不同于普通民事诉讼,因此第三人提出撤销之诉的消极条件也不能完全等同于《民事诉讼法》第127条的规定。第三人撤销之诉是法律赋予第三人的应对民事纠纷生效判决、裁定或者调解书侵害的一种事后救济手段,因此并不是所有民事案件都可以适用第三人撤销之诉。《民诉法解释》用否定列举的方式规定了第三人撤销之诉适用的案件范围。《民诉法解释》第295条规定,对于下列案件提起的第三人撤销之诉,法院不予受理:① 适用特别程序、督促程序、公示催告程序、破产程序等非讼程序处理的案件;② 婚姻无效、撤销或者解除婚姻关系等判决、裁定、调解书中涉及身份关系的内容;③《民事诉讼法》第57条规定的未参加登记的权利人对代表人诉讼案件的生效裁判;④《民事诉讼法》第58条规定的损害社会公共利益行为的受害人对公益诉讼案件的生效裁判。

三、法院对第三人撤销之诉的审查受理

由于第三人撤销之诉是针对原审生效判决、裁定或者调解书提起的诉

讼,关系到生效判决、裁定或者调解书的稳定性和法律关系的确定,因此不仅提起第三人撤销之诉的条件比提起普通民事诉讼要高,而且人民法院审查受理的条件和程序也不一样。根据《民诉法解释》第291条的规定,人民法院应当在收到起诉状和证据材料之日起5日内送交对方当事人,对方当事人可以自收到起诉状之日起10日内提出书面意见。人民法院应当对第三人提交的起诉状、证据材料以及对方当事人的书面意见进行审查。必要时,可以询问双方当事人。经审查,符合起诉条件的,人民法院应当在收到起诉状之日起30日内立案。不符合起诉条件的,应当在收到起诉状之日起30日内裁定不予受理。

由于原审生效裁判可能已经进入执行程序,为平衡第三人和原审当事人的利益关系,《民诉法解释》第297条规定:"受理第三人撤销之诉案件后,原告提供相应担保,请求中止执行的,人民法院可以准许。"

▶ 四、法院对第三人撤销之诉的审理和裁判

(一)当事人诉讼地位的确定

由于第三人提出的撤销之诉是一个新诉,因此按照诉讼案件当事人来列,即原告、被告。在第三人撤销之诉中,提出撤销之诉的案外第三人是原告;生效判决、裁定或者调解书的当事人为被告。如果生效判决、裁定或者调解书中有第三人的,该第三人如果是有独立请求权第三人,因为其在参加诉讼中是原告,所以在第三人撤销之诉中列为被告。如果生效判决、裁定或者调解书中的第三人是无独立请求权第三人的,则需要根据生效判决、裁定或者调解书是否确定其承担民事责任来判断;确定其承担民事责任的无独立请求权第三人相当于被告[①],因此在第三人撤销之诉中也被列为被告;没有确定其承担责任的无独立请求权第三人只是辅助型第三人,因此可以被列为第三人。

(二)法院的审判组织形式和审理方式

第三人撤销之诉是对原审生效裁判是否侵害第三人民事权益进行审理,

---

① 对于无独立请求权第三人的界定,学界有不同观点:有三分法,即分为原告型、被告型和辅助型第三人;也有两分法,即被告型和辅助型第三人。我们认为,根据《民事诉讼法》第59条第2款的规定,被告型第三人是指虽然对原、被告之间诉讼标的没有独立请求权,但人民法院生效判决、裁定或调解书确定其承担民事责任的第三人。辅助型第三人,是指对原、被告之间诉讼标的没有独立请求权,人民法院生效判决、裁定或者调解书也没有确定其承担民事责任的第三人。

涉及原审生效判决、裁定或者调解书的稳定性,因此《民诉法解释》第292条规定,人民法院对第三人撤销之诉案件,应当组成合议庭开庭审理。由于第三人撤销之诉属于第一次司法救济,具有事后性、特殊性等特点,因此人民法院应当适用普通程序进行审理。①

（三）法院的审理范围和裁判

第三人提起撤销之诉是行使诉权的一种方式。基于诉权对审判权的制约,人民法院应当围绕当事人的诉讼请求进行审理和裁判。

根据《民诉法解释》第298条的规定,对第三人撤销或者部分撤销发生法律效力的判决、裁定、调解书内容的请求,人民法院经审理,按下列情形分别处理：

(1) 第三人提起的撤销之诉请求包括撤销生效判决、裁定或者调解书和确认其民事权利的,如果第三人提出的撤销生效判决、裁定或者调解书的请求成立且确认其民事权利的主张全部或部分成立,法院裁判改变原判决、裁定、调解书内容的错误部分；如果撤销生效判决、裁定或者调解书的请求成立,但确认其全部或部分民事权利的主张不成立,法院裁判撤销原判决、裁定、调解书内容的错误部分。

(2) 第三人提起的撤销之诉只是请求撤销生效判决、裁定或者调解书的,如果请求成立,则法院裁判撤销原判决、裁定、调解书内容的错误部分；如果请求不成立,则法院裁判驳回诉讼请求。

人民法院认可第三人的撤销之诉主张,可能全部改变或者撤销原生效判决、裁定或者调解书的内容,也可能部分改变或者撤销原生效判决、裁定或者调解书的内容。因此未改变或者未撤销的原生效判决、裁定或者调解书内容继续有效。

由于第三人撤销之诉是一个新诉,因此当事人对法院裁判不服的,可以上诉。

---

① 参见刘家兴、潘剑锋主编：《民事诉讼法学教程》（第5版）,北京大学出版社2018年版,第235页。

第三节　第三人撤销之诉与再审程序、案外人执行异议的关系

一、第三人撤销之诉与再审程序的关系

第三人撤销之诉和再审程序都属于事后救济手段,它们在适用主体、程序内容等方面存在不同,因此它们之间是并行关系,彼此独立,互不影响。但是由于它们都针对同一生效判决、裁定或者调解书,诉讼标的有交叉,制度目的上有重合,因此需要协调第三人撤销之诉与再审程序之间的关系。

按照我国《民事诉讼法》和有关司法解释的规定,再审程序的启动既有当事人申请再审、法院自身监督以及人民检察院抗诉引起的再审程序,也包括案外人符合条件申请再审启动的再审程序。对于当事人申请再审、法院自身监督以及人民检察院抗诉引起的再审程序与第三人提出的撤销之诉之间的关系,《民诉法解释》为实现纠纷的一次性彻底解决,实行"再审程序吸收第三人撤销之诉"原则。第299条规定:"第三人撤销之诉案件审理期间,人民法院对生效判决、裁定、调解书裁定再审的,受理第三人撤销之诉的人民法院应当裁定将第三人的诉讼请求并入再审程序。但有证据证明原审当事人之间恶意串通损害第三人合法权益的,人民法院应当先行审理第三人撤销之诉案件,裁定中止再审诉讼。"第300条规定:"第三人诉讼请求并入再审程序审理的,按照下列情形分别处理:(一)按照第一审程序审理的,人民法院应当对第三人的诉讼请求一并审理,所作的判决可以上诉;(二)按照第二审程序审理的,人民法院可以调解,调解达不成协议的,应当裁定撤销原判决、裁定、调解书,发回一审法院重审,重审时应当列明第三人。"

当案外人具备申请再审条件时,就涉及案外人申请再审与第三人撤销之诉的关系处理。对此,《民诉法解释》第301条规定:"第三人提起撤销之诉后,未中止生效判决、裁定、调解书执行的,执行法院对第三人依照民事诉讼法第二百三十四条规定提出的执行异议,应予审查。第三人不服驳回执行异议裁定,申请对原判决、裁定、调解书再审的,人民法院不予受理。案外人对人民法院驳回其执行异议裁定不服,认为原判决、裁定、调解书内容错误损害其合法权益的,应当根据民事诉讼法第二百三十四条规定申请再审,提起第三人撤销之诉的,人民法院不予受理。"这里的"提起撤销之诉后"应当是指"起诉

被受理后"。因为既然法律赋予第三人申请再审和提出撤销之诉的权利，所以在人民法院受理前，第三人有权选择申请再审，也可以选择提出撤销之诉。由于申请再审和提出撤销之诉是针对同一生效判决、裁定或者调解书，因此第三人只能择一适用法律赋予的救济手段。

二、第三人撤销之诉与案外人执行异议的关系

为了保障第三人合法权益，《民事诉讼法》第 234 条规定了案外人执行异议制度。即在执行过程中，案外人以对执行标的享有实体权利为由，向民事执行机关提出要求停止执行该执行标的的申请。

第三人撤销之诉与案外人执行异议是法律赋予第三人维护自己合法权益的两种不同救济手段。它们之间的不同在于：

1. 目的不同

第三人撤销之诉的目的在于通过撤销或者改变生效判决、裁定或者调解书中侵害第三人民事权利的内容，维护第三人合法权益；而案外人执行异议意在通过阻止民事执行机关对执行标的的继续执行，防止对案外人合法权益的损害。

2. 主体不同

提出第三人撤销之诉的主体限定为有独立请求权第三人和无独立请求权第三人；而有权提出案外人执行异议的主体是执行案件当事人以外的人，既包括对执行标的主张所有权的人，也包括有其他足以阻止执行标的的交付、转让的实体权利的人。案外人的范围比第三人更宽。

3. 时间不同

第三人撤销之诉是针对生效判决、裁定或者调解书侵害第三人合法权益而要求撤销或者改变生效判决、裁定或者调解书内容的救济手段，因此适用时间相对宽泛，可以在该生效判决、裁定或者调解书执行程序开始前，也可以在执行程序中或者执行程序结束后；而案外人执行异议的提出只能在执行程序中。

4. 管辖法院不同

第三人撤销之诉只能向作出生效判决、裁定或者调解书的人民法院提出；而案外人执行异议只能向执行法院提出。

5. 适用的程序不同

第三人撤销之诉属于事后、特殊救济制度,是一种新诉,因此第三人撤销之诉的启动和程序既要符合一般普通程序的要求,又具有一些特殊规则。既涉及程序规则也涉及实体要件;而案外人执行异议属于程序性的执行救济手段,只对程序内容进行审查,不涉及对实体内容的审查。

虽然第三人撤销之诉与案外人执行异议都有保护第三人合法权益的作用,但由于两种救济手段目的不同,《民诉法解释》在协调第三人撤销之诉与案外人执行异议关系时,采纳了"同时适用规则"。即第301条第1款规定:"第三人提起撤销之诉后,未中止生效判决、裁定、调解书执行的,执行法院对第三人依照民事诉讼法第二百三十四条规定提出的执行异议,应予审查。……"

案例精选

▶ 【案例】[①]

2008年12月,鞍山市中小企业信用担保中心(以下简称担保中心)与台安县农村信用合作社黄沙坨信用社(以下简称黄沙坨信用社)签订保证合同,为汪薇经营的鞍山金桥生猪良种繁育养殖厂(以下简称养殖厂)在该信用社的贷款提供连带责任担保。汪薇向担保中心出具一份个人连带责任保证书,为借款人的债务提供反担保。后因养殖厂及汪薇没有偿还贷款,担保中心于2010年4月向黄沙坨信用社支付代偿款2973197.54元。2012年担保中心以养殖厂、汪薇等为被告起诉至铁东区人民法院,要求养殖厂及汪薇等偿还代偿款。辽宁省鞍山市铁东区人民法院于2013年6月作出判决:①汪薇于该判决书生效之日起15日内给付担保中心代偿银行欠款2973197.54元及银行利息;②张某某以其已办理的抵押房产对前款判项中的本金及利息承担抵押担保责任;③驳回担保中心的其他诉讼请求。该判决已经发生法律效力。

2010年12月汪薇将养殖厂转让给鲁金英,转让费450万元,约定合同签订后立即给付163万余元,余款于2011年12月1日全部给付。如鲁金英不能到期付款,养殖厂的所有资产仍归汪薇,首付款作违约金归汪薇所有。合同签订后,鲁金英支付了约定的首付款。汪薇将养殖厂交付鲁金英,但鲁金

[①] 鞍山市中小企业信用担保中心诉汪薇、鲁金英第三人撤销之诉案,最高人民法院指导案例152号(2021年)。

英未按约定支付剩余转让款。2014年1月,铁东区人民法院基于担保中心的申请,从鲁金英处执行其欠汪薇资产转让款30万元,将该款交给了担保中心。

汪薇于2013年11月起诉鲁金英,请求判令养殖厂的全部资产归其所有;鲁金英承担违约责任。辽宁省鞍山市中级人民法院经审理认为,汪薇与鲁金英签订的《资产转让合同书》合法有效,鲁金英未按合同约定期限支付余款构成违约。据此作出(2013)鞍民三初字第66号民事判决:① 鲁金英将养殖厂的资产归还汪薇所有;② 鲁金英赔偿汪薇实际损失及违约金1632573元。其中应扣除鲁金英代汪薇偿还的30万元,实际履行中由汪薇给付鲁金英30万元。鲁金英向辽宁省高级人民法院提起上诉。该案第二审期间,汪薇和鲁金英自愿达成调解协议。辽宁省高级人民法院于2014年8月作出(2014)辽民二终字第00183号民事调解书予以确认。调解协议主要内容为养殖厂归鲁金英所有,双方同意将原转让款450万元变更为3132573元,鲁金英已给付汪薇1632573元,再给付150万元,不包括鲁金英已给付担保中心的30万元等。

鲁金英依据调解书向担保中心、执行法院申请回转已被执行的30万元,担保中心知悉汪薇和鲁金英买卖合同纠纷诉讼及调解书内容,随即向辽宁省高院提起第三人撤销之诉。

辽宁省高级人民法院于2017年5月23日作出(2016)辽民撤8号民事判决:① 撤销辽宁省高级人民法院(2014)辽民二终字第00183号民事调解书和鞍山市中级人民法院(2013)鞍民三初字第66号民事判决书;② 被告鲁金英于判决生效之日起10日内,将养殖厂的资产归还被告汪薇所有;③ 被告鲁金英已给付被告汪薇的首付款1632573元作为实际损失及违约金赔偿汪薇,但应从中扣除代替汪薇偿还担保中心的30万元,即实际履行中由汪薇给付鲁金英30万元。鲁金英不服,提起上诉。最高人民法院于2018年5月30日作出(2017)最高法民终626号民事判决:① 维持辽宁省高级人民法院(2016)辽民撤8号民事判决第一项;② 撤销辽宁省高级人民法院(2016)辽民撤8号民事判决第二项、第三项;③ 驳回鞍山市中小企业信用担保中心的其他诉讼请求。

最高人民法院的判决理由是:本案中,虽然担保中心与汪薇之间基于贷款代偿形成的债权债务关系,与汪薇和鲁金英之间因转让养殖厂形成的买卖合同关系属两个不同法律关系,但是汪薇系为创办养殖厂与担保中心形成案涉债权债务关系,与黄沙坨信用社签订借款合同的主体亦为养殖厂,故汪薇和鲁金英转让的养殖厂与担保中心对汪薇债权的形成存在关联关系。在汪薇与鲁金英关于养殖厂转让发生纠纷提起诉讼时，担保中心对汪薇的债权已经生效民事判决确认并已进入执行程序。在该案诉讼及判决执行过程中，铁东区人民法院已裁定冻结了汪薇对养殖厂（投资人鲁金英）的到期债权。鲁金英亦已向铁东区人民法院确认其欠付汪薇转让款及数额，同意通过法院向担保中心履行，并已实际给付了30万元。铁东区人民法院也对养殖厂的相关财产予以查封冻结，并向养殖厂送达了协助执行通知书。故汪薇与鲁金英关于养殖厂资产转让合同权利义务的变化与上述对汪薇财产的执行存在直接牵连关系，并可能影响担保中心的利益。《合同法》第74条规定："债务人以明显不合理的低价转让财产，对债权人造成损害，并且受让人知道该情形的，债权人也可以请求人民法院撤销债务人的行为。"本案汪薇和鲁金英在诉讼中达成以3132573元交易价转让养殖厂的协议，该协议经人民法院作出（2014）辽民二终字第00183号民事调解书予以确认并已发生法律效力。在此情形下，担保中心认为汪薇与鲁金英该资产转让行为符合《合同法》第74条规定的情形，却无法依据《合同法》第74条规定另行提起诉讼行使撤销权。故本案中担保中心与汪薇之间虽然属于债权债务关系，但基于担保中心对汪薇的债权形成与汪薇转让的养殖厂之间的关联关系，法院对汪薇因养殖厂转让形成的到期债权在诉讼和执行程序中采取的保全和执行措施使得汪薇与鲁金英买卖合同纠纷案件处理结果对担保中心利益产生的影响，以及担保中心主张因（2014）辽民二终字第00183号民事调解书而存在受损害的民事权益，故根据《合同法》第74条提起撤销权诉讼障碍等本案基本事实，可以认定汪薇和鲁金英买卖合同纠纷案件处理结果与担保中心具有法律上的利害关系，担保中心有权提起本案第三人撤销之诉。

评析：最高人民法院之所以将本案作为指导性案例主要是因为本案涉及第三人撤销之诉的主体资格认定问题。《民事诉讼法》第59条第3款和《民诉法解释》都将主体条件限定为有独立请求权第三人和无独立请求权第三人。由于《民事诉讼法》对两种第三人的界定并不具体、明确，再加上对第三人撤销之诉制度的立法宗旨有不同理解，因此无论民事诉讼法学界还是司法实务中对第三人撤销之诉的主体资格认定都有不同的看法和做法。从最高人民法院对本案的裁判理由看，第三人撤销之诉的"第三人"主体资格并不仅仅限于《民事诉讼法》第59条规定的两种第三人，而应当结合提出撤销之诉的主体与申请撤销的生效判决、裁定或者调解书的内容有无利害关系、提出撤销之诉的主体有无其他救济手段以及生效裁判是否可能给提出撤销之诉的主体造成损害等因素来判断。最高人民法院对该案的裁判理由与《全国法院民商事审判工作会议纪要》①的看法是一致的。

思考问题

1. 第三人撤销之诉的概念和立法意义。
2. 第三人撤销之诉的特点。
3. 第三人撤销之诉的启动条件。
4. 法院对第三人撤销之诉的审理和裁判。
5. 第三人撤销之诉与案外人申请再审的关系。
6. 第三人撤销之诉与案外人执行异议的关系。
7. 第三人撤销之诉与再审程序之间的关系。

---

① 《全国法院民商事审判工作会议纪要》第120条第1款第2项规定,"因债务人与他人的权利义务被生效裁判文书确定,导致债权人本来可以对《合同法》第74条和《企业破产法》第31条规定的债务人的行为享有撤销权而不能行使的",债权人就可以提起第三人撤销之诉。

第三编　非诉讼程序论

第十八章　非诉讼程序概述

非诉讼程序相对于诉讼程序,是处理和解决非诉讼案件所适用的程序。基于"诉讼法理和非诉讼法理二元适用分离论"和"程序相称原理",当代大陆法系各国和地区对非诉讼案件适用程序实行单独立法。本章主要介绍了非诉讼程序的基本原理、非诉讼程序与诉讼程序的区别、非诉讼程序的适用范围以及我国非诉讼程序的立法和完善。

第一节　非诉讼程序与诉讼程序

▶ 一、非诉讼程序的由来

在诉讼程序制度的历史发展进程中，早在古罗马的诉讼制度中就已经有了诉讼程序与非诉讼程序（又称非讼程序）之分的思想理念。意大利的罗马法学家彼得罗·彭梵得（Pietro Bonfante）在《罗马法教科书》中就指出："在罗马法中，诉讼不仅具有主观法的一般特点，而且存在着大量不同类型的诉讼，它们有着自己的名称，有的是为权利而设置，有的则是为法律关系而设置，这要看表现得较为明显的是权利还是法律关系。"[①]在古罗马的诉讼实务中，案件也有了"诉讼事件"（Jurisdictio contentiosa）和"非诉讼事件"（Jurisdictio voluntaria）之分。所谓"诉讼事件"是指，当事人之间对某事产生争执，需要由法官为之裁判解决的事件；所谓"非诉讼事件"是指，当事人之间对案件所涉事项并无争执，诉讼目的在于利用诉讼形式和法官权力完成合法手续，以确定某项事项或行为的法律效力，以免以后产生纠纷的事件。由于两类案件性质和诉讼目的的不同，古罗马法在审理条件、方式等诉讼程序上也都有所不同。进入中世纪后，欧洲根据诉讼事件和非诉讼事件的不同特点分别设置不同诉讼程序的思想和趋向也更加明显。到了近现代社会以后，"诉讼事件"与"非诉讼事件"概念在欧洲大陆国家区分得更加明确。在这两种案件中，由于法院适用审判权力的前提条件、裁判所要达到的目标和追求的实际社会效果不同，两种程序设置的价值取向不同，所以程序设置的基本原理和法理也有所不同。

在此背景之下，欧洲大陆法系国家产生了现代民事诉讼程序设置中最基本的理论，即"诉讼法理和非诉讼法理二元分离适用论"，是指针对诉讼案件和非诉讼案件的不同性质和特征，要依据不同程序法理设置不同的适用程序理论。这种理论认为，法院解决非讼事件的程序与解决诉讼事件的程序，无论在基本原则还是在程序机制上都存在很大差异，要有针对性地解决纠纷，最大限度地实现当事人程序利益和实体利益，实现程序资源与司法资源配置上的最优化，民事诉讼立法必须科学、合理地设置富有针对性的诉讼和非诉讼程序制度。于是，大陆法系一些国家和地区根据现代司法理念之一的"程序相称原理"，针对诉讼案件和非诉讼案件，在设置了诉讼程序的前提下，对

[①] 张晋藩主编：《中国民事诉讼制度史》，巴蜀书社1999年版，第1—2页。

有关非诉讼事件进行专门立法。例如，德国于1898年颁布了《非讼事件法》，日本也在1898年实行了《非讼案件程序法》。

在中华人民共和国的诉讼立法史上是没有非讼程序的用语的，我国《民事诉讼法》程序制度设置是通过在立法中规定在"特别程序""公示催告程序"以及"督促程序"中予以解决的。然而，这种立法方式是存在一定问题的。其一，是这些特殊程序中的所谓非讼案件范围相对狭窄，不能满足处理目前社会产生和存在的大量非讼事件的需要。其二，这种立法规定形式与现代各国程序设置的逻辑规则不同。目前世界各国有关诉讼程序制度的设置标准有两个：一是根据审理事件的性质，即是否涉及民事权益争议的诉讼事件和非诉讼事件；二是根据审理方式，即是否采用通常的全部程式。按照前一个标准，民事诉讼分为诉讼程序和非诉讼程序两大类；按照后一个标准，民事诉讼程序分为普通程序、简易程序和略式程序等。然而，我国《民事诉讼法》有关特殊程序的划分标准和逻辑都不甚清晰，无法说明其与诉讼程序、普通程序、简易程序之间的关系。所以，从本质上讲，我国《民事诉讼法》中第15章"特别程序"、第17章"督促程序"、第18章"公示催告程序"就是广义上的非诉讼程序。但是，我国《民事诉讼法》在适用案件种类和范围上，以及程序制度的设计上，都与其他大陆法系国家和地区有着很大区别。

随着民事纠纷种类日趋繁多和复杂，诉讼法解决纠纷的功能也在得到扩展，大量的非诉讼事件需要通过民事诉讼法来解决，尤其是公司或商事非讼事件并不必须通过漫长的诉讼程序解决。[①] 为了提高诉讼效率，节省司法资源，及时有效解决纠纷，我国学者们提出了必须增加和完善民事非讼程序的建议，并在理论和立法方面进行了探索性研究。比较统一的观点是我国民事非讼程序应当在完善的基础上进行独立立法。[②]

▶ 二、非诉讼程序与诉讼程序区别

（一）非诉讼程序含义

基于"诉讼法理与非讼法理二元分离适用"理论，大陆法系各国和地区产生了独立的诉讼程序与非诉讼程序立法。由于各国立法适用范围不同，所以

[①] 参见李建伟：《公司非讼程序之适用研究——公司纠纷解决的民事行政路径分析》，载《中国法学》2010年第5期。

[②] 参见孙邦清：《试论特别程序适用范围之拓展》，载董开军、张卫平、俞灵雨主编：《民事诉讼法修改重要问题研究》2011年卷，厦门大学出版社2011年版，第216页；廖中洪：《制定单行〈民事非讼程序法〉的建议与思考》，载《现代法学》2007年第3期；蔡虹：《非讼程序的理论思考与立法完善》，载《华中科技大学学报（社会科学版）》2004年第3期。

非诉讼程序的概念也有不同。从广义上讲,民事非诉讼程序是指除了法院解决"诉讼案件"所适用的诉讼程序以外的其他各种程序,不仅包括法院处理"非诉讼事件"所适用的程序,也包括法院处理"调解事件""公证事件""破产事件"和"执行事件"所适用的程序,甚至包括行政机关办理的一些登记活动等。从狭义上讲,民事非诉讼程序就是相对于民事诉讼程序,在立法上相对独立规定的法院处理和解决民事非诉讼事件(民事非争议事件)所适用的程序。本章中所述的非诉讼程序仅指狭义上的民事非诉讼程序。

(二)非诉讼程序与诉讼程序的区别

根据各国和地区民事非诉讼理论及立法经验,非讼程序具有不同于诉讼程序的特殊性质。有人认为它具有预防私法上权利纷争的性质,还有人认为它具有司法行政性质。① 总之,非诉讼程序在原则与制度上有不同于诉讼程序的特点:

1. 民事非诉讼程序实行程序特定化

所谓民事非讼"程序特定化",是指非讼程序的设定以非讼纠纷的类型为前提,纠纷的类型不同,适用的具体程序就不同。在非讼程序中,不同种类的非讼纠纷只能适用一种特定构造的程序。而诉讼程序不论是所有权纠纷、商标侵权纠纷,还是人身损害赔偿纠纷或者其他类型的纠纷,只要是以争讼为特征的纠纷,都统一适用同一争讼审判程序,即普通程序或简易程序。他国和地区的立法通例是,针对每一种具体的非讼纠纷,设置单一的非讼程序,每一种非讼纠纷都有与之相应的具体而特定的单一程序,而且各具体程序之间彼此独立,不能相互交替适用。例如,日本就把非讼案件分为了"民事非讼案件""家事非讼案件"和"商事非讼案件",并规定了各不相同、彼此独立的适用程序和制度。

2. 民事非诉讼程序原则上采用职权主义

职权主义与当事人主义相对。在诉讼程序中,由于案件是基于当事人对私权权利的争议和处分,实行的是当事人意思自治,所以原则上贯彻当事人主义;在非讼程序中,由于案件往往涉及当事人以外的不特定人的权益,包含着公益因素,对非讼案件的处理原则上不受私权自治和当事人意志的约束,所以原则上限制或排除当事人主义的适用而采行职权主义。具体说:其一,法院不受当事人意志的左右而依职权控制程序的进行。当然,非讼程序还是因当事人申请而开始并且当事人依法可撤回该申请。法院就非讼事件作出裁决以后,如果认为裁决不当,可以主动启动程序,撤销或变更裁决。其二,

---

① 参见江伟主编:《民事诉讼法学原理》,中国人民大学出版社1999年版,第718—737页。

法院可以依职权主动收集调查案件事实和证据,不受当事人提出的案件事实和证据以及当事人自认的限制。其三,法院可以变更或超出当事人请求的内容和范围作出裁判,不受当事人请求的内容和范围的限制。例如,对于未成年人监护人的指定,法院完全可以不受申请人要求的约束,从保护监护人利益考虑确定适当的监护人。

3. 民事非讼程序原则上适用职权探知主义

基于职权主义,民事非讼程序实行"职权探知主义"。所谓"职权探知主义",是指法院裁判所依据的事实、证据,由法院依职权调查、收集,不受当事人所提交的诉讼资料、证据的限制。职权探知主义是相对于辩论主义而言的,辩论主义是诉讼程序中运用的原则,指诉讼审理所依据的主要事实及其证据材料,均应由当事人主张、收集和提出。具体应当包含以下内容:其一,诉讼中主张事实是当事人的责任,直接决定法律后果发生或消灭的事实,只能由当事人主张,法院不可以采用当事人未主张的事实作为裁判依据。其二,双方当事人之间无争议的事实对法院的约束力,不必调查真伪并可直接作为判决的依据。其三,法院在审理中对于案件事实的认定,不得超越当事人的事实主张和提交证据的范围。相对而言职权探知主义有三大特点:其一,诉讼中未经当事人主张的事实,法院亦可以采纳,并可以将其作为法院裁判的依据。其二,诉讼中当事人之间不争执的事实,即当事人之间的自认,对法院没有约束力。其三,对于当事人未声明和提出的诉讼资料、证据,法院可依职权进行调查。即法院不受当事人提出的事实主张和诉讼资料的限制,可以超越当事人的事实主张和提交的诉讼资料、证据的范围,依职权调查、收集证据。[①] 实行职权探知主义是非讼程序与诉讼程序在裁判依据及其事实确定上最主要的区别。就国外非讼程序的设置而言,可以说世界各国各地区在非讼程序的立法上无不遵循着这一基本原则。例如,日本《非讼案件程序法》第11条规定:"法院以职权探知事实,并认为必要时调查证据。"法国新《民事诉讼法典》第26条规定:"法官得以与其受理的案件有关的全部事实为其裁判决定之依据,其中包括可能未经提出与援引的事实。"第27条规定:"法官得进行,甚至依职权进行一切有益的调查。法官有权不经任何手续自行听取有可能对其说明事实真相的任何人的意见,以及听取利益有可能受到裁判决定影响的人的意见。"

---

① 参见邱联恭:《诉讼法理与非讼法理交错适用——从民事事件之非讼化审理及诉讼化审理论程序保障之机能》,载《民事诉讼法之研讨(二)》,三民书局有限公司1976年版,第437—438页。

4. 民事非诉讼程序原则上适用不公开审理主义

不公开审理是相对于公开审理而言的,公开审理是指审判过程要向当事人和社会公开。公开审理是诉讼程序中采用的基本原则,与言词审理紧密相连,而不公开审理与书面审理密切联系。由于非讼程序中不存在法庭言词辩论而原则上采取书面审理,所以对于非讼案件原则上无须公开审理。所谓"不公开审理主义",是指法院对于非讼案件的审理不向当事人以外的社会公众公开,不允许当事人以外的其他人员进入法庭旁听审理之主义。从审判制度的历史发展来看,审理方式上的公开主义,不仅是审判制度文明和进步的明显标志,而且在现代民事司法审判中还具有十分重要的意义。然而,在非讼案件的审判中,由于非讼案件广泛涉及当事人的婚姻、亲属关系,以及家庭和个人的特殊秘密,为此在程序制度的设置以及审判形式上有必要采取折中性立法,以实现保护利益与审理方式上的平衡。同时,也是基于迅速、简便和经济上的考虑,非讼程序一般不采用公开主义。例如,日本《非讼案件程序法》第13条规定:"审问非公开进行。但法院认为适当的人,可以允许旁听。"法国新《民事诉讼法典》第434条规定:"非讼案件,诉讼请求于评议室审议。"第436条规定:"评议室进行辩论,公众不得在场。"

5. 民事非诉讼程序原则上采取书面审理主义

书面审理与言词审理相对应。言词审理是诉讼程序的基本原则,诉讼案件以追求客观真实、慎重而正确的裁判为目标,它要求诉讼主体的诉讼行为原则上采用口头方式加以表达,使事实陈述清晰,法官印象深刻。非讼程序中,事件不存在争议,无对立的双方当事人,不可能也无须法庭言词辩论,法官通常根据申请人提供的事实证据进行书面审查。当然,在非讼程序中,书面审理原则并不绝对排除言词审理,必要时也需询问申请人、证人等。既然非讼程序采取书面审理原则,就无须采行直接审理,而可以采行间接审理。所谓直接审理是指对案件作出实体裁判的法官,应当亲自和直接听取双方当事人在开庭审理室的口头辩论,否则不能作出裁决。由于非讼程序采用书面审理主义,不存在双方的言词辩论过程,作出裁判的法官完全可以以书面材料为基础,实行间接审理并作出裁决。

6. 民事非诉讼程序裁判的"羁束力"效力缓和

所谓"羁束力"是指,在诉讼程序中,判决一经宣告或送达,就对法院产生拘束性,理论上称为"羁束力"或"自缚性"。其效力表现为:法院对已经作出的生效判决,不能随意地自行变更或撤销。其原因在于:诉讼程序强调稳定性,对于诉讼案件,传统理论为法院行使审判权的前提是当事人行使诉权的"诉讼契约观"。以此观念,法院一旦对诉讼案件作出判决,就意味着要从案件中退出,并不再对已确定的当事人的权利义务实行干预,否则便是审判权的滥用。从本质上讲,法院经过诉讼程序作出的判决是不能够任意变更或者废除的。但是,在非讼程序中法院对于非讼事件的处理并不是以当事人"诉讼契约观"为理论依据的,诉讼并不是对当事人之间权利义务的认定,而是对某一事实的确认。同时,这种事实所关系的利益可能已经超出了特定当事人间的私益范畴,法院行使审判权强调的是非讼案件裁判结果的妥当性和合目的性,因此法院发现非讼事件的裁判存在错误时,通常是应当予以变更或撤销的。由此,在非讼程序中裁判对于法院的"羁束力"或"自缚性"是缓和的甚至是被排除的。为了便于法院对不妥当的非讼事件裁判予以更改,各国和地区立法通常规定对非讼事件的解决采用裁定方式。所以诉讼程序与非诉讼程序又分别称为"判决程序"和"裁定程序"。

7. 民事非诉讼程序原则上实行"一审终审"制

由于诉讼程序与非诉讼程序解决案件性质的不同,立法上也对其规定了不同的审级制度。由于诉讼程序解决的是当事人之间存在争议和纠纷的案件,需要在程序上强化对当事人诉权和审判质量的保障,所以各国和地区对诉讼程序都有不尽一致的审级规定,有的是三审终审制,有的是二审终审制。至于非诉讼程序,由于其处理的事件是对某一事实的确认,在程序上也要求简洁、及时,所以在审级保障上也不过于强调,各国和地区的非诉讼程序一般都实行一审终审制。与审级制度相适应,实行一审终审制的非诉讼事件的裁定,也不必像经过几审言词辩论程序的判决那样,必须写明判决理由,以便当事人上诉,法院在制作非讼案件裁定书中无须写明理由,如果当事人对此裁定不满,仅能够遵循抗告程序获得救济。抗告期间一般比较短,并且不影响裁定的执行。至于再审制度,原则上也只适用于按诉讼程序加以解决的案件,如果非讼程序结束后发现新情况或新证据,使得原来裁决已不再妥当或正确,可以由利害关系人提出抗告,或法院依照职权作出新裁决,撤销原裁决。

关于非诉讼程序审级制度的设置,有学者也提出一审终审制和二审终审制并用的观点。① 认为非讼程序中非讼事件范围广,种类多,单纯的一审终审制不能满足对案件审理的需要,应当根据案件种类和性质,分别适用一审终审和二审终审。适用一审终审的案件为传统的非讼案件,即没有实质争议的案件,此类案件适用一审终审制不仅适应实践对此类案件快捷处理的需要,而且还可以提高司法效率,节约司法资源。适用二审终审的案件为具有争讼

---

① 参见孙邦清:《试论特别程序适用范围之拓展》,载董开军、张卫平、俞灵雨主编:《民事诉讼法修改重要问题研究》2011年卷,厦门大学出版社2011年版,第216页。

性质的非讼案件，此类案件也需要法院依职权进行快捷处理，但该类案件具有争讼性，处理不当极易侵害当事人实体权利，因此应当赋予当事人上诉的救济机会。例如，申请拍卖工程案件，此类案件不具有民事权益争议，只是借助法院的强制司法力量，使当事人实现通过其私力无法实现的利益，具有非讼案件特点，但是如果发包人和承包人无法就拍卖达成一致，就会有争议产生。因此应适用两审终审，赋予当事人上诉救济机会。

总之，与诉讼程序相比，非讼案件中不存在着争议，多数情况下案情比较简单，所以非讼程序多是简单快捷程序，强调尽快经济地解决案件。非讼程序原则上适用上述职权主义、职权探知主义、书面审理、不公开审理和一审终审等原则或制度，就是体现了非讼程序的简捷性和经济性，有助于实现非讼程序简捷经济的价值。但是，强调简洁和经济并不代表非讼程序轻视公正和正确。事实上，非讼案件的性质和特点决定了只需采取非讼法理即能实现其主要目的，若采取诉讼法理解决非讼案件，则背离了非讼案件的性质和特点，也增加了非讼案件的解决成本。同时，虽然非讼裁决不得提起上诉和再审，但是法律也规定了对于非法或不当的非讼裁判的救济途径，比如当事人或利害关系人可依法提出抗告，由法院更改或撤销原裁决。

第二节　非诉讼程序适用范围

▶ 一、非诉讼程序立法体例

非诉讼程序立法体例，直接关系到非诉讼程序适用范围。纵观大陆法系国家和地区，关于非诉讼程序的立法体例做法不同，包括如下几种：一是制定专门的非诉讼程序法，如德国、日本和我国台湾地区。二是在民事诉讼法中用专编或专章作出规定，如俄罗斯和我国澳门地区。① 三是在民事诉讼中不作专章或专编规定，而是在诉讼程序中同时加以规定，如法国。② 无论采用哪种立法例，都是将非诉讼案件与诉讼案件作区别对待，并用相对独立的程序加以审理。其中，尤其以德国的《非讼事件法》对大陆法系影响最大。

---

① 2002年俄罗斯联邦《民事诉讼法典》在第4分编"特别程序"中对"非讼程序"作了规定；我国澳门地区《民事诉讼法典》在第5卷"特别程序"中的第15编专门规定了"非讼事件的程序"。

② 例如，法国新《民事诉讼法典》在第4编起诉中，分别规定了争讼案件的起诉和非讼案件的起诉。

二、非诉讼案件适用范围

非讼案件适用范围,是指应当将哪些非讼事件纳入民事非讼程序法的处理范畴。由于非讼事件理论含义难以统一界定,加上各国和地区社会、经济和法律背景的不同,对于哪些案件应当采用诉讼程序解决、哪些案件应当采用非讼程序解决,各国和地区立法规定不一,理论上存在争议。

(1) 德国于1898年制定了专门的《非讼事件法》,简称FGG。2002年德国司法部启动对《非讼事件法》的修改,其主要目的是制定适用于所有非讼裁判事项的统一非讼程序法。根据2004年12月29日施行的《非讼事件法》的规定,非讼案件的适用范围主要包括:成人监护事件、遗产事件、登记事件、商事事件、社团事件、其他非讼事件及限制自由事件。2008年德国司法部又启动对《非讼事件法》的修改,将家事事件全部纳入非讼事件程序法①,法典名称也相应地修订为《家事事件及非讼事件程序法》,简称FamFG,2009年9月1日施行。② 修改后的FamFG在体例上沿用了FGG的做法,仍然采用总则和分则结构,但条款数目扩大到432条。在案件范围上增加了家事事件。可见,德国现行《非讼事件程序法》案件范围包括家事非讼事件、民事非讼事件和商事非讼事件等类别。

(2) 日本于1898年制定了《非讼案件程序法》,按照日本《非讼案件程序法》第1条的规定,除该法及其他法令另有规定的以外,凡是法院所管辖的非讼案件一律适用《非讼案件程序法》的规定。由于日本实行民商分立的立法传统,所以,在其《非讼案件程序法》中分为民事非讼案件和商事非讼案件。随着家事诉讼、人事诉讼等有关单行法律的颁布,日本立法中的非讼事件范围也在发生变化。2011年日本颁布现行《非讼事件程序法》,其适用范围包括民事非讼事件(包括有关审判上的代位事件,有关保存、保管等事件);公示催告案件(包括宣告有价证券失效的公示催告事件等)和罚款案件。③ 该法第7条规定,除另有规定外,对于审判和调解的家事案件,只要不违背其性质,准用《非讼案件程序法》第1编总则的规定。这些案件是指不涉及变更人的基本身份关系的婚姻家庭方面的家事事件,例如,宣告或撤销禁治产,管理无主财产的处分,宣告或撤销失踪,选任特别代理人,许可子女姓氏变更、收养许可,

---

① 家事事件审判程序原定于德国民事诉讼法第6编,具体可参见:《德意志联邦民事诉讼法典》,谢怀栻译,中国法制出版社2001年版。
② 参见郝振江:《德国非讼事件程序法的新发展》,载董开军、张卫平、俞灵雨主编:《民事诉讼法修改重要问题研究》2011年卷,厦门大学出版社2011年版,第253页。
③ 参见《日本民事诉讼法典》,曹云吉译,法律出版社2017年版,第246页。

等等。

（3）我国台湾地区在1964年才制定和颁布了独立的"非讼事件法"。1969年修订时,将最初的96个条文扩展到了198个条文,在结构上共分6章。后多次修订,均保留上述条目和结构。① 我国台湾地区将民事非讼案件、商事非讼案件、家事非讼案件统一规定在"非讼事件法"中。第1章是有关总则的规定,该章对事件管辖、关系人、费用之征收及负担、声请及处理、裁定及抗告、司法事务官处理程序作出了规定;第2章是关于民事非讼事件的规定,该章对法人之监督及维护事件,意思表示之公示送达事件,出版、拍卖及证书保存事件,信托事件作出了规定;第3章是关于登记事件的规定,该章对于法人登记、夫妻财产制契约登记作出了规定;第4章是关于家事非讼事件的规定,该章对失踪人财产管理事件、婚姻及亲权事件、收养事件、监护事件、继承事件、亲属会议事件、罚则等作出了规定;第5章是关于商事非讼事件的规定,该章对公司事件、海事事件、票据事件等作出了规定;第6章是关于附则的规定,该章对实施细则的相关问题作出了规定。② 由于2012年我国台湾地区单独制定了"家事事件法",故2013年修订"非讼事件法",将此章在"非讼事件法"中删除。现行的"非讼事件法"的适用范围包括了民事非讼事件、登记事件和商事非讼事件。

（4）我国澳门地区《民事诉讼法典》在第5卷"特别程序"中的第15编专门规定了"非讼事件的程序",结构为24章,第1章是"一般规定",第2章至第24章是适用非程序案件范围,包括:人格权之保护,失踪人或不能作出行为人之财产保佐,已消灭法人之财产的给予,给付或价金的确定,通知行使优先权,物或文件的出示,期间的订定,由共有人以法定多数通过的决议的取代,分层建筑物管理机关据为人的任命及免职,同意的取代,家庭居所的确定或变更,承担家庭负担,使用姓氏的批准或姓氏使用权的剥夺,两愿离婚,家庭居所的给予,对成年或已解除亲权的子女的扶养,对某些行为的许可或确认(例如,无行为能力人法定代理人声请许可),亲属会议,待继承的遗产,许可转让受信托处分拘束之财产或在该财产上设定负担,遗嘱执行人的推辞或撤职,股东或合伙人权利的行使,有关船舶或其货物的措施。综上,澳门地区非诉讼案件的范围也基本包括三大类:民事非讼事件、家事非讼事件和商事非讼事件。

---

① 我国台湾地区的"非讼事件法"先后经过1964年、1972年、1980年、1983年、1986年、1999年、2003年、2009年、2013年、2015年和2018年多次修改,现行规定为2018年6月13日公布。
② 参见杨建华等编撰:《〈基本简明之法〉中的"非讼事件法"》,弘扬图书有限公司2006年版。

第三节 我国非诉讼程序的立法完善

一、关于立法体例

非诉讼程序立法设置,首先要考虑的是立法体例问题。我国没有独立的非诉讼程序的理论和立法,《民事诉讼法》虽然增加了非诉讼案件种类,例如在特别程序中增加了"确认调解协议案件"和"实现担保物权"案件,但是在立法模式上还是以"特别程序""督促程序""公示催告程序"对有关非讼性质案件加以规定。基于我国目前的非讼实践,借鉴大陆法系国家和地区的立法经验,理论和立法部门应该探讨有关民事非诉讼程序立法问题。关于立法体例有两种观点:一是单独立法,二是在民事诉讼法中设立单独的"非讼程序编"。关于单独立法,学者探讨较多,主要是基于国外立法以及非诉讼原理发展趋势,认为我国应当设立独立的民事非讼程序法。[①] 我们认为:基于我国目前民事诉讼理论和立法情况,现阶段应着力于完善《民事诉讼法》中的民事非诉讼程序,待将来时机成熟应当将民事非诉讼程序从诉讼法中独立出来,设立专门的民事非讼程序法。

二、关于非诉讼案件范围

民事非讼程序的立法体例决定了民事非讼的案件范围。如前所述,我国《民事诉讼法》中非讼案件种类较少,不能满足目前民事非讼事件的需要,很多非讼种类的案件甚至是诉讼种类的案件,需要依照快捷的非讼程序来解决。但是,如何界定诉讼案件和非诉讼案件种类在理论和实践中都是一个难题。要想界定好民事非讼程序案件范围,一方面,要依据传统的"诉讼法理与非诉讼法理二元分离适用论",将"完全适用非讼法理案件"和"主要适用非讼法理案件"规定在非讼程序法中;另一方面,要依据现代的"民事诉讼与非诉讼交错适用理论",要根据民事案件适用程序的主要价值和目的取向,在确定两大程序案件适用范围基础上,规定对非讼程序法中"主要适用非讼法理案件"实行"交错适用理论"。各国和地区关于民事非诉讼案件种类的范围也不尽一致,但大体分为三大类:民事非讼案件、家事非讼案件和商事非讼案件。我国非讼案件范围究竟如何?我们认为:非讼案件适用范围应当广泛一些,凡是没有明确的双方对立当事人,没有实体权益之争,适用程序的目的和价

[①] 参见廖中洪:《制定单行〈民事非讼程序法〉的建议与思考》,载《现代法学》2007年第3期。

值取向是侧重于简洁快捷的处理有关事项的,都可以规定在非讼程序中。具体应当包括以上民事非讼案件、家事非讼案件和商事非讼案件等。

三、关于非讼程序法的原则和制度

对于民事非讼程序的原则和制度,我国《民事诉讼法》第15章、第17章、第18章主要包括和遵循了以下规则:一是优先适用非讼程序的特别规定。凡是特别程序规定案件应当优先适用为其单独规定的特别程序。二是实行独任制。除了重大、疑难的非讼案件,由审判员组成合议庭审理之外,其他案件由审判员一人独任审理。三是非讼程序中若存在民事权益争议的则应终结非讼程序,并告知利害关系人可以另行起诉。四是审限较短。适用非讼程序审理案件的期限一般较短,应在立案之日起30日内或者公告期满后30日内审结。若有特殊情况需要延长的,则由本院院长批准。五是实行一审终审。按照非讼程序审理的案件,实行一审终审。第一审判决一经送达,即发生法律效力(形式确定力),申请人对于第一审判决不得提起上诉。六是非讼判决不具有既判力(实质确定力)。非讼判决确定后,如果发现判决在认定事实或适用法律方面有错误,或者是出现了新情况、新事实,不能按照再审程序对该判决提起再审,但是原申请人及其他有关人员可以重新申请,请求人民法院依照非讼程序作出新判决撤销原判决。

以上规则,基本符合现代民事非讼程序基本原理和制度,但是非讼程序另外一些关键性的原则和制度,例如前述职权探知主义、非言词主义、非公开审理主义、书面审理主义等基本适用原理,在我国《民事诉讼法》还没有规定。另外,根据诉讼程序和非诉讼程序"交错适用理论",对于某些特定的非讼案件,在原则上适用非讼法理情况下,还应当在非讼程序法中规定非讼制度与诉讼制度的交错适用规则,实现必要情况下非讼程序与诉讼程序的衔接。例如,非讼程序法是否绝对实行独任制、一审终审制、非言词辩论等。如针对担保物申请拍卖的非讼案件,适用非讼程序原则和制度,简洁快捷地对符合条件拍卖作出许可裁决,是为了节省司法资源和费用。同时,人民法院职权探知原则的介入,有助于公益的维护和担保权人权益的及时保护,保障了当事人程序利益,发挥了非讼程序的有效功能。但是,如果当事人间就拍卖范围或价值等有关实体问题发生争执,为了避免诉讼程序的浪费,没有必要将此产生争议的非讼案件让当事人另行起诉,加重人民法院及当事人负担,而应转入诉讼程序来审理。为了保障当事人的公证程序请求权,可以在非讼程序中直接适用诉讼原理和制度。例如,当事人举证与人民法院职权探知相结合,并贯彻开庭原则,实行直接的言词辩论原则,对非讼案件中实质事项进行实质审理,最终由法官对实体事项和拍卖事项统一作出裁决,并对实质裁决赋予其"判决"的既判力。

思考问题

1. 诉讼案件与非诉讼案件区别。
2. 非诉讼程序的法理基础。
3. 非诉讼程序与诉讼程序区别。
4. 民事非诉讼案件范围。
5. 我国民事非诉讼立法和完善。

第十九章 特别程序

　　特别程序是人民法院审理和解决某些特殊类型案件所适用的程序,是相对于通常诉讼程序而言的一种独立的、特殊的审判程序。特别程序审理的案件,除选民资格案件外,都是非讼案件。特别程序与通常诉讼程序比较,具有没有对立的双方当事人、审判组织主要采用独任制、实行一审终审、纠错不适用审判监督程序、审理期限较短等特点。本章主要介绍特别程序的内涵及其特点,适用特别程序审理的选民资格案件、宣告公民失踪案件、宣告公民死亡案件、认定公民无民事行为能力或限制民事行为能力案件、认定财产无主案件、确认调解协议效力案件以及实现担保物权案件的概念和审理程序。

第一节　特别程序概述

一、特别程序的概念

特别程序,是指人民法院审理某些特殊类型的案件所适用的特殊审判程序的总称。特别程序是相对于通常诉讼程序而言的一种独立的、特殊的审判程序。

法院行使审判权处理的民事案件,依是否存在争议为标准,划分为争讼案件(诉讼案件)和非讼案件。特别程序审理的案件,除选民资格案件外,都是非讼案件,是不存在争议而仅由人民法院确认某种法律事实或某种权利实际状态的案件。特别程序是民事诉讼法规定的独立的审判程序。人民法院在适用特别程序审理案件时,特别程序有规定的,适用其规定;特别程序没有规定的,适用民事诉讼法和其他法律的有关规定。

二、特别程序的特点

特别程序是以非讼法理为基础进行程序设计的,各类型的特殊案件的审理程序存在着共性,也即相较以诉讼法理为基础设计的通常诉讼程序(包括普通程序、简易程序)而言,特别程序的特点主要体现在以下几个方面:

(一)审理的目的是对某种法律事实或者权利的实际状况进行确认

普通程序和简易程序是用来解决当事人之间争议的,特别程序不解决权利义务的争议,而是对某种法律事实进行确认或者对权利的实际状况进行确认,前者如确认行为能力,确认财产无主等;后者如确认调解协议效力,实现担保物权。需要注意的是,在特别程序中进行的"确认"与诉讼程序中的确认之诉有着本质的不同:前者的确认不能归纳成诉的模式;后者的确认是为消除争议的不确定状态,是诉的一种形态。人民法院在依照特别程序审理案件的过程中,如果发现本案属于民事权益争议,应当裁定终结特别程序,并告知利害关系人可以另行起诉。同时,适用特别程序审理的案件,人民法院不予调解,因为调解是解决民事争议的方式。

(二)没有利害关系相对立的双方当事人

普通程序和简易程序因原告提起诉讼而启动,人民法院在双方当事人对立的基础上定分止争,因此必定存在原、被告双方当事人。而在特别程序中,除了选民资格案件由起诉人起诉以外,其他案件都是由申请人提出申请。无论是起诉还是申请,适用特别程序审理的案件中都只有一方当事人,没有相对应的对方当事人。因此,特别程序中只有起诉人或申请人,而没有对立的另一方当事人。

(三)审判组织一般采用独任制

一般的诉讼案件适用普通程序,对于事实清楚、权利义务关系明确、争议不大的简单民事案件则适用简易程序,进而根据普通程序与简易程序的要求组成审判组织。而对于特别程序而言,审判组织原则上采用独任制,除审理选民资格案件、担保财产标的额超过基层人民法院管辖范围的实现担保物权的案件,以及重大、疑难案件由审判员组成合议庭审理外,其他案件均由审判员一人独任审理。

(四)审级制度实行一审终审制

一般的诉讼案件,除了最高人民法院审理的第一审民事案件,以及小额诉讼案件实行一审终审外,其他的都实行两审终审制。而人民法院适用特别程序审理的案件是非民事权益争议的案件,一律实行一审终审制度,即判决书一经宣告或送达,立即发生法律效力。

(五)纠错不适用审判监督程序

一般的诉讼案件在判决生效后,如果发现确有错误,可以通过审判监督程序进行纠错。根据《民诉法解释》第372条的规定,适用特别程序作出的判决、裁定,当事人、利害关系人认为有错误的,可以向作出该判决、裁定的人民法院提出异议。人民法院经审查,异议成立或者部分成立的,作出新的判决、裁定撤销或者改变原判决、裁定;异议不成立的,裁定驳回。对人民法院作出的确认调解协议、准许实现担保物权的裁定,当事人有异议的,应当自收到裁定之日起15日内提出;利害关系人有异议的,自知道或者应当知道其民事权益受到侵害之日起6个月内提出。同时,《民诉法解释》第378条规定,适用特别程序、督促程序、公示催告程序、破产程序等非讼程序审理的案件,当事人不得申请再审。

(六)审理期限短

适用普通程序审理的第一审民事案件,审限是6个月;有特殊情况需要延长的,经本院院长批准,可以延长6个月;还需要延长的,报请上级人民法院批准。适用简易程序审理的案件,审限为3个月;审理期限到期后,双方当事人同意继续适用简易程序的,由本院院长批准,可以延长审限,但延长后的审限累计不得超过6个月。对于特别程序审理的案件,其中选民资格案件必须在选举日前审结,其他案件应当在立案之日起30日内或者公告期满后30日内审结。有特殊情况需要延长的,由本院院长批准。

（七）免交案件受理费

依照《诉讼费用交纳办法》第8条和第41条的规定，按普通程序和简易程序审理的案件，无论是财产案件还是非财产案件，都需要依法交纳案件受理费。而适用特别程序审理的案件，不交纳案件受理费，但发生的公告费，需由申请人或起诉人负担。

▶ 三、特别程序的适用范围

特别程序的适用范围涉及两个问题：一是适用的法院，二是适用的案件。

（一）特别程序只适用于基层人民法院

我国《民事诉讼法》规定适用特别程序审理的案件均由基层人民法院审理和裁判，且实行一审终审制。因此，特别程序只能由基层人民法院适用，中级以上人民法院不可以适用特别程序。

（二）特别程序只适用特殊类型的案件

适用特别程序审理的案件分为两类：一类是选民资格案件。选民资格案件虽然具有争讼案件的性质，但该争议是基于《宪法》规定的选举权的，不属于民事权益，故不是民事诉讼案件。另一类是非讼案件。这类案件不存在民事权益之争，当事人仅就某种权利或法律事实存在与否，请求人民法院加以确认。非讼案件主要包括宣告公民失踪案件、宣告公民死亡案件、认定公民无民事行为能力或者限制民事行为能力案件、认定财产无主案件、确认调解协议效力案件和实现担保物权案件。

第二节 选民资格案件的审判程序

▶ 一、选民资格案件的概念

选民资格案件，是指公民对选举委员会公布的选民名单有不同意见，向选举委员会申诉后，对选举委员会就其申诉所作的决定不服，向人民法院提起诉讼的案件。

选举权与被选举权是我国《宪法》赋予公民依法享有的一项基本政治权利，也是公民参与国家事务的前提条件。而选民名单直接关系到每一个公民的选举权和被选举权。因此，我国《选举法》第29条规定："对于公布的选民名单有不同意见的，可以在选民名单公布之日起五日内向选举委员会提出申诉。选举委员会对申诉意见，应在3日内作出处理决定。申诉人如果对处理决定不服，可以在选举日的5日以前向人民法院起诉，人民法院应在选举日以前作出判决。人民法院的判决为最后决定。"人民法院通过审理选民资格案件,既可以保障公民依法享有的选举权,也可以排除没有选举权的人参加选举,从而保障国家的选举工作顺利进行。

二、选民资格案件的审判程序

(一)起诉

1. 申诉处理前置

根据《选举法》第29条的规定,对于选民名单持不同意见的人,在向人民法院起诉之前,必须先向选举委员会提出申诉。只有对选举委员会作出的处理决定不服的,才能向人民法院起诉。也就是说,任何人对选举委员会公布的选民资格名单有意见时,不能直接向人民法院起诉,而必须先就该选民资格问题向选举委员会申诉,经选举委员会处理该申诉后,仍然不服的,才能向选举委员会所在地基层人民法院起诉。

2. 起诉人

根据《民事诉讼法》的规定,选民资格案件的起诉人的范围非常广泛。起诉人可以是与本案有直接利害关系的选民资格的本人,也可以是与本案无直接利害关系的其他公民,但不能是法人或其他组织。

3. 起诉时间

起诉人必须在选举日的5日之前,向人民法院起诉。

(二)管辖法院

根据《民事诉讼法》第188条的规定,选民资格案件由选区所在地基层人民法院管辖。因为选区所在地基层人民法院与选民的空间距离最近,便于起诉人、与选民名单有关的公民、选举委员会代表参加诉讼活动,也便于人民法院查清选民资格的相关事实并在此基础上作出正确的裁判。

(三)审判组织

因为选民资格案件涉及公民的选举权与被选举权这些基本政治权利,应当慎重处理。根据《民事诉讼法》第185条的规定,人民法院审理选民资格案件,只能由审判员组成合议庭进行审理,陪审员不得参与选民资格案件的合议庭;也不能实行独任制审理。

(四)开庭审理

人民法院在审理选民资格案件时,在开庭之前必须及时通知起诉人、选民资格所涉及的公民以及选举委员会的代表参加。人民法院应当在选举日以前将案件审理结束。

(五) 判决

根据《民事诉讼法》第189条第3款的规定,人民法院的判决书,应当在选举日前送达选举委员会和起诉人,并通知有关公民。人民法院对选民资格案件实行一审终审,所作的判决一经送达就立即发生法律效力,当事人不得提起上诉。

第三节　宣告公民失踪案件的审判程序

▶ 一、宣告公民失踪案件的概念

宣告公民失踪案件,是指公民离开自己的住所地下落不明,经过法律规定的期限仍无音讯,经利害关系人申请,人民法院宣告该公民为失踪人的案件。

公民失踪以后,就会使与该公民有关的财产关系和人身关系等方面处于不稳定状态,也使该公民的合法权益得不到保护。为此,人民法院通过审判,判决认定下落不明人为失踪人,并为其指定财产代管人,从而维护失踪人的合法权益,解决失踪人与利害关系人之间的人身及债权债务关系,稳定社会秩序。

▶ 二、宣告公民失踪案件的审判程序

(一) 申请

依照《民法典》第40条、第41条和《民事诉讼法》第190条的规定,申请人民法院宣告公民失踪,必须符合下列条件:

1. 公民下落不明已满2年

所谓下落不明,是指公民离开其住所地或者居所地去向不明,毫无音讯。下落不明的时间计算,公民下落不明的时间自其失去音讯之日起计算满2年,不能间断。如有间断,应从最后一次失去音讯时计算。战争期间下落不明的,下落不明的时间自战争结束之日或者有关机关确定的下落不明之日起计算。

2. 只能由利害关系人申请

利害关系人,是指与下落不明的公民有人身关系或民事权利义务关系的人。包括下落不明公民的配偶、父母、子女、兄弟姐妹、祖父母、外祖父母、孙子女、外孙子女,以及其他与之有民事权利义务关系的人,如合伙人、债权人等。对于多个利害关系人提出申请的,人民法院应当将他们列为共同申请人。

3. 必须采取书面形式

申请宣告公民失踪的必须采用书面形式向人民法院提出，书面申请中应当载明失踪事实、时间、请求申请人与被申请人的关系，并附有公安机关或者其他有关机关关于该公民下落不明的书面证据。

(二) 管辖法院

宣告公民失踪的案件，由下落不明人住所地基层人民法院管辖。这样规定便于受理法院快速查清和认定案件事实，作出正确裁判。

(三) 审理

1. 发布寻找下落人明人公告

人民法院受理宣告公民失踪案件后，应当发布寻找下落不明人的公告，公告期间为 3 个月。《民诉法解释》第 345 条规定，寻找下落不明人的公告应当记载下列内容：① 被申请人应当在规定期间内向受理法院申报其具体地址及其联系方式，否则被申请人将被宣告失踪、宣告死亡；② 凡知悉被申请人生存现状的人，应当在公告期间内将其所知道情况向受理法院报告。

2. 清理被申请人的财产，指定财产管理人

根据《民诉法解释》第 341 条的规定，人民法院受理宣告失踪案件后，可以根据申请人的申请，清理被申请人的财产，并指定审理期间的财产管理人。这样规定便于确认下落不明人的财产范围、数量和价值，避免在诉讼期间因利害关系人之间的争议或无人管理等使下落不明人的财产失散或遭受其他损失。

3. 申请人撤回宣告失踪申请的处理

《民诉法解释》第 346 条规定，人民法院受理宣告失踪、宣告死亡案件后，作出判决前，申请人撤回申请的，人民法院应当裁定终结案件，但其他符合法律规定的利害关系人加入程序要求继续审理的除外。

(四) 作出判决

公告期满，已知该公民下落的，应作出判决，驳回申请人申请；仍然无该公民任何音讯的，应当作出判决，宣告该公民为失踪人。

人民法院作出宣告公民失踪的判决，其法律后果主要体现在失踪人的财产管理方面：

1. 为失踪人指定财产代管人

根据《民法典》第 42 条的规定，失踪人的财产由其配偶、成年子女、父母或者其他愿意担任财产代管人的人代管。代管有争议，没有前款规定的人，或者前款规定的人无代管能力的，由人民法院指定的人代管。

根据《民法典》第 43 条和第 44 条的规定，财产代管人应当妥善管理失踪

人的财产,维护其财产权益。财产代管人不履行代管职责、侵害失踪人财产权益或者丧失代管能力的,失踪人的利害关系人可以向人民法院申请变更财产代管人。财产代管人有正当理由的,可以向人民法院申请变更财产代管人。人民法院变更财产代管人的,变更后的财产代管人有权请求原财产代管人及时移交有关财产并报告财产代管情况。

根据《民诉法解释》第342条的规定,失踪人的财产代管人经人民法院指定后,代管人申请变更代管的,比照民事诉讼法特别程序的有关规定进行审理。申请理由成立的,裁定撤销申请人的代管人身份,同时另行指定财产代管人;申请无理的,裁定驳回申请。失踪人的其他利害关系人申请变更财产代管人的,人民法院应当告知其以原指定的代管人为被告起诉,并按普通程序进行审理。

2. 以失踪人的财产清偿失踪人的债务

根据《民法典》第43条第2款的规定,失踪人所欠税款、债务和应付的其他费用,由财产代管人从失踪人的财产中支付。这里的其他费用,主要包括赡养费、扶养费、抚养费以及因代管财产所需的管理费等必要的费用。如果失踪人的财产代管人拒绝支付上述费用,权利人和债权人可以以失踪人的财产代管人作为被告提起诉讼;当然,失踪人的财产代管人也可以作为原告向失踪人的债务人主张偿还债务。

3. 失踪人的民事权利能力不受影响

公民被宣告为失踪人后,其民事权利能力并不因此而消灭,如在宣告之后涉及继承问题,应当为失踪人保留应继承的份额;与失踪人人身有关的民事法律关系,如婚姻关系、收养关系等也不发生变化。

(五)失踪人重新出现的处理

《民法典》第45条和《民事诉讼法》第193条均规定,失踪人重新出现的,经本人或者利害关系人申请,人民法院应当作出新判决、撤销失踪宣告。

失踪人重新出现,有权要求财产代管人及时移交有关财产并报告财产代管情况。

第四节 宣告公民死亡案件的审判程序

一、宣告公民死亡案件的概念

宣告公民死亡案件,是指公民离开自己的住所或居所,下落不明已满法定期限,人民法院根据利害关系人的申请,依法宣告该公民死亡的案件。

尽管我国立法已经规定可将下落不明满一定期间的公民宣告为失踪人，但是宣告失踪的法律后果主要体现在失踪人的财产管理方面，失踪人的民事权利能力以及与失踪人人身有关的民事法律关系并不受影响。当公民失踪达到一定时间，依据社会共同生活经验判断，其生还的可能性微乎其微时，其相对人的利益，特别是配偶的再婚利益、继承人的继承利益以及债权人的债权利益，就应当优先于失踪人的利益受到保护。为此，《民法典》和《民事诉讼法》确立了宣告公民死亡制度，通过宣告下落不明人死亡，结束其长期下落不明导致的某些民事法律关系的不稳定状态，从而保护该公民及其利害关系人的合法权益，维护正常的法律秩序和社会秩序。

▶ 二、宣告公民死亡案件的审判程序

（一）申请

依照《民法典》第 46 条和《民事诉讼法》第 191 条的规定，申请人民法院宣告公民死亡，必须符合下列条件：

1. 公民下落不明的状态达到法定的期限

根据法律的规定，申请宣告公民死亡的，被申请人下落不明的期限有两种：一种是普通期间，是指通常情况下，公民下落不明满 4 年，该期间从公民失去音讯之日起算。一种是特殊期间，是指公民因意外事件，下落不明满 2 年。意外事件包括交通事故（如海难、空难等）和自然灾害（如地震、海啸、雪崩等）。该期间从意外事件发生之日起计算。

需要注意的是：① 因意外事件下落不明，经有关机关证明该公民不可能生存的，这种情形死亡的可能性最大，申请宣告死亡不受 2 年时间的限制。② 因战争下落不明的，本应适用特殊期限，但为了特别维护军人的利益，其下落不明的期限适用普通期间。期间从战争结束之日计算。

2. 只能由利害关系人提出申请

宣告死亡的利害关系人的范围与顺序和宣告失踪的利害关系人的范围与顺序完全相同，包括下落不明公民的配偶、父母、子女、兄弟姐妹、祖父母、外祖父母、孙子女、外孙子女，以及其他与之有民事权利义务关系的人。但宣告公民失踪不是宣告公民死亡的必经程序，只要符合宣告死亡的条件，利害关系人就可以直接向人民法院申请宣告下落不明人死亡。多个利害关系人提出宣告死亡申请的，列为共同申请人。

需要注意的是，《民法典》取消了《民通意见》中对申请宣告死亡顺序的限制，即法律规定的利害关系人均可以申请宣告死亡，后顺位的利害关系人申请宣告死亡无须征得前顺位利害关系人的同意。由于宣告死亡是保护利害

关系人的权益,那么利害关系人的权益就应该得到平等的保护,没有顺序之说。

根据《民法典》第47条的规定,对于同一自然人,有的利害关系人申请宣告死亡,有的利害关系人申请宣告失踪,符合本法规定的宣告死亡条件的,人民法院应当宣告死亡。

3. 必须采取书面形式

申请宣告公民死亡的必须采用书面形式向人民法院提出,书面申请中应当载明申请人的姓名、性别、与被申请人的关系,失踪事实、时间以及申请人的请求,并附有公安机关或者其他有关机关关于该公民下落不明的书面证据。如果人民法院已经判决宣告该公民为失踪人,此判决即是该公民失踪的证明,申请应当附上宣告失踪的判决。

(二)管辖法院

宣告公民死亡的案件,由下落不明人住所地基层人民法院管辖。这样规定便于受理法院快速查清和认定案件事实,作出正确裁判。

(三)审理

1. 发布寻找下落不明人公告

人民法院受理宣告公民死亡案件后,应当发布寻找下落不明人的公告,公告期间为1年;因意外事件下落不明,经有关机关证明该公民不可能生存的,宣告死亡的公告期为3个月。公告应当记载的内容同宣告公民失踪的公告内容一致。

2. 清理被申请人的财产,指定财产管理人

根据《民诉法解释》第341条的规定,人民法院受理宣告失踪案件后,可以根据申请人的申请,清理被申请人的财产,并指定审理期间的财产管理人。这样规定便于确认下落不明人的财产范围、数量和价值,避免在诉讼期间利害关系人之间的争议或无人管理等原因导致下落不明人的财产失散或遭受其他损失。

3. 申请人撤回宣告死亡申请的处理

《民诉法解释》第346条规定,人民法院受理宣告死亡案件后,作出判决前,申请人撤回申请的,人民法院应当裁定终结案件,但其他符合法律规定的利害关系人加入程序要求继续审理的除外。

(四)判决

公告期届满,人民法院即可以根据公告期内的情况,作出判决宣告该公

民为死亡人,或者在查明该公民确切下落与信息的情况下,作出判决驳回申请。

人民法院作出宣告公民失踪的判决,其法律后果主要有两个:一是原有的婚姻关系自死亡宣告之日起消灭;二是被宣告死亡人的合法财产变为遗产,发生继承关系。

宣告公民死亡是基于一定的事实而作出的推定。根据《民法典》第49条的规定,自然人被宣告死亡但是并未死亡的,不影响该自然人在被宣告死亡期间实施的民事法律行为的效力。

《民法典》第48条规定,被宣告死亡的人,人民法院宣告死亡的判决作出之日视为其死亡的日期;因意外事件下落不明宣告死亡的,意外事件发生之日视为其死亡的日期。

(五)被宣告死亡的公民重新出现后的处理

《民法典》第50条和《民事诉讼法》第191条均规定,被宣告死亡的人重新出现,经本人或者利害关系人申请,人民法院应当作出新判决、撤销死亡宣告。

人民法院作出撤销死亡宣告的新判决,总体上具有恢复原状的法律效力。即撤销判决的效力溯及宣告死亡之时,与自始未受理死亡宣告相同。撤销判决的效力主要表现为:

1. 关于人身关系上的效力

(1)婚姻关系。根据《民法典》第51条的规定,被宣告死亡的人的死亡宣告被撤销的,婚姻关系自撤销死亡宣告之日起自行恢复,但是其配偶再婚或者向婚姻登记机关书面声明不愿意恢复的除外。需要注意的是,配偶再婚的,即使丧偶或者离婚,也不能与受撤销宣告人自动恢复婚姻关系。

(2)收养关系。根据《民法典》第52条的规定,被宣告死亡的人在被宣告死亡期间,其子女被他人依法收养的,在死亡宣告被撤销后,不得以未经本人同意为由主张收养关系无效。

2. 关于财产关系上的效力

《民法典》第53条规定:"被撤销死亡宣告的人有权请求依照本法第六编取得其财产的民事主体返还财产;无法返还的,应当给予适当补偿。"如果原物已被第三人合法取得,第三人可不予返还。占有人返还原物时,为管理财产所支付的费用,可以请求补偿。

利害关系人隐瞒真实情况,致使他人被宣告死亡取得其财产的,除应当返还财产外,还应当对由此造成的损失承担赔偿责任。

第五节　认定公民无民事行为能力或者限制民事行为能力案件的审判程序

一、认定公民无民事行为能力、限制民事行为能力案件的概念

认定公民无民事行为能力、限制民事行为能力案件,是指人民法院根据利害关系人的申请,对不能辨认自己行为或不能完全辨认自己行为的精神病人,按照法定程序,认定并宣告该公民为无民事行为能力人或者限制民事行为能力人的案件。

公民的民事行为能力,是指公民通过自己的行为行使民事权利、履行民事义务的能力。根据《民法典》第17—20条的规定,公民的民事行为能力分为三种:完全民事行为能力、限制民事行为能力和无民事行为能力。18周岁以上以及16周岁以上不满18周岁,以自己的劳动收入为主要生活来源的公民,为完全民事行为能力人。完全民事行为能力人,可以独立实施民事法律行为;8周岁以上的未成年人为限制民事行为能力人,实施民事法律行为由其法定代理人代理或者经其法定代理人同意、追认,但是可以独立实施纯获利益的民事法律行为或者与其年龄、智力相适应的民事法律行为。不满8周岁的未成年人为无民事行为能力人,由其法定代理人代理实施民事法律行为。在现实生活中,有些年满18周岁的自然人,虽然依法具有完全民事行为能力,但因患有精神疾病不能辨认或不能完全辨认自己的行为,无法独立进行民事活动。因此,通过法定程序由人民法院以判决的形式认定该公民为无民事行为能力人或者限制民事行为能力人,并为其指定监护人,不仅有利于维护这些不能辨认或不能完全辨认自己行为的成年公民的合法权益,以及相关公民的人身和财产权益,对确保民事流转安全以及维护正常的社会、经济秩序也具有十分重要的意义。

二、认定公民无民事行为能力、限制民事行为能力案件的审判程序

(一)申请

根据《民事诉讼法》第194条的规定,认定公民无民事行为能力、限制民事行为能力,应当由利害关系人或者有关组织向人民法院提出申请。

申请必须符合下列条件:

(1)必须具有该公民患有精神病不能辨认或者不能完全辨认自己行为的事实存在。

(2) 必须由利害关系人或者有关组织提出申请。利害关系人有两类：一是近亲属，主要是指该公民的配偶、父母、子女、兄弟姐妹、祖父母、外祖父母、孙子女、外孙子女。二是其他利害关系人，包括经该公民所在单位或者住所地居民委员会、村民委员会同意的，与该公民有密切关系且愿意承担监护责任的其他亲属、朋友。有关组织是指该公民所在单位或者住所地的居民委员会、村民委员会或者民政部门。

(3) 必须采取书面形式。申请认定公民无民事行为能力或者限制民事行为能力的必须采用书面形式向人民法院提出，申请书中应载明以下内容：申请人的姓名、性别、年龄、住所，与被申请人的关系；被申请人的姓名、性别、年龄、住所；被申请人为无民事行为能力或限制民事行为能力的事实和根据。如果有医院出具的诊断证明或鉴定结论，也应一并提交人民法院。

(二) 管辖法院

申请认定公民无民事行为能力或者限制民事行为能力案件，由被认定公民住所地基层人民法院管辖。这样确定管辖，既有利于申请人提出申请，也便于人民法院就近调查精神病人的健康状况和日常表现，收集有关证据，作出正确判决，保护被认定人的合法权益。

(三) 审理

1. 指定代理人

根据《民事诉讼法》第196条第1款和《民诉法解释》第350条的规定，人民法院审理认定公民无民事行为能力或者限制民事行为能力的案件，应当由该公民的近亲属为代理人，但申请人除外。近亲属互相推诿的，由人民法院指定其中一人为代理人。该公民健康情况许可的，还应当询问本人的意见。被申请人没有近亲属的，人民法院可以指定经被申请人住所地的居民委员会、村民委员会或者民政部门同意，且愿意担任代理人的个人或者组织为代理人。没有上述规定的代理人的，由被申请人住所地的居民委员会、村民委员会或民政部门担任代理人。代理人可以是一人，也可以是同一顺序中的两人。

2. 医学鉴定

对民事行为能力的判断有赖于被认定人的年龄、精神状况等，一般需要进行鉴定的是精神状况。对于被认定人是否患有精神病，人民法院应当根据司法精神病鉴定或者参照医院的诊断、鉴定确认。因此，《民事诉讼法》第195条规定，人民法院受理申请后，必要时应当对被请求认定为无民事行为能力或者限制民事行为能力的公民进行鉴定。申请人已提供鉴定意见的，应当对鉴定意见进行审查。对鉴定意见有怀疑的，可以重新鉴定。在司法实践中，在不具备诊断、鉴定条件的情况下,如利害关系人无异议,也可以参照群众公认的当事人的精神状态予以认定。

(四) 判决

人民法院经审理认定申请有事实根据的,判决该公民为无民事行为能力或者限制民事行为能力人;认定申请没有事实根据的,应当判决予以驳回。

人民法院判决该公民为无民事行为能力或者限制民事行为能力人的,产生的法律后果是为受宣告人指定监护人。

根据《民法典》第 28 条的规定,无民事行为能力或者限制民事行为能力的成年人,由下列有监护能力的人按顺序担任监护人:① 配偶;② 父母、子女;③ 其他近亲属;④ 其他愿意担任监护人的个人或者组织,但是须经被监护人住所地的居民委员会、村民委员会或者民政部门同意。

对于监护人的确定,《民法典》第 29 条规定,被监护人的父母担任监护人的,可以通过遗嘱指定监护人;《民法典》第 30 条规定,依法具有监护资格的人之间可以协议确定监护人。协议确定监护人应当尊重被监护人的真实意愿。

有监护资格的人对监护人的确定有争议的,依据《民法典》第 31 条的规定,由被监护人住所地的居民委员会、村民委员会或者民政部门指定监护人,有关当事人对指定不服的,可以向人民法院申请指定监护人;有关当事人也可以直接向人民法院申请指定监护人。有关当事人直接向人民法院申请指定监护人的,适用特别程序审理,判决指定监护人。判决书应当送达申请人、判决指定的监护人。[①] 根据《民法典》第 31、32 条的规定,在对监护人的确定有争议而指定监护人前,被监护人的人身权利、财产权利以及其他合法权益处于无人保护状态的,由被监护人住所地的居民委员会、村民委员会、法律规定的有关组织或者民政部门担任临时监护人。没有依法具有监护资格的人的,监护人由民政部门担任,也可以由具备履行监护职责条件的被监护人住所地的居民委员会、村民委员会担任。

监护人被指定后,不得擅自变更。依据《民诉法解释》第 349 条第 1 款的规定,被指定的监护人不服居民委员会或者民政部门指定,应当自接到通知之日起 30 日内向人民法院提出异议。经审理,认为指定并无不当的,裁定驳回异议;指定不当的,判决撤销指定,同时另行指定监护人。判决书应当送达异议人、原指定单位及判决指定的监护人。

此外,《民法典》第 33 条还规定了意定监护,即具有完全民事行为能力的成年人,可以与其近亲属、其他愿意担任监护人的个人或者组织事先协商,以

---

① 参见《民诉法解释》第 349 条第 2 款。

书面形式确定自己的监护人,在自己丧失或者部分丧失民事行为能力时,由该监护人履行监护职责。

对于撤销监护人资格的条件和程序,《民法典》第 36 条规定,监护人有下列情形之一的:① 实施严重损害被监护人身心健康的行为;② 怠于履行监护职责,或者无法履行监护职责且拒绝将监护职责部分或者全部委托给他人,导致被监护人处于危困状态;③ 实施严重侵害被监护人合法权益的其他行为,人民法院根据有关个人或者组织的申请,撤销其监护人资格,安排必要的临时监护措施,并按照最有利于被监护人的原则依法指定监护人。此处规定的有关个人、组织包括:其他依法具有监护资格的人、居民委员会、村民委员会、学校、医疗机构、妇女联合会、残疾人联合会、未成年人保护组织、依法设立的老年人组织、民政部门等。上述的个人和民政部门以外的组织未及时向人民法院申请撤销监护人资格的,民政部门应当向人民法院申请。

(五) 判决的撤销

根据《民事诉讼法》第 197 条的规定,人民法院作出认定该公民为无民事行为能力或者限制民事行为能力人判决后,当该公民病愈,恢复了意思能力,经该公民、利害关系人或者有关组织的申请,人民法院经过审查,证实该公民无民事行为能力或者限制民事行为能力的原因已经消除的,应当作出新判决,撤销原判决,恢复该公民相应的民事行为能力。

第六节 认定财产无主案件的审判程序

▶ 一、认定财产无主案件的概念

认定财产无主案件是指,人民法院根据公民、法人或者其他组织的申请,依照法定程序查明属实后作出判决,将归属不明的有形财产认定为无主财产,并将其收归国家或集体所有的案件。

一般情况下,财产都是有权利主体的,但在特殊情况下,有可能出现财产没有权利主体或者权利主体不明确的情况。例如,财产所有权人死亡,既无遗嘱继承人,又无法定继承人,也无接受遗赠人,该财产就成为没有权利主体的财产。此时,财产处于无人管理的状态,这不仅不利于维护财产的安全,造成不应有的损失,还可能引发其他社会问题。设置认定财产无主程序,人民法院经过审理,将没有权利主体或者权利主体不明确的财产认定为无主财产,并将其收归国家或集体所有,不仅有利于防止个别单位或个人非法占有、损害财产,维护财产的价值,做到物尽其用,还有利于稳定社会经济秩序,预防社会问题。

二、申请认定财产无主案件的审判程序

（一）申请

根据《民事诉讼法》第198条的规定，申请认定无主财产应当具备下列条件：

(1) 需要认定的财产必须是有形财产，不包括无形财产或精神财富。

(2) 财产失去权利主体或者权利主体不明。实践常见的情形有：① 没有所有人或者所有人不明的财产；② 所有人不明的埋藏物和隐藏物；③ 无人继承的财产。此外，财产失去权利主体或者权利主体不明的状态需要持续满法定期间。

(3) 申请人向人民法院提出申请。我国对申请人的范围规定得很广泛，申请人可以是知道财产无主情况的公民，也可以是法人或其他组织。

(4) 申请应当采用书面形式。申请书应写明待认定财产的种类、数量、形状、目前占有状况或存放位置以及相应的法律事实。

（二）管辖法院

认定财产无主的案件，应当由无主财产所在地的基层人民法院管辖。这样确定管辖，更便于快速找寻财产所有人，有利于人民法院调查该财产的状况，及时准确作出裁判。

（三）审理和公告

人民法院受理认定财产无主申请后，经审查核实，认为财产所有人确实无法查清的，应当发出财产认领公告，寻找该财产的所有人，公告期间为1年。在公告期间，人民法院根据财产的具体情况，指定专人看管，或者委托有关单位代管。能够提存的，也可以提存人民法院保管。

（四）判决

在公告期间，如果财产所有人出现，向人民法院认领财产，经人民法院确认为财产的合法所有人的，作出驳回申请认定财产无主的判决，并通知财产所有人认领财产；如果公告期届满仍无人认领财产的，人民法院应作出判决，认定该财产为无主财产，收归国家或集体所有。财产被他人占有的，占有人应当自判决生效之日起将财产交由国家或集体。

在公告期间，如果财产所有人以外的人对财产提出请求，人民法院应当裁定终结特别程序，告知申请人另行起诉，适用通常诉讼程序进行审理。财产所有权是一项重要的民事权益，公告期间有人对财产提出请求，表明财产请求人与申请人就该项财产的所有权发生了争议，对于民事权利义务争议，

人民法院只能适用普通程序审理。由于争议是在适用特别程序的案件立案后出现的,因此人民法院应当裁定终结特别程序,告知申请人另行起诉。

▶ 三、判决的撤销

人民法院通过判决的方式,认定财产无主,仅仅是对财产无主的一种推定,有可能与实际情况不符。所以,《民事诉讼法》第200条规定,判决认定财产无主后,原财产所有人或者其继承人出现,在《民法典》规定的诉讼时效期间可以对财产提出请求,人民法院审查属实后,应当作出新判决,撤销原判决。

认定财产无主的判决撤销后,根据原判决取得无主财产的国家或集体应当将财产返还给财产所有人或者继承人。原财产存在的,返还原物;原财产不存在的,可以返还同类财产或者按照原财产的实际价值,予以补偿。

第七节 确认调解协议案件的审理程序

▶ 一、确认调解协议案件的概念和范围

（一）确认调解协议案件的概念

确认调解协议案件,也称为司法确认案件,是指人民法院根据双方当事人的申请,依照法定程序对经调解组织调解达成的调解协议进行审查并确认其效力,从而赋予其强制执行力的案件。人民法院对确认调解协议案件的审理程序,称为司法确认程序。司法确认程序是2012年修订《民事诉讼法》增加的内容,是对司法实践改革成果的吸收和巩固,也为多元化纠纷解决机制的完善提供了有力的保障。

作为一种制度化的非诉讼纠纷解决机制,人民调解是我国多元化纠纷解决机制中的重要环节。但是,长久以来人民调解协议不具法律效力,义务人不履行调解协议确定的协议内容也无须承担任何责任,致使当事人选择人民调解解决纠纷的积极性大受打击。鉴于此,最高人民法院2002年《审理涉及人民调解协议案件规定》(失效)中明确赋予了符合法定调解的人民调解协议民事合同的性质,在一定程度上提升了人民调解协议的效力,但涉及调解协议的履行、变更以及效力的确认等,仍需要通过诉讼程序解决。为进一步推动和规范人民调解等诉讼外纠纷解决方式的发展,2009年最高人民法院在《诉讼与非诉讼衔接纠纷解决意见》中开创性地规定了对诉讼外达成调解协议的司法确认程序,即经行政机关、人民调解组织、商事调解组织、行业调解组织或者其他具有调解职能的组织调解达成的具有民事合同性质的协议,经

调解组织和调解员签字盖章后,当事人可以申请有管辖权的人民法院确认其效力。2010年施行的《人民调解法》在法律层面对其进行肯定,确立了调解协议的司法确认制度。该法规定,经人民调解委员会调解达成协议后,双方当事人认为有必要的,可以自调解协议生效之日起30日内共同向人民法院申请司法确认。人民法院应当及时对调解协议进行审查,依法确认调解协议的效力。确认调解协议效力具有方便、快捷、经济地处理纠纷,减轻诉累,节约司法资源等优势。为此,2012年《民事诉讼法》修订时专门在特别程序中增加了"确认调解协议案件"一节,从程序法层面落实了调解协议的司法确认制度,增强了通过诉讼外调解解决纠纷、实现权利的实效性,进一步完善和健全了我国诉讼和非诉讼相衔接的多元化纠纷解决机制。

(二)确认调解协议案件的范围

确认调解协议案件的范围,指可以申请司法确认的调解协议的种类,即对哪些调解组织作出的调解协议当事人可以申请司法确认。《民事诉讼法》第201条第1款规定:"经依法设立的调解组织调解达成调解协议,申请司法确认的,由双方当事人自调解协议生效之日起30日内,共同向下列人民法院提出……"可见,能够申请司法确认的调解协议,既包括依照《人民调解法》产生的调解协议,也包括依据其他法律产生的调解协议。因此,可以申请司法确认的调解协议的范围是开放的,并不限于人民调解协议,还包括其他依法设立的调解组织,诸如商事调解组织、行业调解组织或其他具有调解职能的调解组织等调解达成的调解协议。即调解协议能否申请司法确认,取决于法律是否明确规定,只要是法律、行政法规、地方性法规、行政规章以及中央批准的司法改革方案中明确规定可以确认的调解协议,均属于《民事诉讼法》第201条规定的申请确认范围。

二、调解协议的司法确认程序

(一)申请

司法确认案件启动的前提是纠纷双方当事人在调解组织的主持下达成了调解协议。只有达成了调解协议,才符合提起司法确认案件的前提条件。根据《民事诉讼法》第201条以及《民诉法解释》第351条的相关规定,申请确认调解协议,必须具备下列条件:

1. 申请主体

根据《民事诉讼法》以及《民诉法解释》的规定,申请司法确认的主体只能是为调解协议所规范、约束的双方当事人,或者其依法委托的代理人。人民法院不得依职权启动司法确认程序,人民调解委员会等调解组织也不得依职权将相关调解协议移送给人民法院进行司法确认。

2. 共同申请

根据《民事诉讼法》第201条的规定,双方当事人应当共同向有管辖权的基层人民法院提出确认申请。双方当事人共同申请,既包括双方当事人一起到人民法院申请确认,也包括一方当事人申请确认,人民法院征求另一方当事人的意见,另一方当事人表示同意的情形。

3. 申请期限

调解协议达成后,双方当事人认为有必要的,应当自协议生效之日起30日内提出申请。如果逾期提出申请,人民法院不予受理。

4. 申请的形式

根据《民诉法解释》第353条的规定,当事人申请司法确认调解协议的形式较为灵活,既可以采用书面形式,也可以采用口头形式,由当事人自由选择。当事人选择口头申请的,人民法院应当记入笔录,并由当事人签名、捺印或者盖章。

5. 申请材料

根据《民诉法解释》第354条的规定,当事人申请司法确认调解协议,应当向人民法院提交调解协议、调解组织主持调解的证明,以及与调解协议相关的财产权利证明等材料,并提供双方当事人的身份、住所、联系方式等基本信息。委托代理人代为申请的,必须向人民法院提交委托人签名或者盖章的授权委托书。当事人未提交上述材料的,人民法院应当要求当事人限期补交。

(二)管辖法院

2022年《民事诉讼法》修订中,将最高人民法院近年来推进的多元调解的成果体现在立法中,将诉讼外调解进一步划分为人民法院邀请调解组织进行的先行调解和调解组织自行开展的调解两大类,并分别规定了不同的管辖规则。《民事诉讼法》第201条规定,经依法设立的调解组织调解达成调解协议,申请司法确认的,由双方当事人自调解协议生效之日起30日内,共同向下列法院提出:① 人民法院邀请调解组织开展先行调解的,向作出邀请的人民法院提出;② 调解组织自行开展调解的,向当事人住所地、标的物所在地、调解组织所在地的基层人民法院提出;③ 调解协议所涉纠纷应当由中级人民法院管辖的,向相应的中级人民法院提出。

《民诉法解释》第352条规定,两个以上调解组织参与调解的,各调解组织所在地基层人民法院均有管辖权。双方当事人可以共同向其中一个调解组织所在地基层人民法院提出申请;双方当事人共同向两个以上调解组织所在地基层人民法院提出申请的,由最先立案的人民法院管辖。

(三) 受理

人民法院收到当事人司法确认申请后,应当在 3 日内决定是否受理。人民法院决定受理的,应当编立"调确字"案号,并及时向当事人送达受理通知书。双方当事人同时到人民法院申请司法确认的,人民法院可以当即受理并作出是否确认的决定。根据《民诉法解释》第 355 条的规定,当事人申请司法确认调解协议,有下列情形之一的,人民法院裁定不予受理:① 不属于人民法院受理范围的;② 不属于收到申请的人民法院管辖的;③ 申请确认婚姻关系、亲子关系、收养关系等身份关系无效、有效或者解除的;④ 涉及适用其他特别程序、公示催告程序、破产程序审理的;⑤ 调解协议内容涉及物权、知识产权确权的。人民法院受理申请后,发现有上述不予受理情形的,应当裁定驳回当事人的申请。

(四) 审查

人民法院受理司法确认申请后,应当指定一名审判人员对调解协议进行审查,并应当通知双方当事人共同到场对案件进行核实。

人民法院主要从以下三个方面进行审查:

(1) 自愿性审查。即通过调解方式解决纠纷是否为当事人自愿;达成调解协议是否为当事人自愿,是否存在重大误解或者显失公平等严重违背其真实意思表示的情形;调解组织进行调解时,是否存在强迫调解、欺诈调解等影响当事人自愿的因素。

(2) 合法性审查。即调解协议的内容是否违反法律、法规等强制性规定,或者是否存在损害国家利益、社会公共利益或者第三人合法权益的情形。

(3) 可执行性审查。只有具有给付内容的调解协议才能申请司法确认,其他不具有给付性质的确认之诉或者变更之诉的案件,不属于司法确认的范畴,人民法院不予司法确认。

根据《民诉法解释》第 356、357 条的规定,当事人应当向人民法院如实陈述申请确认的调解协议的有关情况,保证提交证明材料的真实、合法和充分。人民法院经审查,认为当事人的陈述或者提供的证明材料不充分、不完备或者有疑义的,可以要求当事人限期补充陈述或者补充证明材料。必要时,人民法院可以向调解组织核实有关情况。当事人无正当理由未在限期内补充陈述、补充证明材料或者拒不接受询问的,人民法院可以按撤回申请处理。

(五) 裁定

人民法院应当自受理司法确认申请之日起 15 日内作出对调解协议是否确认的裁定。因特殊情况需要延长的,经本院院长批准,可以延长 10 日。

人民法院经审查,认为当事人的申请符合法律规定的,作出裁定确认调解协议有效。如果一方当事人拒绝履行经司法确认有效的调解协议,另一方当事人可以依据确认裁定申请人民法院强制执行。

根据《民诉法解释》第358条的规定,人民法院经审查,认为调解协议有下列情形之一的,不予确认调解协议效力,并裁定驳回申请:① 违反法律强制性规定的;② 损害国家利益、社会公共利益、他人合法权益的;③ 违背公序良俗的;④ 违反自愿原则的;⑤ 内容不明确的;⑥ 其他不能进行司法确认的情形。

确认调解协议的裁定作出前,当事人撤回申请的,人民法院可以裁定准许。

三、对申请司法确认结果的救济

申请人民法院司法确认有两种结果,相应地有两种不同的救济途径:

第一,司法确认申请被人民法院裁定驳回的,双方当事人可以通过人民调解的方式变更原调解协议或者达成新的调解协议,重新申请司法确认;也可以向人民法院起诉。

第二,人民法院裁定确认调解协议的,当事人有异议的,应当自收到裁定之日起15日内提出;利害关系人有异议的,自知道或者应当知道其民事权益受到侵害之日起6个月内提出。人民法院经审查,异议成立或者部分成立的,作出新的裁定;异议不成立的,裁定驳回。

第八节 实现担保物权案件的审理程序

一、实现担保物权案件的概念

实现担保物权的案件,是指人民法院根据担保物权人以及其他有权请求实现担保物权的人的申请,依照法定程序对其申请进行审查,对符合法律规定的申请作出强制执行的裁定,从而实现担保权的案件。

担保物权是以支配特定财产的交换价值为内容,以确保债权实现为目的而设定的物权。担保物权包括抵押权、质权和留置权。担保物权的实现,主要是指在债务人不履行债务时,担保物权人经法定程序,采用拍卖、变卖担保标的物等方式,使其债权得到优先受偿。担保物权的实现是担保物权最为重要的效力,是担保物权制度发挥效用的直接体现。

关于担保物权的实现方式,在我国经历了一个从诉讼程序到非诉程序的立法转变过程。1995年施行的《担保法》规定,抵押权人以及其他有权请求实现担保物权的人需要实现担保物权时,可以向人民法院提起诉讼。通过诉讼实现担保物权的方式,存在程序复杂、周期长、成本高以及效率低等不足,且债权人和抵押人涉及抵押合同相关事项一般又不存在实质性争议,因此该方式既不利于保护债权人的权利,也造成司法资源的无谓浪费。2007施行的《物权法》第195条第2款规定,抵押权人与抵押人未就抵押权实现方式达成协议的,抵押权人可以请求人民法院拍卖、变卖抵押财产。但是,《物权法》对抵押权的实现程序并未作出明确的法律规定。2012年《民事诉讼法》修订时,借鉴了其他国家和地区立法及司法实践经验,在第15章特别程序中增加了第7节"实现担保物权案件"程序,明确了实现担保物权的程序规则,为《物权法》中"申请人民法院拍卖、变卖"提供了程序性支持,实现了程序法和实体法的合理衔接。同时,确立非讼程序的担保物权实现模式改变了以往债权人通过诉讼程序确认并实现担保物权的传统做法,为债权人快速实现担保物权提供了一条低成本、高效率的途径。

▶ **二、实现担保物权案件的审理程序**

(一)申请

1. 申请主体

根据《民事诉讼法》第203条的规定,有权申请人民法院实现担保物权的主体包括两类:担保物权人和其他有权请求实现担保物权的人。根据《民诉法解释》第359条的规定,担保物权人,包括抵押权人、质权人、留置权人;其他有权请求实现担保物权的人,包括抵押人、出质人、财产被留置的债务人或者所有权人等。因抵押不转移标的物的占有,当债务人不履行债务时,抵押权人一般需要申请人民法院拍卖、变卖担保标的物以实现抵押权。而质物和被留置的财产由质权人、留置权人占有,质权或者留置权的实现,有的需要向人民法院提出申请,有的则不需要。① 司法实践中,有时也会出现质权人、留置权人怠于行使权利导致质物或被留置财产毁损、灭失、自然损耗或贬值,侵害出质人、债务人合法权益的情形。鉴于此,出质人和留置关系中的债务人在发生上述情形时也可以请求人民法院拍卖、变卖担保财产。因而,出质人和留置法律关系中的债务人也可申请人民法院实现担保物权。

2. 担保物权存在且未获实现

申请实现担保物权案件审理程序的前提是存在未消灭的、担保物权人尚未能与担保人达成合意以担保财产折价或尚未能直接以拍卖、变卖该担保财

---

① 参见全国人大常委会法制工作委员会编著:《中华人民共和国民事诉讼法解读》(2012年最新修订版),中国法制出版社2012年版,第525页。

产所得的价款优先受偿的担保物权。至于当事人之间的债务是否确实存在，以及担保物权是否合法有效等问题，不作为申请的条件，应留待人民法院审查时予以把握。

3. 担保物权人的申请应当在主债权诉讼时效期间提出

根据我国《民法典》的规定，司法对担保物权的保护与实现是有限的，担保物权人应当在主债权诉讼时效期间内行使担保物权。因此，担保物权人向人民法院申请实现担保物权也应当在主债权诉讼时效期间内提出，超过主债权诉讼时效行使的，人民法院不予保护。

4. 申请材料

根据《民诉法解释》第365条的规定，申请实现担保物权，应当提交下列材料：① 申请书。申请书应当记明申请人、被申请人的姓名或者名称、联系方式等基本信息，具体的请求和事实、理由。② 证明担保物权存在的材料。包括主合同、担保合同、抵押登记证明或者他项权利证书，权利质权的权利凭证或者质权出质登记证明等。③ 证明实现担保物权条件成就的材料。④ 担保财产现状的说明。⑤ 人民法院认为需要提交的其他材料。

（二）管辖法院

根据《民事诉讼法》第203条的规定，申请实现担保物权，应当向担保财产所在地或者担保物权登记地基层人民法院提出。由担保财产所在地基层人民法院管辖，便于对担保财产的查封、扣押；由担保物权登记地基层人民法院管辖，更便于执行。

为明确管辖和方便当事人向人民法院提出实现担保物权的申请，《民诉法解释》第360条和第361条进一步规定：① 实现票据、仓单、提单等有权利凭证的权利质权案件，可以由权利凭证持有人住所地人民法院管辖；② 无权利凭证的权利质权，由出质登记地人民法院管辖；③ 实现担保物权案件属于海事法院等专门人民法院管辖的，由专门人民法院管辖。

（三）受理

人民法院在收到当事人申请实现担保物权的材料后，应当依照《民事诉讼法》第126条立案期限的规定，在7日内决定是否受理。

根据《民诉法解释》第362条至第364条的规定，同一债权的担保物有多个且所在地不同，申请人分别向有管辖权的人民法院申请实现担保物权的，人民法院应当依法受理。被担保的债权既有物的担保又有人的担保，当事人对实现担保物权的顺序有约定，实现担保物权的申请违反该约定的，人民法院裁定不予受理；没有约定或者约定不明的，人民法院应当受理。同一财产上设立多个担保物权,登记在先的担保物权尚未实现的,不影响后顺位的担保物权人向人民法院申请实现担保物权。

《民诉法解释》第366条规定,人民法院受理申请后,应当在5日内向被申请人送达申请书副本、异议权利告知书等文书。被申请人有异议的,应当在收到人民法院通知后的5日内向人民法院提出,同时说明理由并提供相应的证据材料。

《民诉法解释》第371条规定,人民法院受理申请后,申请人对担保财产提出保全申请的,可以按照《民事诉讼法》关于诉讼保全的规定办理。

(四)审查

人民法院在受理实现担保物权申请后,应当进行审查。一般由审判员一人独任审查。但案情重大、复杂,或者担保财产标的额超过基层人民法院管辖范围的,应当组成合议庭进行审查。

申请实现担保物权的案件性质上属于非讼案件,因此不进行开庭审理。根据《民诉法解释》第368条的规定,人民法院在审查实现担保物权案件,可以询问申请人、被申请人、利害关系人,必要时可以依职权调查相关事实;《民诉法解释》第369条规定,主要是形式审查,审查范围限于主合同的效力、期限、履行情况,担保物权是否有效设立、担保财产的范围、被担保的债权范围、被担保的债权是否已届清偿期等担保物权实现的条件,以及是否损害他人合法权益等内容。被申请人或者利害关系人提出异议的,人民法院应当一并审查。

(五)裁定

人民法院对实现担保物权申请进行审查后,按下列情形分别处理:

(1)当事人对实现担保物权无实质性争议且实现担保物权条件成就的,裁定准许拍卖、变卖担保财产。

(2)当事人对实现担保物权有部分实质性争议的,可以就无争议部分裁定准许拍卖、变卖担保财产。

(3)当事人对实现担保物权有实质性争议的,裁定驳回申请,并告知申请人向人民法院提起诉讼。

人民法院作出拍卖、变卖担保财产的裁定,该裁定一经送达即发生法律效力,不允许上诉。当事人可以依据该裁定向人民法院申请强制执行。

▶ 三、对申请实现担保物权结果的救济

人民法院对实现担保物权的申请有两种处理结果,相应地有两种不同的

救济途径：

第一，人民法院裁定驳回实现担保物权申请的，当事人可以向人民法院另案提起诉讼。通过诉讼程序来解决他们之间的争议，以便确认和实现权利。

第二，人民法院裁定拍卖、变卖担保财产的，当事人有异议的，应当自收到裁定之日起 15 日内提出；利害关系人有异议的，自知道或者应当知道其民事权益受到侵害之日起 6 个月内提出。人民法院经审查，认定异议成立或者部分成立的，作出新的裁定；认定异议不成立的，裁定驳回。

案例精选

▶【案例 1】[①]

孟智琼与信宜锐信房地产有限公司因追索劳动报酬发生纠纷，2020 年 12 月 29 日经信宜市人力资源和社会保障局（信宜市劳动保障监察综合执法大队）主持调解，达成调解协议如下：信宜锐信房地产有限公司于 2021 年 3 月 29 日前分三期付清拖欠的工资 10500 元给孟智琼，其中限于 2020 年 12 月 30 日前支付 3500 元；又限于 2021 年 1 月 29 日前支付 3500 元，再限于 2021 年 3 月 29 日前支付 3500 元。若信宜锐信房地产有限公司有一期未能按照约定足额付清拖欠的工资给孟智琼，则孟智琼即可向信宜市人民法院申请执行，要求信宜锐信房地产有限公司即时付清尚欠的全部工资。后因信宜锐信房地产有限公司未能如约付清第一期拖欠工资给孟智琼，孟智琼作为申请人以信宜锐信房地产有限公司为被申请人向信宜市人民法院申请司法确认上述调解协议的效力，信宜市人民法院于 2021 年 1 月 6 日立案受理后，经过独任制审理，依据《民事诉讼法》第 195 条（现行法第 202 条）的规定，于 2021 年 1 月 6 日作出裁定如下：申请人孟智琼与被申请人信宜锐信房地产有限公司追索劳动报酬纠纷，于 2020 年 12 月 29 日经信宜市人力资源和社会保障局（信宜市劳动保障监察综合执法大队）主持调解，达成调解协议有效。当事人应当按照调解协议的约定自觉履行义务。一方当事人拒绝履行或者未全部履行的，对方当事人可以向人民法院申请执行。

评析：本案涉及诉讼外调解协议的效力、调解协议司法确认的案件范围和司法确认的效力。第一，本案中，孟智琼与信宜锐信房地产有限公司因追索劳动报酬发生纠纷，于 2020 年 12 月 29 日经信宜市人力资源和社会保障局

[①] 孟智琼申请调解协议司法确认案，广东省信宜市人民法院民事裁定书（2021）粤 0983 民特 5 号。

(信宜市劳动保障监察综合执法大队)主持调解,达成的调解协议只具有契约效力,不具有执行效力,故调解协议中约定的"若信宜锐信房地产有限公司有一期未能按照约定足额付清拖欠的工资给孟智琼,则孟智琼即可向信宜市人民法院申请执行,要求信宜锐信房地产有限公司即时付清尚欠的全部工资"对人民法院没有约束力。诉讼外调解协议只有经过人民法院司法确认为有效调解协议,才具有执行力,故调解协议司法确认的民事裁定书中要明确写明确认的调解协议有效,以及一方当事人拒绝履行或者未全部履行的,对方当事人可以向人民法院申请执行。第二,关于司法确认的案件范围,《民事诉讼法》第201条规定为经依法设立的调解组织调解达成的调解协议,《民诉法解释》第357条(现行司法解释第355条)通过否定清单的方式规定了司法确认调解协议的适用范围,即"当事人申请司法确认调解协议,有下列情形之一的,人民法院裁定不予受理:(一)不属于人民法院受理范围的;(二)不属于收到申请的人民法院管辖的;(三)申请确认婚姻关系、亲子关系、收养关系等身份关系无效、有效或者解除的;(四)涉及适用其他特别程序、公示催告程序、破产程序审理的;(五)调解协议内容涉及物权、知识产权确权的。人民法院受理申请后,发现有上述不予受理情形的,应当裁定驳回当事人的申请"。本案为追索劳动报酬纠纷,不属于不予受理的范畴,故是可以申请司法确认的案件。第三,经过司法确认为有效的调解协议,则赋予其强制执行效力。

案例精选

▶【案例2】①

　　起诉人吴少晖因不服路下村村民选举委员会对其选民资格申诉所作的处理决定,提起诉讼。福建省屏南县人民法院依照《民事诉讼法》第15章第2节规定的选民资格案件特别程序,组成合议庭对本案进行了审理,审理时通知路下村村民选举委员会到庭参加。起诉人吴少晖诉称:起诉人的户籍在路下村,是路下村村民,并且一直在该村居住。起诉人的选举权一直在路下村行使,该村历届村民委员会的换届选举,起诉人都是选民。特别是2000年的村民委员会换届选举时,起诉人还被村民提名为村民委员会主任的正式候选人。然而今年的换届选举,村选举委员会却无视这些客观事实,不登记起诉人为选民。起诉人提出申诉后,该选举委员会仍于2003年6月29日作出对

---

① 吴少晖不服选民资格处理决定案,载《中华人民共和国最高人民法院公报》2003年第6期。

起诉人的选民资格不予登记的处理决定,严重侵犯了起诉人的选举权和被选举权。请求人民法院依法撤销这个决定,责令村选举委员会登记起诉人为选民,同时请求确认路下村此次的村民委员会候选人提名无效。

屏南县人民法院经审理查明:起诉人吴少晖虽在路下村新兴西路48号居住,但其户籍一直落在屏南县路下乡中心小学。路下村历届村民委员会换届选举时,都将吴少晖登记为选民。2003年6月12日,吴少晖将户籍从路下乡中心小学迁入路下村,成为该村非农业户籍的村民。2003年,路下村村民委员会因任期届满,依法需进行换届选举,选举日定为2003年7月12日,从6月7日起进行选民登记,起诉人吴少晖未被登记为该村选民。吴少晖向路下村村民选举委员会提出申诉后,该委员会认为:吴少晖虽然在本村居住,但其户籍是在选民登记日(6月7日)以后才迁入本村的,而且是本村非农业户籍村民,在本村没有承包土地,也不履行"三提留、五统筹"等村民应尽的义务,按照福建省民政厅下发的《村民委员会选举规程》中关于"户籍在本村管理的其他非农业户籍性质人员不作选民资格登记"的规定,吴少晖不能在本村登记。此前历届村民委员会选举时,虽然都将吴少晖登记为本村选民,但这都是错误的,应当纠正。据此,该委员会于2003年6月29日作出处理决定:对吴少晖的选民资格不予登记。吴少晖不服处理决定,遂于6月30日起诉。

屏南县人民法院认为:选举权与被选举权,是宪法规定公民享有的一项基本政治权利。1998年11月4日第九届全国人民代表大会常务委员会第五次会议修订通过的《中华人民共和国村民委员会组织法》第12条规定:"年满十八周岁的村民,不分民族、种族、性别、职业、家庭出身、宗教信仰、教育程度、财产状况、居住期限,都有选举权和被选举权;但是,依照法律被剥夺政治权利的人除外。"起诉人吴少晖现年33岁,依照法律规定,其具有选民资格。《中华人民共和国村民委员会组织法》第14条第4款规定,村民委员会的"具体选举办法由省、自治区、直辖市的人民代表大会常务委员会规定"。2000年7月28日福建省第九届人民代表大会常务委员会第二十次会议修订的《福建省村民选举委员会选举办法》第11条规定:"凡具有选民资格的村民可以在户籍所在地的村民选举委员会进行选民登记。"起诉人吴少晖的户籍已于2003年6月12日迁入路下村,而路下村的选举日是7月12日。根据上述规定,选举日前,吴少晖有权在户籍所在地即路下村的选举委员会进行选民登记。

《福建省村民委员会选举办法》第12条规定:"经登记确认的选民资格长期有效。每次选举前应当对上届选民登记以后新满十八周岁的、新迁入本村具有选民资格的和被剥夺政治权利期满后恢复政治权利的选民,予以补充登记。对选民登记后迁出本村、死亡和依照法律被剥夺政治权利的人,从选民名单上除名。"具有选民资格的起诉人吴少晖,以前的户籍虽然不在路下村,但一直在路下村居住;路下村历届村民委员会换届选举时,其都在该村进行选民登记;吴少晖的选民资格已经得到路下村历届村民选举委员会的登记确认,应当长期有效,非因迁出、死亡或依法被剥夺政治权利等特殊原因,不能从选民名单上除名。因此,吴少晖请求在路下村进行选民登记,于法有据,应予支持。福建省民政厅下发的《村民委员会选举规程》中,有关"户籍在本村管理的其他非农业户籍性质人员不作选民资格登记"的规定,与《福建省村民委员会选举办法》的规定相抵触,是无效的。路下村村民选举委员会2003年6月29日依据该规程作出的处理决定,是错误的,应当撤销。

《中华人民共和国村民委员会组织法》第14条第1款规定:"选举村民委员会,由本村有选举权的村民直接提名候选人。"《福建省村民委员会选举办法》第15条规定:"村民委员会成员候选人,由有选举权的村民以单独或者联合的方式直接提名。每一选民提名的人数不得多于应选人数。对选民依法直接提出的候选人或者依法确定的正式候选人,任何组织或者个人非经法定程序不得取消、调整或者变更。"路下村村民委员会成员的候选人,是由有选举权的村民直接提名产生的。起诉人吴少晖在该村进行选民登记后,对候选人也有提名权。但是,对其他选民提名的候选人,吴少晖如果没有正当理由,不得要求取消、调整或者变更。吴少晖起诉请求确认本届村民委员会的候选人提名无效,没有法律依据,不予支持。

综上,屏南县人民法院依照《民事诉讼法》第164条、第165条的规定,于2003年7月8日判决:撤销屏南县路下乡路下村村民选举委员会作出的对起诉人吴少晖选民资格不予登记的决定。

评析: 本案涉及选民资格诉讼。对于对选名资格有争议的,应当首先向选民资格委员会申诉,对申诉处理结果不服的,才能向选民资格委员会所在地的基层人民法院起诉,人民法院应当组成合议庭对案件进行审理,在选举日之前判决该选民是否具有选民资格。

案例精选

▶【案例3】[①]

2008年2月14日,申请人交通银行股份有限公司东莞分行与被申请人

[①] 交通银行股份有限公司东莞分行诉蓝利申请实现担保物权纠纷案,广东省东莞市第一人民法院(2013)东一法民特字第12号。

蓝利签订了《个人住房抵押贷款合同》(合同号:穗交银DG2008年个房贷字1132号)。合同约定被申请人向申请人借款人民币188000元,贷款期限为30年,年利率按中国人民银行同期同类贷款基准利率下浮15%执行,逾期贷款的罚息利率为合同约定利率上浮50%。同时,合同还约定被申请人以坐落于东莞市南城区四环路南侧孚泰明园4号楼1906号房产为个人住房抵押贷款合同项下贷款提供抵押担保,并办理了抵押登记手续。签订合同后,申请人于2008年2月14日履行了向被申请人发放贷款的义务。但在合同履行过程中,被申请人未能按照合同约定按时分期偿还贷款。截至2013年4月8日,已有9期未按时偿还贷款本息,累计欠申请人逾期本金2000.57元,利息7021元、复利237.35元、罚息58.21元。根据个人住房抵押贷款合同的约定,被申请人未能依照合同约定的时间、金额及币种偿还本息,申请人可以依据合同第16条的约定单方面宣布合同项下已发放贷款本金全部提前到期,并要求被申请人立即偿还到期本金并结算利息。同时,依据合同第19条关于抵押权的行使的相关约定,申请人有权处理抵押物。为维护申请人的合法权益,申请人依据2012年《民事诉讼法》第196条、第197条,请求人民法院依法裁定拍卖被申请人提供的抵押物,即位于东莞市南城区四环路南侧孚泰明园4号楼1906号房产,用于归还被申请人全部的借款本金175996.77元、利息7021.92元、复利237.35元、罚息58.21元,合计183314.25元(以上利息暂计至2013年3月8日,之后按《个人住房抵押贷款合同》第17条规定的逾期贷款利率计收利息、复利、罚息至还清本息之日止)。被申请人蓝利对申请人提交的证据予以确认,对本案主债权、抵押权的真实性、合法性均无异议,并确认自2012年6月20日至2013年3月8日,已连续9期未按时偿还贷款本息。

广东省东莞市第一人民法院经审查认为,被申请人以其购买的东莞市南城区四环路南侧孚泰明园4号楼1906号房产为案涉贷款提供抵押担保,并于2008年2月14日在东莞市房地产交易所办理了商品房贷款抵押登记手续,该抵押权在形式上合法有效。申请人严格按照合同履行了发放贷款义务,主债权债务关系成立。在审查过程中,被申请人对本案主债权、抵押权的真实性、合法性均无异议,并确认自2012年6月20日至2013年3月8日,已连续9期未按时偿还贷款本息。被申请人蓝利已经连续3个月或累计6个月未按时足额还款,申请人有权依照法律规定的方式处理抵押物。因此,申请人关于拍卖、变卖涉案抵押物的申请符合法律规定,法院予以准许。依照《物权法》第195条,《民事诉讼法》第196条、第197条之规定,法院裁定:拍卖、变卖被申请人蓝利名下位于东莞市南城区四环路南侧孚泰明园4号楼1906号的房产。

评析：2012年修订的《民事诉讼法》在特别程序中增加了实现担保物权案件，即实现担保物权特别程序。由于该特别程序属于非讼程序的范畴，应当适用非讼法理，人民法院对案件的审查应以形式审查为原则，法官仅对申请人提供证据的合法性、完整性、有效性进行形式审查，并保障担保人、债务人的抗辩权。在审查过程中，当事人对有关担保物权的实体法律关系出现争议时，人民法院应裁定驳回申请，争议主体可以通过诉讼程序进行权利救济。

思考问题

1. 特别程序的特征。
2. 诉讼法理与非诉法理的主要区别。
3. 人民法院审理选民资格案件的程序的特点。
4. 能够进行司法确认的调解协议的范围以及条件。
5. 实现担保物权案件的主体范围与案件范围。

第二十章 督促程序

督促程序是一种专门用于解决债权债务关系明确而债务人无正当理由不偿还债务案件的简捷程序,体现了公正和经济的价值协调。督促程序具有成本低、效率高的优势,有利于迅速实现债权人的权利。本章主要介绍了督促程序的特点和适用范围、支付令的申请与受理程序、支付令的效力、债务人异议制度以及督促程序的终结。

第一节 督促程序概述

一、督促程序的概念

督促程序,又称支付令程序,是指人民法院根据债权人给付金钱或有价证券的申请,向债务人发出支付令,督促债务人向债权人清偿债务,债务人在法定期间未提出异议又不履行义务时,支付令发生强制执行效力的一种特殊程序。

现实生活中,债的纠纷种类多、数量大,其中有许多纠纷,债权债务关系明确,当事人之间并不存在争议,只是债务人逾期不清偿债务而已。对于此类纠纷,债权人的债权虽然通过诉讼程序也可以得到实现,但是诉讼程序复杂且周期较长,既浪费司法资源,也使当事人花费许多不必要的费用、时间和精力,不符合诉讼经济原则。这就需要设立一种程序简便、诉讼成本低、诉讼周期短的特殊程序来代替诉讼程序解决此类问题,督促程序应运而生。

二、督促程序的特点

(一)适用范围的特定性

督促程序仅适用于债权人请求给付金钱和有价证券的案件,并以债权人与债务人之间不存在其他债务纠纷和支付令能够送达债务人为适用条件。对于其他以请求为行为为目的的案件、以确认民事法律关系存在与否以及变更消灭民事法律关系为目的的案件,均不得适用督促程序。

(二)审查过程的简捷性

在督促程序中,没有对立的双方当事人,不解决当事人之间的债权债务纠纷,因此人民法院无须开庭审理。无论是对债权人的支付令申请,还是对债务人的异议,仅就其提供的事实、证据进行书面审查;支付令发出后,只要债务人在法定期间不提出异议,期间届满即发生强制执行效力。此外,适用督促程序审理的案件,由审判员一人独任审理,并实行一审终审制度。

(三)程序适用的选择性

督促程序并非处理以给付金钱或者有价证券为内容的债权债务关系案件的必经和唯一程序,而是与诉讼程序构成可供债权人选择适用的程序。换言之,对于以给付金钱或者有价证券为内容的债权,债权人是依督促程序还是依诉讼程序来主张债权,由债权人选择。

(四)与诉讼程序的相互转换

对于以给付金钱和有价证券为内容的案件,如果债权人选择诉讼程序,根据《民事诉讼法》第136条第1款的规定,人民法院对于当事人提起的诉讼,认为适用督促程序的,可转入督促程序解决。

对于以给付金钱和有价证券为内容的案件,如果债权人选择督促程序,当督促程序因支付令异议成立等原因终结时,支付令失效,案件自动转入诉讼程序进行审判。如果债权人不同意转入诉讼程序,应当自收到终结督促程序的裁定之日起7日内向受理申请的人民法院表明不同意提起诉讼,否则视为同意向受理申请的人民法院起诉。

(五)程序终结附条件性

人民法院向债务人发出支付令后,如果债务人在法定期限内没有提出支付令异议,支付令则发生强制执行效力,督促程序即告终结;如果债务人在法定期限内提出支付令异议,经人民法院审查,支付令异议成立的,裁定终结督促程序,支付令自行失效。

第二节 支付令的申请和受理

一、支付令的申请

(一)申请支付令的条件

支付令的申请,即债权人向人民法院请求签发支付令,从而督促债务人履行义务的行为。根据我国《民事诉讼法》第221条和《民诉法解释》第427条的规定,债权人申请支付令需要具备以下条件:

1. 债权人请求债务人给付的只能是金钱或者有价证券

有价证券包括汇票、本票、支票、股票、国库券、可转让的存单等。其他财产请求或者行为请求,不得适用督促程序。

2. 请求给付的金钱和有价证券已到期并且数额确定

给付期限届至,债权人才有权要求给付,债务人才有给付义务;双方有关文书中未载明债权的具体数额,或双方对金额、数量或计算方法尚有争议的,不能适用督促程序。

3. 债权人没有对待给付义务

所谓对待给付,是指与债权人的请求相对应,债权人所负有的先行给付或同时给付的义务。它强调的是基于同一民事法律关系主体间诉讼地位及权利的平等,任何一方在自己未履行义务前,均不能享有优先的请求权。如果债权人与债务人之间存在对待给付义务,就意味着该债权存在争议,应按诉讼程序解决。

4. 债务人在我国境内且未下落不明

督促程序的目的在于简便迅速地解决问题,这就要求支付令可以顺利送达,以便债务人知晓支付令的内容。如果债务人不在我国境内,发布支付令需要境外送达;如果债务人住所、居所在我国境内但下落不明,发布支付令需要公告送达。境外送达和公告送达均耗时过长与督促程序简便迅速的宗旨相悖。此外,这两种送达方式,都难以确定债务人收到支付令的时间,因而也就难以确定债务人提出支付令异议的期限和支付令发生强制执行力的时间。因此,债务人不在我国境内或者在我国境内但下落不明的,均不适用督促程序。

5. 支付令能够送达债务人

督促程序的简捷性决定了在整个督促程序中,对债务人而言,唯一的权利就是对支付令的书面异议权。如果支付令未能送达债务人,则债务人无法行使其对支付令的异议权,因此支付令能够送达债务人就成为适用督促程序的必要条件。我国支付令的送达,在以直接送达为原则的情况下,还可以采用留置送达、委托送达、转交送达等方式,但必须以能够实际送达债务人为限。

6. 收到申请书的人民法院有管辖权

支付令的申请须向债务人住所地的基层人民法院提出,中级以上人民法院不能行使管辖权。

7. 债权人未向人民法院申请诉前保全

财产保全制度是一种为了保护利害关系人或当事人的合法权益,保证生效判决得以顺利执行而对有关财产采取保护措施的制度,在诉讼程序中得到广泛适用。在督促程序中采取财产保全不适合,也没有必要。因为督促程序中债权债务关系较为明确、简单,且因其具有非讼性,人民法院不能在诉讼外审查保全申请的依据、条件和范围等。如果允许债权人在申请支付令前提起诉前保全,实际上等同于该当事人在同一人民法院以同一事实和理由以两种程序提出了完全相同的权利保护请求,类似于一案两诉,显然不符合法律规定。

(二)申请支付令的形式

债权人向人民法院提出支付令申请,必须提交申请书,并附有债权文书。

申请书中应当写明下列事项:① 债权人和债务人双方的姓名或名称、住所地等基本情况;② 债权人要求债务人给付金钱或者有价证券的数量、种类以及所依据的事实和证据;③ 请求人民法院发出支付令的意思表示。

(三)管辖法院

根据《民事诉讼法》第221条的规定,债权人请求债务人给付金钱、有价证券,符合下列条件的,可以向有管辖权的基层人民法院申请支付令。其一,在级别管辖上,只能由基层人民法院受理,中级以上的人民法院不能受理申请支付令的案件。即基层人民法院受理申请支付令案件,不受债权金额的限制。但是海事法院根据海事诉讼特别程序法的规定,可以适用督促程序。[①]其二,在地域管辖上,因申请支付令的案件属于债务纠纷案件,所以应当适用《民事诉讼法》第22条关于一般地域管辖的规定,由被告住所地基层人民法院管辖。被告住所地与经常居住地不一致的,由经常居住地基层人民法院管辖。被告是法人或其他组织的,由法人或其他组织的所在地基层人民法院管辖。

根据《民诉法解释》第425条的规定,两个以上人民法院都有管辖权的,债权人可以向其中一个基层人民法院申请支付令。债权人向两个以上有管辖权的基层人民法院申请支付令的,由最先立案的人民法院管辖。

▶ 二、受理

人民法院收到支付令申请后,由一名审判员进行形式审查。经审查,认为申请符合《民诉法解释》第427条规定的条件的,应当在收到支付令申请书后5日内通知债权人已经受理;认为不符合上述条件的,应当在收到支付令申请书后5日内通知债权人不予受理。认为申请书不符合要求的,可以通知债权人限期补正。人民法院应当在自收到补正材料之日起5日内通知债权人是否受理。

第三节 支付令的发出和效力

▶ 一、审理

根据《民诉法解释》第428条的规定,人民法院受理申请后,由审判员一人进行审查。审判员应当对债权人提供的事实、证据进行审查。这一阶段审查的目的是决定是否向债务人发出支付令。审查的内容是债权债务关系是否明确、合法,也是对债权人与债务人之间的权利义务关系等实质问题的非实质审查。经审查,对于债权债务关系明确、合法的,应当在受理之日起15日内

[①] 《海事诉讼法》第99条:债权人基于海事事由请求债务人给付金钱、有价证券,符合《民事诉讼法》有关规定的,可以向有管辖权的海事法院申请支付令。债务人是外国人、无国籍人、外国企业或者组织,但在中华人民共和国领域内有住所、代表机构或者分支机构并能够送达支付令的,可以向有管辖权的海事法院申请支付令。

向债务人发出支付令。申请不成立的,应当在受理之日起15日内裁定驳回申请。对于具有下列情形之一的,也应当在受理之日起15日内裁定驳回申请:① 申请人不具备当事人资格的;② 给付金钱或者有价证券的证明文件没有约定逾期给付利息或者违约金、赔偿金,债权人坚持要求给付利息或者违约金、赔偿金的;③ 要求给付的金钱或者有价证券属于违法所得的;④ 要求给付的金钱或者有价证券尚未到期或者数额不确定的。

二、支付令的发出

支付令是人民法院根据债权人的申请,督促债务人限期清偿债务或提出书面异议的命令,是一种司法文书,也是督促程序的核心内容。

人民法院受理债权人的支付令申请后,经过对债权人提供的事实、证据的审查,认为债权债务关系明确、合法的,应当在受理之日起15日内向债务人发出支付令。

支付令应当载明以下事项:① 债权人、债务人的基本情况。债权人、债务人是公民的,应写明其姓名、性别、年龄、职业、工作单位和住址;是法人或其他组织的,应写明其名称及法定代表人或主要负责人的姓名、职务、地址等。② 债务人应当给付的金钱,有价证券的种类、数量。③ 清偿债务或提出异议的期限,即记明债务人应自收到支付令之次日起15日内清偿债务,或者向人民法院提出书面异议。④ 债务人在法定期间不提出异议的法律后果。支付令应由审判员、书记员署名,加盖人民法院印章。

人民法院应及时将支付令送达债权人和债务人。根据《民诉法解释》第429条的规定,向债务人本人送达支付令,债务人拒绝接收的,人民法院可以留置送达。这条规定表明,支付必须向债务人本人送达,不得向债务人的同住成年家属送达;债务人本人拒绝接收的,可以留置送达。此时债务人已经了解并清楚支付令的内容和作用,也知晓如有异议的救济途径,所以留置送达不会损害债务人的合法权益。

三、支付令的效力

支付令一经送达债务人,即发生法律效力。支付令的法律效力具体如下:

(一) 督促效力

根据《民事诉讼法》第223条第2款的规定,债务人应当自收到支付令之日起15日内清偿债务,或者向人民法院提出书面异议。支付令一经发出并送达债务人,即产生了督促效力,督促债务人在法定期间对支付令提出异议,或者根据支付令的要求履行清偿义务。

（二）强制执行效力

根据《民事诉讼法》第223条第3款的规定,债务人自收到支付令之日起15日内不提出异议又不履行支付令的,债权人可以向人民法院申请执行。债权人向人民法院申请执行支付令的期间,适用我国《民事诉讼法》第246条的规定,为2年,从支付令规定的履行期间的最后一日起计算。申请执行时效的中止、中断,适用法律有关诉讼时效中止、中断的规定。债务人住所地或者被执行的财产所在地的基层人民法院对发生法律效力的支付令具有执行管辖权。

需要注意的是,债务人在收到支付令后,不在法定期间提出书面异议,而是向其他人民法院起诉的,不影响支付令的效力。在设有担保的债务案件中,对主债务人发出的支付令对担保人没有拘束力;若对主债务人发出支付令后,债权人又就担保关系起诉的,支付令于人民法院受理案件之日起自行失效。

▶ 四、支付令的撤销

为维护当事人的合法权益,体现司法公正,民事诉讼法为纠正确有错误且发生法律效力的支付令设立了支付令的撤销制度。根据《民诉法解释》第441条的规定,人民法院院长发现本院已经发生法律效力的支付令确有错误,认为需要撤销的,应当提交本院审判委员会讨论决定后,裁定撤销支付令,驳回债权人的申请。

第四节 支付令异议和督促程序终结

▶ 一、支付令异议

支付令异议,又称债务人异议,是指债务人在收到支付令后,对支付令所确定的实体义务本身提出的不同意见和主张。支付令异议是债务人享有的一项重要权利。因为支付令是人民法院仅以债权人一方提出的主张和理由为根据作出的,未经严格的庭审程序,因此特设异议制度,以保障债务人的合法权益。

（一）提出支付令异议的条件

根据《民事诉讼法》及相关司法解释的规定,债务人对支付令提出异议,应具备四个条件:

1. 异议须在法定期间内提出

债务人收到人民法院发出的支付令后,如对债权债务关系存在争议,认为不应当清偿债务的,应当在收到支付令之日起15日内提出异议。债务人未在法定期间内提出异议的,视为未提出异议。

2. 异议应以书面形式提出

债务人异议,直接涉及督促程序是否终结以及支付令的效力问题,因此债务人应当以书面形式提出支付令异议,口头方式提出无效。

3. 异议应针对支付令载明的债权债务关系提出

债务人应当针对支付令所确定的债务本身是否合法存在、债务数额是否属实、债务偿还期限是否已届满等提出不同意见和主张。债务人对清偿能力、清偿期限或清偿方式等提出的不同意见,不构成债务人异议,不影响支付令的效力。

4. 异议应当向发出支付令的人民法院提出

债务人在收到支付令后,不在法定期限内提出书面异议,而是向其他人民法院起诉的,不影响支付令的效力。换言之,如果债务人向发出支付令的人民法院起诉,则该起诉构成债务人异议,受诉法院应当按照支付令异议处理。

(二) 对支付令异议的审查和处理

1. 审查

人民法院收到支付令异议后,应当由一名审判员进行审查,审查仅限于支付令异议是否符合法律规定的异议条件,无须审查异议是否有理由。即主要是从形式上进行审查,不进行实体审查。

2. 对支付令异议的处理

经审查,对支付令异议分别作出如下处理:① 债务人提出的支付令异议符合法定条件的,异议成立,人民法院裁定终结督促程序,支付令自行失效。② 债务人提出的支付令异议具备《民诉法解释》第435条情形之一,包括《民诉法解释》第427条规定的不予受理申请情形的,《民诉法解释》第428条规定的裁定驳回申请情形的,《民诉法解释》第430条规定的应当裁定终结督促程序情形的以及人民法院对是否符合发出支付令条件产生合理怀疑的,应当认定异议成立,裁定终结督促程序,支付令自行失效。③ 债务人提出的支付令异议不符合法定条件的,异议不成立,裁定驳回。④ 债务人对债务本身没有异议,只是提出缺乏清偿能力、延缓债务清偿期限、变更债务清偿方式等异议的,异议不成立,不影响支付令的效力,人民法院裁定驳回。⑤ 债权人基于同一债权债务关系,在同一支付令申请中向债务人提出多项支付请求,债务人仅就其中一项或者几项请求提出异议的,不影响其他各项请求的效力。⑥ 债权人基于同一债权债务关系,就可分之债向多个债务人提出支付请求,多个债务人中的一人或者几人提出异议的,不影响其他请求的效力。

另外,人民法院作出终结督促程序或者驳回异议裁定前,债务人请求撤回异议的,应当裁定准许。债务人对撤回异议反悔的,人民法院不予支持。

(三)支付令异议成立的法律后果

人民法院经审查,认为债务人提出的异议成立的,则产生下列法律后果:

1. 终结督促程序

支付令异议成立,说明债权债务关系存在争议,而这种争议是需要通过诉讼程序来解决的,不能适用督促程序处理,因此人民法院应当裁定终结督促程序。

2. 支付令自行失效

支付令异议成立,在产生终结督促程序效力的同时,还使支付令自行失效,即支付令失去强制执行的法律效力。

3. 转入诉讼程序

为及时、有效地解决债权人与债务人之间的争议,在人民法院终结督促程序的裁定作出后,支付令自行失效,经债权人同意,案件直接转入诉讼程序,当事人不必另行起诉。

根据《民诉法解释》第438条和第439条的规定,支付令失效后,申请支付令的一方当事人不同意提起诉讼的,应当自收到终结督促程序裁定之日起7日内向受理申请的人民法院提出。申请支付令的一方当事人不同意提起诉讼的,不影响其向其他有管辖权的人民法院提起诉讼。支付令失效后,申请支付令的一方当事人自收到终结督促程序裁定之日起7日内未向受理申请的人民法院表明不同意提起诉讼的,视为向受理申请的人民法院起诉。

债权人提出支付令申请的时间,即为向人民法院起诉的时间。

关于督促程序和诉讼程序的关系,我国立法经历了两者相互独立到两者衔接的转变。根据1991年《民事诉讼法》的规定,督促程序因债务人提出书面异议终结后,支付令自行失效,督促程序不能自动转入诉讼程序。债权人要想实现债权,需要另行向有管辖权的人民法院诉讼。这样的规定虽然充分尊重了债权人提起诉讼的自由和对实体权利的处分权,但是不利于对债权的保护,而且实务中也极易造成债务人滥用异议权以拖延或逃避履行债务的局面。涉及督促程序和诉讼程序的关系,德、日等大陆法系国家的通行做法是,在支付令因债务人异议而失效后,支付令申请即被视为起诉,督促程序的费用转为续后诉讼程序费用的一部分。债权人在法院规定的期限内补足诉讼程序的费用后,督促程序即转入第一审程序。如果债权人声明不愿意进行诉讼,则法院裁定取消诉讼,并判令督促程序的费用由债权人负担。债权人无正当理由没有在法院规定的期限内补足诉讼费用的,则视为声明不愿意进入诉讼。

明确规定督促程序以债务人提出异议为转入诉讼程序的前提,对于债权人而言,其申请支付令时就会考虑由于债务人提出异议而转入通常诉讼进入法庭审理的诉讼风险;对债务人而言,其会清楚地认识到运用异议权只能是拖延给付的权宜之策,并不能从根本上逃避其本应履行的责任。如果滥用异议权导致进入续后的诉讼程序,其结果只能是使自己获得败诉判决,承担债权人因此而造成的损失、支出的大量费用以及诉讼费用。这使债务人在提出异议还是履行支付令的问题上慎重斟酌,有效地避免了异议权的滥用。可见,续后的诉讼程序是督促程序充分发挥效力的保证。因此,2012年《民事诉讼法》将原法的"债权人可以起诉"修改为"支付令失效的,转入诉讼程序,但申请支付令的一方当事人不同意提起诉讼的除外"。即支付令失效后,督促程序自动转入诉讼程序,无须债权人另行提起诉讼,除非债权人不同意提起诉讼。

二、督促程序的终结

督促程序的终结,是指在督促程序中,因发生法律规定的情形或某种特殊原因而结束督促程序。根据《民事诉讼法》和《民诉法解释》的有关规定,督促程序终结有以下三种情形:

1. 自然终结

自然终结是督促程序的正常终结,包括:① 债务人在收到支付令之后,在法定期间内履行了债务,从而使督促程序终结;② 债务人收到支付令之后,在法定期间内既不履行债务也不提出异议的,法定期间届满后,支付令发生强制执行效力,债权人依据支付令申请强制执行,此时,督促程序自动终结。

2. 裁定终结

人民法院依据法律规定的情形,裁定终结督促程序。法定情形包括:① 不予受理裁定。人民法院经审查,认为债权人的支付令申请不符合《民诉法解释》第427条规定的受理条件的,裁定不予受理,终结督促程序。② 裁定驳回申请。人民法院受理债权人是支付令申请后,经审查,发现具有《民诉法解释》第428条规定的情形之一的,在受理之日起15日内裁定驳回申请,终结督促程序。③ 裁定异议成立。债务人对支付令提出异议后,经审查,人民法院认为异议符合《民诉法解释》第435条规定的情形之一的,异议成立,裁定终结督促程序。

3. 其他裁定终结督促程序的情形

主要包括：① 人民法院受理支付令申请后，债权人就同一债权债务关系又提起诉讼的，裁定终结督促程序。② 人民法院发出支付令之日起30日内无法将支付令送达债务人的，应当裁定终结督促程序。支付令无法送达债务人，债务人的异议权就无法得到保障，督促程序就无法进行，此时人民法院应当依职权裁定终结督促程序。③ 债务人收到支付令前，债权人撤回支付令申请的，裁定终结督促程序。

案例精选

▶【案例1】①

被申请人冼锦全与被申请人冯亚五（以下合称两被申请人）系夫妻，于2013年起经营"桂北渔63122"号渔船期间，因资金周转困难，多次向申请人冼锦愿（以下简称申请人）借款垫付该船购冰、购油款。2015年11月16日，经申请人与两被申请人结算，两被申请人共欠申请人代垫的购冰、购油款38万元，两被申请人向申请人出具了欠条。2018年8月30日，申请人向北海海事法院申请海事支付令，并提交了借条，北海海事法院受理后，经审查，认为符合发出支付令的条件，2018年8月31日，发出支付令："要求被申请人应当自收到本支付令之日起15日内，给付申请人借款38万元，申请人2333.33元由两被申请人负担。被申请人如有异议，应当自收到本支付令之日起15日内向本院提出；逾期不提出书面异议的，本支付令即发生法律效力。"

评析： 本案涉及申请支付令、发出支付令的条件，以及支付令的效力问题。第一，申请人的申请是否符合法律规定的申请支付令的条件。《海事诉讼法》第99条第1款规定："债权人基于海事事由请求债务人给付金钱或者有价证券，符合《民事诉讼法》有关规定的，可以向有管辖权的海事法院申请支付令。"2012年《民事诉讼法》第214条（现行法第221条）规定："债权人请求债务人给付金钱、有价证券，符合下列条件的，可以向有管辖权的基层人民法院申请支付令：（一）债权人与债务人没有其他债务纠纷的；（二）支付令能够送达债务人的。申请书应当写明请求给付金钱或者有价证券的数量和所根据的事实、证据。"2015年《民诉法解释》第429条（现行司法解释第427条）进一步规定了申请支付令的条件。本案中，申请人提供的借条，证明申请人与

---

① 冼锦愿、冼锦全、冯亚五申请海事支付令督促民事令案，北海海事法院其他文书（2018）桂72民督1号。

被申请人仅存在借款关系,没有其他债务纠纷,且支付令可以送达被申请人,故申请人的申请符合法律规定的条件,北海海事法院应予受理。第二,本案是否符合发出支付令的条件。2012年《民事诉讼法》216条(现行法第223条)第1款规定:"人民法院受理申请后,经审查债权人提供的事实、证据,对债权债务关系明确、合法的,应当在受理之日起十五日内向债务人发出支付令;申请不成立的,裁定予以驳回。"本案中,申请人与被申请人债权债务关系明确、合法,且债务清偿期也已届满,故符合法律规定的发出支付令的条件,北海海事法院发出支付令。第三,支付令的效力问题。支付令一经作出即产生法律效力,其效力分为两个阶段,支付令首先产生督促效力,2012年《民事诉讼法》216条(现行法第223条)第2款规定:"债务人应当自收到支付令之日起十五日内清偿债务,或者向人民法院提出书面异议。"督促期限届满后,对于债务人不提出异议又不履行支付令的,支付令产生强制执行力,债权人可以根据2012年《民事诉讼法》216条(现行法第223条)第3款的规定,向人民法院申请人强制执行。所以,支付令的内容中必须载明支付令的法律效力问题。

案例精选

▶【案例 2】①

申请人淮安新区物业管理有限公司(以下简称申请人)与被申请人周娟(以下简称被申请人)申请支付令一案,江苏省淮安经济技术开发区人民法院于 2016 年 10 月 8 日立案后,于 2016 年 11 月 8 日向被申请人发出(2016)苏 0891 民督 180 号支付令,限令被申请人在收到支付令之日起十五日内清偿债务,或者向淮安经济技术开发区人民法院提出书面异议。被申请人于法定期限内向淮安经济技术开发区人民法院提出书面异议,主张申请人财务管理混乱,其要求被申请人支付涉案房屋物业服务费事实不清,被申请人现仍保存的交费收据已证明其主张的时间段中交过物业服务费,此外申请人的物业服务不到位,请求裁定终止支付令效力,终结本案的督促程序。淮安经济技术开发区人民法院经审查认为,根据被申请人提出的支付令异议所陈述的理由和所提交材料,淮安经济技术开发区人民法对(2016)苏 0891 民督 180 号支付令是否符合发出支付令条件产生合理怀疑,依照 2012 年《民事诉讼法》第 217 条(现行法第 224 条)、2015 年《民诉法解释》第 437 条(现行司法解释第 435

---

① 淮安新区物业管理有限公司诉周娟申请支付令案,江苏省淮安经济技术开发区人民法院民事裁定书(2016)苏 0891 民督第 180 号。

条)第 4 项的规定,裁定终结本案的督促程序,(2016)苏 0891 民督 180 号支付令自行失效。

评析:本案涉及支付令异议的问题。根据 2012 年《民事诉讼法》第 216、217 条(现行法第 223、224 条)的规定,债务人应当在收到支付令之日起 15 日内以书面的形式向发出支付令的人民法院提出支付令异议,人民法院采用独任制进行审查,异议成立的,应当裁定终结督促程序,支付令自行失效。对于支付令异议是否成立,根据 2015 年《民诉法解释》第 437 条(现行司法解释第 435 条)的规定,人民法院仅作形式审查,即只审查是否具备下列情形之一:"(一)本解释规定的不予受理申请情形的;(二)本解释规定的裁定驳回申请情形的;(三)本解释规定的应当裁定终结督促程序情形的;(四)人民法院对是否符合发出支付令条件产生合理怀疑的。"如果符合,认定支付令异议成立,裁定终结督促程序,支付令自行失效。本案中,支付令异议直接针对债权债务本身,且被申请人提交的申请人主张未交物业服务费阶段交纳物业服务费的收据,足以使人民法院对已发出的支付令是否符合签发条件产生合理怀疑,满足支付令异议成立的条件,应当裁定终结督促程序。此时,支付令自行失效。

思考问题

1. 督促程序要与诉讼程序相衔接的意义。
2. 申请支付令需要具备的条件。
3. 支付令的法律效力。
4. 支付令异议的条件。
5. 督促程序终结的情形以及法律后果。

第二十一章　公示催告程序

公示催告程序是在可以背书转让的票据或者其他事项被盗、遗失或者灭失时实现权利人权利的非讼事件程序。公示催告的目的是以公告的方式通知利害关系人在公告期间申报权利,以确定丧失票据的合法权利人,并在票据丧失后给予其的一种权利救济。公示催告程序分为公示催告与除权判决两个阶段。本章主要介绍了公示催告程序的特征、适用范围、申请公示催告的条件、除权判决的法律效力和对利害关系人的权利救济。

第一节　公示催告程序概述

一、公示催告程序的概念

公示催告程序,是指人民法院根据当事人的申请,将申请的票据以公告的方式催告不明利害关系人在一定期间内申报权利,如果无人申报或者申报被驳回,经申请人的申请,依法作出除权判决,宣告票据失权的一种非讼程序。

在社会经济领域,票据是一种应用广泛、流通频繁的支付工具和信贷工具。一旦因为遗失、灭失、被盗等原因丧失可以背书转让的票据,最后的合法持票人就失去了主张票据权利的基础。而票据上所体现的权利并没有消灭,非法取得票据的人就有可能冒用,侵害失票人的财产权利。因此,当最后的票据合法持有人丧失票据后,为保护其合法权益,防止他人冒领资金,确保民事流通的正常运行,公示催告程序应运而生。即失票人通过公示催告的方式主张票据上的权利,人民法院在确认一定事实的基础上进行除权和确权,从而及时、有效地保护失票人的合法权益。

二、公示催告程序的适用范围

大陆法系国家和地区的民事诉讼立法中,一般均设有公示催告程序。但关于公示催告程序的适用范围,各国立法规定宽窄不一。德国《民事诉讼法典》规定的适用范围最为宽泛,依其规定,公示催告包括四种情况:① 死亡宣告的公示催告;② 排除土地所有人的公示催告;③ 排除各种债权人的公示催告;④ 宣告证券无效的公示催告。[①] 其中宣告证券无效的公示催告为大多数国家所共有。根据我国《民事诉讼法》第 225 条的规定,公示催告程序适用范围包括以下两类:

（一）按照规定可以背书转让的票据

票据是一种载明具体金额,用作流通和支付手段的有价证券。在我国,票据包括汇票、本票和支票三种,除现金支票不得背书转让,或出票人在票据上记载"不得转让"字样的外,其他票据均可以背书转让。票据最主要的特点是无因性,即票据是一种无因的债权证券,当债权人主张票据权利时可不明示其原因,只要占有票据,就可以向票据所记载的债务人请求票据表示的金额,债务人不得拒绝。因此,票据被盗、遗失、灭失后,为了保护公民、法人和

[①] 参见《德意志联邦共和国民事诉讼法》,谢怀栻译,中国法制出版社 2001 年版,第 261 页。

其他组织的合法票据权利,票据最后持有人可申请公示催告。公示催告程序一方面可以阻止非法票据持有人主张票据权利,另一方面可以恢复合法票据持有人的票据权利。按照规定可以背书转让的票据,是目前我国公示催告程序的主要适用对象。

(二)依照法律规定可以申请公示催告的其他事项

"其他事项",是指除了可以背书转让的票据以外,其他可以适用公示催告的有价证券。根据我国《公司法》《海商法》以及《海事诉讼法》的相关规定,这里的其他事项通常指记名股票和提单。

股票是股份有限公司发给股东的入股凭证,代表着一定的财产权利即股权。根据在股票上是否记载股东的姓名或名称,股票可以分为记名股票和无记名股票。不同类型的股票,其转让方式也不相同。我国《公司法》第139条以及第140条规定:记名股票由股东以背书方式或者法律、行政法规规定的其他方式转让;无记名股票的转让,由股东将股票交付给受让人后即可发生转让的效力。由于无记名股票以交付的方式即可实现转让,所以对于无记名股票来说,一旦被盗、遗失或者灭失,就难以通过申请公示催告程序而获得救济;而记名股票则类似于可以背书转让的票据,是以背书转让的方式进行转让的,所以发生被盗、遗失或者灭失等意外事件时可通过申请公示催告程序而获得救济。因此,我国《公司法》第143条规定:"记名股票被盗、遗失或者灭失,股东可以依照《中华人民共和国民事诉讼法》规定的公示催告程序,请求人民法院宣告该股票失效。人民法院宣告该股票失效后,股东可以向公司申请补发股票。"

提单是指用以证明海上货运合同和货物已经由承运人接受或者装船,以及承运人保证据以交付货物的单据;根据提单上载明的交货条件,提单可以分为记名提单、指示提单及无记名提单。记名提单是指载明了向记名人交付货物的提单类型,指示提单是指按照指示人交付货物的提单类型,无记名提单是指提单上载明向提单持有人交付货物的提单类型。不同类型提单,其转让方式也不同。我国《海商法》第79条规定:记名提单不得转让;指示提单经过背书或者空白背书进行转让;不记名提单无须背书即可转让(即以交付的方式就可实现转让)。根据该条的规定,记名提单不得转让,自然不得申请公示催告程序;无记名提单无须以背书方式即可实现转让,一旦失控或者灭失,类似于无记名票据,不得申请公示催告程序。只有指示提单以背书的方式进行转让,所以目前可以适用公示催告程序进行救济的提单类型仅为指示提单。

三、公示催告程序的特点

（一）申请人的特定性

公示催告程序只能基于当事人的申请而发生。公示催告程序的申请人只能是按照规定可以背书转让的票据或其他事项被盗、遗失或者灭失前最后的合法持有人，其他与丧失票据有某种关系的人都不能向人民法院提出公示催告申请。相较申请人的特定性，被公示催告申报权利的利害关系人，却具有不特定性。

（二）适用范围的有限性

公示催告程序仅适用于可以背书转让的票据或者法律规定的其他事项被盗、遗失、灭失的案件。

（三）案件的非讼性

公示催告案件是票据或者其他事项的最后持有人向人民法院提出公示催告申请，希望人民法院宣告该票据或者其他事项无效，以实现自己权利的案件。即只是确认失去票据或者其他事项的人的权利，不存在民事权利义务争议。因此，公示催告案件只有申请人，没有对方当事人，程序具有非讼性。

（四）审理的特殊性

1. 审理程序简捷

适用公示催告程序审理案件，无须开庭审理。人民法院只需发出公示催告公告，即可以根据公告期内的情况作出相应的处理。

2. 审理组织和审理方式特殊

人民法院审理公示催告案件，分两个阶段进行：第一阶段为公示催告阶段，由一名审判员独任审理，对申请人的公示催告申请进行审查，并发布公告期间，以公示催告的方式来确定利害关系人是否存在。第二阶段为除权判决阶段，公告期间届满无人申报权利或者申报权利不成立的，人民法院不能直接作出除权判决，必须由申请人向人民法院提出申请后方能进入除权判决阶段，由三名审判员组成合议庭进行审理，作出除权判决。简言之，无论是公示催告阶段，还是除权判决阶段，均要由申请人申请才能发生，人民法院的审理主要是书面审查，第一阶段为独任制审理，第二阶段为合议制审理。

（五）实行一审终审

人民法院对于公示催告案件，无论是用判决的方式结案，还是用裁定的方式结案，当事人均不得上诉，也不得申请再审。《民诉法解释》第378条规定：适用特别程序、督促程序、公示催告程序、破产程序等非讼程序审理的案件，当事人不得申请再审。

第二节 公示催告案件的审理程序

▶ 一、公示催告的申请

（一）申请公示催告的条件

公示催告程序依申请人的申请而开始。根据《民事诉讼法》与其他相关司法解释的规定，当事人申请公示催告，必须符合下列条件：

（1）申请公示催告的主体，必须是可以背书转让的票据或者其他事项的最后持有人。所谓最后持有人，是指最后合法持有票据并可以依票据主张权利的人，也就是票据记载的最后被背书人。

（2）申请公示催告的对象，必须是可以背书转让的票据以及法律规定允许公示催告的其他事项，这里的其他事项通常指记名股票和提单。

（3）申请公示催告的事由，必须是可以背书转让的票据或者法律规定的其他事项被盗、遗失、灭失。

（4）申请公示催告的形式，应当以书面形式提出申请。申请书应当载明下列内容：申请人的基本情况、票据的种类、票面金额、发票人、持票人、背书人等票据主要内容、申请的事实和理由。

（5）管辖法院。申请公示催告应当向票据支付地的基层人民法院提出。所谓票据支付地，即票据载明的付款地，如承兑或付款银行的所在地、收款人开户银行所在地等；票据未载明付款地的，以票据付款人的住所地或主要营业地为票据支付地。因丧失股票申请公示催告的，应由签发股票的股份公司住所地的基层人民法院管辖。此外，丧失提单等提货凭证申请公示催告的，由货物所在地的海事法院管辖。

另外，申请人依法向人民法院申请公示催告，需要按照国务院《诉讼费用交纳办法》的规定交纳申请费，每件 100 元。

（二）公示催告申请的撤回

申请人提出公示催告后，有要求撤回的，人民法院应当准许。《民诉法解释》第 453 条规定：公示催告申请人撤回申请，应在公示催告前提出；公示催告期间申请撤回的，人民法院可以径行裁定终结公示催告程序。

▶ 二、公示催告申请的审查与受理

人民法院接到公示催告申请后，应当立即进行审查，并决定是否受理。人民法院的审查应当围绕申请公示催告的条件进行，主要包括五个方面：

① 审查申请人是不是享有申请权的票据最后持有人；② 审查申请是否具备法定形式。如果申请书的内容有欠缺,应当要求申请人限期补正；③ 审查有关票据是否属于公示催告程序的适用范围；④ 申请的事由是否符合法律规定,即申请原因是否属于法律规定的"被盗、遗失或灭失"的情况；⑤ 审查接受申请的人民法院是否具有管辖权。

人民法院结合票据存根、丧失票据的复印件、出票人关于签发票据的证明、申请人合法取得票据的证明、银行挂失止付通知书、报案证明等证据,决定是否受理。经审查,认为符合条件的,应当受理,通知申请人予以受理,并同时通知支付人停止支付；认为不符合条件的,应当在7日内裁定驳回申请。

三、发出停止支付通知

停止支付通知,又称止付通知,是人民法院决定受理公示催告申请的同时,向对丧失票据负有支付义务的义务人发出的停止支付的诉讼文书。停止支付通知,在法律上具有要求支付人履行停止支付义务的效力；在性质上是人民法院为了保护票据持有人的合法权益,而采取的保全性措施。因此,人民法院通知支付人停止支付,应当符合有关财产保全的规定。

支付人收到人民法院停止支付的通知,应当停止支付,至公示催告程序终结。公示催告程序终结,停止支付通知的保全措施自行解除。支付人收到停止支付通知后拒不止付的,除可依照《民事诉讼法》第114、117条和《民诉法解释》第453、454条规定采取强制措施外,在判决后,支付人仍应承担付款义务。

四、发出公示催告公告

公告是人民法院决定受理公示催告申请后,向社会发出的催告利害关系人申报权利的告示,是公示催告程序的必经阶段。人民法院发出公示催告公告的目的在于催促利害关系人及时向人民法院申报权利,否则人民法院将根据申请人的申请作出除权判决,宣布该票据或者其他事项无效。

根据《民事诉讼法》第226条和《民诉法解释》第447条的规定,人民法院决定受理申请,应当同时通知支付人停止支付,并在3日内发出公告,催促利害关系人申报权利。公示催告的期间,由人民法院根据情况决定,但不得少于60日,且公示催告期间届满日不得早于票据付款日后15日。根据《民诉法解释》第445条的规定,公示催告公告中应记载以下内容：① 公示催告申请人的姓名或者名称；② 票据的种类、号码、票面金额、出票人、背书人、持票人、付款期限等事项以及其他可以申请公示催告的权利凭证的种类、号码、权利范围、权利人、义务人、行权日期等事项；③ 申报权利的期间；④ 在公示催告期间转让票据等权利凭证，利害关系人不申报的法律后果。

根据《民诉法解释》第446条的规定，公告应当在有关报纸或者其他媒体上刊登，并于同日公布于人民法院公告栏内。人民法院所在地有证券交易所的，还应当同日在该交易所公布。

人民法院发出的公示催告公告具有以下两方面的法律后果：① 限制票据流通。《民事诉讼法》第227条第2款规定，公示催告期间，转让票据权利的行为无效。② 推定排除其他利害关系人。在公示催告确定的申报权利的期间仍无人申报权利的，就可以推定本案所涉及的票据没有其他利害关系人存在，票据权利为申请人享有。

▶ 五、利害关系人申报权利

申报权利，是指受公示催告的利害关系人在法律规定的期间内，向人民法院主张票据权利的行为。利害关系人是指申请人认为已经被盗、遗失或灭失的票据或其他事项的实际持有人。根据票据法的一般原理，持票人即债权人。如果人民法院依据申请人的申请，宣告票据无效，申请人就会获得票据上的权利，而利害关系人持有票据并享有的票据权利就会消灭。这将直接影响利害关系人的利益，并可能产生新的纠纷。因此，申报权利就是利害关系人为了防止人民法院作出除权判决而使其权利被排除的重要权利。

（一）申报权利的条件

利害关系人申报权利应当具备以下条件：

第一，申报权利人应当是人民法院公示的催告票据或者其他事项的实际持票人。基于权利与票据的不可分离性，只有持票人才可以主张票据权利，因此利害关系人申报权利时应当向人民法院出示与所公示催告的票据或者其他事项完全同一的票据或者其他事项。

第二，应当在规定的期间内申报权利。即在公示催告期间，或者公示催告期间届满后，人民法院尚未作出除权判决之前，利害关系人可以向人民法院申报权利。

第三，应当向发出公示催告的人民法院申报权利。

第四，采用书面形式。利害关系人向人民法院申报权利，应当提交权利申报书。申报书应当写明权利请求、理由和事实等事项，并应当向人民法院出示票据正本或者法律规定的证据。

（二）对申报权利的处理及后果

利害关系人申报权利，人民法院应通知其向法院出示票据，并通知公示催告申请人在指定的期间查看该票据。如果公示催告申请人申请公示催告的票据与利害关系人出示的票据不一致,人民法院应驳回利害关系人的申报;如果一致,人民法院则应当裁定终结公示催告程序,并通知申请人和支付人(即付款人或代理付款人)。终结公示催告程序的裁定书,由审判员、书记员签名,加盖人民法院印章。支付人在收到人民法院公示催告程序终结的通知后,即恢复支付。

公示催告程序因利害关系人申报权利成立而终结后,申请人或者申报人可以依照诉讼程序向有管辖权的人民法院起诉。因票据权利纠纷提起的,由票据支付地或者被告住所地人民法院管辖;因非票据权利纠纷提起的,由被告住所地人民法院管辖。

第三节 除权判决

▶ 一、除权判决的概念

除权判决,也称为无效判决,是指公示催告期间届满后,无利害关系人申报权利,或者申报权利依法被驳回的,人民法院根据申请人的申请作出的宣告票据无效的判决。作出除权判决是公示催告程序的最后阶段,也是公示催告程序发挥其特有作用的必经程序。

除权判决是实现票据权利与票据本身相分离,使申请人所申请的票据丧失其应有效力的法定方式,申请人可以通过人民法院依法作出的除权判决实现其在未占有票据情况下的权利,因此,除权判决也是票据权利与票据本身不可分离性原理的一种法定例外。

▶ 二、除权判决的作出

根据《民诉法解释》第 450 条的规定,在申报权利的期间无人申报权利,或者申报被驳回的,申请人应当自公示催告期间届满之日起 1 个月内申请作出判决。逾期不申请判决的,终结公示催告程序。裁定终结公示催告程序的,应当通知申请人和支付人。即除权判决只能依据申请人的申请作出,人民法院不能依职权作出。申请人申请作出除权判决的,人民法院应当组成合议庭进行审理并作出判决,宣告票据无效。判决应当公告,并通知支付人。自判决公告之日起,申请人有权向支付人请求支付。

三、除权判决的法律效力

公示催告程序实行一审终审制度,因此,除权判决作出后,即产生以下法律效力:

1. 申请公示催告的票据或者其他事项失效

除权判决作出后,被申请公示催告的票据或者其他事项就失去效力,持有该票据、其他事项的利害关系人不能行使票据或者其他事项上的权利,票据付款人也可以拒绝向持票人支付。

2. 申请人(失票人)恢复权利

除权判决作出后,公示催告申请人虽不持有票据或者其他事项,但其恢复了其应有的票据权利或其他事项上的权利,申请人可以依据除权判决要求支付人支付票决上记载的金钱数额,付款人不得拒绝。

3. 终结公示催告程序

申请人申请公示催告程序的目的就在于取得除权判决,因此人民法院作出除权判决后,公示催告程序的功能即已实现,公示催告程序终结。

四、对利害关系人的救济

除权判决在本质上是人民法院根据在公示催告期间无人申报权利这一事实所作出的推定判决,即推定票据的权利人就是公示催告的申请人。除权判决作出后,利害关系人即丧失了票据上的权利。如果利害关系人是由于某种客观的情况未能在除权判决作出前申报权利,除权判决就存在错误的可能性。而除权判决不准上诉和申请再审,这样利害关系人的合法权益必然会受到损害。为此,设置一定的程序将错误的除权判决予以撤销就成为必要,这也是对基于正当理由未能在法定期间申报权利的利害关系人的救济。《民事诉讼法》第 230 条和《最高人民法院关于适用〈中华人民共和国海事诉讼特别程序法〉若干问题的解释》第 78 条均规定,对基于正当理由未能在法定期间申报权利的利害关系人可以通过另行起诉的方式进行救济。即利害关系人因正当理由不能在判决前向人民法院申报的,自知道或者应当知道判决公告之日起 1 年内,可以向作出判决的人民法院起诉。

可见,利害关系人另行起诉应当具备下列条件:

(1) 利害关系人在除权判决作出前没有向人民法院申报权利。如果利害关系人在除权判决作出前已经向人民法院申报权利,其申报被依法驳回的,该利害关系人不得另行起诉。

(2) 利害关系人没有申报权利须有正当理由。《民诉法解释》第 458 条就

"正当理由"作出了规定,具体包括:① 发生意外事件或者不可抗力致使利害关系人无法知道公告事实的;② 利害关系人因被限制人身自由而无法知道公告事实,或者虽然知道公告事实,但无法自己或者委托他人代为申报权利的;③ 不属于法定申请公示催告情形的;④ 未予公告或者未按法定方式公告的;⑤ 其他导致利害关系人在判决作出前未能向人民法院申报权利的客观事由。

（3）利害关系人应当在法定期间内向作出除权判决的人民法院提起诉讼。该诉讼时效为利害关系人知道或者应当知道判决公告之日起1年内。

根据《民诉法解释》第457条和459条的规定,利害关系人向人民法院起诉的,人民法院可按票据纠纷适用普通程序审理。利害关系人请求人民法院撤销除权判决的,应当将申请人列为被告。利害关系人仅诉请确认其为合法持票人的,人民法院应当在裁判文书中写明,确认利害关系人为票据权利人的判决作出后,除权判决即被撤销。

案例精选

▶【案例】[①]

申请人黎传雄于1986年4月,从上海申银证券公司购得上海真空电子器材股份有限公司A股股票60股(每股票面价值人民币100元),股票号9115至9174。1991年9月,黎传雄陪妻看病外出,窃贼乘虚入室,盗走上述全部股票。黎传雄发现家中被盗后,即向公安机关报案,并向证券交易所挂失。嗣后,失窃案被公安机关侦破,但上述股票已被罪犯销毁。此时,上海股市交易由有票交易改为无票交易,股票持有人应将所持股票输入电脑。因黎传雄所持股票已灭失,证券公司不予办理股票输入电脑手续。1993年2月,黎传雄向上海真空电子器件股份有限公司领取股东灭失股票补发申请书,并向上海市静安区公证处办理了股票灭失声明书。1993年6月,黎传雄又向上海市静安区人民法院申请股票灭失公示催告。

依照《民事诉讼法》第193条的原则性规定,上海市高级人民法院指定静安区人民法院予以受理。

上海市静安区人民法院根据上海市高级人民法院的指定,参照1991年《民事诉讼法》第193条的规定,决定受理黎传雄的申请。经向上海证券交易所登记部查验,申请人黎传雄名下确有上海真空电子器件股份有限公司A股

---

① 黎传雄股票灭失申请公示催告案,载《中华人民共和国最高人民法院公报》1993年第4期。

股票60股(每股面值人民币100元)。该院在案件受理后3日内,即1993年6月12日发出公告,并将公告内容刊登在6月15日的《上海证券报》上,催促利害关系人在60日内申报权利。公示催告期间,无人申报权利。期满后,黎传雄于同年8月18日向静安区人民法院申请判决。

根据申请人黎传雄的申请,上海市静安区人民法院参照1991年《民事诉讼法》第197条之规定,于1993年9月22日作出判决:

(1)宣告申请人黎传雄灭失的上海真空电子器件股份有限公司A股股票60股(每股面值人民币100元,股票号码9115至9174)无效。

(2)自本判决公告之日起,申请人黎传雄有权向股票发行公司上海真空电子器件股份有限公司申请补发。

评析:本案涉及股票持有人的股票发生灭失时可否向人民法院申请公示催告的问题。1991年《民事诉讼法》第193条(现行法第225条)规定,按照规定可以背书转让的票据持有人,因票据被盗、遗失或者灭失,可以向票据支付地的基层人民法院申请公示催告,依照法律规定可以申请公示催告的其他事项,适用第18章规定。所以,股票持有人的股票发生灭失的,可以参照以上规定向人民法院申请公示催告。公告期间无人申报权利的,人民法院应作出持有人的股票无效的判决,申请人可以持此判决向股票发行者申请补发。

思考问题

1. 公示催告程序的特点。
2. 申请公示催告应当具备的条件。
3. 除权判决的效力。
4. 公示催告程序利害关系人如何对自己权利进行救济。

第四编 执行程序论

第二十二章 执行程序总论

执行程序是强制实现生效法律文书内容的程序,以保障权利人的合法权益、维护法律尊严以及法院权威为根本目的。执行程序的原理与诉讼程序的原理存在重大区别。本章主要介绍了审判程序与执行程序的关系、执行原则、执行主体、执行依据的范围、执行管辖的相关规定、执行程序的流程、执行过程中涉及的参与分配制度、委托执行制度、执行救济制度、执行阻却和执行回转制度。

第一节　执行程序概述

一、民事执行的概念和特点

民事执行是指法院的执行机构,依据申请人提交的或审判组织移送的发生法律效力的判决、裁定或调解书,以及其他机构制作的具有民事执行效力的法律文书,在义务人不自觉履行的情况下,行使执行权,按照法律规定的程序,强制义务人履行法定义务,实现上述法律文书内容的活动。

民事执行具有以下特点:

1. 执行机构的特定性

执行机构是依法行使执行权,专门从事执行工作并履行执行职责的职能组织,也称执行机关或执行组织。民事执行是行使国家权力的活动,这种权力的行使会对相对人的权利或财产造成一定的影响,只有法律明确授权的机关才有强制执行权。在我国,执行机构是设立在法院内部、负责执行工作的执行庭或执行局,其他任何国家机关、组织或个人都无权行使强制执行权,采取民事执行措施。

2. 执行依据的有效性

执行依据或执行名义必须是已经发生法律效力的,且具有给付内容的法律文书,这是执行主体实施执行行为的前提和基础。无论是法院作出的具有给付内容的法律文书,还是其他机关制作的具有强制执行效力的法律文书,都是对当事人之间的权利义务的分配,在当事人之间产生了与法律同等的效力,该法律文书确定的义务必须履行。在不履行确定的义务的情况下,国家公权力介入,对私权利予以救济,排除义务人的意志,强制实现法律文书的内容。

3. 执行程序启动的被动性

民事执行程序从根本上说是对私权利的一种救济和保护。和遵循"不告不理"的诉讼制度一样,执行程序的启动同样尊重当事人的意思自治,执行主体不应当主动地介入私权主体之间的关系。一方面,义务人如果自觉履行了生效法律文书确定的内容,就无须执行主体的介入;另一方面,在当事人权利实现遭遇障碍的情况下,是否向执行机关提出救济申请,完全仰赖于其自主的选择。只有在义务人不自觉履行义务,另一方当事人向执行主体提出申请时,执行程序才能启动。当然,程序启动的被动性也并非绝对,除了当事人申请执行外,《民事诉讼法》也规定了移送执行(参见本章第三节"执行程序的开始")。

4. 执行手段的强制性

强制性是法律的本质特征，它意味着法律的遵守和执行不以主体意志为转移，主体行为必须符合已经确立的秩序需求。执行强制正是法律所具有抽象强制特征的具化，是国家公权力对私权利的救济和保护。

执行的强制性主要体现在以下两个方面：一是威慑功能。在诉讼中，一部分冲突主体基于对民事裁判或其他法律文书所具有的品质和内容的认同，自觉履行义务；另一部分当事人的自觉履行则并非基于对法律文书以及法院权威的认同，而是因为不履行将可能导致被强制执行的后果。这种外部压力的存在，促使当事人自觉履行法律文书确定的义务。二是直接强制功能。当事人拒不履行生效法律文书确定的义务时，司法组织可以动用国家强制力量，采取诸如冻结、划拨被申请执行人的存款等强制执行措施，违背其意志实现权利人的权利。此外，为了保障法律文书内容的实现，对拒不履行或者阻挠法律文书实现的行为人，法院可以根据情节轻重予以罚款、拘留等制裁，构成犯罪的，依法追究刑事责任。应当注意的是，强制执行措施的采用不是目的，而是一种手段：一方面实现权利人的权利，另一方面促使义务人自觉地履行义务。

5. 执行过程的法定性

民事执行是法院实现生效法律文书的活动，必须遵循法定的程序和方式。这些法定程序规定，不仅约束申请人和被申请人的行为，更重要的是保护申请人和被申请人的合法权益。因此，法院执行机构的活动应当遵循一定的程序和方式，以防止国家权力的滥用给私权主体造成损害，并有利于监督权力主体的行为。只有这样，才能实现生效法律文书的内容，更好地保护当事人的合法权益。

▶ 二、执行权的性质与构成

（一）执行权的定义

执行权是法院排除当事人的意志，采取执行措施，确保生效法律文书内容获得实现的国家权力。执行权强调国家意志和强制性，执行权的行使也是执行法律的一种模式，只是这里的"法律"不是一般的法律，是法院或其他机构依据法律作出的，具有强制执行力的生效法律文书。

(二)执行权的性质和构成

关于执行权的性质和构成,在理论界存在诸多论述和争议。就其性质而言,存在司法权说、行政权说、司法行政权说以及独立权力说等不同观点;就其构成而言,则存在两权说和三权说的分歧。

实际上,关于执行权的性质和构成的诸多争议,和执行体制有密切关系。世界范围内的执行体制大致可以分为两大类:一类是我国目前采用的模式,即由法院负责执行工作,执行法律制度也统一在《民事诉讼法》中加以规定。这种体制就直接导致了这样的认识:民事执行行为是一种司法行为,民事执行权是法院审判权的组成部分,民事执行权是一种司法权。[①] 在此基础上有学者认为除了司法权外,执行权还具有行政权的特征,是一种司法行政权。[②] 另一种执行体制是执行机构独立于普通法院,执行法律制度大多也是单独立法。举例来说,根据日本《民事执行法》的规定,日本采用执行机关二元制,由执行法院和执行官组成。执行法院一是指为实现民事执行而应作出执行行为(应为的执行行为主要是指观念性的判断行为)的法院;二是指执行官作为执行机关进行执行处分时,协助或监督其执行的法院。执行官由执达吏转变而来,可以作为独立的执行机关进行执行行为,也可以作为执行法院的辅助机构进行执行行为。[③] 这种执行体制更倾向于认定执行权是独立的权力,不同于司法权也不同于行政权。

为了解决执行与立案、审判之间的关系,实现执行的效果,2011年最高人民法院颁布了《执行配置与运行意见》。其中第1条规定:执行权是人民法院依法采取各类执行措施以及对执行异议、复议、申诉等事项进行审查的权力,包括执行实施权和执行审查权。这是目前在现有的执行体制下对执行权及其构成的相对明确的界定。

(三)执行权的种类

执行权分为执行实施权和执行审查权,执行过程中的不同事项由不同的主体负责。

执行实施权的范围主要是财产调查、控制、处分、交付和分配以及罚款、拘留措施等实施事项,由执行员或者法官行使,采取审批制方式。执行审查权的范围主要是审查和处理执行异议、复议、申诉以及决定执行管辖权的移

[①] 参见江伟主编:《民事诉讼法学》(第3版),北京大学出版社2012年版,第396页。
[②] 参见常怡、崔婕:《完善民事强制执行立法若干问题研究》,载《法学研究》2000年第1期。
[③] 参见〔日〕竹下守夫:《日本民事执行制度概况》,白绿铉译,载《人民司法》2001年第6期。

转等审查事项,由法官行使,采取合议制方式。地方人民法院执行局内按照分权运行机制设立的、和其他业务庭平行的执行实施和执行审查部门,分别行使执行实施权和执行审查权。

(四)执行权与审判权的协调

1. 执行权的范畴——执行施行事项和程序性争议

执行权分为实施权和审查权,执行实施权往往由执行机构单方意志决定,具有单向性的特征;审查权则是在执行过程中出现了程序性的争议,或执行当事人、案外人提出异议,需要由执行机构作出判断,有一定的裁判性质,有学者将其称为执行裁判权。这里需要注意的是案外人异议。案外人不同于当事人,在生效法律文书中不享有权利也不承担义务。如果对执行标的的执行涉及其所有权或其他实体权利,案外人有权提出异议。此时执行审查机构要对案外人异议进行审查,此种审查应当是形式性的审查而非实质性的审查。

2. 审判权的范畴——执行过程中的实体性争议

在执行过程中有几种情况比较特殊,即在执行过程中涉及当事人的实体性权利或出现实体权利争议,这些案件包括:案外人执行异议之诉、申请执行人执行异议之诉、执行分配方案异议之诉、代位析产之诉等,这些案件不能再由执行机构来实施或审查,应当专属于审判权裁判的范畴。最高人民法院颁布的《关于执行权合理配置和科学运行的若干意见》第12条规定,此类案件由人民法院的审判机构按照民事诉讼程序审理,逐步促进涉执行诉讼审判的专业化,具备条件的人民法院可以设立专门审判机构,对涉执行的诉讼案件集中审理。

案外人、当事人认为据以执行的判决、裁定错误的,由作出生效判决、裁定的原审法院或其上级法院按照审判监督程序审理。

▶ 三、执行程序设立的意义

民事裁判和其他由法院执行的法律文书内容的实现出现了诸多的障碍已经成为司法实践过程中的"顽疾"。造成"执行难"和"执行乱"的原因有很多:法律层面如执行制度本身的不完善和执行体制的权力界限模糊;执行层面如执行机构及其人员缺乏执行的积极性以及在执行过程中的枉法;社会层面如整个社会缺乏对法律的信仰以及对法院权威的尊重,整个社会信用控制体系的乏力等诸多原因。执行制度和程序的设置和完善化正是在法律层面和执行层面解决这一顽疾的良药。

(一) 维护法院的裁判和法律的尊严

法院通过行使法律赋予的审判权,对当事人之间的权利义务争议作出评判,对权益进行处置和补偿。裁判是当事人之间特定的行为规范,当事人应当自觉履行生效法律文书所确定的义务。但是必须注意的是,民事裁判仅具有某种宣誓意义,即权利人的权利在法律上被认可,义务人的行为在法律上被否定。这种在当事人之间进行的权利和义务的再次分配并不必然导致当事人的认同而获得遵守。裁判的实现还仰赖于义务人的履行和国家强制力的效用。

在现实生活中,由于各种因素的影响,"执行难"已经成为民事诉讼中突出的问题。执行难不仅使法院的生效裁判成为一纸空文,更严重的是法院的权威和信用以及法律的尊严受到了严重的挑战。当事人正是基于对法律和对法院所代表的权威的信赖,才求助于司法救济和保护。如果其权利得不到确实的保护,对司法权威和法律的信用产生怀疑将无可避免。当这些个体的评价积累成一种普遍的社会性意识和评价时,整个司法权威和法律权威将受到动摇。执行程序的设立正是利用国家强制力的作用,在当事人不自觉履行法定义务时,迫使其履行或强制其履行,保证生效法律文书得以实现,维护司法权威和法律的尊严。

(二) 彻底地解决当事人之间的纠纷

裁判的作出,意味着法院对当事人之间权利义务关系的确认,体现现行法律制度对当事人行为的评价。但是裁判的作出并不意味着当事人之间纠纷的完全解决,权利实现障碍的有效排除。当事人之间的对立情绪得以缓释,社会秩序得以平复才是纠纷获得彻底解决的标志。从法律意义上说,当事人合法权益的实现即裁判内容的实现就是纠纷解决的标志,情绪的缓释以及社会秩序的平复并非法律的刻意追求。相对于当事人之间因民事权利义务关系发生争议或权利受到侵害而引发的冲突而言,因裁判不能实现而引发的冲突被顾培东先生定义为"二次冲突"。[①] 一次冲突中,为了获得权利的保护,当事人要投入大量的诉讼成本,还需要忍受漫长的诉讼过程以及裁判不确定带来的精神上的煎熬。二次冲突不仅意味着成本的再次投入,还意味着增加了新的心理负担和精神创伤。执行程序的设置,通过强制性手段的适用,一方面保证了当事人合法权益的实现,彻底地解决纠纷;另一方面避免和防止了二次冲突的发生。

---

① 参见柴发邦主编:《体制改革与完善诉讼制度》,中国人民公安大学出版社1991年版,第174页。

(三) 进行法制宣传和实现一般预防

执行程序的设立除了保障个案当事人的权利得以实现以外,更重要的意义在于其一般预防的作用。如果容忍裁判或其他法律文书的内容得不到有效实现,就会对社会一般的主体行为产生这样的误导:法律可以不必遵守。执行程序的设置在于促使涉诉的当事人慑于法律和国家强制力的威严,自觉地实现生效法律文书确定的内容。其他潜在的未涉诉的义务人看到了不履行义务的法律后果,也会自觉约束自己的行为。这样既节约了为执行花费的社会成本,也大量节约了社会为解决纠纷所付出的成本。

第二节 执行程序的一般规定

一、民事执行的基本原则

执行原则是指在设立执行程序时和进行执行活动中起指导和约束作用的准则。执行原则不仅对执行立法有指导和约束作用,还对执行程序的具体适用起着指导和约束作用。

(一) 执行合法原则

执行合法原则指执行机关的执行活动必须依法进行。执行程序是实现生效法律文书确定的内容的程序。执行程序最明显的特征就是用国家强制力排除个人意志,对个人的财产或行为施加影响。这样的行为必须有法律上的依据,否则就会造成权力的滥用,给权利主体的利益造成威胁。因此,执行合法原则是民事执行最根本的原则。该原则有以下几个方面的要求:首先,民事执行必须以生效的法律文书为依据;其次,民事执行必须严格依法定程序进行,其开始、进行、中止或结束必须遵循法律规定的步骤、阶段和顺序;最后,执行措施的适用必须合法,不得采取法律和司法解释未规定的措施强制债务人履行义务。

(二) 强制与说服教育相结合原则

强制与说服教育相结合原则要求,在法院开始执行工作时,首先应当说服教育,促使当事人自觉地履行义务。在说服教育后,当事人仍然不履行的,再采取一定的强制措施,迫使其履行义务。

第一,强制性是执行的根本特征。执行是诉讼强制的最充分体现,体现了国家强制力对个人行为的干预。对不自觉履行义务的当事人采取一定的强制措施,一方面体现了国家强制力的权威性,另一方面确保了当事人合法利益的实现。

第二,说服教育是我国执行工作中必不可少的内容。强制性虽然是执行的本质特征,但是应当注意的是:强制措施的效用不在于频繁的适用,而在于存在这样一种足够强大的外在威慑和压力去促使当事人自觉地履行义务。执行程序的目的在于实现生效法律文书的内容,如果当事人能在执行程序中自觉履行义务,一方面可以确保另一方当事人及时地实现自己的权利;另一方面,对于法院而言,也可以节约为此支出的各种费用。在执行工作中对当事人阐明利害关系、加深其对裁判的理解、澄清其错误认识和想法的说服教育工作也是促使权利得以实现的有效手段。

第三,正确处理说服教育和强制的关系。没有说服教育工作,就无法促使当事人自觉履行义务;没有强制执行作为后盾,说服教育也就没有力量,难以达到预期的效果。因此,在执行实践中要防止执行人员在执行工作中的两种不当倾向:一是重强制,轻说服教育,认为只要适用强制措施,完成任务即可;二是过分强调说服教育,不及时地采取强制手段,使案件不能及时地得到解决。

(三)执行效率原则

审判程序作为对权利义务不明状态的判断和认知,更注重审理过程的公正,即对双方当事人给予同等的重视,在中立的基础上根据一系列的审判规则作出裁判,确定当事人之间的权利义务关系。而执行程序则是实现确定了的权利义务关系的程序,这一阶段的任务是尽快地保证法律文书内容的实现。执行应更重视程序中的效率,即实现生效裁判或其他法律文书的迅速与便捷。"迟来的正义非正义"这句古老的法谚不仅适用于审判阶段,还应当适用于执行阶段。经历了漫长的诉讼阶段或其他的程序获得了法律文书,对于当事人而言,最急需的就是实现自己已经长时间处于不确定状态的权利或恢复权利的原始状态。无论在程序设计的初始,还是在执行程序的适用过程中,都需要遵循效率的原则。效率原则在执行程序中主要体现在程序设计的合理与简便、执行措施采取的迅捷和得当以及费用的低廉等方面。

(四)保护双方当事人合法权益原则

根据我国法律的规定,执行程序的启动有当事人申请执行和审判组织移送执行两种方式。无论哪种方式,势必都涉及双方当事人的利益。对于权利人而言是实现权利,对于义务人而言是履行义务。但是在程序设计和具体的执行工作中,不能过分地强调实现法律文书和权利人的权益而损害了义务人的合法权益。法律设计的最根本底线就是确保人的最基本生存权利,这也是人权的最基本的要求。执行的最终目的在于平复受损害的法律关系,确立良好的社会秩序。如果执行活动使义务人的正常生活和生产陷入困境,不仅不利于社会秩序的稳定,还有可能激化矛盾,给社会增加不稳定因素。

（五）执行标的有限原则

执行标的即执行行为所指向的对象。能够作为执行对象的只能是被执行人的财产和行为，人身不能成为执行的标的。限制和剥夺自由是对主体最严厉的惩罚，只有其行为对社会产生了足够的危害性才能适用。由于平等主体之间没有惩罚权，当权利人的权利不能得到有效的保护和实现的时候，应当求助于国家权力。介入的国家权力对当事人亦不能采取限制和剥夺其自由的方式予以惩罚，以达到强迫其履行义务的效果。因此，生效法律文书确定的义务应该是给付一定的财产或完成一定的行为。例如，在抚养权纠纷案件中，法院判令的是义务人履行一定的行为，如将孩子交还给享有抚养权的监护人监护抚养的行为。义务人没有履行义务需要强制执行的，其执行的对象不是孩子，也不是义务人的人身，而是义务人的交还行为。法律不允许采取限制和剥夺义务人人身自由的执行措施。值得注意的是，在执行程序中采用拘留措施（强制中的强制，以确保执行措施的有效性），或者对拒不执行法院生效判决的义务人给予刑事处罚，并不是对被执行人人身自由的执行，而是对其不履行义务行为的惩罚，是其因违法行为达到一定的社会危害程度所应当承担的法律上的不利后果。

（六）法院执行和协助执行相结合原则

执行工作应当由法院的执行机构进行。在实际工作中，生效法律文书的实现不仅依靠义务人的履行行为，还要依靠权利人的受领行为，甚至还需要借助于当事人以外的其他单位和个人的行为。如在被执行人在银行存有存款或其财产由他人代为保管等情况下，没有这些单位和个人的协助，执行措施就无法采用，执行的目的就无法达到。法院执行和协助执行相结合原则体现了社会力量对生效法律文书的尊重，体现了对执行工作的推动和帮助。在执行过程中，法院认为需要有关单位和个人协助执行的，向其发布协助执行通知书。协助执行是有关单位和个人的法定义务，如果有关单位和个人拒绝协助执行或妨碍执行的，要承担相应的法律责任。

▶ 二、执行主体

执行主体是指在执行法律关系中，依法享有权利或承担义务，能引起执行程序发生、变更和终结的组织和个人。执行主体既包括在执行程序中起主导作用的法院，也包括执行当事人以及其他执行参与人。

（一）法院的执行机构

1. 执行机构

执行机构是指在法院内部设置的，从事执行工作，实现执行任务的职能机构。我国实行"审执分离"制度,即审判和执行相分离。法院内部有两个不同的组织来分别行使审判权和执行权,审判组织和执行机构在地位上是平等的。设立独立的执行机构,其目的在于避免在司法实践中出现重审判、轻执行的情况,及时地实现生效法律文书确定的内容,更好地保护当事人的合法权益,维护法院裁判以及其他生效法律文书的尊严,维护法律的尊严。

执行机构的设立在我国也经历了一个逐步完善的过程。由于执行案件大多由第一审法院执行,而绝大多数的民事案件的第一审法院为基层人民法院和中级人民法院,最初在各基层人民法院和中级人民法院都设立了执行机构。根据《最高人民法院关于高级人民法院统一管理执行工作若干问题的规定》,高级人民法院除了对下级法院的执行工作进行指导和监督以外,对一些特殊的情况,如重大、疑难和复杂的案件,可以提级执行。据此,在高级人民法院也设立了相应的执行机构。2007年《民事诉讼法》规定,人民法院根据需要设立执行机构,没有限定法院的级别。目前,我国从基层人民法院到最高人民法院都设有执行机构。最高人民法院依法监督地方各级法院和专门法院的执行工作,上级法院执行机构对下级法院的执行工作有监督、指导和协调的职责。

2. 执行机构的组成人员

通常情况下,执行机构由执行法官、执行员、书记员和司法警察组成。

(1)执行法官。《执行权配置与运行意见》中首次将执行法官和执行员加以区分。执行法官主要负责审查在执行过程中出现的执行争议或异议,也负责一部分执行实施工作。

(2)执行员。执行员是执行机构的重要组成人员,代表法院负责和组织执行实施工作。执行员不属于法官,其地位、待遇以及职业保障与法官不同。其主要的职责和任务包括:① 执行调查。在收到申请人的申请执行书或者是审判人员移交的执行书后,执行员要及时地调阅与本案有关的案卷材料,进行必要的调查,了解被执行人的经济状况和思想状况,掌握案件的发展情况。② 发布执行命令。向被执行人发布执行通知,对其进行履行生效法律文书内容的说服教育工作,促使其自觉地履行法定义务。根据案件的具体情况,限令其在一定的期限内履行义务。③ 采取执行措施。如被执行人在限定的期限内仍不履行法定义务的,执行员可以报领导批准,对被执行人采取相应的强制执行措施。

(3)书记员。书记员在执行工作中主要根据执行工作的进程情况,负责制作执行笔录,并协助执行员办理有关执行事项。

(4)司法警察。在必要时,如需要采取重大的强制执行措施时,司法警察受执行员的指挥,负责维护执行秩序,确保执行工作的顺利进行。

(二)执行当事人

1. 执行当事人的种类

执行当事人包括执行程序中的申请人和被执行人。申请执行人是依据生效的法律文书,有权向法院申请,要求法院责令生效法律文书确定的义务人履行义务的权利人。申请执行人有申请执行、变更执行请求数额、自行和解以及撤回申请的权利。被申请执行人是被要求完成生效法律文书中确定的义务的人。被申请执行人在执行过程中有要求保留本人以及其所扶养的家属生活必需费用和生活必需品的权利,有权向法院申请执行担保,是否准许,由法院裁定。

2. 执行当事人的变更和追加

一般情况下,生效法律文书中确定的权利义务仅及于当事人。但是在执行过程中出现特殊情况导致当事人不能享有权利或承担义务,或者为了更好地保护当事人、利害关系人的合法权益,需要由案外人享有权利或承担义务。《执行中变更追加当事人规定》对当事人变更和追加的情形作了详细规定。

(1)申请执行人的变更。生效法律文书中确定的权利,因公民死亡或被宣告死亡、公民被宣告失踪,法人或其他组织合并、分立并发生概括继受,或者因为债权转让、离婚财产分割等发生特定继受时,权利承受人可以申请变更自己为申请执行人,详细规定见《执行中变更追加当事人规定》第2—9条的规定。

(2)被执行人的变更和追加。第一,作为被执行人的公民死亡或被宣告死亡,申请执行人申请变更、追加该公民的遗嘱执行人、继承人、受遗赠人或其他因该公民死亡或被宣告死亡取得遗产的主体为被执行人,使其在遗产范围内承担责任的,法院应予支持。继承人放弃继承或受遗赠人放弃受遗赠,又无遗嘱执行人的,法院可以直接执行遗产。

作为被执行人的公民被宣告失踪,申请执行人有权申请变更该公民的财产代管人为被执行人,并要求其在代管的财产范围内承担责任。

第二,作为被执行人的法人或其他组织因合并而终止,申请执行人有权申请变更合并后存续或新设的法人、其他组织为被执行人。

作为被执行人的法人或其他组织分立,申请执行人申请变更、追加分立后新设的法人或其他组织为被执行人,并要求其对生效法律文书确定的债务承担连带责任的,法院应予支持。但被执行人在分立前与申请执行人就债务清偿达成的书面协议另有约定的除外。

第三,除了上述几种情况外,《执行中变更追加当事人的规定》对如何有效打击被执行人转移财产、逃避债务以及第三人自愿代被执行人履行生效法律文书确定的债务等情形进行了详细的规定。

（3）变更和追加当事人的程序。申请人申请变更、追加执行当事人，应当向执行法院提交书面申请及相关证据材料。除事实清楚、权利义务关系明确、争议不大的案件外，执行法院应当组成合议庭审查并公开听证。经审查，理由成立的，裁定变更、追加；理由不成立的，裁定驳回。执行法院应当自收到书面申请之日起 60 内作出裁定。有特殊情况需要延长的，由本院院长批准。

执行法院审查变更、追加被执行人申请期间，申请人申请对被申请人的财产采取查封、扣押、冻结措施的，执行法院应当参照《民事诉讼法》第 103 条的规定办理。

申请执行人在申请变更、追加第三人前，向执行法院申请查封、扣押、冻结该第三人财产的，执行法院应当参照《民事诉讼法》第 104 条的规定办理。

被申请人、申请人或其他执行当事人对执行法院作出的变更、追加裁定或驳回申请裁定不服的，可以自裁定书送达之日起 10 日内向上一级法院申请复议，但根据《执行中变更追加当事人的规定》第 32 条的规定应当提起诉讼的除外。上一级法院对复议申请应当组成合议庭审查，并自收到申请之日起 60 日内作出复议裁定。有特殊情况需要延长的，由本院院长批准。

裁定变更、追加的被申请人申请复议的，复议期间，法院不得对其争议范围内的财产进行处分。申请人请求法院继续执行并提供相应担保的，法院可以准许。

（4）执行异议之诉。被申请人或申请人对执行法院依据《执行中变更追加当事人的规定》第 14 条第 2 款、第 17 条至第 21 条的规定作出的变更、追加裁定或驳回申请裁定不服的，可以自裁定书送达之日起 15 日内，向执行法院提起执行异议之诉。被申请人提起执行异议之诉的，以申请人为被告。申请人提起执行异议之诉的，以被申请人为被告。被申请人提起的执行异议之诉，法院经审理，认为理由成立的，判决不得变更、追加被申请人为被执行人或者判决变更责任范围；理由不成立的，判决驳回诉讼请求。诉讼期间，法院不得对被申请人争议范围内的财产进行处分。申请人请求法院继续执行并提供相应担保的，法院可以准许。

申请人提起的执行异议之诉，法院经审理，按照下列情形分别处理：认为理由成立的，判决变更、追加被申请人为被执行人并承担相应责任或者判决变更责任范围；理由不成立的，判决驳回诉讼请求。

（三）执行参与人

执行参与人是指除法院和执行当事人外，参加执行工作的组织和个人。包括协助法院进行执行工作的单位和个人（协助执行人）、在现场监督和证实执行工作的执行见证人、被申请执行人的家属或代理人、翻译人员等。

（四）案外人或其他利害关系人

执行机构在采取执行措施的过程中，可能会影响到除本案当事人外的其他人的权利和利益。如果这些主体不能通过有效的渠道为自己的权利寻求救济和保护的话，难免有不公平的嫌疑。这些主体在权利受到侵害的时候，可以向执行机构或其他权力主体进行主张，就此成为执行法律关系的主体。

▶ 三、执行标的

执行标的，又称执行对象或执行客体，是民事执行行为指向、影响、作用的对象，即生效法律文书确定的义务人履行的义务所指向的对象。民事执行原则上仅能针对被申请执行人的财产和行为进行。

（一）财产

财产是最常见的执行标的，包括物和财产权利，如被申请执行人应当交付对方的金钱、物品、有价证券、权利凭证等。但是，对被执行人的财产的执行并非毫无限制，为保障被执行人基本的生存权利、维护社会公益和他人合法权益，下列财产不能作为执行标的：① 被执行人及其所扶养家属的必需生活费用。② 被执行人及其所扶养的家属的生活必需品。前2项都关系到被执行人及其所供养的家属的生存和切身利益问题，因此法院在采取执行强制措施时，应当保留维持被执行人及其供养家属的必需生活费用和用品。③ 案外人的财产。作为执行标的的财产，仅限于被执行人自己所有的财产，他人财产如被执行人代管的财产不能作为执行的标的。④ 如果被执行人为法人或其他组织的，维持其正常生产所必需的设备、厂房不能作为执行标的。⑤ 法律禁止流通物如武器、毒品、盗版光盘以及矿藏、水流等国家专有物。⑥ 基于外交豁免权不得执行的财产，主要指根据我国缔结和参加的国际条约或协定，免于查封、扣押、冻结的外国使领馆的财产。⑦ 违反公序良俗的财物如遗体、祭祀用品等。

（二）行为

行为作为执行标的，限于生效法律文书确定的义务人应当履行一定行为的案件，包括作为和不作为。前者如生效法律文书要求被执行人赔礼道歉、继续履行合同、拆除违法建筑等；后者如生效法律文书要求被执行人停止侵权行为、容忍申请执行人行使通行权等。与财产作为执行标的的情况不同，针对行为的执行，一般无法采取直接的强制执行措施。在义务人不自觉履行义务的情况下，法院可以采取代履行或执行罚款等间接强制的手段。例如，法院可委托第三人履行，费用由被执行人承担。

（三）人身不能作为执行标的

执行程序中不能通过对被执行人的人身予以强制迫使其抵偿债务或完成某种行为。对于不自觉履行义务的当事人采取的司法拘留措施或追究其刑事责任是对妨碍民事诉讼行为的处罚，是其行为违法的后果。

▶ 四、执行依据

执行依据又称为执行名义，是指由特定机关制作的发生法律效力，且具有执行效力的法律文书。执行依据确定了权利人的权利种类、数量和范围等内容，同时也宣示了义务人应当履行的义务的范围。执行依据不仅是当事人获得申请执行权的直接依据，也是法院行使执行权，启动执行程序的前提。

（一）执行依据的特征

1. 执行依据是由特定机关根据特定的程序制作的公文书

并不是所有的法律文书都可以作为执行依据，只有特定的机关根据法律授予的权限制作的具有强制执行效力的法律文书才能作为执行依据。这里的公文书除了由法院行使审判权、依审判程序制作的法律文书，还包括其他机关制作的、法律赋予其强制执行效力的法律文书。例如仲裁机关在性质上是民间组织，但是其制作的仲裁裁决书和调解书因依法享有强制执行效力而成为执行依据。

2. 执行依据确定并具有明确的给付内容

《民诉法解释》第461条对生效法律文书作出了明确规定：权利义务主体明确；给付内容明确。法律文书确定继续履行合同的，应当明确具体的继续履行的内容。

3. 执行依据是取得了法律效力的文书

具有给付内容的法律文书，如果没有依法取得法律效力也不能成为执行依据。例如地方各级法院依照第一审程序作出的，尚在上诉期内的法律文书不能作为执行的依据。对于错误的判决，在其被依法撤销前并不影响其具有的执行效力。

4. 生效的法律文书只有在义务人不履行法律文书确定的义务时才有成为执行依据的可能

即当义务人不履行义务时，权利人向执行机构提出强制执行的申请时，执行依据才从潜在变成现实的依据，执行力也从仅具有宣示的意义而变成现实的强制。

（二）我国执行依据的范围

根据我国现有的法律规定，能作为执行依据的法律文书有：

（1）由法院制作的发生法律效力且具有给付内容的民事判决书、裁定书、调解书、民事制裁决定书、刑事附带民事诉讼的判决书、裁定书和调解书。

（2）依法应当由法院执行的行政处罚决定书、行政处理决定书。

（3）法院依法制作和发布的发生法律效力的支付令。

（4）仲裁机构作出的仲裁裁决书、调解书，法院依据《仲裁法》的规定作出的财产保全和证据保全的裁定书。

（5）法院制作的承认和执行外国法院判决、裁定以及国外仲裁机构仲裁裁决的裁定书和执行令。

（6）公证机关制作的依法赋予强制执行力的债权文书。例如借款合同、借用合同、赊欠货物的债权文书，以给付赡养费、扶养费、抚养费、学费、赔偿金为内容的协议等。这一类债权文书具有下列特征：第一，追偿的对象是货币、物品或有价证券。第二，双方当事人债权债务关系明确，对给付内容没有异议，并且债务人承诺在其不完全履行或不履行义务时愿意接受强制执行。第三，公证机关明确赋予该债权文书强制执行的效力，即义务人不自觉履行义务的，权利人可以不经诉讼程序直接向有管辖权的法院申请强制执行。

（7）其他法律规定由法院执行的其他法律文书。这是法律为适应社会生活的发展和立法的进步而设定的弹性条款。

▶ 五、执行管辖

和审判一样，民事执行也需要解决管辖问题。执行管辖，是指各级法院之间以及同一级别不同地域的法院之间受理执行案件的分工和权限。根据我国法律的规定，由不同机关制作的发生法律效力的文书由不同的法院负责执行工作。

（一）执行管辖的一般规定

（1）法院制作的发生法律效力的民事判决、裁定、调解书以及具有财产给付内容的刑事判决、裁定，由第一审法院执行或者与第一审法院同级的被执行财产所在地法院执行。我国大部分案件都由基层人民法院作为第一审法院，基层人民法院又是设置数量最多的法院，不仅方便当事人就近提出申请，也有利于做好当事人的工作，顺利完成执行任务。在第一审法院与被执行财产所在地法院不一致时，由被执行财产所在地法院执行可以减少异地执行和委托执行，更有利于执行的实现。申请执行人向被执行的财产所在地法院申请执行的,应当提供该法院辖区有可供执行的财产的证明材料。

(2) 发生法律效力的实现担保物权裁定、确认调解协议裁定、支付令,由作出裁定、支付令的法院或者与其同级的被执行财产所在地法院执行。认定财产无主的判决,由作出判决的法院将无主财产收归国家或者集体所有。

(3) 仲裁机关制作的发生法律效力的仲裁裁决书和调解书,以及公证机关赋予强制执行效力的债权文书,由被执行人住所地或财产所在地法院执行。当事人分别向两个法院申请的,由最先接受申请的法院执行。

仲裁机关依法制作的法律文书被赋予了强制执行效力,当义务人不履行时由法院负责执行,仲裁机关没有强制执行权力。根据《仲裁裁决执行案件问题规定》第2条,仲裁机构作出的仲裁裁决或者仲裁调解书,当事人申请执行的,由被执行人住所地或者被执行财产所在地的中级人民法院管辖。符合条件并经由上级法院批准,中级人民法院可以指定基层人民法院管辖。涉外仲裁机构作出的仲裁裁决由被执行人住所地或被执行财产所在地中级人民法院执行。

(4) 在国内仲裁程序中,申请财产保全和证据保全的,由被申请人的住所地、被申请保全的财产所在地或证据所在地的基层人民法院执行。在涉外仲裁程序中,当事人申请财产保全和证据保全的,由被申请人住所地、被申请保全的财产所在地或证据所在地的中级人民法院执行。

(5) 法院裁定承认其效力的外国法院作出的生效判决、裁定以及国外仲裁机构的仲裁裁决,由作出该裁定书和执行令的中级人民法院执行。

(6) 专利管理机关依法作出的处理决定和处罚决定,由被申请人的住所地或财产所在地的省、自治区、直辖市有权受理专利纠纷案件的中级人民法院执行。

(7) 国务院各部门,省、自治区、直辖市人民政府和海关依法作出的处理决定和处罚决定书,由被申请人的住所地或财产所在地的中级人民法院执行。

(二) 执行管辖中的特殊问题

1. 共同管辖与选择管辖

在执行管辖中,往往会发生两个或两个以上的人民法院对同一案件都享有执行管辖权的情况。为了防止争夺管辖权或相互推诿,当事人享有向其中的一个人民法院申请执行的选择权;当事人向两个以上人民法院申请执行的,由最先立案的人民法院管辖。如果立案前发现其他有管辖权的人民法院已经立案的,不得重复立案。立案后发现其他有管辖权的人民法院已经立案的,应当撤销案件;已经采取执行措施的,应当将控制的财产交先立案的执行法院处理。

2. 裁定管辖

裁定管辖主要用来解决管辖权争议和执行不力的情况。

(1) 指定管辖。法院之间因为执行管辖权发生争议的,应当先协商解决;不能达成一致的,报请共同的上级法院指定管辖。

(2) 变更管辖。在执行过程中因特殊情况需要的,上一级法院可以裁定变更执行法院。《民事诉讼法》第 233 条规定,法院自收到申请执行书之日起超过 6 个月未执行的,申请执行人可以向上一级法院申请执行。上一级法院经审查,可以责令原执行法院在一定限期内执行,也可以决定由本院执行或者指令其他法院执行。《执行解释》第 11 条对此条款进行了细化。如果上一级法院责令下级法院限期执行,下级法院无正当理由在指定期限内仍没有执行完结,上一级法院应当指令其他法院执行或提级执行。

3. 管辖权异议

法院受理执行申请后,被申请人可以对管辖提出异议。该异议应当自收到执行通知书之日起 10 日内提出。

法院对被申请人提出的异议应当进行审查。异议成立的,撤销执行案件,并告知当事人向有管辖权的法院申请执行;异议不成立的,裁定驳回异议申请。当事人对管辖权裁定不服的,可以向上一级法院申请复议。在管辖权异议审查和复议期间不停止执行。

第三节　执行程序的开始

▶ 一、执行开始的方式

(一) 申请执行

申请执行是一方当事人在法定期限内不自觉履行生效法律文书确定的义务时,另一方当事人向法院递交申请书,请求法院予以强制执行,而导致执行开始的方式。申请执行是执行开始的主要方式。这是因为生效法律文书确认的权利在性质上属于当事人享有处分权的私权,是否开始执行原则上应由权利人自己决定。

当事人申请执行应具备以下条件:

(1) 申请执行所依据的法律文书已经发生法律效力。也就是说当事人之间的权利义务关系已经由法院或其他机构予以确定,只有这样的法律文书才有强制执行力。

(2) 申请人必须是生效法律文书中所确定的权利人,其他人不能申请法院对该法律文书中确定的义务进行强制执行。申请人死亡或主体发生变更时,由其权利的继承人或承受人作为申请人。

(3) 当事人申请执行,必须在法定的申请执行期限内提出。为申请执行限定期限主要基于两方面的考虑:一方面,督促权利人及时地行使权利,避免法律关系长期不确定给社会秩序的稳定带来不利的影响;另一方面,如果权利人长时间怠于行使权利,执行机构查找义务人及其财产会有很大的困难,不利于生效法律文书的实现。

《民事诉讼法》第246条规定申请执行的期间为2年。该期间从法律文书规定的履行期限的最后一日起算;法律文书规定分期履行的,从规定的每次履行期间的最后一日起算。法律文书没有规定履行期间的,从法律文书生效之日起计算。超过法定期限的,当事人丧失请求强制执行的权利;但是义务人自愿履行的,权利人有受领的权利。申请执行时效的中止、中断与诉讼时效的中止、中断适用相同的规定。《执行解释》19条规定,在申请执行时效期间的最后6个月内,因不可抗力或者其他障碍不能行使请求权的,申请执行时效中止。从中止时效的原因消除之日起,申请执行时效期间继续计算。第20条规定,申请执行时效因申请执行、当事人双方达成和解协议、当事人一方提出履行要求或者同意履行义务而中断。从中断时起,申请执行时效期间重新计算。

(4) 申请的实质条件是据以执行的生效法律文书有给付内容,并且义务人在确定的时间内没有履行义务。法律文书没有给付内容,或者义务人已经自觉履行了义务的,不能申请强制执行。

(5) 当事人应当向有管辖权的法院提出申请。当事人向无管辖权的法院申请强制执行不能产生引发执行程序开始的效果。

(6) 申请人应当向法院递交申请执行书和据以执行的生效法律文书。申请执行书中应写明申请执行的事项和理由,提供被执行人拒不履行义务的事实和证据,被执行人的经济状况以及住所地等情况。

(二) 移送执行

移送执行,是指法院的判决、裁定发生法律效力后,由审理案件的审判人员根据案件的性质和实际情况,无须经过当事人的申请,依职权直接将案件移送给执行人员执行。移送执行是启动民事执行程序的补充方式,仅适用于法律特别规定的情形。我国《民事诉讼法》第243条第1款规定审判员可以将生效裁判移送执行,但未明确适用移送执行的案件范围。根据《执行规定》第17条的规定,适用移送执行的案件主要有:① 法院的生效法律文书中具有给付内容的追索赡养费、扶养费、抚养费的案件;② 法院制作的具有给付内容的民事制裁决定书;③ 法院制作的刑事附带民事诉讼判决、裁定、调解书中有财产执行内容的案件。

▶ 二、执行受理

申请人向法院递交执行申请,法院在收到执行申请后进行审查。审查内容包括:① 申请执行的法律文书是否已经生效;② 申请执行人是否为适格当事人;③ 申请执行人是否在法定期限内提出申请;④ 申请执行的法律文书是否有给付内容;⑤ 义务人是否在法律文书确定的履行期限内未履行法定义务;⑥ 是否属于受申请法院管辖。经审查后如果符合法定条件,法院在 7 日内予以立案;不符合条件的,7 日内裁定不予受理。

申请执行人超过申请执行时效期间向法院提出强制执行申请单,法院应当受理。被执行人可以对申请执行时效期间提出异议,经审查异议成立的,裁定不予执行。被执行人履行全部或部分义务后,不能以不知道申请执行时效期间届满为由申请执行回转。

第四节 执行程序的进行

▶ 一、发出执行通知

法院应当在收到申请执行书或移交执行书后 10 日内发出执行通知,并可以立即采取强制执行措施。执行通知中除了责令被执行人履行法律文书确定的义务外,还应通知其承担迟延履行的利息或迟延履行金。

▶ 二、执行调查

债务人的财产状况直接关系到执行的结果。执行机构在受理执行申请后,应当调查债务人的财产状况。调查债务人的财产状况有三种方式:

1. 申请执行人提供债务人的财产状况或线索

申请人和被申请人之间有纠纷关系和财物往来,对其财产状况比较了解,也有提供财产状况的积极性。

2. 被执行人向法院申报其财产状况

这是被执行人的法定义务。《执行规定》第 28 条第 1 款规定,被执行人必须如实向法院报告其财产状况。《民事诉讼法》第 248 条规定,被执行人未按执行通知履行法律文书确定的义务,应当报告当前以及收到执行通知书之日前一年的财产状况。被执行人拒绝报告或者虚假报告的,法院可以根据情节轻重对被执行人或者其法定代理人、有关单位的主要负责人或者直接责任人员给予罚款、拘留。《执行中财产调查若干规定》第7条进一步规定,被执行人财产发生变动,影响申请执行人债权实现的,10日内向法院补充报告。

3. 执行机构依职权调查

在执行过程中,法院处于主导地位,为了确保执行效率和执行结果,法院有权查询被执行人的身份信息和财产信息,掌握相关信息的单位和个人必须按照协助执行通知书办理。第一,法院有权向被执行人、有关机关、社会团体、企业事业单位或公民个人,调查了解被执行人的财产状况,对调查所需的材料可以进行复制、抄录或拍照,但应当依法保密。第二,为查明被执行人的财产状况和履行义务的能力,可以传唤被执行人或被执行人的法定代表人或负责人到法院接受询问。第三,被执行人拒绝按法院的要求提供其有关财产状况的证据材料的,法院可以按照《民事诉讼法》第255条的规定进行搜查。法院依法搜查时,对被执行人可能存放隐匿的财物及有关证据材料的处所、箱柜等,经责令被执行人开启而拒不配合的,可以强制开启。

4. 执行程序中的拘传

被执行人的财产状况是执行能否实现的关键,因此对相关人员以及财产状况的询问和调查必须获得有效保障。对必须接受调查询问的被执行人、被执行人的法定代表人、负责人或者实际控制人,经依法传唤无正当理由拒不到场的,可以拘传其到场。对被拘传人调查询问不得超过8小时;情况复杂的,依法可能采取拘留措施的,调查询问时间不得超过24小时。法院在本辖区外采取拘传措施的,可以将被拘传人拘传到当地法院,当地法院应予协助。

▶ 三、执行参与分配制度

(一) 执行参与分配制度概念

执行参与分配制度是指在执行的过程中,在被执行人为自然人或其他组织的情况下,申请执行人以外的其他取得执行根据或者已起诉的债权人,发现债务人的财产不能清偿所有的债权时,向法院申请就所有债权公平受偿的制度。

执行参与分配制度的立法目的之一就在于弥补我国《企业破产法》在适用主体范围上的不足。根据我国《企业破产法》和《民事诉讼法》的规定,目前我国的破产制度绝大多数情况下适用于企业法人。个人破产制度虽然有所发展,如《深圳经济特区个人破产条例》于2021年3月1日起开始实施,但全国范围内适用的个人破产法还尚未出台。非法人的企业或组织,例如合伙企业、个人独资企业以及除深圳特区以外的自然人包括个体工商户和农村承包经营户在发生资不抵债的情况时,不能适用现有法律的相关规定。

执行参与分配制度和破产制度是两种相互独立的法律制度,在制度的理念、功能以及效力上都各有不同。破产制度是在债务人资不抵债时,通过一般的执行程序,对所有债权人进行公平清偿的制度,尊崇的原则是公平;执行参与分配是为了解决执行竞合问题而就被执行财产在债权人之间进行分配的制度,属于个别执行程序,尊崇的原则是效率。破产程序终结后,对债务人产生的是免除其责任的效果,债务人无须为没有清偿的债权继续承担责任;执行参与分配制度终结后,债务人对其没有履行的债务应当继续履行。

(二)执行参与分配条件

适用执行参与分配制度必须符合下列条件:

1. 适用的主体

当债务人是公民或非法人组织时,其他债权人才能请求参与分配。如果债务人是企业法人,在执行中出现资不抵债的情况时,应当由债务人或债权人申请破产,中止执行程序,通过破产程序清偿债权。

2. 债务人的财产不能清偿所有债权

也就是说除了其被法院采取强制措施的财产外没有其他的财产,或者是其他财产不足以清偿全部债务。一般情况下,债务人的财产是所有债权实现的共同担保。在债务人的财产可以满足所有债权时,采用优先原则,即先获得执行依据的债权人的债权优先受偿;当债务人的财产不能满足所有债权时,采用公平原则,就执行财产进行公平分配。

3. 申请参与分配的主体

《民诉法解释》第506条规定,申请参与分配的债权人范围包括已经获得执行依据的债权人和对法院查封、扣押、冻结的财产有优先权、担保物权的债权人。后者可以直接申请参与分配,并主张优先受偿权。

4. 申请执行及参与分配的债权均为金钱债权

物的交付请求权和行为请求权中不能转化为金钱债权的,不能参与分配。

5. 申请参与分配的时间

其他债权人应当在执行程序开始后,被执行人的财产执行终结之前提出申请。如果执行程序已经终结,就不能再申请参与分配。

6. 申请人应当提交申请书

申请书写明参与分配和被执行人不能清偿所有到期债权的事实、理由,并附有执行依据。

参与分配的申请应当在执行程序开始后,被执行人的财产执行终结前提出。

（三）参与分配的顺序

分配的顺序直接决定债权的满足程度,因此执行法院应当根据债权的性质、数额以及被执行人可供执行的财产范围制定参与分配表,实施分配。参与分配执行中,执行所得价款扣除执行费用,并清偿应当优先受偿的债权后,对于普通债权,原则上按照其占全部申请参与分配债权数额的比例受偿。清偿后的剩余债务,被执行人应当继续清偿。债权人发现被执行人有其他财产的,可以随时请求法院执行。

（四）参与分配异议

多个债权人对执行财产申请参与分配的,执行法院应当制作财产分配方案,并送达各个债权人和被执行人。债权人和被执行人有权对分配方案提出异议,该异议应当自收到分配方案之日起 15 日内向执行法院以书面形式提出。

债权人或被执行人提出书面异议的,执行法院应当通知未提出异议的债权人、被执行人。未提出异议的债权人、被执行人自收到通知之日起 15 日内未提出反对意见的,执行法院将按异议人的意见对分配方案审查修正后进行分配;提出反对意见的,应当通知异议人。异议人在收到通知之日起 15 日内,可以以提出反对意见的债权人、被执行人为被告,向执行法院提起诉讼。逾期未提起诉讼的,按原分配方案进行分配。诉讼期间进行分配的,执行法院应当提存与争议债权数额相应的款项。

四、委托执行

委托执行,是指被执行人或被执行的财产不在受理执行申请的法院辖区内,为方便执行并实现生效法律文书的内容,受理执行申请的法院依法委托外地法院代为执行的制度。委托执行体现了法院之间的相互协调和协助,也有助于提高执行效率。

（一）委托执行的适用条件

委托执行应当具备以下条件：

（1）委托的法院对案件具有管辖权并已经受理案件。委托执行实际上是将执行权授予其他法院行使,因此其前提必须是委托法院享有执行权。

（2）被执行人在受理申请的法院辖区没有可供执行的财产。

（3）被执行人在其他法院辖区内有可供执行财产。

（4）受托执行法院与委托法院为同级法院。根据《委托执行规定》,委托执行应当以执行标的物所在地或者执行行为实施地的同级法院为受托执行法院。有两处以上财产在异地的,可以委托主要财产所在地的法院执行。被执行人是现役军人或者军事单位的,可以委托对其有管辖权的军事法院执行。执行标的物是船舶的,可以委托有管辖权的海事法院执行。

(二)委托执行的程序

1. 提交委托执行函和有关文件

委托执行案件应当由委托法院直接向受托法院办理委托手续,并层报各自所在的高级人民法院备案。案件委托执行时,委托法院应当提供下列材料:① 委托执行函;② 申请执行书和委托执行案件审批表;③ 据以执行的生效法律文书副本;④ 有关案件情况的材料或者说明,包括本辖区无财产的调查材料、财产保全情况、被执行人财产状况、生效法律文书的履行情况等;⑤ 申请执行人的地址、联系电话;⑥ 被执行人身份证件或者营业执照复印件、地址、联系电话;⑦ 委托法院执行员和联系电话;⑧ 其他必要的案件材料等。

2. 受托法院立案

受托法院收到委托执行函后,应当在7日内予以立案,并及时将立案通知书通过委托法院送达申请执行人,同时将指定的承办人、联系电话等书面告知委托法院。委托法院收到上述通知书后,应当在7日内书面通知申请执行人案件已经委托执行,并告知申请执行人可以直接与受托法院联系执行相关事宜。受托法院收到委托函件后15日内开始执行,不得拒绝。执行完毕后将执行结果及时函复委托法院。受托法院在收到委托函件之日起15日不执行的,委托法院可以请求受托法院的上级法院指令执行。

受托法院依法立案后,委托法院应当在收到受托法院的立案通知书后作委托结案处理。委托异地法院协助查询、冻结、查封、调查或者送达法律文书等有关事项的,受托法院不作为委托执行案件立案办理,但应当积极予以协助。

3. 对查封、扣押和冻结的处理

委托执行时,委托法院应当将已经查封、扣押、冻结的被执行人的异地财产,一并移交受托法院处理,并在委托执行函中说明。

委托执行后,委托法院对被执行人财产已经采取查封、扣押、冻结等措施的,视为受托法院的查封、扣押、冻结措施。受托法院需要继续查封、扣押、冻结的,持委托执行函和立案通知书办理相关手续。续封续冻时,仍遵守原委托法院的查封冻结顺序。查封、扣押、冻结等措施的有效期限在移交受托法院时不足1个月的,委托法院应当先行续封或者续冻,再移交受托法院。

4. 特殊情况的处理

受托法院如发现委托执行的手续、材料不全,可以要求委托法院补办。委托法院应当在30日内完成补办事项,在上述期限内未完成的,应当作出书面说明。委托法院既不补办又不说明原因的,视为撤回委托,受托法院可以将委托材料退回委托法院。受托法院退回委托的,应当层报所在辖区高级人民法院审批。高级人民法院同意退回后,受托法院应当在15日内将有关委托手续和案卷材料退回委托法院,并作出书面说明。

委托执行案件退回后,受托法院已立案的,应当作销案处理。委托法院在案件退回原因消除之后可以再行委托。确因委托不当被退回的,委托法院应当决定撤销委托并恢复案件执行,报所在的高级人民法院备案。

委托法院在案件委托执行后又发现有可供执行财产的,应当及时告知受托法院。受托法院发现被执行人在受托法院辖区外另有可供执行财产的,可以直接异地执行,一般不再委托执行。根据情况确需再行委托的,应当按照委托执行案件的程序办理,并通知案件当事人。

5. 受托执行期限

受托法院未能在6个月内将受托案件执结的,申请执行人有权请求受托法院的上一级法院提级执行或者指定执行,上一级法院应当立案审查,发现受托法院无正当理由不予执行的,应当限期执行,或者作出裁定提级执行,或者指定执行。

(三)异地执行

异地执行是指,被执行人或被执行财产不在受理执行申请的法院辖区范围内,受理执行申请的法院直接到被执行人或被执行财产所在地实施执行,以实现生效法律文书内容的执行制度。异地执行与委托执行一样,适用于跨法院辖区执行。出于执行效率的考虑,在出现跨区域执行时首先要考虑委托执行。法律对异地执行,尤其是跨省、自治区和直辖市的执行有严格的限制。最高人民法院《委托执行规定》第1条规定,执行法院经过调查发现被执行人在本辖区内已无财产可供执行,且在其他省、自治区、直辖市内有可供执行财产的,可以将案件委托异地的同级法院执行。执行法院确需赴异地执行案件的,应当经其所在辖区高级人民法院批准。

▶ 五、执行阻却

执行阻却是指在执行的过程中,由于某种特殊情况的发生,执行程序暂时无法进行、无法继续进行或者是无须进行的各种状态的总称。

（一）执行担保

执行担保是指在执行过程中，被执行人或第三人为担保被执行人履行生效法律文书确定的全部或部分义务，向法院提供相应的财产担保或保证，经过申请人同意后，执行机构决定暂缓执行的制度。被执行人或担保人向法院提供担保的，按照《民法典》的相关规定办理相关的登记手续。

执行担保应当具备一定的条件：

（1）必须由被执行人向法院提出申请。法院不得依职权主动适用执行担保。

（2）担保的方式，可以是被执行人或他人向法院提供财产担保，也可以由他人提供保证。被执行人或他人提供执行保证的，应当向执行法院提交担保书，并将担保书副本送交申请执行人。被执行人或他人提供财产担保的，参照《民法典》中有关物权法、担保法的相关规定办理相应的公示手续。担保人应当具有代为履行或者代为承担赔偿责任的能力。

（3）被执行人申请执行担保的，应当征得申请执行人的同意。申请执行人应当向法院出具书面同意意见，也可以由执行人员将其同意的内容记入笔录。申请执行人不同意的，法院不得依职权暂缓执行。

（4）被执行人申请执行担保的，必须经过法院许可，才能成立。执行担保成立后，法院决定暂缓执行的期限。暂缓执行的期限应当与担保书约定的一致，但最长不得超过1年。担保期间自暂缓执行期限届满之日起计算，担保书没有记载担保期间或者记载不明的，担保期为1年。担保期间届满后，申请执行人不能再申请执行担保财产或被保证人财产。经由担保人申请，法院解除对担保财产的查封、扣押和冻结。

暂缓执行期限届满后被执行人仍不履行义务，或者暂缓执行期间担保人有转移、隐匿、变卖、毁损担保财产等行为的，法院可以依申请执行人的申请恢复执行，并直接裁定执行担保财产，或者保证人的财产，但是不得将担保人变更、追加为被执行人。在执行担保财产或保证人的财产时，以其应当履行义务的财产范围为限。有便于执行的现金、银行存款的，优先执行该现金或存款。

（二）执行和解

1. 执行和解的概念

执行和解是指在执行过程中，各方当事人就执行的标的物的一部分或全部，自愿协商，达成和解协议，从而终结执行程序的活动。执行和解是当事人在执行程序中处分自己民事实体权利和程序权利的具体体现。执行机构没有对案件的审理和裁断权，在执行过程中，执行机构不能对当事人进行居中调解,达成调解协议。

2. 执行和解的条件

在执行过程中,当事人达成和解的,应当具备以下条件:

(1) 和解协议必须是双方当事人自愿达成的,执行员和其他人不得强迫当事人达成和解协议。

(2) 和解协议可以就生效法律文书确定的权利义务的主体、标的物及其数额、履行期限和履行方式等进行变更,但是其内容不能违反法律、法规,不能损害国家、集体和他人的合法权益。

(3) 双方当事人应当具有诉讼行为能力。委托代理人代为和解和达成和解协议的,应当有当事人的特别授权。

(4) 执行和解协议一般采用书面形式。各方当事人应当向人民法院提交书面和解协议,或者一方当事人向人民法院提交书面和解协议,其他当事人予以认可;当事人之间达成口头和解协议的,人民法院执行人员将和解协议记入笔录,由各方当事人签名或盖章。

3. 执行和解的法律后果

(1) 中止执行。执行和解可以分为执行程序内和解和执行程序外和解。执行内和解是指各方当事人达成和解协议后,当事人将书面和解协议提交给人民法院;或者一方提交和解协议经其他当事人认可的;或者达成口头协议,由执行人员记入笔录并经各方当事人签名或盖章。对于执行内和解的,人民法院可以裁定中止执行。对于当事人在执行程序外达成的执行和解协议即当事人自行达成和解协议但未提交人民法院或者一方当事人提交人民法院但对方当事人不予认可的,被执行人可以提出执行异议,人民法院根据不同的情形分别处理。

(2) 终结执行。当事人自愿达成的和解协议,在当事人自觉履行的情况下,人民法院作执行结案处理。但是执行和解协议不能撤销原生效法律文书,原来的生效法律文书具有既判力,非经法定程序不得变更或撤销。

(3) 中断执行时效。在双方当事人达成和解协议后,被执行人或其他有履行义务的人不自觉履行的,申请执行人可以申请人民法院恢复执行原生效法律文书。申请执行的期限因达成和解协议而中断,其期限自和解协议所规定的履行期间的最后一日起重新计算。

(4) 合同效力。根据《执行和解规定》第9条,被执行人不履行执行和解协议的,申请执行人除了可以申请恢复对原生效法律文书的执行外,还可以就履行执行和解协议向执行法院提起诉讼。

当事人之间达成的和解协议不具备强制执行效力,仅具有与合同同等的效力。负有义务的一方不自觉履行的,申请执行人不能据此向人民法院申请强制执行,其可向人民法院提起诉讼,请求司法救济。人民法院受理后,可以裁定终结原生效法律文书的执行。

申请执行人只能在申请恢复原法律文书的执行还是就履行执行和解协议提起诉讼中任选其一。申请恢复原法律文书的执行,经人民法院审查裁定准许后,就履行执行和解协议向人民法院提起诉讼的,人民法院不予受理。

人民法院裁定恢复执行的,对于和解协议已经履行的部分,应当予以扣除。当事人、利害关系人认为人民法院的扣除行为违反法律规定的,可以提出执行异议。如果和解协议已经履行完毕,人民法院不予恢复执行。和解协议合法有效并已经履行完毕的,人民法院终结执行程序。

4. 执行和解协议的变更、无效与撤销。当事人经协商一致,可以变更执行和解协议。变更后应当向人民法院提交变更后的协议,或者由人民法院将变更后的内容记入笔录,由各方当事人签名或盖章。当事人、利害关系人认为执行和解协议无效或者应予撤销的,可以向执行法院提起诉讼。执行和解协议被认定无效或被撤销后,申请执行人可以申请恢复执行。

(三) 执行中止

执行中止是指在执行过程中,特定情况的出现导致执行暂时不能继续进行,需要等到这种状况消失后,再行恢复的情形。根据我国《民事诉讼法》和《执行规定》,导致执行中止的情形有:

(1) 申请人表示可以延期执行的。申请人同意延期执行是其处分自己权利的表现,只要不违反法律、法规的规定,并且不损害社会公共利益,人民法院可以裁定中止执行。

(2) 案外人对执行标的提出了确有理由的异议的。本案能否继续执行,取决于人民法院对案外人提出的异议的审查结果。如果异议成立,则适用执行中止;如果异议不成立,执行工作继续进行。

(3) 作为一方当事人的公民死亡,需要等待其继承人继承权利或承担义务的。

(4) 作为一方当事人的法人或其他组织终止,尚未确定权利义务承受人的。

(5) 人民法院已经受理以被执行人为债务人的破产申请的。

(6) 被执行人确无财产可供执行的。

(7) 执行的标的物是其他法院或仲裁机构正在审理的案件争议的标的物,需要等待该案件审理完毕确定权属的。

(8) 一方当事人申请执行仲裁裁决,另一方当事人申请撤销仲裁裁决的。

(9) 仲裁裁决的被执行人提出不予执行申请,并提供相应担保的。

(10) 已经按照审判监督程序决定再审的。

执行中止应当作出书面裁定,裁定书一经送达即发生法律效力。执行中止是执行程序的暂时停止,此前的一切行为仍然有效。中止的事由消失后,人民法院可以根据当事人的申请或依职权恢复执行程序。恢复执行程序应当书面通知执行当事人。

▶ 六、执行案件移送破产审查

在执行过程中,作为被执行人的企业法人符合《企业破产法》规定的不能清偿到期债务,并且资产不足以清偿所有到期债务或者明显缺乏清偿能力这一条件的,应当适用企业破产程序来清偿债务。在实践过程中,一方面参与分配制度被滥用;另一方面执行程序与破产程序无法有效衔接。为此最高人民法院在《民诉法解释》中对此专门作出规定,并于 2017 年 1 月 20 日下发了《执行转破产意见》,对具体问题进行了明确规定。

(一) 执行案件移送破产审查的条件

为了有效地区分参与分配制度和执行转破产制度,《执行转破产意见》规定,执行案件移送破产审查必须同时具备如下条件:① 被执行人为企业法人;② 被执行人或者有关被执行人的任何一个执行案件的申请执行人书面同意将执行案件移送破产审查;③ 被执行人不能清偿到期债务,并且资产不足以清偿全部债务或者明显缺乏清偿能力。

(二) 执行案件移送破产审查的管辖

执行案件移送破产审查,由被执行人住所地人民法院管辖。在级别管辖上,为适应破产审判专业化建设的要求,合理分配审判任务,实行以中级人民法院管辖为原则、基层人民法院管辖为例外的管辖制度。中级人民法院经高级人民法院批准,也可以将案件交由具备审理条件的基层人民法院审理。

(三) 执行法院的征询、决定程序

执行法院采取财产调查措施后,发现作为被执行人的企业法人符合《企业破产法》第 2 条规定的,应当及时询问申请执行人、被执行人是否同意将案件移送破产审查。申请执行人、被执行人均不同意移送且无人申请破产的,执行法院就执行变价所得财产,在扣除执行费用以及清偿优先受偿的债权后,对于普通债权,按照财产保全和执行中查封、扣押、冻结财产的顺序清偿。企业法人的其他已经取得执行依据的债权人申请参与分配的,人民法院不予支持。

承办人认为执行案件符合移送破产审查条件的,应提出审查意见,经合议庭评议同意后,由执行法院院长签署移送决定。为减少异地法院之间移送的随意性,基层人民法院拟将执行案件移送异地中级人民法院进行破产审查的,在作出移送决定前,应先报请其所在地中级人民法院执行部门审核同意。

执行法院作出移送决定后,应当于5日内送达申请执行人和被执行人。申请执行人或被执行人对决定有异议的,可以在受移送法院破产审查期间提出,由受移送法院一并处理。

执行法院作出移送决定后,应当书面通知所有已知执行法院,执行法院均应中止对被执行人的执行程序。但是,对被执行人的季节性商品、鲜活、易腐烂变质以及其他不宜长期保存的物品,执行法院应当及时变价处置,处置的价款不作分配。受移送法院裁定受理破产案件的,执行法院应当在收到裁定书之日起7日内,将该价款移交受理破产案件的法院。

案件符合终结本次执行程序条件的,执行法院可以同时裁定终结本次执行程序。

执行法院决定移送后、受移送法院裁定受理破产案件之前,对被执行人的查封、扣押、冻结措施不解除。查封、扣押、冻结期限在破产审查期间届满的,申请执行人可以向执行法院申请延长期限,由执行法院负责办理。

(四)移送材料及受移送法院的接收义务

执行法院作出移送决定后,应当向受移送法院移送下列材料:① 执行案件移送破产审查决定书;② 申请执行人或被执行人同意移送的书面材料;③ 执行法院采取财产调查措施查明的被执行人的财产状况,已查封、扣押、冻结财产清单及相关材料;④ 执行法院已分配财产清单及相关材料;⑤ 被执行人债务清单;⑥ 其他应当移送的材料。

移送的材料不完备或内容错误,影响受移送法院认定破产原因是否具备的,受移送法院可以要求执行法院补齐、补正,执行法院应于10日内补齐、补正。该期间不计入受移送法院破产审查的期间。

受移送法院需要查阅执行程序中的其他案件材料,或者依法委托执行法院办理财产处置等事项的,执行法院应予协助配合。执行法院移送破产审查的材料,由受移送法院立案部门负责接收。受移送法院不得以材料不完备等为由拒绝接收。立案部门经审核认为移送材料完备的,应以"破申"作为案件类型代字编制案号登记立案,并及时将案件移送破产审判部门进行破产审查。破产审判部门在审查过程中发现本院对案件不具有管辖权的,应当按照《民事诉讼法》第37条的移送管辖规定处理。

(五)受移送法院破产审查与受理

受移送法院的破产审判部门应当自收到移送的材料之日起30日内作出

是否受理的裁定。受移送法院作出裁定后,应当在 5 日内送达申请执行人、被执行人,并送交执行法院。

申请执行人申请或同意移送破产审查的,裁定书中以该申请执行人为申请人,被执行人为被申请人;被执行人申请或同意移送破产审查的,裁定书中以该被执行人为申请人;申请执行人、被执行人均同意移送破产审查的,双方均为申请人。受移送法院裁定受理破产案件的,在此前的执行程序中产生的评估费、公告费、保管费等执行费用,可以参照破产费用的规定,从债务人财产中随时清偿。执行法院收到受移送法院受理裁定后,应当于 7 日内将已经扣划到账的银行存款、实际扣押的动产、有价证券等被执行人财产移交受理破产案件的法院或管理人。执行法院收到受移送法院受理裁定时,已通过拍卖程序处置且成交裁定已送达买受人的拍卖财产,通过以物抵债偿还债务且抵债裁定已送达债权人的抵债财产,已完成转账、汇款、现金交付的执行款,因财产所有权已经发生变动,不属于被执行人的财产,不再移交。

(六)受移送法院不予受理或驳回申请的处理

受移送法院作出不予受理或驳回申请裁定的,应当在裁定生效后 7 日内将接收的材料、被执行人的财产退回执行法院,执行法院应当恢复对被执行人的执行。

受移送法院作出不予受理或驳回申请的裁定后,执行法院不得重复启动执行案件移送破产审查程序。申请执行人或被执行人以有新证据足以证明被执行人已经具备了破产原因为由,再次要求将执行案件移送破产审查的,执行法院不予支持。但是,申请执行人或被执行人可以直接向具有管辖权的人民法院提出破产申请。受移送法院裁定宣告被执行人破产或裁定终止和解程序、重整程序的,应当自裁定作出之日起 5 日内送交执行法院,执行法院应当裁定终结对被执行人的执行。

(七)执行案件移送破产审查的监督

受移送法院拒绝接收移送的材料,或者收到移送的材料后不按规定的期限作出是否受理裁定的,执行法院可函请受移送法院的上一级法院进行监督。上一级法院收到函件后应当指令受移送法院在 10 日内接收材料或作出是否受理的裁定。

受移送法院收到上级法院的通知后,10 日内仍不接收材料或不作出是否受理裁定的,上一级法院可以径行对移送破产审查的案件行使管辖权。上一级法院裁定受理破产案件的,可以指令受移送法院审理。

第五节　执行程序的结束

执行程序结束是指法定事由的出现使得案件的执行到了最后的阶段,民事执行法律关系归于消灭的制度。在实践中执行程序结束又称为执行结案。

▶ 一、执行结束的方式

根据 2008 年《执行规定》第 108 条,执行结束的方式有以下四种:① 生效法律文书确定的内容全部执行完毕;② 裁定终结执行;③ 裁定不予执行;④ 当事人之间达成执行和解协议并已履行完毕。其中,生效法律文书的内容获得实现导致执行结束的情况是执行程序的正常结束;而债权人债权没有完全实现情况下的执行结束是执行程序的非正常结束,主要包括执行终结和不予执行。《审限规定》第 5 条规定,执行案件应当在立案之日起 6 个月内执结,非诉执行案件应当在立案之日起 3 个月内执结;有特殊情况需要延长的,经本院院长批准,可以延长 3 个月;还需延长的,层报高级人民法院备案。委托执行的案件,委托法院应当在立案后 1 个月内办理完委托执行手续,受委托的法院应当在收到委托函件后 30 日内执行完毕。未执行完毕,应当在期限届满后 15 日内将执行情况函告委托法院。刑事案件没收财产刑应当即时执行。刑事案件罚金刑,应当在判决、裁定发生法律效力后 3 个月内执行完毕,至迟不超过 6 个月。

▶ 二、不予执行

不予执行,是指法院审查仲裁裁决、公证债权文书、外国法院的判决或裁定以及其他非诉讼裁判文书的过程中,因发现存在不予执行的法定事由而裁定停止执行行为并结束执行程序的制度。法院不予执行的裁定通常在申请执行期间,即执行程序尚未真正启动时作出。但是,不予执行的法定事由有时在执行过程中才被发现,所以不能排除法院在执行过程中作出不予执行裁定的情形。

法院在收到当事人的执行申请书或审判员的移交执行书后,首先要对申请进行审查。主要审查以下几个方面的问题:提起执行的手续是否完备;执行依据是否发生法律效力;是否已经超过申请执行的期限。对于不符合条件的法律文书,法院作出裁定,不予执行并送达双方当事人和制作机关。针对不同的法律文书,不予执行的情况也各不相同。

(一) 不予执行仲裁裁决的情形

对于仲裁裁决是否不予执行的事由进行审查的,应当组成合议庭进行审查。如果被申请人提出证据证明仲裁裁决有下列情形之一的,裁定不予执行:

(1) 当事人在合同中没有签订仲裁条款或事后没有达成仲裁协议的。
(2) 仲裁裁决的事项不属于仲裁协议的范围或者仲裁机构无权仲裁的。
(3) 仲裁庭的组成或仲裁程序违反法律规定的。
(4) 裁决所根据的证据是伪造的。
(5) 对方当事人向仲裁机构隐瞒了足以影响公正裁决的证据的。
(6) 仲裁员在仲裁时有贪污受贿、徇私舞弊、枉法裁判的行为的。

法院认定执行该仲裁裁决,违反社会公共利益的,应当裁定不予执行。当事人请求不予执行仲裁裁决的,应当在执行终结前向执行法院提出。仲裁裁决事项部分有以上情形的,法院裁定对该部分不予执行。应当不予执行的部分与其他部分不可分的,法院裁定不予执行仲裁裁决。不予执行裁定书应当送达双方当事人和仲裁机构。当事人对不予执行裁定提出执行异议或复议的,法院不予受理。当事人可以就该民事纠纷重新达成书面仲裁协议申请仲裁,或者向法院提起诉讼。

(二) 不予执行涉外仲裁机构作出仲裁裁决的情形

(1) 当事人在合同中没有订有仲裁条款或事后没有达成仲裁协议的。
(2) 被申请人没有得到指定仲裁员或者进行仲裁程序的通知,或者因其他不属于被申请人负责的事由未能陈述意见的。
(3) 仲裁庭的组成或仲裁程序与仲裁规则不符的。
(4) 裁决的事项不属于仲裁协议的范围或者仲裁机构无权仲裁的。

法院认定执行该裁决违反社会公共利益的,裁定不予执行。对于法院裁定不予执行的,双方当事人可以达成仲裁协议,重新仲裁,或者向法院提起诉讼。

(三) 不予执行公证债权文书的情形

对于公证债权文书确有错误,或者法院认为执行该公证债权文书违背社会公共利益的,裁定不予执行。有下列情形之一的,可以认定为确有错误:① 公证债权文书属于不得赋予强制执行效力的债权文书的;② 被执行人一方未亲自或者未委托代理人到场公证等严重违反法律规定的公证程序的;③ 公证债权文书的内容与事实不符或者违反法律强制性规定的;④ 公证债权文书未载明被执行人不履行义务或者不完全履行义务时同意接受强制执行的。

当事人请求不予执行公证债权文书的,应当在执行终结前向执行法院提出。

公证债权文书被裁定不予执行后,当事人、公证事项的利害关系人可以就债权争议提起诉讼。

(四)外国法院的判决、裁定的不予执行

法院对申请或请求承认和执行的外国法院作出的发生法律效力的判决、裁定,认为违反中华人民共和国法律的基本原则或者国家主权、安全、社会公共利益的,不予承认和执行。

▶ 三、执行终结

在执行过程中,出现了特殊情况,使得执行程序没有必要或者不可能继续进行,从而结束执行程序的情形,称为执行终结。执行终结是民事执行程序的非正常结束,意味着申请执行人的权利并未得到完全实现。

根据《民事诉讼法》第264条的规定,引起执行终结的情况有:① 申请人撤销申请;② 据以执行的法律文书被撤销;③ 作为被执行人的公民死亡,无遗产可供执行,又无义务承担人的;④ 追索赡养费、扶养费、抚养费案件的权利人死亡的;⑤ 作为被执行人的公民因生活困难,无力偿还借款,又无收入来源,并且丧失了劳动能力的;⑥ 法院认为应当终结执行程序的其他情况。

为了更好地保护申请执行人的权利和利益,2020年施行的《最高人民法院关于严格规范终结本次执行程序的规定》对终结本次执行的条件、程序都进行了更为细致的规定。终结本次执行应当在穷尽现有手段仍无法达到执行效果的情况下才适用。法院终结本次执行程序应当同时符合下列条件:

(1)对被执行人已经发出执行通知,并责令其报告财产,对其报告财产情况已经核查。对逾期报告、拒绝报告或虚假报告的被执行人已经采取相应的强制措施。

(2)已向被执行人发出限制消费令,并将符合条件的被执行人纳入失信被执行人名单。

(3)已穷尽财产调查措施,包括对申请执行人或其他人提供的财产线索进行核查;通过网络执行查控系统对被执行人的存款、车辆及其他交通工具、不动产、有价证券等财产进行查询;对可能隐匿、转移财产所在地进行必要调查;被执行人隐匿财产、会计账簿资料且拒不交出的,依法采取搜查措施;采取审计调查、公告悬赏等措施。采取上述措施后,未发现被执行人有可供执行的财产或发现的财产不能处置。

(4)自执行案件立案之日起已超过3个月。

(5)被执行人下落不明已依法查找;被执行人或其他人妨碍执行,已依法采取强制措施。

终结本次执行程序前,法院应当将所有信息告知申请执行人,听取其意见,将其意见记录在案。当事人、利害关系人认为终结本次执行程序违反法律规定的,可以提出执行异议。

在执行过程中,出现了应当终结执行程序的情况,法院应当作出书面裁定。执行终结裁定书,应当载明以下内容:① 申请执行的债权情况;② 执行经过及采取的执行措施、强制措施;③ 查明的被执行人的财产情况;④ 实现的债权情况;⑤ 申请执行人有要求被执行人继续履行以及向法院申请恢复执行的权利,被执行人负有继续向申请执行人履行的义务。应当写明终结执行的理由和法律依据,由执行员、书记员署名并加盖法院公章。裁定书送达当事人后立即生效。终结本次执行程序裁定书应当依法在互联网上公开。执行法院在7日内将相关案件信息录入最高人民法院建立的终结本次执行程序案件信息库,并通过该信息库向社会公布。

终结本次执行后,申请执行人发现被执行人有可供执行的财产,可以向执行法院申请恢复执行。申请恢复执行不受申请执行时效的限制。执行法院每6个月通过网络执行查控系统查询一次被执行人的财产并将结果告知申请执行人。符合条件的,执行法院应当及时恢复执行。

第六节 执行救济

▶ 一、执行救济的概念

执行救济是指在民事执行程序中,执行当事人、利害关系人或案外人的合法权益因执行机构的执行行为受到损害或可能受到损害,根据法律规定向有关机关提出保护合法权益的请求,有关机关根据法律规定,依法纠正或矫正不当或违法执行行为的法律制度。我国目前的执行救济制度主要包括执行异议、执行异议之诉和执行回转。

民事执行救济对维护执行当事人、案外人的合法权益以及执行权威意义重大。执行过程中,违法或不当执行行为所造成的负面影响是双重的:一方面侵害了当事人或案外人的合法权益;另一方面又妨碍了执行目的的实现,影响了执行效率,损害了法院的执行权威。执行救济通过纠正违法或不当执行行为,一方面对受侵害人的合法权益进行补救,另一方面有效监督法院依法行使执行权,确保执行中的司法公正。除此之外,执行救济制度还为当事人和利害关系人提供了表达不满和说明理由的机会,可以有效地缓解其对抗情绪,减少执行冲突。

▶ 二、执行异议

执行异议是对当事人、利害关系人以及案外人权利的一种救济。执行异议主要分为三类:第一类是当事人、利害关系人对执行违法行为提出的异议;第二类是案外人对执行标的向法院提出的实体性异议;第三类是关于分配方案的异议。后两类异议可以作为异议之诉的前置程序。例如,案外人对执行标的提出实体权利异议,请求法院中止对执行标的的执行行为。法院裁定异议不成立,该异议与原判决、裁定无关的情形下,案外人可以向法院提起执行异议诉讼。

(一)当事人、利害关系人的执行异议

《民事诉讼法》第232条规定,当事人、利害关系人认为执行机构的执行行为违反法律规定的,可以向负责执行的人民法院提出书面异议,要求其改正。据此,当事人、利害关系人异议指执行当事人或利害关系人针对执行机构及其人员执行程序或执行方法上的违法情况,向该机构或其人员声明不服并要求保护自己合法权益。从性质上分析,当事人和利害关系人异议是一种程序性的执行救济制度。

1. 当事人、利害关系人异议的条件

(1)异议主体是当事人或利害关系人。当事人包括申请执行人和被执行人。对于利害关系人的范围民事诉讼法没有作出明确规定,一般认为是指法律上的权益受执行行为直接影响的公民、法人或其他组织。

(2)异议的对象是执行机构的违法执行行为,包括责令债务人、利害关系人履行义务的执行命令、执行措施和执行裁判行为。其中,对执行裁判行为提起异议,仅限于以执行裁判程序违法为由提起的异议。因实体权利义务关系发生的争议,应通过其他方式解决。根据《执行异议和复议案件规定》第5条、第7条的规定,有下列情形的,当事人或利害关系人可以就执行行为或执行措施提出异议:第一,认为人民法院的执行行为违法,妨碍其轮候查封、扣押、冻结的债权受偿的;第二,认为人民法院的拍卖措施违法,妨碍其参与公平竞价的;第三,认为人民法院的拍卖、变卖或者以物抵债措施违法,侵害其对执行标的物的优先购买权的;第四,认为人民法院要求协助执行的事项超出其协助范围或者违反法律规定的;第五,查封、冻结、扣押、拍卖、变卖、以物抵债、暂缓执行、中止执行、终结执行等执行措施违法的;第六,执行的期间、顺序违反法律规定的;第七,认为其他合法权益受到人民法院执行行为侵害的。

（3）向负责执行的人民法院提出。要求案外人和利害关系人直接向执行法院提出异议，主要是为了保证执行效率和效益。

（4）异议采用书面形式。为了方便执行机构对异议的审查，同时督促当事人、利害关系人慎重、严肃地行使异议的权利，《民事诉讼法》规定当事人、利害关系人必须以书面形式提出异议。申请书应当载明具体的异议、所依据的事实、理由等，并附有申请人的身份证明、相关证据材料以及送达地址、联系方式等内容。

2. 审查和裁定

人民法院自收到书面异议之日起3日内立案，立案3日内通知异议人和相关当事人。不符合受理条件的，裁定不予受理；立案后发现不符合受理条件的，裁定驳回申请。异议人对不予受理或驳回申请裁定不服的，自裁定送达之日起10日内可以向上一级法院申请复议。上一级法院审查后认为符合受理条件的，裁定撤销原裁定，指令执行法院立案或对执行异议进行审查。执行法院收到执行异议后3日内既不立案也不作出不予受理裁定的，或者受理后在法定期限内不作出异议裁定的，异议人可以向上一级法院提出异议。上一级法院审查后认为异议成立的，应当指令执行法院在3日内立案或者15日内作出异议裁定。

执行法院自立案之日起15日内进行审查，理由成立或部分成立的，裁定撤销或变更相关的执行行为；异议成立或部分成立，但执行行为无撤销或变更内容的，裁定异议成立或部分成立。异议理由不成立的，裁定驳回异议。执行法院审查执行异议，应当组成合议庭，办理执行实施案件的人员不得参与执行异议案件的审查。执行异议案件实行书面审查。案情复杂、争议较大的，应当进行听证。

当事人、利害关系人对裁定不服的，自裁定送达之日起10日可以向上一级法院申请复议。当事人、利害关系人申请复议的，上一级法院应当组成合议庭，自收到复议申请之日起30内审查完毕，作出裁定。有特殊情况需要延长的，经本院院长批准，最多延长30日。

执行异议审查和复议期间不停止执行。被执行人、利害关系人提供充分、有效的担保请求停止相应措施的，人民法院可以准许；申请执行人提供充分、有效的担保请求继续执行的，应当继续执行。

（二）案外人异议

案外人异议是指在执行程序中，除了执行当事人和参与人以外的案外人对执行标的提出了实体权利请求，并在此基础上要求停止对执行标的的执行。案外人针对执行标的的异议包括主张对执行标的的所有权或者其他足以阻止标的转让、交付的实体权利。案外人认为执行机构所采取的执行措施对自己的权利造成损害时,有权提出实体权利保护主张。

根据《民事诉讼法》第 234 条、《执行异议和复议案件规定》第 2 条的规定,执行过程中,案外人对执行标的提出书面异议的,其审查程序与当事人、利害关系人异议相同,法院应当自收到书面异议之日起 3 日内决定立案,立案之日起 15 日内审查。理由成立的,裁定中止对标的的执行;理由不成立的,裁定驳回。

根据我国《民事诉讼法》第 234 条,案外人执行异议必须符合下列条件:

(1) 有权提出执行异议的主体只能是案外人。即没有参加诉讼,并且不受法院作出的裁判或其他作为执行依据的生效法律文书约束的人。

(2) 必须是案外人对本案的执行标的主张部分或全部实体权利。也就是说案外人认为执行该执行标的就是对自己或自己管领的权利的侵害。根据《执行解释》,只有对执行标的主张所有权或者有其他足以阻止标的转让、交付的实体权利的人,才能成为案外人异议中的案外人。

(3) 执行异议必须在执行程序结束之前提出。执行程序尚未开始或业已结束时,案外人应通过其他途径寻求救济。

(4) 执行异议一般应以书面形式提出,写明对执行标的主张的权利和理由,并提供相应的证据。书写有困难的,可以口头提出,由书记员记录在案。

对于案外人提出的异议,法院应当自收到书面异议之日起 15 日内审查,审查内容包括:① 案外人是否为权利人;② 该权利的合法性与真实性;③ 该权利是否能排除对执行标的物的执行。经审查,理由成立的,裁定中止对该标的的执行;理由不成立的裁定驳回。案外人、当事人对裁定不服,认为原判决、裁定、调解书内容有错误,损害其民事权益的,依照审判监督程序办理,即可以在执行异议裁定送达之日起 6 个月内向作出原生效法律文书的法院申请再审;与原判决、裁定、调解书无关的,可以自裁定送达之日起 15 日内向法院提起诉讼。案外人向法院提起的诉讼称为案外人异议之诉,申请执行人向法院提起的诉讼称为许可执行之诉。

案外人异议审查期间,法院对执行标的不得处分。如果案外人提供了充分、有效的担保请求解除对异议标的的查封、扣押、冻结措施,法院可以准许;如果申请执行人提供了充分有效的担保要求继续执行,应当继续执行。案外人提供担保解除查封、扣押、冻结有错误,致使该标的无法执行的,法院可以直接执行担保财产;申请执行人提供担保请求继续执行有错误给对方造成损失的,应当予以赔偿。

执行异议是对案外人的合法权益的保护,同时能及时地发现法院或其他机关制作的法律文书的错误,防止执行工作中出现的失误,并且可以有效地避免执行上的浪费。

(三)对分配方案的异议

在实现金钱债权的执行中,若多个债权人对同一个被执行人申请执行或对执行财产申请参与分配,执行法院应当制作财产分配方案,并送达各债权人和被执行人。执行当事人认为法院的上述分配方案不公平甚至有错误的,如认为分配方案所确定的债权及其数额多少、受偿顺序有问题,可以向执行法院提出不同意见并要求法院纠正。此种异议即称为对分配方案的异议。

根据《执行解释》,债权人或被执行人对分配方案提出异议,应符合以下条件:① 异议须在法定期间内提出。债权人或者被执行人对分配方案有异议的,应当自收到分配方案之日起 15 日内提出。② 异议须向有管辖权的法院提出。对分配方案异议应向执行法院提出,以方便法院对异议的审查。向其他法院提出的分配方案异议的,不发生相应法律效果。③ 异议须以书面形式提出,口头形式的异议不符合法律规定。

执行法院受理异议申请后,应当将有关情况通知未提出异议的债权人或被执行人。未提出异议的债权人、被执行人在收到通知后 15 日内对有关异议不提出反对意见的,执行法院依异议人的意见对分配方案进行审查调整,并根据调整后的方案进行分配。提出异议的债权人、被执行人收到通知后提出反对意见的,法院应当通知异议人,分配方案异议程序即告终结。异议人可以自收到通知之日起 15 日内,以提出反对意见的债权人、被执行人为被告,向执行法院提起诉讼;异议人逾期未提起诉讼的,执行法院依原分配方案进行分配。

实际上,执行当事人对分配方案的异议涉及实体争议,本应通过诉讼程序解决。但是,由于诉讼程序流程复杂且周期较长,如果所有争议都直接进入诉讼,将导致参与分配程序过于烦琐。因此,《执行解释》采取了较为灵活、务实的做法,赋予债权人或者被执行人首先向执行法院提出异议的权利。若未提出异议的债权人、被执行人在法定期间内未提出反对意见,执行法院即依异议人的意见对分配方案进行审查调整并进行分配,这种做法既体现了对当事人意思自治的尊重,也有利于提高执行效率。

三、执行异议之诉

执行异议之诉是指在执行过程中当事人、利害关系人或案外人对执行涉及的实体权利义务产生异议,通过诉讼方式加以解决的诉讼形态。执行异议之诉与普通诉讼有一定的区别,执行异议之诉发生在执行过程中,要以执行异议为前置程序,在管辖上也具有专属性特征。根据我国目前的法律规定,执行异议之诉包括案外人异议之诉、许可执行之诉和分配方案异议之诉。

(一) 案外人异议之诉

根据《民事诉讼法》第234条的规定,案外人针对执行标的提出的异议是实体权利请求,意在使法院不得执行该执行标的或撤销执行程序。对于案外人在执行过程中对本案的执行标的提出异议,该异议被执行机构裁定不成立时,其是否享有相应的实体权利,以及该权利是否产生阻却执行行为的效果应当由法院的审判组织进行判断。其有权向有管辖权的法院提出执行异议之诉,由审判组织作出裁判后再决定是否对执行标的继续执行。案外人异议之诉是执行程序中衍生出的一种特殊类型的诉讼,其目的不是单纯地确定异议标的的权属,而是从根本上排除对异议标的的执行。执行异议之诉与第三人撤销之诉一样,都是为案外人设置的救济程序。

1. 案外人异议之诉的法律依据

《民事诉讼法》第234条的后半段承认了执行异议之诉。根据上述法律规定,法院对案外人在执行过程中对执行标的提出的书面异议,应当在收到异议之日起15日内进行审查,并根据审查结果作出中止执行或驳回申请的裁定。案外人、当事人对裁定不服,认为原判决、裁定错误的,依照审判监督程序办理;与原判决、裁定无关的,可以自裁定送达之日起15日内向法院提起诉讼。在此基础上,《执行解释》又对案外人异议之诉的审理和裁判程序进行了更为详细的规定。

2. 案外人异议与案外人异议之诉的关系

案外人异议是指非本案当事人的案外人认为执行行为侵害了或可能侵害自己的所有权或其他实体性权利,要求法院进行审查,其意图在于对抗对执行标的的执行。对此异议法院应在一定的时间内进行审查,审查后有两种结果:一是案外人异议成立,裁定中止执行;二是异议不成立,驳回其申请。案外人对驳回裁定不服的,可以根据不同的情况,采取不同的应对措施。认为原判决、裁定、调解书有错误的,可以申请再审;认为与原判决、裁定、调解书无关的,可以提起案外人异议之诉,适用民事审判程序的相关规定。

3. 案外人异议之诉的条件

(1) 前置程序。案外人异议之诉与普通诉讼不同,必须以案外人异议为前置程序。也就是说,执行过程中案外人向法院提出书面异议,法院在15日内作出裁定。如果案外人对此裁定不服,其异议和原判决、裁定、调解书没有关系,即案外人不认为原判决、裁定、调解书有错误,仅仅认为执行该执行标的会损害其实体权利,即可以提起案外人异议之诉。

(2) 时间要求。案外人提起异议之诉以案外人异议为前提,对法院作出的裁定不服的,必须在送达之日起 15 日内提起诉讼,否则将丧失起诉的权利。

(3) 当事人的确定。案外人对执行标的主张实体权利,并请求对执行标的停止执行的,应当以申请执行人为被告;被执行人反对案外人对执行标的所主张的实体权利的,应当以申请执行人和被执行人为共同被告;被执行人不反对案外人异议的,为了查清案件事实,彻底解决纠纷,可以列被执行人为第三人。

(4) 管辖法院。案外人提起诉讼的,由执行法院管辖。案外人异议之诉的目的与普通诉讼有所区别,其目的在于阻止对执行标的的执行。为了便于当事人提出诉讼以及便于审理和执行,案外人异议之诉由执行法院专属管辖,其他法院无管辖权。

4. 案外人异议之诉的审理

案外人提起执行异议之诉,除了符合《民事诉讼法》第 122 条的规定外,还应当具备以下条件:① 案外人的执行异议已经被法院裁定驳回。② 有明确的排除对执行标的的执行的诉讼请求,且诉讼请求与原判决、裁定无关;如果有关,就应该申请再审。③ 自执行异议裁定送达之日起 15 日内提起。法院在收到起诉状之日起 15 日内决定是否立案。决定立案受理的,执行法院应当依照普通程序审理。案外人应当就其对执行标的享有足以排除强制执行的民事权益承担举证责任。经审理,案外人就执行标的享有足以排除强制执行的民事权益的,判决不得执行该标的,执行异议裁定失效;案外人就执行标的不享有足以排除强制执行的民事权益的,案外人同时提出确认其权利的诉讼请求的,法院可以在判决中一并作出裁判。对此裁判应当适用两审终审制,异议之诉的当事人对裁判不服的,根据诉讼程序的规定享有上诉权。

案外人提起执行异议之诉的审理期间,法院不得对执行标的进行处分。申请执行人请求法院继续执行并提供相应担保的,法院应当准许。被执行人与案外人恶意串通,通过执行异议、执行异议之诉妨害执行的,法院根据情节予以罚款、拘留;构成犯罪的,依法追究刑事责任。申请执行人因此受到损害的,可以提起诉讼要求被执行人、案外人赔偿。

(二) 许可执行之诉

在案外人提出执行异议,法院作出支持案外人异议,中止对执行标的的执行的裁定后,申请执行人对该裁定不服且此项不服声请与原判决裁定无关,为了保护自己的合法权利可以向法院提起许可执行之诉。根据《民诉法解释》第 307 条的规定,申请执行人对中止执行裁判未提起执行异议之诉的,被执行人无权提起执行异议之诉,法院应当告知其另行起诉。

申请执行人提起执行异议之诉，除了符合《民事诉讼法》第122条的规定外，还应当具备下列条件：① 依案外人的执行异议申请，法院裁定中止执行；② 有明确的对执行标的继续执行的诉讼请求；③ 自执行异议裁定送达之日起15日内提出。法院应当在收到起诉状之日起15之日决定是否立案。申请执行人和案外人的利益针锋相对，申请执行人的许可执行之诉与案外人异议之诉是相对应的。案外人的诉求是阻止执行机构对执行标的的执行，而申请执行人的诉求是请求执行机构对执行标的进行执行，从而实现自己的裁判利益。

申请人的许可执行之诉应当以案外人为被告；被执行人反对申请执行人请求的，应当以案外人和被执行人为共同被告。被执行人不反对申请执行人主张的可以列被执行人为第三人。此种案件由执行法院管辖，起诉期间是从裁定书送达之日起15日内。

法院依照《民事诉讼法》第234条的规定裁定对异议标的中止执行后，申请执行人自裁定送达之日起15日内未提起诉讼的，法院自起诉期限届满之日起7日内解除对该标的采取的执行措施。

申请执行人提起许可执行诉讼的，执行法院应当依照普通程序审理。经审理，案外人就执行标的不享有足以排除强制执行的民事权益的，判决准许执行该执行标的，执行异议裁定失效，执行法院可以根据申请人的申请或者依职权恢复执行；案外人就执行标的享有足以排除强制执行的民事权益的，判决驳回其诉讼请求。

（三）分配方案异议之诉

分配方案异议之诉是以分配方案异议为前提提起的诉讼。多个债权人对同一被执行人申请执行或者对执行财产申请参与分配的，执行法院制作财产分配方案。对此分配方案应当允许提出异议。异议人提出的新的分配方案被否定后，异议人可以自收到通知之日起15日内，以提出反对意见的债权人、被执行人为被告，向执行法院提起诉讼。

分配方案异议之诉是执行救济制度的重要组成部分，是针对分配方案所提起的一种诉讼，其发生原因是没有对分配方案提出异议的债权人或债务人对其他债权人或债务人提出的分配方案异议提出了不同意见。不同意见的提出说明各方当事人之间就执行财产如何分配仍旧存在争议，这种情况下，要彻底解决争议，就应当进行诉讼。

分配方案异议之诉专属于执行法院管辖，其审理要遵循诉讼程序制度。法院经过审理认定分配方案异议理由成立的，判决支持异议人的分配方案，对原有分配方案进行修改；异议理由不成立的，判决驳回。当事人对该判决不服的,可以依法提起上诉。此外,《执行解释》还规定,在分配方案异议之诉的诉讼期间内进行分配的,执行法院应当将与争议债权数额相应的款项予以提存。

(四)债务人异议之诉

除了上述三种执行救济诉讼外,还有一种债务人异议之诉。债务人异议之诉是指债务人对于执行依据中所载明的债权,有消灭或阻碍其请求权得以实现的事由,向法院提起民事诉讼,请求法院排除执行依据的执行效力,从而停止强制执行。

此种执行依据并非法院的生效裁判或调解书,而是由其他机构制作,依法获得强制执行效力的法律文书。一方当事人申请执行的情况下,债务人有权对此执行依据中载明的债权提出异议,以保护自己的合法权利。目前我国《民事诉讼法》并未对此作出规定。《公证法》第40条规定了当事人、公证事项的利害关系人对作为执行依据的公证书内容有争议时,可以向法院提起民事诉讼。

对于其他机构制作的具有强制执行效力的法律文书,如果当事人或利害关系人认为有错误,可以通过向法院申请不予执行进行救济,但是不予执行裁定仅排除法律文书的执行效力。允许债务人提起异议之诉可以彻底解决当事人之间的实体权利之争。

▶ 四、执行回转

执行回转是指在执行程序结束后,原据以执行的法律文书经过法定程序被撤销,以至于取得财产的一方当事人丧失了取得财产的合法依据,法院重新采取执行措施,将已经执行的财产退还给原被执行人,财产权利恢复到执行程序开始前的状态的情形。

执行回转是民事执行中的必要补救性制度,意义在于纠正因为生效法律文书的错误而导致的执行失误,保护当事人的合法权益。

(一)执行回转的原因

根据在实践中由不同的机构制作的不同的法律文书,发生执行回转的原因有:

(1)法院制作的判决书、裁定书、调解书在执行完毕后,依再审程序被撤销。

(2)法院制作的先予执行的裁定,在执行完毕后,被本院的生效裁判或上级法院的终审裁判所撤销的,因先予执行而取得财物的一方应当返还。

(3) 其他机关制作的由法院制作的法律文书在执行完毕后,被制作机关或其上级机关依法撤销的。

(二) 执行回转的条件

(1) 必须是原法律文书已经被依法撤销,作出了新的法律文书。执行必须以生效的法律文书为依据。原有的法律文书被认为确有错误,但是没有新的法律文书,也不能适用执行回转。

(2) 必须是原生效法律文书已经由法院按照执行程序执行完毕,执行程序已经终结。如果在执行过程中,则不适用执行回转。

(3) 必须是新的法律文书中明确否定了已经获得财产的人具有取得财产的依据,并且拒不返还所得财产的。如果根据新的法律文书,取得财产的人自觉返还财产,则无须适用执行回转。

具备了执行回转条件的,法院应当作出执行回转的裁定,责令取得财产的原申请执行人返还已经取得的财产和孳息,拒不返还的,法院可以强制执行。执行回转的案件应当重新立案,适用执行程序的相关规定。已经执行的标的物是特定物的,应当返还原物;原物不存在的,可以折价抵偿。

案例精选

▶ 【案例】①

2013年8月23日,和丰公司取得商品房预售证。11月26日,和丰公司(出卖人)与王四光(买受人)签订《商品房买卖合同》,王四光购买了和丰公司开发的涉案商铺。2013年12月20日至2014年2月25日,王四光陆续支付完毕全部购房款。2015年8月11日,和丰公司(开发商)与中天公司(承包人)签订涉案工程《决算付款协议》,协议显示中天公司已经向和丰公司主张建设工程价款优先受偿权。2016年10月29日,吉林省高级人民法院作出(2016)吉民初19号民事判决,确认中天公司可就涉案工程(含王四光购买的商铺)拍卖、变卖价款优先受偿。此后,和丰公司上诉后又撤回,前述判决生效。

执行过程中,王四光以房屋系其购买,并已经占有使用为由,提起执行异

---

① 王四光诉中天建设集团有限公司、白山和丰置业有限公司案外人执行异议之诉案,最高人民法院指导案例154号(2021年)。

议,该异议被驳回。王四光遂提起执行异议之诉。第一审人民法院判决不得执行案涉商铺。第二审人民法院认为王四光的异议实质指向执行依据,应当通过案外人申请再审制度救济,故裁定驳回王四光的起诉。王四光遂向最高人民法院申请再审。

评析:第一,关于本案适用何种救济程序的问题。根据《民事诉讼法》第227条(现行法第234条)的规定,案外人异议被驳回有两种救济路径:一是认为生效法律文书内容有错误,损害其合法权利的,可以申请再审;二是认为该异议和原生效法律文书无关的,可以提起执行异议之诉。因此如何理解"与原判决、裁定、调解书无关"至关重要。正确的理解应该是指案外人提出的执行异议不含有其认为原判决、裁定、调解书错误的主张,或者人民法院支持其执行异议的判决不会动摇原判决、裁定的既判力。本案中案外人王四光主张排除执行与否定建设工程价款优先受偿权权利本身并非同一概念。前者是案外人在承认或至少不否认对方权利的前提下,对两种权利的执行顺位进行比较,主张其享有的民事权益可以排除他人建设工程价款优先受偿权的执行;后者是从根本上否定建设工程价款优先受偿权权利本身,主张诉争建设工程价款优先受偿权不存在。

王四光并没有否定原生效判决确认的中天公司所享有的建设工程价款优先受偿权,王四光提起案外人执行异议之诉意在请求人民法院确认其对案涉房屋享有可以排除强制执行的民事权益;即使第一、二审人民法院支持王四光的请求也并不动摇生效判决关于中天公司享有建设工程价款优先受偿权的认定,仅可能影响该生效判决的具体执行,故本案应当通过执行异议之诉解决。

第二,关于本案中案外人的异议是否能够成立并排除执行的问题。根据《执行异议和复议案件规定》第27条,申请执行人对执行标的享有对抗案外人的担保物权等优先受偿权,人民法院对案外人提出的排除执行异议不予支持,但是法律、司法解释另有规定的除外。本案中,申请执行人享有的是建设工程价款优先权,该权利优先于担保物权和普通债权。根据《最高人民法院关于建设工程价款优先受偿权问题的批复》(失效)第2条的规定,消费者交付购买商品房的全部或大部分款项后,工程价款优先权不得对抗买受人。该规定是基于对商品房消费者生存权的考虑予以规定的,因此对商品房消费者的范围要严格加以限制。即该商品房用于居住且买受人名下无其他用于居住的房屋,只有在这种情况下买受人的物权期待权才能优先于建设工程价款优先受偿权。本案中案外人王四光购买的是商铺,不是用于居住,其享有的物权期待权不具有优先性,不能排除人民法院的执行行为。

思考问题

1. 民事执行程序与民事审判程序的关系。
2. 执行机构设置的理论基础。
3. 民事执行检察监督机制的建构。
4. 民事执行和解制度的完善。
5. 民事执行案外人异议之诉制度的完善。

第二十三章 执行程序分论

民事执行措施是民事执行的核心制度之一,指执行机构强制债务人履行义务的方法和手段。执行标的物不同,执行措施也有所不同。科学规范和正确适用执行措施,对保障权利人的合法权益、实现民事执行的目的以及体现民事执行的价值均可起到积极的促进作用。本章以金钱债权与非金钱债权的区分为标准,介绍了针对金钱债权和非金钱债权的执行措施的种类、适用条件、适用程序以及各种执行保障措施。

第一节 执行措施概述

一、执行措施的概念和特征

执行措施是指法院的执行机构依法采取的强制实现生效法律文书所确定的义务的手段和方法。法院通过对债务人的财产或行为采取具有强制性的限制或处分行为,迫使义务人履行义务以实现生效法律文书的内容,集中体现了执行程序的国家强制性。

执行措施具有以下特征:

1. 法定性

执行措施是实现生效法律文书确定内容的重要保障,同时执行措施直接针对的对象是被执行人的财产或行为。执行行为涉及主体的基本权利,公权力的介入必须非常审慎并且要严格遵守法定的程序和权力范围,否则就可能造成对主体合法权利的侵害。正是基于上述原因,法律对执行措施的种类、适用程序和适用条件都进行了明确规定,法院采取执行措施必须严格依法进行。

2. 强制性

国家权力的重要特征就是强制性,即排除主体的个人意志,强制其为或不为特定的行为。执行措施是法院运用公权力实现债权人权利的手段和方法,自然体现出鲜明的强制性。

3. 单向性

执行措施是国家强制力的体现,具有单方意志性特征。执行措施强调的是被执行人单方面的接受和容忍,其运用无须征得被执行人的同意。

4. 多样性

法律文书确定的义务内容具有多样性特征,为了确保法律文书确定内容的有效实现,根据执行标的、执行内容以及执行过程中具体情况的不同,执行措施也呈现出多样化的特征。

二、执行措施的种类

以执行标的、执行内容以及执行措施性质等作为标准,可以把执行措施划分为不同的种类。

首先,根据法律文书确定的权利性质,可以分为对金钱债务的执行措施和对非金钱债务的执行措施。根据执行标的物的属性,对金钱债务的执行措施还可以分为对动产的执行措施、对不动产的执行措施和对其他财产权利的执行措施等。对非金钱债务的执行措施又可以分为交付特定标的物的执行措施和对行为的执行措施。其中对金钱债务的执行措施和交付特定标的物的执行措施合称为对财产的执行措施。

其次,根据执行措施能否直接实现生效法律文书确定的内容,可以分为直接执行措施和间接执行措施。直接执行措施能够直接满足权利人的权利需求,例如划拨、拍卖、变卖等。间接执行措施不能直接实现权利,而是通过第三人的行为实现债权,或者通过执行措施对义务人造成压力以促使其履行法定义务。例如,对于可替代履行的行为,如果被执行人拒绝履行,执行机构可以委托他人代为履行,所产生的费用由被执行人承担。除此之外,还可以对被执行人罚款或拘留,促使其积极履行义务。

再次,根据执行标的的性质,可以分为对财产的执行措施和对行为的执行措施。对财产的执行措施是针对被执行人或第三人的现金、动产、不动产等财物采取的查封、扣押、冻结等措施;对行为的执行措施指针对给付特定物,为或不为特定行为采取的执行措施如指定交付、强制迁出、责令停止侵害、赔礼道歉等。

最后,根据执行措施的目的,可以分为实现权利的执行措施和保障性执行措施。实现权利的执行措施能够直接实现生效法律文书确定的内容。保障性执行措施是保障、辅助和配合权利人实现权利的措施,如对被执行人存款、收入的查询,对其住所或人身的搜查,等等。

第二节　实现金钱债权的执行

实现金钱债权的执行是指为实现债权人的金钱债权而对被执行人采取的执行措施的总称。金钱债权一般是指以给付一定数额的金钱为内容的债权。这里所说的金钱债权比较广泛,其标的包括现金,也包括可以转化为现金的动产、不动产以及知识产权、投资权益和股权等财产性权利。根据《民事诉讼法》和相关司法解释,对金钱债权的执行主要包括对存款(包括债券、股票、基金份额等)、收入、财产以及财产性权利的执行。就金钱债权的执行方法而言,对现金的执行比较简单,主要采取义务人直接交付或由法院划拨、转交等方式执行。而对被执行人其他财产的执行则相对复杂。

▶ 一、对存款(包括债券、股票、基金份额等)的执行

根据《民事诉讼法》第249条第1款的规定,被执行人未按执行通知履行

法律文书确定的义务,法院有权向有关单位查询被执行人的存款、债券、股票、基金份额等财产情况,并根据不同情形扣押、冻结、划拨、变价被执行人的财产。法院查询、扣押、冻结、划拨、变价的财产不得超出被执行人应当履行义务的范围。

(1) 查询。查询是法院向有关单位进行的调查和询问被执行人存款、债券、股票、基金份额等情况的活动。其目的是了解被执行人的财产状况和履行义务的能力,为冻结和划拨作准备。

(2) 扣押。扣押是法院将被执行人的债权、股票、基金份额等财产权利凭证予以扣留,或者押运到特定场所,不允许被执行人占有、使用和处分的执行措施。

(3) 冻结。冻结是法院对被执行人的在有关单位的存款、债券、股票、基金份额等采取的不准其提取和支出的措施。这一措施是为了确保其履行义务的能力。存款一经冻结,银行不得向被执行人支付,被执行人在冻结期间失去了使用和支配该款项的权利。金融机构擅自解冻被法院冻结的款项,致冻结款项被转移的,法院有权责令其限期追回已转移的款项。在限期内未能追回的,应当裁定该金融机构在转移的款项范围内以自己的财产向申请执行人承担责任。

(4) 划拨。划拨是指法院通过有关单位将被执行人的存款、债券、股票、基金份额等强行划入权利人的账户内的行为。这是一种直接实现生效法律文书的方式。

(5) 变价。变价是法院的执行机构通过交易市场或其他机构将被执行人的债券、股票、基金份额等转化为现金的执行措施。法院在采取上述执行措施时要遵循一定的程序,并注意保护被执行人的合法权益。第一,法院在查询、冻结和划拨时,不得超过被执行人应当履行义务的范围。第二,法院决定扣押、冻结、划拨、变价财产的,应当作出裁定,并向有关的单位发出协助执行通知书。第三,被执行人为金融机构的,对其交存在人民银行的存款准备金和备付金不得冻结和扣划,但对其在本机构、其他金融机构的存款,及其在人民银行的其他存款可以冻结、划拨,并可对被执行人的其他财产采取执行措施,但不得查封其营业场所。

采取上述执行措施通常需要得到相关金融机构的协助,而实践中负有协助执行义务的单位拒绝协助法院采取执行措施的现象非常普遍。我国1991年《民事诉讼法》仅对银行、信用社以及其他有储蓄业务的单位协助查询、冻结、划拨存款的义务作了直接规定。对于哪些单位有法定的协助执行义务、在何种情况下应当协助执行等,实践中难免存在认识上的分歧。法律规定的不明确一定程度上成为有关单位不履行协助执行义务的借口。因此，从立法上扩大协助执行单位的范围，明确规定有关单位的协助执行义务，已成为当务之急。同时，鉴于司法实践中股票、债券、基金份额等财产作为执行标的的情形越来越多，对该类财产的执行措施进行明确规定也势在必行。因此，2012年《民事诉讼法》扩大了法院查询财产的范围，增加了对债券、股票、基金份额等财产情况的查询，同时将负有协助执行义务的单位从"银行、信用合作社和其他有储蓄业务的单位"扩展到"有关单位"。此外，2012年《民事诉讼法》还强化了执行措施，除"查询、冻结、划拨"被执行人存款等外，还允许法院根据不同情形"扣押、变价"被执行人的财产。

二、对收入的执行

在被执行人未按照执行通知履行生效法律文书确定的义务时，法院有权对其应当履行义务部分的收入进行扣留和提取。这一部分收入是义务人应当获得而未实际获得的收入，比如工资收入、稿酬等。法院根据被执行人应当履行义务的具体情况，对其收入进行扣留，或者提取用于偿付其应当履行的义务。

作为被执行人的公民，其收入转为储蓄存款的，应当责令其交出存单。拒不交出的，法院应当作出提取其存款的裁定，向金融机构发出协助执行通知书，并附生效法律文书，由金融机构提取被执行人的存款交法院或存入法院指定的账户。

法院在扣留和提取被执行人的收入时，应当制作书面裁定，并向有关单位发出执行通知书。被执行人所在的单位及其存款所在银行、信用社或其他单位不得拒绝执行。有关单位收到法院协助执行被执行人收入的通知后，擅自向被执行人或其他人支付的，法院有权责令其限期追回；逾期未追回的，应当裁定其在支付的数额内向申请执行人承担责任。法院在扣留、提取被执行人收入时，应当保留被执行人及其所扶养家属的必需生活费用。

三、对财产的执行

被执行人无金钱给付能力的，法院有权裁定对被执行人的其他财产采取查封、扣押、冻结、拍卖、变卖等措施。裁定书应送达被执行人。这里的财产主要是指被执行人的动产或不动产。

（一）查封、扣押、冻结

1. 查封、扣押、冻结的定义

为了规范执行中的查封、扣押和冻结行为，最高人民法院通过了《查封、扣押、冻结财产规定》，2005年1月1日正式实施。查封是一种临时措施，是指法院对被执行人的有关财产贴上封条，就地封存，不准任何人转移和处理的措施，一般适用于不动产。扣押是法院将被执行人的财产运到有关的场所予以扣留，不准被执行人占有、使用和处分的措施，一般是针对被执行人的动产。冻结措施主要适用于资产、债权或股权等，即法院作出裁定，不允许被执行人以及其他人对这些财产进行提取、使用和支配。

2. 查封、扣押、冻结的财产范围

法院可以查封、扣押、冻结被执行人占有的动产、登记在被执行人名下的不动产、特定动产及其他财产权。未登记的建筑物和土地使用权，依据土地使用权的审批文件和其他相关证据确定权属。对于第三人占有的动产或者登记在第三人名下的不动产、特定动产及其他财产权，第三人书面确认该财产属于被执行人的，法院可以查封、扣押、冻结。

3. 查封、扣押、冻结的程序

法院采取查封、扣押和冻结措施的，应当遵循一定的程序。

（1）法院查封、扣押、冻结被执行人的动产、不动产及其他财产权，应当作出裁定，并送达被执行人和申请执行人。采取查封、扣押、冻结措施需要有关单位或者个人协助的，法院应当制作协助执行通知书，连同裁定书副本一并送达协助执行人。查封、扣押、冻结裁定书和协助执行通知书送达时发生法律效力。

（2）通知相关的人员到场。查封、扣押、冻结等执行措施影响主体的财产权利的，法院应当对其进行明确的告知。被执行人是公民的，应当通知其本人或者其成年家属到场。被执行人是法人或其他组织的，通知其法定代表人或者主要负责人到场。被执行人放弃行使这种监督权和提出合理要求的权利，即拒不到场，不影响法院的执行。

（3）通知有关单位和基层组织参加执行。对于被执行人是公民的，应当通知其工作单位或者是财产所在地的基层组织派人参加。

（4）对查封、扣押的财产造具清单。为了避免发生纠纷和保护被执行人的利益，法院对查封、扣留的财产应当进行登记、列明清单，并由在场的人签名或盖章后，交被执行人一份；被执行人是公民的，也可以交其成年家属一份。

查封和扣押遵循一定的程序，一方面可以防止执行机构滥用执行权，另一方面可以保护被执行人的合法权利。对于查封的财产，法院可以指定被执行人负责保管，被执行人的过错造成这些财产毁损或灭失的，被执行人应当承担相应的责任。

4. 查封、扣押、冻结的期限

《民诉法解释》第485条规定,法院冻结被执行人的银行存款的期限不得超过1年,查封、扣押动产的期限不得超过2年,查封不动产、冻结其他财产权的期限不得超过3年。申请执行人申请延长期限的,法院应当在查封、扣押、冻结期限届满前办理续行查封、扣押、冻结手续,续行期限不得超过前款规定的期限。法院可以依职权办理续行查封、扣押、冻结手续。

为了保护被执行人的利益,以下物品不能采取查封、扣押和冻结等执行措施:被执行人及其所扶养家属生活所必需的衣服、家具、炊具、餐具及其他家庭生活必需的物品;被执行人及其所扶养家属所必需的生活费用;被执行人及其所扶养家属完成义务教育所必需的物品;未公开的发明或者未发表的著作;被执行人及其所扶养家属因身体缺陷所必需的辅助工具、医疗物品;被执行人所得的勋章及其他荣誉表彰的物品;等等。此外,根据《中华人民共和国缔结条约程序法》,以中华人民共和国、中华人民共和国政府或中华人民共和国政府部门名义同外国、国际组织缔结的条约、协定和其他具有条约、协定性质的文件中规定免于查封、扣押、冻结的财产,以及法律或者司法解释规定的其他不得查封、扣押、冻结的财产,也属于禁止查封、扣押、冻结的财产。

(二)拍卖、变卖财产

查封、扣押、冻结作为控制性的执行措施,只是限制了被执行人随意处分财产的行为。为了满足债权人的权利请求,有时需要通过变价程序对查封、扣押的财产进行处分,以最终实现申请执行人的金钱债权。因此,《民事诉讼法》第254条规定,财产被查封、扣押后,执行员应当责令被执行人在指定期间履行法律文书确定的义务。被执行人逾期不履行的,法院应当拍卖被查封、扣押的财产;不适于拍卖或者当事人双方同意不进行拍卖的,法院可以委托有关单位变卖或者自行变卖。国家禁止自由买卖的物品,交有关单位按照国家规定的价格收购。该条明确规定了法院指定履行期限作为拍卖、变卖的前置程序,同时确立了拍卖优先原则。具体而言,被执行人在法院指定的期限内拒绝履行法律文书确定的义务的,法院有权对被执行人的财产进行变价,以所得价款清偿债务。拍卖是指对于查封、扣押的财产,以公开竞价的方式,将财产卖给出价最高者的行为。对于拍卖查封、扣押的财产采取拍卖措施的,法院应当作出裁定。《民诉法解释》第486条规定,法院在执行中需要拍卖被执行人财产的,可以由法院自行组织拍卖,也可以交由具备相应资质的拍卖机构拍卖。交拍卖机构拍卖的,法院应当对拍卖活动进行监督。拍卖财产可以是动产,也可以是不动产。变卖是指法院对于查封、扣押的财产,不经过拍卖,直接强制出卖,用获得的价款清偿义务人债务的行为。法院在执行中需要变卖被执行人财产的,可以交由有关单位进行,也可以由法院直接变卖。对于法院直接变卖或组织变卖的财产,应当就价格问题征求物价部门的意见,或者委托专门的资产评估机构对变卖的财产进行估价。对于变卖的财产,法院工作人员及其家属不得买受。

对于拍卖、变卖被执行人的财物,应当委托依法成立的资产评估机构进行价格评估。拍卖评估需要检查、勘验的,法院应当责令被执行人、协助义务人予以配合。上述人员不配合的,法院可以强制进行。

《民诉法解释》第489、490条规定,经申请执行人和被执行人同意,且在不损害其他债权人合法权益和社会公共利益的情况下,法院可以不经过拍卖、变卖,直接将被执行人的财产作价交由申请执行人抵偿债务。对于剩余债务,被执行人还需要继续清偿。被执行人财产无法拍卖或变卖的,经申请执行人同意且不损害其他债权人合法权益和社会公共利益的,法院可以将该项财产作价后交付申请执行人抵偿债务,或者交付申请执行人管理;申请执行人拒绝接收或者管理的,退回被执行人。

拍卖成交或者依法定程序裁定以物抵债的,标的物所有权自拍卖成交裁定或者抵债裁定送达买受人或者接受抵债物的债权人时转移。

▶ 四、对债权的执行

(一)对债权执行的定义

在被执行人不能清偿债务时,其对本案以外的第三人享有到期债权的,法院可以根据申请执行人或被执行人的申请,向该第三人发出履行到期债务的通知,第三人在指定的期间内不提出异议也不履行的,裁定对其强制执行。对债权的执行又称为代位执行。

从法理上讲,债务人所有的财产都应当作为其债务履行的担保,这当然包括其享有的积极债权。根据《民法典》的规定,债务人怠于行使到期债权,致使债权人的债权受到损害时,债权人享有代位权,即代替债务人的位置,直接向与之没有直接权利义务关系的第三人主张权利。

在执行过程中,依据生效法律文书享有权利的人,在其权利不能得到有效实现,而义务人又享有到期债权时,权利人或义务人可以向法院提出申请,由义务人的债务人向权利人履行义务。在通常情况下,法律文书的效力仅及于参与诉讼的当事人,对未涉诉的当事人并没有约束力。代位执行主要是基于执行效率的考虑,可以看作是代位权在执行程序的具体效用。

法律规定在执行过程中可以由债务人的债务人直接对权利人进行履行,在程序设计上就应当非常谨慎和缜密,应当给第三人的权利以充分的保障,防止权利人或执行机构权利或权力的滥用,尤其是执行机构权力的滥用。执行实践中,为了能实现法律文书的内容和工作任务,执行机构的执行工作往往出现范围扩大化的倾向。如果法律设置了这样的一种法律文书效力扩张的方式,而没有设置限制性条件,对未涉诉的第三人而言是非常大的威胁。

(二)对债权执行的程序

法院作出冻结债权的裁定,应当向第三人发出履行通知。法院执行被执行人对他人的到期债权,可以作出冻结债权的裁定,并通知该他人向申请执行人履行。发出履行通知是使第三人进入民事执行程序的方法,也是执行债务人对第三人到期债权不可缺少的步骤。发出履行通知应当满足下列实质条件:① 应当是穷尽一切手段都无法达到执行效果时才能适用,即法律文书确定的被执行人被采取了强制执行措施后仍不能履行。② 被执行人对第三人的债权已经到期,且债权债务关系明确,如果被执行人对第三人享有债权,但是该债权清偿期尚未届满,不能适用代位执行程序。③ 该债权不专属于被执行人,即不是基于特定的信任关系或人身关系而取得的债权。④ 申请执行人提出申请。是否行使执行代位权取决于申请执行人的意愿,执行机构不能依职权作出适用代位执行程序的决定,这是对执行权的限制。申请执行人提出申请的范围不得超过自己对被执行人的债权和被执行人对第三人的债权。

履行通知的形式要件包括:① 履行通知应以书面通知的方式送达第三人,并且第三人能实际受领该通知书。② 履行通知中应当载明下列事项:履行债务的范围,包括数额、种类等;履行期限;履行方式;不履行将要承担的法律后果。根据《执行规定》第45条第2款的规定,履行通知的具体内容如下:第三人直接向申请执行人履行其对被执行人所负的债务,不得向被执行人清偿;第三人应当在收到履行通知后的15日内向申请执行人履行;第三人对履行到期债务有异议的,应当在收到履行通知后的15日内向执行法院提出异议;第三人违背上述义务的法律后果。

履行通知对于被执行人和第三人产生不同的效力。对于被执行人而言,其对该债权的处分受到限制,一方面不得受领该履行,另一方面其放弃对第三人的债权或延缓第三人的履行期限的行为无效。对于第三人而言,在收到履行通知后,不得对被执行人履行,其擅自向被执行人履行而造成履行的财产不能追回的,在已经履行的财产范围内与被执行人承担连带的清偿责任,并且可以对其追究妨碍执行的责任。同时,第三人还享有对履行通知提出异议的权利。第三人对到期债权有异议,申请执行人请求对异议部分强制执行的,法院不予支持。该第三人以外的利害关系人对到期债权有异议的,法院按照《民事诉讼法》第234条案外人异议的规定来处理。

（三）第三人异议

第三人异议是指第三人对履行通知中所列明的债权有实质性的不同意见。由于该履行通知所依据的债权确认并没有经过审判程序，可能直接影响第三人的财产利益，应当给予其抗辩的权利。对于第三人提出的异议，执行机构没有裁判的权利，不应当进行实质审查。只要第三人在指定的期间内提出异议，执行机构就不能对其财产采取强制执行措施。

1. 第三人异议的方式、期限和内容

第三人提出异议一般应当采用书面方式。口头异议由执行人员记入笔录，并由第三人签字或盖章。第三人应当在收到履行通知后的15日内提出异议，否则就将承受不利的法律后果。异议的内容应当是对债权的实质性不同意见，包括该债权不存在、对债权的数额有异议以及其他的对抗被执行人的抗辩理由。如果第三人提出没有履行能力或与申请执行人之间没有直接的法律关系，不产生异议的效力。

2. 第三人异议的效力

第三人提出异议，并且该异议依法成立的，就产生排除强制执行措施采用的效力，法院不得对第三人强制执行。在这种情况下，如果申请执行人认为被执行人存在怠于行使到期债权或有放弃债权的嫌疑，可以向法院提起代位权诉讼或请求法院撤销债务人的行为，对自己的权利进行救济。

3. 第三人异议的审查

第三人应当向执行机构提出异议。该执行机构仅对异议进行形式上的审查而无须进行实体上的审查。例如，执行机构可对第三人的异议是否在法定的期间内提出，异议是否与债权的存在、数额等有关联进行审查。如果第三人仅提出没有履行能力的，执行机关可以裁定异议不成立。

（四）采取强制执行措施

第三人在法定期间没有提出异议，也没有履行的，或者提出异议被裁定不成立的，法院可以对第三人采取强制执行措施，满足申请执行人的权利。第三人确实没有履行能力或没有财产可供执行的，不得再对其债务人的财产适用代位执行程序，此时应当终结代位执行程序。

适用代位执行程序后，第三人的履行行为在申请执行人和被执行人以及第三人之间产生一定的法律后果。对于第三人和被执行人而言，其债务因为履行而在清偿的范围内消灭，被执行人不得再依原来的债权债务关系向第三人主张原债权；对于申请执行人和被执行人而言，申请执行人的债权因为获得清偿而消灭。当然，在申请执行人的权利没有获得完全满足的情况下，其还可以向被执行人继续主张权利。

五、对知识产权、投资权益或股权的执行

（一）对知识产权的执行

知识产权是对专利、商标、作品等享有的智力成果权，是财产权的一种。如果被执行人享有知识产权而不履行生效法律文书确定的义务，法院有权裁定禁止被执行人转让其专利权、注册商标专用权、著作权（财产权部分）等知识产权。上述权利有登记主管部门的，应当同时向有关部门发出协助执行通知书，要求其不得办理财产权转移手续，必要时可以责令被执行人将产权或使用权证照交法院保存。被执行人在法院采取了禁止转让措施后仍不履行的，法院可以采取拍卖、变卖等执行措施。

（二）对股票、投资收益的执行

股票是一种有价证券，代表持有者对公司的所有权，属于财产性的权利。股息和红利属于投资性收益。随着社会的发展，人们的收入构成已经不局限于工资和薪金，投资性收益已经成为收入的重要来源。企业的性质不同，对被执行人拥有的股票或投资收益采取的执行措施也各有不同。

对于被执行人从有关企业中应得的已到期的股息或红利等收益的，法院有权裁定禁止被执行人提取，或禁止有关企业向被执行人支付，并要求有关企业直接向申请执行人支付。对于被执行人预期从有关企业中应得的股息或红利等收益，法院可以采取冻结措施，禁止到期后被执行人提取，并禁止有关企业向被执行人支付。待该收益到期后，法院可从有关企业中提取，并出具提取收据。

对被执行人在其他股份有限公司中持有的股份凭证（股票），法院可以扣押，并强制被执行人按照公司法的有关规定转让。法院也可以直接采取拍卖、变卖的方式进行处分，或直接将股票抵偿给债权人，用于清偿被执行人的债务。

对被执行人在有限责任公司、其他法人企业中的投资权益或股权，法院可以采取冻结措施。冻结投资权益或股权的，应当通知有关企业不得办理被冻结投资权益或股权的转移手续，不得向被执行人支付股息或红利。对于被冻结的投资权益或股权，被执行人不得自行转让。

被执行人在其独资开办的法人企业中拥有的投资权益被冻结后，法院可以直接裁定予以转让，以转让所得清偿其对申请执行人的债务。对被执行人在有限责任公司中被冻结的投资权益或股权，法院可以依据《公司法》第71条、第72条的规定，征得全体股东过半数同意后，予以拍卖、变卖或以其他方式转让。不同意转让的股东，应当购买该转让的投资权益或股权；不购买的，

视为同意转让,不影响执行。法院也可允许并监督被执行人自行转让其投资权益或股权,将转让所得收益用于清偿对申请执行人的债务。

对被执行人在中外合资、合作经营企业中的投资权益或股权,在征得合资或合作他方的同意和对外经济贸易主管机关的批准后,可以对冻结的投资权益或股权予以转让。被执行人除在中外合资、合作企业中的股权以外别无其他财产可供执行,其他股东又不同意转让的,可以直接强制转让被执行人的股权,但应当保护合资他方的优先购买权。

有关企业收到法院发出的协助冻结通知后,擅自向被执行人支付股息或红利,或擅自为被执行人办理已冻结股权的转移手续,造成已转移的财产无法追回的,应当在所支付的股息或红利或转移的股权价值范围内向申请执行人承担责任。

第三节 实现非金钱债权的执行

实现非金钱债权的执行是指法院的执行机构为了实现申请人的非金钱债权,迫使被执行人履行生效法律文书确定的义务而采取的各种执行措施的总称。非金钱债权与金钱债权相对应,其标的是被执行人的特定行为而非金钱或可以转化为金钱的财产或财产性权利。特定行为可以分为物的交付和法律文书确定的行为两种。因非金钱债权不以金钱的交付为目的,其执行措施与金钱债权有明显不同,一般不涉及变价程序,也不存在偿付的问题。

▶ 一、交付物的执行

交付物的执行是指法院在被执行人不履行交付义务时所采用的强制其交出法律文书指定的物的执行措施。这里需要注意的是对物的交付的执行与金钱债权中对财产的执行有所不同。物的交付要求被执行人交付法律文书指定的物,直接转移物的所有权,无须将特定的物货币化。而金钱债权的执行中对财产采用查封、扣押和冻结措施都是为了迫使被执行人履行现金债务,如果不能满足申请人要求的,要将财产进行拍卖和变卖。根据交付的物的种类,交付物的执行可以分为以下几类:

(一)交付动产的执行

交付动产又可以分为交付财物或票证以及特定物。交付财物或票证的,若被执行人拒不履行交付义务,首先由执行人员传唤双方当事人,对被执行人进行说服教育,促使其将指定的财物或票证当面交付申请执行人,或者由执行员转交给申请人,由被交付人签收。他人持有法律文书指定交付的财物或票证,法院依法发出协助执行通知后,拒不转交的,可以强制执行,并处以罚款或拘留。他人持有财物或票证损毁、灭失的,折价赔偿。他人主张合法持有财物或票证的,可以提出执行异议。

执行标的物为特定物的,应当执行原物。原物被隐匿或非法转移的,法院有权责令其交出。原物因损坏、灭失等确实已经不存在的,可以折价赔偿。当事人对折价赔偿不能协商一致的,法院应当终结执行程序,申请执行人可以另行起诉。

有关单位或个人持有法律文书指定的财物或票证,因其过错造成财物或票证被毁损或灭失的,法院可以责令其赔偿;拒不赔偿的,法院可以按照执行标的物的价值强制执行。

(二) 交付不动产的执行

交付不动产的执行,指法院根据生效法律文书确定的义务,强制解除被执行人对不动产的占有并将该不动产交付给申请执行人。被执行人在法律文书确定的期限内,拒不迁出或退出土地的,由法院的执行机构强制其搬迁,腾出房屋或土地,交付给申请人。适用这一执行措施,应当遵循法定程序:

(1) 由院长签发限期迁出房屋或退出土地的公告。公告中应明确义务人履行的期限,并告之拒不履行的法律后果。公告的目的是督促义务人在一定的期限内自觉履行。

(2) 公告期限届满,被执行人不自觉履行的,采取强制执行措施。首先,是通知相关人员到场。被执行人是公民的,应通知被执行人或其成年家属到场,其工作单位或者房屋、土地所在地的基层组织也应派人参加;被执行人是法人或其他组织的,应当通知其法定代表人或者主要负责人到场。拒不到场的,不影响执行。其次,是制作现场执行笔录。书记员或执行员应记录现场发生的情况,对搬出的财产进行登记和造具清单,由在场人签名或盖章。最后,强制迁出房屋过程中被搬出的财物,由法院派人运至指定地点,交给被执行人。被执行人是公民的,也可以交给其成年家属。因为被执行人或其成年家属拒收而造成的损失,由被执行人自行承担。

在执行过程中,需要办理有关财产权的证照转移手续的,法院可以向有关部门发布协助执行通知书。因为证照的转移必须通过这些机构才能完成,有关单位必须协助法院办理有关证照的转移手续。拒不办理的,按照妨碍民事诉讼行为进行处理。

▶ 二、对行为的执行

对行为的执行是指被执行人在不履行法律文书确定的行为时,法院采取强制措施强制其履行。

生效法律文书中确定的义务人必须完成的行为可分为可替代行为和不可替代行为,也可以分为作为和不作为。例如在侵权案件中,作为义务有赔礼道歉、消除影响、修理、重作、更换等;不作为义务则有停止侵害等。

对于作为行为的执行,被执行人在接到执行通知后拒不履行的,法院可以强制执行或者是委托有关单位或者他人完成,费用由被执行人承担。该项行为义务只能由被执行人完成,经说服教育被执行人仍拒不履行的,法院可以对其进行罚款或拘留,情节严重构成犯罪的,可追究其刑事责任。

生效法律文书确定了被执行人承担不作为义务的,其没有实施积极的作为就是在履行法定义务;如果被执行人实施了积极行为就是不履行生效裁判确定的义务。不作为也可以分为不可替代行为和可替代行为,针对不同的行为采用不同的执行措施。

第四节 保障性执行措施

保障性执行措施是指为了配合和辅助直接实现债权人权利的基本执行措施而采取的执行措施。其功能在于保障执行工作的顺利进行以及执行效率。这些措施包括搜查、查询、强制交付迟延履行利息或迟延履行金、继续履行、报告财产和限制出境以及限制高消费等。

▶ 一、搜查

在执行过程中,被执行人不仅逾期不履行法律文书所确定的义务,还有转移、隐匿财产的行为时,法院有权签发搜查令,对被执行人及其住所或财产隐匿地进行搜查。搜查是对被执行人转移、隐匿的财产进行搜索、查找的执行措施,其本身并不是为了实现法律文书中确定的权利,而是为了保障执行机构能对被执行人的财产采取其他的执行措施。因采取搜查措施有可能侵犯宪法赋予公民的基本权利,所以法律严格限制了其适用条件和程序。

(一)搜查适用的条件

(1)搜查必须是在民事执行程序中适用。

(2)生效法律文书规定的履行期间已经届满。

(3)被执行人拒不履行法定的义务,并有转移、隐匿财产的行为或者拒不提供有关财产状况的证明材料。

(4)搜查的范围仅限于被执行人及其住所和财产隐匿地。

（二）搜查程序

（1）必须由院长签发搜查令，并且必须由执行人员进行。

（2）进行搜查时，搜查人员必须按规定着装并出示搜查令和工作证件。搜查涉及被执行人的人身自由、名誉、居住等权利，在适用和操作上需慎重。

（3）通知相关人员到场。搜查时应当禁止无关人员进入搜查现场。搜查对象是公民的，应通知被执行人或其成年家属以及基层组织派员到场；搜查对象是法人或其他组织的，应当通知其法定代表人或者主要负责人到场。拒不到场的，不影响搜查。另外，如果搜查妇女的身体，应当由女执行人员进行。

（4）搜查应当制作搜查笔录，对到场的人员、过程和结果进行详细记录，并由相关人员签名或盖章确认。

（5）搜查中发现依法应当采取查封、扣押措施的财产，按照《民事诉讼法》第252条第2款、第254条有关查封、扣押以及拍卖、变卖财产的规定办理。

二、责令加倍支付迟延履行的利息和支付迟延履行金

迟延履行是指义务人未按照生效法律文书中确定的期限履行法定义务，或者是故意拖延履行。包括两种情况：一是义务人没有在确定的时间内履行金钱义务的，法院应当责令其加倍支付迟延履行期间的利息；二是义务人在确定的时间内没有履行其他义务的，应当支付迟延履行金。责令迟延履行给付金钱义务的被执行人加倍支付利息，是指在按银行同期贷款最高利率计付的债务利息上增加一倍。被执行人未按照法律文书确定的期限履行义务的，无论是否给申请执行人造成损失，都应当支付迟延履行金。造成损失的，双倍补偿申请执行人已经受到的损失；没有造成损失的，由法院根据案件的具体情况决定迟延履行金的数额。被执行人迟延履行的，迟延履行的期间的利息或迟延履行金从法律文书确定的履行期间届满之日起计算。

三、继续履行

在执行过程中，法院采取查询、冻结、划拨被执行人的存款，扣留和提取被执行人的收入，查封、扣押、冻结、拍卖、变卖被执行人的财产等措施后，被执行人仍不能清偿债务的，应当继续履行其义务。申请人发现被执行人有其他财产的，可随时要求法院继续执行。这是一项保障权利人权利完全实现的制度，可以防止被执行人产生侥幸心理，促使其完全地、及时地履行法律文书确定的义务。

▶ **四、报告财产**

被执行人未按照生效法律文书履行义务的,应当书面报告下列财产情况:① 收入、银行存款、现金、有价证券;② 土地使用权、房屋等不动产;③ 交通运输工具、机器设备、产品、原材料等动产;④ 债权、股权、投资权益、基金、知识产权等财产性权利;⑤ 其他应当报告的财产。

除此之外,被执行人自收到执行通知之日前一年至当前财产发生变动的,应当对该变动情况进行报告。被执行人在报告财产期间履行全部债务的,法院应当裁定终结报告程序。被执行人报告财产后,其财产情况发生变动,影响申请执行人债权实现的,应当自财产变动之日起10日内向法院补充报告。对被执行人报告的财产情况,申请执行人请求查询的,法院应当准许。申请执行人对查询的被执行人财产情况,应当保密。对被执行人报告的财产情况,执行法院可以依申请执行人的申请或者依职权调查核实。

▶ **五、限制出境、记入征信系统或通过媒体发布**

被执行人不履行法定义务的,法院可以对其采取或通知有关单位协助采取限制其出境的措施。限制被执行人出境的,应当由申请执行人向执行法院提出书面申请;必要时,执行法院可以依职权决定。被执行人为单位的,可以对其法定代表人、主要负责人或者影响债务履行的直接责任人员限制出境。被执行人为无民事行为能力人或者限制民事行为能力人的,可以对其法定代理人限制出境。在限制出境期间,被执行人履行法律文书确定的全部债务的,执行法院应当及时解除限制出境措施;被执行人提供充分、有效的担保或者申请执行人同意的,可以解除限制出境措施。

除了限制出境外,对于不履行生效法律文书确定义务的被执行人,法院除对被执行人予以处罚外,还可以根据情节,将其纳入失信被执行人名单,将被执行人不履行或不完全履行的信息向其所在单位、征信机构及相关机构通报。执行法院可以依职权或者依申请执行人的申请,将被执行人不履行法律文书确定义务的信息,通过报纸、广播、电视、互联网等媒体公布。媒体公布的有关费用,由被执行人负担;申请执行人申请在媒体公布的,应当垫付有关费用。

上述辅助措施的采取,会给债务人造成一定的心理压力,促使其履行裁判义务,有助于解决执行难的问题。

六、限制债务人高消费

限制债务人高消费，指在民事执行过程中，被执行人没有履行或没有全面履行生效法律文书确定的义务时，执行机构依法限制或禁止其以自己的财产进行某些种类的消费行为，促使其履行义务的一种措施。限制债务人高消费是一种间接执行措施，其作用机制是通过对被执行人造成心理上的压力或不便感促使其履行义务。法院决定采取限制高消费措施时，应当考虑被执行人是否有消极履行、规避执行或者抗拒执行的行为以及被执行人的履行能力等因素。

被执行人为自然人的，被限制高消费后，不得有以下以其财产支付费用的行为：① 乘坐交通工具时，选择飞机、列车软卧、轮船二等以上舱位；② 在星级以上宾馆、酒店、夜总会、高尔夫球场等场所进行高消费；③ 购买不动产或者新建、扩建、高档装修房屋；④ 租赁高档写字楼、宾馆、公寓等场所办公；⑤ 购买非经营必需车辆；⑥ 旅游、度假；⑦ 子女就读高收费私立学校；⑧ 支付高额保费购买保险理财产品；⑨ 其他非生活和工作必需的高消费行为。被执行人为单位的，被限制高消费后，禁止被执行人及其法定代表人、主要负责人、影响债务履行的直接责任人员以单位财产实施上述行为。

限制高消费一般由申请执行人提出书面申请，经法院审查决定；必要时法院可以依职权决定。法院决定限制高消费的，应当向被执行人发出限制高消费令。限制高消费令由法院院长签发。限制高消费令应当载明限制高消费的期间、项目、法律后果等内容。

法院根据案件需要和被执行人的情况可以向有义务协助调查、执行的单位送达协助执行通知书，也可以在相关媒体上进行公告。限制高消费令的公告费用由被执行人负担；申请执行人申请在媒体公告的，应当垫付公告费用。

被限制高消费的被执行人因生活或者经营必需而进行被禁止的消费活动的，应当向法院提出申请，获批准后方可进行。在限制高消费期间，被执行人提供确实有效的担保或者经申请执行人同意的，法院可以解除限制高消费令；被执行人履行完毕生效法律文书确定的义务的，法院应当在上述通知或者公告的范围内及时以通知或者公告的形式解除限制高消费令。

被执行人违反限制高消费令进行消费的行为属于拒不履行法院已经发生法律效力的判决、裁定的行为，经查证属实的，依照《民事诉讼法》第113条的规定，予以拘留、罚款；情节严重，构成犯罪的，追究其刑事责任。有关单位在收到法院协助执行通知书后，仍允许被执行人高消费的，法院可以依照《民事诉讼法》第117条的规定，追究其法律责任。

案例精选

▶【案例】①

浙江省平阳县人民法院于2012年12月11日作出(2012)温平鳌商初字第595号民事判决,判令被告人毛某于判决生效之日起15日内返还陈某挂靠在其名下的温州宏源包装制品有限公司投资款200000元及利息。该判决于2013年1月6日生效。因毛某未自觉履行生效法律文书确定的义务,陈某于2013年2月16日向平阳县人民法院申请强制执行。立案后,平阳县人民法院在执行中查明,毛某于2013年1月17日将其名下的浙CVU661小型普通客车以15万元的价格转卖,并将所得款项用于个人开销,拒不执行生效判决。毛某于2013年11月30日被抓获归案后如实供述了上述事实。

浙江省平阳县人民法院于2014年6月17日作出(2014)温平刑初字第314号刑事判决:被告人毛某犯拒不执行判决罪,判处有期徒刑10个月。宣判后,毛某未提起上诉,公诉机关未提出抗诉,判决已发生法律效力。法院裁判认为:被告人毛某负有履行生效裁判确定的执行义务,在法院具有执行内容的判决、裁定发生法律效力后,实施隐藏、转移财产等拒不执行行为,致使判决、裁定无法执行,情节严重,其行为已构成拒不执行判决罪。公诉机关指控的罪名成立。毛某归案后如实供述了自己的罪行,可以从轻处罚。

评析:为了有效地实现生效判决确定的内容,保护当事人的合法权利,维护裁判的权威性和法律的权威性,对于拒不执行生效裁判的行为应当给予有效的规制。拒不执行法院生效裁判的行为,除了可能招致民事强制执行外,情节严重的,可构成拒不执行判决、裁定罪。

本案另一个问题是拒不执行判决、裁定罪中规定的"有能力执行而拒不执行"的行为起算时间如何认定,即被告人毛某拒不执行判决的行为是从相关民事判决发生法律效力时起算,还是从执行立案时起算。对此,法院认为,生效法律文书进入强制执行程序并不是构成拒不执行判决、裁定罪的要件和前提,毛某拒不执行判决的行为应从相关民事判决于2013年1月6日发生法律效力时起算。主要理由如下:第一,符合立法原意。全国人民代表大会常务委员会对《刑法》第313条进行解释时指出,该条中的"法院的判决、裁定",是指法院依法作出的具有执行内容并已发生法律效力的判决、裁定。这就是说,只有具有执行内容的判决、裁定发生法律效力后,才具有法律约束力和强制执行力,义务人才有及时、积极履行生效法律文书确定义务的责任。生效

---

① 毛建文拒不执行判决、裁定案,最高人民法院指导案例71号(2016年)。

法律文书的强制执行力不是在进入强制执行程序后才产生的,而是自法律文书生效之日起即产生。第二,与《民事诉讼法》及其司法解释协调一致。2012年《民事诉讼法》第111条(现行法第114条)规定:诉讼参与人或者其他人拒不履行人民法院已经发生法律效力的判决、裁定的,人民法院可以根据情节轻重予以罚款、拘留;构成犯罪的,依法追究刑事责任。2015年《民诉法解释》第188条规定:2012年《民事诉讼法》第111条第1款第6项规定的拒不履行法院已经发生法律效力的判决、裁定的行为,包括在法律文书发生法律效力后隐藏、转移、变卖、毁损财产或者无偿转让财产、以明显不合理的价格交易财产、放弃到期债权、无偿为他人提供担保等致使人民法院无法执行的行为。由此可见,法律明确将拒不执行行为限定在法律文书发生法律效力后,并未将拒不执行的主体限定为进入强制执行程序后的被执行人或者协助执行义务人等,更未将拒不执行判决、裁定罪的调整范围限于生效法律文书进入强制执行程序后发生的行为。第三,符合立法目的。拒不执行判决、裁定罪的立法目的在于解决法院生效判决、裁定的"执行难"问题。将判决、裁定生效后立案执行前逃避履行义务的行为纳入拒不执行判决、裁定罪的调整范围,是法律设定该罪的应有之义。将判决、裁定生效之日确定为拒不执行判决、裁定罪中拒不执行行为的起算时间点,能有效地促使义务人在判决、裁定生效后即迫于刑罚的威慑力而主动履行生效裁判确定的义务,避免生效裁判沦为一纸空文,从而使社会公众真正尊重司法裁判,维护法律权威,从根本上解决"执行难"问题,实现拒不执行判决、裁定罪的立法目的。

思考问题

1. 执行措施的种类和适用条件。
2. 被执行人财产调查制度的完善。
3. 对行为请求权的执行措施。
4. 对被执行人到期债权执行的条件。
5. 执行威慑机制的构建及其完善。

第五编　涉港澳台及涉外民事诉讼程序

第二十四章　涉港澳台民事诉讼程序

在一个中国的原则之下,存在着一个主权国家内同时存在四个法域的局面。各法域法院不能到别的法域直接实施司法行为和采取诉讼措施,各法域的司法文书和司法外文书也不能在别的法域直接发生法律效力。因此,我国对涉及港澳台民商事案件的审理和四个法域之间的区际民事司法协助作出特别规定。本章主要介绍涉港澳台民事诉讼程序的特点、适用范围和特别规定、区际民事司法协助。

第一节 涉港澳台民事诉讼程序概述

为了既体现不同法域之间司法权的相对独立性，又体现国家主权的统一性，我国法律对涉港澳台民事案件诉讼程序作出了特别规定。

一、涉港澳台民事诉讼程序的概念和特点

在我国，由法院审理和裁判的涉港澳台民商事诉讼案件所遵循的程序，称为涉港澳台民事诉讼程序。涉港澳台民事案件是指含有涉港澳台因素的民商事纠纷引起的，依法应当或者可以由法院审理和裁判的案件，包括涉港澳台争讼案件、涉港澳台非讼事件和涉港澳台执行案件。

涉港澳台民事诉讼程序具有以下特点：

（1）适用的案件是统一主权之下的民事纠纷案件，但适用的程序不同于通常民事诉讼程序。

（2）适用的案件不属于涉外民事诉讼案件，但适用的程序参照适用涉外民事诉讼程序的规定。

（3）与通常诉讼程序的关系适用特别法与一般法关系的方法处理，即法律对涉港澳台民事诉讼程序有特别规定的，适用该规定；没有特别规定的，适用通常民事诉讼程序的一般规定。

二、涉港澳台民事诉讼程序的适用范围

涉港澳台民事诉讼程序适用的案件是指含有涉港澳台因素的纠纷引起的、依法应当或者可以由法院审理和裁判的民事纠纷案件。所以，涉港澳台民事诉讼程序的适用范围由两个因素决定：一是纠纷是否含有涉港澳台因素，二是案件是否应当或者可以由法院审理和裁判。

所谓含有涉港澳台因素的纠纷，是指至少包含以下三种因素之一的争议：① 民事争议的主体涉及港澳台的，即一方或者双方当事人是港澳特别行政区居民、台湾地区居民或法人、其他组织；② 争议的事实涉及港澳台的，即引起争议的民事法律关系发生、变更或者消灭的法律事实发生在香港、澳门特别行政区或台湾地区，比如合同在香港特别行政区签订或履行、侵权行为发生在澳门特别行政区等；③ 争议的标的物涉及港澳台的，即争议的财产在香港、澳门特别行政区或台湾地区。

第二节 涉港澳台民事诉讼程序的特别规定

人民法院解决涉港澳台民商事案件时,在诉讼程序(选择)适用方面,《民事诉讼法》没有作出特别规定的,通常次序是依照《民诉法解释》第549条的规定,即人民法院审理涉及香港、澳门特别行政区和台湾地区的民事诉讼案件,可以参照适用涉外民事诉讼程序的特别规定。

我国法律对人民法院审理涉港澳台民商事案件,作出下列规定:

一、民事诉讼当事人和诉讼代理人

(一)当事人的证明文件

港澳台当事人在内地(大陆)进行民事诉讼活动,应向人民法院提供港澳台有关部门出具的证明文件(如身份证、护照、公司执照、婚姻状况公证书等)以证明其身份;若因特殊原因确实无法取得上述证明文件,可用其他适当方法证明其身份(如通过合法的同乡会、宗亲会等来证明)。

(二)委托律师作为诉讼代理人

港澳台当事人在内地(大陆)进行民事诉讼活动,有权根据我国《民事诉讼法》的规定,委托诉讼代理人代为诉讼。住所地在香港、澳门特别行政区的当事人需要委托律师在内地人民法院代理进行诉讼的,应当委托内地的执业律师。香港特别行政区的法律执业者、澳门特别行政区的执业律师不得以律师身份作为代理人出庭。[①]

住所地在台湾地区的当事人需要委托律师代理进行诉讼的,应当委托在大陆地区执业的律师。在台湾地区执业的律师,不得在大陆地区以律师身份参加诉讼活动。

(三)授权委托书

港澳当事人从港澳委托的诉讼代理人,其授权委托书须经我国司法部授权的香港特别行政区委托公证人、澳门特别行政区有关机构证明,并明确代

[①] 根据司法部2003年发布的《取得内地法律职业资格的香港特别行政区和澳门特别行政区居民在内地从事律师职业管理办法》的规定,凡参加内地举行的国家司法考试合格,取得《中华人民共和国法律职业资格证书》的香港、澳门特别行政区居民,可以在内地申请律师执业。但是,根据2013年修订后的第15条,获准在内地律师执业的香港、澳门特别行政区居民,只能从事内地非诉讼法律事务,即可以采取担任法律顾问、代理、咨询、代书等方式从事内地非诉讼法律事务;也可以采取担任诉讼代理人的方式从事涉港、澳婚姻、继承的诉讼法律事务。因此,香港、澳门特别行政区居民即使具有内地律师执业资格,也不得接受委托在内地从事诉讼代理业务。

理权限。人民法院应注意审查代理人的委托权限,区分民事委托与诉讼委托、一般授权与特别授权。未履行公证、认证手续的,人民法院不允许受托人出庭代理诉讼。①

台湾地区当事人委托台湾地区居民代理诉讼的,从台湾地区向人民法院提交的授权委托书,应当经公证证明。

二、管辖

涉港澳台民事案件的管辖,原则上根据民事诉讼法关于地域管辖以及涉外民事诉讼管辖的规定确定。但是,考虑到离婚等类型案件有特殊性,最高人民法院有关司法解释规定了处理涉港澳台民事案件的管辖规则:

(1) 双方原在内地结婚,现一方居住在香港特别行政区或澳门特别行政区的,由原告住所地或经常居住地人民法院管辖;港澳一方向香港特别行政区或澳门特别行政区提起离婚诉讼,内地一方向人民法院起诉的,受诉人民法院有权管辖。

(2) 居住在港、澳的一方当事人向香港特别行政区或澳门特别行政区法院起诉离婚后,该法院作出准予离婚的判决,只要不违反我国法律的基本精神,且双方当事人均无异议的,该判决对双方当事人有拘束力;如该判决要在内地执行的,须由香港特别行政区或澳门特别行政区法院按我国《民事诉讼法》的有关规定,委托内地人民法院协助执行。

(3) 关于涉台离婚案件,参照《民事诉讼法》第 22 条的规定,由原告住所地或经常居住地人民法院管辖。下列三类案件,均由原告住所地或经常居住地法院管辖:第一,大陆一方要求与在台一方离婚的案件;第二,大陆一方与在台一方分离后未办理离婚手续,一方或双方分别在大陆和台湾地区再婚的,如果其中一方当事人(大陆一方)提出与其配偶离婚的案件;第三,回大陆定居一方要求与在台一方离婚的案件。

凡是内地人民法院享有管辖权的案件,港澳特别行政区法院对该案的受理,并不影响当事人就同一案件在内地人民法院起诉;但是否受理,应视案件具体情况作出决定。根据《认可执行台湾地区判决规定》,案件虽经台湾地区

---

① 港澳当事人从港澳提交给人民法院的授权委托书,应当按如下规定办理证明手续:(1) 驻港澳机构(新华社香港分社、中国银行、华润公司、招商局、澳门南光公司、澳门南通银行)的工作人员,可由所在机构出具证明;(2) 港九工会联合会、香港中华总商会、香港教育工作者联合会、澳门中华教育会、澳门中华总商会的会员可以由所在的社团出具证明;(3) 社会上的一般群众可以由司法部委托的香港律师出具证明;(4) 对香港民政署、民政处出具的证明认证问题,凡由司法部委托的律师转送的,即可以认为是可靠的。

有关法院判决,但当事人未申请许可,而是就同一案件事实向人民法院提起诉讼的,应予受理。

三、期间

对于住所地在香港、澳门特别行政区、台湾地区的当事人,其答辩、上诉期间应当参照适用涉外民事诉讼程序的规定。被告方住所地在香港、澳门特别行政区、台湾地区的,其向人民法院提交答辩状的期间为30日;不服第一审判决和第一审依法可以上诉的裁定的当事人,其住所地在香港、澳门特别行政区、台湾地区的,应当在收到判决书、裁定书的次日起30日内向上一级人民法院提起上诉。同时,人民法院审理涉港澳台民事案件,不受《民事诉讼法》有关审理期限规定的限制。

四、证据制度

涉港澳台民事诉讼证据制度中最重要的问题是如何取得和提交证明材料以及人民法院如何认定证据。根据"谁主张谁举证"的原则,涉港澳台民事诉讼证明材料原则上应当由当事人提供。《证据规定》第16条第3款规定:"当事人向人民法院提供的证据是在香港、澳门、台湾地区形成的,应当履行相关的证明手续。"

在内地无住所的香港当事人从内地以外寄交或者托交的有关诉讼材料,须经我国司法部委托的香港律师公证,委托事项主要包括:①凡发生在香港的法律行为、有法律意义的事实和文书的公证事项,均可由委托的香港律师办理。②公证机构在受理内地与香港的一些公司、企业签订的经济合同时,如有需要,可要求港方当事人提供由司法部委托的香港律师出具的证明、该公司或企业登记注册的证明、银行资信情况证明、公司章程证明、委托代签合同的委托书的证明、公司或企业纳税的证明、银行担保证明等。③香港公司、企业因经济合同纠纷在内地人民法院诉讼或在仲裁机构仲裁时,提交给内地人民法院或仲裁机构的法人登记注册证、委托书等有关材料的证明。④关于港澳同胞到内地申请收养子女等与其有关的证明。公证书上应盖有中国法律服务(香港)有限公司转递香港公证文书专用章。

在内地无住所的澳门当事人从内地以外寄交或者托交的有关诉讼材料,应盖有中国法律服务(澳门)有限公司证明事务专用章。

在大陆地区无住所的台湾地区当事人从台湾地区寄交或者托交的有关诉讼材料,应当经台湾地区当地的公证机构或者其他部门、民间组织、律师出具证明,个人可以由其工作单位出具证明。

港澳台地区法院确定的案件实体事实,在其后进行的民事诉讼中,一般没有预决或相对免证的效力。但是,人民法院已经认可的港澳台地区法院确定判决确认的案件实体事实,在其后进行的民事诉讼中,具有预决或相对免证的效力。

第三节　区际民事司法协助

▶ 一、区际民事司法协助的含义

区际民事司法协助,是指同一主权国家不同法域的司法机关之间在民商事司法领域内的合作与互助。根据《香港基本法》第95条和《澳门基本法》第93条的规定:香港和澳门特别行政区可与全国其他地区的司法机关通过协商依法进行司法方面的联系和相互提供协助。在一个中国原则下,各法域间既相互独立又相互平等,所以各法域法院不得到别的法域直接实施司法行为和采取诉讼措施,各法域的司法文书和司法外文书也不能在别的法域直接发生法律效力。因此,各法域间需要相互给予民事司法协助。

我国的区际民事司法协助包括:① 一般区际民事司法协助,即内地(大陆)与港澳台之间相互送达诉讼文书或法律文书、调取证据、提供法律资料等;② 特殊区际民事司法协助,即内地(大陆)与港澳台之间相互承认和执行司法文书和司法外文书。具体规定包括:《涉港澳送达规定》《内地与香港送达安排》《内地与香港认可和执行判决安排》《内地与香港执行仲裁裁决安排》《内地与澳门送达取证安排》《内地与澳门认可和执行判决安排》《内地与澳门认可和执行仲裁裁决安排》《认可执行台湾地区判决规定》《涉台送达规定》《认可执行台湾地区判决补充规定》(失效)、《两岸司法互助规定》。

▶ 二、区际民事司法协助的原则

我国区际民事司法协助的原则主要有:

1. 一个中国

我国区际民事司法协助首先必须严格遵守一个中国原则,受到"一个中国"法理的规范。区际司法协助本质上是中国内部各法域间展开的司法合作。

2. 平等协商

在民事司法协助方面,各法域之间存在着司法合作关系,只能以"平等协商"的方式达成民事司法协助的文件,相互间平等给予民事司法协助。

3. 遵守公共秩序

民事司法协助应当遵守各法域的公共秩序,即遵守各法域基本的政治、经济、社会和法律制度以及善良风俗等。某司法协助行为若损害某法域的公共秩序,则该法域法院有权拒绝提供协助。

4. 适用被请求法院地诉讼程序

民事司法协助行为多属于程序行为或诉讼行为,所以原则上被请求法院按照本法域诉讼程序采取司法协助措施(这实际上是"程序问题适用法院地法"原则在区际民事司法协助领域的体现)。请求方法院请求采用特殊方式,被请求方法院认为不违反本法域法律规定的,可以按其特殊方式给予司法协助。

5. 程序审查

对协助的请求、请求协助的文书,被请求方法院只从程序上审查,即符合司法协助文件、本法域诉讼法的就给予协助,而不得根据本法域实体法对请求协助的文书进行实体审查,除非该文书的实体内容有损国家主权或有违公共秩序。

案例精选

▶【案例】①

2017年4月5日,申请人瑞士联合银行集团新加坡分行与被申请人上海国储能源集团有限公司签订《担保函》,约定被申请人作为保证人为借款人签订的《贷款协议》下的责任提供保证。《担保函》第9.2条约定,因本契据产生的争议"应提交至香港国际仲裁中心(HKIAC),根据HKIAC收到仲裁通知之时有效的《香港国际仲裁中心机构仲裁规则》,经HKIAC进行仲裁予以最终解决"。后借款人未按约归还本息,故申请人于2020年3月30日向香港国际仲裁中心对被申请人提起仲裁并获受理(案号:HKIAC/A20050)。仲裁中,申请人为确保其权利得以实现,提出财产保全申请,请求冻结被申请人的银行存款370325094.84美元或查封、扣押、冻结被申请人其他等值财产。2020年5月15日,香港国际仲裁中心向上海金融法院转递申请人的财产保全申请和相关材料。2020年6月8日,申请人自行向上海金融法院提交财产保全申请相关补充材料。中国平安财产保险股份有限公司上海分公司向上

---

① 瑞士联合银行集团新加坡分行与上海国储能源集团有限公司香港仲裁程序在内地申请财产保全案,上海金融法院民事裁定书(2020)沪74财保7号。

海金融法院出具诉讼财产保全责任保险担保书,保证承担申请人因申请错误造成被申请人或第三人经济损失的赔偿责任。

上海金融法院经审理认为,申请人系香港仲裁程序的当事人,在仲裁裁决作出前,依据《最高人民法院关于内地与香港特别行政区就仲裁程序相互协助保全的安排》的规定,向上海金融法院提出财产保全申请,符合法律规定,可予准许。上海金融法院于2020年6月9日作出(2020)沪74财保7号民事裁定书,裁定冻结被申请人上海国储能源集团有限公司的银行存款370325094.84美元(以仲裁通知申请求金额暂计截止日期2020年3月27日中国银行公布的现汇买入比率1美元=7.0587人民币计算,为人民币2614013746.95元)或查封、扣押、冻结被申请人其他等值财产。

评析:2019年10月1日生效的《最高人民法院关于内地与香港特别行政区法院就仲裁程序相互协助保全的安排》,明确授予内地与香港特别行政区当事人在仲裁程序开始前和进行中向对方法院申请保全的权利。香港仲裁程序的当事人,在香港仲裁裁决结果作出前,可参照内地相关规定,向被申请人住所地、财产所在地或者证据所在地的内地中级人民法院申请保全。当事人可直接将保全申请书连同仲裁机构或者办事处的转递函自行提交给内地人民法院,内地人民法院可根据香港特别行政区政府律政司提供的联系方式向相关仲裁机构或办事处核实情况。对于当事人仅于保全申请书中列明以外币为单位确定的保全财产金额,法院认可将该金额折算为人民币金额。同时出于支持仲裁角度,对于仲裁机构或者办事处提出希望获知保全申请裁定结果的,法院可将裁定结果反馈。

思考问题

1. 涉港澳台民事诉讼程序的特点。

2. 涉港澳台民事诉讼程序有关当事人和诉讼代理人、管辖、调取证据、期间的特别规定。

3. 我国区际民事司法协助应当遵循的原则。

第二十五章　涉外民事诉讼程序

涉外民事诉讼，是指法院在双方当事人和其他诉讼参与人的参加下，审理具有涉外因素的民事案件的活动以及由此产生的诉讼法律关系的总和。涉外民事诉讼考虑到国家主权、涉外因素、法律冲突、司法协助等方面，呈现其适用中的特殊性。本章结合《民事诉讼法》和相关国际条约的规定，主要介绍了涉外民事诉讼程序的原则、管辖、期间和送达、司法协助。

第一节 涉外民事诉讼程序概述

一、涉外民事诉讼的概念与特征

（一）涉外民事诉讼的概念

涉外民事诉讼，是指法院在双方当事人和其他诉讼参与人的参加下，审理具有涉外因素的民事案件的活动以及由此产生的诉讼法律关系的总和。就其研究内容而言，民事诉讼法学者对涉外民事诉讼的研究主要集中于国内民事诉讼法关于涉外民事诉讼的规定，而国际私法学者对国际民事诉讼的研究则更多地从国际私法的角度考虑国家与国家之间就民商事法律关系所发生纠纷的解决。这里的涉外民事诉讼应作广义理解，即包括涉外商事诉讼。

《民诉法解释》第520条规定，有下列情形之一，法院可以认定为涉外民事案件：

（1）当事人一方或者双方是外国人、无国籍人、外国企业或者组织的。

（2）当事人一方或者双方的经常居所地在中华人民共和国领域外的。

（3）标的物在中华人民共和国领域外的。

（4）产生、变更或者消灭民事关系的法律事实发生在中华人民共和国领域外的。

（5）可以认定为涉外民事案件的其他情形。

（二）涉外民事诉讼的特征

涉外民事诉讼具有民事诉讼的一般特征，同时又因为具有涉外因素而在法律适用方面有自己的特征。与国内民事诉讼相比较，涉外民事诉讼具有以下几个主要特征：

（1）涉外民事诉讼往往涉及国家主权问题，当事人之间民事纠纷的解决可能会涉及几个主权国家，由于涉外民事诉讼存在涉及外国的某些特殊因素，因此在处理涉外民事案件时，既要维护我国的司法主权，又要在相互尊重对方国家主权和当事人利益的前提下，进行司法协助。

（2）涉外民事诉讼在具体程序上需要作出一些特殊规定。在涉外民事诉讼中，由于当事人可能在我国没有住所，在诉讼文书的送达、当事人的传唤等程序上，所花费的时间要比国内民事诉讼更长，为了便于当事人进行诉讼，行使诉讼权利，涉外民事诉讼在管辖、期间、送达等制度上均具有一定的特殊性。

（3）涉外民事诉讼涉及不同国家之间司法协助的问题。一国法院只能在本国领域内进行诉讼行为，具有严格的地域性。但是，在涉外民事诉讼中，某些诉讼行为往往需要到其他国家法院的配合与协作才能完成。

（4）涉外民事诉讼案件在审判中对于法律的适用，会涉及准据法的适用问题。既可能出现实体法的选择问题，也可能出现程序法的选择问题，而国内民事诉讼统一适用我国的实体法和程序法，不存在准据法的选择适用问题。

二、涉外民事诉讼程序的立法体例和法律渊源

涉外民事诉讼程序，是指一国司法机关受理、审判和执行涉外民事案件，以及当事人进行诉讼活动所遵循的法定程序。由于涉外民事诉讼具有特殊之处，需要在具体程序上作出特别的规定。各国对于涉外民事诉讼的立法体例，大致有下列三种形式：

第一，制定与民事诉讼法相并行的单行涉外民事诉讼法，作为法院审理涉外民事案件的专门法律依据。由于涉外民事诉讼程序与国内民事诉讼程序的内容大同小异，这种立法体例极易造成立法的重复，目前各国在立法体例上大多已不采取这种单独立法的方式。

第二，将涉外民事诉讼程序的特殊规定分散规定于民事诉讼法之中。即将民事诉讼法作为处理涉外民事案件的基本程序法，但在民事诉讼法中将涉外民事诉讼需要作出特别规定的部分分别列入相关章节的条款中，作为对民事诉讼法的补充和例外规定。

第三，在民事诉讼法中专门设立章节对涉外民事诉讼的特别程序问题集中规定，以适应处理涉外民事诉讼的特别需要。这种立法体例，不仅将涉外民事诉讼程序统一规定在民事诉讼法中，而且对涉外民事诉讼程序的特殊问题集中加以规定，便于法院审理涉外民事案件，也便利于当事人进行涉外民事诉讼，因此成为各国民事诉讼立法的新趋势。

我国民事诉讼法对涉外民事诉讼的特别规定就属于第三种体例。在《民事诉讼法》中设专编即第 4 编，对涉外民事诉讼程序作了特别规定。虽然我国《民事诉讼法》设专编对涉外民事诉讼程序作出了一些特别规定，但是该特别规定不是与审判程序、执行程序并列的独立完整的程序规定，它只是针对涉外民事诉讼中的一般原则、管辖、期间与送达、司法协助等问题作出了特殊规定。涉外民事诉讼程序与一般民事诉讼程序是特殊与一般的关系，涉外民事诉讼程序的特别规定同《民事诉讼法》的一般规定一样，仍然受民事诉讼法基本原则的指导。法院审理涉外民事案件时，该编有规定的，适用该编的规定；该编没有规定的，适用《民事诉讼法》的其他规定。

第二节　涉外民事诉讼程序的一般原则

涉外民事诉讼程序的一般原则,是根据我国《民事诉讼法》的基本原则以及我国缔结或者参加的国际条约的规定,参照国际惯例,并结合我国涉外民事诉讼的特殊情况而制定的对涉外民事诉讼有指导意义、进行涉外民事诉讼必须遵循的原则。在涉外民事诉讼程序中,法院、当事人以及其他诉讼参与人除需遵守民事诉讼法的基本原则以外,还应当遵守涉外民事诉讼程序的一般原则。我国《民事诉讼法》第5条、第23章对涉外民事诉讼程序的一般原则作了规定,主要包括以下内容:

一、适用我国民事诉讼法的原则

《民事诉讼法》第266条规定,在中华人民共和国领域内进行涉外民事诉讼,适用《民事诉讼法》第4编规定,没有规定的,适用《民事诉讼法》其他有关规定。该条明确规定了涉外民事诉讼应适用我国《民事诉讼法》的原则,这一原则的确立,不仅是涉外民事诉讼中维护国家主权的重要体现,而且也是法院审理涉外民事案件,原则上适用法院所在地国家民事诉讼法国际惯例的体现。

涉外民事诉讼适用我国《民事诉讼法》的原则,主要体现在以下三个方面:

(1) 任何外国人、无国籍人、外国企业或者组织在我国领域内进行民事诉讼,均适用我国《民事诉讼法》规定的程序进行诉讼活动。

(2) 凡属于我国法院专属管辖的涉外民事案件,我国均有司法管辖权,其他国家的法院无权管辖。凡属于我国法院管辖的涉外民事案件,我国法院均享有司法管辖权。

(3) 任何外国法院的生效判决、裁定和外国仲裁机构的仲裁裁决,只有经过我国法院依法进行审查并予以承认后,才能在我国领域内发生法律效力;有执行内容的,才能按照我国《民事诉讼法》的执行程序规定予以执行。

二、同等对等原则

我国《民事诉讼法》第5条规定:"外国人、无国籍人、外国企业和组织在法院起诉、应诉,同中华人民共和国公民、法人和其他组织有同等的诉讼权利义务。外国法院对中华人民共和国公民、法人和其他组织的民事诉讼权利加以限制的,中华人民共和国人民法院对该国公民、企业和组织的民事诉讼权利,实行对等原则。"

同等对等原则包括同等原则和对等原则两个方面的内容：

（一）同等原则

外国人、无国籍人、外国企业和组织在法院起诉、应诉时的诉讼权利义务与中华人民共和国公民、法人和其他组织的相同。外国当事人有无诉讼权利能力和诉讼行为能力，应当依照我国法律来确定，而不以其所在国法律来确定其当事人资格。

（二）对等原则

外国法院对中华人民共和国公民、法人和其他组织的民事诉讼权利没有加以限制的，我国法院对该国公民、企业和组织的民事诉讼权利也不加以限制。外国法院对中华人民共和国公民、法人和其他组织的民事诉讼权利加以限制的，我国法院对该国公民、企业和组织的民事诉讼权利也加以同样的限制。

▶ 三、适用我国缔结或者参加的国际条约的原则

条约必须信守是国际关系中的一项公认准则。我国《民事诉讼法》第267条明确规定：我国缔结或者参加的国际条约同民事诉讼法有不同规定的，适用该国际条约的规定，但我国声明保留的条款除外。该原则也可以称为信守国际条约的原则。其内容具体体现为以下两方面：

第一，凡是我国缔结或者参加的国际条约，包括多边的国际公约和双边的条约，我国法律即确认其效力；我国未承认的国际条约或者国际条约中的某些条款，我国法院审理涉外民事案件时不予以适用。

第二，我国缔结或者参加的国际条约中的某些规定，与我国《民事诉讼法》的相关规定不一致的，我国法院审理涉外民事案件时应优先适用国际条约中的有关规定，但是我国声明保留的条款除外。

▶ 四、尊重外交特权和豁免原则

外交特权和豁免原则，是指一个国家或者国际组织派驻在他国的外交代表享有的免受驻在国司法管辖的一种制度，又称司法豁免或司法豁免权。司法豁免权作为外交特权的重要组成部分，分为刑事豁免权与民事豁免权两种，最早只适用于外交代表，后逐步扩大到其他主体，以及某些国家的组织和国家。我国《民事诉讼法》第268条规定："对享有外交特权与豁免的外国人、外国组织或者国际组织提起的民事诉讼，应当依照中华人民共和国有关法律和中华人民共和国缔结或者参加的国际条约的规定办理。"刑事司法豁免权是完全的、绝对的，即外交代表不受驻在国的刑事管辖；而民事豁免权具有相

对性、限制性和不完全性。根据《外交特权与豁免条例》的规定,外交代表在下列情况下不享有民事司法豁免权,我国法院有权受理相关诉讼:

(1) 派遣国明示放弃司法豁免权(但不包括放弃对判决的执行,因此如果要放弃对判决的执行必须要另行作出明确表示)。

(2) 享有司法豁免权的人向驻在国法院提起诉讼引起反诉的,不享有司法豁免权。

(3) 享有司法豁免权的人因私人事务涉及诉讼的,不享有司法豁免权。依照《领事特权与豁免条例》第14条、1961年订立的《维也纳外交关系公约》和1963年订立的《维也纳领事关系公约》的规定,这里的私人事务主要包括:第一,外交代表在驻在国因自己的不动产与他人发生的诉讼;第二,外交代表以私人身份作为遗嘱执行人、遗产管理人或继承人,与他人发生的继承诉讼;第三,外交代表超出职务范围而从事商业活动所发生的诉讼,包括未明示以派遣国代表身份订立契约的诉讼;第四,因领事官员在未表明身份的情况下订立合同所引起的纠纷,或者由于他们的车辆、船舶或航空器等交通工具在驻在国境内造成事故而涉及损害赔偿的诉讼。

虽然我国《民事诉讼法》没有规定外国国家的主权豁免,但是根据"平等者之间无管辖权"的原则,学者们一般认为国家及其财产的豁免是公认的国家法原则,一个国家不得对另一个国家行使审判权,除非外国政府同意诉讼,即便如此,如果外国国家或者政府败诉,没有经过该政府的同意的,不得对其国家财产强制执行。

▶ 五、使用我国通用语言文字的原则

我国《民事诉讼法》第269条规定:人民法院审理涉外民事案件,应当使用我国通用的语言、文字。当事人要求提供翻译的,可以提供,费用由当事人承担。民事诉讼中使用本国通用的语言文字是国际上通行的惯例做法,也是一国主权与尊严的问题。在涉外民事诉讼中,外国当事人需要提供翻译的,只要当事人提出申请,就应为其提供,由此产生的费用由当事人承担。该措施既便利了当事人进行诉讼,同时也便利了人民法院审理涉外民事案件。

▶ 六、委托我国律师代理诉讼的原则

根据我国《民事诉讼法》第270、271条的规定,涉外民事诉讼中的外籍当事人如果委托代理人以律师身份代理诉讼,必须委托我国律师机构的律师代理。律师制度作为一国司法制度的组成部分,只能在本国领域内适用,不得延伸适用于其他国家的领域。任何国家的律师均只能在其本国领域内执行

律师职务,不能接受当事人的委托以律师的身份到外国法院代理诉讼。

《民诉法解释》第523条规定,外国人、外国企业或者组织的代表人在人民法院法官的见证下签署授权委托书,委托代理人进行民事诉讼的,人民法院应予认可。第524条规定,外国人、外国企业或者组织的代表人在中华人民共和国境内签署授权委托书,委托代理人进行民事诉讼,经中华人民共和国公证机构公证的,人民法院应予认可。第525条规定,当事人向人民法院提交的书面材料是外文的,应当同时向人民法院提交中文翻译件。当事人对中文翻译件有异议的,应当共同委托翻译机构提供翻译文本;当事人对翻译机构的选择不能达成一致的,由人民法院确定。第526条规定,涉外民事诉讼中的外籍当事人,可以委托本国人为诉讼代理人,也可以委托本国律师以非律师身份担任诉讼代理人;外国驻华使领馆官员,受本国公民的委托,可以以个人名义担任诉讼代理人,但在诉讼中不享有外交或者领事特权和豁免。第527条规定,涉外民事诉讼中,外国驻华使领馆授权其本馆官员,在作为当事人的本国国民不在中华人民共和国领域内的情况下,可以以外交代表身份为其本国国民在中华人民共和国聘请中华人民共和国律师或者中华人民共和国公民代理民事诉讼。

根据国务院2001年制定的《外国律师事务所驻华代表机构管理条例》的规定,经国务院司法行政部门许可,外国律师事务所可以在我国设立代表机构、派驻代表,从事一些法律咨询、委托中国律师事务所办理中国法律事务、提供有关中国法律环境影响的信息等活动。

第三节 涉外民事诉讼管辖

一、涉外民事诉讼管辖概述

(一)涉外民事诉讼管辖的含义

涉外民事诉讼管辖,是指我国法院对具有涉外因素的民事案件的受案范围以及我国法院之间受理第一审涉外民事案件的分工和权限。

涉外民事诉讼不同于国内民事诉讼,它涉及国家主权的问题,既要维护我国的国家主权,又不能侵犯到他国的合法权益。如何正确界定涉外民事案件的管辖,不仅直接涉及国家主权的维护,还涉及我国法院对涉外案件是否享有司法审判权。

(二)涉外民事诉讼管辖的原则

从各国的立法例来看,除了普遍强调国家主权原则以外,各国同时要求具体的案件必须与本国具有某种联系因素。经过长期的司法实践，不同国家间不仅签署了一些国际条约，还逐渐形成了一些惯例性做法，这些国际条约与惯例做法必然作用于国内法，形成确定涉外民事诉讼管辖的一些共同的原则。

1. 属地管辖原则

属地管辖原则是指在涉外民事案件中，以当事人的住所、财产、诉讼标的物、产生争议的法律关系或法律事实等作为行使管辖权的连接因素而形成的原则。其中只要有一个因素存在于一国境内或发生于一国境内的，该国就取得对该案件的司法管辖权。

2. 属人管辖原则

属人管辖原则是指以在涉外民事案件中，以当事人的国籍作为行使管辖权的连接因素而形成的原则。只要一方当事人具有一国国籍，无论他是原告还是被告，也不论他在发生诉讼时居住在何处，其国籍国法院对该争议案件取得管辖权。

3. 实际控制管辖原则

实际控制管辖原则又称为有效原则，法院对涉外民事案件是否具有管辖权，应看该法院是否能够对被告或者其财产实行直接的控制，能否作出有效的判决。这是英美法国家普遍采取的管辖原则。在具体确定管辖时又可以分为对人的实际控制和对物的实际控制两种管辖权。比如被告在本国并接到本国法院传票、诉讼标的物在本国领域内的，本国法院就有管辖权。

根据《民事诉讼法》第272条的规定，我国实际上采用属地管辖原则。我国将诉讼标的物所在地、可供扣押财产所在地规定为确定法院有管辖权的联结因素，除考虑到属地管辖原则外，还考虑到对物的实际控制因素。

在现代国际社会中，普遍承认以当事人意志为确定管辖权的根据，即协议管辖。我国《民事诉讼法》也规定，在确定涉外民事诉讼管辖时，当事人在不违反级别管辖和专属管辖的前提下，可以协议选择与争议有实际联系的法院管辖。《民诉法解释》第529条规定，涉外合同或者其他财产权益纠纷的当事人，可以书面协议选择被告住所地、合同履行地、合同签订地、原告住所地、标的物所在地、侵权行为地等与争议有实际联系的地点的外国法院管辖。根据《民事诉讼法》第34条和第273条的规定，属于中华人民共和国法院专属管辖的案件，当事人不得协议选择外国法院管辖，但协议选择仲裁的除外。

4. 不方便法院原则

"不方便法院原则"是英美法上民事诉讼法中的一项原则，本不是我国民事诉讼法上的内容，但我国既往司法实践中，对我国法院本享有管辖权，但审理案件非常困难,又与我国国家和公民、法人或者其他组织的利益无关的情形,曾适用"不方便法院"原理,放弃行使管辖权,已经有几个这样的案例。因此《民诉法解释》第530条规定,涉外民事案件同时符合下列情形的,法院可以裁定驳回原告的起诉,告知其向更方便的外国法院提起诉讼:① 被告提出案件应由更方便外国法院管辖的请求,或者提出管辖异议;② 当事人之间不存在选择中华人民共和国法院管辖的协议;③ 案件不属于中华人民共和国法院专属管辖;④ 案件不涉及中华人民共和国国家、公民、法人或者其他组织的利益;⑤ 案件争议的主要事实不是发生在中华人民共和国境内,且案件不适用中华人民共和国法律,法院审理案件在认定事实和适用法律方面存在重大困难;⑥ 外国法院对案件享有管辖权,且审理该案件更加方便。

▶ 二、我国涉外民事诉讼管辖的特别规定

(一) 地域管辖

《民事诉讼法》第272条对地域管辖作出了明确的规定,即因合同纠纷或者其他财产权益纠纷,对在中华人民共和国领域内没有住所的被告提起的诉讼,如果合同在中华人民共和国领域内签订或者履行,或者诉讼标的物在中华人民共和国领域内,或者被告在中华人民共和国领域内有可供扣押的财产,或者被告在中华人民共和国领域内设有代表机构,可以由合同签订地、合同履行地、诉讼标的物所在地、可供扣押财产所在地、侵权行为地或者代表机构住所地法院管辖。

适用地域管辖应当具备几个条件:① 必须是合同纠纷或者其他财产权益纠纷;② 被告在我国领域内没有住所;③ 有管辖权法院的所在地必须与涉外民事案件有一定牵连关系,即合同签订地、合同履行地、诉讼标的物所在地、可供扣押财产所在地、侵权行为地或者代表机构住所地,这里的代表机构须是作为被告的外国企业或其他组织派驻在我国境内的常设办事机构,而不是分支机构。

(二) 专属管辖

我国《民事诉讼法》第273条对涉外专属管辖作出了明确的规定:因在中华人民共和国履行中外合资经营企业合同、中外合作经营企业合同、中外合作勘探开发自然资源合同发生纠纷提起的诉讼,由中华人民共和国法院管辖。这三类案件的审理不仅涉及我国主权问题,还涉及国计民生的重大利益与我国的自然资源。因为在我国境内履行中外合资经营企业合同、中外合作经营企业合同所注册的是中国法人,而在我国境内履行中外合作勘探开发自然资源往往涉及对我国自然资源的开发问题,所以这三类合同所发生的纠纷

只能由我国法院专属管辖。

（三）集中管辖

为正确审理涉外民商事案件，依法保护中外当事人的合法权益，最高人民法院《涉外民商事案件管辖规定》对有关涉外民商事案件诉讼管辖的问题实行集中管辖。

下列五类案件实行集中管辖：① 涉外合同和侵权纠纷案件；② 信用证纠纷案件；③ 申请撤销、承认与强制执行国际仲裁裁决的案件；④ 审查有关涉外民商事仲裁条款效力的案件；⑤ 申请承认和强制执行外国法院民商事判决、裁定的案件。涉及香港、澳门特别行政区和我国台湾地区当事人的民商事纠纷案件的管辖，参照该规定处理。

上面五类涉外民商事案件的第一审人民法院包括：① 国务院批准设立的经济技术开发区人民法院；② 省会、自治区首府、直辖市所在地的中级人民法院；③ 经济特区、计划单列市中级人民法院；④ 最高人民法院指定的其他中级人民法院；⑤ 高级人民法院。上述中级人民法院的区域管辖范围由所在地的高级人民法院确定。

高级人民法院应当对涉外民商事案件的管辖实施监督，凡越权受理涉外民商事案件的，应当通知或者裁定将案件移送有管辖权的法院审理。

（四）协议管辖

涉外协议管辖与国内协议管辖统一适用《民事诉讼法》第 35 条（明示协议管辖）和第 130 条第 2 款（默示协议管辖）的规定。

当事人协议由我国法院管辖的，对于管辖协议是否成立和生效，应当根据我国《民事诉讼法》（法院地法）来确认。

▶ 三、诉讼竞合

诉讼竞合，是指同一当事人就同一民事纠纷，基于相同的事实理由和诉讼目的，同时向两个以上国家的法院提起诉讼的现象。诉讼竞合，主要包括两种情形：① 同一当事人作为原告向两个以上国家的法院分别提出诉讼；② 一方当事人作为原告向一个国家的法院提起诉讼以后，另一方当事人也作为原告向另一个国家的法院提起诉讼。

由于不同国家的法律制度存在一定的差异，这就使得同一民事纠纷因在不同国家法院进行诉讼所适用的实体法律不同，产生的诉讼结果也不同。因此，对于具有涉外因素的民事案件，当事人为了最大限度地维护自己的权益，必然尽力选择有利于自己的法院起诉。而各国为了扩大涉外民事诉讼的管辖权，也必然会尽量通过增加管辖连接因素使本国法院取得涉外诉讼的管辖权。因此,诉讼竞合现象经常且大量存在。为了解决诉讼竞合所引起的国家之间在管辖权问题上的冲突,各国对此采取了以下几种对策:① 拒绝行使管辖权或中止诉讼;② 禁止在外国法院进行诉讼;③ 允许当事人自行选择审判法院。

我国《民事诉讼法》虽然设有专章规定涉外民事诉讼中的管辖,但对诉讼竞合问题却没有作出相应的规定。但司法解释中却存在关于诉讼竞合的规定。《民诉法解释》第531条规定,我国法院和外国法院都有管辖权的案件,一方当事人向外国法院起诉,而另一方当事人向我国法院起诉的,我国法院可予受理。判决后,外国法院申请或者当事人请求人民法院承认和执行外国法院对本案作出的判决、裁定的,不予准许;但双方共同缔结或者参加的国际条约另有规定的除外。外国法院判决、裁定已经被我国法院承认,当事人就同一争议向我国法院起诉的,我国法院不予受理。

第四节 涉外民事诉讼的期间和送达

▶ 一、涉外民事诉讼的期间

涉外民事诉讼期间按照当事人在我国领域内是否有住所,分为两种情况:① 当事人在我国领域内有住所的,适用《民事诉讼法》第7章第1节关于期间的一般规定;② 当事人在我国领域内没有住所的,适用《民事诉讼法》第4编第25章有关期间的特别规定。

(一)被告和被上诉人的答辩期

《民事诉讼法》第275条明确规定了被告的答辩期:"被告在中华人民共和国领域内没有住所的,人民法院应当将起诉状副本送达被告,并通知被告在收到起诉状副本后三十日内提出答辩状。被告申请延期的,是否准许,由人民法院决定。"

根据《民事诉讼法》第276条,被上诉人在收到上诉状副本后,应当在30日内提出答辩状。当事人不能在法定期间提出答辩状,申请延期的,是否准许,由人民法院决定。

(二)上诉期间

《民事诉讼法》第276条明确规定了当事人的上诉期间,在中华人民共和国领域内没有住所的当事人,不服第一审人民法院判决、裁定的,有权在判决书、裁定书送达之日起30日内提起上诉。当事人不能在法定期间提起上诉,申请延期的,是否准许,由人民法院决定。

《民诉法解释》第 536 条规定，不服第一审人民法院判决、裁定的上诉期，对在中华人民共和国领域内有住所的当事人，适用现行《民事诉讼法》第 171 条规定的期限；对在中华人民共和国领域内没有住所的当事人，适用《民事诉讼法》第 276 条规定的期限。当事人的上诉期均已届满没有上诉的，第一审人民法院的判决、裁定即发生法律效力。

（三）审理期间

《民事诉讼法》第 277 条规定，人民法院审理涉外民事案件的期间，不受该《民事诉讼法》第 152 条、第 183 条规定的限制。因此，无论人民法院审理第一审涉外民事案件，还是审理第二审涉外民事案件，都没有审限的约束。根据《民诉法解释》第 537 条，人民法院对涉外民事案件的当事人申请再审进行审查的期间，不受《民事诉讼法》第 211 条规定的限制。

二、涉外送达

涉外民事诉讼送达，是指在涉外民事诉讼中，法院依照法定程序，将诉讼文书送交当事人或者其他诉讼参与人的行为。

根据《民事诉讼法》第 274 条的规定以及相关司法解释，如果外国的当事人在我国领域有住所，或者其诉讼代理人有权接受送达，或者在我国领域设立有代表机构或者有权接受送达的分支机构、业务代办人，则不牵涉域外送达，在国内即可完成对涉外案件的送达。在涉外诉讼中的当事人不能满足上述几种情况时，则需要域外送达。域外送达的方式包括：

1. 依照国际条约中规定的方式送达

这里所说的国际条约是指 1965 年《海牙送达公约》，我国于 1991 年批准加入该公约，1992 年生效。在加入此公约时，我国作了 5 项声明，其中比较重要的两项声明一个是对公约第 10 条，也即对邮寄送达进行了保留，反对外国在我国采取这种送达方式。另一个是在送达符合该公约规定的各项条件时，即使没有收到任何送达证明或者交付证明，仍可以作出判决。根据《海牙送达公约》关于送达方式的规定，送达途径主要有：中央机关送达、外交和领事送达、邮寄送达、目的国司法助理人员、官员或其他主管人员送达等。

2. 外交途径送达

在下列情况下可以通过外交途径送达：人民法院向具有同我国建交但未签订双边司法协助协议或者参加《海牙送达公约》的国家国籍的当事人、第三国国籍的当事人或无国籍当事人送达文书。这种送达方式所送达的法律文书通常需要附有受送达国文字或者该国同意的第三国文字译本。

3. 使领馆途径送达

事实上，外交途径送达与使领馆途径送达的运作程序有一些相似，即主体相同，它们都需要通过使领馆进行。但送达方式不同，外交途径送达一般不直接将司法文书交给受送达人，而使领馆途径送达则可以直接送交受送达人。

4. 向诉讼代理人送达

外国人、无国籍人、外国企业和组织在人民法院起诉，必须委托我国律师代理诉讼；也可以委托其本国人或居住国的公民为诉讼代理人；还可以委托外国律师以非律师身份担任诉讼代理人；外国驻华使领馆官员也可受本国公民委托，以个人名义担任诉讼代理人，但不享有外交特权和豁免权。

5. 向受送达人的代表机构或分支机构送达

《民诉法解释》第533条规定，外国人或者外国企业、组织的代表人、主要负责人在中华人民共和国领域内的，人民法院可以向该自然人或者外国企业、组织的代表人、主要负责人送达。外国企业、组织的主要负责人包括该企业、组织的董事、监事、高级管理人员等。

6. 邮寄送达

《民诉法解释》第534条规定，受送达人所在国允许邮寄送达的，人民法院可以邮寄送达。邮寄送达时应当附有送达回证。受送达人未在送达回证上签收但在邮件回执上签收的，视为送达，签收日期为送达日期。自邮寄之日起满3个月，如果未收到送达的证明文件，且根据各种情况不足以认定已经送达的，视为不能用邮寄方式送达。

7. 传真、电子邮件送达

这是2012年《民事诉讼法》增加的送达方式。随着科技的迅速发展，采用传真、电子邮件等方式，在确定受送达人收悉的情况下，可以更为快捷、方便地进行送达。

8. 公告送达

在不能用前述方式送达的时候，可以公告送达，自公告期满3个月，即视为送达。2012年《民事诉讼法》将涉外民事诉讼公告送达的期限从原来的6个月改为3个月。人民法院可以在报刊上或者受诉人民法院所在地等合适的地点进行公告，以公告的形式将应告知当事人的内容向当事人送达。《民诉法解释》第532条规定，对在中华人民共和国领域内没有住所的当事人，经用公告方式送达诉讼文书，公告期满不应诉，人民法院缺席判决后，仍应当将裁判文书依照《民事诉讼法》第274条第8项的规定公告送达。自公告送达裁判文书满3个月之日起，经过30日的上诉期当事人没有上诉的，第一审判决即发生法律效力。《民诉法解释》第 535 条规定,人民法院第一审时采取公告方式向当事人送达诉讼文书的,第二审时可径行采取公告方式向其送达诉讼文书,但人民法院能够采取公告方式之外的其他方式送达的除外。

第五节 司法协助

一、司法协助概述

(一) 司法协助的概念

司法协助,是指不同国家的法院之间,根据本国缔结或者参加的国际条约或者按照互惠原则,互相协助代为一定诉讼行为的制度。

司法行为是一种主权行为,基于主权独立的原则,任何一个主权国家都有权排斥他国的司法行为,换言之,一国的司法机关也只能在其领域内行使司法权。同样,一国法院的判决和仲裁机构的仲裁裁决通常情况下也仅具有域内效力,这就使得涉外民事诉讼过程中,往往需要各国法院在司法事务上互相协助。可见,司法协助制度正是随着国际交往的日益增多而逐渐形成并发展起来的。20 世纪以来,有关司法协助的国际条约逐渐增多,例如 1954 年签订的《海牙民事诉讼程序公约》,1958 年在纽约签订的《承认及执行外国仲裁裁决公约》,1971 年在海牙签订的《关于承认与执行外国民事和商事判决的公约》等。

(二) 司法协助的种类

我国《民事诉讼法》第 4 编第 27 章专门对司法协助作出了具体的规定,既包括代为送达文书、调查取证以及进行其他诉讼行为,也包括对外国法院判决、裁定以及外国仲裁裁决的承认与执行。据此,司法协助分为一般司法协助与特殊司法协助。

二、一般司法协助

一般司法协助,也称为普通司法协助,是指不同国家的法院之间按照条约关系或者互惠原则互相请求,代为送达文书、调查取证和其他诉讼行为的制度。其他诉讼行为,通常是指代为提供有关法律资料的行为。

(一) 一般司法协助的途径

根据《民事诉讼法》的规定,我国法院与外国法院之间进行一般司法协助,通常有以下三种途径:

1. 条约途径

对于已经与我国签订司法协助协定的国家,或者与我国共同参加涉及司法协助内容的国际条约的国家,法院之间均应按照条约所规定的途径进行司法协助。例如,1988年2月8日生效的《中华人民共和国和法兰西共和国关于民事、商事司法协助的协定》第3条第1款规定:"提供司法协助,除本协定另有规定外,应当通知缔约双方各自指定或建立的中央机关进行。"我国指定的中央机关是司法部。

2. 外交途径

适用外交途径进行司法协助适用于两国之间虽然尚未签订有关司法协助的双边协定,也未共同参加某一相关国际条约,但双方业已建立外交关系的情况。通过外交途径进行司法协助,一般由外交机关作为中介,最终还是通过司法机关实施协助。按照互惠原则通过外交途径相互给予司法协助,这也是国际上通行的做法。

3. 本国使领馆途径

本国驻外使领馆代为完成一定的诉讼行为,这也是司法协助的一种途径。采用该种途径时需注意:① 由于该途径需通过使领馆进行,因此只能向在驻在国的本国公民实施诉讼行为,不得向外国公民实施诉讼行为;② 不得违反驻在国的法律,并且不得采取强制措施。为此,我国《民事诉讼法》第284条第2款明确规定,外国驻中华人民共和国的使领馆可以向该国公民送达文书和调查取证,但不得违反中华人民共和国的法律,并不得采取强制措施。除上述规定的情况外,未经中华人民共和国主管机关准许,任何外国机关或者个人不得在中华人民共和国领域内送达文书、调查取证。

(二) 一般司法协助的程序

1991年3月2日,第七届全国人大常委会第十八次会议决定批准我国加入《关于向国外送达民事或商事司法文书和司法外文书公约》,1997年7月3日第八届全国人大常委会第二十六次会议决定批准我国加入《关于从国外调取民事或商事证据的公约》。根据这两个公约、《民事诉讼法》以及《最高人民法院、外交部、司法部关于我国法院和外国法院通过外交途径相互委托送达法律文书若干问题的通知》的有关规定,不同国家之间的一般司法协助程序分为三种:公约成员国之间的司法协助程序;订有司法协助协定国家之间的司法协助程序;仅有外交关系国家之间的司法协助程序。

1. 公约成员国之间的司法协助程序

凡公约成员国驻华使、领馆转送该国法院或其他机关请求我国送达的民事或商事司法文书,应直接送交我国司法部,由司法部转递给最高人民法院,再由最高人民法院交有关人民法院送达给当事人。

凡公约成员国有权送达文书的主管机关或司法助理人员直接送交司法部请求我国送达的民事或商事司法文书,由司法部转递给最高人民法院,再由最高人民法院交有关人民法院送达给当事人。

公约成员国要求我国法院代为调查取证的,请求书应依上述送达程序交我国司法部,由司法部转交给最高人民法院,再由最高人民法院送交有执行权的人民法院执行。

送达证明由有关人民法院交最高人民法院送司法部,再由司法部送交该国驻华使领馆或该国主管当局或司法助理人员。

我国法院欲请求公约成员国向该国公民或第三国公民或无国籍人送达民事、商事司法文书的,有关中级人民法院或专门法院应将请求书和所送司法文书送有关高级人民法院转最高人民法院,由最高人民法院送司法部转送该国指定的中央机关;必要时,也可由最高人民法院送我国驻该国使领馆转送该国指定的中央机关。我国法院请求公约成员国调查取证的,依上述送达程序将请求书及必要的文件送该国有责任接收请求书的指定中央机关,再由其根据其本国法律调查取证。

公约成员国驻他国使领馆可以直接向本国公民送达民事、商事司法文书,但不得违反他国法律。

我国与公约成员国签订有司法协助协定的,按协定的规定办理。

2. 订有司法协助协定国家之间司法协助的程序

外国一方法院请求我国协助时,应通过我国司法部递交申请我国法院提供司法协助的请求书和有关文件,再由司法部将请求书和有关文件转交最高人民法院,经审查后送交有关高级人民法院指定的中级人民法院或专门法院办理;办理结果由承办法院交有关高级人民法院,由高级人民法院审核后报最高人民法院,并由其译成外文连同原文书一并送司法部,再由司法部转递提出申请的外国一方。

我国法院委托外国一方法院予以司法协助的,亦应按司法协助协定提出请求文书和附件,经所属高级人民法院审核后报最高人民法院,最高人民法院审核后译成外文,连同中文的请求文书和所附文件一并转司法部,由司法部转递给缔约的外国一方。

3. 仅有外交关系的国家之间司法协助的程序

外国法院要求我国人民法院协助时,由该国驻华使馆将委托事项和有关文件交我国外交部领事司审查后转递有关高级人民法院,再由该高级人民法院指定有关中级人民法院代为完成诉讼行为,完成结果连同原有关文件再按上述程序交外交部领事司转交给对方。

我国要求外方提供一般司法协助的,将请求书及有关文件报经有关高级人民法院审查,再转由外交部领事司向外方转递。

请求提供一般司法协助时,请求书须注明对方人员姓名、性别、年龄、国籍及其在国外的详细外文地址,同时附上委托书。委托书和所附法律文书应有该国文字或该国同意使用的第三国文字译本。若受托国法院名称不明,可委托当事人所在地区主管法院。该国对委托书及法律文书有公证、认证等特殊要求的按要求办理,但特殊要求不得违反中华人民共和国法律。

▶ 三、特殊司法协助

特殊司法协助,是指两国法院在一定条件下相互承认并执行对方发生法律效力的法院裁判和仲裁机构仲裁裁决的制度。

一国法院的裁判与仲裁机构的仲裁裁决的效力只及于本国领域,因此不同国家的法院之间相互给予特殊司法协助对实现当事人的合法权益非常重要。特殊司法协助具体包括两个方面的内容:① 对外国法院裁判和仲裁机构裁决的承认与执行;② 我国法院的裁判和仲裁机构的裁决在国外的承认与执行。

(一) 对外国法院裁判和仲裁机构裁决的承认与执行

1. 承认与执行外国法院裁判和仲裁机构裁决的前提

根据我国缔结或者参加的国际条约以及《民事诉讼法》的规定,我国法院承认与执行外国法院裁判和仲裁机构裁决的前提是,当事人所在国或者请求法院所在国与我国订有司法协助协定或者共同缔结和参加的国际条约,或者存在互惠关系。

2. 承认与执行外国法院裁判和仲裁机构裁决的条件

根据我国缔结或者参加的国际条约以及《民事诉讼法》的规定,承认与执行外国法院裁判和仲裁机构裁决,需具备以下条件:

(1) 请求承认和执行的外国法院裁判和仲裁机构裁决已生效。

(2) 制作该裁判或者裁决的外国法院或者仲裁机构对该事项有管辖权。

(3) 外国法院裁判或者仲裁机构裁决的制作程序合法。

(4) 外国法院裁判或者仲裁机构裁决需要在我国得到承认与执行,即被执行人或者被执行的财产在我国领域内。

(5) 外国法院裁判或者仲裁机构裁决不违反我国法律的基本原则或者国家主权、安全、社会公共利益。

3. 承认与执行外国法院裁判和仲裁机构裁决的程序

根据《民事诉讼法》的规定,承认与执行外国法院裁判和仲裁机构裁决需遵循下列程序:

(1) 申请。外国法院作出的发生法律效力的裁判,需要在我国领域内得到承认与执行的,可以由当事人直接向我国有管辖权的中级人民法院,即被执行人住所地或者被执行财产所在地的中级人民法院申请承认和执行,也可以由外国法院依照该国与我国缔结或者参加的国际条约的规定,或者按照互惠原则,请求法院承认和执行。国外仲裁机构的裁决,需要我国法院承认和执行的,应当由当事人直接向被执行人住所地或者其财产所在地的中级人民法院申请。

(2) 审查与处理。我国法院接到申请或者请求后,依照我国缔结或者参加的国际条约,或者按照互惠原则进行审查。这种审查,只限于审查外国法院的裁判或者仲裁机构的裁决是否符合我国《民事诉讼法》规定的承认和执行外国法院裁判或者仲裁机构裁决的条件,对该外国法院裁判或者仲裁机构裁决中事实的认定和法律的适用问题则不予以审查。经过审查后,认为符合承认与执行条件的,裁定承认其效力,需要执行的,发出执行令;认为不符合条件的,将申请书或者请求书退回提出申请的当事人或者提出请求的外国法院。

(二) 我国法院的裁判和仲裁机构的裁决在国外的承认与执行

根据《民事诉讼法》第287条的规定,我国法院作出的发生法律效力的判决、裁定,如果被执行人或者其财产不在我国领域内,当事人请求执行的,可以由当事人直接向有管辖权的外国法院申请承认和执行,也可以由我国法院依照我国缔结或者参加的国际条约的规定,或者按照互惠原则,请求外国法院承认和执行。我国涉外仲裁机构作出的发生法律效力的仲裁裁决,当事人请求执行的,如果被执行人或者其财产不在我国领域内,应当由当事人直接向有管辖权的外国法院申请承认和执行。

当事人请求外国法院承认和执行我国法院裁判或者仲裁机构裁决时,须提供下列相关文件:① 生效的法院裁判或者仲裁机构裁决;② 业已送达的送达回证或者其他证明文件;③ 采用对方通行或者认可的文字的上述文件的译本。外国法院接到当事人的申请或者我国法院的请求后,按照与我国订立的司法协助协定或者缔结和共同参加的国际条约,或者按照互惠原则进行审查,对于符合条件的,应按照该国法律予以承认和执行。

此外,《民诉法解释》第548条还规定,当事人在我国领域外使用法院的判决书、裁定书,要求我国法院证明其法律效力的,以及外国法院要求我国法院证明判决书、裁定书的法律效力的,我国作出判决、裁定的法院,可以本法院的名义出具证明。

案例精选

▶【案例】①

上海金纬机械制造有限公司(以下简称金纬公司)与瑞士瑞泰克公司(RETECH Aktiengesellschaft,以下简称瑞泰克公司)买卖合同纠纷一案,由中国国际经济贸易仲裁委员会于2006年9月18日作出仲裁裁决。2007年8月27日,金纬公司向瑞士联邦兰茨堡(Lenzburg)法院(以下简称兰茨堡法院)申请承认和执行该仲裁裁决,并提交了由中国中央翻译社翻译、经上海市外事办公室及瑞士驻上海总领事认证的仲裁裁决书翻译件。同年10月25日,兰茨堡法院以金纬公司所提交的仲裁裁决书翻译件不能满足《承认及执行外国仲裁裁决公约》(以下简称《纽约公约》)第4条第2点关于"译文由公设或宣誓之翻译员或外交或领事人员认证"的规定为由,驳回金纬公司的申请。其后,金纬公司又先后两次向兰茨堡法院递交了分别由瑞士当地翻译机构翻译的仲裁裁决书译件和由上海上外翻译公司翻译、上海市外事办公室、瑞士驻上海总领事认证的仲裁裁决书翻译件以申请执行,仍被该法院分别于2009年3月17日和2010年8月31日,以仲裁裁决书翻译文件没有严格意义上符合《纽约公约》第4条第2点的规定为由,驳回申请。

2008年7月30日,金纬公司发现瑞泰克公司有一批机器设备正在上海市浦东新区展览,遂于当日向上海市第一中级人民法院(以下简称上海一中院)申请执行。上海一中院于同日立案执行并查封、扣押了瑞泰克公司参展机器设备。瑞泰克公司遂以金纬公司申请执行已超过《民事诉讼法》规定的期限为由提出异议,要求上海一中院不受理该案,并解除查封,停止执行。

上海市一中院于2008年11月17日作出(2008)沪一中执字第640-1民事裁定,驳回瑞泰克公司的异议。裁定送达后,瑞泰克公司向上海市高级人民法院申请执行复议。2011年12月20日,上海市高级人民法院作出(2009)沪高执复议字第2号执行裁定,驳回复议申请。

评析: 2007年《民事诉讼法》第257条(现行法第280条)规定:"经中华人民共和国涉外仲裁机构裁决的,当事人不得向人民法院起诉。一方当事人不履行仲裁裁决的,对方当事人可以向被申请人住所地或者财产所在地的中级

---

① 上海金纬机械制造有限公司与瑞士瑞泰克公司仲裁裁决执行复议案,最高人民法院指导案例37号(2014年)。

人民法院申请执行。"因此,只要被执行人可供执行的财产在我国领域内,产生我国国内人民法院的管辖连接点,人民法院即对该纠纷享有执行管辖权。此外,2007年《民事诉讼法》第264条(现行法第287条第2款)规定:"中华人民共和国涉外仲裁机构作出的发生法律效力的仲裁裁决,当事人请求执行的,如果被执行人或者其财产不在中华人民共和国领域内,应当由当事人直接向有管辖权的外国法院申请承认和执行。"该条内容规范的是被执行人或其财产这两个管辖连接点在我国领域外时的管辖确定,属司法协助范畴。这一规定不影响当外国法人财产在我国领域内时,人民法院可以依法要求该外国法人履行我国仲裁机构作出的仲裁裁决确定的义务,这是司法管辖权作为一国司法制度重要组成部分在其本国领域内的体现,也是司法主权原则在执行工作中的体现。综上,仲裁权利人向域外法院申请对我国涉外仲裁机构仲裁裁决的承认与执行,并不排除我国法院的执行管辖;外国法人或自然人在我国领域内能够确定住所地或有可供执行财产的,住所地或财产所在地人民法院有执行管辖权。因此,该案情形下,申请执行人完全可以依据《民事诉讼法》的相关规定,向被申请人财产所在地的中级人民法院申请执行。其申请执行的期限应当自执行管辖确定之日起计算,即发现被执行人可供执行财产之日,开始计算申请执行人的申请执行期限。

思考问题

1. 涉外民事诉讼程序的特征和原则。
2. 我国确定涉外民事诉讼管辖的特殊规定。
3. 我国涉外民事诉讼程序中的送达方式。
4. 一般司法协助的适用范围和途径。
5. 进行特殊司法协助的前提与条件。